BINJIANG YEARBOOK 2017

滨江年鉴

杭州市滨江区地方志编纂委员会 编

方志出版社

图书在版编目（CIP）数据

滨江年鉴. 2017 / 杭州市滨江区地方志编纂委员会编. --北京：方志出版社，2018.12
ISBN 978-7-5144-3071-4

Ⅰ. ①滨… Ⅱ. ①杭… Ⅲ. ①区（城市）—杭州—2017—年鉴 Ⅳ. ①Z525.54

中国版本图书馆CIP数据核字（2018）第101244号

滨江年鉴（2017）

编　　者：	杭州市滨江区地方志编纂委员会
责任编辑：	刘方圆
出 版 人：	冀祥德
出 版 者：	方志出版社
	地址　北京市朝阳区潘家园东里9号（国家方志馆4层）
	邮编　100021
	网址　http://www.fzph.org
发　　行：	方志出版社图书经销中心
	电话（010）67110500
经　　销：	各地新华书店
印　　刷：	南京凯德印刷有限公司
开　　本：	889×1194　1/16
印　　张：	26.5
字　　数：	640千字
版　　次：	2018年12月第1版　2018年12月第1次印刷
印　　数：	0001~1000册

ISBN 978-7-5144-3071-4　**定价：** 200.00元

滨江区地方志编纂委员会

主　　任　金志鹏

副 主 任　施华淼　张　玮　沈　建

委　　员　冯建伟　胡国渭　金永明　周　翔　瞿　野　周　皓　曹才源
韩　耿　冯桂生　吴国刚　叶圣文　陈玉棠　汤　茵　赵祖峰
蔡文刚　胡银根　蒋应东　郁廷栋　郭　良　郑　丽　吕林青
林福明　沈　璞　高国明　徐国宏　宓伟庆　胡嘉欢　詹艳青
俞天平　王利君　许江晨　彭　虹　陈月利　金论川　桂亚军
许利萍　邵　臻　龚　栩　顾华锋　楼东文　韩知初　劳唯中
徐建刚　丁昌钰　汪　栾

办公室主任　冯建伟

办公室副主任　徐俏俏　张　烨

《滨江年鉴》编辑部

主　　编　冯建伟

副 主 编　应　军　袁海峰　单敏军　谭建军　王晓芸
张志真　钱寿青　马世炜　侯百曙　陈　伟
贾克薇　张忠华　叶　伟

执行主编　徐俏俏　张　烨

特约编审　陈金春

编　　辑（按姓氏笔画排序）
占监楼　张　烨　陈金春　来玉兰　杨彩霞

编　　务　徐　宏

滨江区行政区划图

西湖
雷峰夕照
三台云水
花港观鱼
南屏晚钟
万松书缘
太子湾公园
五老峰
外鸡笼山
玉城山
中国丝绸博物馆
凤凰山
凤山水城门遗址
凤山新村
南高峰
翁家山
青龙山
九曜山
满陇桂雨
杨梅岭
玉皇飞云
玉皇山
将台山
复兴立交桥
西湖风景名胜区
杭州动物园
金家山
大山头
虎跑后山
凤凰台
虎跑
南宋官窑博物馆
复兴路站
复兴南苑
虎跑梦泉
大慈山
虎跑山
八卦新村
八卦田
马鞍山
珍珠坞
水澄桥站
白塔山
白塔
六和听涛
牌楼里
六和塔
王家山
五云山
钱塘江大桥
钱塘江
悦江商业中心
浙江儿童附
水晶城
银杏汇公寓
江南实验学校彩虹城分校
国信嘉园
杭州高新实验学校
宝龙城
公建中心站
五云山庄
海创基地
临江花园
钱塘景苑
江滨花园
联庄站
龙禧大酒店
华美达酒店
九溪玫瑰园
贺田尚城
碧水豪园
伟业路站
正泰太阳能
杭州龙禧福朋喜来登酒店
浙江浙大中控信息技术有限公司
卓信大厦
海康科技
泰林大厦
珊瑚沙水库
钱江湾花园
杭州第二中学
中医药大学站
江畔云庐
浙江商业职业技术学院
岩大房
文苑大厦
紫之隧道
滨科大厦
逸天大厦
积家
浙江中医药大学
浙新小区
立德园
杭州医学院
滨文苑
滨文小学
浙江警察学院
振浦路站
钱塘玫瑰湾
杨家墩站
东冠小学
滨江职高
云第公寓
浦沿中学
浦沿街道
火炬小
之江海洋公园站
浦沿街道社区卫生服务中心
浦沿站
明德大楼
曼城
浦沿小学教育集团浦沿校区
之江大桥
省之江水泥
大同公寓
浦乐新苑
泉井塘
麦岭沙立交桥
回龙山
绿能环保
紫红岭
钱塘福苑
黄山岭
茅山
西湖区
萧
九溪
九溪路
之浦路
枫桦路

地图审核号：浙杭S（2018）002号

复兴大桥

（区委宣传部　供图）

滨江新城

（区委宣传部　供图）

滨江之夜

（区委宣传部　供图）

2016年7月15日，区委书记詹敏（右）在浙江之声访谈节目中畅谈“滨江魅力”

（区委宣传部　供图）

2016年9月19日，区委书记詹敏（前右二）、区长金志鹏（前右一）参加区域协作签约仪式

（区委宣传部　供图）

2016年6月1日，区长金志鹏（前左）与国家首批“千人计划”专家倪军（前右）签约

（区委宣传部　供图）

2016年5月15日，区委书记詹敏（中间）与区长金志鹏（左一）参加区图书馆开馆仪式

（区委宣传部　供图）

2016年1月6日，年度首场O2O联合路演在科技金融服务中心举行 （区委宣传部　供图）

2016年3月10日，浙江新三板公司专场路演在科技金融服务中心举行 （区委宣传部　供图

2016年11月10日，人才交流与项目合作洽谈现场 （区委宣传部　供图）

2016年11月10日，硅谷精英沙

2016年6月16日，“轻轻说话”A轮融资新闻发布会在科技金
服务中心举行 （区委宣传部　供图）

2016年11月10日，硅谷精英论坛在海外高层次人才创新创业基地举行 （区委宣传部　供图）

咨询现场 （区委宣传部　供图）

2016年11月10日，医健创投趋势暨浙江医健双创指数发布
（区委宣传部　供图）

奥体中心　　（区委宣传部　供图）

互联网小镇　　（区互联网指挥部　供图）

西兴老街　　（区志办　供图）

白马湖　　（区委宣传部　供图）

区文化中心　　（区委宣传部　供图）

启迪之星　　（区科技局　供图）

海创基地　　（区委宣传部　供图）

宝龙综合体　　（区委宣传部　供图）

西兴互通　　（区委宣传部　供图）

江南大道　　（区委宣传部　供图）

六和路　　（区委宣传部　供图）

时代立交　　（区委宣传部　供图）

G20杭州峰会绿化工程区政府南门立体花坛

文明出行演出 （区委宣传部 供图）

志愿者在行动 （区委宣传部 供图）

排队坐公交 （区委宣传部 供图

区委书记詹敏在地铁站引导乘客文明坐地铁 （区委宣传部 供图）

（区委宣传部 供图）

争创“滨滨有礼”美少年 （区委宣传部 供图）

排队乘电梯 （区委宣传部 供图）

礼让斑马线 （区委宣传部 供图）

万人签名活动 （区委宣传部 供图）

浙江科技大市场　　　　（区委宣传部　供图）

浙大科技园　　　　（区委宣传部　供图）

江虹国际创意园　　（区互联网指挥部　供图）

和瑞科技广场　　（区科技局　供图）

杭州创业大街　　（区委宣传部　供图）

物联网基地　　（区发改局　供图）

智慧e谷　　（区物联网指挥部　供图）

白马湖创意小镇　　（区委宣传部　供图）

阿里巴巴集团大厦　（区发改局　供图）

新华三技术有限公司大厦　（区发改局　供图）

浙江吉利控股集团大厦

杭州海康威视数字技术股份有限公司大厦　（区发改局　供图）

（区发改局　供图）

英飞特电子（杭州）股份有限公司总部大厦　（区发改局　供图）

杭州海康威视数字技术股份有限公司生产线　　（区发改局　供图）

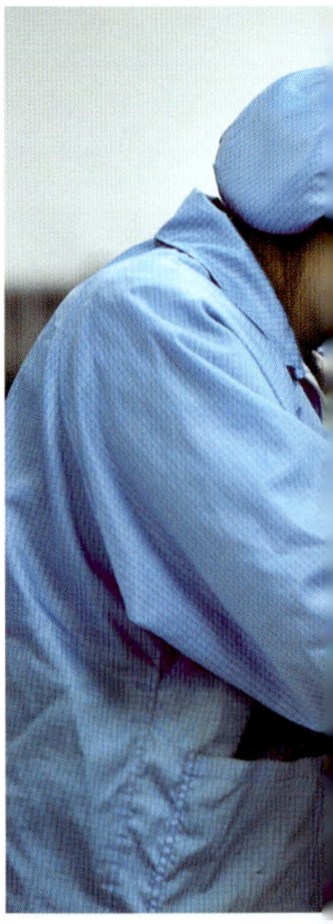

杭州士兰微电子

新华三技术有限公司创新产品——核心路由器CR16000
（区发改局　供图）

中控信息——城市智能交通系统

有限公司生产线　　（区发改局　供图）

新华三技术有限公司生产线　　（区发改局　供图）

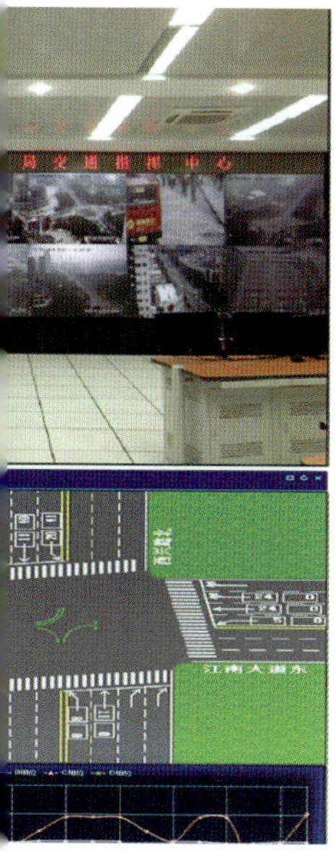

（区发改局　供图）

医惠智慧医疗体验中心展厅　　（区发改局　供图）

图书馆少儿阅读区　　（区委宣传部　供图）

图书馆成人阅读区　　（区委宣传部　供图）

王小波书店　　（区委宣传部　供图）

海康威视—枫林晚文化空间
（区文明办　供图）

钟书阁森林阅读区　　（区委宣传部　供图）

图书馆全息金字塔现场展示
（区委宣传部　供图）

图书馆少儿借阅区　　（区委宣传部　供图）

钟书阁阅读长廊　　（区委宣传部　供图）

2016年10月13日,“舞动中国——排舞大赛”在滨江区射潮广场举行　　（区委宣传部　供图）

2016年11月6日,杭州国际马拉松选手在滨江最美跑道上角逐　　（区委宣传部　供图）

荣誉滨江

◆1月20日，滨江区获浙江省“网上技术市场工作先进县（市、区）”。

◆3月11日，浙江省经济和信息化委员会发布《2015年浙江省区域两化融合发展水平评估报告》，滨江区两化融合发展指数为99.96，位列全省99个县级地区首位。

◆3月22日，2015年国家火炬计划软件产业基地评价排序名单揭晓，杭州高新软件园产业发展水平指标连续三年全国第一。

◆3月23日，浙江省经济和信息化委员会、省统计局发布《2015年浙江省信息化发展指数评价报告》，滨江区信息化发展总指数为1.977，位列各县（市、区）首位。

◆3月31日，在全省建设平安浙江工作会议暨G20杭州峰会维稳安保工作动员大会上，滨江区获“平安县（市、区）”称号，滨江区连续11年获此项荣誉。

◆5月9日，浙江省经济信息中心首次发布“2015年浙江省县（市、区）经济竞争力、发展潜力和创新力30强”，滨江区分别以85.5分、80.32分和94.27分位列全省3个第一。

◆5月10日，在国家教育部公布的第四批全国“社区教育示范区”名单中，滨江区获全国“社区教育示范区”称号。

◆6月6日，科技部火炬中心通报2015年度国家高新区评价结果，杭州高新区在全国116个国家高新区中综合排名第六名。

◆6月20日，滨江区获国土资源部国土资源节约集约模范县（市）。

◆7月21日，浙江省经济和信息化委员会、省统计局发布《浙江省2015年度工业强县（市、区）综合评价报告》，滨江区在公布的榜单中继续排名全省第一，实现“五连冠”。

◆9月26日，杭州市商事制度改革试点工作推进会在滨江区召开，会上推广“滨江经验”。

◆12月2日，浙江省经济和信息化委员会、省统计局联合发布《2016年浙江省信息经济发展综合评价报告》，滨江区在全省90个县（市、区）信息经济排名中位列榜首。

◆12月7日，国家知识产权局公布《关于第十八届中国专利奖授奖的决定》，滨江区10项专利项目获中国专利优秀奖，获奖数列全省首位。

◆12月28日，滨江区获浙江省“公众创业创新服务”先进区。

数字滨江

2012—2016年地区生产总值

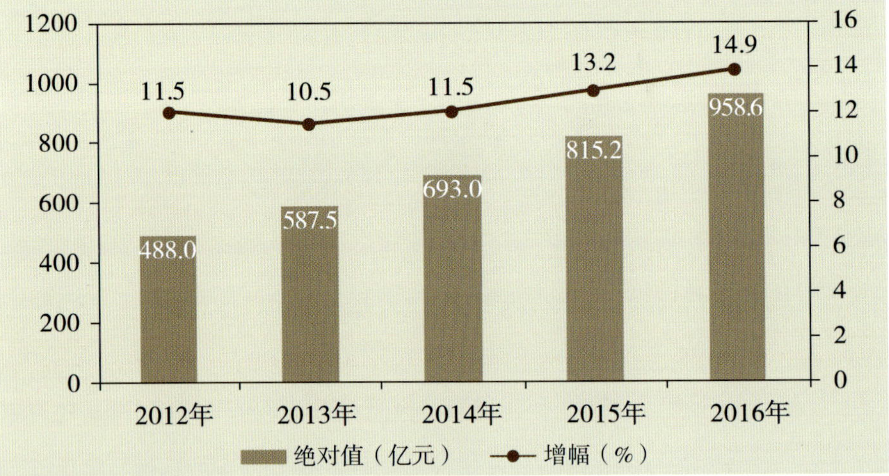

2012—2016年规模以上工业总产值

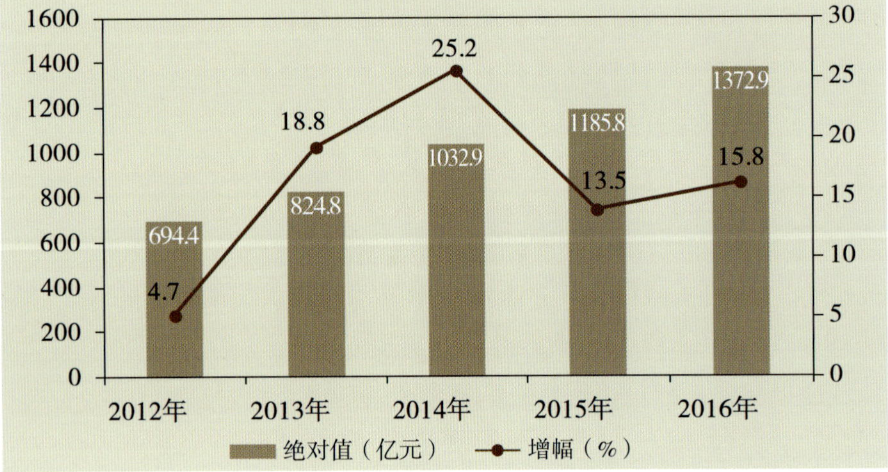

2012—2016年固定资产投资

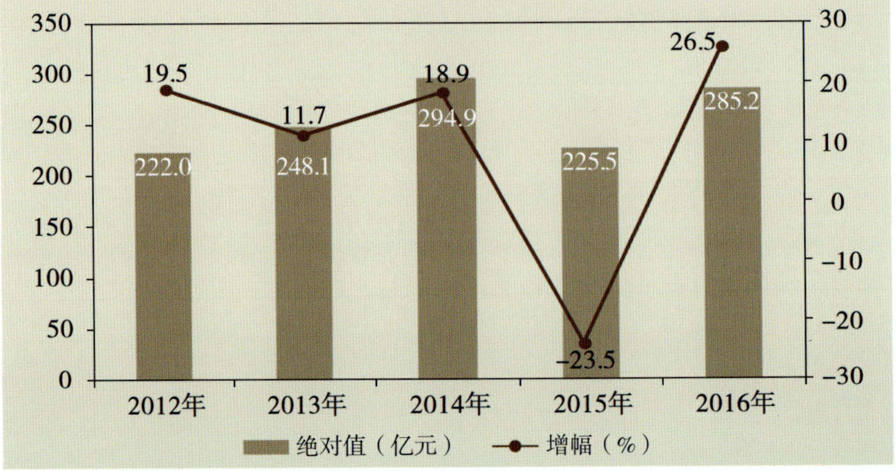

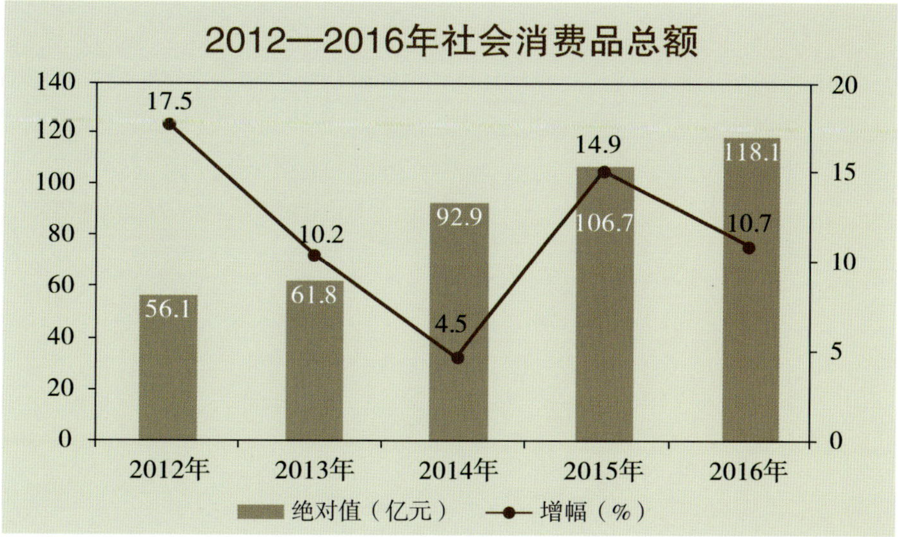
2012—2016年社会消费品总额
140
120
100
80
60
40
20
0
20
15
10
5
0
17.5
10.2
4.5
14.9
10.7
56.1
61.8
92.9
106.7
118.1
2012年
2013年
2014年
2015年
2016年
绝对值（亿元）
增幅（%）

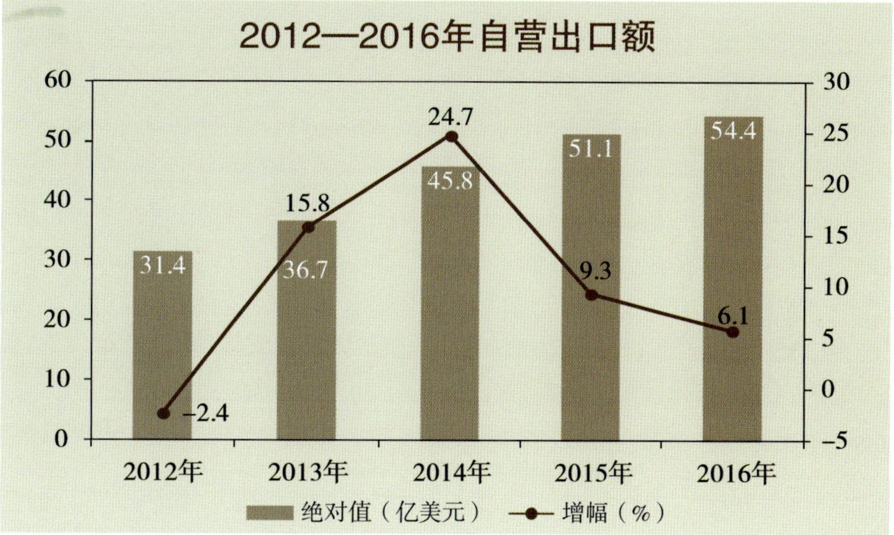
2012—2016年自营出口额
60
50
40
30
20
10
0
30
25
20
15
10
5
0
−5
−2.4
15.8
24.7
9.3
6.1
31.4
36.7
45.8
51.1
54.4
2012年
2013年
2014年
2015年
2016年
绝对值（亿美元）
增幅（%）

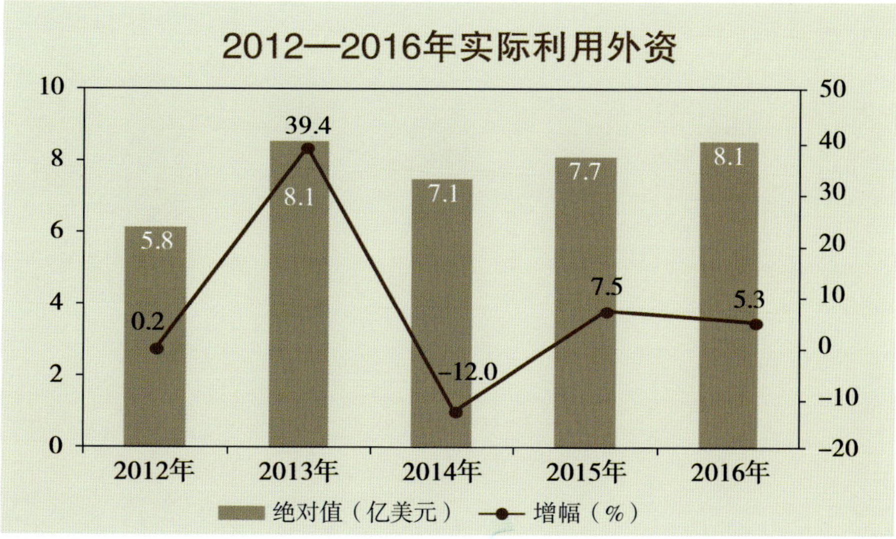
2012—2016年实际利用外资
10
8
6
4
2
0
50
40
30
20
10
0
−10
−20
0.2
39.4
−12.0
7.5
5.3
5.8
8.1
7.1
7.7
8.1
2012年
2013年
2014年
2015年
2016年
绝对值（亿美元）
增幅（%）

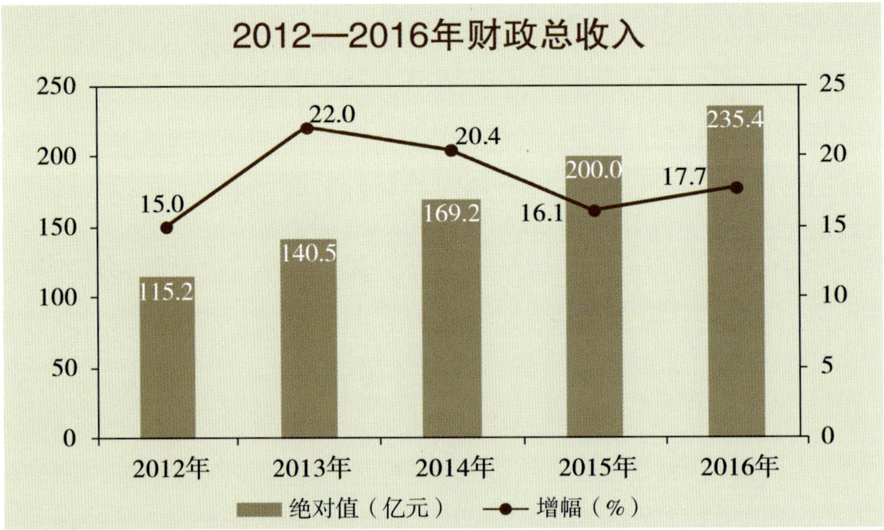
2012—2016年财政总收入
250
200
150
100
50
0
25
20
15
10
5
0
15.0
22.0
20.4
16.1
17.7
115.2
140.5
169.2
200.0
235.4
2012年
2013年
2014年
2015年
2016年
绝对值（亿元）
增幅（%）

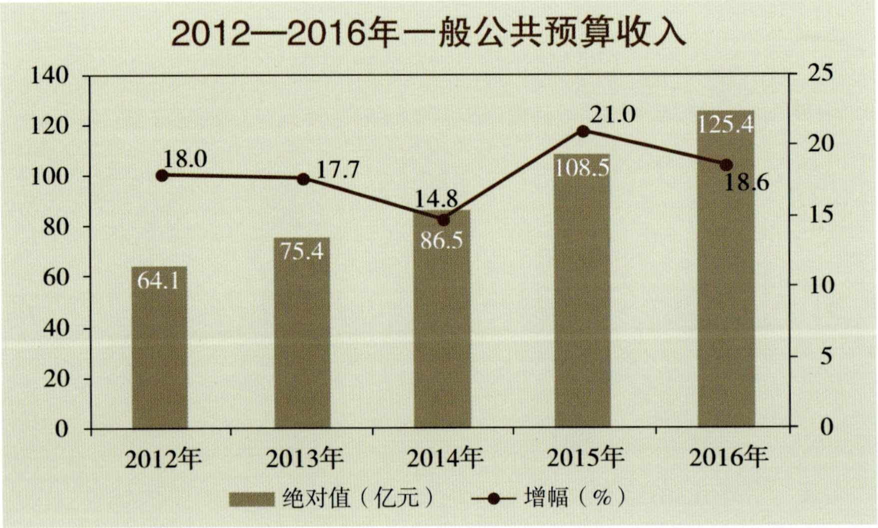
2012—2016年一般公共预算收入
140
120
100
80
60
40
20
0
25
20
15
10
5
0
18.0
17.7
14.8
21.0
18.6
64.1
75.4
86.5
108.5
125.4
2012年
2013年
2014年
2015年
2016年
绝对值（亿元）
增幅（%）

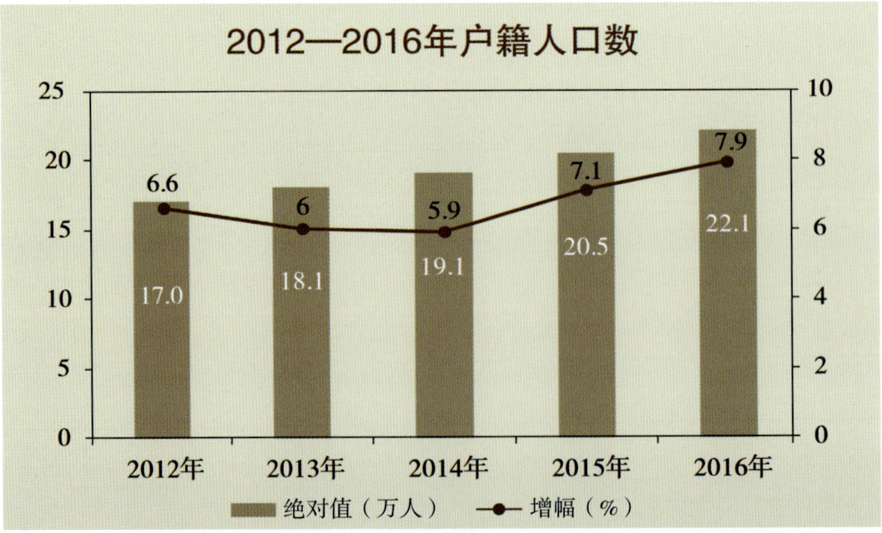
2012—2016年户籍人口数
25
20
15
10
5
0
10
8
6
4
2
0
6.6
6
5.9
7.1
7.9
17.0
18.1
19.1
20.5
22.1
2012年
2013年
2014年
2015年
2016年
绝对值（万人）
增幅（%）

（周建江）

编辑说明

一、《滨江年鉴》由中共杭州市滨江区委员会、区人民政府主办，滨江区地方志编纂委员会承编。

二、《滨江年鉴（2017）》为首卷，以马克思列宁主义、毛泽东思想、邓小平理论、“三个代表”重要思想、科学发展观、习近平新时代中国特色社会主义思想为指导，坚持辩证唯物主义和历史唯物主义的立场、观点和方法，全面、系统、客观地记述2016年杭州市滨江区坚持“产业引领、创新驱动、产城融合、民生优先”四大战略，锐意进取、扎实工作，推进各项事业新发展中的大事、要事，以及发展进程中的新特点，新问题。为社会各界了解和研究滨江区提供丰富、翔实的地情资料。

三、《滨江年鉴（2017）》收录时限为2016年1月1日至12月31日，个别条目内容或表格中的数据适当上溯或下延。

四、《滨江年鉴（2017）》按分类横排编纂法，分类目、分目、次分目、条目4个层次。以条目为记述基本形式，均按事物时间发展的先后顺序排列，条目标题采用【 】表示。全书设置类目27个，分目131个，次分目157个，条目1230条，表格39张，图片160张。

五、年鉴中的统计资料均使用法定计量单位，数字用法、标点符号用法均执行国家新颁布的标准。所刊载的综合性数据使用时以统计局为准，未收入统计资料的数据由各单位提供；由于统计口径不同，个别单位提供的数据会与区统计局数据不尽相同，引用时请注意。人物素材由各相关部门提供。

六、书中出现的单位名称、专业术语，首次出现时用全称，此后一般用简称。“全年”“年内”“年底”和条目内未标注年份的均指的是2016年，大事记“△”表示同日。

七、《滨江年鉴（2017）》所用稿件均由各有关部门和单位专人提供，经各供稿单位负责人审定核实，作者署名在分目之下。

八、《滨江年鉴》编纂出版得到全区各部门、单位的大力支持与通力合作，全体编撰人员付出了艰辛劳动，谨此致谢！由于成书仓促，书中疏漏和差错之处，恳请广大读者予以指正。

《滨江年鉴》装帧设计解译

一、封面元素

1.杭州高新开发区（滨江）是杭州高新技术产业开发区与滨江区两区管理体制调整而成,既按高新技术产业开发区模式运作,又行使地方党委、政府职能。封面以行草书写“高新”,像“腾飞的龙”,寓意百业迅速崛起,飞跃发展。

2.“火炬”代表国家火炬计划,“HHTZ”为杭州高新技术产业开发区英文缩写。

3.“三潭印月”是杭州风景名胜中的重要标志。

二、封底元素

1.“天堂硅谷” 1990年杭州高新技术产业开发区建区,是国务院批准的首批国家级高新区,时任国务委员、国家科委主任宋健考察杭州高新技术产业开发区时题词“天堂硅谷”,寄寓着国家科委对杭州高新区的殷切期望。

2.“此心安处是吾乡”出自北宋苏轼词《定风波》。2016年12月28日,中共杭州市滨江区第五次代表大会报告提出,将“此心安处是吾乡”作为建设快乐创业幸福生活的世界一流高科技园区应有情怀。

3.“天堂硅谷”与“此心安处是吾乡”构成神奇的金钥匙,开启滨江智慧大门。

三、类目背景

以滨江摄影作品“钱江潮”为类目背景,寓意高新区（滨江）各个领域勇立潮头和敢于担当的精神。

目　录
Contents

专　　记
Special Notes

特　　辑
Features

大 事 记

Chronicles of Events

区情概览

Regional Overview

党政机关

Party and Government Organizations

民主党派·人民团体

Democratic Parties & People's Organization

法治·国防建设
Legislative Affairs & National Defense Construction

高新技术产业
High-tech Industry

科技创新
Technological Innovation

传统产业

Traditional Industry

商　贸

Commerce

服 务 业

Service Industry

城市建设与管理

Urban Construction and Management

环境资源

Environmental Resources

财税·金融

Finance & Taxation & Banking

经济监督管理

Economic Supervision and Management

教 育
Education

文 化
Culture

卫　生

Public Health

体 育

Sports

人力资源

Human Resources

社会民生
Social Livelihood

街　道

Subdistricts

人 物
People

统计资料选辑
Statistics Selection

附 录
Appendix

索 引
Index

国家、省级重要领导考察滨江

【省人大常委会副主任毛光烈到滨江考察】 2016年1月6日，省人大常委会副主任毛光烈到滨江实地考察，先后到聚光科技（杭州）股份有限公司、恒生电子股份有限公司、深交所杭州路演中心等13家企业实地调研企业发展现状。座谈会上，毛光烈听取企业负责人关于产品研发及现阶段企业发展存在困难和问题的汇报，就如何补齐“短板”进行探讨。2月3日，毛光烈参加滨江·新昌2016年度科技合作对接活动，先后参观浙江陀曼智造科技有限公司、浙江新涛电子科技股份有限公司、浙江三瑞香雪控股集团有限公司3家新昌企业驻滨江研发中心，听取新昌县关于2016年实施创新驱动发展战略、科技体制综合改革试点工作安排等情况介绍；召开滨江·新昌区域科技合作座谈会，就进一步深化合作、实现共赢共享进行互动交流。

【市委书记赵一德到滨江检查工作】 2016年2月23日，市委书记赵一德到滨江调研二十国集团领导人杭州峰会（以下统称“G20杭州峰会”）环境整治工作，实地考察时代高架周边区块、智慧新天地区块、水电社区、物联网小镇区块环境整治和整村拆迁工作，详细了解各区块拆迁改造进程和规划建设情况。提出，要把环境整治作为服务保障峰会和推进发展惠民的重要结合点，加快补齐基础设施和公共服务设施“短板”，努力打造“美丽杭州”升级版。4月25日，赵一德到滨江调研第12届中国国际动漫节主会场筹备工作，实地检查会展中心布展情况，了解动漫节筹备工作。指出，中国国际动漫节是杭州文化创意产业的一个特色品牌，各级各部门要落实责任，精心培育城市文化品牌，推动文化事业与文化产业“两翼齐飞”，厚植历史文化名城的特色与优势，呈现历史与现实交汇的独特韵味。

【副省长梁黎明到滨江考察和指导】 2016年4月6日，副省长梁黎明到滨江调研外贸工作，先后考察杭州海康威视数字技术股份有限公司、新华三集团、博世电动工具（中国）有限公司和浙江正泰太阳能科技有限公司，参观生产环境及生产工艺，听取企业发展情况介绍，对各企业取得的成绩予以充分肯定。

【市长张鸿铭到滨江调研重点项目建设】 2016年4月11日，市长张鸿铭到杭州海康威视数字技术股份有限公司调研，在海康威视二期展厅通过海康无人机实时航拍考察海康威视互联网安防产业基地（海康三期）项目工地现状。在智慧e谷召开工作座谈会听取工程进展情况汇报，对前期工作给予充分肯定。7月8日，张鸿铭实地考察杭州安恒信息技术有限公司、水电社区拆迁整治区块和杭州创业大街，听取工作汇报，张鸿铭充分肯定滨江所取得的成绩。12月5日，张鸿铭检查地铁4号线联庄站和中医药大学站、地铁6号线振浦路站，查看施工进度、安全管理、应急防范及视频监控等情况。振浦路站在施工现场搭建起安全教育体验台，通过对模拟触电、失火等突发的处置和未系安全带的危害演示等，对员工进行安全教育，张鸿铭对此表示肯定。同月20日，张鸿铭到滨江调研文化事业活动，实地察看滨江图书馆、钟书阁，肯定滨江区文化事业建设和文化产业发展对提升城市影响力、竞争力和综合实力作出的贡献，并鼓励在此良好基础上，围绕杭州建设世界名城的目标，坚定文化自信，强化文化担当，确保人民群众共享文化发展成果。

【市人大常委会主任王金财到滨江调研】 2016年4月20日，市人大常委会主任王金财到滨江调研杭州城市国际化立法工作。先后走访保时捷中心、赛诺菲（杭州）制药有限公司、杭州德同生物技术有限公司，了解企业生产经营情况，听取企业负责人对杭州城市国际化工作的意见建议，查找杭州在推进城市国际化方面的“短板”，为相关立法工作打下基础。9月21日，王金财实地调研浙东运河西兴过塘行码头段。王金财提出，强化保护规划、业态定位规划、城市设计规划，做到规划先行、科学控制，防止运河沿线周边过度开发；要利用好大运河世界文化遗产这张金名片，建好文化走廊、遗产走廊和生态走廊，发挥经济、社会、生态效益，造福杭城百姓。

【省委书记夏宝龙调研高新技术企业】 2016年5月26日，省委书记夏宝龙调研滨江高新技术企业。在杭州海康威视数字技术股份有限公司座谈会上，夏宝龙听取企业负责人情况汇报，了解公司新技术应用和三期建设等情况，对企业拥有业内领先的自主核心技术表示肯定，鼓励不断增加创新研发投入，培养创新人才队伍，加强创新平台建设，增强企业核心竞争力。在新华三集团，夏宝龙了解公司生产、物流环节信息化管理、新技术应用情况，观看企业云计算解决方案视频，并与企业负责人座谈交流，为新华三集团取得的成绩点赞。

【中宣部副部长景俊海考察滨江文创企业】 2016年5月27日，中宣部副部长景俊海到滨江考察文创企业。在杭州玄机科技信息技术有限公司，景俊海听取公司负责人关于企业发展情况的介绍，对玄机科技精准定位受众群体、多年坚持全品牌开发战略表示赞赏，希望企业能继续结合中国传统文化，创作出更多受观众喜爱、受市场欢迎的作品。景俊海到中南卡通参观公司展厅，听取动画作品制作、营销等情况介绍，对中南卡通在海外市场的拓展予以肯定，希望中南卡通能够继续把培育和弘扬社会正能量与动漫创作紧密结合，提升受众的审美素养和文化修养，向青少年传递正确的世界观、人生观、价值观。

【人社部副部长游钧考察滨江就业信息化建设】 2016年10月24日，人力资源和社会保障部副部长游钧到滨江考察调研，实地考察长河街道晶都社区，参观办事服务大厅，听取社区劳动保障员关于就业信息化在实际工作中运用情况介绍，对滨江的“互联网+就业”工作予以肯定，并指出，信息化建设是提升公共就业服务水平的重要载体和手段，要运用“互联网+就业”思维更加高效、便捷地为基层民众做好服务工作。

【海关总署署长于广洲调研滨江外贸工作】 2016年11月16日，海关总署署长于广洲到阿里巴巴集团、杭州海康威视数字技术股份有限公司等企业调研外贸工作。在阿里巴巴，于广洲听取一达通负责人关于新外贸模式及新业态发展成果汇报，对一达通的外贸综合服务模式表示肯定，认为一达通在解决企业外贸交易难题、营造外贸生态共赢等方面有很多创新实践，为推动中国跨境电子商务发展提供可复制、可推广经验。在海康威视智慧安防体验馆，于广洲听取公司最新科技创新成果汇报，对海康威视的发展成果予以肯定，并对公司持续改革、持续创新的发展理念表示赞赏，鼓励海康威视继续“走出去”，将最新科技成果应用推向全球。

【国务院副总理马凯调研滨江工业设计工作】 2016年12月3日，国务院副总理马凯到滨江调研工业设计产业发展情况，并主持召开工业设计工作座谈会，听取工业产业发展情况汇报。马凯指出，工业设计是科学与艺术结合产生的新的生产力，是创新驱动战略的重要内容，强调要按照实施创新驱动战略和“中国制造2025”总体要求，加大政策支持、优化发展环境，全力推进工业设计产业发展。调研期间，参观考察浙江大华技术股份有限公司，了解产品各项关键技术发

展水平和应用、成果，观看人脸识别系统、云计算浓缩系统、热成像系统、工业相机、无人机等最新产品展示。 （马荻文）

重要改革试点

【商事制度改革】 高新区（滨江）作为省、市商事登记制度改革的试点先行区，2016年3月11日，区管委会和市市场监管局联合出台《关于深化商事制度改革和跨境电商发展试点工作的实施意见》（杭高新〔2016〕16号），通过争取外资登记管理权限、开展名称登记制度改革等8项举措，深化商事制度改革，推进工商登记便利化。4月18日，高新区（滨江）由国家工商总局单独授权开展外商企业登记管理，成为杭州市主城区首个获得此权限的区局，独立开展外资企业登记593家。同月25日，受市市场监管局委托开展注册资本3000万元以下的股份有限公司（内资非上市）所有类型登记，成为杭州市首个受托登记区局单位，至年底，受理内资股份有限公司股改登记企业19户。5月1日，开展个体户“两证合一”登记改革。7月1日，开展全程电子化工商登记，实现全流程网上申请、网上审核、网上公示的工商登记注册程序。实现证照网上申请和快递送达，行政审批窗口设立网上预约办理专窗，安排邮政快递送达服务，新增企业实现户数和注册资本“双增长”。同日，实施企业名称登记改革，通过机器换人，提升公司核名的效率和透明度。全年企业自主申报名称3721件，其中:系统核准通过3649件，人工复检驳回72件，申报通过率达98%。全年新增企业6803家，比上年增长12.4%；新增注册资本481.7亿元，比上年增长54.5%。核发加载“统一社会信用代码证”营业执照2.8万本，受理各类企业变更登记（含备案）1.3万家次，比上年增长18.2%；换发加载“统一社会信用代码证”营业执照9302家。

至12月31日，全区在册市场主体4.04万家，企业2.97万家（内资2.89万家，外资749家），个体工商户期末存量1.07万家，企业集团38家，农民专业合作社9家。“工位注册”由试行向全面推进发展，“工位注册”与其他商事制度改革举措，呈现出聚合效应，在要素配置方面体现供给侧结构性改革方向。全区4批34家众创空间实行“工位注册”政策，共孵化企业544家。

（韩杭丽）

【跨境电子商务综合试验区试点】 2015年12月31日，国家工商总局下发《关于支持中国（杭州）跨境电子商务综合试验区建设发展的若干意见》，支持杭州作为综合试验区大胆探索、创新发展，促进破解跨境电子商务发展中的深层次矛盾和体制性难题，滨江成为杭州首个改革试点区。2016年3月11日，区管委会与市市场监管局联合印发《关于深化商事制度改革和促进跨境电商发展试点工作的实施意见》，推出建立电商品牌培育库、完善首问责任和先行赔付制度等7条促进跨境电商发展试点具体实施意见，开展试点探索工作。形成跨境电子商务发展的新型监管服务模式和制度，为全市和全省提供可复制、可推广的工作经验。至年底，完成与阿里巴巴“1688平台”政企数据的互联互通，开展阿里巴巴“1688平台”异地监管协作探索；建立区电商品牌培育库，收集分析区内跨境电子商务企业363家，第三方交易平台12家，筛选出19家企业，形成跨境电商企业品牌培育库，按照指导注册、培育市著、培育省著、培育驰名4个等级进行分级培育。区市场监管局向杭州市局推荐跨境电商企业市著名商标6家，省著名商标2家，其中4家企业被认定为杭州市著名商标，2家企业为浙江省著名商标。 （陈 锁 韩杭丽）

【国家专利导航产业发展实验区】 2013年4月，国家知识产权局启动实施专利导航试点工程，为期5年。同年8月，国家知识产权局确定杭州高新区等8个产业集聚区为首批国家专利导航产业发展实验区。

2013—2015年，高新区（滨江）推进国家专利导航产业发展实验区建设。2014年1月3日，出台《关于进一步加强知识产权工作的实施意见》（杭高新〔2014〕9号），从政策层面激励开展专利导航。2015年3月27日，形成《杭州高新区数字安防产业专利导航分析研究报告》，同年5月，制定《企业知识产权管理规范》，通过授课、研讨等方式提升企业专利导航意识和能力。8月，引进中知（北京）认证有限公司在滨江区设立办事处，成为浙江省首家“贯标认证”公司。9月23日，发布《杭州高新区数字安防产业创新发展规划》，提出未来3～5年专利导航等发展目标和主要任务，结合高新产业特点开展智能视频分析技术、红外热成像技术等重点技术领域专利分析；鼓励和协助杭州海康威视数字技术股份有限公司、浙江大华技术股份有限公司、浙江宇视科技有限公司等重点企业开展专利微导航。11月，成立杭州高新区（滨江）物联网产业知识产权联盟，实施专利导航项目；成立中国（浙江）知识产权维权援助中心杭州高新区（滨江）分中心；建立和完善省内首个集专利检索、分析、培训于一体的专业化、高端化专利导航数据库，提供“点对点”专利数据信息服务，满足企业创新研发、专利查新、专利规划、专利布局等细分应用。12月22日，通过公开招选形式明确杭州东翰派富投资管理有限公司作为省物联网产业知识产权运营基金管理公司，基金规模2亿元，推进省物联网产业知识产权运营基金运作。

2016年2月，将专利导航产业创新发展规划运用到区域“十三五”规划，提出“专利导航再提升计划”，将专利导航研究成果运用到区域重点技术领域发展布局规划中。至2016年底，建立拥有30名各类专家的知识产权专家人才库，开展专题讲座和研讨8次；中国（浙江）知识产权维权援助中心杭州高新区（滨江）分中心为10余家企业侵权纠纷案件提供知识产权维权援助。

（史　琼　吕德军）

【国家知识产权服务业集聚发展试验区】 为促进知识产权服务业集聚发展，贯彻落实《服务业发展“十二五”规划》《国务院办公厅关于加快发展高技术服务业的指导意见》，2012年起，国家知识产权局开展国家知识产权服务业集聚发展试验区建设工作。2016年6月16日，杭州高新技术产业开发区国家知识产权服务业集聚发展试验区挂牌，成为浙江省首个国家知识产权服务业集聚发展试验区。

2016年，高新区（滨江）对照《国家知识产权局服务业集聚发展区工作实施办法》，发挥政府的引导作用和企业的主体作用，将知识产权服务融入产业发展，推进知识产权服务业集聚发展。7月，启动知识产权一站式管理平台工作，通过招标方式确定知识产权出版社有限责任公司为开发单位。11—12月，组织开展国家知识产权服务业集聚区专题调研，形成《关于杭州高新区知识产权服务业集聚发展和完善扶持政策的建议报告》，对《关于进一步加强知识产权工作的实施意见》提出修改意见。至12月底，引进知识产权服务机构11家，累计拥有知识产权服务机构50家。依托浙江科技大市场，推进公益性服务机构（平台）、知识产权代理服务机构、知识产权投融资机构、技术转移示范机构、外资知识产权律师事务所等多层次的知识产权服务体系建设。2017年1月1日，公益性服务机构平台上线运行，为用户提供专利法律信息查询、年费缴纳提醒和资助请求在线提交服务。国家知识产权服务业集聚发展试验区将成为激发创新创业热情、服务创新主体、优化产业升级的先行基地，为创建世界一流高科技园区奠定基础。

（史　琼　吕德军）

【流动人口居住证制度改革试点】 为逐步推进居住证持有人享有与居住地居民相同的基本公共服务，2015年6月15日，市政府办公厅下发《关于在滨江区开展居住证制度改革试点工作的通知》，向社会公布滨江区开展居住证制度改革试点工作。8月，区政府发布《杭州市滨江区居住证持有人积分管理暂行办法》（含积分指标体系）及《杭州市滨江区居住证持有人积分申请子女入学细则（试行）》《居住证申领条件调整后的发证操作流程》等文件，形成滨江区居住证持有人积分管理文件体系，以流动人口积分入学为突破口先行先试。同年9月—2016年4月，区流动人口办公室以学校和窗口为阵地，宣传积分入学政策，印发各类宣传资料3万余份，开展积分入学专题业务培训6场，培训500余人次。启动“流动人口积分管理系统”，实现流动人口属地申请、分项申报、统一管理、分级审核、动态调整。至5月20日，接待申请积分入学群众2000余人次，正式受理首批积分入学申请488人，448名流动人口子女由教育局统筹分配入学，全过程零投诉、无信访。9月20日，居住证申领条件调整后的发证试点工作正式启动，滨江区按"合法稳定住所""合法稳定就业"条件开展发证工作。至12月底，共发放新浙江省临时居住证13.48万本、浙江省居住证3151本。滨江区的居住证制度改革试点工作成果得到市流动人口管理办公室肯定，在全省流动人口业务培训会做经验交流。（杨慧琴）

【"规划环评+环境标准"清单式管理改革试点】 2016年年初，高新区（滨江）先后被市环保局、省环保厅列为"规划环评+环境标准"改革试点区。6月，被环保部列入"规划环评环境影响评价清单式管理试点园区"，是全国19个试点园区之一。综合国家和省、市试点要求，11月17日，滨江制定"杭州高新区（滨江）'规划环评+环境标准'清单式管理改革试点实施方案"，改革以生态优先、联动管理、放管结合为原则，明确生态空间清单、污染物总量管控限值清单和项目环境准入条件清单，简化环评文件类别和内容，优化建设项目审批备案流程。通过清单式管理改革，从源头上否决各类污染项目，提高建设项目环评审批效率，为打造创业创新天堂提供制度保障。

为深化环评审批改革力度，支持环境影响评价清单式管理工作，11月底至12月初，高新区（滨江）综合多方意见，编制形成"分区控制规划环境影响报告书"。"报告书"分规划概述及分析、区域环境现状调查与评价等14项内容，并附空间管控示意图、生产企业分布位置示意图等18张图组成的图册，直观反映滨江区域内产业空间结构、大气、土壤和噪声环境质量现状监测布点等情况。12月15日，环保部预受理"分区控制规划环境影响报告书"。（方 莹）

"5050计划"

【概况】 2008年，中组部实施国家"千人计划"，用5到10年时间，在国家重点创新项目、重点学科和重点实验室、中央企业和国有商业金融机构以及高新技术产业开发区等，引进并重点支持一批能够突破关键技术、发展高新产业、带动新兴学科的战略科学家和领军人才回国（来华）创新创业。为完善地方配套政策，吸引人才、留住人才，2009年11月，高新区（滨江）在浙江省率先推出鼓励海外高层次人才引进"5050计划"，五年内引进海外高层次创业人才50名，年技工贸总收入超千万元的留学人员企业累计50家。根据创业项目类别，分别在创业启动资金、办公场所（标准厂房）租金补贴、银行贷款的全额贴息、留学人员在杭创业资助资金（项目启动后）、住房公寓租金补贴5个方面给予扶持。2012年，为深入实施人才强区战略，推进国家级海外高层次人才创新创业基地建设，对"5050计划"进行修订升级，将扶持政策细分为创业扶持和人才激励两部分，更注重产业发展资金扶持，增加千人计划激励和骨干人才奖励。至2015年底，已集聚留学回国创新创业人才4500人，其中：创业人才1200余人；拥有国家"千人计划"专家56人，国家"万人计划"专家2人，浙江省"千人计划"专家105人；浙江省领军型创新创业团队2个，杭州市"521计划"专家50人、创新创业团队6个。拥有留学人员创办企业804家，其中：上市企业6家，新三板挂牌企业3家，年销售收入超亿元企业20家，超千万元企业59家。为初步打造具备一定国际竞争力的人才特区奠定基础。

2016年，实施新一轮"5050计划"，当年引进各类人才2.53万人，其中：高级人才3861人，博士149人。新增省级企业博士后科研工作站6家，引进博士后研究人员24人。至年底，累计拥有"国千"人才67人、"省千"人才123人；国家科技创新创业人才19人。累计大学生创办企业2561家；留学人员创办企业990家。引智转化新增产值累计1亿余元。

【实施新一轮"5050计划"】 为进一步加大高层次人才引进力度，2015年12月31日，高新区（滨江）发布《关于实施新一轮

"5050计划"打造全国人才生态最优区的实施意见》，自2016年1月1日起正式实施新一轮海外高层次人才创新创业"5050计划"。4月16日，制定出台"杭州高新区（滨江）新一轮"5050计划"实施细则"，在人才（团队）和创办企业认定、资助资金核拨、资金管理等方面做了详细规定。力争5年内，新建人才众创空间50个，人才创投基金50支，新引进各类人才10万人，其中：硕士及以上高层次人才1.5万人，"千人计划""万人计划"专家150人。在对象条件上，不再对人才是否有海外学历背景作限制；国内博士创业纳入"5050计划"资助范围，海归人才学历标准放宽至本科及以上，鼓励各类人才到高新区（滨江）创业创新。同时，更关注人才的学习、工作、创业的经历和能力，国内外知名高校、科研院所专家学者，有国内外知名企业工作经历或创业经历的，作为5050计划重点资助对象。在资助方式上，改变由行政主导"专家评审定额度"方式，强化对人才条件及创业成果进行认定，重点关注研发创新和市场化评价。人才通过认定，给予20万元至100万元不等的创业启动资助；办公场所全额租金补贴、最高500万元银行贷款贴息、研发创新补助等创业资助。通过创投机构、创业大赛、众创空间、入选重点人才计划等专业化、市场化的评价结果，对项目发展情况进行认定，跟进给予创业发展资助。鼓励融资，对企业获得创投机构投资的，给予企业按创投机构投资的15%，最高不超过500万的创业发展资助；鼓励成才，对经认定的"5050计划"引进人才新入选国家"千人计划"或"万人计划"，浙江省"千人计划"，杭州市"521计划"创业类人才，分别给予企业500万元、200万元、100万元的创业发展资助；鼓励评优，对企业参加具有国际、国内影响力的创新创业大赛获奖的，经认定，给予最高500万元的创业发展资助。至2016年底，"5050计划"新政引进的125个项目完成注册，注册资金3.9亿元。（周颖菲）

G20杭州峰会

【概况】 2016年，为完成G20杭州峰会的各项保障任务，中共滨江区委、区政府贯彻落实中共中央、省、市关于办好G20杭州峰会的一系列指示精神，将服务保障峰会作为第一政治任务，成立滨江区服务保障工作指挥部。指挥部围绕省委"四个满意"、市委"四个最"的具体要求，以服务保障G20杭州峰会为圆心，开展以"五个扮靓"为核心的环境整治和"滨滨有礼"等一系列活动，以最美的形象迎接G20杭州峰会的召开。

峰会筹备期间，省、市主要领导先后多次到滨江调研指导工作。区委书记詹敏、区长金志鹏多次对重点事项作出批示，要求明确，督查有力。滨江企业主动参与社会保障工作，11家企业参加二十国集团工商峰会（以下简称"B20杭州峰会"）会议，10余家企业直接为峰会提供产品、技术和服务。其中，新华三技术有限公司参与搭建的主会场新闻中心无线系统能够容纳5000人同时上网，杭州海康威视数字技术股份有限公司、浙江大华技术股份有限公司的安防产品在各个卡口、警卫线路上发挥重要保障作用，杭州安恒信息技术有限公司提供网络安全全面保障，吉利集团为峰会提供330辆吉利汽车和144辆沃尔沃汽车作为警用开道和工作保障用车。

【成立G20杭州峰会服务保障工作指挥部】 2015年年底，为确保G20杭州峰会胜利召开，区委、区政府制定保障工作方案，成立区峰会服务保障工作指挥部，并召开滨江区G20杭州峰会动员大会，落实任务，全力护航，为G20杭州峰会构筑安全保障"铜墙铁壁"。2016年1月1日—9月5日，指挥部先后组织召开G20杭州峰会专题研究会议78次，下达任务清单4批次、内容112项。

【迎峰会互看互学大比武现场会】 2016年1月25日，滨江区先后在钱江三桥桥头、复兴大桥桥头召开迎峰会环境整治第一轮大比武现场会，区四套班子领导、相关部门、街道负责人共30余人对重点整治项目进行巡视，并对下一阶段工作进行部署。会后，各级各部门迅速行动，按照区委、区政府提出的“五个扮靓”和实现“全域景区化”的工作思路，坚持能早尽早、能快则快、能好更好，全面推进70个峰会整治项目，确保4月底基本完成峰会环境整治，6月全面接受验收。3月24日，滨江区召开迎峰会环境整治第二轮大比武现场会，区四套班子领导、相关部门、街道负责人共30余人巡视奥体核心区周边环境、闻涛路提升工程（一期）、彩虹快速路沿线环境整治和白马湖路沿线整治提升现场。区委书记詹敏提出“艰苦奋战三十天，敢叫滨江换新颜”的要求。全区上下排满任务、倒排时间、倒逼自我，通过大比武确保各项环境整治任务按期有序完成。

【“迎峰会 优环境”整治】2016年2月17日，区政府在区文化中心召开“迎峰会 优环境”深化城区道路整治工作会议，区相关各级部门、单位负责人120余人参加会议。会议指出要抓紧时间、高效推进，围绕时间节点集中攻坚，确保4月底整治项目基本完成，6月底全面接受验收。至6月底，奥体城核心区域完成30万平方米土方造型、3800余株乔木种植和33万方灌木草坪绿化；西兴互通立交周边共种植乔木1万余株、灌木草坪30万平方米；之江大桥桥头区域，完成350户农户和26家企业腾房拆除，拆违5.7万平方米，复绿96万平方米。“最美城市跑道”建成开放，钱塘江南岸江堤一线已成为观江景、观山水、观城市的最佳休闲带之一。奥体滨江公园、永久河江三公园、闸站河江二公园、北塘河江一公园、江三排灌站全面建成，风情河河道综合保护和河岸绿化工程完工，成为市民身边的公园绿地和休闲健身场所，江河湖成为城市的自然风光带和市民家门口的大公园。

【百人专业驾驶员招募】2016年2月18日，为完成保障G20杭州峰会驾驶员和司勤人员招募任务，区政府办公室制定《关于司勤人员招募具体实施计划》。2月27日—3月8日，全区分3批推荐选拔，共推荐136人，通过培训、考核等环节，入围110人，经市交通局综合考评，最后入围100人。峰会期间，有30人为G20杭州峰会驾驶员，58人为B20杭州峰会驾驶员，4人服务于“四协”会议指挥部汽车租赁平台，8人后备待命。

【文明出行活动】2016年2月25日，为提升城市文明程度，滨江区启动文明乘公交、文明乘电梯等活动。文明劝导志愿者在江南大道共联、星光大道南口、江边等16个公交站点开展文明劝导，邀请最美人物走进站台开展文明引导，通过最美人物的示范带动，引导更多市民踊跃参与文明出行活动，使每一位滨江人，都能成为“滨滨有礼”的代言人。至9月，全区30余万人参与“文明乘公交”“文明乘地铁”活动，参加劝导志愿者6500余人。“文明乘电梯”覆盖103座商业楼宇，日均参与12万人次。

【食品安全工作会议】2016年3月9日，为保障G20杭州峰会期间食品安全和有序供应，区政府组织召开创建浙江省食品安全区动员暨峰会食品安全保障部署大会，区食品安全委员会全体成员单位有关负责人，各社区主任和食品监督协会部分会员代表共98人参加会议。会上，区政府与3个街道签订创建责任书。杭州G20峰会期间，白马湖建国饭店和鼎香餐饮累计供餐7.5万人次，未收到一起食品安全相关问题的反映和报告。

【违法建筑集中整治】2016年3月12日，为全面提升滨江城市形象，根据G20杭州峰会服务保障和环境提升的相关要求，区政府下发《滨江区2016年彩钢房（棚）专项整治行动方案》《关于开展全区彩钢房（棚）集中整治的通告》，对全区范围内违法搭建、存在视觉污染和有碍观瞻的彩钢房(棚)建（构）筑物进行集中整治。至10月底，滨江区共拆除各类违法建筑9811处、148.7万平方米，完成杭州市定目标任务65万平方米的229%；完成“三改”97.2万平方米，为杭州市定目标41万平方米的237%；完成彩钢房整治129.8万平方米，其中拆除77.3万平方米，整改52.5万平方米。

【全区组织和宣传思想工作会议】2016年4月13日，为G20杭州峰会成功举办和滨江区经济社会发展提供坚强组织保证，营造良好舆论氛围，全区组织和宣传思想工作会议在区文化中心召开，区级机关各部门分管负责人、街道、社区负责人共160余人参加会议。会议要求，全区各级党组织和全体党员要紧紧围绕区委、区政府中心工作，重点围绕服务保障G20杭州峰会环境整治和社会稳定工作，真抓实干，同向发力，同舟共济，树立“攻坚”意识，高度重视网络这个思想舆论斗争的主战场，为树立短板意识、补齐短板营造氛围。峰会期间，《天堂硅谷》报编辑部4名编辑入驻白马湖建国饭店，开展围绕滨江区服务保障工作，采编各类报道280余篇。

【G20杭州峰会维稳安保工作动员会】 2016年4月25日，区委政法（信访）工作会议暨全区G20杭州峰会维稳安保工作动员会在区文化中心召开，区四套班子领导，区级机关、街道、社区负责人共180余人参加会议。会议指出，要把峰会保障作为2016年平安工作的核心任务，加强现场指挥协调，做好城中村治安管理工作，守好社会稳定工作的底线。公安滨江分局、安监局、西兴街道在会上作表态发言。峰会期间，梯次推进“春雷”“冲刺”“夏安”“决战”等专项行动，公安、交警、城管、群众志愿者联合巡防，加强对人流的引导，确保居民群众安全、祥和。

【G20杭州峰会食品供应商】 2016年5月6日，杭州姚生记食品有限公司、祖名豆制品股份有限公司、杭州唯新食品有限公司和杭州五和肉类食品有限公司4家企业入选为G20杭州峰会供应商。其中：杭州姚生记食品有限公司作为副食品供应商为峰会提供“粒粒仁”（山核桃仁）；祖名豆制品股份有限公司作为独家豆制品食材专供企业，为峰会提供33个品种，11个批次，共4533箱的各类豆制食品；杭州唯新食品有限公司为峰会供应3个系列共7个品项的产品；杭州五和肉类食品有限公司为峰会供应生猪肉。

【全区网格长会议】 2016年7月23日，全区网格长会议在区文化中心召开，区四套班子领导，各街道社区负责人、区级机关联系网格的机关干部、全区各网格长共500余人参加会议。会议对网格长如何切实履职尽责，区级机关干部如何结对服务好网格、参与维稳安保工作及社区“一天一主题”“一周一循环”工作进行部署。全区53个社区划分为231个网格，按照“征迁模式、挂图作战、统一指挥、专班运作”要求，全力推进网格化基层基础大排查工作，做到问题第一时间发现在网格、第一时间解决在网格。

【爱国卫生月活动】 2016年8月1日，“人人动手，清洁家园”爱国卫生月活动启动仪式在区文化中心举行，区委书记詹敏、区长金志鹏为社区代表和社区志愿者代表授旗。启动仪式后，全区开展爱国卫生现场集中整治行动，区四套班子领导，机关干部，街道、社区工作人员，网格长、网格员，广大居民和志愿者190余人走上街头开展大扫除，全面进行病媒虫消杀。活动后，倚门设摊和出店经营现象基本消除，路边乱停车被严管，小区垃圾桶不出小区院子，全区卫生状况取得明显改观。

【G20杭州峰会媒体团到滨江采访】 2016年9月2日，参与G20杭州峰会的媒体采访团到

2016年7月23日，滨江区举行全区网格长会议

（区委宣传部　供图）

滨江采访杭州海康威视数字技术股份有限公司、新华三技术有限公司，采访团成员来自澳门新闻通讯社、香港国际商刊、中国新闻社、中国经营报等20余家新闻机构记者。峰会期间，中央电视台、凤凰卫视、中央人民广播电台、《中国日报》《经济日报》等媒体在G20杭州峰会新闻中心共刊播滨江新闻宣传报道703篇（条），其中，国家级媒体33篇（条），省级媒体334篇（条）。以一个个实例对滨江区经济社会发展情况进行全面报道，向世界传播"国际滨"靓丽科技新城形象，高新区的整体风貌得到全面展示。

【滨江企业入围B20议题工作组】 B20（二十国集团工商峰会）是国际工商界参与全球经济治理的重要平台，为G20机制的重要配套，2016年9月，杭州市11家企业入围B20议题工作组，其中阿里巴巴集团、杭州海康威视数字技术股份有限公司、浙江大华技术股份有限公司、英飞特电子（杭州）股份有限公司4家企业作为企业"超强大脑"代表名列其中。会议期间，围绕金融促增长、贸易投资、基础设施、中小企业发展、就业、反腐败6个议题开展交流研讨。

【服务保障G20杭州峰会总结表彰】 2016年10月12日，全区服务保障G20杭州峰会总结表彰大会在区文化中心举行。会议传达学习总书记习近平对G20杭州峰会总结表彰工作的重要指示精神，贯彻落实省、市总结表彰大会精神，总结峰会经验、巩固峰会成果、放大峰会效应，动员全区干部群众把好的做法长效化、制度化，将服务保障G20杭州峰会所凝聚的无私奉献、团结奋斗、爱国主义等精神发扬光大，推动高新区（滨江）各项工作继续走在全市前列。会上，对完成G20杭州峰会服务保障工作作出突出贡献的先进集体（省13个、市25个、区151个）；先进个人（省278名、市250名、区955名）予以通报表彰，与会领导为受表彰的先进集体、先进个人代表颁奖；6名先进集体和个人代表在会上发言。全区机关、街道、企事业单位代表和受表彰代表共451人参加会议。

（年鉴编辑部）

2016年10月12日，滨江区服务保障G20杭州峰会总结表彰大会举行

（区委宣传部　供图）

两化融合发展指数

2016年浙江省区域两化融合发展水平评估报告评估结果显示，高新区（滨江）两化融合发展指数达100.45分，高于第二名2.5分，高于杭州市平均水平7.38分，自2013年起连续4年排名全省第一。

两化融合指数是考核和评价地区两化融合发展水平、衡量地区工业经济转型升级的重要指标。此次评估对象为全省11个设区市和99个县、市、区、功能区的基础环境、工业应用、应用效益三类，共23项。基础环境指数为18.00，排名全省第9位，其中，固定宽带普及率、移动互联网普及率、信息化规划等指数排名靠前。工业应用指数为48.32，排名全省第13位，其中，MES普及情况、SCM普及情况、数字化设计工具普及率等指数优势明显。应用效益指数为34.13，排名全省第1位，工业增加值占GDP比重、主营利润率、软件业务收入等指数排名前列。

2016年，省级两化融合示范试点企业征集，滨江区入围4家，其中：东方通信股份有限公司、杭州鸿雁电器有限公司、浙江宇视科技有限公司入围示范企业，杭州鸿雁智能科技有限公司入围试点企业。省级个性化定制试点企业培育，杭州鸿雁电器科技有限公司、东方通信股份有限公司、杭州优迈科技有限公司、杭州宏华数码科技有限公司、杭州悦蓉科技有限公司5家企业入库。浙江省企业信息化创新奖、优秀奖评选，滨江区获评6家，其中：杭州海康威视数字技术股份有限公司获评创新奖，中化蓝天集团有限公司、浙江正泰太阳能科技有限公司、东方通信股份有限公司、浙江苏泊尔集团股份有限公司、浙江盾安新能源发展有限公司获评优秀奖。

（叶松耸）

信息技术产业指数

高新区（滨江）信息经济（智慧经济）（一）

表1

指 标 名 称	2016年（亿元）	为上年（%）
主营业务收入（限上）（剔重）	1917.4	123.0
#电子商务产业	288.1	128.5

续表1

指 标 名 称	2016年（亿元）	为上年（%）
云计算与大数据产业	807.5	120.1
物联网产业	859.6	121.0
互联网金融产业	—	—
智慧物流产业	90.3	146.8
数字内容产业	782.5	127.1
信息软件产业	1120.2	122.9
电子信息制造产业	997.3	118.5
移动互联网产业	297.0	126.0
集成电路产业	70.6	124.3
信息安全产业	440.3	120.7
机器人产业	3.8	120.1

高新区（滨江）信息经济（智慧经济）（二）

表2

指 标 名 称	2016年（亿元）	为上年（%）
信息经济（智慧经济）增加值占GDP比重（%）	81.4	*-0.5
信息经济（智慧经济）增加值（剔重）	733.7	120.3
#电子商务产业	232.1	137.2
云计算与大数据产业	463.0	119.1
物联网产业	276.4	107.5
互联网金融产业	41.5	113.9
智慧物流产业	18.2	142.0
数字内容产业	407.4	121.6
软件与信息服务产业	638.7	122.9
电子信息产品制造产业	304.5	108.2
移动互联网产业	212.9	133.6
集成电路产业	26.9	131.7
信息安全产业	231.0	113.8
机器人产业	1.0	115.5

说明：带*为增减百分点

（周炜婕）

科技进步统计监测评价指标

科技进步统计监测评价指标（一）

表3

指标名称	单位	2016年	为上年（%）
R&D活动人员	人年	29768	85.1
万人拥有R&D人员	人年	932.6	84.7
R&D经费支出	亿元	120.4	116.8
R&D经费支出相当于GDP的比重	%	13.4	102.4
本级财政科技拨款	亿元	13.4	141.5
本级财政科技拨款占本级财政经常性支出比重	%	16.1	106.3
财政性教育经费支出	亿元	14.0	130.1
人均财政性教育经费支出	元	6577	121.0
科研机构仪器设备原值	亿元	37.0	247.1
人均科研机构仪器设备原值	万元	5.6	225.4
科技型中小企业数	家	1329	121.3
每千家企业中拥有科技型中小微企业数	家	68.9	111.9
专利授权指数	—	23165	117.1
万人专利授权指数	—	690.3	115.4
每千个国家标准中为主或参与制修订指数	—	20.4	328.3
全员劳动生产率	万元	28.2	113.5

科技进步统计监测评价指标（二）

表4

指标名称	单位	2016年	为上年（%）
战略性新兴产业增加值	亿元	337.2	—
战略性新兴产业增加值占地区生产总值比重	%	37.4	—
*高新技术产业增加值	亿元	353.2	103.3
*高新技术产业增加值占工业增加值比重	%	94.4	101.0
科技服务业营业收入	亿元	1028.5	117.3
科技服务业营业收入占规上服务业比重	%	79.4	96.1

续表4

指标名称	单位	2016年	为上年（%）
单位地区生产总值能耗下降率	%	6.87	—
环境质量综合评分	—	3.96	108.2
财政科普活动经费	千元	2060	99.1
人均科普活动经费	元	9.7	92.2
信息化发展指数	—	110.9	—
创新券使用额	万元	10090	—
创新券使用额占财政科技拨款比重	万分之	754.5	—
高新技术企业所得税优惠额	万元	64440	114.8
高新企业所得税优惠额相当于企业应纳税所得额比重	%	1.3	96.3
企业R&D经费加计扣除额增长率	%	31.1	—

科技进步统计监测评价指标（三）

表5

指标名称	单位	2016年	为上年（%）
*设立研发机构企业数	家	83	101.2
*企业研发机构设置率	%	43.9	112.5
*企业R&D活动人员数	人	23392	102.0
*企业R&D活动人员占企业从业人员比重	%	26.4	102.1
*开展R&D活动企业数	家	102	89.5
*有R&D活动企业数占工业企业比重	%	54.0	99.4
*企业R&D经费支出	亿元	84.2	122.1
*企业R&D经费支出相当于主营业务收入比重	%	5.7	108.7
*工业新产品产值	亿元	881.2	123.4
*工业新产品产值率	%	64.2	106.6
高新技术企业数	家	338	108.7
高新技术企业比重	%	69.1	100.7

说明：此表数据以省科技统计监测评价口径整理而得，*为规模以上工业企业数据

（周炜婕）

2016年大事记

1月

5日，中共杭州市滨江区委四届九次全体（扩大）会议在白马湖建国饭店举行。

△ 杭州瑞德设计股份有限公司获国家工业和信息化部"国家级工业设计中心"认定，是目前浙江省唯一一家获此认定的工业设计企业。

6日，全景网（杭州）路演中心在科技金融服务中心启动，10个创业项目参加首场联合路演。

10—12日，杭州市滨江区第四届人民代表大会第五次会议在白马湖建国饭店举行。

△ 中国人民政治协商会议杭州市滨江区第一届委员会第三次会议在白马湖建国饭店举行。

16日，2016天使之城杭州创新创业大赛在高新会展中心开赛。

17日，滨江新一轮"5050计划"新政发布会在海外高层次人才创新创业基地举行，正式实施新一轮"5050计划"。

20日，滨江区获浙江省2015年度"网上技术市场工作先进县（市、区）"。

2月

3日，全省信息经济发展综合评价报告发布，滨江区以169.86分居全省90个县（市、区）第一名。

8日，高新区（滨江）印发《杭州高新技术产业开发区杭州市滨江区国民经济和社会发展第十三个五年计划》。

14日，区纪委四届六次全体会议暨作风建设大会在区文化中心召开。

25日，"文明出行 排队乘车"文明礼仪活动启动仪式在星光大道举行。

3月

2—3日，中国信息化百人会顾问、案例研究中心专家委员会主任毛光烈调研区软件和信息服务业重点企业。

3日，在智慧e谷大楼多功能厅召开区纪念"三八"国际妇女节106周年大会。

10日，南京市党政代表团到滨江区考察。

11日，浙江省经济和信息化委员会发布《2015年浙江省区域两化融合发展水平评估报告》，滨江区两化融合发展指数99.96，位列全省99个县级地区首位。

14日，UBMAsia公布2016年度大中华IC设计调查结果，士兰微电子获最高奖项——"2016年度大中华IC设计公司品牌"。

16—17日，中央主流媒体到滨江围绕信息经济、跨境电商综试区、创业创新、智能制造、现代服务业、文创产业等主题进行采访报道。

18日，滨江首个国家级服务业标准化示范项目获国家标准委批准立项。

22日，2015年国家火炬计划软件产业基地评价排序名单揭晓，杭州高新软件园产业发展水平指标连续三年全国第一。

23日，浙江省经济和信息化委员会、浙江省统计局发布《2015年浙江省信息化发展指数评价报告》，滨江区信息化发展总指数为1.977，位列各县（市、区）首位。

24日，杭州启明医疗器械有限公司和浙江大学医学院附属第二医院共同建立的“心脏瓣膜研究院”在万轮科技园正式启动。

25日,《中华人民共和国宪法》宣誓制度在滨江区正式实施。

28日,中国首届跨境电商创业创新大赛总决赛在滨江海创基地举行。

29日,河北省党政代表团到滨江区考察。

31日,在全省建设平安浙江工作会议暨G20杭州峰会维稳安保工作动员大会上,滨江区获“平安县(市、区)”称号,滨江区连续11年获此项荣誉。

△ 杭州市滨江区地方志编纂委员会成立。

4月

1日,香港杭州高新区(滨江)同乡会成立。

8日,“恒生高峰论坛”在白马湖生态创意城举行。

10日,中国车联网应用产业大会在白马湖建国饭店开幕。

12日,2015年度浙江省软件行业评优评审结果揭晓,安恒信息获“2015年度浙江最佳创新软件企业”称号,同时,安恒明御综合日志审计平台软件V3.0产品获“2015年度浙江最佳创新软件产品”。

15日,由浙江省经济和信息化委员会和省科协主办,滨江区和省汽车工业技术创新协会等承办的浙江省新能源汽车产业联盟成立暨技术对接活动在白马湖建国饭店举行。

16日,广西壮族自治区党政代表团到滨江区考察。

17日,全国政协促进网络文艺健康发展调研组到滨江区调研。

18日,滨江区成为杭州市首个受托外商企业登记区局单位。

20日,浙江吉利控股集团成为中国汽车行业第一家成功发行离岸绿色债券的公司,总额达4亿美元,以支持其英国子公司伦敦出租车公司开发具有零排放能力的经典伦敦黑色出租车。

21日,滨江区被浙江省质量强省工作领导小组列为第二批“浙江制造”品牌培育试点县(市、区)。

22日,国家地理展到滨江展出。

23日,文化中国——海外华文媒体采访团和中新社浙江分社采访团到滨江采访海外高层次人才创新创业基地和阿里巴巴集团。

24日,在区文化中心举行“五一”国际劳动节庆祝大会。

27日,国际漫画展、朱德庸慢生活馆、中日韩新人漫画家交流对抗赛在白马湖会展中心举行。

5月

7日,浦沿街道信诚社区和明德社区挂牌成立。

8日,由杭州瑞德设计有限公司设计的水槽洗碗机获首届中国设计智造大奖“金智奖”。

9日,浙江省经济信息中心首次发布“2015年浙江省县(市、区)经济竞争力、发展潜力和创新力30强”,滨江区分别以85.5分、80.32分和94.27分位列全省3个第一。

△《新闻联播》以《纳税500强 新税源折射新动能》为题,报道高新区(滨江)企业华三集团作为“纳税500强”案例,解析当前新动能成因。

10日,滨江区入选“全国社区教育示范区”,成为杭州市唯一入选单位。

14日,“喜迎G20!德坤太极杯”2016首届中美国际武术交流大会在滨江举行。

15日,高新区(滨江)举行“喜迎G20·书香科技城”全民阅读行动计划启动、杭州高新区(滨江)图书馆暨杭州图书馆科技分馆开馆仪式。

20—23日,高新区(滨江)举行2016第四届中国(杭州)白马湖车展。

26日,全区召开简政放权暨推广服务清单模式动员部署会。

△ 省委书记夏宝龙到滨江调研杭州海康威视数字技术股份有限公司、新华三技术有限公司等高新技术企业。

27日,中宣部副部长景俊海考察滨江文创企业。

△ 2016文明出行全省巡回宣传月活动在星光大道启动。

31日,首届“万步有约”职业人群健走激励大奖赛启动仪式在滨江举行。

6月

1日,发放滨江区首张不动产权属证书。

△美国总统奖获得者、国家首批“千人计划”专家倪军领衔的智能维护系统项目落户滨江。

6日，创新技术在中国暨中以科技项目对接会在诚高大厦中以国际创新园举行。

△科技部火炬中心对2015年度国家高新区评价结果进行了通报，杭州高新区在全国116个国家高新区中综合排名第六名。

△铁岭排灌站正式通水。

7日，全省首批服务业强县（市、区）试点地区名单正式发布，滨江列入Ⅰ类地区试点名单。

15日，位于滨江物联网小镇核心区杭州创业大街开街。

16日，杭州高新区国家知识产权服务业集聚发展试验区揭牌，成为全省首个国家知识产权服务业集聚发展试验区。

23日，亚奥理事会总干事侯赛因·穆萨拉姆到滨江考察2022年亚运会筹办工作。

27日，国家工商行政管理总局公示2014—2015年度国家级“守合同重信用企业”，杭州海康威视数字技术股份有限公司获“国家级信用称号”。

28日，滨江区举行庆祝中国共产党成立95周年大会。

7月

1日，“服务G20党员先锋亮党徽行动暨广场志愿服务活动”在星光大道举行。

21日，浙江省经济和信息化委员会、省统计局发布《浙江省2015年度工业强县（市、区）综合评价报告》，滨江区在公布的榜单中继续排名全省第一，实现“五连冠”。

22日，滨江举行全省扩大有效投资重大项目开工活动暨滨江区青少年活动中心开工仪式。

25日，2016滨江国际医创论坛启动仪式暨首次路演活动在海创基地举行。

27日，由滨江区新一轮“5050计划”引进项目杭州林东新能源科技股份有限公司自主研发的，具有自主知识产权的世界首台3.4兆瓦LHD林东模块化大型海洋潮流能发电机组在舟山成功发电。

28日，区科创中心众创空间正式启用。

△工业和信息化部发布2016年（第15届）中国软件业务收入前百家企业名单及发展报告，滨江区7家企业入围榜单。

29日，中共杭州市滨江区委四届十次全体（扩大）会议在区文化中心剧院举行。

30日，由区委宣传部主办，之江书画院承办的“喜迎G20·滨江文化行”书法美术比赛获奖作品展在区文化中心举办。

8月

9日，滨江召开区政情报告会，通报全区经济社会发展情况和为民办实事工程、建议提案办理情况。

△《新闻联播》以3分钟的时长报道滨江籍企业浙江公共安全技术研究院的“掌上110”挪车APP。

15日，美国硅谷SensOmics项目团队到滨江考察。

16日，首届全球精准医学高峰论坛在白马湖建国饭店举行。

17日，2016年度浙江省博士后科研项目择优资助名单公布，滨江博士后科研项目入选量居全市首位。

22日，2016年G20杭州峰会“碳中和”项目启动仪式在杭州低碳科技馆举行。

31日，吉利集团下属吉利新能源汽车销售公司与国家电网签订战略合作协议，双方在新能源汽车及充电基础设施的推广及运营方面展开全面合作，构建新能源汽车出行新模式。

9月

2日，澳门新闻通讯社、香港国际商刊、中国新闻社、中国经营报社等10余家G20杭州峰会媒体采访团到滨江区采访。

4日，位于滨江的“杭州印”建筑揭牌启用。

15日，美股收盘，滨江互联网企业阿里巴巴集团股票代码：BABA，在纽交所股价上涨0.18%，收盘价为104.64美元，市值约合2664.13亿美元，登顶亚洲所有上市公司市值首位。

19日，富阳区与杭州经济技术开发区、高新区（滨江）区域协作签约仪式在孙权故里龙门古镇举行。

20日，中央统战工作领导小组到滨江区调研。

△浙江省“十二五”电子商务百强表彰大会上，艺福堂获“浙江电商模式创新10强企业”称号。

21日，2016中国（杭州）网络安全和信息化高峰论坛在滨江银泰喜来登大酒店举行，论坛上成立国内首个网络安全人才培养实训基地。

22日，“牵手毕业生·相约在高新”2017届杭城高校毕业生招聘活动启动仪式在浙江工业大学举行，滨江区正式发布2017届高校毕业生需求。

23日，滨江区股份经济合作社规范提升工作会议在区文化中心召开。

24日，2016“两创杯”杭州创业马拉松暨创业陪跑基金启动仪式在杭州最美跑道——闻涛路鸣枪开跑。

25日，第五届中国创新创业大赛浙江赛区暨第三届浙江省“火炬杯”创新创业大赛决赛路演在区海创基地举行。

25—26日，国务院第九督查组到滨江区，围绕保持经济平稳发展、推进供给侧结构性改革、促进创新驱动发展、保障改善民生等方面开展督查。

26日，杭州市商事制度改革试点工作推进会在滨江区召开，会上推广“滨江经验”。

30日，杭州市政府与紫光股份签署战略合作协议，滨江区与紫光股份旗下新华三集团签订合作备忘录。

10月

8日，香港杭州高新区（滨江）同乡会向杭州市关爱警察基金会高新区（滨江）办事处捐款20万元，表达在港滨江人对家乡发展的关心和公益事业的支持。

10日，安徽省党政代表团到滨江区考察。

12日，全区服务保障G20杭州峰会总结表彰大会在区文化中心举行。

13日，全国排舞运动推广中心承办的2016年“舞动中国——排舞联赛”总决赛在滨江射潮广场举行。

15日，青海省党政代表团到滨江区考察。

19日，中国共产党杭州市滨江区第四届委员会第十一次全体会议召开，讨论决定召开区第五次党代会有关事项。

△ 滨江区举行重大项目开工仪式。

20日，在文化中心召开《杭州市滨江区志》编纂工作动员会，启动《杭州市滨江区志》编纂工作。

20—24日，第十届（2016）杭州文化创意产业博览会在白马湖国际会展中心举办。

21日，智慧科技峰会VR Talk论坛在白马湖建国饭店举行。

△ 2016两岸创意民宿产业发展论坛在白马湖国际会展中心举行。

22日，第三届中国创意设计峰会总论坛在白马湖国际会展中心举行。

△第十四届海峡两岸文化创意产业高校研究联盟论坛在白马湖建国饭店召开。

23日，2016杭州第二届版权合作与交易大会在白马湖国际会展中心开幕。

23—26日，香港创业青年代表团到滨江区对电子商务和金融科技进行考察。

26日，杭州电魂网络科技股份有限公司在上海证券交易所敲钟上市，成为国内首家独立IPO（首次公开募股）A股上市发行游戏企业。

27日，全球首例经导管主动脉瓣植入手术成功，此项技术来自杭州启明医疗器械有限公司。

28日，在电子信息行业总决赛中，杭州瑞杰珑科技有限公司获国家赛行业决赛总冠军。

31日，由中国科学院、滨江区政府和辉瑞全球研发联合主办的科辉创新生物医药高峰论坛在白马湖建国饭店召开。

11月

3—6日，2016杭州国际照明展览会在白马湖国际会展中心举行。

3—9日，福州、泸州、开封三地代表团到滨江区考察。

5—8日，第14届中国国际农产品交易会在昆明举行，会上滨江区“祖名”素肉获农产品交易会金奖。

7日，新能源及节能环保行业总决赛在西安进行，杭州林东新能源科技股份有限公司获第一名。

9日，2016浙江·杭州国际人才交流与项目合作大会在国际博览中心开幕，当天签约项目187个，签约总金额20.5亿元。

10日，省科技厅公布2016年省级科技企业孵化器认定名单，“5050计划”加速器、江虹国际创意园被认定为2016年度省级科技企业孵化器。

△“硅谷精英沙龙”在海外高层次人才创新创业基地举办。

13日，白马湖诗社成立大会暨“诗意江南”首播盛典在滨江举行。

16日，海关总署调研组调研滨江区外贸工作。

18—19日，由滨江物联网产业知识产权联盟承办的第四届知识产权和标准领导人一对一高端峰会在白马湖建国饭店举行。

18—20日，第37届中国浙江国际自行车新能源电动车展览会在白马湖国际会展中心举办。

19日，第三届“2016A股上市公司未来成长价值排行榜暨行业先进性排序”在杭州发布，杭州海康威视数字技术股份有限公司荣登2016年A股上市公司未来价值排行以及A股最佳上市公司榜首。

27日，2016年浙江省秋季科技成果竞拍会在浙江科技大市场举行，全国人大常委会原副委员长、中国产学研合作促进会会长路甬祥实地考察并观摩拍卖会活动。

28日，《人民日报》在头版显要位置刊登《破除机制障碍，优化人才生态——杭州滨江区：创新写进发展基因》，报道滨江经验。

29日，滨江区被省政府评为2012—2015年度“全省无偿献血先进区”。

△省科技信息研究院、省科技发展战略研究院联合发布《2016年浙江省企业技术创新能力评价报告》，公布2016年浙江省企业技术创新能力百强榜及各单项指标十强企业榜单，滨江11家企业进入省技术创新能力百强榜单。

30日，全球知名工业媒体A&S《安全自动化》（MFNE法兰克福新时代传媒）发布2016年度全球安防50强榜单，杭州海康威视数字技术股份有限公司跃居全球榜单首位。

△浙江大学技术转移中心和华业高科技产业园在华业大厦联合举行“浙江大学技术转移中心华业工作站”揭牌仪式。

△由中国WiFi产业联盟主办、猛科技承办、新华三集团战略合作的第四届中国WiFi产业峰会（2017白马湖峰会）在滨江举办。会上，举行“物联网与智能硬件高峰论坛”“投融资项目路演暨新品发布（网络直播）专场”论坛。

12月

1日，《杭州高新区（滨江）关于引导和鼓励社会力量参与公共文化项目的暂行办法》发布实施。

△滨江区首家“两证整合”个体户诞生。

2日，浙江省经济和信息化委员会、省统计局联合发布《2016年浙江省信息经济发展综合评价报告》，在全省90个县（市、区）信息经济排名中，滨江区再次位列榜首。

7日，《2016—2017年度滨江区事业单位紧缺专业人才导向目录》发布实施。

△国家知识产权局公布《关于第十八届中国专利奖授奖的决定》，滨江区10项专利项目获中国专利优秀奖，获奖数列全省首位。

8日，首家园区科学技术协会——天和科技园科协成立。

9日，滨江区174家（新认定企业104家）通过2016年国家高新技术企业认定，认定企业总数及新认定企业均居全省各区县首位。

12日，2016央视财经论坛暨中国上市公司峰会在京举行，会上发布“2016CCTV中国十佳上市公司”榜单，杭州海康威视数字技术股份有限公司位列其中。

△社区微公交1503（M）线开通。

15日，《杭州高新区（滨江）进一步深化公务用车制度改革实施方案》发布。

△区五届人大代表选举工作完成。

16日，位于白马湖生态创意城的华数数字电视产业园投入使用。

17日，香港·杭州——创新创业服务中心落户滨江海创基地。

△在浙江省“两美浙江魅力水乡”“网民看水乡——‘五水共治’微新闻大赛”活动中，由滨江发布制作的《夏宝龙伯伯给我们回信啦》获大赛优秀奖，是杭州13个区县市唯一获奖单位。

23—25日，第二届中国“收藏·鉴定·市场·拍卖”高峰论坛在滨江举行。

24日，滨江宝龙城城市综合体正式营业。

28日，英飞特电子（杭州）股份有限公司在深交所上市。

28—29日，中国共产党杭州市滨江区第五次代表大会在白马湖建国饭店举行。

30日，区劳动纠纷调解中心成立运行。 （陈金春）

2016年十大民生实事

【概 况】 2016年1月10—12日，区四届人大五次会议审议通过的《政府工作报告》确定2016年10件为民办实事工程。内容涉及环境改善、学校建设、就业帮扶、商贸配套、交通出行、住房保障、丰富群众文体生活、提升公共卫生服务、加强助老助残助困、强化食品安全治理10个方面共41个子项目。为抓好此项工作的落实，2月6日，区政府下发《关于印发2016年政府为民办实事工程实施方案的通知》（滨政办〔2016〕2号），明确政府实事工程具体任务构成、时间进度节点和相关责任单位，并要求各职能部门进一步深化完善具体实施方案，确保实事工程圆满完成。根据“实施方案”，区政府办公室从4月开始，每月对为民办实事项目完成情况开展一次专项督查，做到“一月一督查，一月一通报”，及时解决项目推进过程中出现的困难和问题。11月9日，区政府常务会议专题研究实事工程办理进展情况，进行每周一次专项督查，力促为民办实事工程保质保量完成。区考评办将为民办实事工程纳入年度综合目标责任考核内容。

至12月底，10件政府实事工程41个子项目中，40个项目完成年度目标任务，占总数97.6%。“新开工振浦小学、振浦中学及幼儿园”子项目，因原地块原因调整。

2016年区政府为民办实事工程完成情况

表6

实事工程项目	内容及要求细化	责任单位	至12月31日完成情况
加强环境改善	完成西兴互通立交绿化工程	城建指挥部	已完成
	完成江南大道街容提升工程	城建指挥部 城管局	已完成
	完成闻涛路改造提升工程（一、二期）	高新总公司	已完成
	完成北塘河滨水景观工程（一期）	互联网指挥部	已完成
	完成11条道路路面整治工程	城管局	完成滨康路等11条道路路面整治工程
	完成奥体博览城中心主体育场亮灯工程	奥体指挥部	已完成
	完成钱塘江南岸江堤及楼宇、江南大道楼宇、西兴互通立交、时代大道高架亮灯工程	城管局	已完成
	对20条（段）道路全面实施雨水管网清淤及封堵清除	城管局	完成滨和路等20条道路的43千米管道清淤，清除淤泥6600余立方米

续表6

实事工程项目	内容及要求细化	责任单位	至12月31日完成情况
加强环境改善	对秋溢路与时代大道、江南大道与网商路、安业路与科技馆街交叉口3处积水点进行治理	城管局	已完成
	对太庙桥河、西兴后河2条河道实施生态治理	城管局	已完成
	完成3条河（段）河道综保工程	住建局	已完成风情河、汤家河、四季河3条河（段）河道综保工程
加快学校建设	新开工春晖小学、振浦小学、振浦中学及幼儿园	教育局	春晖小学招投标结束，中标通知书已发，施工合同签订，施工单位已进场，开工建设。振浦小学、振浦中学及幼儿园因项目环境调查评估结论为不适宜作为中小学用地，报区政府同意终止实施，由规划另行选址
	加快钱塘实验小学及幼儿园、滨和中小学、滨文中学、滨江实验学校建设	教育局	钱塘实验小学及幼儿园地下室主体施工基本完成，地上主体工程完成87%，滨和中小学地下室主体完成，上部主体完成87%，滨文中学围护桩已完成，土方开挖，基础施工，滨江实验学校建设工程规划许可证、施工许可证已办，围护桩完成60%
	丹枫实验小学和官河锦庭幼儿园投入使用	教育局	丹枫实验小学和官河锦庭幼儿园9月已开学
持续促进就业	全年举办各类人才招聘活动100场，引进各类人才2万人，其中，中高级人才3500人以上	人社局	举办各类人才招聘活动140场，引进各类人才2.53万人，其中，高级人才3861人
	全年新增就业岗位1万个，帮助失业人员实现就业3000人，其中：就业困难人员2300人（拆迁户家庭不少于700人），培养高技能人才1000人	人社局	新增就业岗位1.62万个，帮助失业人员实现就业3314人，其中：就业困难人员2434人（拆迁户家庭1495人），培养高技能人才3468人
完善商贸配套	世茂中心、宝龙城城市综合体建成开业	商务局	世茂中心6月份以来，COSTA、新远影城等近一半商家陆续开业。宝龙城城市综合体12月24日正式开业
	中赢康康谷商业中心建成开业	长河街道	已建成开业

续表6

实事工程项目	内容及要求细化	责任单位	至12月31日完成情况
完善商贸配套	新开业共联农贸市场，新建成晶都农贸市场	西兴街道 长河街道	共联农贸市场开业投用，晶都农贸市场完成建设和装饰，招商同步进行
改善交通出行	新增公共自行车服务点25座，新增（更新）公共自行车1000辆	住建局	25座公共自行车服务点已投入运营，新增公共自行车1000辆
	新建（续建）公共停车场3座，新增停车泊位不少于600个	住建局	已完成，新建公共停车场17座，新增公共泊位3141个
	新增（优化）公交线路3条	住建局	已新增公交线路355路，优化调整96、327路公交线路
	完成全区主要道路标识标牌标准化改造	城管局 交警大队	已完成
加强住房保障	开工建设新生、浦联、杨家墩、汤家桥、塘子堰、长一等区块农转居拆迁安置房50万平方米，力争再开工建设岩大房、长二、西兴等区块30万平方米	建管中心	确保开工项目：完成开工50.63万平方米（占101%）。包括：八区块三期一标（杨家墩）7.39万平方米、十三区块三期（浦联）7.58万平方米，在上半年开工建设，九区块耀洋地块扩点（新生）11.53万平方米已开工，十区块六期一标、二标（岩大房）20.24万平方米已开工；八区块三期（二期）3.9万平方米开工 其他确保项目：长一区块12万平方米完成可研批复，方案正在完善中；十一区块西扩（汤家桥）7万平方米设计方案基本完成；十五区块五期（塘子堰）30万平方米方案设计基本完成，因涉及文保地块，文保勘察基本完成 争取开工项目：长二地块方案已经区纪要〔2016〕14号明确同意，中心正在开展所涉安置房地块控规调整编制；六区块扩点五期（西兴）8万平方米已完成选址意见书规划条件申领，完成设计招标、方案设计，农转用报批经与街道对接，街道完成前期资料搜集、上报，已组件上报
	竣工30万平方米	建管中心	竣工34.3万平方米（占114%）：三区块六期建筑面积15万平方米；十区块三期（部分）建筑面积5.8万平方米；十四区块四期（部分）建筑面积13.5万平方米
	交付20万平方米	建管中心	完成交付20.6万平方米（占103%），其中五区块七期交付13.74万平方米，七区块八期配套用房1.1万平方米，十区块三期部分5.8万平方米

续表6

实事工程项目	内容及要求细化	责任单位	至12月31日完成情况
加强住房保障	安置1200户	建管中心	完成安置1616户（占135%），其中西兴街道449户，长河街道780户，浦沿街道387户
	西兴区块公共租赁房10.4万平方米竣工，浦乐单元公共租赁房一期6.1万平方米竣工	住建局	西兴区块公共租赁房已完成五方（项目建设单位、施工单位、监理单位、设计单位、勘查单位）验收。浦乐单元公共租赁房一期已完成五方（项目建设单位、施工单位、监理单位、设计单位、勘查单位）验收
	实施3个农转居小区（苑）环境整治提升工程	建管中心	完成缤纷北苑、迎春小区、滨兴小区环境整治提升工程
丰富群众文体生活	建设闻涛路慢跑道（骑行道）约4.8千米，新建（更新）健身苑点32处	社发局	完成闻涛路慢跑道（骑行道）10.8千米建设。更新健身苑点32处（六和钱塘湾、中兴沿江景观、南岸晶都、江南豪园、缤纷小区、东冠公园、缤纷西苑、钱潮仁苑、春波南苑、滨兴小区、鸿雁苑、滨康小区、迎春南苑、湘云雅苑、火炬小区、彩虹城、滨盛小区、东冠文体、浙新小区、迎春小区、迎春北苑、缤纷北苑、滨兴北苑、湘云雅苑、襄七房菜场、陈家村、铂金名筑等）
	区图书馆全面开馆运行，全面开通社区图书室“一证通”服务，继续实施文化“个十百千万”工程	社发局	区图书馆已全面开馆运行。符合条件的26个社区图书室已全面开通图书“一证通”服务。实施文化“个十百千万”工程，完成5个社区文化活动场所提升（改造）工程，10个社区文艺培训点设置（温馨社区、星民社区、闻涛社区、中兴社区、西浦社区、滨文社区、中控集团、吉利集团、祖名股份有限公司、元博圣德控股集团），组织文化活动104场，放映电影1020场，“文艺大课堂”进社区活动开课610堂课，参与培训1.1万人次
提升公共卫生服务	提高群众应急救护技能，设立应急救护培训基地4个，开展救护员培训20场和普及培训25场，培训救护员600人次，普及培训8000人次	社发局	完成4个应急救护培训基地建设并已开展培训工作。在辖区企业、园区、学校、社区、机关全面开展应急救护培训工作，开展救护员培训23场、普及培训67场，培训救护员675人次、普及培训9145人次。举办全区性应急救护技能竞赛1场，应急逃生演练1场。在公共场所配置AED心脏除颤仪2台
	实施医联体建设	社发局	推进与浙二滨江医院区域医联体建设，就“区院医疗合作”项目和浙二滨江医院进一步对接，项目内容主要包括：高层次人才医疗保健服务、人才培养、机构管理、双向转诊、信息化建设、卫生应急等，目标为打造省级三甲医院和社区卫生服务中心“区院医疗合作”示范基地。进一步深化与市三医院紧密型医联体合作，市三医院专家定期坐诊社区卫生服务中心，共下派专家坐诊60人次，开展业务培训8次，组织放射影像、心电远程会诊591次

续表6

实事工程项目	内容及要求细化	责任单位	至12月31日完成情况
提升公共卫生服务	推进区公共卫生中心、西兴街道社区卫生服务中心建设	社发局	地上主体工程已结顶
加强助老助残助困	建成阳光家园并投入运营	民政局	完成总投资3.31亿元，已试营业
	为全区低保家庭购买人身意外伤害保险	民政局	为全区困难人员989人（包括低保家庭及部分市区两级重病困难家庭）办理人身意外伤害及身故险服务，11月1日开始享受
	为全区残疾人免费开展健康体检服务，为卧瘫残疾人提供康复服务进家庭	民政局	全面完成全区残疾人健康体检活动，共体检人数1384人，全面开展为卧瘫残疾人提供康复服务进家庭活动，服务256人每次（已完成）
	为2500名老年人提供居家养老服务	民政局	已完成，为2863名老年人提供居家养老服务
强化食品安全治理	新建中小学阳光厨房建设率达到100%	市场监管局	已完成
	建成并向市民免费开放8家农贸市场快速检测室	市场监管局	已完成，共计开放9家农贸市场快速检测室
	食品定量检测5.5批次每千人，其中监督抽检4批次每千人以上，不合格食品核查处置率100%	市场监管局	辖区本级开展食品定量检测1319批次，完成区全年计划检测数的101.5%，，已提前超额完成检测任务。其中，监督抽检为1180批次，发现不合格食品28批次，按照法律法规全部进行处置，处置率达100%

（来佳琪）

区情概览

自然概貌

【位置面积】 滨江区位于钱塘江下游南岸，地处北纬30°08′20.4″～30°14′20.4″和东经120°07′4.8″～120°13′55.2″之间。东、南面与杭州市萧山区北干街道、蜀山街道及闻堰街道接壤。西、北濒钱塘江与杭州市西湖区、上城区、江干区隔江相望。境域东西最大距离10.4千米，南北最大距离10.4千米。总面积72.2平方千米，钱塘江水域面积11.3平方千米，占15.7%，内陆区域面积60.9平方千米，占84.3%。其中：内陆区域内河道和湖泊面积2.6平方千米，占3.6%，林地面积3.0平方千米，占4.2%。（面积数据来源于第二次全国土地调查成果）

【地貌特征】 滨江区地处萧绍平原西沿，北靠杭州复向斜丘陵，南依浦阳江平原。境内以平原为主，有少量低丘，地貌类型单调，界线清晰。以西江塘、北海塘为界，分为里畈片地貌和沙地片地貌。里畈片位于老虎洞山、美女山、狮子山一线以北至西江塘北段一带，为由富春江、浦阳江夹带的泥沙和湖沼堆积形成的冲——湖积平原，有星散分布的孤丘。平原表面平展，西北部地势略高，为6.2～6.8米，白马湖一带稍低，湖面常年正常水位5.6米，格子状、枝叉状水系密布，由西向东汇注白马湖。沙地片分布于浦沿街道半爿山至西兴街道西江塘以北的南沙冲——海积平原西端，呈东西向伸展，宽2.6～4.8千米，由钱塘江、东海涌潮挟带的泥沙堆积形成。平原表面微微起伏，南部地势略微高起，河渠纵横，池、湖、浜散布。濒临钱塘江水域，沉积物明显变粗，主要为细砂和粉砂，土质松散。

【植物资源】 滨江区植物资源丰富，有种子植物2.5万余种，主要为竹木、花卉和中草药。树木主要有松、槐、樟等41种，果木有杨梅、樱桃、枇杷等14种。竹子，明清时期是制作“西兴灯笼”（篾壳）的主要原料，品种以毛竹为主；此外还有刚竹、慈竹等17种。花卉主要品种有茶梅、君子兰、文竹等167种。中草药主要有金银花、鱼腥草、何首乌等46种。

【野生动物资源】 20世纪80年代中期前，滨江区主要动物有100余种，水生动物有鲈鱼、鳜鱼、鳊鱼等34种；兽类有黄鼠狼、狼狗等10种；鸟类有大雁、燕子、乌鸦等23种；蛇虫类有水蛇、蝴蝶、蚯蚓等34种。

【矿产资源】 滨江区境内蕴藏少量沼气，据1970—1971年调查钻探，在长河街道境内有2处，分布在长河高级中学（今长河医院）内和长河供销社与长河饮食商店（离长竿池西南侧110米处）内。冠山岩石，明清时期曾作工艺石料和建筑石料。至2016年，北麓岩石，长一村开采石英矿创办石英厂；西兴赵家湾山曾开塘采石，供建筑之用。

【气候特征】 滨江区属亚热带季风性气候，四季分明，温暖湿润。2016年，滨江区总体气候特点是：年平均气温偏高，6月11日入梅，7月1日出梅，梅汛期20天，比常年偏短5天，梅雨量偏少15%。夏季高温特征较为明显，高温日数39天，比常年明显偏多。汛期内滨江发生3次明显的暴雨及强对流过程，主要受“莫兰蒂”“鲶鱼”两个台风影响。全区年平均气温18.2℃，比常年偏高1.2℃。全区极端最高气温40.3℃，出现日期分别为7月24日和7月27日。极端最低气温-8.2℃，出现日期为1月25日。全区年降水量1797.3毫米，比常年（1438）偏多25%，滨江区年雨日数170天，比常年均值偏多22.6天。全区年日照时数1522.4小时，比常年（1709.4小时）偏少11%。

（蔡佳佳　俞　布）

【水资源】 滨江区水文资源丰富，河流众多，统属钱塘江水系；地下水主要类型有孔隙潜水、孔隙承压水、基岩裂隙水和石灰岩岩溶水。有白马湖、井山湖、詹家湖等湖泊，42条河流。主要河流：

浙东运河，又名萧绍运河、西兴运河、官河。西晋怀帝永嘉年间（307—312），由会稽内史贺循主持开凿。运河自会稽郡城西郭门起，经柯桥、钱清（时属萧山），止于西兴，全长50千米。其中：萧山境内段由偏西北走东南向，南紧贴白马湖、西城湖（湘湖前身），长21.6千米。滨江区内段宽16～20米，长1.42千米。

前解放河，开挖于1957年，由西兴闸至萧山区新街街道，全长14.27千米，河面宽28米，水深1.5米。滨江区境内东至风情河，西至江陵路，长为1.8千米。

北塘河，原名东永久河，又名大寨河，开挖于1977年。西起江边排灌站，东至党山前兴村，流经长河、西兴、新街、瓜沥等街道，全长36.2千米，水深2.5米，河宽40米。滨江区境内段长5.5千米，流经江三、江二、江一等社区，向东流经西兴街道共联、协同2社区而进入萧山区。

永久河，西起浦沿排灌站，东至江边排灌站，系1957年、1977年人工2次开挖。境内长6.81千米，河面宽20米。

新浦河，1987年3月开挖，1993年4月河两岸砌石加固。北起永久河，南接山北河，全长5千米，河宽15～20米，流经新生、浦联两村。

冠山河，初称新店河，20世纪50年代农业集体化前，河床狭窄、水浅。1957年，将其拓宽挖深。东至腾龙路，西至詹家湖，全长700米，河面宽15米。

（以上除署名外均由陈志根撰稿）

建置区划

【建置沿革】 新石器时代滨江境内已有人类活动。春秋战国时，为无余（?—前361）所建越国属地。战国中期，楚威王（前339—前329）灭越，境域属楚。秦始皇二十六年（前221），置会稽郡，境域属会稽郡。西汉初至元始二年（2）间，始建县，名余暨，境域属余暨县。新王莽始建国元年（9），改余暨为余衍，境域属余衍县。东汉建武年间（25—56），复称余暨，属会稽郡。三国，吴黄武年间（222—229），改名永兴，属会稽郡。县治设古长兴乡（今滨江区浦沿街道境内），境域属永兴县。西晋，属会稽郡。唐仪凤二年（677），复设永兴县，属越州，其间废县89年，隶属不变。唐天宝元年（742），改永兴为萧山，越州亦改为会稽郡，境域属会稽郡萧山县。五代时，萧山属吴越国镇东军，境域属镇东军萧山县。北宋太平兴国三年（978），吴越国除，镇东军仍改为越州，境域属越州萧山县。时萧山县实行乡里制，滨江境域设夏孝乡（西兴、长河一带）、长兴乡（浦沿一带），仍隶属萧山县。南宋绍兴元年（1131），改越州为绍兴府，萧山均其属县，滨江境域属绍兴府萧山县。元至元十六年（1279），改绍兴府为绍兴路，萧山属绍兴路。此年改乡为都、改里为图，改夏孝乡为三都，辖11图；改长兴乡为四都，辖6图；设西兴场（煮盐），隶属不变。明至清末，沿袭元制。清康熙间西兴设市，雍正七年（1742）称西兴庄；道光十一年（1831）称长兴乡为"浦堰"；清咸丰十一年（1861），太平军占领萧山，改县名为莦珊县。境域属莦珊县。同治二年（1863），太平军退出，复称萧山县，境域仍属萧山。同治二年（1863）至光绪间（1875—1908）长河设镇；光绪二十四年（1898）改"浦堰"为"浦沿"，隶属不变。宣统二年（1910），根据《城乡镇地方自治章程》《府厅州县地方自治章程》，县以下设乡，时滨江境内有西兴乡、长河乡、长兴乡，隶属萧山县。

中华民国成立初（1912），废府，萧山为省直辖，滨江境域属萧山。民国3年（1914），省下设道，萧山属会稽道；民国16年（1927），废道，萧山复由省直辖。隶属不变。民国17年（1928），推行村里制，县下设区，区下设村、里，时设西兴里、长河里、浦沿里，属萧山县第二区；民国19年（1930），将村、里、自治会改编为乡镇，滨江设2镇1乡。民国21年（1932）2月，长河设区，辖冠山、长河、傅许、沿山4乡135闾，归属不变。民国24年（1935），省设行政督察区，萧山属第三行政督察区；民国37年（1948），萧山复归省直辖县，境域归属依旧。

1949年5月5日，萧山县解放，由省直辖。同年5月，长河设区，隶属萧山。6月，萧山划入绍兴专区。1957年，划入宁波专区。1959年改属杭州市，滨江境域均属萧山县。1958年10月1日，实行政社合一的人民公社体制，长河区所辖西兴、长河、山河、浦沿、闻堰5个乡镇，联合成立长河人民公社，隶属萧山县不变。1984年3月，改公社为乡，滨江境域有西兴、长河、浦沿3乡。1985年6月，改乡为镇，称西兴镇、长河镇、浦沿镇，仍属萧山县。1988年1月，萧山撤县设市（县级），境域属萧山市，直至1996年5月9日。（来小钦）

【滨江设区】 1996年5月9日，经《浙江省人民政府关于扩大杭州市市区行政区划的批复》（浙政发〔1996〕84号）批准，西兴、长河、浦沿3镇从萧山市中析出，划归杭州市西湖区管辖。同年同月24日，根据《浙江省民政厅关于同意将杭州市西湖区西兴镇的东湘、杜湖、湖头陈三村划归萧山市城厢镇的批复》（浙民行字〔1996〕9号），西兴镇划出东湘、杜湖、湖头陈3村，并归萧山市城厢镇。同年12月12日，经国务院国函〔1996〕121号批复，以西兴、长河、浦沿3镇地域设滨江区，因地濒钱塘江，故名“滨江”。2002年6月，根据杭州市委〔2002〕12号文件决定，对杭州高新技术产业开发区和滨江区的管理体制进行调整：杭州高新技术产业开发区党工委、管委会作为市委、市政府的派出机构性质不变；杭州高新技术产业开发区党工委、管委会班子成员和滨江区党委、政府班子成员实行全交叉兼职；既按高新技术产业开发区模式运行，又行使地方党委、政府职能，称杭州高新技术产业开发区（滨江），简称“杭州高新区（滨江）”。2003年11月18日，根据浙政函〔2003〕191号批复，撤销杭州市滨江区西兴镇、长河镇、浦沿镇建制，其行政区域改由滨江区政府直辖。同年12月3日，杭政函〔2003〕170号批复，设西兴街道、长河街道、浦沿街道。街道驻地、管辖区域、四至界限与原建制镇同。（来小钦）

【行政区划】 1996年12月12日，根据国函〔1996〕121号批复建立滨江区，辖西兴、长河、浦沿3镇、8个居民村、29个行政村。2003年11月18日，经浙江省政府浙政函〔2003〕191号批复，撤销西兴、长河、浦沿镇建制，同年12月，即建西兴、长河、浦沿街道。至2016年末，全区有西兴、长河、浦沿3个街道，59个社区。其中，新增观潮社区和江汉社区。

2016年滨江区社区情况

表7

街道	数量（个）	社区名称
西兴街道	16	西陵社区、水电社区、庙后王社区、西兴社区、襄七房社区、温馨社区、马湖社区、七甲闸社区，新州社区，金东方社区，星民社区、共联社区、协同社区、滨和社区、丹枫社区、奥体社区
长河街道	22	天官社区、中兴社区、长河社区、江一社区、江二社区、江三社区、长一社区、长二社区、闻涛社区、月明社区、晶都社区、张家村社区、汤家井社区、塘子堰社区、汤家桥社区、傅家峙社区、白马湖社区、钱潮社区、冠山社区、山一社区、观潮社区、江汉社区
浦沿街道	21	新浦社区、之江社区、联庄社区、冠二社区、杨家墩社区、岩大房社区、东冠社区、滨文社区、彩虹社区、滨盛社区、六和社区、新生社区、西浦社区、向南社区、东信社区、冠一社区、浦联社区、山二社区、明德社区、信诚社区、江南社区

（占监楼）

历史文化

【西兴运河】 浙东运河又名杭甬运河，是位于浙江境内的一条运河，西起滨江区西兴街道，经绍兴、余姚、宁波等市，至甬江入海口，全长230余千米。运河沟通了绍兴鉴湖、萧山湘湖与曹娥江、钱塘江水系，不仅是浙东物资运输的主要通道，还灌溉了萧、绍、甬三地百万多亩良田。自西兴起，经萧山至绍兴一段，通常称为西兴运河。

浙东运河最初开凿的部分为位于绍兴市境内的山阴故水道，始建于春秋时期（前486）。吴国国君吴王夫差在都城邗城（今江苏扬州）开凿邗沟，连通长江与淮河，是京杭大运河的历史起源。吴王夫差开凿邗沟时，越王勾践为富国强兵，动员军民开凿山阴故水道。西晋时，会稽内史贺循主持开挖西兴运河，此段运河与上虞以东越王勾践时期开凿的运河沟通，同时姚江、甬江的自然水道也得到整治，形成纵横交错的水网，浙东运河基本成形。唐代开始，浙东运河日益繁忙。南宋建都临安，朝廷屡次对运河进行整修，航运条件大为改善，浙东运河成为当时重要的航运河道。元代至清代，浙东运河重要性有所下降，但仍然保持畅通。直到近代，在新式交通方式的冲击下，运河作用逐渐被取代。

浙东运河到达西兴后，运河水路走到了尽头，再往西就是钱塘江，最终通过钱塘江与京杭大运河相连。由于地势原因，浙东运河水位低，钱塘江水位高，尤其是涨潮后，钱塘江水位更高，不能直接行船通航，只能在钱塘江入口的西兴对货物进行中转，特殊的地理位置，使古镇西兴成为运河繁忙的物流中心，货物通过挑夫肩挑，牛车拉的形式换船换河，继续航行。久而久之，形成了“过塘行”这一特殊的行业。西兴过塘行在清朝时达到鼎盛，当时的西兴，不仅是运河的物流中心，也是名满江南的货物集散中心。

西兴过塘行，是专替过往客商转运货物的“转运行”，主要任务是将浙东南富庶地区的物资转运到钱塘江以北，再运到京杭大运河沿线的城市，成为运河大动脉上的重要关节。全盛时期，西兴拥有七十二爿半过塘行。这些过塘行有很细的分工，其中：转运客人、禽蛋的有8家；转运茶叶、烟叶、药材的有4家；转运牛、羊、猪、鱼秧的有12家；转运酒酱的有6家；转运棉花、蚕丝、绸缎的有7家；转运百杂、灯笼、木器、锡箔、扇骨的有29家；转运建筑材料的有3家；转运其他的有2家；转运银圆的1家。半爿过塘行是“黄鳝行”，因鳝鱼是季节性货品，不是全年营业，故有七十二爿半之说。过塘行有大有小，大的过塘行还养有水牛，那是因为挑夫把货物运到钱塘江边，遇到江边滩涂难行，就可以用水牛拉车的方式将货物拉到钱塘江边的货船上。数百年来，浙东地区的粮食、棉花、丝绸、盐、酒、山货都通过西兴过塘行转运到杭州及中原各地，中原各地的物资也通过西兴过塘行转运到浙东地区。

随着公路、铁路的开通，钱塘江北移等原因，浙东运河货、客运输日渐减少，过塘行的生意也日益减少，相应的茶坊酒肆、饭店旅馆也日益不景气了。1940年，日寇占领西兴，商民转移，店铺歇业、倒闭，浙东运河封航。抗战胜利后，虽烟叶、棉花、大米、南货、油烛等业恢复较快，龚耀记、童炳记香烟业一度号称“西兴烟王”，随着运河功能的丧失，西兴过塘行逐渐萧条。2003年，杭州市出台《杭州历史文化名城保护规划》，西兴老街列入保护名单，沈惠全、孙太和、俞仁源等过塘行老房子陆续得到保护。

2008年11月，作为京杭大运河的延伸段和大运河与海上丝绸之路联通的通道，浙东运河被列入中国大运河申遗项目，申报世界文化遗产。2013年3月，大运河—西兴码头与过塘行建筑群被纳入第七批全国重点文物保护单位，成为大运河项目的一部分。2014年6月，中国大运河项目成功入选世界文化遗产名录。至2016年底，浙东运河西兴段得到了全面修缮与保护。

（来玉兰）

【长河老街】 吴越国时期（907—978），长河就有村落。北宋太平兴国三年（978），称夏孝乡，集市贸易主要在双庙塘进行。南宋，大批北方官宦望族随驾南迁，定居长河，人口增加，集市贸易兴起，商贸活动扩展到槐河、泽河。明代长河老街泽街和槐街的街市格局形成，街市兴旺。同治二年（1863），长河（槐河、泽河合称）设镇，临街设市，以河名镇。长河老街是以来氏、汤氏聚族而居的血缘村落为基础发展而成的。当地以科举入仕的官宦，成名后建官邸，小本起家终成富商巨贾的建府第开店铺，都临街而建，形成规模。“来氏”家族历经八百年，人文荟萃，代际传承，门庭显赫，官邸栉比。南宋嘉泰二年（1202）至清光绪三十年（1904）的七百年间，长河来氏受皇上封诰101道，有进士21人，武进士3人，举人39人，武举人18人，贡生97人。明、清及民国初期，来氏一族前后出仕387人，官至礼部尚书、内阁大学士、太常寺少卿、布政使等。由于“同氏、同族、同宗”相聚集，一般各房都建有自己的“厅”“堂”，本房成员的宅院围绕厅堂而建，形成一个个墙门。槐街，南北走向，又称横街，长200余米，槐街种满槐树，店铺林立，为来氏、汤氏等士绅或官宦传人开设，两岸布满义学、书院，故称“江南槐市”。泽街背靠泽河，东西走向，长300余米。槐、泽两街相交于财神桥头，成“丁”字状。街宽2米多，有120余家店面，店面基本上二层砖木结构。清道光年间（1821—1850），泽街上有来源远杂货店、仁号盐行等店铺。清末民国初（1840—1919），店铺毗连，商贾云集。南货店有七八家，周源源南货店双开店面，资金雄厚，有店员14人，资金3000银圆，并在闻堰等地开设分店，南北货品档次齐全，物美价廉。来哲甫在大夫第集股开设纶昶茧行，雇佣职工100余人，收购四乡蚕茧加工烘干后运往杭州丝厂。咸春堂药店、养元和药店、亦仁堂药店享誉四邻。茶店有龙泉园、第一楼、金乐园等。酱园知名的有大昌分号、宋文盛分号。王大娘酒店、周振兴油烛店、仁泰锡箔店、信号锡箔店、来亭鹤柴行，老永盛花轿行等都很有名气。其他杂货夫妻店、父子店等遍布全镇，特色烟行有来锡茂开设的源泰烟行。清末民国初有广盛、恒康、孔生茂等以收购烟叶为主的地货行。

2004年开始，长河街道划出专门区块作为古镇老街的核心保护区块，进行修缮性保护。以“河+街”“宗族聚落”为基本格局，集中体现杭州清末民初江南水乡小镇商业特色及宗族历史风貌特色。重点保护区18.38万平方米，以泽街—山下里与长河、槐河街交叉口为中心的区域，南起规划乳泉路、长河卫生院北、经长江南路向东折至长河，北至世科大池、滨文路，东起长江路西60米、源泰墙门折东至长江路，西至长河电影院（包括长江路东的月湾潭）。传统风貌协调区10.35万平方米，东起月湾潭、长江路，西至四季大道东绿带；南起规划乳泉路、月湾潭长河以南30米，北至滨文路、天官路东延伸线。保护以九厅十三堂和荷花池、大夫第为代表的传统民居建筑；保护泽街—山下里、长河—槐河街等传统街巷和沿河两岸的传统建筑风貌、空间尺度；恢复、整修传统建筑；整治、拆除后期添建和新建风貌不协调的建筑。至2016年末，街区内有1处市级文物保护点（单位），18处杭州历史保护建筑，天官第、槐河、长河、冠山寺4处地名被纳入杭州市首批地名文化遗产保护名录。（占监楼）

【铁岭关遗址】 铁岭关又名铁陵关，位于西兴老街区西侧，是西兴作为古钱塘江边军事重镇的重要见证，吴越争霸时期（前496—前473）为固陵城的唯一关隘，至清代一直是西兴及浙东运河源头的标志性建筑。相传春秋末期，吴越战事不断，越王勾践命大夫范蠡在今西兴筑起一座城堡，名为固陵城，用以拒吴。据《越绝书》载：“浙江南路西城者，范蠡屯兵城也，其陵固可守，故谓之固陵。”后人尊范蠡为固陵城的守护神，西兴一直建有城隍庙祀奉范蠡。至五代十国时期，吴越国王钱镠增筑，关楼名“玩江楼”，因关外有“玩江亭”而名，后为潮水所毁。明弘治十年（1497）萧山县令邹鲁重建，改称“镇海楼”，隆庆中（1567—1572）受潮水冲击又毁。万历十五年（1587）秋重修时，增高四尺，架楼三楹，廊柱皆石。楼顶前额书“浙东第一台”，拱门称“望京门”，气势宏伟，明人罗万化赞为“东南第一关隘”。清末民初，钱塘江北移，江道渐离西兴，铁岭关逐渐荒废。20世纪60年代初，铁岭关尚存，门两旁分列石碑，60年代中期被拆除，石材移作他用，今存残柱1根。（来小钦）

【传统工艺——西兴竹编灯笼】西兴濒钱塘江，古为南北要津，官宦商贾过往频繁，投宿者夜间需照明用具，沿江多风，西兴灯笼业便应运而生。西兴竹编灯笼可追溯至西晋，兴盛于南宋。南宋定都临安（今杭州），朝廷的许多宫灯都出自西兴。民间商贸繁荣，对西兴竹编灯笼的需求越来越大，明清至民国时期，西兴街上除过塘行外，最多的是灯笼店，编制灯笼成为西兴妇女的一项家庭副业。西兴灯笼样式多，品种全，有民间庆元宵的元宵灯，婚娶用的子孙灯，上学用的科第灯，出殡用的材头（棺材头）灯等。用途由单纯的照明，逐渐发展成装饰灯、喜庆灯、祭祀灯等，旧时祠堂、庙宇、宅第等悬挂大型西兴竹编灯笼，以示富丽庄严。龙凤灯比较大可两人合抱，供寺院用；高灯、子孙灯、白洋灯为红白喜事用；家用的有纱灯和纸灯，一般富裕人家用纱灯，贫困人家用纸灯；祭祖拜佛时与纸钱一起焚烧还有佛灯。

西兴竹编灯笼工艺制作，用径竹、桃花纸、糨糊、水性颜料、熟桐油、墨汁、圆木、铁钉、铁丝等相关材料，制作人凭劈刀、锯、毛笔、糨糊、木盆、刷帚等工具，手工编织加工而成。第一步剖竹劈篾，采用淡竹，竹篾粗细因灯大小而定，细可如发，粗可似筷。第二步编制灯壳，形于脑中，全凭手感。第三步糊纸着色，选用上等桃花纸，用面粉糨糊粘在灯壳上，待干，用水性颜料着色。第四步画图写字，根据需要而定，有画上去的，有贴剪纸的。第五步涂抹桐油，用熟桐油，以棉丝团蘸蘸，均匀涂上，一般涂两遍，近年都用清漆代熟桐油。第六步做底盘，圆木盘一块，正中钉上一只铁钉，插蜡烛用，直径两端插入铁丝，铁丝上端伸出灯笼壳，扭一个圈，以便提挂。

近代，随着照明用具的创新，西兴竹编灯笼的实用价值日趋减弱，电灯普及后，西兴竹编灯笼从照明用具成为节庆日的装饰灯。20世纪90年代，西兴有200余人编织灯笼。到2000年，马湖村、西兴街上只有10余人制作灯笼竹壳，培养传承人。2005年，市文化局将西兴灯笼列为民间艺术手工艺品保护项目。2006年12月25日，列为第一批杭州市非物质文化遗产名录，2008年12月，列为省第二批非物质文化遗产名录。至2016年，西兴街道每年举办培训班，指导兴趣爱好者制作西兴灯笼，编印《西兴灯笼传统工艺与民俗文化传承》，作为中小学、成人培训的乡土教材，加强对“非遗”文化的学习和传承。（李维松）

经济社会发展

【综合经济实力】2016年，滨江区实现地区生产总值（GDP）958.6亿元，比上年增长14.9%。第一产业增加值1.4亿元，比上年下降5.8%；第二产业增加值505.4亿元，增长10.8%；第三产业增加值451.8亿元，增长20.0%；三次产业结构为0.1∶52.7∶47.2。全区规模以上工业企业实现工业总产值1372.9亿元，增长15.8%。工业增加值374.2亿元，增长14.9%。新产品产值881.2亿元，增长22.4%，新产品产值率64.2%。规模以上工业实现主营业务收入1473.3亿元，增长12.4%；利润总额195.1亿元，下降1%。全区规模以上服务业企业实现营业收入1295.1亿元，增长19.1%；利润总额242.2亿元，增长12.5%。全区实现财政总收入235.4亿元，增长17.7%，其中，一般公共预算收入125.4亿元，增长18.6%，一般公共预算收入中税收收入97.9亿元，其中，增值税、营业税、企业所得税、个人所得税分别为39.2亿元、11.6亿元、26.4亿元、20.7亿元。全区完成固定资产投资285.2亿元，增长26.5%。全区实现社会消费品零售总额118.1亿元，增长10.7%，其中，汽车零售额73.6亿元，增长3.9%。分行业看，批发零售业实现零售额108.0亿元，增长11.6%；住宿餐饮业实现零售额10.1亿元，增长2.0%。全区实现自营进出口总额68.8亿美元，增长5.4%，其中：进口总额14.4亿美元，增长2.9%；出口总额54.4亿美元，增长6.1%。全社会用电量25.8亿千瓦时，增长12.6%，其中，居民生活用电5.7亿千瓦时，增长17.0%。城镇居民人均可支配收入（杭州市）5.22万元，增长8.0%，农村人均纯收入3.36万元，增长13.2%。

【基础设施建设】2016年，全区完成固定资产投资285.2亿元，增长26.5%，投资项目230个，增长29.9%，其中，新开工项目85个，增长183.3%。完成政府投资84.8亿元，增长121.7%，占固定资产投资的29.7%。完成产业投资52.5亿元，增长44.9%，其中，工业投资26.1亿元，增长31.3%，工业投资中技改投资15.2亿元，增长53.3%。完成房地产开发投资153.7亿元，增长0.4%。商品房销售面积100.4万平方米，增长44.3%；商品房销售额238.2亿元，增长55.9%。房地产库存套数6004套，下降43.8%；库存面积77.8万平方米，下降36.3%。全区完成基础设施投资54.4亿元，增长81.0%。新建道路15千米，实有道路总长度276千米。新增（优化）公交线路3条，新增公共停车场17个，公共自行车服务点25座、公共自行车1000辆。

【社会事业】 2016年，全区拥有幼儿园31所，新增2所，在园幼儿1.54万人，增长8.8%；专职教师1198人，新增179人。小学16所，在校学生1.94万人，增长9.1%；专职教师1178人，新增103人。初中11所，在校学生7139人，增长8.7%；专职教师731人，新增104人。生均校舍建筑面积14.9平方米，其中：幼儿园10.7平方米，小学13.2平方米，中学28.4平方米。生均图书26.2册，其中：幼儿园11.9册，小学28.2册，中学51.5册。小学每百名学生拥有计算机18.5台，中学38.1台。学前三年幼儿园入园率99.9%，初中毕业生升入各类高中比例99.5%。至年末，全区拥有卫生机构136个，其中，医院6个。拥有各类医疗机构床位305张，其中，医院床位182张。卫生技术人员2054人，增长11.3%，其中，执业（助理）医师815人，注册护士635人，分别增长10.4%和5.3%。医院年诊疗5.8万人次，增长35.5%。婴儿死亡率和5岁以下儿童死亡率均为1.48‰。全区参加基本养老保险28.87万人，比上年末增加3.63万人。参加职工工伤、生育保险人数分别为33.92万人、27.67万人，比上年末净增2.43万人和3.74万人。城乡居民医疗、养老保险参保率达99%，城镇登记失业率为1.84%。

（周建江）

文明城区建设

【概况】 2016年，滨江区开展推进“最美滨江人”行动计划，组织开展“发现、争做最美滨江人”“我推荐、我评议身边好人”等活动，4人获2016年“杭州好人”称号。组织开展以“办好G20杭州峰会，文明我先行”为主题，以“排队乘公交、排队乘电梯、排队乘地铁”“文明礼仪宣讲、文明礼仪巡演、漫画文明公约进社区、进企业、进学校”为主要内容的“三排三进”系列活动，累计参与市民500万人次。开展文明专题宣讲200场次，受众1万余人。编发漫画3万册，承办全省文明出行启动仪式暨G20倒计时100天和“迎接G20人人讲文明”公益活动启动仪式。

【“最美滨江人”行动计划】 2016年8月15日，区文明办在全区组织开展“发现、争做最美滨江人”“我推荐、我评议身边好人”等评选活动。制定《滨江区关心关爱道德模范实施意见（试行）》，通过最美典型示范带动、“最美”主题实践活动推动、群众参与互动等形式启动“最美滨江人”行动计划。根据杭州市道德模范（平民英雄）的总体标准：热爱祖国，拥护中国共产党领导，积极践行社会主义核心价值观，在社会公德、职业道德、家庭美德、个人品德建设中事迹突出，具有良好综合道德素质，社会各界和人民群众公认的道德标杆。道德模范分设“助人为乐模范”“见义勇为模范”“诚实守信模范”“敬业奉献模范”“孝老爱亲模范”五种类型。采取组织推荐和群众推荐相结合方式。经过严格评选、社会公示，至12月底，评选出全国道德模范（含提名奖）3人、入围中国好人榜群体1人，浙江省道德模范3人、浙江好人3人，杭州市道德模范（平民英雄）5人、杭州好人10人。

【文明礼仪系列活动】 2016年2月25日，以“办好G20，文明我先行”为主题，区文明办组织开展以“排队乘公交、排队乘电梯、排队乘地铁”“文明礼仪宣讲、文明礼仪巡演、漫画文明公约进社区、进企业、进学校”为主要内容的“三排三进”系列活动，公交沿线停靠站排队乘车、排队乘电梯、排队乘地铁，累计参与市民500万人次。推进文明礼仪宣讲进基层，成立由区委宣传部和区教育局、总工会、各街道宣讲骨干组成的30人宣讲团，并开设由专业老师讲授文明礼仪教育系列课程。3月15日，举办全区文明礼仪宣讲师资培训，组织30人深入企业、学校和社区进行宣讲，至6月30日，巡回开展专题宣讲170场次。4月16日—7月22日，组织赴社区、企业和学校巡演，共巡演9场，120人参加巡演，4500人观看。其间，举行进行文明礼仪知识有奖竞答，吸引群众参与，提升宣传效果；推进漫画文明公约进基层，发挥滨江动漫企业的集聚优势，以《杭州市文明行为促进条例》为主要内容，通过动漫形式，设计制作《漫画文明公约》，突出科技蓝、钱江潮等滨江元素，设计主人公“滨滨”形象，策划“滨滨有礼”文明礼仪系列内容，在全区 20所中小学校发放3万份；以“滨滨有礼”为主要内容，设计网页、微视频等宣传品，通过“滨江发布”微信公众号集中发布，在社区、企业、学校等网站进行推送，扩大漫画文明公约影响力。

2016年8月1日，滨江区墙景作品《滨江记忆》

（区文明办 供图）

【“文明出行”公益活动】 2016年5月27日，由省文明办、省公安厅交管局、浙江广电集团主办，中国人保财险浙江省分公司联办，FM93交通之声承办，滨江区组织志愿者、文明单位代表共200余人参加的2016年度全省“文明出行”暨G20倒计时100天公益活动启动仪式在滨江区星光大道举行。200余名志愿者走进江南大道、共联、星光大道南口等20个公交站和25个路口，围绕“礼让斑马线、文明过马路、排队守秩序、礼仪待宾客”等内容开展文明出行宣传活动，倡导做一个文明有礼的滨江人。来往行人在志愿者的引导下，自觉排队等候，文明有序乘车。启动仪式上，为杭州市1.8万名环卫工人众筹81万元（环卫工人投保每年保费15元，最高保额5万元，一年一保，一共3年，总保障金额9万元）。保障环卫工人清扫垃圾发生意外时，能够获得保险赔偿。此举在全区尚属首次。此次公益活动，12月底结束，主承办方深入全省11个地级市、15个市县、15个调整服务区，通过26场主题情景剧《HI Gpaike》巡演等十大系列活动，宣传文明出行。

【市墙景比赛】 2016年8月1日，由市委宣传部、市文明办联合举办的“讲好中国故事·展现杭州魅力”墙景美化优秀作品推选活动在“政在解读”微信公众号启动，27件作品参赛。参与评选的作品，充分利用沿街沿路和单位、社区等公共墙体以及中心城区建筑物立面，生动体现了“中国梦 我的梦”“讲文明、树新风”等内容。经网络投票、专家评审等环节产生3个奖项。11月23日，评选结果揭晓，滨江区墙景作品《滨江记忆》采用水墨画形式，展现滨江传统文化，获评最佳人气推选作品；《文明有礼》以漫画形式表现文明礼仪内容，获评优秀报送入围作品。

【文明指数测评】 2016年9月21—23日，省文明办对滨江区进行城市文明程度指数测评。按照《全国文明城市测评体系》《浙江省城市文明程度指数测评体系》《杭州市城市文明程度指数测评体系》要求，通过材料审核、实地考察、市民评价（问卷调查）和数字城管年终计分排名4种方法，对公益宣传、公共环境与秩序、文明素质、重点工作等26个项目79项内容97条标准进行测评，全程暗访，随机抽查。立足生态美、生活美、生产美的“三美”滨江建设，弹好文明工作协奏曲。加强组织领导，对文明委机构进行调整，由书记、区长分别担任主任、第一副主任，12位区领导任副组长，39位部门一把手为成员，在具体工作中，由区文明办牵头抓总，逐步形成各部门共同参与的工作机制。落实文明指数测评工作任务，将26类191项测评指标任务分解落实到21个部门和单位，召开迎检工作部署会和测评培训会，加强责任分解和工作指导。加强督促检查，突出重点场所和薄弱环节，牵头协调相关部门开展河道、农贸市场、商业大街、建筑工地、校园周边等专项督查40余次，印发督查专报9期，抄告并督促整改问题192个，整改率达100%。制定完善《精神文明建设考核管理办法》，加强对基层文明工作的指导监督和考核管理，促进了环境的洁化、绿化、亮化、序化、美化。11月11—14日，市文明办对滨江区进行城市文明程度指数测评，三级文明指数测评得分99.46分，名列全市第三名。

【邻居节】 2016年12月2日，由区文明办联合区民政局、区妇联和长河街道共同主办的“国际都市　最美邻里”第13届邻居节在滨江区市民南广场举行。活动中，对在邻里互助、邻里结对、文明劝导等活动中涌现出的月明社区邻居节等最佳邻居节、最有创意邻居节；齐中豪等好邻居8名和优秀志愿者16名进行命名。社区居民表演自编自演《欢聚一堂》等倡导邻里和谐文明的节目，宣传文明礼仪知识，进行文明礼仪知识问答互动。活动现场开展学雷锋便民服务活动，志愿者们为居民提供家电维修、修伞修鞋、美容美发、理财咨询、计生服务等志愿服务。

（谢丽云）

领导人员名单

中共杭州市滨江区委员会

区委书记　詹　敏

区委副书记　金志鹏
俞少平（至2016年12月）
王慎非（2016年12月始）

区委常委　詹　敏
金志鹏
俞少平（至2016年12月）
王慎非
卓　超（至2016年11月）
周建杭（至2016年12月）
叶　泽（至2016年11月）
施华森
兰　斌
张　玮（女）
黄利文（2016年11月始）
凌　军（2016年11月始）
谢渐升
傅智超（挂职，至2016年12月）
商丽萍（女，2016年11月始）
李树人（人武部政委，兼职，至2016年7月）
马剑平（人武部长，兼职，2016年7月始，至2016年12月）

中共杭州高新技术产业开发区工作委员会

党工委书记　詹　敏

党工委副书记　金志鹏
俞少平

党工委委员　詹　敏
金志鹏
俞少平
王慎非
卓　超（至2016年11月）
周建杭
叶　泽（至2016年11月）
施华森
兰　斌
张　玮（女）
黄利文

（2016年11月始）
凌　军
（2016年11月始）
谢渐升
傅智超（挂职）
商丽萍
（女，2016年11月始）
李树人
（人武部政委，兼职，至2016年7月）
马剑平
（人武部长，兼职，2016年7月始）

杭州市滨江区人大常委会

主　　任　韩建中
副 主 任　何文林
赵万能
袁如祥
丁乃江
丁幼芳（女）
包嘉颖（女）

杭州市滨江区人民政府

区　　长　金志鹏
副 区 长　施华森
兰　斌
张　玮（女）
谢渐升
傅智超（挂职）
万爱民（女）
郑　迪
（2016年11月始）
朱建军
（挂职，2016年7月始）

杭州高新技术产业开发区管理委员会

主　　任　金志鹏
副 主 任　施华森
兰　斌
张　玮（女）
谢渐升
傅智超（挂职）
万爱民（女）
郑　迪
（2016年11月始）

政协杭州市滨江区委员会

主　　席　沈孔良
副 主 席　夏福志
毛　进
余静漪（女）

中共杭州市滨江区纪律检查委员会

书　　记　王慎非
（至2016年12月）
黄利文
（2016年12月始）
副 书 记　周　翔
周国桥

中共杭州高新技术产业开发区纪律检查工作委员会

书　　记　王慎非
（至2016年12月）
黄利文
（2016年12月始）
副 书 记　周　翔
周国桥

杭州市滨江区人民法院

法院　院长　池海江

杭州市滨江区人民检察院

检察院检察长　陈平祥
（至2016年11月）
陈云高
（2016年11月始，代检察长）

（区委组织部）

党政机关

中共杭州高新区工委（滨江区委）

重要决策和活动

【审议通过国民经济和社会发展第十三个五年规划的建议】 2016年1月5日，中共杭州市滨江区委第四届九次全体（扩大）会议审议通过《中共杭州市滨江区委关于制定国民经济和社会发展第十三个五年规划的建议》。建议围绕“更进一步、更快一步，率先高水平建成全面小康社会”，对“十三五”时期发展的主要目标、基本要求、重点工作进行阐述，提出要全面提升产业能级，建成具有独特魅力的世界一流高科技园区；要全面推进创新创业，建成具有全球影响力的创新活力之区；要全面深化产城融合，建成生产生活生态相得益彰、宜居宜业的科技新城典范；要全面提升人民福祉，建成全民参与、共建共享的幸福和谐首善之区；要全面加强党的建设，为率先高水平建成全面小康社会提供坚强保障。

【审议通过“找短板、找对策、促发展”专项活动方案】 为深入推进“三次创业”和“十三五”规划顺利实施，助力G20杭州峰会各项筹备工作，根据省、市有关工作要求，结合滨江区实际，开展“找短板、找对策、促发展”专项活动。2016年3月3日，区委常委会审议通过区人大常委会、区政协委员会提交的《关于开展“找短板、找对策、促发展”专项活动方案》。区人大常委会的方案重点围绕“G20杭州峰会项目建设和城市管理、交通治堵、水环境治理、拆迁户安置、公园绿地建设、文明行为促进与文化传承”6个方面，区政协委员会的方案重点围绕“政务环境、创新环境、人才环境、政策环境”4个方面找短板、查不足、找对策、提建议。

【审议通过加强人民政协民主监督的意见】 2016年3月30日，为充分发挥人民政协的民主监督职能，完善民主监督机制，促进人民政协更好服务区委、区政府中心工作，推动改革发展和民主法制建设，区委常委会审议通过《中共滨江区委关于加强人民政协民主监督的意见》。意见从“充分认识加强人民政协民主监督的重要意义、把握人民政协民主监督的基本原则、明确人民政协民主监督的主要内容、完善人民政协民主监督的有效形式、健全人民政协民主监督的工作机制、切实加强对人民政协民主监督的领导”6个方面进一步规范人民政协的民主监督工作。

【审议通过G20杭州峰会安全生产保障工作方案】 2016年3月30日，为做好G20杭州峰会安全生产保障工作，根据省、市、区相关工作部署及国际峰会安全生产保障工作方案，区委常委会审议通过《杭州高新区（滨江）2016年G20峰会安全生产保障工作方案》。方案对“强化安全监管，提升安全生产保障能力”“加强值守，进一步加强G20杭州峰会信息互通”等方面工作进行具体部署。通过备战阶段、临战阶段、决战阶段、总结阶段进行落实，为G20杭州峰会各项活动顺利举办提供安全生产保障。

【深化简政放权暨推广服务清单模式动员部署会】 2016年5月26日，深化简政放权暨推广服务清单模式动员部署会在区文化中心举行。区推广服务清单模式领导小组组长、副组长等100余人参加会议。会议围绕全面贯彻落实中央和省、市有关规定要求，按照国务院关于简政放权、放管结合、优化服务协同推进的决策部署，联系滨江区实际，部署全面抓好权责清单标准化管理，促进全区作风建设、基层服务型党组织建设和服务型政府建设等工作。强调各公共服务窗口要达到服务渠道零障碍、服务受理零推托、服务事项零积压、服务方式零距离、服务效率零延误、服务质量零差错、服务态度零投诉“七零”要求，整体提升区公共服务水平和群众满意度。

【规范集体所有土地房屋征收补偿工作】 由于现行的集体所有土地房屋补偿政策延续时间长，奖项设置自由裁量权大，为进一步加强与《杭州市征收集体所有土地房屋补偿条例》的规范对接，2016年10月19日，区委常委会审议通过《关于贯彻〈杭州市征收集体所有土地房屋补偿条例〉依法规范集体所有土地房屋征收补偿工作的通知》。通知从严格依法实施征收、规范补偿奖励标准、进一步规范安置政策等4个方面进行具体说明，明确从2017年1月1日起，征收集体所有土地房屋的，必须严格按照条例和《杭州市征收集体所有土地房屋补偿规定》（杭政函〔2014〕136）的标准和流程组织实施。规范住宅补偿、统一奖励标准、非住宅补偿和执行补贴标准，规范安置人口、安置面积、安置房购房价格和货币化安置政策。

【推进警察职务序列改革试点工作】 2016年11月11日，为切实做好高新区（滨江）人民警察职务序列改革试点工作，进一步推进全区公安队伍正规化、专业化、职业化建设，区委常委会审议通过《高新区（滨江）公安分局人民警察职务序列改革试点领导小组及其办公室成员名单》《高新区（滨江）公安分局执法勤务警员职务序列改革试点实施方案》《高新区（滨江）公安分局警务技术职务序列改革试点实施方案》，规范人民警察职务序列改革工作的推进。

【明确两新组织党建工作标准】 为进一步提升两新组织党建工作水平，推动两新组织党组织和党建工作规范提升，根据中共中央办公厅《关于加强和改进非公有制企业党的建设工作的意见（试行）》《关于加强社会组织党的建设工作的意见（试行）》和省市有关文件精神，结合高新区（滨江）两新组织党建工作实践，2016年11月15日，区委常委会审议通过《高新区（滨江）新经济组织和新社会组织党建工作标准》。标准对领导体制和工作架构、组织建设和工作覆盖、党务工作者队伍建设、特色党建和制度建设、工作经费保障5个方面工作进行明确。

【开展巡察工作】 为实现党内监督全覆盖、落实全面从严治党主体责任，根据《中共浙江省委办公厅关于开展市、县（市、区）党委巡察工作的意见》（浙委办发〔2016〕41号）要求，2016年12月5日，区委常委会审议通过《中共滨江区委关于开展巡察工作的意见》。意见进一步明确指导思想、工作原则、机构和人员、对象和范围、主要任务、工作方法和程序以及组织保障，对开展巡察工作进行制度上的规范。

【中国共产党杭州市滨江区委员会工作规则】 2016年12月29日，中国共产党杭州市滨江区第五届委员会第一次全体会议通过《中国共产党杭州市滨江区委员会工作规则》。工作规则包括总则、区委全会、区委常委会、组织原则和纪律作风、督查落实和监督追责、附则，共6章32条。明确区委工作原则和工作职责，对区委全会、区委常委会的主要职责进行界定，规范会议机制，明确组织原则和纪律作风，加强对工作的督查落实和监督追责，促进工作科学化、民主化和制度化。（俞梦怡）

重要会议

【区委四届九次全体（扩大）会议】 2016年1月5日，中共杭州市滨江区委第四届九次全体（扩大）会议在白马湖建国饭店举行。区委、区人大常委会、区政府、区政协委员会领导，各部门（单位）负责人，曾担任过副区级以上职务的老同志等188人参加会议。会上，区委书记詹敏作《奋力推进“三次创业”率先高水平建成全面小康社会》的报告，回顾总结2015年工作，研究部署“十三五”时期重点任务和2016年主要工作；审议通过《中共杭州市滨江区委关于制定国民经济和社会发展第十三个五年规划的建议》。

【全区安全生产工作会议】 2016年1月14日，全区安全生产工作会议在智慧e谷召开。区办公室、组织部、监察局等48个部门（单位）负责人共120余人参加会议。会议回顾总结2015年全区安全生产工作，部署2016年安全生产工作任务，学习最高人民法院、最高人民检察院《关于办理危害生产安全刑事案件适用法律若干问题的解释》，传达国家、省、市安全生产会议精神，通报全区2015年安全生产事故情况及2015年安全生产目标管理责任制考核结果，签订2016年安全生产综合目标管理责任书。

【“两学一做”专题党课暨学习教育部署会】 2016年5月6日，“两学一做”专题党课暨学习教育部署会在区文化中心剧院举行。区委、区人大常委会、区政府、区政协委员会领导，各部门（单位）相关领导共315人参加会议。会上，区党委书记詹敏作《坚持问题导向，强化真学真做，确保“两学一做”学习教育取得明显成效》的专题党课。会议向全区1517个基层党组织和4.13万名党员发出动员，在全区党员中开展“两学一做”教育学习，学党章党规、学系列讲话，做合格党员活动。

【区委四届十次全体（扩大）会议】 2016年7月29日，中共杭州市滨江区委四届十次全体（扩大）会议在文化中心剧场举行。区委、区人大常委会、区政府、区政协委员会领导，各部门（单位）相关领导共585人参加会议。会议深入贯彻学习习近平总书记系列重要讲话精神，认真落实《中共浙江省委关于补短板的若干意见》和省委、市委有关城市工作部署。会上，区委书记詹敏作《加快推进全域城市化，努力实现高新区（滨江）更快更好发展》的报告，会议肯定2016年以来全区各项工作取得的新成效。

2016年7月29日，区委四届十次全体（扩大）会议举行

（区委宣传部　供图）

【全区教育工作暨第32个教师节庆祝大会】 2016年9月10日，全区教育工作暨第32个教师节庆祝大会在区文化中心剧场召开。区委、区人大常委会、区政府、区政协委员会相关领导及有关单位主要负责人，2015学年获区级以上荣誉优秀教师，全区各学校、幼儿园副校（园）级以上干部共650人参加会议。会议由副区长万爱民主持，区委副书记俞少平宣读表彰区优秀人民校长、优秀人民园长、优秀人民教师的决定；学生代表、区优秀人民校（园）长及区优秀人民教师代表在会上发言；区长金志鹏讲话。会议充分肯定区教育发展取得的成绩，指出全区上下要从全局和战略的高度，深刻认识教育优先发展的重要性，进一步找准定位、创新思路、扎实工作，树立滨江教育新目标、新追求，用“两个五年”战略目标着力创建成全市教育最强区。

【中国共产党杭州市滨江区第五次代表大会】 2016年12月28—29日，中国共产党杭州市滨江区第五次代表大会在白马湖建国饭店举行。参加会议代表291人，其中，西兴街道52人、长河街道52人、浦沿街道52人、企业55

人、列席人员20人、邀请人员17人、听会人员43人。会上，区委书记詹敏代表中共杭州市滨江区第四届委员会作《干在实处，走在前列，勇立潮头 努力建成快乐创业幸福生活的科技新城典范》的工作报告。会议回顾总结区第四次党代会以来的工作，研究部署今后五年（2017—2021）的主要任务，通过《关于中国共产党杭州市滨江区第四届委员会工作报告的决议》《中国共产党杭州市滨江区第四届纪律检查委员会工作报告的决议》，选举产生中共滨江区第五届委员会、纪律检查委员会以及出席中共杭州市第十二次代表大会的代表，表决通过第五次代表大会选举办法（草案）。

【区委常委会】 2016年，召开区委常委会议26次，审议通过议题119项。区委常委、区人大常委会党组书记、区政协委员会党组书记出席会议；根据会议内容，相关部门（单位）、街道负责人参加会议。

2016年区委常委会重要会议

表8

会议时间	会议内容
1月28日	审议并原则通过《关于安全生产工作》《关于区纪委四届六次全体（扩大）会议暨作风建设大会方案和〈纪委工作报告〉》等议题
3月3日	审议并原则通过《关于峰会环境整治工作》《关于一季度全区经济工作》《关于区人大和区政协〈开展“找短板、找对策、促发展”专项活动方案〉》《关于〈建立落实党风廉政建设责任制情况抄告制度（试行）的通知〉》等议题
3月30日	审议并原则通过《关于区人大及其常委会讨论决定重大事项清单》《关于〈中共滨江区委关于加强人民政协民主监督的意见〉》《关于2015年度市区两级综合考评社会评价意见整改方案》《关于2016年作风建设工作要点及重点工作责任分解》等议题
5月4日	审议并原则通过《关于街道落实党建工作责任制督查情况报告》《关于〈深入贯彻区党委“双基意见”推动基层党建“整街推进、整区提升”的实施意见〉》等议题
6月13日	审议并原则通过《关于全区经济工作》《关于〈2016年度区综合考评实施办法〉》《关于庆祝建党95周年大会方案》等议题
7月12日	审议并原则通过《关于区法院推进司法体制改革工作》《关于区检察院推进司法体制改革工作》等议题
8月10日	审议并原则通过《关于半年度基层党建督查情况事宜》《关于社发局党组改建党委事宜》等议题
9月28日	审议并原则通过《关于建立区委换届工作领导小组事宜》《关于增加政协委员名额及增设工作机构事宜》等议题
11月11日	审议并原则通过《关于我区新一轮车改工作事宜》《关于区党代表名额分配及产生办法》《关于“两代表一委员”初步推荐人选初审联审有关原则意见》《关于区人大代表初步推荐候选人建议考察名单》《关于部分干部调整（退休）事宜》《关于警察职务序列改革试点工作》等议题
12月20日	审议并原则通过《关于区第五次党代会有关工作》《关于区第五次党代会报告》《关于区委工作规则》《关于区纪委工作报告》《关于区第五次党代会代表选举和代表资格初审情况》《关于全区党费收缴、使用和管理情况》《关于区第五次党代会各类建议名单》《关于区第五次党代会大会选举办法和两个一次全会的选举办法》《关于市十二次党代会代表候选人初步人选名单》《关于区两会召开日期和有关安排》《关于区政协委员建议人选名单》等议题

（陈丽芳）

纪检工作

【概况】 2016年，区纪委受理群众信访举报228件次，比上年增长66.42%。上级转交办的信访件156件次，占信访总量68.4%，增长333.3%。处置反映问题线索91件，开展教育提醒136人次，谈话函询19人次，给予党纪轻处分6人，组织处理18人。全区各级纪检监察组织共立案30件，移送司法机关2件，挽回直接经济损失81万元。给予党纪政纪处分28人，其中科级干部2人。查处违纪违法农村党员干部14人，其中村主职干部1人。组织各类检查112次，发放督办单、整改建议书72份，整改问题586个。组织开展“三重一大”事项专项监督95次、开展巡查116次、专项检查139次、发现各类问题197个、提出整改建议169条。严格“三公”经费管理，全区“三公”经费支出858.56万元，同比下降24.27%。开展办公用房清理整改，清理完成率100%。整治不担当、不作为、不落实行为，做到集中检查与日常监督相结合、上级检查与自查自纠相结合，整改问题22个，曝光问题8个，问责3人次。推动新修订《中国共产党廉洁自律准则》《中国共产党纪律处分条例》党内法规的学习贯彻，增强党员干部的纪律规矩意识。2016年，在市级以上媒体刊发廉政文章36篇次，其中，中央级媒体刊发4篇次。对96名区管干部因公因私出国、130人次拟提拔或转任重要岗位以及403人次评优评先的干部出具廉政鉴定。

2016年2月14日，区纪委四届六次会议召开　　（区纪委　供图）

【区纪委四届六次全会】 2016年2月14日，中共杭州市滨江区第四届纪律检查委员会第六次全体（扩大）会议暨作风建设大会在区文化中心召开，区纪委委员、各级领导班子成员、各级纪检监察组织负责人和部分区党风廉政监督员、区党代表共358人参加会议。大会回顾总结2015年党风廉政建设和反腐败工作，研究部署2016年工作任务。

【推进“两个责任”落实责任制】 2016年，区委带头落实党风廉政建设主体责任，完善党风廉政建设和反腐败工作组织领导和责任分工，细化考核标准，制定责任清单，不断健全主抓直管机制。2月27日—3月1日，区纪委严格执行“两个责任”（主体责任与监督责任）报告制度，在书面报告全覆盖的基础上，重点面对面听取25个单位履行“两个责任”专题报告，逐一听取汇报、逐一点评、逐一反馈，督促整改问题78个。建立落实党风廉政建设责任制抄告制度，将存在问题抄告责任领导，推动落实“一岗双责”，全年对公安滨江分局抄告1件次。

【完善制度建设】 2016年3月5日，区纪委印发《中共杭州市滨江区纪委、监察局关于进一步规范谈话函询工作的意见（试行）》，就谈话函询的范围及方式、谈话函询处置方式的适用标准、有关程序和要求作出具体规定，进一步推进滨江区查办案件体制机制改革。同日，印发《中共杭州市滨江区纪委关于查办案件体制机制改革的实施细则（试行）》，细则从问题线索处置、案件查办、有关要求、其他4方面共21条作出详尽规定，并附问题线索拟办意见呈批表、问题线索处置意见呈批表、谈话函询函、交办问题线索处置工作格式文书、案件查办情况报告表以及查办案件报告意见回复单的标准格式。4月15日，出台《滨江区街道纪工委 派驻纪检组工作考核办法（试行）》，对总体要求、考核对象、9项考核内容、考核方法、标准和结果运用等方面进行规定，并附考核工作任务分解表和考核工作民主测评表。

【党风廉政巡察】 2016年6—8月，区纪委从民政局、财政局、审计局等单位抽调11人组成巡察组，对区总工会等8个基层党组织开展党风廉政巡察。通过进驻被巡察单位，采取听取汇报、个别谈话、召开座谈会、查阅账册资料、接受举报等方式，从违反政治纪律、组织纪律、廉洁纪律、群众纪律、工作纪律、生活纪律六大纪律及省、市委巡视组反馈意见整改和移交事项办理中存在的问题进行巡察，发现问题52个，逐一进行整改。

【修订党风廉政建设责任制考核标准】 2016年7月22日，区纪委修改完善并制定下发《2016年落实党风廉政建设责任制考核（评）标准》共6大项52条。分别规定区级部门（直属单位）和街道党风廉政建设责任制考核标准，明确主体责任和监督责任的扣分情形以及“一票否决”的情形。2016年12月中旬至2017年1月初，以自查自评和重点检查相结合形式，由区委、区政府领导带队，组织35人组成12个考核小组，对45个重点街道、部门、指挥部进行实地检查考核，对责任制考核和个人量化考核分数偏低、领导干部扣分较多的区民政局、公安滨江分局、物联网建设指挥部、西兴街道、长河街道、浦沿街道等单位主要负责人进行约谈，督促整改，形成责任分解、检查监督、倒查追究的完整责任链条，推进责任制有效落实。

【消防安全专项督查】 2016年8月29日—9月5日G20杭州峰会期间，区纪委对全区45个职能部门进行突击检查，发布有关平安巡防、消防安全、安置房管理等专项督查通报8期，部分社区存在消防安全隐患等问题要求即时整改落实，保障了G20杭州峰会各项筹备工作的高效廉洁、有序推进。

【纪委领导班子换届】 2016年12月29日，在白马湖建国饭店召开区纪委五届一次全会，区委委员、区委候补委员、区纪委委员共48人参加会议。会议审议通过《中国共产党杭州市滨江区第五届纪律检查委员会第一次全体会议选举办法》，采取无记名差额选举方式产生中共杭州市滨江区第五届纪律检查委员会常务委员会委员5名，书记1名、副书记2名。常委成员平均年龄由上届50周岁，减至48周岁；女性成员由上届0人，增至1人；学历持平，研究生3人，本科2人。（袁晓婧）

组织工作

【概况】 2016年，全区有党的基层组织1661个，其中党委122个、党总支139个、党支部1400个。在册党员4.5万名。年内新转入党员7897名，新发展党员250名。党员组织关系转出2685人，新增5462人。

【“两学一做”学习教育】 2016年2月，中共中央印发《关于在全体党员中开展学党章党规、学系列讲话，做合格党员学习教育方案》，部署深入开展“两学一做”学习教育。按照中央、省市委统一部署，5月4日，区委办公室印发《在全区党员中开展“学党章党规、学系列讲话，做合格党员”学习教育的实施方案》，对全区学习教育总体要求、主要措施、组织领导等方面作出具体要求。同月6日，区委在文化中心召开专题部署会，提出学习教育以支部为基本单位，以“三会一课”、民主生活会、组织生活会为基本形式，强调将学习教育融入日常，抓在经常，做得扎实，改得到位。组织部将落实基层党建七项重点工作作为推动学习教育的切入点，逐项作出安排部署。通过组织关系排查，找回失联党员779人。8月15日，组织186个未及时换届的“两新”组织党组织进行集中换届；开展“两新”组织“双覆盖”专项行动，年内，新建“两新”组织党组织46个。对党代表和党员违纪违法未给予相应处理情况排查清理，对35名违纪违法党员移交区纪委处理。

开展党费收缴专项行动，各领域补交党费400余万元。

【“双整”工作】 2016年5月6日，区委组织部下发《关于推动基层党建“整街推进、整区提升”的实施意见》，明确“双整”工作的总体目标，基本原则、实现路径和重点举措。全区各单位按照“落实党委（党组）主体责任、发挥基层党组织的主体作用、激发党员群众的主体意识”三大要求，落实基层党建职责，抓实党建工作“六个一”要求，实现党建责任层层传导、逐级压实。各街道社区党组织以治理网格为单元建立党支部，在党员相对集中的街巷、楼院、单元设立党小组，形成网格党组织架构。至年底，全区建立网格党支部149个，楼幢党小组121个。区委组织部围绕中心工作对各层面党组织书记领办党建项目作出安排，要求各单位党委（党组）书记、基层党组织书记每人每年领办2个以上党建项目，领办项目以文件的形式下发，并纳入党建考核内容，督促书记“在其位，谋其政”。区委以常委会和专题会议等形式，定期与常态相结合，研究基层党建工作，明确工作思路，发挥“一线指挥部”的作用。

【社区工作“3+2”模式】 2016年7月19日，为规范社区日常工作，推进全能社工队伍建设，提升社区服务水平，区委办公室印发《关于建立社区工作“一天一主题、一周一循环”机制的实施意见》，建立社区工作“3+2”模式，即社区每周5个工作日中，全区统一确定3个工作日的主题，分别为环境整治日、平安稳定日、文明提升日，其余2个工作日主题由社区根据实际情况确定，报街道党工委备案。社区党组织在坚持经常性工作基础上，每个工作日按固定的主题开展走访，一周一个循环、坚持长抓不懈，实现重点工作、难点问题经常化推进。至12月底，全区2.5万余人报名参与走访，解决各类问题5500余件。

【党建工作考核】 2016年7月19日，为激活党员干部内在活力，促进各项工作高效运转，根据《关于推行经济社会发展和党建工作“双百分制”考核的通知》（杭党委办〔2016〕6号）精神，区党建工作领导小组办公室和综合考评委员会办公室，结合区综合考评实际下发《关于推行经济社会发展和党建工作“双百分制”考核的通知》，明确经济社会发展和党建工作的考核各占100分，综合运用综合考评得分和党建责任考核得分，确定最终考评结果等次；考核单位党建考核全区排名后2位的单位，综合考评不得确定为优秀等次，党（工）委（党组）主要负责人不得评为本年度考核优秀等次，原综合考评得分等次为优胜的，综合考评等次降为合格。在全区党建考核排名前5位的单位，综合考评加0.2分，6～10位加0.1分，后10～6位 减0.1分，后5～1位减0.2分，以加减分后的分数确定综合考评等次。

【党代会代表选举】 根据2016年10月19日中共杭州市滨江区委四届十一次全体会议决议，并报经中共杭州市委同意，中国共产党杭州市滨江区第五次代表大会于12月27—30日在白马湖建国饭店举行，党代会代表名额确定为218人。为切实做好代表选举工作，11月28日，区委下发《关于中国共产党杭州市滨江区第五次代表大会代表选举工作的通知》，召开专题会议进行部署安排。由各选举单位召开党员代表会议或党员大会选举产生出席中国共产党杭州市滨江区第五次代表大会代表。12月10日，代表选举工作结束，全区12个选举单位选举产生出席中国共产党杭州市滨江区第五次代表大会代表211人。代表中有各级党员领导干部，各类专业技术人员，各条战线先进模范人物和解放军、武警部队等方面代表；有退休老同志和大学生村干部。代表中，各级领导干部95人，占45.02%；基层一线党员112人，占53.08%；部队代表4人，占1.90%。女同志86人，占40.75%；少数民族党 员6人， 占2.84%；45周 岁以下（含45周岁）的115人，占54.50%。基层一线代表中，一线工人9人、各类专业技术人员47人，分别占代表总数的4.26%和22.27%，结构比例符合上级和区委提出的要求。 （季斌凯）

干部工作

【概况】 2016年底，全区共有区管干部346人，其中女性干部70

人，占20.23%；35周岁以下年轻干部6人，占1.73%；党外干部18人，占5.2%；大学以上学历306人，占88.44%；处级领导干部219人，正处级58人，副处级161人；机关部门班子成员183人，街道班子成员41人；处级非领导干部108人，正处级35人，副处级73人；区直接监管国有企业班子成员12人，挂职干部2人。

年内，共任免干部51人次，其中：充实相关单位党组（部委）班子10人，提拔1人，转任重要岗位1人，平职交流6人，兼任职务任免10人，机关军转安置5人，退休8人，挂职2人，因机构调整进行职务任免8人。提出新一轮区管正职后备干部名单79人，区管副职后备干部名单133人。选派4名处级干部、18名科级干部到“三改一拆”等一线挂职并实行专项考核。编印下发《干部管理工作文件选编（二）》，为各单位党委（党组）开展干部工作提供基本依据和制度规范。

【干部选拔任用】 2016年1月8—31日，根据党建工作年度考核要求，区委组织部对全区38家单位开展2016年度科级干部选拔任用“一报告两评议”。主要以学习贯彻执行《党政领导干部选拔任用工作条例》的情况，选拔任用科级干部的总体情况，培养选拔年轻干部的情况，从严管理监督和关心关爱干部的情况，存在的主要问题和改进的措施等方面进行。同时对4家区级单位党委（党组）书记离任的开展选人用人责任离任检查，对4名离任的党委（党组）书记任“一把手”期间履行干部选拔任用工作职责进行检查了解，4家单位在选人用人方面均坚持正确的用人导向，严把选任条件和程序，同时指出对培养年轻干部和优化干部队伍结构方面有待进一步加强。

【实施职务职级并行制度】 2016年，根据省、市《关于县以下机关公务员职务职级并行的实施意见》规定，区委组织部按照公务员职级晋升程序，由公务员所在单位根据干部档案记载，对符合晋升条件的人员进行资格初核，开展民主测评，根据民主测评情况和年度考核结果，提出职级晋升意见，在单位内部公示后，按所任职务干部管理权限向组织、人社部门申报。按照此程序，1月和10月分2批落实街道机关公务员职务与职级并行制度，为9名符合条件的街道干部兑现相应待遇。

【干部监督新举措】 2016年7月5日，区委组织部研究制定换届风气监督工作实施方案，从严密组织实施、强化责任主体，严明纪律要求、强化规矩意识，严肃教育警示、强化思想工作，严厉查处问责、强化高压态势4方面做好换届风气监督工作。同月14日，下发《关于认真组织学习〈严肃换届纪律文件选编〉和观看〈镜鉴〉警示教育片的通知》，7—10月共组织“一片一书一卡”警示教育专题学习48场，1000余人次参与学习。8月，安排45名部门正职和110余名与换届工作相关的机关干部签订《严格遵守换届纪律承诺书》。抓好领导干部个人有关事项报告核查和提醒、函询、诫勉等措施的落实，6名区管干部因填报个人事项不实，受到组织诫勉。9月6日，印发《杭州高新区（滨江）干部监督工作联席会议制度实施办法（试行）》的通知，进一步健全完善干部监督联席会议制度，做到抓早、抓小、抓预防；进一步明确日常考核的方式、步骤，在各区级部门实现日常考核工作全覆盖。 （任卓伟）

宣传工作

【概况】 2016年，区委宣传部落实意识形态工作主体责任，指导各级各部门加强意识形态工作领导，组织开展意识形态责任制专项考核通报2次、专题调研5次。区党委理论学习中心组组织集体学习23次，邀请知名学者、专家作专题辅导报告7场；区级机关、街道开展党委（党组）理论学习中心组学习500余次。编发理论学习参考资料2期6万字，举办基层讲座300堂，受教育群众5万人。

围绕区委、区政府中心工作，以G20杭州峰会为主线，做好宣传、采访、报道工作。办好管好《天堂硅谷》报、《天堂硅谷》杂志、“滨江发布”、新闻网等区内宣传平台，其中，《天堂硅谷》报投递量近7万份，《天堂硅谷》杂志6万册。全年采访、拍摄、制作并在区新闻网上挂播发新闻视频113条，上挂省市等上级电视（电视网络端）媒体有关滨江区报道95条，完成反映滨江区迎峰会“五个扮靓”成果专题宣传片3部，《办好G20当好东道主》文明劝导微视频7条，与凤凰卫视合作完成《中国深度财经》专题报道1期。

做好社会舆情信息工作，G20杭州峰会期间，滨江区社会舆情信息工作名列杭州市第一，9月，获市委宣传部“全市G20峰会舆情信息工作先进单位”。

【硅谷创新论坛】 2016年,区委共举办理论学习中心组硅谷创新论坛专题报告会7场：1月7日，举办“新科技革命、新经济发展与体制全面改革”专题报告会；3月23日，举办“智慧医疗企业转型发展”专题报告会；7月13日，举办“国家创新驱动发展战略与新时期自主创新示范区建设”专题报告会；10月11日，举办“建设开放型区域中心和国际化城市”专题报告会；10月26日，举办“五位一体、国防与国家治理现代化的行动纲领”专题报告会；11月17日，举办“全面从严治党——十八届六中全会精神解读”专题报告；12月16日，举办“维护意识形态安全”专题报告会。报告会分别邀请省委宣传部原常务副部长胡坚，省人大常委会副主任毛光烈，中国科学院科技政策与管理科学研究所研究员、中国高新区研究中心主任王胜光，中国人民大学世界经济研究中心主任黄卫平，浙江社会主义学院副院长张建明等专家作报告。区党委理论学习中心组全体成员、列席人员,区管领导干部,区级各有关单位中层以上干部，区政府直接监管企业、各社区主要负责人等共2000余人次参加报告会。（刘姿吟）

【“走进高新企业，当好高新人”学习活动】 2016年5月11日，区四套班子主要领导、相关部门主要负责人、各街道党工委书记、办事处主任共85人走进浙江力太科技有限公司，听取董事长李善通作“工厂物联网和智能制造”辅导报告。6月22日，区四套班子主要领导、相关部门主要负责人、各街道党工委书记、办事处主任共80人走进杭州瑞德设计股份有限公司，听取董事长兼总裁李琦作“设计——人性的定义”辅导报告。全年开展活动2期，通过物联网、现代工业设计等方面知识的学习，提升领导干部创新发展的视野和素养。（刘姿吟）

【“两学一做”学习研讨会】 2016年7月20日，区委理论中心组召开“两学一做”学习教育第一次专题学习研讨会，与会人员围绕《党委会的工作方法》，开展专题学习研讨，区委理论学习中心组全体成员、列席人员共11人参加会议。9月28日，区委理论中心组召开“两学一做”学习教育第二次专题学习研讨会，与会人员围绕学习习近平总书记系列讲话精神，重点围绕学习习近平“七一”重要讲话精神开展专题学习研讨，区委理论学习中心组全体成员、列席人员19人参加会议。12月8日，区委理论学习中心组召开“两学一做”学习教育第三次专题学习研讨会，学习贯彻中共十八届六中全会精神，开展“学党章党规”学习讨论。区委理论学习中心组全体成员、列席人员22人参加会议。

（刘姿吟）

【“国际滨”品牌主题宣传】 2016年，区委宣传部对外宣传工作围绕G20杭州峰会圆心，以“提炼滨江峰会精神，讲好高新创业故事，打响‘国际滨’城市品牌”为目标，结合G20杭州峰会采访报道以及中宣部、科技部重点宣传主题，相继组织邀请新华社“区域经济打造国际化创新要素集聚区”主题采访、“互联网+智能制造”产业发展现状调研采访、中央主要媒体“转型升级、创新驱动的杭州样本”主题采访、中央主要媒体长江三角洲城市群“调结构转方式”专题采访、科技部国家高新区专题采访、第三届世界互联网大会预热宣传专题采访、人民日报创新发展基因专题调研采访、浙报集团“勇立潮头·一把手访谈”、杭报集团“总编跑一线”专题采访等10余批次重点专题调研采访活动，全年共在国家、省、市各级媒体刊发新闻报道2129篇(条)（国家级媒体86篇〔条〕,省级媒体1016篇〔条〕,市级媒体1027篇〔条〕），其中，《人民日报》报道10篇，新华社报网端报道26篇，中央电视台14条。峰会期间，区委宣传部与各级媒体对接，《中国日报》《浙江日报》、人民网等国家、省市媒体在报道中均采用了反映滨江形象的图片和画面，“国际滨”形象进一步向世界传播。以“滨江发布”政务微博、微信平台为主抓手，开展多主题网络宣传活动。其中，“别人家的食堂”系列网文，总阅读量超过10万；编发的G20峰会文章，单篇阅读量超过15万；以H5、微课堂、微视频形式推送的“助力G20，文明乘车我接力”“助力G20，滨江在行动”互动宣传活动，超过58万人次参与。通过新华网开设专题、浙江新闻客户端上最美妈妈吴菊萍的代言、“滨江发布”网络平台首发、省市平台媒体集中采访报道等形式，持续开展“集齐七彩贴，滨滨有礼来”、文明礼让“一起赞”、文明出行“一起来”“文明传递 喜迎峰会——把美丽滨江传递出去”系列活动，全面展示国际滨“滨滨有礼”的文明科技新城形象，推出“我是国际滨”中英文双语特刊杂志，向媒体和区内外各界分发，“国际滨”的科技新城品牌形象初步打响。

【意识形态工作】 2016年，区委宣传部始终掌握意识形态工作主动权，落实意识形态工作主体责任，贯彻落实中央“实施办法”和省委“实施细则”精神，区委4次专题研究意识形态工作，完善、制定《意识形态工作责任考核办法》《高新区（滨江）党委（党组）落实意识形态工作责任制实施办法》《贯彻落实〈浙江省党委（党组）意识形态工作责任制实施细则〉方案》等规范性文件，对各级各部门抓意识形态工作主体责任进行规范，组织开展意识形态责任制专项考核通报2次、专题调研5次，组织2轮自查整改，认真对照查改指标71条，实现基本达标。年内，制定《关于加快构建现代公共文化服务体系的实施意见》《关于引导和鼓励社会力量参与公共文化项目的暂行办法》，建成区文化中心、图书馆、城市文化公园、家训馆等基层文化阵地13个，开展“中国梦”主题宣传实践、爱国主义教育等公益性文化活动15次，推进群众文化艺术节、书香科技城、文化走亲等文化产品和服务走进基层64次，持续开展“我们的价值观”“公民爱心日”等主题教育活动17次，提升第二课堂教育实践基地、社区青少年俱乐部、城市学校少年宫等校内外育人阵地12个，举办“优秀学习型社团”“百姓学习之星”评选，开展孝道传承、图书捐赠、国学吟诵等活动。

【舆论引导工作】 2016年，区委宣传部主动、及时做好舆情收集、研判、协调、处置工作，共报送各类舆情信息专报128期，发送舆情信息700余条，水电区域环境整治和危房排险等热点舆情得到妥善解决，《今日聚焦》《今日关注》等舆论监督类栏目负面报道量均为全市最少，加强基层网络队伍建设，调整充实46家单位二级新闻发言人，组织现场培训和实战演练。

（以上除署名外均由王春松撰稿）

【白马湖市民大讲堂】 白马湖市民大讲堂自2009年开办以来，以提高市民综合素质为目标，围绕中心、服务群众、贴近生活，扩大理论学习、知识传播的覆盖面、影响力。每年春天开课，宣讲嘉宾主要是区职能部门的分管领导和有宣讲才能的业务骨干，同时聘请省（市）级著名专家、教授等。课程由党建理论、形势政策、科技文化、文明礼仪、智慧生活、区情区史等板块组成，涵盖政治、经济、社会、文化等10余项与居民日常生产生活密切相关的知识，同时面向市民普及G20杭州峰会有关知识，为峰会召开营造良好氛围，2016年共开课300堂。白马湖市民大讲堂被杭州市2016年学习节评为“终身学习品牌项目”。

2016年3月24日，白马湖市民大讲堂进六和社区宣讲

（区委宣传部 供图）

2016年白马湖市民大讲堂课程内容

表9

类别	主 题	课程名称
必讲课程	党史党建系列	1.习近平总书记系列重要讲话精神 2.十八届五中全会精神 3.党史党建相关知识 4.党风廉政建设与反腐败工作 5.《中国共产党廉洁自律准则》《中国共产党纪律处分条例》学习 6.社会主义核心价值观
	区情形势系列	1.当前的形势任务 2.峰会相关知识宣传 3.高新技术产业发展 4.奋力推进“三次创业” 5.区“十三五”规划 6.法治滨江建设 7.智慧生活（智慧家居、智慧医疗等） 8.生态环境与美丽滨江
	法律法规系列	1.征迁安置政策 2.社保相关政策 3.消防安全相关政策 4.杭州市居住房屋出租安全管理若干规定 5.常用法律知识（继承法、物权法等） 6.科学知识普及（反邪教等）
	文明礼仪系列	1.文明交通 2.文明礼仪 3.垃圾分类 4.鲜花点亮G20杭州峰会 5.志愿者服务管理
	休闲文化系列	1.摄影艺术 2.歌声喜迎G20杭州峰会 3.画笔描绘G20杭州峰会 4.书法入门 5.学英语 迎友人
	婚姻家庭系列	1.优生优育知识 2.婚姻关系调适 3.社区养老服务 4.未成年人教育 5.家庭理财知识 6.新生儿护理

续表9

类别	主题	课程名称
选讲课程	健康养生系列	1.中医四季养生 2.合理饮食与人生健康 3.老年人的心理健康 4.常见疾病的预防与治疗 5.药品安全和合理用药
	操作技能系列	1.消防安全知识 2.红十字急救技能 3.地震、火灾逃生与救援 4.伤害与自救互救 5.美容化妆 6.面点制作

说明：上述安排根据实际需要选送内容

（刘姿吟）

统战工作

【概况】2016年，全区统一战线7个民主党派，共有成员425人，其中，新发展成员20人。推荐10余名党外干部参加区中青年干部培训班，提拔1名党外区管正职为市管干部，2名党外区管副职为正职。党外后备干部占全区后备干部比例为16.96%。组织开展人大、政协换届工作，会同政协党组、组织部研究制定区二届政协换届人事安排意见，完成区二届政协157名委员的提名推荐、民主协商、联审考察等工作。进一步加强和改进政治引导，建立民主党派季度例会和述职交流制度，召开主委工作述职会、读书会2次。扎实推进民主党派新老交替、政治交接工作，升格成立民进滨江基层委员会和致公党滨江总支部，区内7个民主党派基层组织全部完成换届。组织各民主党派，开展“我为‘三次创业’献一计”活动，全区统一战线报送各类课题15项，4项课题得到区委主要领导批转。在区“两会”上提出建议提案57件，列入人大、政协重点督办建议提案3件。开展以“众创”为主题的系列活动，举办组团服务“双创”进园区、区新型孵化器、科技园（楼宇）双创培育载体建设座谈会等大型活动10余场。引导统一战线助推“三次创业”，至年底，众创基金通过项目孵化、投资、并购整合，引进23个企业项目，总投资2.28亿元，带动社会资本跟投3.9亿元，涉及基因排序、云技术服务、工业装备集成、互联网教育等高新技术产业。支持7个民主党派分别与13个社区开展结对创建“同心社区”，形成“五个平台”“五项惠民”的“双五”功能格局。全年开展以“同心共建美丽滨江”为主题社会服务活动40余项，服务3000余人次。开展宗教场所消防培训2场次，500余名信徒和教职人员接受培训及演练。加强对宗教团体指导，完成区基督教协会换届工作。开展与临安少数民族村、松阳县板桥畲族乡大毛科村结对帮扶，组织开展项目对接，提供20万元帮扶资金。注重新生代企业家教育、引导、培养，举办新生代企业家小组活动20余次。在上海交通大学举办培训班，选派12名企业家参加“杭商学堂”学习。开展“传帮带”，组织20余名“创二代”企业家赴梦想小镇考察；组织新生代企业家走进导师企业中控集团参观。区党外知识分子联谊会被杭州市委统战部评为2016年先进集体。

加大统战工作理论调研和实践创新，协助省委统战部开展供给侧结构性改革课题调研。论文《打造全省海归人才第一码头的实践与思考——以杭州高新区（滨江）为例》获全省统战理论政策研究创新成果三等奖，《城市国际化背景下归国留学人员统战工作研究》获全市统战理论政策调研优秀成果一等奖，《加强归国留学人员统战工作的对策建议》调研文章在《杭州统战》刊发。在省、市委统战部《情系中华》《杭州统战》刊物上及省市委统战部官方网站录用信息95篇。

【民主党派工作交流会】 2016年1月8日，区委统战部在区政府大楼召开全区各民主党派负责人会议，35人参加会议。会上，传达区委四届九次全会精神，学习区委书记詹敏关于《奋力推进“三次创业”率先高水平建成全面小康社会》的全会报告，各民主党派负责人交流回顾2015年度围绕区委区政府中心工作，在组织建设、参政议政、民主监督、社会服务等工作取得的成绩。

【统一战线服务保障中心工作】 2016年3月15日—9月10日，区委统战部组建3支共100人的平安巡防队伍，开展“服务保障G20·统一战线争先行”主题平安巡防活动。各民主党派、统战团体共组织开展“喜迎G20，认领公交站”“服务G20·礼仪我先行”等系列活动30余项。其中，在“侨连全球，服务G20”活动中，推选51名侨界宣传大使，邀请35个国家和地区的97家华文媒体到滨江采访。在10月12日G20杭州峰会表彰会上，区33名党外人士分别被评为省、市、区G20杭州峰会工作先进个人。

【统战工作会议】 2016年4月20日，全区统战工作会议在区文化中心剧院召开，100余人出席会议。会上，区委组织部作《完善机制 强化合力 扎实推进新形势下党外干部培养选拔工作》、区科技局党组作《服务非公经济企业创新发展 助力我区创新驱动发展战略实施》、长河街道党工委作《围绕中心 服务大局 推动街道统战工作再上新台阶》的交流发言。区委书记詹敏提出，要加强和改进党对统战工作的领导，不断提高统战工作科学化水平；全区各级党委（党组）要把握方向，始终坚持党对统一战线的领导；要强化责任，把统战工作摆上重要位置；要形成合力，加快构建大统战工作格局；要狠抓队伍，不断提高统战干部履职能力；要夯实基础，加强党外代表人士培养和使用，形成推动全区统一战线事业发展的强大合力的工作要求。

【新生代企业家创业能力实训营】 2016年6月5—8日，区委组织部、区委统战部、区工商联联合举办的创业能力实训在上海交大海外学院举办，全区39名新生代企业家参加实训。实训采取专家讲授、案例分析、学员与专家互动相结合的方式，学习《产业互联网与企业转型升级》《移动互联网哲学与金融哲学》《宏观经济与企业应对》《问题解决与创造性思维》《新生代企业家的识人、用人》《新生代企业家精神》《领导力与影响力》等课程。由上海交通大学教授、党委副书记胡近、上海交通大学公共政策研究所所长顾建光、上海交通大学海外教育学院策略与危机研究所执行所长苏建诚、海外教育学院产业创意研究所常务副所长、“基业长青‘创二代’”课程主任戴明朝、蓝源资本董事长廖文剑授课。（李媛媛）

机关党的建设

【概况】 2016年，区直机关党工委发展党员16人，入党积极分子35人。至年底，下辖机关党委3个，直属党总支12个，直属党支部24个；支部97个，党员1374人。收缴党费46.22万元。年内，举办机关党组织书记、机关党务干部培训班4期，培训机关党务干部160余人次。开展“结对帮扶”工作，270余名区管以上领导干部上门全年服务550余人次，慰问折合金28.14万元。

【在职党员到社区报到制度】 为进一步充分发挥在职党员在社区建设中的先锋模范作用，促进社区党的基层组织建设，共建和谐文明社区，2016年1月10日，区委组织部制定在职党员从“八小时内岗位履职”延伸到“八小时外社会服务”制度。每名机关党员到所在社区认领2个以上服务项目，每年参加2次以上社区服务活动，做到在职党员到社区报到率100%。全年累计参与科普宣传、帮扶助老、爱心捐赠、政策咨询、文明创建、青少年教育、文化服务、法律援助等方面社区服务项目4240余人次。

【“十个一”活动】 2016年1月开始，区委组织部深入开展以联户、联企、联社为主要内容的“十个一”活动。每个机关党组织深入一个联系村（社）、认领一批服务项目、帮扶一批困难家庭、推进一批征迁任务、联系一批高新企业、开展一轮调查研究、提出一批建议意见、落实一项问效制度、健全一套激励机制、引领一种节俭风尚10个服务项目。在推进征迁任务中，3月、9月，分2批次从区级机关选派15名优秀党员干部到街道征迁一线，并实施专项考核，各机关党组织做好“重点人”思想工作。在联系服务企业中，选派31名机关党员干部担任企业中国共产党党建工作指导员，为企业生产经营出谋划策，帮助企业解决实际问题。至年底，累计认领服务项目310余个，走访困难家庭860余人次。

【机关工委班子成员分片联系制】 2016年3月10日，区直机关党工委制定出台《关于建立机关党组织工作督查机制的通知》，进一步调整完善机关党组织划片分组办法，将区直机关党工委所属39个基层党组织划分为4个片组，每一片组分别由一名机关党工委班子成员负责结对联系，实行部署和推进工作包干到人、责任到人。通过自查自评、互查互评、交流讲评，建立一月一督查、一季一点评、一轮一排名机制，推动机关党建各项工作深入开展。

【与基层联网结对安保】 2016年6月，为确保G20杭州峰会期间全区社会稳定、治安平稳、秩序良好，区直机关工委建立机关党员干部结对联系社区网格制度。由231名区管领导干部牵头分别与231个社区网格结对，做好网格维稳安保。每名党员干部按照“三动”（发动、联动、行动）“三清”（人清、物清、隐患清）“三勤”（眼勤、腿勤、嘴勤）要求，深入社区开展工作。至12月底，累计排查治安、消防、生产安全等方面的问题2139个，直接推动解决问题1512个。

（孙保华）

党的干部教育

【概况】 2016年，区委组织部紧扣“两学一做”学习教育主题，将党章党规党纪、习近平总书记系列重要讲话及十八届五中、六中全会精神作为重点，依托“硅谷创新论坛”“走进高新企业、当好高新人”等平台，加大对区管干部的教育培训力度，分层分类开展教育培训，提高党员干部政治理论水平。全年，举办各类培训班46期，培训学员3060余人次；选派17名区管干部，20名科级干部参加市委党校主体班次学习。

【调研员培训班】 2016年3月1—3日，为切实加强对调研员队伍的服务和管理，滨江区在省委党校举办全区调研员培训班，邀请省委党校教授进行“十八届五中全会精神解读”“党的纪律建设新动向——《条例》和《准则》的解读”“实施创新驱动战略促进经济转型升级”等专题讲座。3日，组织学员到嘉兴南湖开展“重走一大路”党性修养锻炼，来自区级机关各单位、各街道的48名调研员（副调研员）参加培训。

【社区党组织书记培训】 2016年6月1—3日，为进一步夯实基层党建基础，加强社区“领头雁”队伍建设，区委组织部在区海创基地举办全区社区党组织书记培训班，就习近平治国理政思想、党章党规党纪、服务保障G20杭州峰会等内容进行专题学习；组织57名学员到上城区小营巷社区、上羊市街社区进行参观学习。

【建立教育培训师资库】 2016年6月，为推动“两学一做”学习教育深入开展，切实增强学习教育针对性实效性，建立党员干部学习教育师资库。根据市委组织部干部教育培训有关规定，党员领导干部下基层讲学，经区委组织部认定，授课可按照每次4学分计入“干部学习新干线”，来自区17个单位的42名党员干部进入教育培训师资库。

【“两新”组织党务工作者培训】 2016年11月15—17日，为规范基层党组织建设，提升党务工作者履职能力和业务水平，区委“两新工委”组织30余名区直管企业党组织书记到上海交通大学参加党务工作培训。围绕党建工作实务、提升工作科学化水平等主题，采用专家授课、实务讲座、经验介绍、现场教学等方式，对两新党建的重点难点问题

进行讲解，学员就党建工作进行互动交流。 （孙保华）

老干部工作

【概况】 2016年，滨江有离休干部7人，年龄最大92岁，最小85岁，平均年龄87.5岁。区、街退休干部176人，按职级待遇分，副区级以上14人，县处级以上77人，科级及以下85人。按单位性质分，行政机关及参公单位154人，事业单位22人。有离休干部党员6名，区、街退休党员156名，其中：区级机关105名，街道机关51名（组织关系转入所在社区）。2014—2016年，成立退休干部支部（小组）8个，离退混编支部1个，在职干部联建党小组14个。年内，发改局退休支部被评为区直机关党工委先进基层党组织。全年举办老干部情况通报会3次，主要领导走访离休干部14人次，举办老干部理论读书会1次，机关退休支部书记培训4次；组建临时党小组3个，组织走看促活动9次，撰写调研文章1篇，推选省市区老干部先进个人3人，组织银色人才团队开展志愿服务活动32场。

【护航行动】 2016年3月18日，在区文化中心剧院举行“让G20来到你身边”老干部巡回宣讲活动，区、街机关退休干部代表、退休教师代表、退休医务人员代表、市民代表共240余人参加活动。会上，播放G20杭州峰会宣传短片，介绍G20杭州峰会举办的重大历史意义；倡议全体老同志要争当峰会志愿者、宣传者、捍卫者、践行者，以实际行动护航G20杭州峰会。3月30日，由区老干部活动中心、西兴街道两新工委承办，区老干部书画协会、白马湖社区协办的广场文化宣传活动在星光大道中心广场举行，老干部书画爱好者、民间老艺人与青年党员共60余人参加活动。现场绘画书画作品8幅，剪纸作品20余件，手工编织竹制灯笼5个，用艺术形式传递喜盼峰会的美好祝愿。5—8月，西兴小学退休教师支部利用每月10日支部“党员固定活动日”，开展“助力G20杭州峰会，志愿者在行动”，走巷入户宣传实践活动；与西兴中心小学、奥体幼儿园、西陵社区合作开展“我眼中的G20杭州峰会”分享会、“传承好家风，喜迎G20杭州峰会”宣讲，分发G20杭州峰会宣传资料500余份。5月26日，区老干部宣讲团以“助力G20杭州峰会，文明我先行”为主题，走进西兴实验小学，为56名学生宣讲G20峰会的起源、发展历程和国际影响力，并进行现场互动。从自身行为做起，从文明细节做起，争做文明杭州人，文明迎嘉宾，向世界展示杭州人的文明形象。

【老干部志愿服务团队】 金志成小队是一支活跃在社区的老干部志愿服务团队，除老同志外，在职党员、团员青年、少先队员、共建单位等志愿者加入，从2012年成立时的5人至2016年扩至350余人。2016年3月，围绕G20杭州峰会服务保障工作，小队划分成夕阳组、巾帼岗、红领巾3个小组，参与辖区内卫生整治、文明劝导、平安巡逻、文艺宣传、便民服务等活动350余人次。

【“走基层、看变化、促发展”主题实践活动】 2016年4月21—22日，区委组织部组织退休区领导支部14名党员干部赴西湖区云栖小镇、青山湖科技城参观

2016年9月17日，金志成小队成员在月明社区巡查卫生

（区委组织部 供图）

考察，走访香港大学临安科研总部。参观过程中，老同志感慨杭州科技发展速度之快，周边的区县无论在理念上、还是行动力上都有许多可借鉴学习的地方。9月13日，组织退休区领导一行14人参观海创基地贝壳社、杭州米趣网络科技有限公司，听取海创基地办负责人工作介绍，实地感受脑感控制前沿技术成果。

【深化党性教育的举措】 2016年4月25日，为贯彻《关于进一步加强和改进离退休干部工作的意见》精神，落实中共中央和省、市、区委在全体党员中开展“两学一做”学习教育活动要求，区委组织部、区直机关工委、区老干部活动中心联合举办“红船精神”现场教学活动，组织41名区级机关退休党员干部到嘉兴市委党校接受再教育，通过专题党课、瞻仰南湖纪念馆、南湖纪念船，重温入党誓词活动，增强老干部思想凝聚力。5月18日，区党委组织部、区直机关党工委联合下发《关于组织做好离退休干部党员“两学一做”学习教育工作的通知》，明确学习内容、形式、机制，要求各单位党组织负责人要面向全体退休党员上1次党课，至少参与1次退休党支部（党小组）学习活动，联系1名离退休党员，定期研究离退休干部工作，将学习教育与老干部工作结合起来，为党的事业增添正能量，为老同志搭建作用发挥平台。5月，为纪念中国共产党成立95周年，在离退休干部中开展“我的入党感言”征文活动，畅谈入党经历和入党后的感悟，重温入党誓词，纪念党的生日。征文活动共收到征文20余篇，其中，离休干部朱德兴的《跟党走 无怨无悔》、审计局退休干部燕德银的《共产党员总是冲在前面》、法院退休干部胡世明的《榜样的力量》在2016年6月《滨江组工情况》第14期进行刊发，得到区主要领导的批示和肯定，6月29日《天堂硅谷》报第27期进行转载。

【“聚焦圆心看发展”调研】 2016年6月29日，区委组织部组织区级退休领导14人走访调研“最美跑道”、三化厂区块环境整治、三桥入城口提升改造工程、奥体主体育场馆、行政服务中心、图书馆等为民工程，听取区党委办、西兴街道、智慧新天地、城建指挥部、高新总公司、社发局项目分管负责人工作汇报。在老干部活动中心召开专题座谈会，组织部长代表区委、区政府汇报滨江区上半年整村拆迁和经济发展情况，老领导结合调研就加快区域综合整治提出5条意见建议。 （吕 吉）

综合考评

【市级综合考评】 2016年4月11日，杭州市考评办下达年度考核重要工作目标，对高新区（滨江）开展年度综合考评。8月12日，滨江区结合区工作实际下发《关于印发2016年度市对区综合考评考核目标及责任分解表的通知》，做好市级综合考评工作。12月上旬，启动2016年度杭州市对滨江区综合考评工作。杭州市对滨江区年度综合考评为目标考核、领导考评、社会评价和特色创新4项内容。考核方式上，发展指标考核以市统计局及有关职能部门提供的基础数据为依据，由市考评办采用功效系数法、得分率法、绝对值法等计算考核得分；工作目标中的责任状目标、专项目标和共性目标中的领导班子建设、党风廉政建设考核由牵头职能单位组织实施；其余工作目标由市考评办统一组织检查组，以听取汇报、查看台账、召开座谈会、实地检查等方式进行。社会评价意见考核在原有的信件投递和入户调查两种方式基础上，对区、县（市）试行网上社会评价，线上、线下同步进行；网上评价内容与线下评价内容一致。社会评价意见整改工作满意度测评与社会评价工作结合进行。加大党建责任考核结果的应用力度，在保留领导班子建设、党风廉政建设考核的同时，加大党建责任考核结果在综合考评中的应用，党建责任考核在13家区、县（市）排名前3位的，综合考评加0.4分，后3位的减0.4分。2017年2月22日，杭州市委、市政府召开2016年度综合考评总结大会，公布2016年度市对区、县(市)综合考评结果，高新区（滨江）在12个区、县（市）综合考评中以96.4的总分排在全市第一，高新区（滨江）连续第五年列全市第一，受到通报表彰，区长金志鹏作为区、县（市）代表在表彰大会上作典型发言。

【区本级综合考评】 2016年6月15日，区党委、管委会、政府下发《关于实施2016年度综合考评的意见》《2016年度综合考评重点工作目标及特色创新目标的通知》，进一步规范区综合考评实施办法，推进与市对区考评工作的无缝衔接。考核对象为各街道、区级机关各单位、各直属单位、市驻滨江单位，共46家。综合考评内容为目标考核、领导考评、社会评价，另设附加项目，实施双百分制。工作目标和党建目标合计65分，其中，工作目标50分，党建目标15分；领导考评分值5分，社会评价分值30分，附加项目分值5分。考评单位综合评定依据为目标考核、领导考评、社会评价、附加项目考核得分之和，分优秀、良好、合格、不合格4个等级。经区考评办组织实施，2017年2月22日区办公室印发《杭州高新开发区（滨江）党委和管委会政府办公室关于公布2016年度综合考评结果的通报》公布考评结果，46家参评单位均为优良等次，其中，优秀13家。

【"公述民评"面对面问政活动】 2016年9月12—22日，滨江区参加全市"公述民评"面对面问政活动，分5场5个主题进行。第一场，问政主题"推进政府服务高效化"。重点内容进一步提升办事窗口服务质量；强化简政放权后的事中事后监管服务；推进政府信息公开。主要问政嘉宾市审批管理办公室主任、市市场监管局局长、市政府办公厅分管领导，九城区区长，配合问政嘉宾区府办、审批管理办公室、市场监管局。第二场，问政主题"推进城市国际化"。重点内容规范城市标识标牌设置和日常生活咨询双语导引，优化旅游景区服务管理，加强城市应急、交通管理等公共信息的发布和引导，规范公共场所秩序和市民文明出行。主要问政嘉宾市旅游发展委员会主任、市交通运输局局长、市政府应急办主任、市公安局交警局局长，九城区分管区长；配合问政嘉宾区旅游局、应急办、交通局。第三场，问政主题"推进城市管理科学化"。重点内容加强供气、电梯等公共设施和危化品储运的安全监管；减少道路重复开挖；加大违章建筑长效管理力度。主要问政嘉宾市安全监管局局长、市质监局局长、市建委主任、市城投集团领导、市城管委分管领导，九城区分管区长；配合问政嘉宾区安监局、区质监局、区城管局、区住建局。第四场，问政主题"提升环境治理品质"。重点内容进一步落实垃圾分类及后期处理；加大工地道路扬尘治理；推进河道整治后的长效管理。主要问政嘉宾市环保局局长、市林水局局长、市城管委主任、市建委分管领导，九城区分管区长；配合问政嘉宾：区城管局、区住建局、区环保局、区林水局。第五场，问政主题"提升民生保障品质"。重点内容加大食品批发市场、农贸市场食品安全监管力度；推进养老服务体系建设；深化市级公立医院改革，突破"看病难"和"看病贵"问题；促进教育资源均衡配置。主要问政嘉宾市民政局（市老龄工办）主要负责人、市卫生与计划生育委员会主任、市教育局局长、市市场监管局分管领导，九城区分管区长；配合问政嘉宾区市场监管局、区民政局、区卫生与计划生育委员会、区教育局。公述民评结果列入年度综合考评，整改情况通过市考评网公示。问政实况录像在杭州电视台、杭州新闻广播电台、杭州网等栏目播出。

（刘金明）

滨江区人民代表大会及其常务委员会

【概况】 2016年，滨江区有各级人大代表167人，其中：浙江省人大代表2人，杭州市人大代表21人，滨江区人大代表144人。全年，召开区人大常委会会议8次，听取和审议"一府两院"工作报告13个，作出决定、决议11项，开展专题询问、专项评议、满意度测评6次，开展视察、执法检查9次，依法任免国家机关工作人员20人次，任命人民法院陪审员16名。按要求制定《杭州市滨江区组织实施宪法宣誓制度办法》，组织6名人大常委会新任命干部向《中华人民共和国宪法》宣誓，指导"一府两院"做好《中华人民共和国宪法》宣誓工作。

保障和拓宽代表履职渠道，邀请人大代表列席常委会会议，人大常委会组织的工作评议和视察调研活动540余人次，坚持常委会组成人员走访联系代表、代表联系选民制度，通过“主任接待日”、座谈走访、代表进联络站等方式，联系代表200余人次。关注水环境治理，在全区42条河道中列出14条河道为重点监督河道，常委会班子成员担任监督长，人大代表担任联络员，组织开展水环境治理监督工作。抓好人大工作宣传，在《杭州日报》等市级以上报刊、网站刊发稿45篇，其中，《学校解决不了的事人大管了》的新闻报道获“杭州市第二十五届人大好新闻三等奖”，在《天堂硅谷》等区级媒体刊发58篇，在滨江人大网、区政府OA信息平台上传各类信息198篇。编印《人大工作通讯》7期、《滨江人大信息》11期；编发每周一期《人大代表手机报》50期。

【领导批示推进滨江人大创新工作经验】 2014年11月20日，区四届人大常委会党组读书会暨第33次主任会议提出：努力建设“法治人大、民生人大、智慧人大”的工作目标。目标确定后，区人大常委会借力信息产业发展方面的优势，通过改版门户网站、推广网上代表联络站，建立实时监督站、政务工作站、宣传信息站，推进无线移动端建设等做法，实现利用网络信息技术提升人大履职能力水平，方便代表的履职，增强人大监督的精准性、针对性，实现人大工作步入“信息化快速路”。2016年10月18日，省人大常委会研究室编发《浙江人大信息》专刊（2016年第26期），向全省各级人大介绍滨江区的做法，并刊登省人大常委会副主任茅临生对此作出的批示：“智慧人大是方向，尤其是高学历和年轻人集中的区域。智慧人大是工具，关键在应用，通过信息手段使人大联系群众和监督等职能更好落实。滨江区大胆创新，已有很好基础，希望继续努力，干在实处，走在前列。”同月26日，杭州市委书记赵一德批示：“感谢省人大常委会对滨江区人大工作的肯定和鼓励。全市区（县、市）两级人大常委会要认真贯彻茅临生副主任重要批示精神，主动顺应‘互联网+’发展趋势，大胆探索，积极打造完善人大网络应用平台，有效提升人大常委会依法履职水平。”28日，杭州市人大常委会主任王金财作出批示：“要认真研究落实赵一德书记，茅临生副主任的批示精神，进一步认真总结滨江区人大常委会推进智慧人大建设的经验和做法，研究方案，提出意见。”31日，区委书记詹敏批示：“请区人大常委会主任、常委会副主任阅。区委、区政府要积极支持人大更好创造性开展工作。请区委常委、政府副区长阅。”

重要会议

【杭州市滨江区第四届人民代表大会第五次会议】 2016年1月10—12日，杭州市滨江区第四届人民代表大会第五次会议在白马湖建国饭店举行。应到代表146人，实到141人，列席人员99人。会议听取和审查区长金志鹏所作的《政府工作报告》，审查、批准滨江区国民经济和社会发展第十三个五年规划纲要，审查滨江区2015年国民经济和社会发展计划执行情况与2016年国民经济和社会发展计划草案的报告（书面），审查、批准滨江区2015年国民经济和社会发展计划执行情况的报告与2016年国民经济和社会

2016年1月11日，区人大四届五次会议召开

（区人大办公室 供图）

发展计划，审查滨江区2015年财政预算执行情况、2016年财政预算草案的报告（书面），审查、批准滨江区2015年财政预算执行情况的报告和2016年财政预算。听取和审查区人大常委会主任韩建中所作的《滨江区人民代表大会常务委员会工作报告》、区人民法院代院长池海江所作的《滨江区人民法院工作报告》、区人民检察院检察长陈平祥所作的《滨江区人民检察院工作报告》。大会经过审议，通过上述报告，并作出相应决议。同时，作出《关于迎接G20、建设美丽滨江的决议》，选举池海江为滨江区人民法院院长。会议期间，收到代表建议62件，会后交区政府和有关部门研究办理。

【区人大常委会会议】 2016年，区人大常委会举行会议8次，审议通过专题报告13个。

2016年杭州市滨江区人大常委会会议情况

表10

会议名称	时间	参加人员	会议内容
区四届人大常委会第三十五次会议	3月25日	区人大常委会委员20人出席会议，缺席1人。常务副区长施华森，区人民法院院长池海江，区人民检察院检察长陈平祥，区政府办公室、区发改局、区科技局、区财政局、区商务局、区人才办、区人社局、区科创中心负责人，区人大常委会办公室、各工委、各街道工委负责人及6名区人大代表列席会议	会议听取和审议区政府《关于众创空间建设情况的报告》，听取区人大常委会教科文卫民宗侨工委《关于我区众创空间建设情况的调查报告》。并开展专题询问，进行满意度测评。经无记名电子投票表决，满意票22张，基本满意票4张，不满意票1张，满意率81.5%，测评结果为满意，当场公布。会议听取和审议《关于滨江区政府购买服务有关事项的报告》；审议并通过区人大常委会2016年工作要点；审议并表决有关人事任免事项
区四届人大常委会第三十六次会议	4月6日	区人大常委会主任韩建中，副主任赵万能、袁如祥、丁乃江、丁幼芳及委员出席会议。常务副区长施华森，区人民法院副院长倪惠岗，区人民检察院副检察长吴国刚，区政府办公室、区发改局负责人，区人大常委会办公室、各工委负责人，各街道工委负责人列席会议	会议听取和审议常务副区长施华森代表区政府提交的《关于提请审议水电区域旧城区改建项目增补列入2016年区国民经济和社会发展计划的议案及其所作的情况说明》、区人大常委会财经工委《关于批准增补水电区域旧城区改建项目列入2016年区国民经济和社会发展计划的决议（草案）的报告》。经表决，决定批准将水电区域旧城区改建项目增补列入2016年国民经济和社会发展计划
区四届人大常委会第三十七次会议	5月18日	区人大常委会委员17人出席会议（缺席4人）。区人民法院院长池海江，区人民检察院副检察长唐志科，区政府办公室，区发改局、区住建局、区城管局、区城建指挥部、区交警大队，区人大常委会办公室，各工委、各街道工委负责人及6名区人大代表列席会议	会议听取和审议区政府《关于全区峰会环境整治和城市管理工作情况的报告》，听取区人大常委会城建环保工委所作的《关于我区城市管理和峰会环境整治工作情况的调查报告》，并开展专项工作评议。经无记名电子投票表决，满意票22张，基本满意票2张，不满意票0张，满意率91.7%，测评结果为满意。会议审议并表决有关人事任免事项

续表10

会议名称	时间	参加人员	会议内容
区四届人大常委会第三十八次会议	7月22日	区人大常委会委员18人出席会议(缺席3人)。区人民法院院长池海江,区人民检察院检察长陈平祥,区住建局、区城管局、区农业局、区城建指挥部、区建管中心、区高新总公司、区水务公司负责人,区人大常委会办公室,各工委、各街道工委负责人及9名区人大代表列席会议	会议听取和审议区政府关于清水治污二年行动计划落实情况的报告。听取了区人大常委会城建环保工委关于清水治污三年行动计划落实情况的调查报告及各工委关于水环境污染违法处理情况、代表助推水环境治理情况、水环境治理财政资金投入使用情况、“五水共治进校园”情况等立体式监督专项报告。会议审议并表决有关人事任职事项
区四届人大常委会第三十九次会议	8月18日	区人大常委会委员19人出席会议(缺席2人)。常务副区长施华森,区人民法院副院长冯桂生,区人民检察院检察长陈平祥,区政府办公室,区发改局、区财政局、区审计局负责人,区人大常委会办公室,各工委、各街道工委负责人及6名区人大代表列席会议	会议听取和审议《关于杭州市滨江区2016年上半年国民经济和社会发展计划执行情况的报告》,听取区人大常委会财经工委所作的《关于我区2016年上半年国民经济计划执行情况的调查报告》。会议听取审查《关于杭州市滨江区2015年度财政决算(草案)和2016年上半年财政预算执行情况的报告》。听取《关于2015年度区本级预算执行和其他财政收支情况的审计工作报告》。经会议审议表决通过,决定批准区政府提出的2015年度财政决算,同意《关于杭州市滨江区2015年度财政决算(草案)和2016年上半年财政预算执行情况的报告》《关于2015年度区本级预算执行和其他财政收支情况审计工作报告》
区四届人大常委会第四十次会议	10月17日	区人大常委会委员18人出席会议(缺席3人)。区人民法院院长池海江,区人民检察院检察长陈平祥,区政府办公室,区民政局、区人力社保局、区人大常委会办公室,各工委、各街道工委负责人及6名区人大代表列席会议	会议听取和审议区政府《关于社区工作者队伍建设情况的报告》,听取区人大常委会法制内司工委《关于我区社区工作者队伍建设情况的调查报告》,并开展专题询问。会议讨论通过区人大代表换届选举时间及各工作机构名单。审议并表决有关人事免职事项
区四届人大常委会第四十一次会议	11月22日	区人大常委会委员20人出席会议(缺席1人)。区长金志鹏,区人民法院院长池海江,区人民检察院副检察长吴国刚,区政府办公室,区委组织部、区司法局、区财政局负责人,区人大常委会办公室,各工委、各街道工委负责人及4名区人大代表列席会议	会议听取和审议《关于调整2016年杭州市滨江区地方政府债务限额的报告》《关于调整2016年杭州市滨江区财政预算的报告》、区政府《关于“六五”普法工作开展情况的报告》《“七五”普法规则编制情况的说明(草案)》、区人大常委会法制内司工委所作的《关于“六五”普法工作开展情况的调查报告》、滨江区人民代表大会常务委员会《关于开展第七个五年法治宣传教育的决议(草案)》,审议并表决有关人事任免事项。会上,3名新任命的国家工作人员进行《中华人民共和国宪法》宣誓

续表10

会议名称	时间	参加人员	会议内容
区四届人大常委会第四十二次会议	12月26日	区人大常委会委员20人出席会议（委员张震华已调离）。常务副区长施华森，区人民法院院长池海江，区人民检察院代检察长陈云高，区政府办公室，区商务局、白马湖生态创意城管委会、区建管中心负责人，区人大常委会办公室、各工委、各街道工委负责人及9名区人大代表列席会议	会议听取和审议区政府《关于为民办实事项目实施情况和区四届人大五次会议代表建议意见办理情况的报告》，进行满意度测评。依据《杭州市滨江区人民代表大会常务委员会工作评议办法》，对“完善商贸配套”“加强助老助残助困”两项实事工程及“关于加快实施冠山公园改造整治工程的建议”“关于尽快实施农转居拆迁安置房代建制的建议”两个重点督办建议进行满意度测评。经无记名电子投票表决，对“完善商贸配套”实事工程项目测评结果为基本满意，对“加强助老助残助困”实事工程项目测评结果为满意，对“关于加快实施冠山公园改造整治工程的建设的建议”办理情况的测评结果为基本满意，对“关于尽快实施农转居拆迁安置房代建制的建议”办理情况测评结果为基本满意。听取《关于区五届人大代表资格审查的报告》，讨论决定区五届人大第一次会议召开时间等有关事项，会议审议并表决有关人事任免事项

视察与监督

【视察G20杭州峰会环境整治项目】 2016年2月25日，为迎接G20杭州峰会，推进美丽滨江建设，区人大常委会对区G20峰会项目进展情况开展视察。区人大常委会主任、副主任，区人大常委会办公室及各工委主任、副主任、调研员、副调研员，各街道人大工委主任、副主任，部分代表小组组长及人大机关工作人员共31人参加视察。视察组一行实地视察江二红中园老码头环境整治、西兴互通立交、国际博览中心、奥体中心等G20杭州峰会项目进展情况，听取区政府“关于峰会项目进展情况的汇报”。对发现的安置房建设短缺，拆迁区块覆绿慢、扬尘多，大区块覆绿中树木有枯死，整治项目进度不一等问题，视察组要求区政府要围绕峰会圆心，全力以赴、一鼓作气、再接再厉，将各项工作做细、做深、做实、做精、做优。动员人大代表当好宣传者、推动者、监督者、践行者、示范者。

【“找短板、找对策、促发展”专项视察】 2016年3月9日—4月19日，区人大常委会组织开展“找短板、找对策、促发展”专项视察。组织58名市、区人大代表，根据代表专长分成6个小组，从公园绿地建设、水环境治理、拆迁户安置、G20杭州峰会项目建设和城市管理、交通治堵、文明行为与促进文化传承6个方面找问题、找对策。通过走访座谈，查找梳理出45个问题及121条对策建议交区政府协调处理。

【组团监督推进交通治堵】 2016年3月16日，市、区两级人大代表共17人组团对交通治堵情况进行监督。视察组实地查看浙江大学医学院附属儿童医院滨江院区、科技馆街周边道路交通综合治理情况，在区交警大队召开座谈会，听取市公安局交通警察局、区交警大队开展交通治堵工作的情况汇报。对市公安局交通警察局、区交警大队近年在加强交通组织和管理、推进交通堵点乱点治理，严管违法难点热点、打造科技新点亮点、解决安全危点黑点中所做工作给予充分肯定。同时，

人大代表视察闻涛路改造工程（区人大办公室 供图）

针对当前交通治堵的形势十分严峻的现实背景，视察组提出要做到治标与治本的有机结合的意见建议8条。

【关爱大学生健康成长视察】 2016年3月中旬，区人大常委会将区域内省、市、区三级人大代表编成3个视察组，开展“人大代表走进校园宿舍，关爱大学生健康成长”专项视察。分别到浙江警察学院、杭州医学院、浙江商业职业技术学院3所院校，以视察校园环境和大学生寝室卫生状况为重点，督促教育行政部门提升校园管理与服务水平。10月中旬，各视察组作“回头看”，建议家庭和社会都要关注学生的成长，努力为学生营造健康成长的良好环境。

【视察水环境污染违法情况】 2016年4月21日，区人大常委会组织人大代表15人对滨江水环境污染违法情况进行视察。实地视察杭州万事利漂染有限公司、杭州大和热磁电子有限公司、浙江正泰太阳能科技有限公司3家企业污水处理设备运行情况。听取企业对废水处理的情况介绍和区公安分局、区人民检察院、区人民法院对全区水环境违法案件的查处情况汇报。视察组提出要加大对查处打击水环境污染违法案件的宣传，提高老百姓的环保意识，增强对违法行为举报的积极性，形成群防群治的良好氛围；环保、城管要及时发现问题，对用水大户的排水口要安装监控设备进行实时监督；加大联动，公检法之间要信息上共享，技术上支持，提高预防和惩治环境犯罪行为的效果、震慑不法分子；建立综合治理的长效管理机制，尤其是针对用水量大的企业要促其提高水循环利用能力，减少污染的意见和建议。

【大气污染防治法执法及“五水共治”工作督查】 2016年5月17日，市人大常委会组织6人到滨江区开展大气污染防治法执法检查及“五水共治”工作督查。实地查看星光大道美食街，详细了解美食街内的油烟净化设施安装情况；到西兴街道北塘河污水收集处理点，现场检查小区生活污水处理和排放工作；在区政府会议室召开座谈会，听取相关工作汇报。检查组充分肯定区大气污染防治及“五水共治”工作，并对下一步工作提出具体要求。

【环境整治监督】 2016年6月中旬至7月底，区人大常委会在全区人大代表中组织开展“查问题、我拍照、促整改、迎峰会”“保平安、保洁化、迎峰会”环境整治监督。按照即查即交即改原则，组织全区各级人大代表参与基层网格化大排查120余人次，参与平安巡防300余人次。向市人大上传查出的问题照片11组，分3期交区政府督促办理照片56组，及时督促整改落实。

【视察重大投资项目建设】 2016年6月29日，区人大常委会主任、副主任，区人大常委会各办委、各街道工委负责人，部分人大代表一行21人，对政府新建重大投资项目视察。实地查看建成开通的西兴互通立交绿化及周边环境改造整治项目，在建的农转居拆迁安置房七区块（九期项目工地）及彩虹城西小学建设工地，并在奥体中心会议室召开座谈会，听取区政府关于新建重大投资项目情况的工作汇报。视察组对区政府新建重大投资项目工作给予充分肯定，同时就项目规划决策、落点实施等提出建议。

【视察区学校建设情况】 2016年10月28日，区人大常委会主任、副主任，区人大常委会办公室、相关工委负责人，区人大常委会部分委员，各街道工委负责人及部分人大代表一行19人对区学校建设情况视察。视察组实地查看正在建设施工中的滨文中学、滨和中小学以及已建成使用的丹枫实验小学，并在丹枫实验小学听取区政府关于《促进教育优质均衡，努力打造杭州教育强区》的情况汇报。视察组指出要加快建设进度，提高经费使用效率，注重精细化管理，切实把经费用好用实。坚持多元化办学，从建设世界一流高科技园区、国际滨的自身定位和高度加快教育设施建设，实现国内领先、全省一流的目标。

【人大换届选举工作专项督查】 2016年11月2日，市人大常委会组织5人对区人大代表换届选举工作进行遵纪守法专项督查。在区政府会议室听取抓好正面清单、负面清单、行为清单、责任清单和开展情况及严格换届选举纪律方面所做工作的情况汇报。对“四张清单一张网”人大代表换届选举工作给予谋划早、底子清；思路清、责任明；工作实、氛围好的肯定，对下一步区人大换届选举工作提出“三个严一强化”的具体要求。

选举和任免

【选举】 2016年7月6—7日，区人大常委会启动换届选举调查摸底工作。9月27日，区人大常委会召开第56次主任会议，按照《中华人民共和国地方各级人民代表大会和地方各级人民政府组织法》《中华人民共和国选举法》《中华人民共和国全国人民代表大会和地方各级人民代表大会代表法》等法律规定部署开展第五届人大代表换届选举工作。全区划分115个选区，登记选民17.83万人。12月15日为选举日，分配代表名额161人。采取宣传发动、划分选区、选民登记、候选人推荐、投票选举等程序，同月15日，114个选区一次选举成功，选出代表160名。17日，1个选区另行选举，选出代表1名，参选投票17.13万人，投票率96.1%。当选的161名代表中，女性50人，占31%；非中共党员58人，占36%；工人农民70人，占44%；专业技术人员41人，占26%；35岁以下的21人，占13%；大学本科以上学历100人，占62%；连任代表60人，占37%。

【干部任免】 2016年3月25日，区四届人大第三十五次会议任命王之江为区人民法院副院长、唐志科为区人民检察院副检察长；免去严克新区人民法院审判监督庭庭长职务、潘文区人民法院立案庭庭长职务、张毅区人民法院刑事审判庭庭长职务、钱敏区人民法院民事审判第二庭庭长职务；任命钱敏为区人民法院刑事审判庭庭长、张毅为区人民法院立案庭庭长、潘文为区人民法院审判监督庭庭长，来一萍、郑闻呈、娄斌、高雪娇、黄中伟为区人民法院人民陪审员。5月18日，区四届人大常委会第三十七次会议，任命关晓曼、孙伟、李池华、张恬、张锋、张婷、金矿红、施明珠、夏晨琳、彭建华、韩建军11人为区人民法院人民陪审员。7月22日，区四届人大常委会第三十八次会议，任命朱建军为区人民政府副区长。8月18日，区四届人大常委会第四十次会议，免去杨仙林区人民法院民事审判第二庭审判员职务。11月22日，区四届人大常委会四十一次会议，免去周建杭公安滨江分局局长职务、施利君区商务局局长职务、冯建伟区社会发展局局长职务；任命郑迪为区人民政府副区长、凌军为公安滨江分局局长、陈云高为区人民检察院副检察长；同意接受陈平祥辞去区人民检察院检察长职务；决定任命陈云高为区人民检察院代理检察长，同意接受张震华辞去区人大常委会委员职务。12月26日，区四届人大常委会第四十二次会议，任命项炳那为区人民法院审判员、邱林为区人民检察院检察员，免去夏晨琳区人民法院人民陪审员职务。

议案和建议

【概况】 2016年1月11—12日，区四届人大五次会议收到代表建议意见62件，全部按时答复完毕。代表对办理态度和答复的满意率均为100%。至年底，所提建议已解决或在本年度内能及时解决的38件，占61%；已制定解决措施或已列入改进计划，并明确答复代表办理时限的19件，占31%；因目前条件限制或其他原因不能予以解决，以及所提建议留作参考的5件，占8%。5月和10月，分别整理出主任接待日等活动中代表反映的14条意见建议，作为闭会期间代表建议向区政府作交办，区政府及有关部门均按要求给予了办理答复。

（徐云泉）

高新区管委会（滨江区政府）

重要政事

【建设国家自主创新示范区】 2015年8月25日，国务院国函〔2015〕136号文批复同意杭州和萧山临江2个国家级高新技术产业开发区（统称杭州国家级高新区）建设国家自主创新示范区，是国务院批复的第10个国家自主创新示范区。享有自主创新示范区相关政策，同时结合自身特点，在跨境电子商务、科技金融结合、知识产权运用和保护、人才集聚、信息化和工业化融合、互联网创新创业等方面先行先试。2016年4月22日，杭州国家自主创新示范区建设动员大会在省人民大会堂举行，区委书记詹敏、区长金志鹏参加动员会，会上，全国政协副主席、科技部部长万钢，省长李强为杭州国家自主创新示范区揭牌。

【创建世界一流高科技园区】 2015年，滨江区地区生产总值由2011年的418.5亿元增加至790.41亿元，在国家级高新区综合排名前六位，其中，知识创新和技术创新能力排名第二。2016年6月24日，区委书记詹敏赴成都参加世界一流高科技园区工作座谈会，会上，杭州高新区首次被科技部火炬中心列入全国8个创建世界一流高科技园区的计划序列之一。

【促进科技金融对接】 2016年1月6日，全景网杭州路演中心正式启用，是滨江区与全景网共同打造的国内第一个基于网上路演与线下展示互动的金融创业服务平台，通过路演促进科技金融对接。3月10日，主任区长办公会议同意区管委会、政府与省股权交易中心签订战略合作协议，在共建科技金融资本小镇等方面展开合作。至12月，高新区（滨江）管委会、政府与14家企业签订创业投资引导基金战略合作协议，签订投资协议项目77个，其中，47个企业在区内注册成立，投资4.8亿元。路演中心全年举办路演78场，达成对接项目120余个。

【探索养老机构公建民营模式】 2016年1月10日，区政府常务会议同意确定浙江绿康医养投资管理有限公司为“阳光家园”社会化运营中标单位。同月15日，区民政局与浙江绿康医养投资管理有限公司就区社会福利中心“阳光家园”签订社会化运营（公建民营）协议。3月2日，区民政局发布《滨江区养老服务业资金补助实施细则》。11月17日，“阳光家园”试运行，首批100名老人正式入住。

【推进“五水共治”工作进程】 2016年1月27日，区政府常务会议同意启动滨江区河湖水环境综合治理项目，选定聚光科技（杭州）股份有限公司作为社会资本方和实施单位。同月28日，区“五水共治”办公室下发《关于完善“十三五”“五水共治”项目计划的通知》，要求各单位根据自身工作任务和职责，具体编制“十三五”期间的项目行动计划。3月22日，市政协调研组一行17人到滨江调研“五水共治”工作，实地查看西兴互通枢纽整治工程（海绵城市建设）、奥体污水终端泵站、江三排灌站、西兴街道十甲河、西陵社区分散式污水处理点、浦沿街道高教河等河道治理情况。同月31日，政协杭州市滨江区委员会办公室印发《政协杭州市滨江区委员会关于联动开展“助推完善和落实‘五水共治’长效机制”专项集体民主监督的实施方案》的通知，布置撰写“助推完善和落实‘五水共治’长效机制”专项集体民主监督报告等13项工作。5月3—6日，省“五水共治”专项督导组到滨江区督查“五水共治”工作，省督导组公布举报邮箱，市民可以通过邮箱对区内“五水共治”方面问题进行举报监督。同月17日，市人大常委会调研组带队到滨江区开展大气污染防治法执法检查及“五水共治”工作督查。10月17日，区“五水共治”办公室在街道开展“五水共治”宣传，张贴杭州市“五水共治”宣传海报，各街道悬挂宣传标语30条，利用“56569”平台给辖区内每一位市民发一条短信、组织50人参观“五水共治”成果。11月4日，区“五水共治”工作领导小组召开由农业局、住建局、城管局等18个单位领导参加的报送2017年度“五水共治”项目安排会议，研究2017年度“五水共治”建设项目报送工作。12月21日，主任区长办公会议同意实施浦沿排灌站清水入城项目，进一步提升内河水环境质量。2012—2016年，全区212个“五水共治”项目完工，完成投资17亿元。实施河道综保18条（段）、清淤33条（段），基本消除黑臭河；33个农转居住宅小区（苑）实施截污纳管，完成管网清淤296千米；水厂二期、白马湖备用水源、污水东输二期工程顺利完成；新建华家、江三、铁岭排灌站，扩建浦沿排灌站；46个点位水质监测结果劣V类水的比例由2月17—18日取样的43.48%下降至12月2—3日取样的23.91%。

【打造改革试点工作亮点】 2016年2月17日，杭州市市场监督管理局局长陈祥荣就跨境电子商务综合试验区在高新区（滨江）试点工作进行调研并召开对接会，区市场监管局提出开展名称登记制度改革、争取外资登记管理权限等15条举措。会议高度肯定滨江区工作，并要求以跨境电子商务综合试验区建设为契机，进一步深化商事制度改革。3月8日，区长金志鹏召集法制办、发改局、财政局、住建局、商务局、市场监管局等相关部门，专题研究《关于深化商事制度改革和促进跨境电商发展试点工作的实施意见》。同月18日，杭州高新开发区（滨江）管委会、政府会同市市场监管局正式出台《关于深化商事制度改革和促进跨境电商发展试点工作的实施意见》，决定在高新区（滨江）开展中国（杭州）跨境电子商务综合试验区改革试点，在推进工商登记便利化、建立健全跨境电子商务信用管理体系、加强跨境电子商务品牌培育和保护、构建跨境电子商务纠纷处置和消费争议解决机制4个方面先行先试。4月26日，杭州高新开发区（滨江）管委会、政府出台《关于推行个体户“二证合一”登记改革试点的实施意见》。5月24日，区长金志鹏召开专题会议，听取工商登记制度改革情况汇报。6月30日，杭州高新开发区（滨江）管委会、政府发布关于转发《杭州高新区（滨江）推行全程电子化工商登记工作实施方案》的通知，决定在全区范围内全面开展全程电子化工商登记工作。9月26日，杭州市商事制度改革试点工作推进会在滨江区召开，会议总结滨江商事制度改革和跨境电商综试区试点工作经验，对下一步试点经验推广和商事制度改革深化工作作出部署，并要求在全市推广“滨江经验”。

【督查推进“三改一拆”工作】 2016年3月9日，区委书记詹敏赴长河街道调研指导“三改一拆”和环境整治工作，实地查看江二社区燃气站、红中园，闻涛社区老码头、中南奖励用房等地块的拆迁现场情况。同月14日，区长金志鹏察看闻涛社区拆迁区块和汤家桥社区拆房现场，了解签约工作进度及拆迁户基本情况。5月3—6日，省“三改一拆”专项督查组到滨江区开展督查工作。同月10日，市“三改一拆”“无违建”创建工作专项督查组到滨江区检查“三改一拆”工作。6月13日，区委书记詹敏调研江二、江三社区拆迁遗留问题处置工作。8月18日，区长金志鹏检查社区“三改一拆”和环境整治工作，实地踏看拆迁区块平地和环境整治工作，听取街道和社区领导关于拆迁区块场平及征迁交地扫尾工作进展的基本情况。2012—2016年，全区共完成1.07万户农户、1854户国有土地房屋和185家企业的拆迁（收购），拆除违章建筑550万平方米，交地900公顷，累计完成农户拆迁2.08万户，占全部农户的81.6%。

【推进人才保障房建设】 2016年3月21日，浦乐单元公共租赁房一期6.1万平方米，923套竣工，完成“五方”（建设单位、施工总承包单位、勘察单位、设计单位、监理单位）验收。5月30日，浦沿人才专项房20.4万平方米，1324套竣工。7月15日，西兴区块公共租赁10.4万平方米，1404套竣工并完成“五方”验收。8月2日，区长金志鹏召开保障房建设管理专题会议，区领导施华森、傅智超、朱建军，人才办、办公室（后勤）、发改局、财政局、住建局、商务局、城建开发公司主要负责人共13人参会。听取西兴人才租赁房、浦乐公共租赁房、浦沿人才专项房建设进展情况和创业人才公寓等相关保障房使用管理情况及存在问题的汇报，指出，区创业人才公寓、西兴人才（公共）租赁房、浦沿人才专项房、浦乐单元公共租赁房等保障房，是区实施人才强区战略、优化人才发展环境的重要资源。由区领导、住建局、财政局、发改局牵头，各部门围绕建好、用好、管好保障房做好各项工作。11月7日，区长金志鹏召开人才保障房项目验收工作专题会议，区领导张玮、朱建军，发改局、住建局、交警大队、消防大队、城建开发公司主要负责人共40人参会，听取西兴人才（公共）租赁房、浦沿人才专项房、浦乐单元公共租赁房验收工作进展情况汇报。至12月底，完成人才租赁房3456套，公共租赁房923套，人才专项房1324套。

【举办重大会展和赛事活动】 2016年4月10日，举办2016年中国车联网应用产业大会。4月27日—5月2日，举办第十二届中国国际动漫节。9月25日，举办第五届中国创新创业大赛浙江赛区暨第三届“火炬杯”创新创业大赛总决赛。10月16日，举办2016年“舞动中国—排舞联赛”总决赛。10月20—24日，举办第十届杭州文化产品博览会。重大会展和赛事活动的举办，变“政府办会”为“全民办会”，拉动了滨江市场消费，提升了滨江国际滨形象和国际影响力。

【启动小城镇环境综合整治】 为贯彻落实全省小城镇环境综合整治行动电视电话会议精神和《浙江省小城镇环境综合整治行动实施方案》要求，推进全域城市化、全域景区化，加快建设世界一流高科技园区和生产生活生态相得益彰、宜居宜业的科技新城典范。2016年10月10日，滨江区启动小城镇环境综合整治工作，成立滨江区小城镇环境综合整治行动领导小组，负责全区小城镇环境综合治理工作的统筹组织和协调工作。11月25日，区政府组织相关部门的分管领导共10余人到东阳横店参观考察历史建筑的保护和修缮、公共设施配套、业态的布局、文创企业的经营情况、原住民居住现状和街区的城市管理等方面整治情况。同月29日，区小城镇环境综合整治行动领导小组召开小城镇环境卫生综合整治“百日攻坚”行动会议，3个街道、宣传部、发改局、社发局、住建局（规划、建设）、城管局、交警大队分管领导共49人参加会议。会议传达《浙江省小城镇环境卫生综合整治“百日攻坚”行动实施方案》文件精神，并要求各街道根据实际情况制定2017—2019年三年行动计划，明确整治目标和任务，全面启动小城镇环境整治工作。

【创新人才引进培育机制】 2016年12月8日，高新区（滨江）管委会、政府办公室发布关于《2016—2017年度高新区（滨江）事业单位紧缺专业人才导向目录》。目录中的专业、能力、业绩等相关内容作为人才引进、培训和储备的重要依据，相关用人单位人才引进参考目录所列内容，提高人才引进的有效性和针对性。同月30日，高新区（滨江）管委会、政府办公室发布《杭州高新区（滨江）“十三五”人才发展规划》，决定实施海内外高层次人才引进计划、领军型创新创业团队引育计划、青年英才助推计划、高技能人才素质提升计划、党政人才引育与储备计划、社会事业紧缺人才支持计划“六大计划”，创新平台聚变工程、创业载体优化工程、双创金融服务工程、“六和桥”双创生态示范区工程、国际化人才社区营造工程“五大工程”。（卢 婷）

【区管委会、政府会议】 2016年，召开区政府常务会议12次，审议通过议题32项，召开主任（区长）办公会议15次，审议通过议题121项。主任（区长）、副主任（副区长），办公室主任、副主任，法制办副主任，监察局、审计局主要负责人出席会议；根据会议内容，相关部门（单位）、街道负责人参加会议。

2016年区管委会、政府重要会议

表11

会议名称	会议时间	会议内容
区政府常务会议	1月27日	审议并原则通过《关于规范性文件清理工作事宜》《关于全区安全生产工作事宜》《关于启动滨江区河湖水环境综合治理项目（PPP模式）事宜》《关于萧山区江边排灌站区域环境整治事宜》等议题
主任区长办公会议	3月10日	审议并原则通过《关于奥体地铁上盖综合体项目地铁建设相关事宜》《关于沿江景观及工业遗址公园实施方案设计竞赛工作事宜》《关于2015年度上半年（总第19批）大学生创业企业房租补贴兑现工作事宜》等议题
主任区长办公会议	4月5日	审议并原则通过《关于促进优质民办幼儿园持续健康发展的实施意见事宜》《关于2016年中国车联网应用产业大会政策扶持事宜》等议题
区政府常务会议（经济形势分析会）	4月14日	审议并原则通过《关于一季度经济形势分析及下阶段工作思路的情况汇报》议题
主任区长办公会议	5月9日	审议并原则通过《关于一季度安全生产事故情况、工作重点暨重点隐患挂牌、“夏安滨江”专项行动工作事宜》《关于长河街道、浦沿街道临时租赁房建设事宜》《关于招商引资工作事宜》《关于2015年度区重点骨干企业认定工作事宜》等议题
区政府常务会议	6月15日	审议并原则通过《研究“找短板、找对策、促发展”专项活动任务分解方案》等议题
主任区长办公会议	6月15日	审议并原则通过《关于修订〈高新区（滨江）较大以上安全生产事故应急救援预案〉事宜》《关于国际人才社区合作建设方案事宜》《关于招商引资工作事宜》《关于“5050计划”入选项目资助资金、高层次人才安家补贴等资金核拨工作事宜》等议题
区政府常务会议（经济形势分析会）	7月19日	审议并原则通过《关于上半年经济形势分析暨下半年经济工作》《关于滨江区限货（禁摩）交通管理措施工作方案》等议题
主任区长办公会议	7月19日	审议并原则通过《关于〈滨江区整村成片拆迁交地管理办法〉事宜》《关于加快推进建筑企业转型升级政策兑现事宜》等议题
主任区长办公会议	8月15日	审议并原则通过《关于〈加快推进红十字事业发展的意见〉事宜》《关于2015年度区人才激励政策兑现工作事宜》《关于2015年度省、市级高新技术企业研发中心及院士专家工作站奖励政策兑现事宜》《关于核拨区县协作资金事宜》等议题
主任区长办公会议	9月10日	审议并原则通过《关于招商引资工作及项目用地事宜》《关于“5050”计划资助资金核拨工作事宜》《关于2015年度创意城文创企业房租补贴、会展业扶持政策兑现事宜》《关于继续支持杭商学堂建设事宜》《关于第五届中国创新创业大赛浙江赛区暨第三届“火炬杯”创新创业大赛总决赛事宜》《关于2016年度市级高新技术企业研发中心奖励政策兑现工作、2016年市重大科技创新结转项目和航驭科技（青蓝企业）经费资助事宜》《关于2016年度瞪羚企业认定工作事宜》等议题

续表11

会议名称	会议时间	会议内容
主任区长办公会议	10月14日	审议并原则通过《关于制定进一步健全残疾人康复和托养服务体系实施意见事宜》《关于安置房建设采用全过程代建管理模式和规划定点优化工作事宜》《关于人才项目合作备忘事宜》《关于2015年度文创专项政策兑现方案》等议题
区政府常务会议	11月9日	审议并原则通过《关于全区经济运行情况》《关于〈政府工作报告〉起草情况和2016年为民办实事工程进展情况》《关于车改工作》《关于审议〈关于加快构建现代公共文化服务体系的实施意见〉和〈关于引导和鼓励社会力量参与公共文化项目的暂行办法〉》等议题
主任区长办公会议	11月9日	审议并原则通过《关于政策兑现及有关扶持资金分配工作事宜》等议题
区政府常务会议	12月2日	审议并原则通过《研究审议〈关于加快推进滨江区残疾人全面小康进程的实施意见〉》等议题
主任区长办公会议	12月2日	审议并原则通过《关于“5050计划”资助资金兑现事宜》《关于政策兑现及扶持资金分配事宜》《关于2016—2017年度区事业单位紧缺专业人才导向目录事宜》等议题
区政府常务会议	12月21日	审议并原则通过《研究今后五年经济科技人才等主要指标》《研究全区安全生产工作》《研究实施江南大道改造提升工程(西兴立交-中兴立交)项目事宜》《研究与浙江大学教育学院合作办学事宜》等议题
主任区长办公会议	12月21日	审议并原则通过《关于江北区块科技型企业及杭州亚信软件公司房租补贴兑现事宜》《关于杭州高新公共设施管理公司与杭州高新物业管理有限公司整合撤销事宜》《关于人才项目合作事宜》等议题

（陈丽芳）

议案和建议办理

【概况】 2016年1月10—12日，区四届人大五次会议和区政协一届三次会议共确定代表建议62件、委员提案91件，其中，重点建议4件、重点提案4件。建议提案内容涉及经济发展、城市建设和民生保障等方面。

【两会建议提案办理】 2016年1月29日，区人大常委会、区政府、区政协联合召开2016年区“两会”建议提案交办会，会上印发《杭州市滨江区人大常委会办公室　杭州市滨江区人民政府办公室　政协杭州市滨江区委员会办公室关于切实做好2016年区“两会”建议提案办理工作的通知》（滨政办〔2016〕1号），要求各单位按照责任早落实、工作早安排、任务早明确的工作思路，主动研究建议提案办理工作，主要领导亲自抓，分管领导直接抓，职能部门具体抓，一级抓一级，层层抓落实，着力提升办理质量。

【提案办理专项督查】 2016年3月25日—4月25日，区办公室督查科对发改局、住建局、社发局、城管局、交警大队、教育局、民政局、商务局、公安分局、市场监管局、建管中心、科技局、国土分局、人力社保局（编办）、城建指挥部（地铁办）、区委组织部（人才办）、消防大队、区委宣传部（文创办、文明办）、水务公司、行政服务中心、财政局、司法局、创意城管委会23家建议提案办理单位（单位顺序按承办数量由多至少排）的办理情况开展专项督查。至4月30日，建议提案全部如期办复。62件代表建议中，已解决38件，占总建议数61.29%；已制定解决措施或已列入改进计划逐步解决的19件，占30.65%；因目前条件限制或其他原因暂不能解决留作参考的5件，占8.06%。代表对承办单位的办理态度、办理答复满意率为100%，对办理结果表示满意的有54件，基本满意的有8件，满意率为87%。91件委员提案中，已解决和在本年度内能够解决或基本解决的72件，占总建议数79.12%；已制定解决措施或已列入改进计划逐步解决的16件，占总建议数17.58%；因目前条件限制或其他原因暂不能解决留作参考的3件，占总建议数3.3%，委员满意率达98%以上。（俞　越）

党政工作督查

【概况】2016年，区办公室围绕区中心工作，抓好重大决策和工作部署的贯彻落实。对年度市、区重点工作、区实事工程进行分解立项督查，明确主办单位，抓好事项跟踪落实。对"两会"代表委员91条建议提案进行分解立项，定期开展督查。印发《杭州高新开发区（滨江）党委和管委会、政府办公室关于印发2016年度督查工作考核办法的通知》，规范督查、查办工作程序，做好区委、区政府主要领导批示件的登记、转办、督办，把握办理时限，及时给予反馈。全年落实区委、区政府主要领导批示件2533件，其中：督办164件，办理专项工作督查27项。

【专项工作督查】2016年4月2日，区办公室印发《杭州高新开发区（滨江）党委和管委会、政府办公室关于印发2016年度督查工作考核办法的通知》（区办发〔2016〕3号），规范程序，注重实效办好专项督办。至12月底，办理专项工作督查27项，下发督查通知单27件，编辑督查专报44份、督查通报23份。

【市重点工作督办】2016年4月15日，区政府下发《关于对2016年市重点工作任务开展专项督查的通知》，对3个街道办事处、区办公室、信访局、宣传部（文明办）、发改局、教育局、民政局、财政局、住建局、农业局、商务局、社发局、市场监管局、城管局、安监局、创意城管委会、城建指挥部、建管中心、智慧新天地指挥部、物联网指挥部、北塘河畔建设指挥部、高新总公司（奥体指挥部）、水务公司、国土分局26家单位2016年度重点工作目标任务完成情况开展跟踪督查。于4月20日、6月30日、9月30日、12月30日收集季度工作进展内容，及时通报督查情况，做到"一季一督查，一季一通报"。2016年度滨江区重要工作目标考核得分95分，全市排名第四。

【领导批示件办理】2016年11月4日，区政府印发《关于明确区委区政府领导批示件办理工作有关要求的通知》，规范督查、查办工作程序，做好区委、区政府主要领导批示件的登记、转办、督办，及时给予反馈。至12月底，共落实区委、区政府主要领导批示2533件，其中，督办164件。（俞　越）

电子政务

【概况】2016年，杭州高新区（滨江）门户网站信息日更新量保持在20条以上，全年共发布各类信息6000余条，其中，政府信息公开2500条。开展各类网上调查、政民互动活动10次，连续六年在国家高新区门户网站推荐及综合影响力评估活动中获奖，2016年获"中国政务网站优秀奖"。完成区门户网站改版升级、非涉密党政内网和政务服务网滨江平台建设；在保障原有市政府高清系统、市政府标清系统、市委涉密高清系统、省政府应急高清系统视频会议基础上，配合省政府完成全省视联网系统建设，全年召开视频会议140余次。至年底，区政府机房共有物理设备65台，其中，服务器49台，网络交换设备13台，存储器3台。会展中心IDC机房共有设备106台，其中：服务器45台、交换机48台、安全设备9台和存储器4台，有电信600M和联通100M互联网出口2个。年内，完成2台核心交换机、5台汇聚交换机的升级改造，升级部分接入设备的光纤模块，使干路速率提升到了万兆，应用涵盖全区机关单位的业务。区政府外网"数字滨江"网络节点200个，共接入计算机2500余台，覆盖滨江区管辖长河、西兴、浦沿3个街道及江北部分区域，并延伸至57个社区。

【政务服务网滨江平台投入使用】 2014年，浙江政务服务网上线，2015年浙江政务服务网客户端（APP）2.0发布，移动应用汇聚平台在全国率先向所有设区市微信、支付宝一站式输出“城市服务”资源。2016年1—3月，完成3个街道、57个社区政务服务事项入库和建网的准备工作。6月，滨江平台投入使用，使用过程中，针对工作中出现的问题，9月，召开政务服务网行政权力事项及重复事项问题培训；11月，召开行政处罚系统操作培训会议；12月，召开街道（乡镇）行政权力和服务事项一站式网上运行培训会，规范行政权力和政务服务事项工作，及时有效处理问题，保障系统稳定运行，3次培训，累计培训120余人。至12月底，全区累计新增许可事项办件1.7万余件，其他权力办件174件，公共服务6279件。通过政务咨询投诉举报平台，全年受理信访983件，其中：来信266件，来访278件，网上投诉439件；完成乡镇（街道）行政权力和服务事项网上发布51项；完成统一公共支付平台对接，收缴保育费38.92万元。

【新版区门户网站上线】 2015年3月，高新区（滨江）门户网站完成新版区门户网站设计。2015年5月—2016年4月，进行项目开发与调试。2016年7月，新版区门户网站上线运行，实现新旧网站的数据迁移，9月完成项目验收。新版区门户网站在百度、360、搜狗等搜索引擎中排名第一（搜索“杭州高新技术产业开发区门户网站”），使民众能够第一时间点进网站，其中，百度引擎收录条目258万条。2015—2016年，开通新浪微博、腾讯微博、新华微博，精心打造“滨江发布”微信平台，共发布各类图文结合信息1460余条，成为政府信息公开的第一窗口。

【内网协同应用平台运行】 2016年2月，高新区（滨江）门户网站进行内网协同应用平台系统设计，3月，启动内网协同办公系统的开发，7月，系统主体功能模块上线使用，具有统一身份认证、文件处理、公文流转、督办督查等功能。至年底，内网协同办公平台连入机关单位、事业单位共62个，用户300余人。收录文件1.83万份，发布文件1790余份，各类短信通知1260余条。在区“两会”、中国国际动漫节（白马湖）、G20杭州峰会、杭州文化创意产业博览会重大活动、重大展会期间，协同应用平台安全、高效、稳定运行，实现文件处理、公文流转、信息交流等功能，保障了会议、活动顺利进行。

【网络安全教育培训】 2016年5月中旬，信息中心邀请网络安全服务公司专家开展网络安全技术培训，40余人参加信息安全、电子邮件安全、口令安全等方面的培训，6月初，通过考核，合格率为96%。10月初，信息中心针对OA系统和门户网站等相关内容，通过一对一、电话约访和集中培训等方式对3个街道、30余个部门网络专员进行基础维护、安全防护、病毒原理等培训，月底，培训人员经考核，合格率为95%。 （薛小燕）

机关信息

【概况】 2016年，区办公室编发高新（滨江）信息《今日要情》254期，高新（滨江）信息《情况专报》64期。上报各类党政信息700余篇（条），上报信息被省、市党委、政府办公厅采用211篇（条）。其中，刊发省、市专报类信息42篇，市领导批示率和批示数量均在全市前列。刊发省委办工作情况交流1篇、上报中办专件3篇，数量列全市第二。《杭州高新区商事制度改革“五证合一”成效、存在问题及建议》《高新区（滨江）加速推进整村式城中村改造》《高新区（滨江）延伸峰会核心区块环境整治净化城市“第五立面”》等30篇信息获省、市领导批示34条次。年内，高新区（滨江）党委信息工作获杭州市委信息考核二等奖；区政府办公室获“杭州市政务信息工作先进集体”。

【信息工作培训】 2016年4月21日，为加强学习提高信息业务水平，结合工作实际发掘亮点，提升信息发布的质量和数量，滨江区在区政府主楼701会议室举办信息工作业务培训，会上对区信息考核工作一级、二级考核单位31名信息员进行信息载体、信息编撰、正反面案例等方面的业务指导，对滨江区信息工作的特点，突出操作性，通过图文并茂的幻灯片，详细地对区政务信息业绩指标、信息采集标准进行解读，对信息工作中容易出现的问题进行剖析和阐述，结合区信息工作中实例，就如何做好信息工作进行指导，区委宣传部就自身信息工作经验和工作中的困难与问题与参训人员进行互动交流。至年底，全区共举办信息业务培训3次，上门业务交流指导5次，280人次参加培训。

【信息工作考核办法出台】 2016年5月21日，为强化信息质量要求，提高考核的针对性，在信息工作列入年度目标考核基础上，区党委、政府办公室出台《2016年度信息工作考核办法》，明确各街道，区级机关各单位、各直属单位共46个考核对象，考核等级为一级、二级、三级、四级4个等级。其中：一级考核单位17个，二级考核单位12个，三级考核单位8个，四级考核单位9个。考核内容及分值以被各级党委、政府信息刊物录用信息为准。考核分值以考评办正式赋分为准，其中：上报信息（被市级及以上党委、政府信息刊物录用的信息）占80%，本级信息（被区级信息刊物录用的信息）占20%。上报信息和本级信息分别计分，各单位完成此项信息工作年度目标分的，分值计满分，未完成年度目标分的，根据实际得分按比例折算分值。上报信息计分标准参照市对区信息考核计分标准执行。本级信息计分标准，简讯1分，动态2分，专报6分，领导批示5分。

【重要专报】 2016年9月，《杭州高新区全力推进建设世界一流高科技园区》介绍高新区积极引进和培育高端人才，支持高新技术研发，加强孵化器建设，扶持创新型企业发展，创新体制和机制，集约高效用地6个方面的创新与发展经验，被省委办公厅采用为上报中办专件。11月，《杭州高新区贯彻落实习近平总书记指示精神　以科技创新为第一动力实现信息经济快速发展》介绍以科技创新为第一动力，推进工业转型升级、信息经济快速发展的成功经验和成果，被省委办公厅采用为上报中办专件。

（洪　锋）

应急管理

【概况】 2016年，全区发生各类生产安全事故16起，其中：工矿商贸领域生产安全事故7起，生产经营单位火灾事故3起，道路运输事故6起。直接经济损失427.85万元，其中：工矿企业损失420万元，道路运输损失0.55万元，火灾损失7.3万元。全年未发生特别重大、重大安全生产事故。

全区设置避灾安置场所59处，总面积38.89万平方米，可容纳3万余人，避灾安置点指示牌设置率100%。有防汛应急装备储备排水设备大型水泵1台，中型水泵18台，拖式中型水泵10台，各类小型水泵45台。山林共配置蓄水池11个，蓄水桶45只，高压水泵15台，做到"引水灭火"设施全覆盖。有各类型除雪车9台，撒布机5台，钭角清扫器4台，铲雪板10块，高压冲洗车15台，各类铲车8台及移动电源车，应急发电车等应急装备。

【防灾减灾科普宣传入校园】 2016年5月12日，区地震局开展防灾减灾日宣传入校园大型演练活动。邀请省地震专家在区闻涛中学现场指导师生防震减灾疏散演练，以防空警报、校园广播警报为启动信号，演练时长1小时。向师生发放宣传手册1000册，举办防震减灾科普知识讲座，300名师生参加疏散演练和科普讲座。

【预案体系编制】 2016年5月17日，编制《杭州市滨江区住宅房屋安全应急抢险工作预案》。6月16日，修订《杭州市高新区（滨江）较大以上安全生产事故应急救援预案》。8月28日，印发《滨江区危险化学品事故应急救援预案》。9月2日，修订《杭州市滨江区重大食品安全事故应急预案》。11月25日，修订《滨江区钱塘江防潮安全管理工作预案》。12月26日，印发《杭州高新区（滨江）大气重污染应急预案》。除突发公共事件总体应急预案外，同时编制自然灾害类、安全生产类、公共卫生类、社会安全类等预案21个，实现应急预案全覆盖。

【应急模拟演练案例】 2016年6月8日，区应急办联合"110"

社会应急联动指挥中心在公安滨江分局门口开展应急联动演练，13家部门和单位参加演练。同月15日，区政府主要领导批示：区应急办和指挥中心常备不懈，认识到位，行动到位。8月18日，为检验和完善区“110”应急联动工作机制，进一步提高相关职能部门应对各类突发事件的能力，确保G20峰会期间外围防线的稳定和绝对安全，区“110”联动中心开展以社会维稳和应急救援为主题的应急联动演练。

应急处置演练非正常上访群体性事件。在滨江区的美博广场有8人（浦沿街道居民，有一辆10人座的面包车）因对拆迁政策不满聚集此处，举着用多张A4纸写的标语，并穿着统一印有文字的文化衫。“110”指挥中心接到非正常上访群体性事件警情后，立即启动应急联动机制，向各相关单位下达处置指令；各单位到现场后，按照职责分工开展相关处置工作；公安滨江分局PTU了解现场基本情况，汇报指挥中心，并做好现场秩序维护；浦沿派出所做好现场秩序维护工作，配合区信访局引导聚集人员前往就近分流点；交警大队做好现场道路疏控、秩序维护。区城管局收缴标语纸张；区信访局引导、运送聚集人员到分流点，并做好信息登记、劝解引导，舒缓上访人员情绪，最大限度获得理解；浦沿街道与相关业务部门进行协商，做好事件后期处置工作，及时向“110”指挥中心反馈相关情况（到达时间、人员数量、携带装备、现场情况等），在完成阶段性工作和整体工作后，及时将相关情况报告基地指挥部。

应急救援演练失火民居。长河街道创业人才公寓院子里的平房（滨文路与长江路交叉口东北150米）发生火灾警情，有多人被困，起火原因是生活用火不当，现场已有一人昏迷。“110”指挥中心接到火灾警情后，立即启动应急联动机制，向各相关单位下达救援指令；各单位到现场后，按照职责分工开展相关处置工作；区消防大队出动水罐泡沫车一辆（警力7名），按照“先人后物”的救援原则，开展灭火救援行动；公安滨江分局PTU了解现场基本情况，配合消防组织救人和灭火抢修工作。长河派出所做好现场和人才公寓周边秩序维护工作，配合消防组织救人和灭火抢修工作；交警大队负责现场道路疏通、秩序维护工作；燃气公司现场开展检查、维修工作；长河街道派员赴现场配合消防、公安进行事故调查，对事故原因、损失进行调查统计，并做好善后工作；区社发局协调“120”救护车1辆，对事故伤病员进行救治转运，及时向“110”指挥中心反馈相关情况（到达时间、人员数量、携带装备、现场情况等），在完成阶段性工作和整体工作后，及时将相关情况报告基地指挥部。

2016年8月18日，“110”应急联动演练举行　（区办公室　供图）

应急处置演练模拟讨薪引发的跳楼事件。西兴街道十四区块多层住宅小区（西兴路）工地楼顶有1人因讨要工资不成准备跳楼。“110”指挥中心接到人员跳楼警情后，立即启动应急联动机制，向各相关单位下达处置指令；各单位到现场后，按照职责分工开展相关处置工作。公安滨江分局PTU到达现场后立即拉好警戒带，劝阻当事人设法稳定其情绪，进行劝解开导；西兴派出所做好现场秩序，劝导围观群众离开，人员劝离下来做好后续调查处置工作；消防大队根据现场情况，迅速在楼顶工人可能坠落的地点铺设救生气垫；区人力社保局派员对事件基本情况进行了解，安排人员与跳楼人谈判，并联系用人公司对工资情况进行调查，做好协商处理工作；区社发局联系“120”急救车1辆，至事件现场附近待命，做好救治转运相关准备；西兴街道派员赴现场配合相关部门做好后续处置工作；各相关单位在完成阶段性工作和整体工作后，及时将相关情况报告基地指挥部。

根据以上3个案例的演练，各单位均能在5分钟内签收指令，能按要求30分钟（除公安10分钟内到达）内到达现场。各单位到现场后，能及时向“110”指挥中心反馈相关情况（到达时间、人员数量、携带装备、现场情况等），均能在指令下达后30分钟内完成初次平台反馈，在2小时内将后续处置情况反馈录入至区“110”社会应急联动平台系统，在24小时内，将联动事件处置办结综合信息反馈至联动平台。

【组织体制建设】 2016年8月26日，为进一步完善区应急管理组织体系，提高预防和处置突发事件的能力，保障社会公共安全，对区突发公共事件应急委员会成员单位进行调整完善和充实，明确由区长任主任，区委有关领导和政府副区长任副主任，各单位主要负责人任成员。应急委负责统一领导全区应急管理工作，遇到涉及多个专项应急指挥部的特别重大、重大突发事件时，设立区应急指挥部，统一领导协调具体应对工作。应急委员会共有成员单位38家。

【地震应急桌面推演】 2016年11月18日，区办公室会同科技局举行地震应急演练（桌面推演），省地震局应急救援处处长到场指导，区委常委、副区长，区委常委、人武部长，区防震减灾工作领导小组共26家成员单位负责人参加推演。演练模拟长河街道发生4.5级地震。演练分地震发生初期处置、抢险救灾突发事件处置、恢复重建部署3个阶段进行。通过推演，进一步熟练地震发生后应急响应程序、应急处置流程、各岗位履行的职责，提高抗震救灾组织指挥能力、协调工作能力、单位联动、协调作战能力。（陈丹丹）

机关后勤工作

【概况】 2016年，区机关事务管理服务中心完成G20杭州峰会保障及新一轮公务用车改革两项重点任务，完成机关二食堂社会化改革。完成8家单位150人办公用房统一迁址工作。盘点固定资产，报废资产评估总值820余万元。建设维修区政府大楼部分办公室整修项目及其他小型基建维修类项目10余项，完成基本建设投资530万元。做好全区公共机构能源资源消费数据年度统计，淘汰更新分体空调30台（套）。做好服务保障，机关2个食堂全年共保障接待4614人次、就餐25.23万人次；行政中心全年提供维修服务1370次，会议服务1343场；文化中心提供维修服务630次，会议服务123场，其中，重要会议和大型活动48场。完成区“党代会”“两会”“国际动漫节”“G20杭州峰会”等重大活动保障任务。机关车队全年安全行驶60.8万千米。

【办公用房调整搬迁】 2016年1月29日，区事务中心组织召开办公用房调整协调会，协调方案报区主要领导同意后，启动部分机关单位搬迁至钱塘春晓大厦筹备工作。3月5—6日，完成民政局、社发局、农业局、安监局、总工会、工商联、团区委、妇联8家单位150人、7076平方米的统一迁址。3—5月，对区政府大楼内12家单位办公用房共1.57万平方米进行重新核算。6月，完成财政大楼裙楼内原杭州银行用房250平方米调剂给科技局使用。12月26日，经区监察委员会办公用房专题会议审议，北楼五楼4轴以东区域、一楼15–17轴/A–C区域调配监察委员会使用，四楼8–14轴调配公安分局使用，五楼2–4轴区域由公安分局负责日常管理，12月完成调整工作。

【机关食堂社会化改革】 2016年3月21—22日，区事务中心采用“联合调研+竞争性谈判”招标模式，联合民政局、农业局、社发局、安监局、总工会、团区委、妇联、工商联8家新迁址的机关单位，对10家为杭州海康威视数字技术股份有限公司、新华三集团等大型高新企业提供服务且评价度较高的餐饮单位进行实地考察，从中选出杭州优芙得餐饮管理有限公司、上海麦金地集团股份有限公司、杭州捷美洁餐饮管理有限公司为招标候选单位。同月30日，事务中心组织纪检部门、财政局、审计局成立监督小组，邀请5名餐饮专家成立谈判小组，对上述3家企业就综合项目报价、管理方式、团队建设、经营理念及现场谈判情况进行考评打分，最终杭州优芙得餐饮管理有限公司中标。4月中旬，制定完成“直管+托管”管理模式，日常运营委托餐饮公司管理，财务由事务中心直管。利用“分段式费用计算”考核办法对餐饮公司进行管理考核，从基础管理、菜品和服务质量、经济指标、食品和消防安全、清洁卫生、厨房精细化管理、餐厅形象与投诉7个方面进行评分，事务中心管理考核得分占30%，就餐单位满意度得分占70%，分别从菜品、卫生、服务三方面进行满意度评价。至年底，在7次满意度调查中合格率达100%，优秀率达92.2%。

【新一轮公务用车改革】 2016年11月6日，事务中心制定完成《杭州市高新区（滨江）公务用车管理办法》，明确公务用车平台服务保障范围，严明中央“六个不得”和省“八个不准”用车纪律。同月30日，完成公安分局、法院、检察院、市场监管局、城管局、人防办、3个街道等9个参改单位80辆公务用车的收缴封存；完成应急和重要公务用车实体平台组建及区办公室本部门的车改方案、公务交通补贴等相关车改工作。（马获文）

行政审批

【概况】 2016年，滨江区江南、江北办事服务大厅共接待各类办事人员98.26万人次，比上年增长35%。受理各类审批服务事项142.77万件，增长13%；其中：行政许可事项3.83万件，其他审批事项16.13万件，便民服务事项122.81万件，办结率99.4%，服务质量满意率99.92%。开展延时服务272人次、上门服务36人次。收到群众和企业表扬信32封、锦旗13面。

【新办事大厅启用】 2015年12月28日，江南办事服务大厅从滨江区江南大道100号区政府一楼东侧搬迁至滨江区泰安路200号区文化中心一楼。大厅面积5300平方米，设置前台窗口99个。至2016年12月底，开设窗口85个，含2个自助窗口，进驻单位28个，进驻人员157人，设自助机17台。办事大厅办理社保、医保、人才、市民卡、交警、组织关系转接、不动产登记、商事登记、企业投资、消防、气象等审批方面事项491项。服务窗口推广应用服务清单模式，共梳理汇总审批及服务事项清单721个，将各办事事项名称、所需材料、办理地点、办结时限、办理流程等20项信息统一编制成册，供办事人员随时取用，同时，制作成服务清单电子书，通过政务服务网、区门户网站和“滨江发布”微信公众号对外公布使用。

【窗口特色服务】 2016年1月，行政服务中心午间值班窗口由24个增至27个，区市场监管局、住建局、国土分局等窗口开展下班后延时服务。7月，结合“两学一做”学习教育，建立30余人组成的“流动行政服务中心”团队，定期到劳动密集型规模以上企业为生产一线员工办理流动人口居住登记，参保证明打印，市民卡办理咨询，公共租赁住房申请咨询受理，公积金提取申请受理等业务，至10月底，累计服务600余人次。8月，开设“双语服务”窗口，在区机关工作人员中征集33名外语口语优秀者，建立人才库，为外商办理业务予以翻译。

【权力事项清单网上动态调整】 2016年1月，结合滨江实际，对部门和乡镇（街道）权力事项进行调整，核对、修订省公布的权力清单目录库，提出需要增补的事项名录。至12月底，确定行政权力事项2495项，其中，行政许可142项、行政处罚1829项、行政强制93项、行政征收12项、行政给付15项、行政裁决5项、行政确认38项、行政备案6项、行政奖励17项、其他行政权力338项。加大政务服务网应用推进力度，开展使用政务服务网办事的宣传，鼓励办事群众通过政务服务网办事，督促窗口人员通过政务服务网办理审批业务。至12月底，全区累计新增许可事项办件2.1万件，其他权力办件373件，公共服务4.14万件。

【推行志愿服务】 2016年1月4日，区行政服务中心与团区委合作，协调社区征招10名热心群众，在江南、江北办事大厅全面推行“政务志愿者”服务。每天安排4名志愿者随时为群众提供办事咨询、服务引导和协助取号等服务，并为行政服务中心开展窗口效能监督和群众办事满意度调查等提供数据采集服务。至12月底，接收咨询、讲解、引导服务98.26万人次。

【推进智慧服务】 2016年2月，在区文化中心一楼新增各类自助服务机7台、服务机器人2台和自助翻译服务软件等应用系统，办理房产档案查询、不动产档案查询、房产交易契税查询、参保证明打印和市民卡自助服务等便民服务事项。4月，升级优化江南大厅WiFi系统和智能监控系统。6月，实现掌上办事服务大厅（APP、微信）、网上办事服务大厅（浙江政府服务网）、自助服务终端、传统窗口服务等渠道互联互通、数据实时同步，方便群众办事。9月，开发应用办事大厅室内导航及寻车APP。11月，区行政服务中心以智慧基础设施和智慧服务应用两项内容为重点，建成应用江北大厅集排队叫号、视频监控、电子显示、服务评价和数据统计为一体的服务综合管理系统，为民众提供优质、高效、便捷的服务，让群众少跑腿多办事。

【社区网上服务站】 2016年3月，根据区管委会、政府《关于印发加快推进浙江政务服务网街道社区延伸建设及便民服务流程优化再造工作方案的通知》，进一步优化街道、社区服务事项，建成3个街道和53个社区网上服务站。至12月底，下发街道事项79项，其中：向社区延伸47项，网上运行23项。初步建成集“社区数据库、业务办理、社工管理、公众服务”为一体的“智慧社区”融合服务平台。

（邢瀚悦）

公共资源交易

【概况】 2016年，区公共资源交易中心完成交易项目988项，成交总额101.38亿元。其中：建设工程类项目876项，比上年增长36.02%，中标价98.7亿元；政府采购类项目111项，中标价2.67亿元，节支率17.23%。分散采购进场交易79项，中标价3.21亿元。完成滨江区农转居拆迁安置房八区块三期（一期）建安工程、滨江区农转居拆迁安置房十三区块三期建安工程、滨文中学项目、滨江区青少年活动中心工程、滨安小学项目、滨江区农转居拆迁安置房十区块北扩（六期）二期建安工程、滨江区省属单元学校项目、农转居拆迁安置房九区块扩面（耀洋地块一期）建安工程、西兴北单元中小学项目、省直滨江地块专用房建设工程等重点工程、民生项目的招投标工作。

【公共资源交易中心启用】 2016年1月18日，区公共资源交易中心从滨江区江南大道100号区政府二楼东侧搬迁至泰安路200号文化中心3楼、4楼，面积2000平方米。共划分为业务大厅、开标室、评标室、档案资料室、办公区、专家休息室、自助服务区七大功能区，设有评标室3个、开标室2个、前台窗口4个，其中，银行窗口2个、公共资源交易综合受理窗口2个。大型开标室可同时容纳200余人开标。评标区域采用全封闭式管理，其出入口设置专家物品保管柜，并配备专业安保人员，严格禁止相关人员携带通信设备进入评标区，确保评标过程不受外界干扰，保证公共资源交易公平公正进行。开标室、评标室等场所，配备全方位高清视频监控摄像和高保真音频采集设备，实行场内监督。在交易大厅设置自助服务区，提供自助刷卡、自助查询、自助报名、自助打印等服务。

【政府采购资格后审】 2016年1月，在2015年试点的基础上，区公共资源交易中心在全市率先全面推行政府采购公开招标项目资格后审。政府采购资格后审是取消原来的报名环节，将对投标人身份资格的审查程序后置，在投标时间截止后，对所有当天前来参与项目竞标的投标人进行资格审查，取消前期报名环节，缩短招标投标过程，增强投标的竞争性和对投标人的保密性，减少围标串标的可能性。至12月底，完成政府采购交易资格后审项目112个。

【招标采购绿色通道】2016年1月，区公共资源交易中心围绕G20杭州峰会重点，坚持“特事特办，手续照办”原则，开辟招标采购“绿色通道”，制定G20杭州峰会项目招标和采购业务流程，在项目受理环节上，如遇资料短缺、难以一次性递交的，实行“容缺受理”、边办边补；在项目开、评标环节安排上，预留固定的开、评标场地，优先满足，确保G20杭州峰会项目招标采购工作顺畅高效实施。至8月底，完成峰会相关招投标项目289项。

【政府采购网上竞价】2016年5月3日，区行政服务中心与区财政局共同完成政府采购网上竞价系统开发并投入使用。网上竞价是用户自行申购，竞价、初选供应商、履约等，系统自动审批和发布中标供应商。减少人为因素对采购结果的影响，节约采购成本，提高采购效率。至12月底，开展政府采购项目网上竞价项目26个，中标金额395.71万元，节支率11.06%。

【分散采购进场交易管理】2016年6月27日，公共资源交易中心制定《杭州高新区（滨江）分散采购进场交易实施规则》，明确分散采购的交易流程和交易现场管理，对分散采购进场开标时间安排及受理、资料归档、数据统计、开评标场所管理进行明确规定。规则具有较强的操作性，科学规范了分散采购的进场交易行为。至12月底，中心分散采购进场交易80项。

【公共资源交易档案管理】2016年6月28日，公共资源交易中心制定《关于印发杭州高新区（滨江）公共资源交易中心档案管理细则》，进一步加强招标采购档案管理。“细则”共4章17条，明确政府采购档案的归档范围、归档要求、保存期限等，对招标采购档案的收集、归档、管理、使用和销毁等环节进行规范，确保招标采购档案的有效保护和规范利用。至12月底，共整理归档公共资源交易档案847卷。

（邢瀚悦）

外　事

【概况】2016年，区商务局为企业办理邀请外国人来华479批581人次。党政机关、事业单位人员出国（境）37批86人次，企业出国执行经贸项目考察、技术服务等任务5批10人次。

2016年，借助B20杭州峰会的机遇，建立重点企业联系责任制度，进一步强化对世界500强、行业龙头企业研发机构、行业领军企业等一系列“精强优”项目的招商力度。同时，建立新结识客商定期回访跟踪制度和新项目储备制度，力促项目洽谈、落点。在行政服务大厅办事服务窗口开设“双语服务专窗”，设计编印中英双语的“天堂硅谷·智慧e谷”招商引资宣传册。组织落实贝因美婴童食品股份有限公司、杭州海康威视数字技术股份有限公司、浙江大华技术股份有限公司、吉利集团、正泰集团、阿里巴巴集团等11家企业参加B20杭州峰会的系列活动，为企业搭建国际性交流平台。

区领导带队专程接待赛诺菲中国制药运营总经理Jean Christophe Pointeau、韩国SK集团大中华区CEO孙子强和高级副总裁李新明，介绍滨江区投资环境，洽谈潜在投资项目。印尼总统、阿根廷总统到华为集团考察参观，华为地区部总裁到酒店拜访塞内加尔总统，赛诺菲中国制药运营总经理Jean Christophe Pointeau到访赛诺菲（杭州）制药有限公司，复星集团到访浙江正泰太阳能科技公司，美国驻华大使博卡斯、加拿大驻华大使赵朴一行到访吉利集团。

【美国密西根大学考察团到滨江】2016年4月19日、5月20日、6月1日，美国密西根大学吴贤铭制造研究中心主任倪军一行12人先后3次到滨江考察。考察智慧e谷研发办公场地、浙江贵仁信息科技有限公司、杭州宏杉科技股份有限公司、杭州华三通信技术有限公司、中控集团股份有限公司、区人才公寓，浙江大华技术股份有限公司，与区领导、人才办、发改局、科技局、财政局、商务局、行政服务中心负责人就投资项目的具体落地进行洽谈。6月1日，倪军携项目落户滨江。同月21日，由自然人股东倪军和美国辛辛那提大学教授李杰共同出资，成立杭州统创投资管理有限公司，注册资金42万元，主要经营投资管理、投资咨询等业务。

2016年到滨江访问的重要来宾情况

表12

时间	来访者	人数	考察内容
1月6日	瑞士电信CEO乌尔斯·莎厄皮（Urs Schappi）一行	8	考察智慧e谷展厅、华为杭州研究所园区、阿里巴巴集团，参观区产业环境
3月9日	美国硅谷SCALEFLUX公司CEO钟昊一行	3	考察智慧e谷展厅，公司来滨江区投资事宜
4月7日	德国海德堡市市长维尔茨那一行	7	考察杭州海康威视数字技术股份有限公司、阿里巴巴集团
4月19日	美国密西根大学吴贤铭制造研究中心主任倪军一行	12	洽谈项目
4月20日	南亚四国和平、安全智库	14	高科技企业自主创新发展和基层党组织建设情况（海康威视）
4月26日	新加坡文化、社区及青年部、财政部高级政务部长、新加坡–浙江经贸理事会联合主席沈颖一行	18	考察网易（杭州）研发中心
5月5日	FREETECH互联网信息技术高级公关副总裁李意欣一行	3	参观智慧e谷展厅
5月14日	美国布莱恩市市长Paul及夫人Walluy及政府陪同	40	参观中美国际武术交流大会
5月20日	美国密西根大学吴贤铭制造研究中心主任倪军一行	6	参观考察及项目洽谈
5月26日	日本兄弟集团常务执行董事松本勇美夫一行	10	交流滨江兄弟信息技术（杭州）有限公司发展情况
6月1日	美国密西根大学吴贤铭制造研究中心主任倪军一行	5	洽谈项目
6月6—7日	以色列前工贸部部长、首席科学家苏格.基莱特曼等专家	150	创新技术在中国暨中以科技项目对接会
6月13日	美国加利福尼亚州库比帝诺市市长张昭富一行	5	考察杭州海康威视数字技术股份有限公司、杭州华三通信技术有限公司
6月14日	菲律宾SM集团中国区负责人一行	5	洽谈交流项目
6月15日	上合组织媒体代表团	30	考察吉利集团
6月17日	英国大利兹地区商贸代表团一行	13	考察智慧e谷，杭州海康威视数字技术股份有限公司

续表12

时间	来访者	人数	考察内容
6月20日	外国朋友“走进美丽杭州”	30	考察杭州海康威视数字技术股份有限公司、阿里巴巴集团
6月23日	美国密西根大学吴贤铭制造研究中心主任倪军一行	5	洽谈项目
6月23日	亚奥理事会总干事侯赛因·穆萨拉姆一行	12	考察亚运会筹办工作
7月6日	Silk Ventures 执行合伙人艾汐（Angelina Anton）一行英国丝科创投公司	3	考察智慧e谷
7月19日	印度塔塔集团ELXSI公司中国区负责人胡博一行	1	参观智慧e谷展厅
7月25日	Chaim Lotan教授（以色列耶路撒冷希伯来大学心脏中心主任、ICI主席）、浙医二院院长王建安一行	100	参加滨江国际医创论坛启动仪式
7月28日	英国皇家工程院院士、培慕（英国）常务董事Robin Smith一行	4	参观智慧e谷展厅
8月1日	Novumind项目CEO吴韧博士一行	8	考察智慧e谷，杭州海康威视数字技术股份有限公司
8月15日	美国硅谷SensOmics项目领衔人Michael Snyder教授团队一行	6	参观智慧e谷展厅，参观火石创造，参观浙江大学医学院附属第二医院滨江院区，浙江大学医学院附属儿童医院滨江院区
8月16日	美国医学代表	6	参观天和生物医药园及杭州量康科技有限公司，与园区及相关企业、人才座谈参观海创基地、贝壳社
9月3日	赛诺菲集团集团中国区总经理 Jean Christophe Pointeau	5	洽谈项目
10月11日	澳大利亚媒体参访团	3	参观智慧e谷展厅，杭州海康威视数字技术股份有限公司，网易（杭州）研发中心
10月20日	日本兄弟集团执行董事铃木刚一行	10	交流滨江兄弟信息技术（杭州）有限公司发展情况
10月23日	美国生捷科技公司周巍博士一行	7	参观生捷科技（杭州）有限公司（亚科科技中心C座）公司展厅并听取公司发展情况汇报
11月11日	伦敦大创新中心首席执行总监Peter Tensen一行	10	考察滨江区创新创业环境，考察海创基地
11月14日	泰国民主党代表团一行	12	考察网易（杭州）研发中心

（年鉴编辑部）

侨　务

【概况】2016年，滨江区归国华侨联合会（简称“区侨联”）共有会员68人，其中，侨眷12人、归国留学生10人、留学生家属8人、侨务干部3人、侨资企业代表35人。会员中区政协委员9人（常委1人），中共党员18人，大专以上学历60人。年内，提交政协提案5件，各涉侨组团出外考察10次，接待20余个国家的海外侨胞到滨江参观考察500余人次。参加培训3次，走访慰问重点侨界人士80余人。在市归国华侨联合会系统上稿56篇，其中：领导调研考察类15篇，外宾、侨界接待活动类20篇，侨界开展活动20篇，经验材料1篇。年内，区归国华侨联合会获市归国华侨联合会系统信息先进单位。

【外商投资考察团到滨江考察】2016年1月21日，中英技术转移创新联盟主任Peter率英国洛桑研究所博士Marc Redmile、澳大利亚泊特斯公司CEO、浙江大学千人计划专家Philip Brookes等外商投资考察团一行5人到滨江区考察。参观考察海创基地、贝壳社和中赢控股集团。对海创基地杭州枫惠六和桥创投科技有限公司的投融资平台及“5050计划”等人才政策进行详细了解，在海外高层次人才引进和高新技术项目引进项目上，计划将“六和桥国际双子星孵化集群”合作项目落户滨江。

【海外华文媒体到滨江采访】2016年5月23日，来自美国、英国、法国等35个国家和地区的97家华文媒体负责人、编辑、记者共103人到滨江就如何看待“国际滨”海归创业潮，海归人才如何看待“国际滨”等问题进行采访。采访团实地参观办事服务中心、商务会议中心、休闲健身中心，展示体验中心、社区服务中心“五大中心”；采访“5050计划”等众创空间负责人，了解海归创客情况；赴阿里巴巴集团，了解企业由小到大，由大变强的发展历程和发展规划，对滨江区产业发展态势震撼，表示将大力宣传高新区（滨江）创业创新环境。

【“创服一对一”活动】2016年6月1日，区归国华侨联合会联合区人才办参与海创基地服务海归企业精准化“创服一对一”活动。在区科技金融服务中心等平台推出“创服一对一”活动项目。“创服一对一”作为私密性精准化服务活动，对侨资和海归企业在政策解读、办事服务、企业问诊等方面进行一对一服务，遴选出24家金融保险、风险投资等专业机构作为服务方参与此次活动。活动当天，10家涉侨企业与金融机构达成合作意向。

【创新项目推介会】2016年7月7日，由区归国华侨联合会、欧美同学会·中国留学人员联谊会留学报国杭州基地和新加坡南洋理工大学浙江校友会共同举办的“归国华侨创新项目推荐会”在海创基地杭州六和桥投资管理有限公司举行。70余名归国华侨和创业者、10余家风险投资公司参与“等离子体项目”“全景VR智能系统”“无人机深度视觉与智能化应用”3个项目推介。

【“海燕集结行动计划”滨江营活动】2016年7月19日，省归国华侨联合会组织的“海燕集结行动计划”活动团，来自美国、英国、法国等14个国家和地区的30余名留学生到滨江拓展实践活动。参观浙江中南卡通股份有限公司、阿里巴巴集团和海创基地，与高新企业代表互动交流，了解滨江企业发展情况。通过参观交流，对高新特色、滨江特点的海归人才新政、创业环境和政府服务有了直观的了解。

【硅谷精英沙龙】2016年11月10日，由滨江归国华侨联合会与人才办、科技局、商务局等8个部门联合举办的高新区（滨江）第11期硅谷精英沙龙活动在海创基地举行。杭州创新创业的海外高层次留学人才、国内高层次人才、“5050计划”入选人才代表，区内海归企业代表，投融资机构代表，区内特色产业园区以及科技企业孵化器、众创空间代表共200余人参与活动。活动期间，主办方向侨界创业人才代表颁发“5050计划”入选人才证书，赠送政策礼包1000万元，宣讲人才新政。让海外人才了解滨江区创新创业环境和创投政策。网易直播平台全程直播，10余家新闻媒体跟踪报道。

【街道归国华侨联合会成立】 2016年12月19日，长河街道归国华侨联合会成立，并召开第一次归侨侨眷代表大会，大会选举产生主席1名，副主席2名，秘书长1名，委员7名，顾问1名，62名正式代表参会。长河街道归国华侨联合会共有归侨、侨眷536人。同月26日，成立西兴街道归国华侨联合会，并召开第一次归侨侨眷大会，参会正式代表43人。会上，选举产生主席1名，副主席3名，秘书长1名，委员6名，顾问1名。西兴街道归国华侨联合会共有归侨、侨眷331人。新成立的街道归国华侨联合会帮助解决侨界实际困难，组织、发动广大归侨、侨眷关心、关爱滨江建设与发展，围绕滨江区建设与发展，献计献策。

【留联迎新游园会活动】 2016年12月29日，由区归国华侨联合会联合区人才办、区两新工委主办，区留联会、海外高层次人才联谊会等单位共同承办的2017“留联游园会，快乐迎新年”留联迎新游园会在海创基地举行。滨江区海归人员4000余人参加游园会。其间，举行VR骑马、AI赛车竞技、考验人品的SSR抽卡等节目。通过活动，丰富海归人员业余文化生活，增强归属感。（王俊科）

港澳事务

【概况】 2016年，滨江有港资企业及贸易机构188家。香港杭州高新区（滨江）同乡会、香港“未来之星”同学会、香港杭州青年会、香港创业青年内地行6个团组300余人次到滨江学习交流。组织联谊、经贸、文化交流等5批20余人次赴港澳开展交流活动。

【香港杭州高新区（滨江）同乡会成立】 2016年4月1日，香港杭州高新区（滨江）同乡会成立庆典在香港九龙香格里拉大酒店举行。区政协、区委统战部等相关领导及香港杭州高新区（滨江）同乡会全体会员共200余人参加成立庆典。香港杭州高新区（滨江）同乡会设会长1名，梓昆科技董事长顾梓昆当选同乡会首任会长。名誉会长12名，副会长11名，秘书长1名，共有会员78名。通过同乡会组织为杭州籍香港同胞和在港留学生搭建联络联谊平台，开展各项活动，增进友谊服务家乡建设。成立庆典上，常务副区长施华森介绍滨江区社会经济发展情况。董建平代表杭州市委、市政府，俞少平代表区委、区政府分别向香港杭州高新区（滨江）同乡会赠送纪念品，央视4套、浙江经视、凤凰卫视等媒体相继进行报道。

【香港杭州高新区（滨江）同乡会到滨江考察】 2016年10月8—10日，香港杭州高新区（滨江）同乡会考察团一行40余人到滨江考察。考察期间，同乡会向杭州市关爱警察基金会高新区（滨江）办事处捐款20万元；参观G20杭州峰会主会场奥体博览城、阿里巴巴集团，听取关于阿里巴巴集团的相关介绍，了解集团的文化理念、运营模式及企业在电子商务、互联网金融等领域的最新发展，为阿里巴巴集团的飞速发展感到赞叹，表示将为家乡发展做出积极贡献。

【杭州香港青年考察团到滨江考察】 2016年10月13日，杭州香港青

2016年10月8日，香港杭州高新区（滨江）同乡会向杭州市关爱警察基金会高新区（滨江）办事处捐款 （区委宣传部 供图）

年参观访问团一行56人到滨江考察，学习和了解高新企业经营发展情况。考察团一行参观杭州海康威视数字技术股份有限公司展厅，了解海康威视发展脉络及各类摄像头产品性能与特点；参观滨江区智慧e谷展厅，游览沿江最美跑道，对滨江区高新企业发展状况和区内产业政策等方面有了进一步的了解。

【香港创业青年内地行滨江站】2016年10月23日，由科技部火炬高技术产业开发中心与团结香港基金会共同举办的2016香港创业青年内地行活动考察团一行30人抵达滨江开展为期4天的交流活动。在滨江其间，在白马湖建国饭店举行欢迎晚宴，区长金志鹏致欢迎辞，介绍区情。同月24日，考察团先后参观新华三集团、网易（杭州）研发中心等高新企业创新创业情况。25日，在白马湖建国饭店召开“香江情、钱江潮——香港·杭州创业青年创新创业座谈交流会”，会上，副区长朱建军致辞并介绍滨江区产业特色、人才和政策环境等；香港杭州高新区（滨江）同乡会会长顾梓昆、中国香港（地区）商会—杭州会长欧镇江、华三通信副总裁卢英杰作为在杭的香港企业家代表，分别就自己在杭州创业发展的历程和创业感受；与会人员围绕滨江区人才引进政策和创新创业政策进行座谈互动。26日，考察活动结束。

【香港·杭州创新创业服务中心揭牌】2016年12月17日，香港·杭州创新创业服务中心举行揭牌仪式，正式落户海创基地，是全国第二家“香港青年创新创业服务中心”。服务中心在滨江海创基地设立办公和推广场所，两地政府在场地、政策、资源等方面予以支持。香港·杭州创新创业服务中心为促进香港、杭州两地的双向经贸交流，推动香港青年和企业家来杭州创新创业，鼓励杭州企业赴港创新创业牵线搭桥。香港特区驻沪办主任，省、市区相关领导，杭港两地金融系统代表，中国香港（地区）商会北京、上海、天津、武汉等代表，在杭香港乡贤等400余人参加揭牌仪式。仪式上，参会的政商和侨界爱心人士自带图书开展以“一本图书一份心，阳光道路伴随行”主题活动，向建德市思贤希望小学捐赠图书400余册，表达香港人士对祖国、民族、家乡的认同和归属感。

2016年12月17日，香港·杭州创新创业服务中心揭牌

（区委统战部　供图）

【香港“未来之星”同学会考察滨江】2016年12月28日，香港“未来之星”同学会考察团一行40人到杭州海康威视数字技术股份有限公司参观考察，了解安防前沿产品的种类和广泛用途，其中，4名成员与海康威视达成初步工作意向。（王俊科）

台湾事务

【概况】2016年，滨江有台资企业10家，全年接待台湾来宾4批次137人次，审核企业商务赴台12批次61人次，组织公务赴台交流1批次7人次。海外台湾留学生“科技之旅”冬令营一行65人走进滨江，参观智慧e谷，感受滨江的发展面貌和创业就业的良好环境。

【台湾大学生到区企业实习】2016年7月10日—8月4日，来自台湾文化大学的3名台湾学生到滨江企业实习，其中：2人在杭州艺福堂茶业有限公司品牌及产品岗位实习，1人在浙江中南卡通股份有限公司研发中心实习。根据学生专业特点为每位实习生指定专门辅导员，学习参与企业运营、研发工作。组织学生游览杭州西湖、灵隐飞来峰、绍兴会稽山、兰亭等名胜古迹，在学习、参观中领略祖国的传统文化与壮丽风光，潜移默化中增进民族认同感与文化归属感。

【台湾南投县嘉宾到滨江参访】 2016年7月18日，南投县议员谢明谋一行24人到滨江区参观考察，先后参观访问月明社区、智慧e谷展厅，与月明社区书画社、舞蹈队成员进行座谈交流，感受两岸同宗同源、同一的文化传承和高新区（滨江）的飞速发展，书画社成员向来宾赠送国画作品。

2016年7月18日，台湾南投县嘉宾到滨江参访，交换书画作品

（区办公室 供图）

【滨江籍大陆学生赴台学习】 2016年8月1日，按照上级台办要求，区台办对新录取的10名大陆赴台学生信息进行校对核实、查漏补缺，并开展行前教育，发放赴台学习证明。8月20日—9月20日，赴台学生陆续到台北、台南、桃园等地的中原大学、逢甲大学等学校攻读汉语言文学、生物工程、应用数学等课程。其中，攻读学士7人，攻读硕士2人，攻读博士1人。 （陈卓昂）

接待工作

【概况】 2016年，区接待办接待来宾641批1.98万人次，其中：党和国家领导人6批75人次，省部级领导65批2117人次。

2016年省部级以上领导到滨江情况

表13

时 间	来访人员职务	姓 名	人 数	主 要 事 宜
1月6日	浙江省人大常委会副主任	毛光烈	12	调研聚光科技、恒生电子、深交所路演中心、大立科技、福幕科技、贝壳社、六和桥、米趣科技、盛裕医疗、公安指挥中心、贵仁科技、泰一指尚、城云科技，并在智慧e谷二楼会议室召开党委理论中心组专题学习会
1月7日	浙江省委书记	夏宝龙	20	调研交通工作
2月3日	浙江省人大常委会副主任	毛光烈	30	参加滨江·新昌2016年度科技合作对接活动
2月19日	浙江省军区政委	王新海	15	调研滨江经济建设和武装部工作
2月22日	浙江省人大常委会副主任	毛光烈	14	调研区智慧医疗服务企业
2月23日	杭州市委书记	赵一德	20	调研G20杭州峰会项目推进工作

续表13

时　间	来访人员职务	姓　名	人　数	主 要 事 宜
3月2—3日	浙江省人大常委会副主任	毛光烈	10	考察聚光科技、浙江公安技术研究院、恒生电子、中控集团
3月3日	杭州市委书记	赵一德	30	调研钱塘江两岸及奥体中心亮化情况
3月7日			16	调研跨境电商综试区工作
3月10日	江苏省南京市委书记	黄莉新	16	考察智慧e谷展厅
3月29日	河北省委书记	赵克志	73	考察智慧e谷展厅、海康威视、华三通信、科技大市场
4月6日	浙江省省长	李　强	15	调研文化产业
	浙江省副省长	梁黎明	7	调研滨江区外贸企业
4月11日	杭州市市长	张鸿铭	50	调研重点项目
4月15日	全国政协常委	刘晓榕	8	考察智慧e谷展厅、华三通信、网易
4月20日	杭州市人大常委会主任	王金财	14	调研杭州城市国际化立法工作
4月26日	浙江省政协副主席	陈小平	12	调研滨江民建企业
4月28日	全国工商联副主席	黄　荣	11	调研制造业民营企业发展情况
5月10日	浙江省政协副主席	陈加元	10	调研G20杭州峰会交通建议与管理情况和城乡社区居家养老服务照料中心建设情况
5月16日	浙江省副省长	黄旭明	8	踏看全省低效用地开发会议现场
5月26日	浙江省委书记	夏宝龙	15	调研高新技术企业
5月27日	中宣部副部长	景俊海	11	调研区文创产业,考察玄机科技、中南卡通
5月31日	国土资源部副部长	王广华	15	调研杭州房地产市场调控工作
6月2日	国家发改委主任	徐绍史	20	考察大华技术
6月16日	国家知识产权局副局长	甘绍宁	150	调研高新区并出席“集聚资源 助力双创构建知识产权服务新生态——杭州高新区知识产权工作推进会”
6月22日	杭州市政协主席	叶　明	15	督查涉稳问题化解工作和调研重点项目
7月8日	杭州市市长	张鸿铭	40	调研安恒信息、水电社区拆迁整治现场、创业大街
8月11日	江苏省副省长	张敬华	12	调研华家排灌站清水入城工程
8月17日	国家质检总局副局长	张沁荣	11	开展消费品质量提升专项督查
8月18日	国台办主任	张志军	10	考察阿里巴巴
9月16日	十六届、十七届中央政治局常委	李长春	15	考察钱江新城灯光秀
9月19日	江苏省委书记	李　强	65	考察医惠科技、吉利集团
	江苏省省长	石泰峰		
9月21日	杭州市人大常委会主任	王金财	10	调研京杭大运河(杭州段)世界文化遗产立法保护工作

续表13

时　间	来访人员职务	姓　名	人　数	主 要 事 宜
9月30日	全国政协原副主席	张怀西	3	考察华语之声传媒
10月10日	安徽省委书记 安徽省代省长	李锦斌 李国英	69	考察正泰集团、新华三集团、海康威视
10月15日	青海省委书记	王国生	46	考察正泰集团、海康威视、吉利集团
	青海省省长	郝　鹏		
10月24日	人社部副部长	游　钧	8	考察长河街道晶都社区“互联网+”就业服务信息化建设工作
10月28日	浙江省副省长 杭州市委书记	梁黎明 赵一德	2	参加2016中国（杭州）国际电子商务博览会开馆巡馆活动及“博鳌亚洲论坛”——2016全球电商领袖峰会开幕仪式
11月3日	福建省福州市代市长	尤猛军	19	考察城市规划建设管理
11月8日	浙江省政协主席	乔传秀	20	考察智慧e谷展厅、海康威视、新华三集团
11月10日	宁夏回族自治区银川市市长	白尚成	25	考察智慧e谷展厅、海康威视、吉利集团、正泰集团
11月13日	十六届、十七届中央政治局委员	王乐泉	11	考察海康威视
11月16日	海关总署署长	于广洲	8	考察阿里巴巴、海康威视
12月3日	国务院副总理	马　凯	20	考察大华技术股份有限公司
12月5日	杭州市市长	张鸿铭	20	检查联庄站—水澄桥站过江隧道、中医药大学站安全生产和4号线建设进展情况
12月7日	国家人防办主任	殷　勇	180	考察智慧e谷、海康威视
12月14日	杭州市委书记	赵一德	20	调研科技创新和信息经济工作，考察国自机器人与而然科技有限公司
	浙江省检察院检察长	汪　瀚	5	考察康恩贝制药股份有限公司
12月20日	杭州市市长	张鸿铭	15	考察滨江图书馆、钟书阁

（顾敏敔）

信访工作

【概况】 2016年，全区信访总量1.09万件（次），比上年上升30%。其中：来信166件，上升59.6%；来访300批1556人次，比上年批次下降25.2%、人次下降28.3%；集体访75批1072人次，比上年批次下降13.8%，人次下降34.8%。市长公开电话交办8038件，比上年上升43.3%；区长公开电话1908件，比上年上升9.8%；网上信访468件，下降9.1%。按时交办率100%，按时反馈率99.2%，办结率99.5%。编印《信访电日报》224期，群众信访反映问题主要集中在住房、环境保护、拆迁安置、小区管理、社区管理等问题。领导重视推动问题解决，区党政领导班子成员每天必看《信访电日报》，并对重点事项作出批示，全年批示353次，其中：区委书记詹敏批示133次，区长金志鹏批示83次。抓好初信初访办理，全年无去市赴省大规模集体上访和大规模群体性事件，确保了全国及各级“两会”、动漫节、G20杭州峰会、十八届六中全会和“文博会”等重大会议、重要节日、重大活动期间的社会稳定。

【信访积案化解】 2015年12月—2016年9月，按照杭州市委、市政府部署，滨江区以减存减压为目标，开展“奋战300天减存300件”信访积案化解工作。按照“应列尽列”工作要求，将省级积案、区主要领导接访下访案件、异常访和过激言行等22件信访事项列入“双300”名单，逐案明确督查领导、责任单位和工作措施，区、街道和社区三级协调配合，各职能部门分工合作，推动信访问题的解决。通过各种措施，列为化解类的16件重点人员和重点信访问题全部化解，列为管控类的6名重点人员均保持稳定。

【分类处理信访投诉请求】 2016年2月26日，滨江开展分类处理信访投诉请求工作。常务副区长施华森主持召开全区通过法定途径分类处理信访投诉请求部署工作会议，信访局、法制办、编委办及发改局等18个职能部门和3个街道分管负责人、经办人共47人参加会议。会议要求按照“公开为常态，不公开为例外”的原则，及时梳理《法定途径清单》，确保每一个信访诉求能从源头上导入相应的法定途径处理。同月29日，区信访局制定下发《关于通过法定途径分类处理信访投诉请求工作实施方案》，按步骤、按计划推进分类处理信访投诉请求工作。3月1日—4月30日，全区18个政府职能部门梳理《法定途径清单》1998条。5月1—25日，区信访局会同区法制办和区编委办进行逐条核对，对300条清单内容进行修改。9月中旬印制《法定途径清单》6000份、法定途径宣传页2万份分发到各社区，同时编发《法定途径案例选编》300份分发到各相关职能部门。优化清单格式样式，使清单更具规范性、操作性、科学性，至年底，18个职能部门完成相应工作，在法制框架内信访工作依法有序运行。

【《信访条例》宣传月活动】 2016年5月，滨江结合新修订《浙江省信访条例》的施行，开展《信访条例》宣传月活动。各街道各社区以规范信访秩序为重点，通过板报、横幅、标语、广播等形式，宣传《信访条例》，印制各类宣传手册、活页1万余份，宣传信访程序、范围以及违法信访行为的后果，引导市民知法、守法，采用合法方式维护合法权益。

（刘　瑛）

政协滨江区委员会

【概况】 2016年，区政协围绕全区中心、重点工作和重大决策部署，组织重大调研活动17次，完成4个事关全区发展大局和政协事业发展的重点调研课题。围绕年度提案办理和重点提案督办、新兴产业发展方向与前景预测，组织开展常委会专题协商2次；围绕区委全会报告和有关重大决策，政府工作报告等开展主席会议重点协商5次。开展专项民主监督和文明督导，组织相关视察活动45次。围绕交通环境改善等内容开展对口协商6次；组织界别协商活动30余次，用好政协话语权，发出政协“好声音”。协助区委出台《关于加强人民政协民主监督的意见》，组织主席会议视察3次，委员专题视察4次。区政协一届三次会议立案的91件提案均按时办理完毕。全年收集报送社情民意信息28条，转办18条。加强自身建设，全年召开党组会议7次，常委会议5次，主席会议14次。注重发挥界别（委组）特色作用，各界别（委组）单独或联组开展调研活动60余次，参加委员500人次。编发《政协信息》18期，其中，区领导批示11人次。在市级以上媒体刊发报道77篇。

重要会议

【区政协一届三次会议】 2016年1月10—12日，区政协一届三次会议在白马湖建国饭店举行。一届区政协委员134人，开幕式实际到会121人。市政协领导，区四套班子领导，区法院、检察院负责人，其他副区级干部和曾经担任过区级领导职务的退休老同志，各街道、区级机关各单位、各直属单位以及驻区各单位主要负责人等邀请人员116人、列席人员63人出席大会开幕式。会议听取并同意区政协主席沈孔良所作的《政协杭州市滨江区第一届委员会常务委员会工作报告》和区政协副主席夏福志所作的《政协杭州市滨江区第一届委员会常务委员会关于一届二次会议以来提案工作情况的报告》。会议充分肯定区政协常委会2015年工作，同意区政协常务委员会提出的2016年工作总体要求和主要任务。采用无记名投票选举李海松为政协滨江区第一届委员会

2016年1月10日，区政协一届三次会议召开 （区政协办 供图）

秘书长，补选陈月利（女）、周国桥、姜黎（女）为政协滨江区第一届委员会常务委员。收到大会发言材料20份，8名委员作口头发言；以提案形式提出的意见建议118件，其中：党派、团体、界别提案20件，委员个人或联名提案98件。

【提案办理和重点督办提案专题协商会】 2016年6月22日，区政协一届十二次常委会议在区政府主楼801会议室召开，就提案办理情况进行协商。区委、区政府、区政协主要领导及各办（委）主要负责人，区府办、发改局、人才办、住建局和科技局主要负责人，4件重点提案的提案人和部分政协委员共36人参加会议。立案交办91件提案，均于4月底按期办复。其中：已解决和在2016年度内能够解决或基本解决的72件，占总建议数的79.12%；已制定解决措施或已列入工作计划逐步解决的16件，占总建议数的17.58%；因目前条件限制或其他原因暂不能解决留作参考的3件，占总建议数的3.3%。从办理结果看，委员满意率98%。

【新兴产业发展方向和前景专题协商会】 2016年9月23日，区政协在区政府主楼801会议室召开一届十三次常委会议，就新兴产业发展方向和前景预测工作与政府进行协商。区政府分管领导，区政协主要领导和全体政协常委，区政协各办（委）主要负责人，各街道政协工作联络处主任，区府办、人才办、发改局、科技局、商务局、科创中心负责人，部分政协委员共35人参加会议。会上，通过听取职能部门情况汇报，浙江大华技术股份有限公司、中控集团、赛诺菲（杭州）制药有限公司等企业委员的发言，大家就深化新兴产业发展，重点关注、培育与发展生命健康、新兴信息等产业形成共识。结合前期调研，区政协提出，进一步深化对发展新兴产业重要性的认识，继续深入实施创新驱动发展战略，充分利用大众创业、万众创新的政策组合拳，在供给侧结构性改革中推动新兴产业大发展；进一步培育壮大新兴产业集群，继续加大对网络信息技术产业和文创产业的支持力度，加快布局生命健康、新兴信息、新能源和新材料等面向未来的高新产业新蓝海，努力培育形成“互联网+”等新的优势集群和新的增长极；进一步落实新兴产业发展战略举措，加大政策扶持力度，提升自主创新能力，强化重大项目支撑，大力培育和引进高端人才等协商建议。

2016年政协滨江区委员会主席会议情况

表14

会议名称	时间	参加人员	会议内容
一届二十六次主席会议	1月4日	区政协主席、副主席，秘书长；区政协各办（委）正副主任	听取区政协一届三次会议筹备情况汇报，协商研究2016年度调研课题和协商内容，研究街道政协工作联络处有关人事任免事项

续表14

会议名称	时间	参加人员	会议内容
一届二十七次主席会议	1月28日	区政协主席、副主席，秘书长；区政协各办（委）正副主任	听取《区政协2016年工作要点及重点任务分解》《2016年区政协履职活动安排》《区政协2016年度协商计划》《关于开展“服务G20，委员作贡献”活动的通知》起草情况汇报，协商讨论《区政协一届三次会议期间提案立案审查和重点督办提案方案》，研究部署2月份工作
一届二十八次主席（扩大）会议	2月5日	区政协主席、副主席，秘书长；区政协各办（委）正副主任；机关全体工作人员	传达省政协十届四次会议、市政协十届五次会议精神，部署春节期间有关工作
一届二十九次主席会议	2月29日	区政协主席、副主席，秘书长；区政协各办（委）正副主任；各街道政协工作联络处主任	听取《关于加强人民政协民主监督的意见》（代拟稿）起草情况说明，协商讨论区政协“两找一促”专题活动方案，研究部署3月份工作
一届三十次主席会议	3月29日	区政协主席、副主席，秘书长；区政协各办（委）正副主任；各街道政协工作联络处主任	传达学习全国政协十二届四次会议精神，协商讨论《区政协关于联动开展“助推完善和落实‘五水共治’长效机制”专项集体民主监督的实施方案》，研究部署4月份工作
一届三十一次主席会议暨党组（扩大）会议	4月28日	区政协主席、副主席，秘书长；区政协各办（委）正副主任；各街道政协工作联络处主任	研究讨论《关于“两找一促”活动的调研报告》，协商研究政协党组“三严三实”专题民主生活会整改清单，研究部署5月份工作
一届三十二次主席会议	5月26日	区政协主席、副主席，秘书长；区政协各办（委）正副主任；各街道政协工作联络处主任	组织开展“两学一做”专题学习，听取区政协一届三次会议提案办理情况汇报，协商讨论区政协一届十二次常委会议建议方案、农转居安置房建设专题视察活动方案，研究部署6月份工作
一届三十三次主席会议	6月29日	区政协主席、副主席，秘书长；区政协各办（委）正副主任；各街道政协工作联络处主任	组织开展“两学一做”专题学习，观看《党史知识大讲堂》，回顾中国共产党诞生历程，协商讨论众创空间深度发展工作主席会议视察活动方案、职业就业培训和就业服务工作专题视察活动方案，研究部署7月份工作
一届三十四次主席会议	7月29日	区政协主席、副主席，秘书长；区政协各办（委）正副主任	传达学习区委四届十次全体（扩大）会议精神、全省政协主席读书会精神，协商讨论政情通报会方案，研究部署8月份工作
一届三十五次主席会议	8月29日	区政协主席、副主席，秘书长；区政协各办（委）正副主任	听取新兴产业发展方向和前景预测、完善政协委员产生机制、深化滨江区与名校名院名企战略合作等重点调研报告起草情况汇报，协商讨论常委会专题协商滨江区新兴产业发展方向与前景预测活动方案、养老服务设施建设专题视察活动方案，研究部署9月份工作
一届三十六次主席会议	9月27日	区政协主席、副主席，秘书长；区政协各办（委）正副主任；区委统战部有关负责人	听取区政协换届有关工作情况汇报，协商讨论区政协（工委）五年工作情况总结和未来五年工作思路汇报起草、一届政协履职宣传画册汇编情况，研究部署10月份工作

续表14

会议名称	时间	参加人员	会议内容
一届三十七次主席会议暨党组（扩大）会议	10月31日	区政协主席、副主席，秘书长；区政协各办（委）正副主任	组织学习《中国共产党第十八届中央委员会第六次全体会议公报》，专题学习中办印发的《关于防止干部"带病提拔"的意见》和省直机关工委《关于全省机关治理"为官不为"专项督查调研情况的报告》，研究部署11月份工作
一届三十八次主席会议	11月28日	区政协主席、副主席，秘书长；区政协各办（委）正副主任	听取区政协二届一次会议《常委会工作报告》《提案工作报告》起草情况汇报，听取《一届政协履职画册》编印情况汇报，专题学习《关于构建新型政商关系的意见》，研究部署12月份工作
一届三十九次主席会议	12月22日	区政协主席、副主席，秘书长；区政协各办（委）正副主任；区委组织部、统战部相关负责人	组织观看《警钟——辽宁拉票贿选案警示录》纪录片，听取关于区政协二届一次会议议程和日程（草案）汇报，协商讨论区二届政协委员建议人选名单，研究部署2017年1月份工作

重要活动

【G20杭州峰会整治项目视察】 2016年2月25日，区政协主席会议成员一行15人，在区城管局、奥体滨江建设指挥部（高新总公司）相关负责人陪同下实地踏勘政协领导联系的奥体博览城核心区滨江区块以及滨安路、江晖路、滨盛路道路提升等峰会整治项目现场，了解项目进展情况及存在困难。针对奥体项目建设、道路绿化提升、侧石整修等问题，视察组建议，以峰会环境整治为机遇，从长考虑项目设计建设和工程施工，使滨江市民共享后峰会时代带来的实惠，并就加快建设进度，加强安全监管，确保实效和长效提出具体意见和建议。

2016年3月23日，区政协主席会议成员视察引水工程

（区政协办　供图）

【引水工程建设视察】 2016年3月23日，区政协主席会议成员一行14人实地踏看白马湖源水备用工程、滨江水厂二期建设和运行情况，了解全区"保供水"工程情况，并与区水务公司负责人进行座谈交流，提出以战略思维抓好引水工程规划和建设，按照省、市第二水源引配水总体规划要求，抓紧谋划项目建设和管理，坚持"治污水"与"保供水"齐抓共管，让滨江市民早日喝上千岛湖水的意见和建议。

【"两找一促"专项工作】 2016年2月29日，根据区委"找短板、找对策、促发展"专项活动要求，区政协一届二十九次主席会议专题研究"两找一促"活动方案，确定围绕"高新产业发展环境"主题，以及政务环境、创新环境、人才环境、政策环境4个专题开展找短板、找对策活动。3月9日，召开政协界别召集人会议，要求15个界别结合自身特色，围绕"两找一促"要求，组织调研视察和"界别活动周”。活动中，坚持查找“短板”与提出对策相结合，做到深学细照找“短板”、问题导向找“短板”、善听群言找“短板”、扬其所长找“短板”、务实担当找“短板”，共上门走访政协委员及所在企业108人（次），走访其他企业65家，召开各层面座谈会18个，征集意见建议157条，经梳理汇总40条。4月29日，形成《关于“两找一促”活动的调研报告》（滨政协〔2016〕7号）报送区委、区政府。6月20日，《关于印发“区人大、政协‘两找一促’专项活动交办建议责任分解表”的通知》（区委办〔2016〕11号），对上述意见建议进行责任分解。同月24日，区委、管委会、政府办下发〔2016〕16号督查通知单《关于对“两找一促”专项活动建议落实情况进行督查的通知》，要求责任单位每月25日以表格形式将办理进展情况进行反馈，区政协所提40条对策建议，均在11月底前落实或办复到位。

【“五水共治”长效机制建设专项监督】 2016年3月29日，区政协一届三十次主席会议对联动开展“助推完善和落实‘五水共治’长效机制”专项集体民主监督进行部署。同月31日，印发《区政协关于联动开展“助推完善和落实‘五水共治’长效机制”专项集体民主监督的实施方案》，建立政协“五水共治”民主监督组织协调小组，明确专项监督的时间节点和13项具体工作任务。4—11月，结合滨江区实际，区政协在及时完善充实各街道“五水共治”民主监督小组的基础上，组建12支由委员组成的治水小分队，围绕“一消除”（全面消除黑臭河）、“两提升”（提升水质、水景）、“三覆盖”（区域污水处理设施运营、区域分散式生活污水治理设施运营维护、跨区域流域治水“三个基本全覆盖”）等监督重点，加强与省市政协联动，开展“五水共治”民主监督“万千行”活动、日常巡查、明察暗访和交叉检查活动，及时向区政府及有关部门反馈“五水共治”长效机制建设方面存在的问题50余个，撰写“助推完善和落实‘五水共治’长效机制”专项集体民主监督报告，报送省、市政协和区委、区政府，推进工作落实。

【“两学一做”学习教育】 2016年5月17日，区政协召开党组暨机关“学党章党规、学系列讲话，做合格党员”专题党课暨学习教育部署会，传达中央和省市区委精神，部署区政协党组暨机关学习教育活动。区政协党组书记、主席沈孔良作专题党课，区政协党员干部15人参加专题党课学习。区政协党组暨机关“两学一做”学习教育（5—12月）分集中教育培训、季度专题研讨、专题党课、党章党规宣教、主题征文活动、专题组织生活会、走访慰问活动以及建立健全长效机制8个环节。12月，通过谈心谈话，召开各民主党派、工商联，各界别（委组）组长、街道政协工作联络处负责人和担任过区级领导的退休人员3个层面座谈会，书面征求区级机关各部门和有关单位负责人意见，广泛听取对区政协党组及机关“两学一做”学习教育的意见建议，党组班子5名成员在专题组织生活会上开展批评与自我批评，查找理想信念、执行政治纪律政治规矩等6个方面17个突出问题，分析问题产生的原因和危害，制定整改措施。

【众创空间深度发展工作视察】 2016年7月21日，区政协主席会议成员一行32人视察众创空

2016年7月21日，区政协委员就众创空间深度发展进行视察

（区政协办　供图）

间深度发展工作，实地踏看王道孵化器、位于创业大街里的3W咖啡、志趣社、跨星等众创空间，听取企业负责人相关情况介绍，了解众创空间发展情况及存在的问题，并进行座谈探讨，形成《政协信息·社情民意专刊》报送区委、区政府。

2016年区政协重要建议情况

表15

序号	建议形式	建议人	主题	内容
1	调研报告	区政协	关于“两找一促”活动的调研报告	建议重视区产业发展环境方面存在的问题，加强组织领导，落实职责分工，集中精力打响补齐“短板”攻坚战；把查找“短板”工作提出的40条意见建议进行逐项梳理，分析研究，找准短板根源，并切实落实责任，积极整改；注重长效，从政策、体制、机制、纪律、作风等方面提出提升优化区产业发展环境的工作思路、重点和措施；用好国家自主创新示范区这个“大礼包”，在培育扶持产业、培养引进人才、完善体制机制、鼓励创新创业等方面深化改革、先行先试。此建议4月29日以滨政协〔2016〕7号文件报送区委、区政府
2	社情民意专刊	区政协	职业就业培训和就业服务工作	建议坚持产业发展与就业服务相结合，鼓励和支持自主创业；充分发挥人力资源市场的作用，大力开展职业技能培训，进一步提升劳动者职业能力和整体素质；全面开展职业就业培训和就业服务工作，促进充分就业，维护社会稳定，助推经济社会发展。此建议7月25日以社情民意专刊第1期报送区委、区政府主要领导
3	社情民意专刊	区政协	促进“众创空间”深度发展的建议	建议深度发展中小型科技企业孵化培育工作，结合自身优势，推动产业发展；通过搭平台、树品牌、优服务、强资本、推政策、留人才和育文化等7个方面工作，打造“大众创业、万众创新”的滨江乐园。此建议7月28日以社情民意专刊第2期报送区委、区政府主要领导
4	社情民意专刊	区政协	“五水共治”专项集体民主监督工作有关情况汇报	此情况汇报8月9日以社情民意专刊第3期报送区委、区政府主要领导
5	调研报告	提案和委员工委	政协委员产生机制及界别设置	此调研报告9月12日以滨政协〔2016〕8号文件报送区委、区政府
6	调研报告	社发和民宗法制委	深化区与名校名院名企战略合作	此调研报告10月12日以滨政协〔2016〕9号文件报送区委、区政府
7	调研报告	经济科技和城建委	滨江区新兴产业发展方向与前景预测	建议坚持政府协调，产业主导，加大对生命健康产业、新兴信息产业、新能源与新材料产业的扶持和推广应用，坚持构建平台，提升服务，尤其是要搭建好产业平台、实现公共信息共享、创新发展多元金融服务等；坚持集聚要素，创新发展，包括人才和技术的引进，资源要素的整合，商业模式的革新等等。此调研报告10月13日以滨政协〔2016〕10号文件报送区委、区政府

续表15

序号	建议形式	建议人	主题	内容
8	社情民意专刊	提案和委员工委	完善养老服务工作	建议加快完善各社区养老服务的配套设施建设；加大养老服务人员的培训、考核，壮大养老服务队伍，改善目前全区养老服务业人员短缺的现状；注重养老服务的多样性，除日常生活照料外，要向精神慰藉、法律维权等方面延伸；健全养老机构管理和责任机制，提高效率，完善服务；不断完善养老扶持政策。此建议10月20日以社情民意专刊第4期报送区委、区政府主要领导
9	社情民意专刊	区政协	关于依托《白马湖生态创意城旅游总体规划》筹建白马湖创意农业生态园的建议	建议结合白马湖区块规划要求，依托白马湖陈家村南片良好的生态环境和乡土景观特色，筹建“白马湖创意农业生态园”，以进一步推进城市人文环境和产业生态环境的有机结合，开创现代都市农业新局面。此建议11月24日以社情民意专刊第5期报送区委、区政府主要领导
10	重点提案	民进 姜黎	打造国际化城市	建议抢抓“两区”（国家自主创新示范区和中国跨境电子商务综合实验区）、“两会”（G20杭州峰会、第19届亚运会）机遇，加快推进产业发展国际化、社会服务国际化、基础设施国际化和文化建设国际化，打造具有高新特色、具有国内国际影响力的“国际滨”。此建议由区长金志鹏领办，区政协主席沈孔良督办，社发和民宗法制委为督办部门
11	重点提案	九三学社 汪昕	加强交通管理与建设，努力破解通行难	建议围绕智慧交通的发展方向和目标，加强组织领导，强化顶层设计；科学规划路网配套并严格实施；运用行车、停车管理的大数据，做好智慧出行。此建议由区委常委、副区长张玮领办，区政协副主席毛进督办，提案和委员工委为督办部门
12	重点提案	民盟、中共界、民族宗教界	人才强区建设	建议接轨国家人才培养政策，包括《关于深化研究生教育改革的意见》（教研2013年1号）、《关于加强专业学位研究生案例教学和联合培养基地建设的意见》（教研2015年1号）等文件，建设专业学位联合培养基地；发挥区内骨干企业研究院作用，打造人才培养第二平台；大力引进科研院所，提升区高层次人才的培养水平。此建议由区委常委、组织部长叶泽领办，区政协副主席余静漪督办，社发和民宗法制委为督办部门
13	重点提案	科技科协界	推动众创空间深度发展	建议结合科技和产业培育众创空间，推动众创空间优化升级，深化实施创业金融的助推力，继续实施创业文化的引领作用，加强政府的协调服务。此建议由区委常委、副区长谢渐升领办，区政协副主席夏福志督办，经济科技和城建委为督办部门

专门委员会·联络处·界别活动小组

【各街道联络处】2016年1月16日，浦沿街道政协工作联络处开展结对帮扶活动，邀请遂昌湖山小学20名优秀学生到滨江参观学习、座谈交流。5月19日，浦沿街道政协工作联络处组织7名委员视察街道峰会整治项目和征迁工作，实地踏看杨家墩社区商业街连片拆迁现场和老年公寓安置小区、岩大房整村拆迁现场、联庄社区“金三角”峰会整治现场，为服务保障G20杭州峰会建言献策。6月8日，长河街道政协工作联络处组织委员开展“五水共治”民主监督“万千行”活动，7名政协委员实地踏看巡查铁路河、街道河、时代河，发现问题10余个，并及时反馈给区“五水”办。同月17日，西兴街道政协工作联络处组织开展“五水共治”民主监督暨水电区域环境整治工作情况视察，14名政协委员实地巡查十甲河、建设河水质，生态治理，两岸绿化养护等情况，并针对污水偷排、水质不稳定等“老大难”问题，提出加快生活污水截污纳管、实施河道生态修复工程等应对措施。8月12日，浦沿街道联络处组织9名委员，实地视察浦沿区域内河道，并到冠一社区整村拆迁现场走访，帮助做好征迁户工作。9月22日，西兴街道政协联络处组织开展“巩固峰会成果，委员建言献策”活动，11名政协委员巡查风情河和七甲直河，实地了解印月尚庭、缤纷北苑安置小区环境整治常态管理情况，并向职能部门提出意见建议10余条。

【界别和委员活动小组】2016年1月25日，科技科协界、综合二组17名委员走进浙江宇视科技有限公司，就“建设国家创新型数字安防产业集群工作”开展专题调研。2月2日，民族宗教界组织6名委员走进冠山寺、西兴教堂，视察宗教场所安全工作。3月4日，经济界11名委员走进东冠高新科技园，围绕“产业发展、创新创业、众创空间”主题，开展“走访创新载体、开展企业交流”活动。4月7日，工商联界、社会福利和社会保障界联合开展“大数据助力企业发展”调研活动，30名政协委员及企业代表参观智慧e谷展厅，听取杭州泰一指尚科技有限公司负责人关于大数据助力企业发展主题讲课。同月14日，综合二组、科技科协界15名委员走进浙江元亨通信技术有限公司，围绕“找短板、找对策、促发展”主题和“深化我区众创空间建设”开展活动。19日，医卫文体界组织12名委员走进之江书画院，参加滨江文化建设协商暨纪念红军长征胜利80周年书画雅集活动。5月11日，特邀界组织24名委员，对市、区两级G20杭州峰会保障项目进行视察督导，实地踏看奥体及三桥立交等处的建设现场，听取相关单位的情况介绍，提出意见建议15条。同月27日，中共界联合民盟高新区（滨江）基层委员会、民族宗教界与科技局、发改局、人力社保局等职能部门开展提案办理协商活动，围绕区政协一届三次会议期间提交的界别提案《关于推进市场化引才育才建设人才生态最优区的建议》和重点提案《关于人才强区建设的建议》，8名政协委员（提案人）与提案承办单位进行面对面沟通，增进“提办”双方的了解，确保提案办理实效。28日，教育界联合统战部、教育局、社发局、民进滨江基层委员会，组织16人走进明月江南、钱塘帝景、武林门儿童之家幼儿园，开展“喜迎G20大手牵小手，园企联动促早教”社会服务活动。7月12日，妇联界组织5名女企业家委员和10个巾帼文明岗赴桐庐江南镇考察，开展新一轮姐妹结对帮扶暨江南镇“一村一品”文化学习活动。同月29日，综合一组、经济界、工商联界联合开展“生命健康产业”调研活动，组织23名政协委员参观委员企业——杭州和壹基因科技有限公司，听取企业和职能部门相关产业讲座，为产业发展建言献策。8月16日，科技科协界、综合二组开展“科技金融服务助推产业提升”调研活动，组织13名委员视察区科技金融服务中心、全景网深交所路演中心、宏华数码展厅，为科技与金融结合，助推经济社会发展提出建议。同月28日，共青团和青联界5名委员走进浦沿街道滨文社区，开展夜间平安巡防志愿服务活动，对辖区治安重点部位进行安全检查。9月23日，工会界5名委员走进杭州海康威视数字技术股份有限公司及海创基地部分企业，与企业负责人及工会负责人进行座谈，调研了解滨江区技术人才培养现状。

【区政协提案和委员工委】2016年1月29日区政协一届三次会议大会期间，以提案形式提交的意见建议118件，确定立案91件，4月底全部按期办复。5月20日，区政协提案和委员工委组织提案办理“回头看”，通过走访承办部门，对区政协一届二次会议期间提出的办理答复为“列入计划解决”的B类提案（共14件）办理落实情况进行督查。9月26日，区政协提案和委员工委组织养老服务设施建设工作专题视察，区政协分管副主席，各街道政协工作联络处主任及部分政协委员共21人参加视察。视察组实地察看杭州元墅西兴老人公寓、区福利中心“阳光家园”，听取区民政局负责人关于全区养老服务事业发展情况介绍，并进行座谈，形成社情民意信息专刊报区委、区政府。10月下旬至11月，开展2016年提案质量及提案办理质量双向评议工作，评选出优秀提案10件，提案办理先进单位7家。

【区政协社发和民宗法制委】2016年4月13日，区政协社发和民宗法制委组织开展居住房屋出租安全管理专题视察，区政协主席、分管副主席，部分政协委员共14人参加视察。视察组实地察看浦沿街道浦联社区庙下新村和西兴街道迎春北苑，了解出租房运营、消防配套设施和安全管理情况，听取公安滨江分局、住建局、城管局、建管中心情况汇报，并进行座谈。委员们提出加快安置房项目建设进度，统筹兼顾、多措并举解决好“人等房”问题；充分征询拆迁群众需求，优化安置房前期设计，科学规划安置房小区配套设施；实施对老旧农转居拆迁安置小区的提升改造，提高已入住小区物业管理水平等意见建议。7月13日，区政协社发和民宗法制委组织开展职业就业培训和就业服务工作专题视察。区政协分管副主席，部分政协委员共11人参加视察。视察组实地参观西兴街道就业创业服务中心和万轮大学生创业园，并召开座谈交流会，听取区人力社保局的情况介绍。根据前期视察情况，7月25日形成《政协信息·社情民意专刊》报区委、区政府。

【区政协经济科技和城建委】2016年6月15日，区政协经济科技和城建委组织开展农转居拆迁安置房建设工作专题视察。区政协分管副主席，各街道政协工作联络处主任以及部分政协委员共16人参加视察。视察组一行实地察看西兴街道湘云雅苑（十四区块一、二、三期）、长河街道春波小区（三区块六期）、浦沿街道火炬小区（十区块六期）和浦沿街道新浦苑（八区块三期）安置房项目，并召开座谈会，听取区建管中心、住建局和国土分局关于全区农转居拆迁安置房建设相关工作情况介绍。委员们提出加大对群租现象的查处力度，排除安全隐患；提高房屋出租人、承租人、物业、房产中介服务机构的法律意识和社会责任意识，明确出租管理责任；持续推进“三改一拆”，加大违建整治力度；构建长效机制，创新管理模式，提升各职能部门合作监管力度等意见建议。（李庆莲）

民主党派·人民团体

民主党派

民革滨江支部

【概况】 2016年，中国国民党革命委员会杭州市滨江区支部委员会（简称“民革滨江支部”），共有党员21人，其中：新发展党员6人，入党积极分子3人。党员平均年龄44.5岁，其中，女性11人。具有本科以上学历19人，具有中、高级职称19人，有台、港、澳和海外关系1人。担任杭州市政协委员1人，滨江区政协委员3人；担任滨江区人民法院陪审员1人，担任大学外聘导师2人。

年内，提交各级部门建议意见、政协提案4件，向杭州市委会、市委统战部提交建议13篇。建议被中央、省、市等不同部门录用14篇次。党员蔡娅群提交的《闻涛路沿线增设公共厕所方便市民的建议》，经区政协社情民意转办相关职能部门落实；党员徐波《建议借鉴绍兴市的做法加强犬类管理》《加强对服务行业收取各项服务费的规范管理的建议》，冯枫《建议整合基本医疗保险参保人员的健康体检》《基层反映“二孩政策”下的生育保险政策应尽快完善》的建议，黄伟《关于在杭州西部构建“国际慢城”生活体验区的几点建议》，章抒《关于改进“国免”检查提高参检率的几点建议》先后被民革杭州市委会录用。

年内，参与市委会组织专题调研2次，组织支部活动10次，开展践行“135”低碳出行模式、“美丽滨江加把劲，我为峰会出点力”公益环保接力活动。民革杭州市委会在2014—2016年度“双争评比”活动中，获“自身建设先进支部”称号。在民革杭州市委会第十一次代表大会上，包嘉颖再次当选为第十二届市委会委员、常委、副主委；冯枫当选为第十二届市委会委员；包嘉颖、冯枫当选为民革浙江省第十四次代表大会代表；王涛获民革浙江省2012—2016年度先进个人。

【科技金融服务中心定位的建议提案】 2015年9月，党员王涛联系杭州高新技术开发区资产经营有限公司、中信证券等金融服务机构，就高新区科技金融服务中心工作的开展情况进行调查和研究。2016年1月4日，向民革杭州市委会提交《建议调整高新区科技金融服务中心定位》，提出调整服务区域定位和管理体制，实施分类服务，加强统筹协调功能等实效建议。同月11日，民革滨江支部集体提案《关于调整杭州高新区科技金融服务中心定位 进一步扩大其影响力的建议》，提出调整服务区域定位和管理体制，实施分类服务，加强统筹协调功能等建议，在滨江区政协一届三次会议上作为大会发言材料，受到区委、区政府高度关注。3月，此建议被市委统战部录用。

【提升央企管理职能的建议】 2015年开始实施的央企负责人薪酬制度改革方案中提出“薪酬改革应与中央企业负责人选任方式相匹配”改革思路，在薪酬改革的实践中产生良好的效果。但单纯以选任方式确定央企负责人的薪酬是否受限，依然不能充分激发央企活力，提升央企管理效能。针对在实践过程中产生的情况，2016年2月，党员王涛查阅国内外上市企业负责人薪酬制度资料，联系并了解中信证券等企业负责人对薪酬制度的看法和建议，经过充分调查和研究，7月撰写《建议引入“上市央企负责人薪酬突破上限股东表决机制”》，建议在央企负责人薪酬制度改革中引入“上市央企负责人薪酬突破上限股东表决机制”，以市场激励与行政监管相结合的方式确定每一位央企负责人的合理薪酬水平。8月、9月及12月，此建议被市政协、市委统战部、省民革、省委统战部录用。

【计划生育特别扶助对象的建议】 2016年1月，根据现行计划生育特殊家庭扶助关怀政策的开展情况，党员包嘉颖查阅相关特扶政策，了解失独后收养家庭补助发放情况，到失独家庭倾听意见建议，根据此类社会群体的诉求，3月，撰写《关于将失独后收养家庭纳入计划生育特别扶助对象的建议》，建议在失独后收养家庭领取一次性补助金的基础上，仍然将此类家庭纳入特别扶助对象，给予一定数额的长期补助。此建议2016年7月、9月和12月，被市政协、省民革、市委统战部录用。

【营改增试点政策的建议】 2016年5月1日，营改增全面推行，试点范围扩大到建筑业、房地产业、金融业和生活服务业，并将所有企业新增不动产所含增值税纳入抵扣范围，确保所有行业税负只减不增。就营改增试点产生的实际效果，党员黄伟走访11家建筑业、房地产业、金融业、生活服务业等相关企业，与各企业负责人就营改增问题进行深入交流，调研企业对营改增的要求与反馈情况，了解企业对营改增政策的想法、效果等情况，撰写《基层反映全面营改增试点中存在的一些问题》，建议打通改革“最后一公里”，切实有效减轻企业税负。6月，此建议被中共中央办公厅综合录用。

【少年司法制度看法与建议】 2016年上半年，全国发生多起十二三岁低龄未成年人的严重暴力性犯罪。10月，党员黄伟走访各基层法院少年庭、少年犯教育所等单位，调研未成年人犯罪问题，了解未成年人犯罪低龄化趋势和犯罪的类型等情况，听取司法工作人员、教育界人士对未成年犯罪低龄化趋势的看法与建议，11月撰写《基层呼吁尽快构建“宽容而不纵容”的少年司法制度遏制未成年人犯罪低龄化趋势》，经民革杭州市委会上报，12月被市委统战部、省民革录用。

【完善“二孩政策”的建议】 2016年1月14日起施行新修订的《浙江省人口与计划生育条例》，但省市对于延长的奖励假，以及相应的生育津贴并没有随之跟进。9月，党员冯枫撰写《基层反映“二孩政策”下的生育保险政策应尽快完善》，针对用人单位及职工关心的“奖励假”期间的生育保险问题，建议有关部门尽快测算并研究出台相关的配套措施，使奖励假尽快列入享受生育保险的范围内。10月，此建议被省民革录用。

【“智能停车系统”项目调研】 2016年5月19日，民革滨江支部与机关、财经支部联合组织民革成员40余人赴钱江新城波浪文化城地下车库，开展“智能停车系统”项目调研。在钱江新城波浪文化城会议室召开座谈会，听取钱江新城管委会就智能停车方式、“智能停车APP”作用，智能停车系统在停车场的管理效率和进一步推广智能停车系统项目的可行性等方面的情况介绍。调研人员充分肯定钱江新城波浪文化城地下车库的尝试，建议加大全市范围智能停车系统建设，破解城市“停车难”问题。

【法律宣传进社区】 2016年5月29日，民革滨江支部组织4名党员走进金东方社区，开展法律咨询、环保宣传和健康咨询等系列服务活动。现场解答民事纠纷等可能涉及法律层面的问题，尤其是在新形势下家庭关系和传统道德之间产生矛盾的情况下，就如何依据法律来捍卫自身权力的10余个问题进行解答。活动现场提供环保类书籍和读物200余册，发放健康养生及生育健康等方面宣传册100余册，现场观众300余人。

【爱心帮扶行动】 2016年7月16日，民革滨江支部与杭州华美达酒店联合开展的“同心·博爱”民革滨江支部爱心帮扶行动在杭州华美达酒店举行，支部党员和入党积极分子20余人参加爱心接力行动。爱心帮扶行动举行义卖活动，以“自由选购”“物品拍卖”相结合的方式进行，捐赠的义卖物品为家用小电器、日用品、书籍、服饰、手表以及字画、工艺品，义卖款1万余元。民革滨江支部将此次义卖所得1万余元成立“同心·博爱”基金，用于援助贫困学生及各类因突发事件造成的困难家庭。同时以此帮扶行动为契机，接力民革“同心·博爱”社会服务行动，支持和参与各类社会公益活动。（韩　俊）

民盟滨江基层委员会

【概况】2016年，中国民主同盟杭州市滨江区基层委员会（简称“民盟滨江基层委员会”）共有盟员99人，其中，女盟员51人。具有大专以上学历98人，中、高级职称92人。市管领导干部1人，区管领导干部1人，省政协委员1人，市政协委员4人，区政协委员6人，其中，市政协常委2人、区政协常委2人。

年内，提交政协提案14件，其中，杭州市、滨江区政协集体提案各1件。撰写信息建议37件、盟讯20篇、调研课题3篇。《关于杭州国家自主创新示范区建设规划的三点建议》作为杭州市政协大会团体提案，由常务副市长领办。信息建议被盟省委录用2篇、盟市委录用13篇。民盟滨江基层委员会被盟市委评为2016年度“反映社情民意信息工作先进集体”“调研工作先进集体”。滨江教育支部、滨江科技支部分别被盟市委评为“宣传工作先进支部”“调研工作先进支部”。盟员施一明调研成果获盟市委一等奖和二等奖，盟员高澜调研成果获盟市委三等奖。

【产业发展自主创新战略研讨会】2016年1月27日，由民盟滨江基层委员会承办的“产业发展自主创新战略研讨会”在杭州低碳科技馆举行。滨江30余家企业100人参加研讨会。中国机械工业联合会副会长、《中国制造2025》起草者之一朱森第和浙大工程技术研究院院长赵荣祥作《迈向制造业强国的战略途径》《产学研创新要素》主题演讲。与会人员就“中国制造2050”“产学研创新”等课题进行探讨。

【幸福医健活动】2016年3月10日，民盟滨江与浙江中医药大学预防医学协会、民盟浙江中医药大学总支联合在滨江区内小学开展“送你一把七彩伞”幸福医健活动。邀请妇科专家韩进，博士刘晓谷、余王琴在长河小学体育广场开展关爱女教师健康义诊，50余名师生听取讲座并进行诊疗。4月13日，浙江中医药大学志愿者雷项慧在长河小学报告厅通过PPT授课，情景表演、游戏互动等方式讲解流感相关医学常识，帮助学生掌握预防流感的方法和技巧，长河小学450名师生听取讲座。5月4日，浙江中医药大学8名志愿者在长河小学报告厅进行“预防近视，保护视力”讲座，围绕眼睛保健健康常识与眼睛卫生知识，培养正确的眼保健操姿势和卫生习惯，增强学生对眼睛保健等方面意识，长河小学230余名师生参加听课。6月4日，在长河小学报告厅进行“家有小孩想长高”活动，50余名家长参加活动。教师通过中医理论与实践向家长讲解儿童发育时间节点、少儿常见健康问题、少儿饮食保健等方面的知识，更正家长对疾病认识的误区。10月30日，民盟滨江基层委组织长河小学150余名学生和家长到浙江中医药大学参观校史馆、医史馆、动植物标本馆，进一步增进对医学知识的了解。（范兴海　张钰平）

民建滨江基层委员会

【概况】2016年，中国民主建国会高新区（滨江）基层委员会（简称“民建滨江基层委”）共有会员112人，其中，女性34人。99%为大专以上学历，研究生以上学历22人。中高级职称60人，占53.6%。新经济组织负责人55人。会员中担任各级人大代表政协委员15人，区管干部2人，区管后备干部4人。

2016年，提交政协提案9件，向区委、区政府提交各类信息6篇，向民建市委会提交各类信息41篇。《打造创新创业高地，助推滨江经济发展》获2016年滨江区政协优秀提案，《关于土地使用权到期问题》等3篇调研报告被民建中央录用，《关于无人机信息安全防护建议》被全国政协录用，5篇提案和建议分别被省民建、省政协、省委统战部录用。向区委、区政府提交

5篇建议及调研报告，其中，《关于滨江创业务工者租房困难问题》的建议，区委书记詹敏批转区住建局办理。2篇调研报告获市优秀参政议政成果一、二等奖，1篇调研课题获市优秀参政议政成果二等奖，2篇调研课题获市优秀参政议政成果三等奖。

全年，举办各项活动32次，为阜宁灾区募集善款12万元。基层委2014—2016年，连续三年获市委会参政议政先进集体。基层委会员2人获“省级G20先进个人”，1人获“杭州峰会安保贡献突出个人”；3人获“区级保障G20先进个人”。委员范渊、李晓军分获2016年度省、市十佳优秀青年。

【助推滨江经济发展的提案】 2015年8月，基层委组织6名骨干会员，走访区发改、商务、财政、人才办等部门，就滨江在“双创”中如何奋力争先开展调研，同年11月12日，形成《打造创新创业高地，助推滨江经济发展》提案，就进一步集聚高新技术产业、引进高端人才、打造世界一流高科技产业园提出建议意见。提案在2017年2月9日政协二届一次会议上，被大会授予“2016年滨江区政协优秀提案”。

【土地使用权到期问题调研】 2016年4月全国首例住宅土地使用权到期，如何续期成为百姓关切的话题。4月23日，4名民建会员对土地使用权到期问题展开调研，按照《中华人民共和国城镇国有土地使用权出让和转让暂行条例》《中华人民共和国物权法》等法律法规，并对口联系咨询国土、住建等相关职能部门。6月12日，形成《关于土地使用权到期问题》调研报告，7月，此报告被民建中央、省委统战部录用。

【物联网技术应用于食品安全监管领域研讨会】 2016年4月29日，民建滨江基层委组织23名会员在杭州甲骨文超级码科技股份有限公司开展食品安全议政日活动，举行物联网技术应用于食品安全监管领域研讨会。会上，公司董事长顾惠波就公司的产品防伪、物流跟踪、产品移动网络增值服务、客户信息管理查询等方面进行详细介绍；与会人员就高科技的互联网公司企业管理和员工文化建设、如何利用互联网、物联网、信息技术加强食品监管等方面进行互动交流。

【无人机信息安全防护建议】 随着无人机技术的发展和市场的普及，无人机已在很多领域中被广泛应用，但与电子网络一样存在信息安全隐患。2016年5月10日，民建会员范渊通过对7个无人机制造应用项目走访分析调研，10月25日，形成《关于无人机信息安全防护建议》，就无人机领域的信息安全隐患及技术应用提出建议。12月3日，建议被民建浙江省委会评为优秀社情民意信息。同月26日，民建中央印发《关于表彰2016年度优秀社情民意信息反映社情民意信息工作先进单位和先进个人的通报》，建议被民建中央录用。

【“瞪羚企业”政策解读】 2016年5月26日，由民建滨江基层委、区行政服务中心主办、民建会员企业杭州正策信息科技有限公司承办的区“瞪羚企业”等相关政策解读培训在杭州天堂软件园举办，区内80余家企业负责人参加培训。会上，杭州正策信息科技公司对“瞪羚企业”“杭州市科技型初创企业”“省重点研发计划项目”“浙江省领军型创新创业团队引进培育计划”的相关政策进行讲解，现场解答企业提出的有关问题，并进行交流互动。

【考察安吉创业投资环境】 2016年6月3日，民建滨江基层委组织20余家企业赴安吉开展创业投资环境考察，安吉县委分管领导介绍安吉县区域位置、产业结构及投资政策。此次活动成功搭桥安吉鲁沃夫生物工程有限公司与安吉农脉投资合伙企业（有限合伙）2家企业在安吉设立生产基地，浙江雄伟科技有限公司就智能餐盘项目与安吉企业进行交流。

【众创空间产业政策研讨会】 2016年10月31日，民建滨江基层委、民建滨江二支部针对众创空间、孵化器产业园扶植政策等问题，在杭州市首批市级众创空间、国家级孵化器——王道孵化器召开滨江区众创空间产业政策研讨会。民建滨江基层委主委詹艳青主持会议，基层委部分委员，众创空间企业、拓森科技园、投资、银行、证券等行业的20余名会员参加研讨会。会上，区科技局副局长赵玉宝介绍杭州市和滨江区众创空间的总体发展情况，对滨江区众创空间如何做深做强，提出要走国际化道路，走专业化道路的总体思路。会议拓展众创空间企业会员的经营思路，与会人员针对众创空间和孵化器的建设，上市公司、行业龙头企业如何进一步服务于众创空间展开研讨。（詹艳青）

民进滨江基层委员会

【概况】 2016年4月，中国民主促进会滨江区基层委员会（简称“民进滨江基层委员会”）成立，其前身为民进滨江总支，成立于2012年12月。2016年，有正式会员54名，其中，43名会员具有中、高级以上技术职称。会员中担任市政协委员的2人、区人大代表的3人、区政协委员的6人，担任副处以上领导职务3人。

2016年，提出各类意见建议100余条，10余条建议被中央及省市有关部门采用，50余条信息在民进中央及各级媒体发表刊登，10余条建议获区委、区政府主要领导批示。《关于打造国际化城市的建议》提案被列为区政协一号提案，《以G20峰会为契机，大力培育市民公共空间意识》《关于优化杭州郁金香花展活动的建议》被省、市有关部门采用。年内，开展各项活动20余次，会员黄美丽获“杭州市三八红旗手”称号。

【打造国际化滨江城市提案】 以G20杭州峰会为契机，根据区委、区政府提出的“打响‘东方品质之城’城市品牌，提高城市国际化水平的精神”，2015年11月15日，民进滨江基层委确立“以G20杭州峰会为契机，打造国际化滨江城市”课题，组织6名会员，实地走访闻涛社区、彩虹社区、东方郡社区，滨兴学校、闻涛小学、浦沿中学、江南实验学校、长河高中、闻涛中学，审计局、社发局、市场监管局，浙江网盛科技股份有限公司、浙江国友通讯设备有限公司、祖名豆制品股份有限公司、群乐饭店，向市民发放调研征询表1000余份，形成《以G20杭州峰会为契机，打造国际化滨江城市》提案，建议在产业发展、社会服务、基础建设、文化建设4个方面助推滨江国际化。2016年1月11日，在区政协一届三次会议上此提案被列为区政协一号提案。

【“彩虹计划”结对见面会】 2016年1月16日，民进会员及教师、家长代表一行12人赴诸暨马剑镇中心小学参加“彩虹计划”结对见面会，捐助爱心善款并捐赠御寒衣物、文具和书籍。至12月底，与14名学生进行一对一结对资助。

【刑事和解制度在实践中的弊病及建议】 2016年1月20日，民进滨江基层委员会确定《刑事和解制度在实践中的弊病及建议》课题，组织4名律师会员，通过调研圣港律师事务所、德和律师事务所、华泰律师事务所、各街道基层法庭，形成专题调研报告。报告提出在刑事和解制度中，在重视案件基础事实前提下，主动介入刑事和解程序，有助于化解纠纷，实现和谐社会的建议。6月，此课题被评为省民进优秀调研课题。

【换届选举】 2016年2月4日，民进滨江总支部换届选举大会在华美达酒店进行，到会会员52名。依照中国民主促进会中央关于基层组织的选举条例，通过无记名投票方式选举产生第二届总支委员会，林福明任第二届民进滨江区总支委员会主委，冯祖扬、陈月利、黄美丽、贾克薇任副主委，方珺、吴惟明、徐光群当选为委员。与会代表听取主委林福明作的第一届委员会2011—2016年工作报告；区委统战部部长余静漪，民进市委会专职副主委张爱莲到会讲话，充分肯定民进总支部在加强自身建设，切实履行参政党职能，围绕中心、服务大局，各方面取得的成绩；勉励新一届委员会班子，把握好政治方向，更好地履行参政党职责。

【园企联动促早教】 2016年5月21日，由区委统战部、区教育局、区社发局、区政协教育界别、民进滨江基层委员会主办，民进滨江二支部协办的“喜迎G20大手牵小手，园企联动促早教”社会服务活动在明月江南幼儿园、钱塘帝景幼儿园、武林门儿童之家幼儿园进行，家长、幼儿800余人参加活动。活动期间，通过室内讲解和室外亲子活动的形式，增进“0～3”岁婴幼儿家庭的亲子关系，宣传科学育儿知识内容，提高区“0～3”岁婴幼儿早期教养质量。

【高考填报志愿咨询活动】2016年6月24日，由民进滨江基层委员会、区委统战部、民盟滨江基层委员会主办，民进滨江三支部、民盟长河高中支部承办的“同心同行”谋发展主题实践活动暨2016年高考填报志愿咨询活动在杭州市长河高级中学举行，2000余名家长、学生参加活动。高考志愿填报专家秦慈田以讲座的形式，从高考志愿填报的特点、网络报名的注意事项、志愿填报的日程、传统志愿和平行志愿的区别、平行志愿的填报、专业平行志愿的投档比例等方面进行讲解，指导考生填报志愿，减少考生填报志愿的盲目性，提高考生录取率，特别是名校录取率，帮助考生进行合理自我定位，使考生填报志愿更加准确。（徐光群）

农工党滨江总支部

【概况】2016年，中国农工民主党杭州市滨江区总支部委员会（简称“农工党滨江总支”）共有党员34人，其中，女性18人。大专以上学历34人，具有中、高级职称31人，2人为党外代表人士后备人选。党员中农工党中央第十五届代表1人，担任浙江省政协委员1人，杭州市人大代表1人，滨江区人大代表2人，滨江区政协委员5人。其中：区政协常委1人，担任杭州市卫计委监督员1人、农工党杭州市委会监督委员会副主任1人、农工党浙江省委会监督委员会1人、浙江省妇联执委1人。

2016年，农工党滨江总支提交各级部门建议意见、政协提案28件；参与省政协专题调研2次，向省政协提交提案2个，向杭州市人大提交建议4个；向市人大、农工党杭州市委会、中共滨江区委统战部提交调研报告及社情民意22则，进院校、进城区、进社区、进企业及机关大型公益讲座20余次。农工党滨江总支共结对12个社区，以社区为单位开展医、养、护（益剪）及各类社会公益活动250次。至2016年底，花都益剪小屋在各社区拥有固定服务点28家。年内，农工党滨江总支被中共滨江区委统战部评为调研信息一等奖，被评为农工党杭州市委会先进基层组织、农工党浙江省委会先进基层组织、农工党中央先进基层组织。总支部获“我为G20杭州峰会献一策”活动先进集体。主委罗红英被聘为“优礼杭州人”公益行动优礼导师。

【公交与地铁换乘优惠的建议】主委罗红英在乘坐地铁时发现乘客较少，对杭州的交通拥堵现象没有起到显著缓解作用。2015年1月，罗红英在杭州市开元职业学校、浙江花都美容美发培训学校的员工及学员500余人中，就城市公交与地铁换乘是否优惠能吸引乘客改善交通拥堵问题进行为期半年的调研。同年7月，罗红英提出《关于实施公交与地铁换乘优惠的建议》在《杭州日报》《钱江晚报》刊登。12月1日，杭州地铁、杭州公交集团在实践中均采用此方法。2016年1月，建议被杭州市人大常委会评为2015年度市人大代表优秀建议。

【加强环保监管的对策建议】2016年1月3日，就环保监管问题，主委罗红英组织5名农工党员实地考察上城区通江小吃一条街的小餐饮、小作坊及上城区检察院前垃圾中转站，发现无人监管，存在监管不力的问题，提出《新常态下加强环保监管的对策建议》，建议要做好“地方监管”“单位负责”工作，此建议在2017年1月6日浙江省政协十一届四次会议上被评为优秀建议。

【提升次干道路交通秩序管理水准的建议】2016年5月6日，党员陶鹰就滨江区次干道路交通秩序管理情况，走访了解区内春江时代、水印城小区周边情况，调研次干道路实际交通秩序，发现乱停车现象、违停不罚、停车不收费等问题。8月8日，撰写《关于牢牢抓住G20峰会契机切实提升滨江区次干道路交通秩序管理水准的建议》提交区委，区委书记詹敏批转有关部门办理。同月底，春江时代、水印城等小区周边、同人街3条小区道路交通秩序得到显著改观。

【中国环境与健康宣传周活动】2016年6月12日，由农工党浙江省委会、农工党杭州市委会、滨江区委统战部主办、农工党滨江总支部承办“蓝天白云G20，青山绿水G20，文明健康G20”为

2016年6月12日，区农工党举行环保活动　（区委宣传部　供图）

主题的"中国环境与健康宣传周"暨"同心科普团"成立仪式活动在滨江区南广场举行。活动期间，开展医疗保健、为老益剪、法律咨询、理财管理及发放G20杭州峰会有关宣传资料等社会服务，800余人参与活动。

【"护蕾"行动】 2016年7月18日，农工党滨江总支联合花都美容美发培训中心、区检察院开展"护蕾"行动，承接未成年人保外教养工作。对检察院作出附条件不起诉决定的未成年提供免费美容美发美甲等职业技能培训，2名社会矫正人员由花都学校培训。

【"爱心工程"进女监】 2016年，农工党滨江总支主持农工党市委会的"爱心工程"项目，在浙江省女子监狱开设2期美容职业技能培训班。4月15日—7月15日，培训56人，9月15日—12月15日，培训53人。109名服刑人员得到职业技能专业培训，其中101名服刑人员考取国家职业资格证书。农工党滨江总支联合农工党杭州市委会、杭州市妇女联合会向浙江省女子监狱捐赠专业教学用品及职业技能教学用具50套。（罗红英）

致公党滨江总支部

【概况】 2016年5月，中国致公党滨江总支部委员会成立，下设西兴支部、长河支部、浦沿支部。共有党员32人，其中，女性17人。大专以上学历32人，研究生以上学历7人，具有中高级职称14人。杭州市市管干部2人，滨江区区管干部2人。担任杭州市政协委员2人，担任滨江区人大代表3人，担任滨江区政协委员6人，其中，政协常委2人。担任萧山区政协委员1人，担任浙江省省级人民监督员1人，杭州市市级人民监督员1人。

2016年，共提交各级各部门建议意见、政协提案24件，其中：《关于提升城乡接合部社区公共体育服务水平的建议》作为省委会年度重点调研课题；《优化升级，促进众创空间健康有序发展》作为杭州市委会向市政协提交的团体提案；《关于大力发展科技服务业，促进高新产业发展的建议》《关于进一步完善和创新人才集聚体制机制的建议》作为向区政协提交的团体提案，《关于进一步完善和创新人才集聚体制机制的建议》被评为2016年度优秀提案，《关于巩固环境整治成果确保全域持久景区化的建议》获区委主要领导肯定批示。致公党滨江总支部获评"2016年度参政议政工作先进集体""2016年度组织工作先进集体"。

【关于进一步完善和创新人才集聚体制机制的建议】 2016年1月20日，致公党滨江总支部委员就改善与完善人才顺畅流动体制机制情况开展调研，形成《关于进一步完善和创新人才集聚体制机制的建议》，提出强化人才规划顶层设计、打破人才流动体制壁垒、注重人才培养孵化、创新人才服务体制机制，发挥市场化作用等建议，被区政协评为2016年度政协优秀调研报告。

【同心服务活动】 2016年3月15日，致公党滨江总支部组织20余名党员，在区物联网区块的风情河西侧，开展"迎接G20、当好东道主"植绿护绿活动，种植树木10余棵。6月3日，西兴支部组织10余名党员，在区海创基地开展宣传节能节水活动，活动期间发放200册宣传册。6月26

日，长河支部组织10余各党员，在国际禁毒日进金都社区开展法制宣传服务，活动现场，设咨询台，发放宣传册100余册，宣传法律基本知识，接待咨询10余人。7月16日，浦沿支部与东信社区在东信社区联合开展“夏夜送温情”文艺晚会进社区活动，100余人观看文艺节目。

（钟琛琛）

九三学社
滨江基层委员会

【概况】 九三学社滨江基层委员会共有社员83人，其中，女性19人。中、高级以上职称73人，担任上市企业单位主要负责人7人、市人大代表1人，市政协委员1人，区政协委员8人，其中，区政协常委2人。担任杭州市行政审批制度改革领导小组“简政放权放管结合”第三方绩效评估员1人、区纪委效能监督员1人、区法院陪审员1人、区五水共治监督员1人。

2016年，提交建议、提案37件。《关于加强交通管理与建设，努力破解通行难的建议》被区政协一届三次会议列为重点提案，由分管副区长领办，《关于峰会项目的若干建议》《组建峰会项目专业督导组建议》区委书记詹敏立即落实相关职能部门办理，《促进我市基于大数据和移动医疗，开展慢性病院外管理机制的若干建议》《关于发展高端制造业加快推动杭州市智慧使能向智慧动能转化的建议》被九三学社杭州市委采纳。全年，组织社员参加各类调研和社会服务活动50余次。

【加强交通管理和破解通行难的建议】 针对滨江区日趋拥堵的城市交通，2015年8月5日九三学社滨江基层委员会开展专题调研。组织6名社员走访杭州城市规划院、区城市管理局、区交警大队、滨江运管处、施工单位、浙大中控信息技术有限公司等部门，了解道路基础设施规划、建设、运行管理等基本情况及存在的问题。2016年1月2日，形成《关于加强交通管理与建设努力破解通行难的建议》。此建议在1月10日区政协一届三次会议上交流发言，被列为重点提案，由分管区长领办。至年底，临时村道口的封闭、中分带的封闭、红绿灯的增设、跨铁立交的实施等交通设施建设及管理均有序推进。

【关于智慧势能向智造动能转化的建议】 近年来，杭州市高端制造业，尤其是云计算、大数据、物联网等信息经济强势发展，高新技术产业、战略性新兴产业、先进装备制造业增加值增幅明显高于规模以上工业，但总体上与国内外门户城市相比，差距还比较明显。为此，九三学社滨江基层委员会2016年3月15日组成调研组，走访杭州3所院校、5家科研企业和科技局、工商局、商务局等部门了解现阶段杭州市制造业的现状和国际高端制造业的差距，分析内因、外因。6月3日，形成《关于发展高端制造业加快推动杭州市智慧势能向智造动能转化的建议》，12月5日，此建议被九三学社杭州市委员会以中标课题形式采纳。

【促进慢性病患者院外管理机制建议】 中国有确诊慢性病患者3亿人，在中国10人中就有1人是糖尿病。而中国缺乏根据人体个体差异的“个体化”治疗干预措施，导致慢性病防治工作面临严峻挑战。2016年5月18日，九三学社滨江基层委员5人，对杭州市如何积极探索新的科学、规范、高质量的慢性病个体化管理策略进行探讨与分析，查阅《我院医生工作站的设计与应用》《超越医疗》《中国医院信息化30年》《赛迪回眸2016》等科研资料，对糖尿病、高血压、高血脂、肥胖、哮喘等慢性病进行分析，对国外基于网格的数字化医疗、创新生物药临床研究平台建设、基于医疗数据中心的区域协同模式研究与示范工程建设、远程医疗信息系统基本数据集研究、居民健康卡医疗机构应用及系统融合示范研究等先进的理念和技术进行探讨，并对2家医院、2个康复机构和3个社区进行走访。8月21日，形成《促进我市基于大数据和移动医疗开展慢性病患者院外管理机制的若干建议》，建议通过大数据对慢性病人的前期、中期、后期有一个跟踪式的全过程掌握。12月5日，建议被九三学社杭州市委员会以中标课题形式采纳。

【安全文明专题讲座】 2016年7月6日，九三学社滨江基层委员会在区文化中心三楼举办安全文明专题讲座，100余名物业管理人员参加讲座。浙江省警察学院治安系教授邱煜讲解常见治安问题的发现和处理方法，杭州科技职业技术学院高级讲师解连珊从“修”“礼”“秀”“仪”4个方面讲授礼仪基本知识，从姿态、仪表、环境、称呼等方面讲述工作人员在日常工作和生活中需要注意的礼仪知识和文化修养，引导工作人员认识文明礼仪的重要性。

【爱心义诊】 2016年7月29日，九三学社滨江基层委员会在西兴街道星民社区开展以中老年疾病的预防、青少年健康成长的义诊和爱心图书发放活动。现场就诊50余人，发放图书60余册。同时，举办以美声独唱、小品、街舞、排舞、有奖竞猜等形式的大型文艺节目表演，900余人参与活动。（吴义明）

人民团体

区总工会

【概况】 2016年，全区工会总数2345家，其中，新增单建工会75家，覆盖115家企业，新增会员2.18万人。申报“五有职工之家达标单位”47家，“先进单位”34家，“示范单位”1家。全年，举办各类职业技能培训118期，涵盖23个工种，培训职业技能4737人次。组织开展首届职业技能竞赛暨寻找“滨江最美工匠”活动，评出“滨江最美工匠”5人，区级职业技能带头人23人。开展“春送岗位”“夏送清凉”“金秋助学”“冬送温暖”四季服务活动，“春送岗位”提供就业岗位700余个；“夏送清凉”累计发放慰问金额119.61万元；“金秋助学”发放援助金10.4万元；“冬送温暖”救助困难职工105人，发放救助金19.3万元。为困难职工免费提供春节返乡客车票395张，组织380名春节留杭坚守岗位外来务工人员共吃年夜饭。开展“春风行动”品牌活动，募捐55.89万元。推进工资集体协商制度，全区工会签订工资集体协商1873家，签订率80%。组织一线职工疗养休养76批2952人，落实经费395.66万元；组织单身职工专场疗养休养活动10批420人。至12月底，评定杭州市级劳动模范12人、杭州市级模范集体4个，“省五一劳动奖章”1人。

【滨江工会在行动系列活动】 2015年12月，区总工会组织开展以“当好东道主、服务G20、滨江工会在行动”为主题的系列活动。2015年12月7日—2016年10月7日，区总工会先后组织劳模30余人进地铁，企业工会主席40余人到公交站点，进行“魅力滨江、文明同行”文明引导活动。2016年3月1日—5月31日，开展“迎G20杭州峰会、消除安全隐患”专项活动，印发宣传海报2000余份；开通上报安全隐患微信平台，以“隐患随手拍”形式，收到各类隐患信息及合理化建议72条、问题建议129条。3月8日—8月5日，区总工会通过“职工大讲堂”，开设英语口语、消防安全、文明礼仪、志愿者服务等形式的职工培训，共开展42场，覆盖企业90家，参与职工2125人。

【“春风行动”招聘会】 2016年2月27日，区总工会组织20家企业参加由区人力社保局、总工会、

2016年3月22日，区总工会举行义务消防员职业技能竞赛

（区总工会　供图）

团区委、妇联在人力资源市场联合举办的“春风行动”专场招聘会。90家单位提供平面设计、销售总监、行政、软件工程师、维修工、文案策划、保洁保安等岗位3000余个，1600余人参加招聘会，实际报名953人，406人次与用人单位达成初步就业意向。

【职业技能竞赛】 2016年3月22日—4月21日，区总工会开展职业技能竞赛寻找“滨江最美工匠”活动，50余家企业的220余名职工参加义务消防员、计算机程序设计员、维修电工和应急救护4项技能竞赛。卢成翔、陈安良、郁流毅、蒋建平分别获4项竞赛冠军。

2016年区总工会职业技能竞赛情况

表16

竞赛名称	时间	地点	参加对象及人数	竞赛项目	获奖情况
义务消防员技能竞赛	3月22日	白马湖景区停车场	20支区内企业60名义务消防员	100米负重跑、一人两盘水带连接操作、原地穿战斗服用灭火器灭火操作	杭州兴耀控股集团有限公司陈安良、马鹏，杭州金盛集团公司来红建获个人第一、二、三名；杭州兴耀控股集团有限公司二队、东冠集团有限公司和浙江大华技术股份有限公司获团体第一、二、三名
应急救护技能竞赛	4月8日	区文化中心	9支队伍 45名选手	理论考试和心肺复苏、左小腿中段闭合性骨折健肢固定、右侧开放性气胸三角巾包扎	浙江医学高等专科学校蒋建平获个人第一名，浦沿街道社区卫生服务中心王文文、浙江医学高等专科学校丁莉分获二、三名。浙江医学高等专科学校获团体一等奖
维修电工技能竞赛	4月15日	区职工服务中心	18家单位 43名选手	维修电工理论基础知识、维修电工实操	杭州万事利漂染有限公司郁流毅获第一名
计算机程序设计员技能竞赛	4月15日	区职工服务中心	9家单位 21名选手	计算机程序理论知识程序编码实际操作	浙江大华技术股份有限公司卢成翔获第一名

【“五一”国际劳动节庆祝大会】 2016年4月24日，区总工会在区文化中心举行“五一”国际劳动节庆祝大会，杭州市总工会，区委、区政府、区人大常委会、区政协等相关领导及全国、省、市劳模、志愿者代表、部分企业工会主席代表和职工代表共500余人参加大会。会上，举行“迎接G20，滨江工会在行动”志愿者服务队授旗仪式；授予在第五届全国职工职业技能竞赛动画绘制决赛上获得冠军的王建明

2016年4月24日，滨江举行“五一”国际劳动节庆祝大会

（区总工会　供图）

和寻找滨江最美工匠4项竞赛中分获冠军的卢成翔、陈安良、郁流毅、蒋建平5人为"滨江最美工匠"。劳动模范代表徐文美、"滨江最美工匠"代表王建明分别作志愿服务G20的倡议和对"工匠精神"回归的呼吁。宣读2015年滨江区获得全国劳动模范、省、市五一劳动奖章及奖状；杭州市工人先锋号和高技能人才（劳模）创新工作室；杭州市示范职工之家、先进职工之家、先进职工小家和优秀工会工作者名单。大会结束举行20余家企业160余名职工共同参与的文艺演出。

【送体检进工地】2016年5月5—27日，区总工会在杭州市总工会"万民职工免费健康体检活动"统一安排下，联合杭州慈铭体检中心，前往滨江区城建开发公司、杭州高新技术产业开发总公司、杭州萧宏建设集团有限公司工地开展送体检进工地活动，320名外来职工参加体检。

【特殊疾病救助】2016年7月12日，区总工会为患肺癌、肝癌和器官移植后抗排异治疗的5户困难职工家庭建立档案，发放救助金1.5万元。

【慰问留守儿童】2016年8月2日，区总工会开展"服务G20，爱心送到家"留守儿童慰问活动。区总工会组织20名志愿者分别到辖区内奋战在G20杭州峰会重点行业一线150名外来务工人员家里，送去书包等学习用品。

【华业高科技产业园工会工作委员会成立】2016年8月25日，华业高科技产业园工会工作委员会在华业科技园挂牌成立。首届工会工作委员会由8人组成，王黎明任主任；工会经费审查委员会由3人组成，包利芳任主任；工会女职工委员会由3人组成，汤利华任主任，任期五年（2016年8月18日—2021年8月17日）。

【法律咨询服务】2016年12月4日，区总工会在浦沿街道新浦社区文体广场开展"12·4"广场法制宣传暨法律咨询服务活动。活动现场，向市民发放《中华人民共和国工会法》《劳务派遣有关规定汇编》《杭州市企业工资集体协商条例》《浙江省工会劳动法律监督条例》等宣传资料200余册，接待职工群众法律咨询20余人次。（方文齐）

共青团滨江区委员会

【概况】2016年，全区共有基层团委71个，下属团支部576个，在册团员8881人，专职团干部27人，新建"新经济组织和新社会组织"团组织11个。落实干部选拔任用工作制度，提任副科级干部1人。配合组织部门竞争性选拔"91后"街道团工委副书记3人。建立重点工作"双周报"工作制度，全年共报40次。建立工作绩效"月评估"制度，至年底，团区委评出季度之星4个。年内，先后组织42名志愿者开展文明乘公交和"最美跑道"科学健身志愿服务活动；组织2.16万名平安巡防志愿者参与"红袖章"24小时网格巡逻；组织浙江中控技术股份有限公司、浙江吉利控股集团有限公司、恒生电子股份有限公司等9家高新技术企业659名职工参与平安巡防和文明引导志愿服务。配合完成G20杭州峰会、第十二届中国国际动漫节、2016中国杭州文化创意产业博览会志愿服务任务1.95万小时，组织志愿者服务2.04万余人次。开展普法宣传、科技报告、滨江历史讲座等活动20余场。

【北京团市委到滨江考察交流】2016年3月18日，北京团市委及北京共青团系统干部一行60余人到滨江区考察交流。在滨江期间，考察团参观智慧e谷、杭州海康威视数字技术股份有限公司、阿里巴巴集团3家高新创业基地和企业，在青年创业、企业公益等方面深入开展合作，就实现资源共享共同发展等方面进行互动交流。

【承办市青年联合会第十一届委员会第三次全体委员会议】2016年4月8日，杭州市青年联合会第十一届委员会第三次全体委员会议在滨江海创基地C区四楼多功能厅举行。会议由杭州市青年联合会、滨江团区委共同承办，共青团浙江省委、浙江省青年联合会、青联之友联谊会会员、部分在杭州青年联合会组织和海外青年组织等相关领导及代表300余人参加会议，滨江区常务副区长施华森致辞。会议表彰杭州市青年联合会2015年度优秀界别组7个，优秀界别组长10个、优秀委员56个和优秀活动项目7个。审议通过《把握时代脉搏、服务保障G20，为我市实现“十三五”发展精彩开局贡献智慧和力量》工作报告。

【青少年活动中心开工建设】 2016年7月22日，滨江区青少年活动中心开工建设。项目位于滨盛路以南、江南大道以北、建业路以东、规划二支号路以西，占地2公顷，总投资3.4亿元，由杭州青少年活动中心管理运行，项目中心用房由1幢10层塔楼建筑及6层裙房组成。代建单位杭州市滨江区城市建设综合开发有限公司，设计单位浙江中设工程设计有限公司。2016年，累计完成工程投资3389万元，财政实际支出3053万元，预计2018年底前建成使用。建成后，滨江区青少年活动中心成为杭州主城区最大的青少年活动综合体。

【竞争性选拔街道团工委干部】 2016年8月1日，区委组织部、区人力社保局、共青团杭州市滨江区委员会面向全区竞争性选拔3名街道团工委副书记。通过网上投递简历、现场确认方式报名，共收到报名表41份，审核通过39人。同月21日，在杭州市闻涛小学组织笔试，笔试科目为综合基础知识和综合应用能力，35人参加笔试。10月17—21日，成立由滨江团区委副书记、挂职干部等5人组成的考察小组，对考察对象的家庭出生、政治素养、工作背景等方面进行审查。11月30日，审查择优决定，陈翀、陈诗沁、俞梦潇3人分别任长河街道、西兴街道、浦沿街道团工委副书记。（孙轶婧）

区妇女联合会

【概况】 2016年，滨江区妇联围绕G20杭州峰会开展家庭志愿者招募工作，全区加入志愿者队伍的家庭1230户，注册家庭志愿者2850人。组建各类宣传队伍60支，参与2700余人。开展各类宣传活动200余次，发放倡议书8万余份，推送短信、微信10万余条，覆盖59个社区、6万余户家庭。

全年，开展走访慰问活动7次，慰问80人次，送出慰问品价值10万余元。其中：8月9日，区妇联慰问一线环卫女工，送上慰问信和价值1.01万元的防暑用品等；同月18日，区妇联到公安滨江分局慰问女民警送上价值2.13万元的防暑降温慰问品；12月20—21日，区妇联主席会同西兴、长河、浦沿街道妇联主席，走访慰问家庭志愿者代表，送上价值2.5万元的慰问品。全年组织巾帼文明岗岗长、女企业家结对帮扶15人，送上价值1万余元的慰问金和慰问品。全年组织各类培训班2期，培训300人。开展反对家庭暴力、维护妇女合法权益等法律知识宣传，发放《妇女维权手册》《中华人民共和国婚姻法》等宣传资料1000余份；累计接待来信来访8件次，接处110社会应急联动案件323起。3月5日，滨江区妇联从滨江区政府六楼搬迁至钱塘春晓大厦九楼办公。

【四届七次、八次执委（扩大）会议】 2016年1月13日，区妇联在钱塘春晓大厦召开妇联四届七次执委（扩大）会议，来自全区各行各业的20余名执委和各直属妇委会9名主任参加会议。会议以举手表决方式选举区妇联党组书记彭虹和西兴街道妇联主席陈璐、浦沿街道妇联主席张艳华为区第四届妇联执委、常委，选举彭虹为滨江区妇联新一任主席。11月30日，区妇联在杭州市上城区女创基地—新坊召开区妇联四届八次执委（扩大）会议，21名执委参加会议，会议由副主席金小君主持。会上，传达学习中共十八届六中全会精神；回顾总结2016年全区妇女工作；研究探讨新一年的工作目标和任务。

【“伊创荟众创空间滨江基地”揭牌成立】 2016年2月24日，区妇联联合杭州君品科技有限公司，在滨江区东冠高新科技园揭牌成立“伊创荟众创空间滨江基地”。杭州市妇联、高新区（滨江）管委会、区人才办、区工商联、区妇联等部门领导30人出席揭牌仪式，人大、政协领导共同为基地揭牌。基地将充分利用滨江的资源优势、人才优势，免费为女性创业者提供创投基金、创业场地、创业辅导、政策与财务金融等业务培训。揭牌仪式现场，进行项目招募推介，首批12个女创项目团队代表签订入驻协议。

【滨江family（家庭）志愿者启动仪式】 2016年3月3日，区妇联在智慧e谷大楼多功能厅举行"服务保障G20，滨江巾帼争先行"启动仪式，170余人参加启动仪式。仪式上，区妇联向12支街道组织的巾帼志愿服务队和12支直属妇委会的巾帼志愿服务队进行授旗。全年，全区共招募并注册家庭志愿者1230户2850人，开展宣传文明礼仪、引导文明出行、社区维稳安保、垃圾分类宣传、关爱空巢老人等主题服务130次。

【家庭教育指导服务体系试点】 2016年3月15日—4月22日，区妇联组织开展滨江区第六届家庭教育优秀论文评选，收到论文153篇，评出优秀论文一等奖4篇，二等奖12篇，三等奖24篇。4月27日，区妇联组织区政协妇联界别委员和教育界别相关提案委员6人，开展以"推进家庭教育协商"为主题调研活动，实地走访长河街道外来创业务工人员服务中心和社区学院2个试点单位，分别就"蓝蝶圆梦·学创未来"流动人口家庭教育实践基地和区家庭教育指导中心的规划设想及场馆建设进行现场督导。5月20日，区妇联一行4人，对浦沿街道滨文社区和西兴街道西陵社区"幸福加油站"2家单位的试点工作进行检查指导，督促各试点单位积极探索、争创特色，尽快推进家庭教育指导服务工作新机制建设。6月27日，区妇联一行20余人赴临安参观学习家风家教工作。8月4日，区妇联在区家长学校总校召开全区省级家庭教育试点工作推进会，妇联领导及各街道代表人员20人参加会议。会议回顾全区家庭教育工作现状和省级家庭教育服务体系试点工作进展情况，部署下阶段计划及重点工作。会上，试点单位金东方社区、长河外来创业务工人员服务中心、滨文社区和吉利控股集团分别就各自开展的"儿童幸福家园""蓝蝶圆梦"计划"诗礼传家"服务体系和"快乐人生、吉利相伴"等方面的家庭教育创建工作进行分享交流。至年底，就推进省级家庭教育指导服务体系试点工作，全区共举办各类家庭教育讲座40余期，2.4万余人次听讲座。

【启动新一轮姐妹帮扶行动】 2016年7月12日，区妇联组织10个"巾帼文明岗"负责人、5名女企业家及区妇联2名主要领导赴桐庐开展帮扶行动，为15个因自身或家人患有重病，或因子女年幼、家庭没有稳定收入而致贫的家庭，送上价值1万余元的慰问金和慰问品。

【妇女干部培训班】 2016年11月1—2日，区妇联联合区委组织部在杭州市委党校举办滨江全区基层妇女干部培训班，80余人参加培训。以"请进来专家授课、走出去拓展训练"方式开展互动式培训。培训班上，区委副书记俞少平的"人生"哲学讲座，融合了古代哲学思想和现代科学生活理念，以女性特有的"柔弱胜刚强"特点去解决实际问题，鼓励广大妇女干部积极工作、快乐生活；浙江中铭律师事务所主任苏迪亚进行《中华人民共和国反家庭暴力法》理解与适用的讲座，诠释了中国反家暴法的出台背景、基本法理和操作方法，增强了基层妇女干部解决问题的能力；杭州市人口早期发展协会副会长孙蕾娟作《了解孩子 成就孩子》专题讲座，介绍0~3岁婴幼儿大脑的发育和育儿知识，根据这段特殊的时期，分析和总结出婴幼儿的思维特点，指导家长应该如何正确开发此阶段婴幼儿的智力和潜能。培训期间，学员在新沙岛基地进行珠行万里、人椅等室外拓展训练，增强了团结协作精神。

【情定滨江联谊活动】 2016年11月12日，区妇联会同统战部、总工会、团区委、工商联及区新经济组织新社会组织工作委员会6家单位，在海创基地联合举办第11期"相约高新·情定滨江"大型联谊活动，来自滨江50余家企事业单位的160余名单身青年参加活动。通过信息交换、才艺表演、互动游戏3个环节，为单身青年搭建互动交流平台，活动当天，成功牵手6对，达成意向15对。 （孙艺蕾）

区工商业联合会

【概况】 2016年，滨江工商业联合会（总商会）有主席（会长）1人，党组书记兼专职副主席1人。企业家副主席12人，企业家副会长10人，机关干部7人。行业协会1家，街道商会3家，园区商会1家。2016年，共有会员单位651家，新增67家，比上年增长11.5%。

年内，为民营企业提供合同起草、股权变更、知识产权保护、解决合同纠纷等服务21次，提交提案14件，区政协受理提案13件。通过《杭商故事》宣传企业家报道2篇，出版《高新（滨江）总商会》杂志4期。举办学习培训活动5次，培训500余人次。举办互联网+时代下的经济变革与产业发展、供给侧结构性改革与企业商业模式创新、二十国集团工商峰会与杭州机遇、股权架构设计与融资路演等专题讲座6期，400余家企业参加讲座。开展历史文化传承与创新发展沙龙、新三板市值提升与定向增发之道研讨会、大数据助力企业创新、生命健康产业解析等研讨交流活动5期，200余家企业参与研讨活动。举办企业商事合同法律风险防范、股权设计与股权激励中的法律问题、法律风险管控与人力资源管理创新创业等法律服务活动3期，180余家企业参与活动。组织企业参加瑞士投资圆桌会议、中澳自由贸易协定解读研讨会、浙江省——捷克皮尔森州企业交流会、爱尔兰投资洽谈会、杭州民营企业牵手丝绸之路经济带对接洽谈会、首届杭港发展论坛—浙江企业香港上市研讨会及杭商大会等经贸活动12批次。接待美国佐治亚州肯尼索大学、美国浙江商会、上海闵行区工商联、南京建邺区工商联等外地到滨江考察团7批100人次。

【区工商联四届四次执委会召开】 2016年2月25日，区工商联四届四次执委会议在杭州歌山品悦大酒店召开，区工商联执委以上代表，区党委副书记俞少平，区政协副主席余静漪等80余人参加会议。会议审议通过《区工商联2015年主要工作和2016年工作思路》和工商联有关执常委人事调整事项；盾安控股集团总裁吴子富代表全体执委向各民营企业家发出《迎峰会共发展》倡议；中国浦东干部学院教授华斌作题为《互联网+时代的经济变革和产业发展》讲座。

【全国工商联调研组到滨江调研】 2016年4月28日，全国工商联调研组一行10人到滨江区开展制造业民营企业发展情况调研。通过走访调研杭州中恒电气股份有限公司、浙江正泰太阳能科技有限公司，了解制造业民营企业创新发展的经验做法及转型升级面临的普遍问题，肯定滨江制造业民营企业取得的成绩，鼓励企业主动适应新常态、引领新常态，加快创业创新步伐。

【区工商联获评省“五优”县级工商联】 区工商联按照2016年5月4日浙江省工商联下发的《浙江省工商联2016年度“五优”县级工商联创建活动实施方案》要求，围绕团结协作、领导班子优，加强引领、会员发展优，搭建平台、商会建设优，打造品牌、作用发挥优，借力引力、工作保障优五个方面全方位推进工商联工作。12月16日，省工商联检查组10余人到滨江调研检查“五优”县级工商联创建情况。在滨江期间召开座谈会听取区工商联主要负责人关于创建省“五优”县级工商联的汇报，查看工作台账，对区工商联“五优”县级工商联创建工作予以充分肯定。同月29日，浙江省工商联下发《浙江省工商业联合会关于认定杭州市西湖区工商业联合会等19家单位为浙江省“五优”县级工商联、淳安县工商业联合会等3家单位为浙江省“五好”县级工商联的通报》，滨江工商业联合会以“领导班子优、商会建设优、工作保障优、会员发展优、作用发挥优”被评为浙江省“五优”县级工商联。

【企业商事合同法律风险防范专题讲座】 2016年5月26日，为提高初创型企业法律风险防范能力，区工商联在东冠高新科技园举办企业商事合同法律风险防范专题讲座，20余家初创型企业负责人参加讲座。讲座围绕合同起草、合同签订、履行合同所遇到的法律风险及公司成立初期股权架构的设置进行解读，运用案例分析，增强企业对法律风险防范的意识及切实感受。

【美国佐治亚州肯尼索大学代表团到滨江考察】 2016年6月20日，美国佐治亚州肯尼索大学代表团一行10人到滨江区考察。参观智慧e谷展厅，听取工作人员对滨江区产业布局、发展特色、企业业态等方面的介绍，实地感受杭州天堂硅谷浓厚的创业创

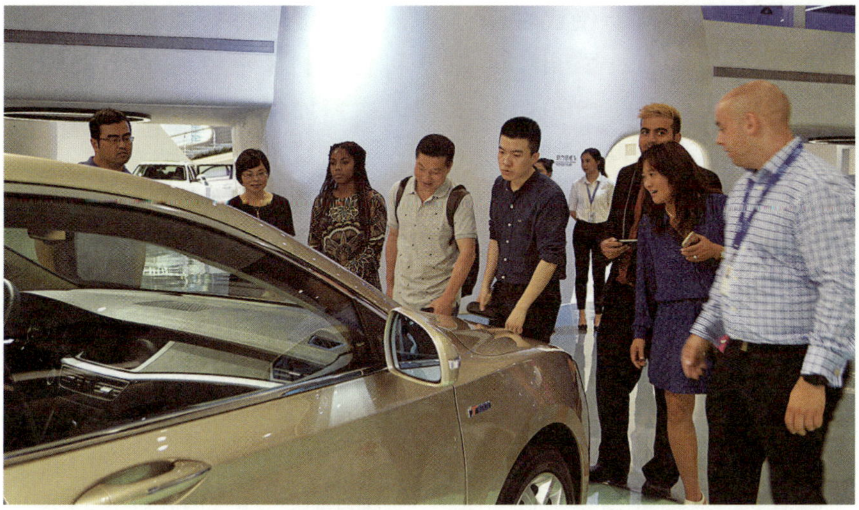

2016年6月20日，美国佐治亚州肯尼索大学代表团参观吉利集团

（区工商联　供图）

新氛围；参观浙江吉利控股集团有限公司展厅，了解中国经济发展和商业环境，近距离感受中国企业文化内涵。

【滨江企业列中国民营企业500强】2016年8月25日，全国工商联在北京发布“2016中国民营企业500强”“2016中国民营企业制造业500强”榜单，滨江5家企业入围“2016中国民营企业500强”。浙江吉利控股集团有限公司以1653亿元的营业收入总额位居“中国民营企业500强”全国第12位，浙江省第一位。浙江吉利控股集团是以汽车产业为主导、教育产业为支持、互联网等新业务为产业推动的国际化的多元化集团公司，旗下拥有全资和控股子公司147个，参股公司35个，分公司16个。盾安控股集团有限公司以516亿元的营业收入位居全国第62位。盾安集团是综合性的大型民营企业，旗下拥有控股公司230余个。浙江中南建设集团有限公司以175亿元的营业收入位居全国第267位。浙江中南建设集团有限公司是综合性的大型民营企业，旗下拥有全资子公司13个，控股公司35个。歌山建设集团有限公司以127亿元的营业收入位居全国第389位。歌山建设集团有限公司是综合性的大型民营企业，旗下拥有全资子公司8个，控股公司1个。康恩贝集团有限公司以126亿元的营业收入位居全国第396位。康恩贝集团有限公司是综合性的大型民营企业，旗下拥有全资子公司5个，控股公司7个。同时，浙江吉利控股集团有限公司、盾安控股集团有限公司、康恩贝集团有限公司3家企业入围“2016中国民营企业制造业500强”。（魏秀璐）

区科学技术协会

【概况】2016年，滨江加大科普资金扶持力度，第一批科普活动项目24项，资助37.5万元；第二批14项，资助24.5万元。投入专项科普经费145万元，户籍人均科普费用6.62元。组织130余家单位开展科技周、科普日、科普大篷车进社区活动200余场次，发放各类科普宣传册3.7万余份。加强科普阵地建设，年内，新增太阳能科普画廊3家、科普教育基地2家。开展反邪教理论研究，申报市反邪教协会重点课题项目1项。组织街道、社区、高校开展区级反邪教协会重点课题申报工作，确定区级重点立项课题10项。

【科普大篷车进社区活动】2016年1—12月，滨江区3个街道45个社区开展科普大篷车进社区活动，服务2万余人。西兴街道9630人参与活动，占总参与人数45%；浦沿街道5560人参与活动，占总人数26%；长河街道6200人参与活动，占总人数29%。活动期间，编印《智能生活知识》《创新能力开发与培养》《身边威胁健康的小隐患》《公民应急安全指南》《保护环境知识》等宣传册1.2万余册。

【艺福堂科学技术协会成立】2016年3月14日，杭州艺福堂茶业有限公司向区科协提交成立艺福堂科学技术协会的申请。同月24日，区科学技术协会批复同意组建“杭州艺福堂茶业有限公司科学技术协会”。4月29日，杭州艺福堂茶业有限公司科学技术协会成立暨会员代表大会召开，宣布艺福堂科学技术协会正式成立。艺福堂科学技术协会主要开展科技咨询、主题科普展及各项培训工作。4月29

日成立至12月底，先后参加滨江区科协重点科普项目“龙井进课堂 茶香伴成长”“踏春行玩转茶都”、《每日商报》实践营小记者体验艺福堂寻茶之旅活动3期，开展茶、饮食、亚健康、养生、运动、生活等方面科技资讯5期，发表科普资讯文章20篇。

【防灾减灾宣传活动周】 2016年5月9—15日，是《浙江省防震减灾条例》出台后的第二个防震减灾宣传活动周。5月12日，区科协根据省、市地震局下发《关于做好2016年国家防灾减灾日期间防震减灾宣传工作的通知》和工作要求，结合滨江实际，开展“防灾减灾日”宣传活动。活动期间，发放科普教育图书4000册，宣传防震减灾知识。开展防灾应急演练，省、市防灾减灾专家到闻涛中学、闻涛小学等学校指导“5·12”防灾减灾日的避震疏散演练，600余名师生参加应急演练。

【科技（科普）周活动】 2016年5月13日，由区科技局、科协主办，长河街道办事处、长河街道晶都社区承办以“创新引领·共享发展”为主题的科技活动周活动在铂金名筑北广场举行。参与单位28个，发放科普资料2.8万余份，2.5万余人参加活动。活动期间，组织科技广场活动37场，咨询服务台23个，义诊674人，制作宣传展板286块。同月14日，浙江省科技（科普）活动周启动仪式在浙江科技大市场举行，省、市、区相关领导出席开幕式，500余名社区群众参加活动。活动期间，举办科技成果展、智能硬件展、信息经济展、未来领袖作品展、科技治水展、信息经济论坛。5月16—20日，区科协与中南卡通联合开展“迎G20中南卡通动漫科普教育基地免费开放活动”。组织青少年走进动漫流程科技体验基地，参观学习动漫制作流程、配音互动、绘制动漫形象等活动。9月19—23日，开展“创新放飞梦想，科技引领未来”为主题的科普宣传周活动，区党政群机关、企事业单位、社区、学校等90余个单位900余人参与活动。活动期间，开展各类活动项目164场，其中：开设垃圾分类、卫生保健、老年健康等现场咨询服务54场次8782人次；举办科普讲座、报告会、科技论坛48场，各类科普知识竞赛62场次；向社会公众发放各类科技科普资料8种，2.5万份，4.33万人次参加各项活动。

【天和高科技产业园科学技术协会成立】 2016年12月1日，杭州天和高科技产业园有限公司向区科学技术协会提交成立杭州天和高科技产业园科学技术协会的申请。同月7日，区科学技术协会批复同意组建“杭州天和高科技产业园科学技术协会”。8日，杭州天和高科技产业园科学技术协会成立大会在天和科技园5幢26层大会议室举行，是滨江首个以生物医药产业集聚区为平台成立的园区科学技术协会，园区内240余家公司中生物医药企业占80%以上，协会的委员、代表来自园区内企业。协会成立后，利用平台优势，推动园区内企业创新发展，向园区外拓展。

（虞婷婷）

2016年6月7日，区科协在区级科普教育基地举行互动绘画活动

（区科技局　供图）

法治·国防建设

法　治

平安综治维稳

【概况】 2016年，滨江区实现平安滨江建设“十二连创”，完成了G20杭州峰会、第12届国际动漫节、2016年“舞动中国——排舞联赛”活动及“世界互联网大会”等维稳安保任务。全年“110”警情4.89万起，比上年下降0.76%；命案1起，“两抢”案5起，比上年下降83.3%。刑事拘留526人，批准逮捕283人，移送起诉386人。办理治安行政案件2455起，行政拘留451人，刑事发案比上年下降42.03%。落实社会治安风险重点地区排查整治长效工作机制，全区4个市级、4个区级挂牌督办整治地区治安状况明显好转。深化推进“两小区”创建工作，成功创建“零发案”小区41个、降案小区29个、控案先进小区70个。开展网格化基层基础大排查，对全区12.26万户45.05万人和1.59万家重点单位进行排查，发现、整治隐患7720处。

【预警防范控制】 2016年1月初至6月16日，滨江建立完善区级应急预案21个，成立应急处置队伍18支，组织开展路灯保障、传染病、消防、心肺复苏、反恐防暴等应急处置演练679次。对寄递行业全面实行“APP+手持设备”的方式落实收寄验视、实名收寄、过机安检“三个100%”工作要求，排摸327家易遭受暴恐袭击场所（区域），逐一上门指导、暗访检查，下发责令整改通知书5份，对1家单位开出反恐罚单。

【涉稳问题项目化监管】 2016年2月25日，区委维稳办下发区维稳办〔2016〕1号文件，在全区范围内开展涉稳问题全面滚动排查。至4月15日，共梳理排查出涉及拆迁整治、工程建设等方面的涉稳问题81件，其中，重大涉稳问题13件。同月18日，区委维稳办下发〔2016〕5号文件对13件重大涉稳问题实施分级挂牌督办监管，按照“一案一领导、一案一专班”要求，建立以区领导为包案领导的工作专班，落实化解稳控措施，并要求每月26日之前向区委维稳办上报监管问题化解进展情况。至8月10日，13件重大涉稳问题全部化解。

【社会稳定风险评估】 2016年，根据区党委办2012年12月19日印发《杭州高新区（滨江）重大决策社会稳定风险评估实施细则（试行）》（党委办〔2012〕125号）要求，加大社会稳定风险评估工作力度，2016年2月29日，区委维稳办制定下发《关于对区2016年政府投资项目进行社会稳定风险评估的通知》，5月6日下发《关于对区2016年重点实施建设项目进行社会稳定风险评估的通知》，要求各街道、各部门、各单位严格按照“应评尽评”的要求，对重大项目、政策、活动逐一进行稳定风险评估，全面查找稳定风险和隐患，落实化解处置措施。至年底，完成稳定风险评估项目101项，其中，区本级44项、西兴街道20项、长河街道23项、浦沿街道14项。经风险评估，对101项没有稳定风险的重大决策，做出准予实施决定，无暂缓及不予实施项目。

【网格化基层基础大排查】 2016年4月27日，区委政法委（综治办）牵头，各街道、各成员单位参与，以基层网格为排查单元，以“人、房、物、事、组织”等基本要素为重点，以“底数清、情况明、消隐患、无盲区”为总要求，开展基层基础网格化大排查行动，全面摸清基层维稳安保底数，及时发现并消除安全风险和隐患。将全区53个社区划分为231个网格，围绕排查目标任务，按照“网格化、精准化、规范化”要求开展排查，至8月底，访查12.26万户，其中，自住8.78万户，出租3.48万户。排查登记人口45.05万人，其中，流动人口24.67万人，户籍人口20.38万人。排查重点单位1.59万家，重点场所4979处；排查空置房屋1.71万处，发现、整治隐患7720处，行政处罚24人，单位61家。

2016年5月，平安巡防员在西兴街道缤纷小区巡防

（区综治办　供图）

【平安巡防】 2016年，以G20杭州峰会服务保障为重点，开展平安巡防工作。5月4日，区综治办下发《关于印发〈G20杭州峰会期间平安巡防工作方案〉的通知》，按照“做实专职、壮大兼职、发动志愿者”的思路，以全区平安巡防队伍“三级架构”为基础，以“人清、房清、物清、场所清”为重点，将各单位、住宅小区内部安保力量纳入区域整体防控格局，组织发动机关党员干部、市民和广大“新滨江人”参与居住地平安巡防活动。落实专职平安巡防队员679人，招募平安巡防志愿者2.19万人。8月28日—9月6日，实行“全网格覆盖、全时段防控”的巡防队伍战时工作机制，全区231个网格，出动平安巡防队员15万余人次，累计巡防时间1万小时，确保了滨江区域平安稳定。9月1日，滨江平安巡防工作经验做法得到杭州市委书记赵一德批示肯定。

【综合治理平台建设】 2016年8月9日，区综治委印发《关于转发〈关于加强县乡两级社会治理综合指挥平台建设的指导意见〉的通知》（区综治〔2016〕5号），推进区、街道两级社会治理综合指挥平台规范化建设。其中，区级综合指挥平台与区“110”社会应急联动指挥中心合署运作，由区委维稳办、区应急办、区城管局、区交警大队、区消防大队及区“110”社会应急联动等成员单位组成，按照常设岗位和非常设岗位划分，内设岗位32个。街道综合指挥中心，依托街道社会服务管理中心设立，依托浙江省平安建设信息系统，受理、流转、交办、督办、反馈下级上报事项；依托浙江省平安建设信息系统数据库，对辖区信息数据进行分析研判，建立预警预防；依托综治视联网，召开视频会议，组织视频培训、视频调解、视频信访、视频调研；依托综治视联网、公共安全视频监控系统等，对突发案事件及时掌握动态、及时分析研判、及时提出建议；协调指导、督促检查各部门（单位）受理办理交办事项，定期通报情况，提出年度平安综治相关考评意见。为充分调动基层群众参与社会治理积极性，及时采集上报信息，依据2015年6月2日区制定出台的《杭州高新开发区（滨江）社会治理信息采集上报“以奖代补”实施办法（试行）》（滨政办〔2015〕17号），进一步健全完善社会治理信息报送的奖励标准和奖励方式。2016年9月27日，制定出台《关于进一步做好“平安浙江”APP推广使用工作的通知》《关于深入开展平安滨江建设宣传工作的通知》，通过推进“浙江省平安建设信息系统”“平安网格”创建的深度融合，健全事件处理网上网下联动工作体系，激励网格员、巡防队员及市民发现上报各类矛盾纠纷、风险隐患信息。全年，全区开通平安通197个，注册安装“平安浙江”APP 2.16万个，采集、流转信息4552条。（王环阳）

法治政府建设

【概况】 2016年，区政府法制办开展行政执法案卷检查和评查工作，全区办结行政许可、行政处罚、行政强制3类行政执法案件9430件，其中：行政许可案件6220件，行政处罚案件3000件，行政强制案件210件。评查区属行政执法单位18个，评查案卷106卷。办理行政复议案件，新收行政复议申请71件，办结52件；组织听证4场次，答复区政府为被申请人的行政复议案件39件，为第三人的行政复议案件2件。已办结案件中，纠错率（含撤销、部分撤销、确认违法和责令履行）为22%。

做好行政诉讼应诉工作，全年以区政府为被告的行政诉讼案件33件，其中，已审结案件中区政府败诉3件。滨江区人民法院共受理立案行政诉讼案件105件，其中，审结38件。对各行政诉讼案件，区政府和各区属行政机关按照《中华人民共和国行政诉讼法》要求，依法及时答辩、出庭，提供行政负责人不能出庭的情况说明。受省政府委托出庭应诉1件。

参与市人大和市政府地方性法规和政府规章的立法征求意见20余件次，协助开展高新区条例修改和国家自主创新示范区条例起草，审查行政机关合同共30份，提出修改意见100余条。参与通过法定途径分类处理信访事项，审查全区所有部门的所有事项4000项。

开展政府信息公开工作，在申请公开政府信息上，收到申请56件，全部按要求进行告知，并在告知书中给予复议和诉讼的救济权；坚持“公开为原则、不公开为例外”，切实保障了公民、法人和其他组织的知情权和监督权。年内，报送区政府法制工作信息32篇，被采纳24篇。

加强行政机关合同审查，严格按照行政机关合同审查的规定，严把合同的合法性、有效性、对等性、执行性，依法规范合同条款设置，保障行政机关合法权益，防止国有资产流失，做好行政机关合同的年终备案工作。全年审查行政机关合同30份，提出修改意见100余条。

【法律顾问全覆盖】 2008年1月14日，滨江区成立7名成员组成的区政府法律顾问团，其中：法学教授4人，专职律师3人。2012年，区政府法律顾问团成员进行调整，成员总数增至19人，其中，专职律师11人、干部3人、法律服务工作者4人、公证处主任1人。2012年10月16日，区政府办公室印发《政府法律顾问团工作规则》，明确规定法律顾问工作职责、工作性质、工作程序、工作方式，对区政府法律顾问团成员实行5年聘任制。2015年10月25日，滨江区全面推进依法行政工作领导小组办公室下发《关于全面推行政府法律顾问制度的通知》（滨依办〔2015〕2号），明确在区级行政机关全面推行政府法律顾问制度。至2016年底，区政府直属的18个行政执法单位和3个街道办事处均按要求聘请专职律师作为法律顾问，其中，区档案局、审计局、科技局、民宗局由区政府统一聘请，其余单位和街道办事处各自独立聘请，完成法律顾问全覆盖，全区行政机关共聘用法律顾问13人。

【综合法律知识培训】 2016年5月16日和11月12日，区法制办根据市法制办统一部署，组织32名行政执法人员参加综合法律知识培训，通过杭州市法制办培训和考试后取得行政执法证12人，通过率为37.5%。

【执法案件检查】 2016年8月5日，区法制办下发《关于开展2016年度行政执法案卷评查工作的通知》，成立9人组成的行政执法案卷评查工作领导小组，法制办副主任任组长，对全区18个执法单位在2015年6月1日至2016年5月31日期间办结的行政许可案卷、行政处罚案卷、行政强制案卷（包括行政处罚案卷中含行政强制措施或行政强制执行内容的）进行评查。评查工作分自查、抽查、整改总结3个阶段，采取本单位自查、区法制办检查、省市法制办抽查的方式。抽查小组随机分别从18个行政执法单位平均抽取各类案卷2件进行评查，共评查106件案卷，至10月底，评查中发现的34个问题全部采用书面形式，要求各单位进行整改。 （汪士雄）

公　安

【概况】 2016年，公安滨江分局内设机关科室4个、派出所6个、直属单位9个，全局民警267人，辅警504人。维护社会稳定，固化安全稳控措施，全年查处违反消防管理案件494起，比上年上升18.2%；抢救、疏散被困人员155人，抢救财产价值132.9万元。妥善处置群体访和治安事件52起，受理信访办结率100%。开展系列打击专项行动，强化刑事犯罪打击工作，全年命案及五类案件破案率保持100%。年内移送起诉386人，行政拘留562人，查处黄赌毒案件185起，摧毁黄赌毒团伙12个。完成警卫任务32批次，“动漫节”“文博会”“马拉松”等大型活动安保39次。开展强警培训80余场次、施训3000余人次。充实警卫执勤、防爆安检等30余名骨干力量组成的教官团队，自主研发教学视频10余项。开展发放教学小卡片、送教上门、岗前训示等“短平快”的针对性训练，为公安工作可持续发展提供能力和人才保障。

公安滨江分局“冲刺G20”安保暨峰会倒计时揭牌仪式

（区委宣传部　供图）

2016年，公安滨江分局被评为“全省G20峰会安保先进集体”“杭州市模范集体”等称号，连续六年被评为区综合考评满意优胜单位。G20杭州峰会安保工作组被浙江省公安厅记集体二等功，获省、市、区及省市公安机关峰会安保先进个人230人，先进集体8个，43人荣立一、二、三等功，4个集体、79人获嘉奖。

【治安防控】 2015年4月—2016年9月，G20杭州峰会期间，公安滨江分局紧扣“一路两区”工作重点，精准施策、精密布阵、精织防线，设置硬隔离设施1.6万余米。加固加密防冲撞设施，合理划分责任段6个、片区22个，实行段长、片长责任制，推进网格化基础排查和“洗楼行动”，拉网式清理警卫沿线建筑物580幢、制高点258个、地图点位信息1194个、重点人员134人，确保了警卫区域和线路的安全。拓宽信息渠道，通过公开和秘密手段，掌握各种涉峰会“非访”和不稳定情况苗头信息的同时，加强对西兴街道奥体区块及各地铁站点的日常巡查，以定点设卡、徒步巡查、最小作战单元武装巡逻等方式，强化治安防控。

【严打刑事犯罪】 2016年1月，公安滨江分局在全区范围内开展“打防侵财犯罪”专项行动，以遏制盗窃、抢劫、抢夺、诈骗等人民群众反映强烈的侵财性犯罪的发案势头并开展专项打击。至12月，刑拘侵财犯罪嫌疑人365人，移诉188人，其中，抓获通信网络诈骗嫌疑人120人，比上年增长242.85%。3月21日至12月底，公安滨江分局在全区范围内组织开展缉枪治爆专项行动，严防严打各类枪爆刀犯罪活动，严管严控各类枪爆物品，维护滨江社会治安大局持续稳定。行动期间，通过群众主动上缴、工作主动收缴、案件破案追缴等形式，查获各类枪支17把、子弹70颗、仿真枪30支、管制刀具27把、射钉弹510颗。

【黄赌毒整治】 2016年1月1日起，公安滨江分局对“黄、赌、毒”等治安热点问题“零容忍”实施网格化基础排查。至12月31日，查处包括省厅“2015—166”毒品目标案件在内的黄赌毒案件185起，打掉涉黄涉赌窝点10个，摧毁黄赌毒团伙12个，移诉黄赌犯罪嫌疑人49人，行政处理黄赌违法嫌疑人310人。

【出租房屋管理】 2016年3月1日，公安滨江分局制定《关于开展全区流动人口和出租房屋集中清理排查专项行动的通知》，进一步强化流动人口和出租房屋管理，创新实施流动人口信息采集服务外包，以街道为单位向社会力量购买流动人口信息采集服务。公安滨江分局通过组织开展业务培训、不定期上门督导检查等方式加强指导，由区流动人口办牵头制定考核办法，各公安派出所、街道流动人口管理服务中心共同对外包公司的日常工作进行考核，实现全区流动人口底数清、情况明。全年，登记流动人口34.9万余人、租赁房屋5.5万余间；注销流动人口32.29万人、租赁房屋2.7万间；登记在册流动人口比上年增加16.9万人，增幅92.7%，高于全市平均水平24.2%。全区出租房屋登记率100%，流动人口登记率94.8%，信息准确率95.3%。查处违反流动人口管理案件及违反出租房屋管理类案件204起，治安拘留16人，其中，依据《杭州市居住房屋出租安全若干规定》查处案件63起，查处房东50人，治安拘留16人。

【特大侵犯公民个人信息案】 2016年7月6日，滨江公安分局接到阿里巴巴（中国）有限公司负责人报案，称阿里巴巴公司国际站RFQ系统中大量买家的信息被窃取，并在网上非法出售，影响恶劣。接到报案当日，分局即会同公司技术人员开展侦查、研判。发现嫌疑人使用爬虫软件在RFQ系统中非法获取国外买家信息，并将此数据非法出售。网警通过日志溯源、IP落地等手段，明确犯罪嫌疑人的落脚点。7月8日，在广州警方配合下，在广州市南沙区抓获犯罪嫌疑人彭某、李某，同时在其租用的服务器中截获非法获取的信息。经审查，犯罪嫌疑人交代非法获取阿里巴巴的国际买家信息100万条，从中获利10余万元。

【跨境生产销售假冒运动鞋案】 2016年12月14日，公安滨江分局接浙江省公安厅线索传递，淘宝网某一商家涉嫌销售假冒“耐克”“阿迪达斯”等品牌运动鞋。同月16日，公安滨江分局经专案调查，与绍兴上虞区公安分局、福建警方协作配合，对此跨境生产销售假冒运动鞋案进行跨省收网。在福建省莆田市荔城区新度镇查获仓库4个，摧毁制假生产线2条，抓获犯罪嫌疑人10余人；现场缴获假冒“耐克”“阿迪达斯”等品牌运动鞋4万双（按正品计算案值4000余万元），查扣涉案电脑、机器设备10余台及销售合同、清单100余份，涉案金额1亿余元。

（杨慧琴）

检　察

【概况】 2016年，区检察院内设9个科室，政法编制40个，在编政法干警38人。

受理提请批准逮捕刑事犯罪案件237件344人，经审查，批准逮捕281人、证据不足不逮捕34人、定罪不批准逮捕29人。受理移送审查起诉案件424件558人，经审查，已提起公诉528人、不起诉48人；办理未成年人案件8件8人。坚持公正执法办案，起诉案件有罪判决率保持100%。立案侦查发生在医疗领域受贿窝案4件5人。长河街道原调研员项某某渎职、受贿的腐败案，“蒋某某滥用职权、受贿案”被评为“全省检察机关反渎职侵权十大精品案件”。推进常态预防，发放微课光盘200余张，《非公企业刑事风险防范手册》200余册，开展行贿犯罪档案查询企业5526件，查询个人1.15万人次。

2016年，依法立案监督3人，追诉漏罪漏犯11人次，发纠正违法通知书1份。办理羁押必要性审查4件5人。探索民事行政检察与行政执法衔接新举措，依法督促行政部门对胡某某污染环境案件涉及的违规企业进行立案调查、处罚，此案件被浙江省人民检察院评为“全省检察机关践行绿色司法精品民行监督案件”。

2016年，区检察院先后获“2016年度全国检察机关宣传先进单位”、杭州市综治维稳工作先进集体、杭州市“六五”普法先进集体。侦查监督科获杭州市检察院荣记集体三等功，被授予“全市检察机关反贪侦查办案能手”称号，1名干警获评杭州市“六五”普法先进个人，2名干警被荣记杭州市检察院个人三等功。

【全省检察机关践行绿色司法精品民行监督案件】 2015年4月初，区检察院了解到胡某某等10余人未经许可从事废矿物油收集经营活动造成下游的池塘严重污染的事件，引起污染区域村民及各方广泛关注的情况后，与公安机关、刑检部门沟通，追根溯源。查明滨江、萧山区域47家汽修厂为获取较高收益，存在明知胡某某等人未申领危险废物经营许可证而将废机油违规出售的违法行为。在梳理汇总出违规处置废矿物油的企业及涉及的具体违法情况和数额详表后，同年10月28日，区检察院向滨江、萧山两地环保部门发出要求查处涉事企业并加强对危险废物处置监管的书面检察建议。两地环保部门高度重视，2015年12月、2016年3月2次召开协调会探讨区域环境保护执法问题，对污染企业进行立案调查、处罚、要求自行整改，消除G20杭州峰会期间核心区域环境污染隐患点。4月、5月，滨江、萧山两地环保部门分别将关于检察建议落实情况的书面回函和相关行政处罚文书送至滨江区检察院。12月30日，“胡某某违规处置危险废弃物行政执法监督案”被浙江省人民检察院评为“全省检察机关践行绿色司法精品民行监督案件”。

【羁押必要性审查优秀案例】 2016年4月22日，区检察院陈海华在工作中发现犯罪嫌疑人俞某涉嫌故意伤害罪一案存在羁押必要性审查的需要，同月25日，区检察院对涉嫌故意伤害罪的犯罪嫌疑人俞某启动羁押必要性进行审查程序。经审查后认为，犯罪嫌疑人俞某自归案以来，对自己的犯罪事实供认不讳，且感觉后悔，悔罪态度较好；被害人与俞某家属已达成刑事和解，已谅解俞某；犯罪嫌疑人俞某系初犯、偶犯，没有前科劣迹。为贯彻宽严相济的形势政策，26日，向区检察院公诉科建议对犯罪嫌疑人俞某变更强制措施，公诉科采纳了意见。同月27日，将俞某变更为取保候审，5月4日，俞某被提起公诉，同月19日，俞某被区法院判处有期徒刑8个月缓刑一年。区检察院在开展“俞某故意伤害案”羁押必要性审查时坚持主动出击，维护犯罪嫌疑人合法权利；坚持加强与办案部门的沟通，掌握案件的进展情况；坚持以绿色司法为指引，达到三个效果的有机统一；坚持实体合法，程序规范。12月30日，“俞某故意伤害案”被省检察院评为“羁押必要性审查优秀案例”。

【优秀预防微课三等奖】 2016年8月3日，区检察院朱顺东主讲的预防微课《加强企业内控管理预防非公企业职务犯罪》内容丰富，被杭州市人民检察院评为“诚信发展·检察伴你行”优秀预防微课三等奖。此微课从预防非公企业职务犯罪的重要性、区非公有制企业职务犯罪的现状及案例等方面讲解贪污贿赂犯罪的常见形式，深刻剖析了犯罪人逐步滑向犯罪深渊的过程。内容丰富翔实，列举实例鲜活生动，具有较强的针对性和现实性。

【未成年人法制教育优秀课程】 2016年9月10日，区检察院陈开腾的《向网络犯罪说不》课程被浙江省人民检察院评为“全省检察机关未成年人法制教育优秀课程”。此课程结合生动案例，全面分析了青少年网络犯罪的类型、成因和相关法律知识，同时从网络交友需谨慎、非法链接莫乱点和网络言论请三思三方面倡导中学生健康安全地使用网络。

【反渎职侵权十大精品案件】 2016年11月8日，“蒋某某滥用职权、受贿案”被省检察院评为“全省检察机关反渎职侵权十大精品案件”。经依法侦查查明，2013—2015年，时任街道征迁管理中心副主任并担任征迁团队负责人的蒋某某，在街道征地拆迁工作中，滥用职权帮助被拆迁企业多获取拆迁补偿款，造成国家经济损失540余万元。此外，2009—2015年，被告人收受财物共43万元、21万港元、1万美元等。2016年3月21日，区检察院依法提起公诉，同年9月19日，区法院作出一审判决：被告人蒋某某犯滥用职权罪，判处有期徒刑三年六个月；犯受贿罪，判处有期徒刑四年三个月，并处罚金人民币60万元；数罪并罚，决定执行有期徒刑六年三个月，并处罚金人民币60万元；蒋某某未上诉，判决已生效。区检察院在办理蒋某某滥用职权、受贿案时以蒋某某滥用职权案件为开端，共查办长河街道征地拆迁领域渎职犯罪3件4人。查办过程中，坚持“依法、全面、及时、规范、便民”，始终坚持保障律师的会见通信权、提出意见权等权利，侦查进程的每一节点均及时告知律师；尤其是在有碍侦查的情况消失后，主动及时允许蒋某某的辩护律师与蒋会见。案件侦查终结前，侦查人员全面听取辩护律师对办案的意见和建议，在法律规定及检察机关规章制度允许范围内耐心解答律师提出的问题，针对案件争议焦点，厘清事实认定、阐明法律适用、讲透法理情理，增进辩护律师对检察机关处理决定的理解和认同，开展律检良性互动。在庭审过程中，辩护律师对蒋某某受贿事实及罪名无异议；对滥用职权罪名也无异议，只对蒋某某伙同他人共同滥用职权事实提出辩护意见，在一审判决后，蒋某某及辩护人均未上诉。

（张海峰）

法　院

【概况】 2016年，滨江法院受理各类案件9617件，办结9133件，比上年分别上升16.7%和13.86%，两项数据均创历史新高。一线办案法官人均结案列全市第二，全省第十。其中，受理刑事案件392件，审结383件，比上年下降3.45%和10.93%，判处罪犯511人。加大对涉众型犯罪打击力度，审结非法吸收公众存款、危险驾驶、“两抢一盗”、食品安全等危害公共安全犯罪225件，判处罪犯243人。依法审结全市首例城市道路竞速飙车案，保护群众交通安全。公开审结杭城首起跨省“网络关键词”诈骗案，保护群众财产安全。完善公检法司协调配合机制，扩大量刑规范化适用范围，推进轻微刑事案件简易速裁工作，案件平均审理时间比上年下降32.83%。

受理民商事案件6021件，审结5690件，比上年分别上升14.03%和9.42%，诉讼标的额连续两年突破15亿元。推进家事审判改革，与区妇联建立衔接机制，共同调处家事矛盾，审结婚姻、继承、抚养纠纷267件。受理知识产权案件930件，审结963件（含旧存）。发布《知识产权审判白皮书》《十大典型案例》，为发展信息经济、智慧应用营造良好法律环境。

受理行政诉讼案件117件，审结107件，比上年分别上升185.37%和181.58%。强化“三改一拆”领域案件审理，依法审结涉房屋拆迁、土地规划、城乡建设案件73件，其中，判处行政机关违法5件。

受理执行案件2197件，执结2084件，执结到位标的5.45亿元，人均执结564件，名列全市第一，全省第三。坚持“公开网拍优先”，全年涉诉资产100%通过淘宝网公开拍卖，成交174件，为当事人节省佣金620万元。

【省十大知识产权保护案例】 2013年12月12日，滨江法院立案受理原告浙江省茶叶集团股份有限公司诉被告杭州狮峰茶叶有限公司、杭州狮峰茶叶有限公司河坊分公司侵害商标权及不正当竞争纠纷案件，依法组成合议庭并适用普通程序，于2014年4月24日公开开庭审理此案。原告浙江省茶叶集团股份有限公司系“ ”（狮峰龙井）文字及图形商标所有人。原告认为，被告杭州狮峰茶叶有限公司虽然有自己的“狮”牌商标，但仍然以各种形式使用原告的“ ”商标增加产品销量，其行为侵犯了其注册商标专用权，并构成不正当竞争。故诉至法院，请求判令被告立即停止一系列侵权和不正当竞争行为，赔偿经济损失25万元。同年8月15日，滨江法院经审理后作出判决认为，狮峰龙井的说法历史上已有之，并形成了一定的含义，故被告杭州狮峰茶叶有限公司、杭州狮峰茶叶有限公司河坊分公司使用“狮峰龙井”或“狮峰西湖龙井”文字，用以表明其销售茶叶的产地及品种来源，并无不当；“狮峰”与龙井茶的联系有着悠久的历史和深厚的文化底蕴，他人有权正当使用于描述其茶叶商品的产地、来源，不宜由某一企业独占，否则将排除和限制正当的市场竞争。因此，被告未使用原告商标图形，不构成侵权，故依法作出判决，驳回原告浙江茶叶集团股份有限公司的诉讼请求。同年12月18日，经杭州中院二审审理，判决维持原判。2016年4月19日，滨江法院报送的浙江省茶叶集团股份有限公司与杭州狮峰茶叶有限公司、杭州狮峰茶叶有限公司河坊分公司侵害商标权及不正当竞争纠纷一案入选2015年全省法院十大知识产权保护案例。

【中国十大最具研究价值知识产权裁判案例】 2014年9月5日，滨江法院立案受理原告杭州大头儿子文化发展有限公司诉被告央视动画有限公司著作权侵权纠纷案件，依法组成合议庭适用普通程序，于2015年2月9日公开开庭审理此案。原告诉称20世纪90年代，刘某某受上海科影厂委托，为上海科影厂和中央电视台合作制作的动画片《大头儿子小头爸爸》（1995版）创作上述3个人物形象。上海科影厂及央视均未与刘某某签订过任何书面合同，也未约定3个人物形象著作权归属。根据《中华人民共和国著作权法》关于委托作品权利归属的规定，上述3个人物形象的著作权应当归刘某某所有。原告杭州大头儿子文化发展有限公司经合同转让继受成为上述美术作品的著作权人，央视在未经著作权人许可且未支付报酬的情况下，将上述美术作品改编为2013版《新大头儿子小头爸爸》，侵犯了其著作权。2015年6月30日，滨江法院经审理后认为，刘某某对其创作的3幅美术作品享有完整的著作权，被告央视动画有限公司仅对原作品的演绎作品即1995版动画形象享有著作权，央视再次创作演绎作品未取得原作品著作权人的授权，构成侵权。被告央视动画有限公司赔偿原告杭州大头儿子文化发展有限公司经济损失40万元。2016年2月22日，经杭州中院二审审理，判决维持原判。4月10日，滨江法院审理的“大头儿子案”入选“2015年中国十大最具研究价值知识产权裁判案例”。

【侵害作品复制权发行权纠纷案】 2015年7月31日，滨江法院立案受理原告袁某诉被告杭州娃哈哈集团有限公司侵害作品复制权、发行权纠纷案件，依法组成合议庭并适用普通程序，于同年9月21日公开开庭审理此案。经审理后查明，1988年6月16日，被告娃哈哈公司在《杭州日报》刊登文章征集儿童食品“高效能营养液”设计名称和商标图案，并承诺一经采用，给予500元奖金。原告袁某参与了征集，同年8月11日，被告向袁某支付150元。此后，被告向市场推出“娃哈哈儿童营养液”，其产品瓶身及包装上使用“ ”“ ”在内的标识。后上述标识注册为商标，使用在其生产的桶装水、AD钙奶、八宝粥等商品上。2016年1月29日，滨江法院经审理后认为，原告袁某提交的创作稿是复印件，且上面没有任何署名，无法认定是当时所创作的底稿，也无法以此认定两者之间的关联程度。根据原告提供的现有证据难以认定其单独创作涉案作品，应由其承担举证不能的不利后果。综上，判决驳回原告袁某要求被告娃哈哈公司停止侵权的诉讼请求。

【首例多人多车飙车案】 2015年12月14日，滨江法院立案受理涂某等4名被告人危险驾驶案件，依法组成合议庭并适用普通程序，于同年12月28日公开开庭审理此案。公诉机关指控称，2015年11月4日凌晨3时许，涂某等4名被告人为比较车辆加速性能，分别驾驶汽车在滨盛路上由西向东多次进行两车或三车组合的竞速行驶，行经滨盛路城宜巷路口时的车速均超过规定限速50%以上。其中，被告人涂某的汽车存在私自改装，被告人李某某未取得机动车驾驶证，所驾驶的汽车逾期未年检。2016年1月25日，滨江法院经审理后认为，涂某等4名被告人在道路上驾驶机动车追逐竞驶，情节恶劣，以危险驾驶罪分别判处4名被告人拘役一个月至二个月，并处罚金2000～4000元。此案为杭州市首例多人多车飙车案。

【首例关键词诈骗案】 2016年1月13日，滨江法院立案受理谈某某等14名被告人关键词诈骗案件，依法组成合议庭并适用普通程序，于2月17日公开开庭审理此案。公诉机关指控称，谈某某等14名被告人以公司名义联络持有“迪奥”“奔驰”“weixin”等关键词的96名被害人，谎称有买家愿意高价购买关键词（特指单个媒体在制作使用索引时所用到的词汇），利用被害人急于获取高额利益的心理，以帮助被害人进行关键词APP制作以及关键词转让需办理工业和信息化部可信平台认证为名，诱骗被害人支付APP制作费用以及可信认证手续费292万余元。3月30日，滨江法院经审理后认为，被告人谈某某等14名被告人伙同他人以非法占有为目的，采用虚构事实、隐瞒真相的方法，结伙骗取公民财物，以诈骗罪分别判处14名被告人有期徒刑一年四个月至十二年六个月，并处罚金1000～5万元，没收作案工具并责令退赔违法所得发还96名被害人。此案为杭州市首例“关键词”诈骗案，浙江电视台、《人民法院报》《浙江法制报》等媒体均作了采访报道。

【浦沿法庭挂牌成立】 2016年1月28日，滨江法院浦沿法庭挂牌成立。浦沿法庭作为滨江区人民法院的派出机构和组成部分，主要负责审理浦沿街道辖区内一审民商事案件。浦沿法庭派驻2名法官、4名书记员，负责审理辖区内第一审民事、商事纠纷及轻微的刑事案件。至12月31日，浦沿法庭共结案419件。

2016年1月28日，滨江法院浦沿法庭挂牌成立 （区法院 供图）

【首份人身保护令】 2016年2月15日，滨江法院立案受理原告来某某诉被告陈某某离婚纠纷案件。由于原告与第三者发展婚外情，多次在家中及公共场合不顾未成年子女感受，肆意暴力殴打被告，致使被告于3月21日向滨江法院提起人身保护申请。提起人身保护申请当日，滨江法院审理此案。经审理后认为，陈某某确实存在遭受家庭暴力或者面临家庭暴力的现实危险情形，依据《中华人民共和国反家庭暴力法》相关规定，裁定禁止来某某对陈某某实施家庭暴力，有效保护了妇女的人身权益。此案为杭州市首例人身保护令案件。

【分家析产纠纷案】 2016年4月7日，滨江法院立案受理原告曹某某、许某某诉被告许某某、何某某、许某某分家析产纠纷案件，此案适用简易程序于5月18日公开开庭进行审理。6月28日，滨江法院经审理后认为，原告曹某某、许某某主张的拆迁安置房，系曹某某与许某某在婚姻关系存续期间，同许某某、何某某、许某某一起作为一个家庭户因房屋拆迁安置所得，理应按照共有财产处理，因曹某某与许某某的婚姻关系终结，共有关系不复存在，故原告曹某某、许某某主张析产有据，遂依法判决位于杭州市滨江区长江西苑一处房屋归原告曹某某、许某某所有，被告许某某、何某某、许某某协助办理产权过户登记手续。

【机场逮捕失信被执行人】 周某，系滨江企业杭州某贸易有限公司的法定代表人，其所在公司在滨江法院有2件执行案件，涉及案款58万元。2016年5月9

日此案立案后，执行法官与其电话沟通，要求其履行付款义务，但周某声称公司有事，拒绝到法院履行义务。12月15日，在杭州萧山机场公安配合下，滨江法院执行干警将刚到杭州的失信被执行人周某抓获。在萧山机场被拘留后的第三天，周某承认错误并履行了法律义务，付清全部案款。

【网上法庭远程开庭】 2016年5月18日，滨江法院立案受理安乐（北京）电影发行有限公司诉被告杭州阿里巴巴广告有限公司、余姚市贝森贸易有限公司著作权侵权纠纷案件，此案适用简易程序于同年7月25日通过浙江法院电子商务网上法庭远程公开开庭审理。经审理查明，2013年10月30日，原告安乐（北京）电影发行有限公司作为著作权人向国家版权局申请美术作品登记，作品名称为“捉妖记—胡巴（WUBA）”系列。电影《捉妖记》于2015年7月在中国公映，胡巴系该电影的主要角色之一，具有很高的知名度和市场价值。被告余姚市贝森贸易有限公司未经原告许可，在销售的星空棒棒糖包装上使用与涉案美术作品相近似胡巴形象，侵犯了原告安乐（北京）电影发行有限公司对涉案作品享有的著作权。杭州阿里巴巴广告有限公司作为提供电子商务交易平台的网络服务提供者，在原告起诉后，已确认涉案店铺上被诉侵权商品信息下架，也无证据显示杭州阿里巴巴广告有限公司对余姚市贝森贸易有限公司的被诉侵权行为存在明知或应知的过错，故不构成帮助侵权。2016年8月15日，滨江法院作出判决，被告余姚市贝森贸易有限公司自本判决生效之日起十日内赔偿原告安乐（北京）电影发行有限公司经济损失及合理费用共6000元。

【发布破产审判白皮书】 2016年9月15日，滨江法院根据2012—2015年间破产案件审判情况，编写并发布《破产审判白皮书》。全书1.66万字，主要介绍破产案件的审理情况、主要特点、取得的经验、遇到的问题、解决问题的建议和对策及企业破产审判的典型案例。

【“保调会”滨江工作室成立】 2016年11月11日，杭州市首个保险行业人民调解委员会滨江工作室在滨江法院挂牌成立。此工作室负责对全区范围内的保险机构及其工作人员与保险消费者之间产生的保险合同纠纷进行调解。根据前期试运行情况，引入保调会工作室和“网上数据一体化处理系统”后，滨江法院有95%的涉保险合同纠纷案件在诉前得到化解。

【首例警察出庭作证案件】 2016年11月21日，滨江法院立案受理章某寻衅滋事案件，依法组成合议庭并适用普通程序，于12月13日公开开庭审理此案。公诉机关指控，2016年8月18日21时许，被告人章某饮酒后在醉酒状态下至滨江区火炬大道机动车道上，无故以脚踹、跳上汽车用手机击打挡风玻璃等方式，先后分别损害驾车途经此地的被害人傅某、刘某某等4人的汽车，情节严重，被公安民警当场抓获。由于被告人章某供述其醉酒后对案发经过无法记忆，公诉机关除提供视听资料等相关证据外，申请案发时处警的出勤民警出庭作证。同日，滨江法院经审理后认为，被告人章某酒后随意损坏公民财物，情节严重，其行为已构成寻衅滋事罪，判处拘役五个月，并没收作案工具。此案为滨江法院审结的首例警察出庭作证案件。

（曹一雯）

司法行政

【概况】 2016年，滨江有律师事务所32家，执业律师224人，其中，专职律师216人、兼职律师8人。基层法律服务所4家，基层法律服务工作者21人。公证处1个，公证员4人。滨江持续推动“律师进社区”工作向常态化、制度化、规范化方向发展，通过提供法律咨询、参与信访接待、开展普法宣传、矛盾纠纷调解等方式，为辖区居民提供多方面的法律服务。全年，社区律师累计值班2501人次，解答法律咨询1390人次，代写法律文书140份，进行调解103件次，出具法律意见书8份，起草修改规章制度13个，起草修改合同73个，化解矛盾纠纷98起。全区87个调委会成功调处纠纷1934件，成功率99.9%。接待法律咨询4166人次，办理援助案件

201件。在册社区服刑人员89人，连续10年未发生社区服刑人员严重刑事犯罪案件。区司法局获“2016年度杭州市区、县（市）司法局工作综合督导优秀单位”“杭州市服务保障G20杭州峰会集体三等功”等荣誉。

【“两正”人员管理】 2016年3月18日，区社区矫正暨归正人员帮教安置工作委员会制定《G20杭州峰会滨江区社区矫正安保工作方案》，落实分级管控措施及“一人一策”管控方案，落实定期报告、请销假等制度，对在册的97名社区服刑人员和293名归正人员，统筹街道、社区、派出所等基层力量，在原有手机定位的基础上，通过佩戴电子手环，完善指纹和IC卡智能化管理软件，对在册社区服刑人员进行指纹签到。加强对社区服刑人员的实时定位，发挥电子围墙稳控监管作用，严格执法程序，全面规范入矫、解矫程序，做到登记有表格、谈话有笔录、宣告有文书；按照工作权限、工作时限、调查取证等方面的相关规定开展监管教育、考核奖惩等执法工作；按照《社区矫正实施办法》，对符合收监条件的违法违规社区服刑人员，依法实施收监。至12月，查处违规社区服刑人员违反监管规定2人次，并予以警告处罚；收监3人，其中：提请撤销缓刑收监的2人，提请暂予监外执行收监执行的1人。

【社区矫正执法检查】 2016年4月5日，为扎实推进社区矫正工作执法规范化建设，确保G20杭州峰会期间重点人员管控到位，根据杭州市《关于社区矫正工作专项执法检查的实施方案》通知要求，结合滨江实际，区委政法委制订社区矫正工作实施方案，要求全区政法各部门对照执法检查重点，认真自查、严格自纠，及时整改，力求实效。4月6日—8月15日，政法委牵头，检察院、司法局等部门参与，组成4人检查组，对辖区3个司法所开展社区矫正工作执法检查。通过查阅工作台账、与司法所工作人员座谈、询问部分社区服刑人员等形式，抽查案卷档案35件，走访询问社区服刑人员17人。各司法所对社区服刑人员建立接收报到、请假审批、培训签到、手机定位、集中点验等制度，加强日常管理。坚持每月一次集中学习，对因故请假不能参加的人员组织补学，确保社区服刑人员100%参与教育学习。对未在监狱服过刑的社区服刑人员组织到南郊监狱进行警示教育，至年底，未发现脱管、漏管、虚管，无重新犯罪现象发生。

【建立法律援助工作站】 2016年，区司法局贯彻落实中共中央办公厅、国务院办公厅《关于完善法律援助制度的意见》，将“加强法律援助和服务”列入2016年区政府为民办实事项目。5月22日，在区劳动仲裁院建立劳动仲裁法律援助工作站，建立值班制度，落实2名法律工作者到工作站值班，为市民提供法律咨询，办理法律援助案件。11月1日，在区检察院设立法律援助工作站，每周安排2名律师参与刑事援助工作。至12月底，全区共建法律援助站8个、社区法律援助联络点10个，区、街道、社区法律援助网络覆盖率达100%。办理法律援助案件201件，其中：刑事案件96件，占法律援助案件总数的47.76%；民事案件105件，占52.24%。办结案件91件，其中：刑事案件51件，民事案件40件。为当事人挽回经济损失或者取得经济利益156.8万元，其中，为农民工讨薪34.5万元。

【法律护航企业成长】 2016年，区普法办围绕省、市政府关于“小微企业三年成长计划”工作部署和区“三次创业”的目标要求，将普法服务项目化、程序化、责任化，从专业角度进一步服务优化实体经济发展环境，着力搭建小微企业法律服务平台。6月中旬，组建高新区（滨江）小微企业律师团，由1至2个律师事务所牵头，在全区推选15名专业功底强、经验丰富的律师成立高新区（滨江）小微企业律师团，为小微企业提供经常性、专业性、针对性的法律服务。8月，开展企业法律知识培训，根据企业法律需求共性与个性相结合原则，采取讲座、专项培训、法治“沙龙”等形式，指导帮助小微企业防控法律风险，引导企业规范运营，助力企业转型发展。11月，按照“实用性、精准化”服务理念，开展企业专项法务培训服务，邀请工商、税务、法律、会计等方面专家进行法律法规、建账建证、经营管理、知识产权等方面的培训和指导，针对小微企业的专场培训102次，受惠企业1500余家。

【人民调解】2016年6月28日，根据《中华人民共和国人民调解法》和浙司〔2016〕30号文件要求，经各街道调委会和行业性专业调委会推选，成立新一届滨江区人民调解委员会。区人民调解委员会下设驻法院工作室1个，派驻调解员1名。至12月底，全区共有调委会87个，其中，区级1个、西兴街道20个、长河街道37个、浦沿街道29个。2016年，区及街道调解委员会共调解案件1936件，其中婚姻家庭纠纷230件，邻里纠纷229件，房屋宅基地纠纷21件，合同纠纷305件，生产经营纠纷105件，损害赔偿纠纷247件，征地拆迁纠纷18件，环境污染纠纷2件，劳动争议纠纷76件，消费纠纷8件，道路交通事故纠纷73件，物业纠纷198件，其他纠纷424件。涉及当事人4041人，涉及金额4879.6万元，调解成功1934件，成功率99.9%。

【"宪法走近你我"普法宣传】2016年12月4日是"国家宪法日"，也是全国法制宣传日，为在社会公众中树立尊法、学法、用法、守法的自觉意识，区普法办、司法局牵头组织29家普法成员单位及浦沿街道、新浦社区50余名工作人员，开展以"宪法走近你我"为主题的宪法日宣传活动。主会场设在新浦社区文体广场，《宪法沙画》《法伴人生路学法正当时》《法治路中国梦》《阿普说宪法》等以宪法为主题的宣传视频滚动播放；社区居民自编自导，表演以普法为主题的舞蹈、歌唱节目；工作人员向居民群众发放中华人民共和国宪法口袋书、《中华人民共和国食品安全法》《中华人民共和国广告法》《消费维权知识导读》等法律折页、读本、手册30余种、7000余份，提供法律咨询和服务563人次。开展宪法知识有奖竞答，300余人参加竞答，颁发奖品180余份。

（王环阳）

2016年12月4日，"宪法走近你我"活动现场（区司法局　供图）

国防建设

军　队

【概况】2016年，滨江人武部坚持将学习党的创新理论和习近平系列重要讲话精神作为首要政治任务，突出以"四个全面"为重点的"治国理政篇"，突出以"强军目标"为重点的"改革强军"篇，融会贯通理解讲话精神，开展"坚决服从改革大局、忠实履行职能使命"主题教育。组织开展"新体制、新职能、新使命"，"明职责、敢担当、有作为，做新一代国防动员人"讨论交流。开展"两学一做"学习教育，按照计划组织开展专题党课、承诺践诺、主题党日、讨论交流、专题组织生活等主题活动。做好市对区党管武装工作绩效考核迎考工作，下发《基层武装工作考核实施细则》，以考核强化各级领导国防意识，推进党管武装工作落实，促进国防动员和后备力量建设。组织民兵训练，完成全区59个社区民兵整组。开展军地联侦联情，构建互通平台，实现各种侦观力量优势互补，情报资源共享。完善作战值班体系，以反恐维稳、抢险救灾为重点，修订作战值班方案。结合"三个一线"建设，对日常战备各要素进行规范。强化军事训练，提升机关干部指挥素养，专武干部军事技能和武装业务水平。深化国防教育，做好年度征兵。开展军民共建，支持、参与地方五个文明建设，军地联合组织国防动员和拥军支前潜力调查，军政军民关系进一步巩固。

【改革强军主题教育】 2016年1月5日，滨江人武部紧贴改革中干部职工的思想实际，开展“坚决服从改革大局、忠实履行职能使命”主题教育。采取动员辅导、学习讨论、对照检查、融入实践等方式，组织“新体制、新职能、新使命”“明职责、敢担当、有作为，做新一代国防动员人”讨论交流，撰写学习体会，加强融会理解，切实凝聚深化改革的思想认同，坚定改革强军的信心决心，直面改革带来的利益调整，昂扬履职尽责的精神状态，以更高标准做国防动员体系改革的坚定拥护者和实践者。

【水上分队训练】 2016年6月13—19日，滨江人武部抽调18名军事素质好、会游泳水性好的民兵，安排2艘冲锋舟保障，在白马湖水域进行为期一周的水上课目冲锋舟的基本操作、维护保养、驾驶、水上自救互救等训练。

【巩固军政军民关系】 2016年滨江人武部支持地方建设发展，组织民兵预备役人员开展植树造林、文明执勤、“五水共治”等活动，完成“文博会”安保执勤和防洪抗台、G20杭州峰会安保任务。1月下旬，开展拥军优属和“爱心献功臣”活动，发放各类优抚慰问金7万余元。4月27日—5月2日，第12届中国国际动漫节期间，出动4艘冲锋舟担负白马湖水上安保巡逻，100余名民兵协助交警维护动漫馆周边交通秩序。7月下旬，与企业、社区、学校开展联谊活动，军民关系进一步融洽。 （李志业）

国防教育

【概况】 2016年，滨江人武部持续深化国防教育，结合征兵宣传工作，在辖区高校开展国防教育宣讲，介绍军队改革情况、宣讲周边安全形势、解读征兵政策规定，引导青年树立献身国防的坚定信念。《天堂硅谷》《滨江发布》微信公众号公布“八一光荣榜”，集中宣传9名立功受奖的滨江籍官兵，营造全社会关心国防、崇军尚武良好氛围。

【“条令条例学习月”活动】 2016年1月27日，滨江人武部接到警备区转发《关于开展“条令学习月”活动的通知》，部党委召开会议，决定从2月1—29日开展“条令条例学习月”活动，集中时间、人员进行作风纪律教育整顿。同月29日，制定《条令条例学习计划》部署落实。2月1日，召开“条令条例学习月”集中教育整顿动员大会，分析队伍管理、作风纪律现状和存在的问题，明确学习月活动的目的、意义、方法、工作重点和标准要求。动员会上进行队列和体能训练，训练单个军人队列动作，强调军容军姿，全体官兵参加。同月2日，召开安全形势分析会，深入查找单位存在的安全隐患，制定改进措施。通过“条令条例学习月”活动，官兵政治意识、大局意识、纪律意识、团结意识、敬业意识明显增强。

【国防动员潜力调查】 2016年9月下旬至11月中旬，滨江人武部按照国防动员信息系统，开展全区国防动员潜力统计调查，召开职能联席会议，组织成立调查小组。采取问卷和采访询问方式进行，调查统计人民武装、政治动员、经济动员、人民防空、交通战备、科技动员、信息动员8大类900余项指标和相关要素，为全面掌握全区国防动员潜力情况提供真实可信数据。

【军委国防动员部领导到滨江考察】 2016年9月23日，中央军委国防动员部民兵预备役局局长王文清一行在浙江省军区副司令员周少锋、杭州警备区司令员潘方敏、滨江区委书记詹敏的陪同下考察吉利控股集团。在吉利集团召开座谈会，听取吉利控股集团董事长李书福关于公司的建设发展、武装工作和民兵队伍建设情况汇报；参观吉利汽车体验馆、员工办公室、武装部办公室、民兵连党支部、民兵器材室，详细了解公司武装部建设情况和工作开展情况。王文清强调，民营企业武装工作，要坚持党管武装工作原则，完善各项武装工作制度，注重将民兵武装工作与企业经营有机结合，切实将军营文化融合到企业文化之中，达到武装工作与企业经济协调发展。（李志业）

人民防空

【概况】 2016年，滨江区人防部门完成竣工人防工程备案项目27个，面积14.7万平方米；施工图审查14个，审查面积9.4万平方米；累计竣工人防工程257个，竣工面积126.8万平方米。

强化警报管理，对全区24台警报器进行自查，维修、更换存在问题的警报器5台。根据市人防办关于警报管理的相关文件，区人防办对警报维护单位和24个警报所在单位下发《2016年全区防空警报管控工作方案》，明确目标、内容、工作步骤和有关要求，并按时间节点抓落实。具体划分为动员部署阶段、全面检查阶段、整改落实阶段和严管严控阶段4个阶段，与警报维护单位确定目标责任书，确保每台警报处于严格监管之中。G20杭州峰会期间，安排7.5万元专项保障经费，确保警报管控工作。建立警报管理微信群，将25个警报管理人员纳入其中，警报管理人员每日到岗后或离岗前用微信上传图片，汇报警报所在点的周边安全情况。组织专人对警报管理落实情况开展巡查，检查人员每日将检查情况登记在册，逐级上报，一级对一级负责，确保警报器处于良好的工作状态。

【人防应急演习】 2016年5月12日防灾减灾日，区人防办在浙江机电职业技术学院、浙江中医药大学、浙江商业职业技术学院开展防空防灾应急演习暨人防知识宣传进校园活动。演习前对学校100余名教师进行人防知识培训，传授高新技术条件下人防知识与防护技能。组织学生观看人防知识和国防教育录像片，加深学生对防灾减灾的了解，掌握各种防灾减灾、应急自救知识。演习配合警报试鸣，参演师生冷静应对，演习紧张有序，3分钟时间内全部有序撤离，做到安全、高效。浙江机电职业技术学校3800余名师生参加演习，通过演习，强化对防灾减灾知识的熟悉和掌握，增强应对突发灾害的自救和互救能力，确保一旦紧急事件发生，能快速、有序应急疏散，保护人身安全。

【人防宣传进街道】 2016年5月12日汶川地震纪念日，9月18日“九一八”事变纪念日，开展人防宣传活动。先后到长河中学、江南实验学校、街道社区，以图片、文字、模型和宣传教育片、人防知识趣味问答等形式宣传国防知识、人民防空知识。全区3个街道52个社区发放人防知识宣传挂图、宣传手册5000份，在主要社区和住宅区内悬挂横幅15处，2600余人参与知识问答，1.2万居民参加人防宣传活动。（骆凤平）

民　兵

【概况】 2016年，根据省军区和警备区工作安排，围绕党在新形势下的强军目标，根据形势变化和滨江区的实际，因地制宜地采取集中教育和分散学习形式开展民兵政治教育。制定落实民兵工作量化考核细则，强化民兵干部责任感。利用训练和民兵整组，训练储备更多的高技术民兵专业技术人员。组织民兵做好事，参加地方植树等活动，全年，组织民兵训练325人次，参加全区各项活动5000余人次，在社会上树立了民兵好形象，发挥了排头兵作用。

【民兵整组】 2016年4月，根据杭州市政府、警备区民兵整组工作统一部署，滨江区按照“分解任务、层层动员、落实编制、定人定位”开展以优化结构、提高质量为核心的民兵整组工作。成立民兵整组工作领导小组，制定《2016年度民兵组织整顿工作实施方案》。针对民兵流动性大，人员难以固定的现实情况，按照民兵编制的规定和要求，调整和健全民兵组织，达到实兵、实编、实用要求，点验时，人员装备整齐、集合动作迅速。通过整组，基干民兵组织不断向行业系统、高等院校和高新技术企业拓展，年龄结构控制在18～35岁。整组后，高中以上占比86%，党团员占比40%。对民兵干部按规定配齐配强。完善民兵干部、基干民兵和应急分队人员外出登记管理制度，及时掌握人员外出去向和联络方法，确保年度民兵整组工作顺利完成。

【民兵训练】 2016年4月下旬，在建德民兵训练基地组织开展为期半个月的军事训练。按照《民兵军事训练大纲》所规定的内容和要求，专武干部和民兵干部、骨干主要瞄准军事斗争准备、应急维稳、抢险救灾任务和基层正规化建设需要。先后开展队列训练、战备常识教育、政治理论教育、G20杭州峰会安保常识、技能和专业示范分队的训练，突出专武干部，民兵骨干对整组、教育、训练、兵役工作末端落实等业务素质的训练，收到了预期训练效果。

【民兵情报信息系统建设】 2016年7月28日，按照省军区情报处的具体要求，滨江区加强民兵信息化建设，成立民兵情报信息员队伍，分布3个街道的各个社区、学校和企业武装部，搜集、汇总、上报辖区内情报及信息。8月中旬，对信息员进行集中培训，提高情报保送的质量和数量。投入13万元为每名信息员配备手机，预缴话费；连接省军区情报报知网络，做好信息侦搜，及时掌握情况，及时报告。至12月，共收到各类信息20余条。

【治安巡防】 2016年8—9月，根据杭州警备区和区委区政府工作部署，滨江人武部出动民兵1000余人次参加G20杭州峰会安全保障工作。完成公交站点、地铁口、重要目标安全管控及网格化巡防等任务。9月15日—10月7日（中秋、国庆节假期）是杭州新一轮旅游高峰期，出动80名民兵参加治安巡防，加强城市秩序管控、进行紧急事件和突发事件的处理。（李志业）

预备役

【概况】 2016年，滨江侦察营认真贯彻落实预备役师、滨江区委区政府双重领导要求，狠抓各项工作落实，先后完成兵员整组、专业骨干集训、分队成建制训练、水上应急抢险训练、G20杭州峰会安保备勤等任务，军事训练扎实有效，部队管理安全平稳，营队全面建设取得新成效。

【兵员整组】 2016年2—4月，滨江侦察营根据师司令部统一部署安排，把住兵员政审、兵员底数、征用协议、入队训练、集中点验五个关键步骤，认真细致完成兵员整组工作。在营统一组织的点验中，点到率和到点率均达100%。

【分队成建制训练】 2016年6月22日—7月8日，侦察营在余杭万石里训练基地，按照"单兵练基础、分队抓协同"的步骤，完成分队成建制训练，参训时间为150小时。训练分单兵训练、分队训练、非战争军事行动训练3个部分，重点突出精准射击、擒敌捕俘、伪装搜索、攀岩索降、目标侦察等险难课题。训练做到强基础与提能力相结合，练单兵与抓协同相结合，官兵的基本技能和体能得到提高，提升了营队遂行作战任务能力。

【安保备勤】 2016年8月31日—9月7日，G20杭州峰会维稳安保期间，侦察营按照"军地联合、超常准备、周密组织、安全至上"

2016年6月26日，区预备役侦察营官兵建制训练

（区委宣传部 供图）

的总体原则，整合力量采取集中驻训方式，成立G20杭州峰会备勤分队，进驻浙江工业大学小和山校区，围绕基础理论、基本技能、政治教育3个重点，备勤分队人员以训促备，抓好能力训练，确保G20杭州峰会维稳安保各项工作无差错。（乐　宁）

兵　役

【概况】 滨江人武部做好2016年征兵工作，协调公安、教育等部门进行兵役登记，开展“征兵宣传周”活动。根据区政府《关于加强和改进新形势下征兵工作的意见》，按照最新政审体检标准，坚持公平公正公开，合格一个征集一个。征兵工作走在全省前列。

【征兵】 2016年7月10日，成立区征兵领导小组，同月11—25日，先后召开全区专武干部参加的征兵目测初检工作会议、区征兵领导小组会议、全区征兵工作会议，研究制定2016年征兵工作计划，安排和部署征兵各个环节，将征兵指标任务详细分解到街道、社区。6—8月，上门与适龄青年、家长、院校教师进行沟通交流，掌握区内高中、大学生适龄青年分布情况和思想状况。采取打电话、发短信、发传真等方式通知外出务工适龄青年按时返乡应征，确保符合条件的适龄人员不漏一人。加强预征对象确定过程的监督和管理，做到底数清楚、人员到位、程序合法、进展有序。同月，组织培训3期，征兵办政审组组织各派出所教导员参加征兵政审业务培训；区社发局在目测前组织参加目测体检工作的医生进行业务培训，明确目测体检的标准条件；体检组组织体检医生参加业务培训，学习掌握体格检查标准，确保体检工作质量。利用短信标语、横幅、《天堂硅谷》和新闻媒体宣传《中华人民共和国兵役法》《征兵工作条例》及国家为提高军队待遇而出台的高校毕业生应征入伍享有的“优先选拔使用”“补偿学费和代偿国家组学贷款”等优惠政策，激励高校毕业生报名参军积极性。8月征兵工作结束。（李志业）

2016年9月12日，滨江举行欢送新兵大会　（区委宣传部　供图）

高新技术产业

综　述

2016年，滨江高新技术产业有从业人员29.19万人，比上年增长8.8%；科技活动人员9.04万人，增长11.9%。围绕建设国家自主创新示范区核心区和世界一流高科技园区目标，以创新为重点，重点培育和扶持高新技术企业，提高核心竞争力，高新技术产业发展保持良好态势，实现工业总产值2425.79亿元，增长20.4%；信息经济规模再创新高，实现主营业务收入1917.4亿元，比上年增长23%。5月，在全国国家级高新区综合评价中排名第六位，在2016年全省县域经济首次30强综合评价中名列全省首位。

加大资助项目申报力度，助力强优企业加快发展，组织申报国家高端软件项目44个，获批项目18个，获中央财政补助资金4459万元，获批项目数、投资额、获资助额均占全市比重72%。申报各类高技术产业项目67个，总投资86.6亿元，获各级补助资金4879.8万元。浙江中控信息科技有限公司获国家2016年工业转型升级（中国制造2025）支持，获国家财政资助1600万元；杭州林东新能源科技股份有限公司获国家海洋局项目支持4200万元；获批"工厂物联网"项目12个。开展"零土地"技术改造项目备案，实施"零土地"技术改造项目备案18个，总投资7.03亿元。

加大对杭州海康威视数字技术股份有限公司等领军企业、杭州中天微系统有限公司、杭州林东新能源科技股份有限公司等细分标杆企业的战略合作和政策扶持。年内，新申报省级重点企业研究院11家，累计37家；组织认定2016年瞪羚企业199家，兑现2015年瞪羚企业政策1亿元。

培育新兴产业，打造跨越发展新优势。结合中国（杭州）跨境电子商务综合试验区和杭州国家自主创新示范区创建，在坚持发展信息经济同时，瞄准大生命健康、新能源等重点领域，针对性地培育大生命健康作为"第二主导产业"，谋划启动"大生命健康产业的发展规划"，完善"全区车联网产业发展规划"。启动"1+X"政策体系新一轮修订，制定工作方案，在原"1+X"基础上，新政策形成两大体系。修订领军企业政策、特色产业园区政策，促进特色产业优先发展。启动工业企业综合评价工作，制定评价办法，完成2015年189家企业首次评价。

增强产业扶持，助推创业做大做强。深化拓展与领军企业战略合作，推进总部企业集聚发展，加强与吉利集团、天天快递等公司沟通对接，扶持成长型企业，引进新能源汽车、WiFi等联盟，给予政策支持。至年底，累计建有省新一代信息技术业物联网智能家居产业技术联盟、省大数据应用产业技术联盟等11个省级产业技术联盟。完成2016年度省、市工业和信息化专项资金、服务业现代服务业引导资金、现代物流业结余财政专项资金、循环经济专项资金的使用拨付，累计兑现金融政策总额4032.89万元，涉及企业60家。

提升产业集聚效应，产业集聚区健康快速发展。推进省市特色小镇创建，物联网小镇和创意小镇分别获批列入省级特色小镇创建名单（物联网小镇）和培育名单（创意小镇）。开展互联网小镇第二批市级特色小镇创建申报工作，年内，物联网小镇被评选为经信领域省级行业标杆小镇。成功创建省服务业强县（市、区）试点，打造全省全市服务业创新发展的先行区，获得360万元专项发展基金。成功申报省软件和信息服务产业基地，获1000万元专项发展资金。杭州软件产业基地综合评价排名继续保持第三，产业发展水平排名连续三年蝉联第一。创业软件等21家企业通过国家重点软件企业核查，通过企业数占全省75%。开展软件企业初审，84家企业被认定为2016年度软件企业。着力提高区域两化融合发展水平，新获批省级两化融合示范试点企业4个。深化工业园区提升改造，全区累计完成旧厂区改造24.9万平方米，完成全年目标178%。

增强创新发展能力，做好省技术创新综合试点工作。2016年，新增省级重点企业研究院11家，杭州中天微系统有限公司、杭州士兰微电子股份有限公司和杭州国芯科技股份有限公司被列为省集成电路产业技术创新综合试点，阿里巴巴集团被列为国家首批全国双创示范基地，杭州海康威视数字技术股份有限公司视频图像数据处理分析中心获批为浙江省工程研究中心。至年底，滨江区累计有国家级企业研发和技术中心14家，省级企业技术和研发中心172家，市级286家。

扩大直接融资规模，推进企业挂牌上市。2016年底，全区有上市企业37家，新上市企业3家；新三板挂牌企业79家，新挂牌37家。累计实现再融资7.22亿元，其中，2016年融资2.72亿元。50家企业与券商签订挂牌辅导协议，上市企业总数和募集资金总数位居全市第一。11家新三板企业被列入“创新层”，占全市35.5%、全省15.3%，位列全省第一。

举行产销对接会，帮助企业开拓市场。举办2016年中国车联网汽车应用大会、第四届中国WiFi产业峰会（2017白马湖峰会）、第二届中国（杭州）大数据科学家论坛、2016年中国（杭州）网络安全和信息化高峰论坛、中国投资年会·杭州白马湖峰会6场高规格、大规模峰会、论坛，扩大滨江区产业的影响力，吸引国内外优秀企业和优秀人才到滨江区投资创业。开展智能制造对接活动，70余名企业代表参加活动，全方位展示公司的优秀产品、技术服务能力和在各行各业中实际应用案例。

（李　丹）

网络基础产业

通信设备制造业

【概况】 全区拥有通信设备制造规模以上企业90余家，从业人员5.98万人。2016年，实现营业收入1077.42亿元，比上年增长42.4%。宽带接入设备、交换机、企业级路由器等产品市场份额居全国第一，诺基亚西门子、浙江华为通信技术有限公司等全球移动设备供应商前8强中7家在滨江区设有企业或研发中心。

【Sepura终端全球服务中心成立】 2016年4月20日，东信和平智能卡股份有限公司通过Sepura官方认证，在杭州成立Sepura终端全球服务中心，为Sepura的TETRA终端产品提供维修服务，为客户提供更优质的产品与服务。服务中心旨在为政府及公共安全、交通运输、公用事业单位客户提供高效高质的本地服务。Sepura和东信的深度合作始于2012年，至2016年，双方在制造、市场销售和TETRA无线产品技术相关方面进行广泛深度的经验交流。

【紫光集团收购新华三股权】 2016年5月6日，清华控股有限公司与惠普有限公司签订合作协议，清华控股有限公司旗下紫光集团下属子公司紫光股份有限公司以不低于25亿美元收购惠普公司旗下“新华三”公司51%的股权，成为该公司的控股股东。2016年，“新华三”获取IDC榜单之UIS超融合市场榜首、Hadoop/Spark大数据认证6项测试榜首、可信云开源解决方案认证榜首、OpenFlow v1.3协议一致性认证测试厂商榜首，获“云鼎奖”“最佳私有云解决方案供应商”“年度可信云技术创新奖”“最佳网络安全方案提供商”“SDN技术创新卓越成就奖”“年度中国产业互联网最具革新力企业奖”“墨提斯大奖”“2016中国大数据企业50强”等“三大一云”领域技术专项奖；“运营商网络架构创新奖”“ICT产业综合实力奖”“2016年度最佳金融混合云平台”“2016年度金融行业科技创新突出贡献奖”“最佳金融云平台”等细分行业类奖项；“中国新IT领军企业奖”“中国互联网经济年度品牌”“政府采购年度推荐品牌”等品牌类奖项；“国家知识产权示范企业”“国家企业知识产权工作先进集体”等知识产权奖项及“年度最具责任感企业”等企业社会责任类奖项。

【三维通信产品在全国保密技术与产品博览会上参展】 2016年10月13—15日，全国保密技术交流大会暨产品博览会在青岛举行，浙江三维通信股份有限公司携其新一代无线安防系列产品与解决方案参加博览会。展出革新的信令级超低功率无线信号干扰技术、手机入侵防范及智能管控系统、出入口手机侦测与人脸身份识别综合解决方案，现场演示“三维蓝盾”品牌下系列化无线信号干扰设备，包括应用与G20杭州峰会政要车队及会场的无线安全保障的全频段无线信号管制设备。三维通信无线安防业务致力于无线信号的智能管控与安全通信，推出的相关设备是业界唯一同时获得公安部警用电子安全认证和解放军军用信息安全产品认证的系统，并在司法、保密等行业引领行业标准。

【华为“全球计算创新中心”落地滨江】 2016年11月24日，华为“全球计算创新中心”成立并落户滨江区。“全球计算创新中心”致力于云计算和大数据时代的计算创新和变革，建成关键业务产业链生态平台，发展KunLun开放架构小型机联合解决方案的设计、调优与交付能力，为行业客户提供更高效的解决方案和服务。已吸引英特尔公司、SAP、Oracle、汉得信息等20余家合作伙伴进驻中心。全球计算创新中心通过与业界顶尖合作伙伴的创新合作，持续完善开放合作平台。全球计算创新中心的成立，有助于连接开放平台产业链生态力量，共同应对云计算、大数据时代计算创新需求，提升关键业务计算环境的投入产出比，加速企业数字经济转型。 （王方圆）

集成电路制造业

【概况】 2016年，滨江集成电路产业企业有68家，从业人员8236人。拥有发明专利产品1439件，比上年增长91.1%。新建生产线2条。工业总产值55.79亿元，增长35.6%。营业收入69.62亿元，增长9.1%。净利润7.55亿元，增长7.7%。上缴税金4.54亿元，增长23%。出口2.63亿美元，增长24.4%。科技活动经费支出9.23亿元，增长36.9%。国家集成电路杭州产业化基地2001年12月7日由国家科技部批准设立，经过发展，杭州集成电路设计产业创新能力不断提升，在嵌入式CPU、数字音视频、安防监控、信息安全、固态存储、LED驱动、电源管理、电力物联网、微波毫米波射频集成电路和光电集成电路等领域的以光盘伺服为核心的数字音视频技术、绿色电源芯片技术、高压智能功率模块技术、特种半导体分立器件技术等产品技术水平处于国内领先地位。中国集成电路的销售额在全球集成电路销售额中所占比例持续上升，成为全球最大的集成电路销售市场。

【集成电路芯片生产线投资建设】 2016年2月4日，杭州士兰微电子股份有限公司发布公告，与国家集成电路产业投资基金股份有限公司合作投资建设10亿元8英寸芯片生产线。至12月底，主厂房建设、净化装修和机电动力设备安装完工，部分工艺设备安装完毕并进入调试阶段。8英寸芯片生产线主要定位在高压集成电路特色工艺的研发和生产、高压高功率半导体功率器件芯片的开发和生产、MEMS传感器的研发和生产。

【士兰微电子获大中华IC设计公司品牌】 2016年3月14日，UBM Asia在上海“Tech Shanghai 2016”活动期间公布2016年度大中华IC设计调查结果，士兰微电子获“2016年度大中华IC设计公司品牌”。品牌评选由UBM Asia旗下《电子工程专辑》大陆和台湾（EETimes-China/EETimes-Taiwan）两个媒体联手举办，针对大中华区（中国大陆、台湾和香港）的IC设计公司进行的年度产业现状调查和对优秀的IC设计公司提供优质服务的半导体前端制造、EDA工具和IP服务公司进行评选。参与评选的企业，必须是其公司品牌为大中华区市场大多数用户所知，品牌均由IC产业人士、系统设计工程师及《电子工程专辑》分析师共同遴选产生。杭州士兰微电子股份有限公司通过网络、印刷品和各种活动提供有关其产品和服务的综合信息，开发出突破性的产品和技术，改变了电子领域的某些关键产品或技术的性能和价格曲线；在产品开发、硬件和软件设计、设备或系统制造、人力资源管理、营销、公共关系和媒体关系、销售和分销等领域的商务活动或管理实践中发挥领军作用。

【国内首款单芯片六轴惯性传感器】 2016年8月，杭州士兰微电子股份有限公司推出国内首款单芯片六轴惯性传感器SC7I20。SC7I20采用全球最小的2.5毫米×3.0毫米×0.85毫米LGA封装，基于完全自主知识产权的单芯片MEMS传感器、低功耗高精度信号处理电路、低应力高可靠性的封装以及全套内建测试解决方案，打造出超高可靠性、超高精度、超低功耗支持永不断迅（always-on）的高性能六轴惯性传感器。SC7I20采用士兰微电子自有芯片工厂的惯性MEMS传感器工艺，各项性能指标均处于业内领先水平，其中供电电压为1.71V～3.6V，正常工作电流可低至800uA，内部陀螺仪噪声小于5mdps/squarHz，加速度计噪声小于100ug/squarHz，上机贴片零漂小于+/-10dps和50mg。同时，针对智能遥控器、四轴飞行器、智能平衡车、VR-Box，士兰微分别提供相应的运动控制算法软件包，帮助客户产品快速上市。士兰微电子的MEMS传感器研发得到国家科技重大项目的支持，获5714万元资金补助。

【未来长川科技大厦奠基】 2016年10月8日，杭州长川科技股份有限公司未来长川科技大厦奠基仪式在滨江区聚才路与江二路交叉口举行，公司董事长兼总经理赵轶下达长川科技大厦开工令，并与设计院、监理公司、建设公司及长川科技等部门领导培土奠基，未来长川科技大厦正式开工建设。计划投入2.58亿元，建设未来长川科技大厦，占地面积8000平方米，由15层的主楼、5层配套裙楼及3层地下停车场组成。是集生产、研发、办公、会议、接待、文体活动、企业文化展示等多功能于一体的综合性办公楼，可容纳700人同时办公，预计2018年秋季建成投入使用。

【GX3211获“中国芯”最具潜质奖】 2016年11月24日，由工业和信息化部电子信息司指导，工业和信息化软件与集成电路促进中心（CSIP）主办的2016中国集成电路产业促进大会在成都召开。会上公布第11届（2016年度）中国半导体创新产品和技术项目“中国芯”评选结果，杭州国芯科技股份有限公司（NationalChip）研发的支持NDS高安的AVS+直播卫星高清解码芯片GX3211，获第11届（2016年度）中国半导体创新产品和技术项目，同时获最具潜质奖。GX3211是本土自主研发的国产率先发布的支持NDS高安的AVS+直播卫星高清解码芯片。芯片内部集成32位高性能CPU与安全CPU，支持AVS+/H.264等高清视频与DRA等音频解码，是中国直播卫星市场符合《GD/J 065—2015》标准高清机顶盒方案产品。此次评选活动由中国半导体行业协会、中国电子材料行业协会、中国电子专用设备工业协会和中国电子报社共同组织，选出集成电路产品和技术类产品21项，评选委员会按照评审条件和程序进行综合评价。

（李　丹）

信息软件产业

【概况】 信息软件产业是滨江支柱产业，拥有软件企业1600余家，软件从业人员14万人；全国软件百强企业10家，国家规划布局内重点软件企业23家。信息软件产业覆盖证券金融、工业自动化控制、智慧城市、信息安全等领域。根据科技部火炬中心对全国35个国家软件园的最新排名，以滨江为核心区块的杭州软件产业基地综合评价排名继续保持全国第三，产业发展水平排名2014—2016年连续三年蝉联第一。2016年，滨江成功申报省软件和信息服务产业基地，获1000万元专项发展资金。2016年，实现营业收入1649亿元，比上年增长25.3%。

（王方圆）

【大数据开启智能时代主题会】 2016年5月25日，由中华人民共和国发展和改革委员会、中华人民共和国工业和信息化部、中华人民共和国商务部、中共中央网络安全和信息化领导小组办公室、贵州省人民政府主办的国家级大数据产业峰会在贵阳开幕，国务院总理李克强出席大会开幕式并发表讲话。“数博会”以“大数据开启智能时代”为年度主题，云集全球专家学者、世界500强企业负责人，清华大学、香港中文大学、澳门大学、复旦大学等58所高校，45个国内外新闻媒体董事长、主编，3000余家权威机构、130余个城市代表，10余位院士、1.5万名论坛专业观众，共同传播大数据价值。同月27日，杭州泰一指尚科技有限公司出席数博会大数据应用高峰论坛并发表《助力传统企业构建营销闭环能力》主题演讲，分享杭州泰一指尚科技有限公司在大数据的营销垂直领域的研究成果。

（李　丹）

【发布“布局数字商业服务新战略”】 2016年6月21—23日，第15届中国互联网大会在北京举行，大会以“繁荣网络经济 建设网络强国”为主题，共议传统企业的互联网转型之道。会上，举行“中国互联网行业自律贡献奖”颁奖仪式，杭州泰一指尚科技有限公司获“2016 中国互联网产品及服务创新奖”。在6月22日举行的中国互联网高层年会上，杭州泰一指尚科技有限公司受邀出席并发表《助力传统企业降低大数据应用门槛》的主题演讲，与阿里巴巴集团高级副总裁、阿里研究院院长高红冰、京东集团总裁何刚论交流探讨互联网生态与经济；会上发布布局数字商业服务新战略。

（李　丹）

【重点软件企业核查】 2016年8月，根据国家规划布局内重点软件和集成电路设计企业所得税优惠政策核查工作的相关要求，由省发改委牵头经过资格审查、专家评审和现场核查等环节，滨江创业软件股份有限公司等21家企业通过核查，由省发改委转报至省级税务部门，滨江通过企业数量占浙江省的75%，通过核查的企业享受企业所得税优惠政策。（王方圆）

【中国传媒趋势解读】 2016年10月22日，第23届中国国际广告节在海南国际会议中心开幕。广告节以“海纳百川”为主题，由中国广告协会、海口市人民政府和海南省工商行政管理局共同主办，海口市会展局、海口市工商局、海南省广告协会和中广协广告信息文化传播有限公司共同承办。杭州泰一指尚科技有限公司作为数字商业领域的领军企业受邀参加广告节。同月23日，由中国广告协会和广告人传媒集团联合主办，杭州泰一指尚科技有限公司协办的“2016中国传媒趋势论坛”在海口国际会议展览中心多功能厅举行。杭州泰一指尚科技有限公司与嘉宾探讨新营销环境下的传媒生态，进行2017年中国最前沿的中国传媒趋势解读，以旗下营销服务品牌AdTime的视角，分享智能电视营销发展的现状和未来趋势。（李　丹）

【中国软件业务百强企业】 2016年10月31日，中国电子信息行业联合会和中国软件行业协会发布2016中国软件和信息技术服务综合竞争力百强企业名单，杭州海康威视数字技术股份有限公司软件业务收入96.3亿元、浙江大华技术股份公司软件业务收入32.6亿元、浙大网新科技股份有限公司软件业务收入5.7亿元、中控科技集团有限公司软件业务收入4.5亿元、信雅达系统工程股份有限公司软件业务收入3.2亿元、银江股份有限公司软件业务收入 1.5亿元入选百强企业。（王方圆）

【大数据科学家论坛】 2016年11月3日，由中国计算机学会（CCF）指导，杭州市计算机学会、杭州市移动互联网技术学会、杭州市中小企业服务中心、滨江区发展改革和经济局承办的第二届中国（杭州）大数据科学家论坛在杭州志成大酒店举行。杭州市科协副主席许宏球、CCF秘书长杜子德出席并致辞，杭州市计算机学会理事长王万良主持论坛开幕式。论坛以“大数据驱动的智慧城市”为主题，中国科学院院士、北京航空航天大学原校长李未、浙江大学计算机学院副院长、网易研究院院长陈刚、蚂蚁金服首席数据科学家漆远分别作“群体软件工程”“大数据管理系统发展趋势的思考与实践”“数据与信用驱动智慧城市实践”的主题学术报告。CCF杭州分部主席、浙江工业大学教授范菁主持主题报告会，杭州市经信委大数据云计算产业处处长黄左彦主持召开“G20成功举办后共话大数据”圆桌论坛，与杭州电子科技大学副校长胡华、杭州市数字城管信息处置中心副主任齐同军、CCF YOCSEF杭州副主席陈观林、浙江中控信息科技有限公司首席科学家杨永耀、杭州安恒信息技术有限公司副总裁刘志乐、银江研究院副院长李建元、浙江大华技术股份有限公司副总经理许焰、中国移动公司大数据资深架构师汤人杰等进行互动交流，230人出席论坛。（李　丹）

【滨江企业在世界互联网大会上演讲】 2016年11月15日，第三届世界互联网大会·互联网之光博览会在浙江乌镇召开。互联网之光博览会由国家互联网信息办公室、科学技术部、工业和信息化部、省经济和信息化委员会、省科学技术厅、中国互联网信息中心和桐乡市人民政府联合承办，来自全国各地政府部门、高新区、特色小镇、创业基地、创客空间、创业投资机构的3万名专业人士参会。大会集中首发和展示中国互联网发展成就和国际前沿、可互动体验、引领未来的全球互联网创新技术成果。杭州泰一指尚科技有限公司董事长江有归作为浙江省优秀企业代表受浙江省人民政府邀请出席并发表主旨演讲，解读中国数字经济发展条件和现状，并分享企业数字商业化转型。

（李　丹）

安防产业

【概况】 2016年，杭州高新区（滨江）有安防产业企业60家，从业人员5.27万人，其中，安防科研人员2.43万人。工业总产值748.32亿元，比上年增长21.5%。实现营业收入925.18亿元，增长24.9%；实现进出口总额31.25亿美元，增长5.1%；净利润158.46亿元，增长11.7%；上缴税金64.89亿元，增长4.6%。科技活动经费支出84.42亿元，增长42.5%，拥有发明专利4004件。杭州海康威视数字技术股份有限公司、浙江大华技术股份有限公司、浙江宇视科技有限公司3家企业排名全国安防产业前三甲。

【安恒在网络安全和信息化工作座谈会上发言】 2016年4月19日，中共中央总书记、国家主席、中央军委主席、中央网络安全和信息化领导小组组长习近平在北京主持召开网络安全和信息化工作座谈会并发表重要讲话。中共中央政治局常委、中央网络安全和信息化领导小组副组长李克强、刘云山出席座谈会，马凯、王沪宁、刘奇葆、范长龙、孟建柱、栗战书、杨洁篪、周小川等相关领导出席座谈会。杭州安恒信息技术有限公司（简称安恒信息）总裁范渊在会上汇报安恒信息创立九年来，企业在网络核心技术的创新研究上取得的阶段性成果和突破，表示将发挥安恒信息行业领军作用，加快打造核心安全技术。会上，分析当前互联网发展新情况等动向，介绍信息化发展技术新趋势，就加强网络安全技术能力建设等方面提出意见与建议。

【宇视科技亮相伦敦展】 2016年6月21—23日，2016年英国伦敦国际安全技术展（IFSEC 2016）在伦敦国际展览中心举办。浙江宇视科技有限公司携细分行业市场整体解决方案及创新技术在展览中心核心区设置宇视创新技术展区。通过存储IPSAN产品、U-code编解码技术现场展示，向英伦客户深度介绍IPSAN快速数据重建、录像故障自恢复功能、硬件层面防腐防尘等专利技术；基于U-code的深度编解码技术，多维度呈现宇视科技有限公司精工领先实力。从进军海外到全球破局，宇视科技有限公司全面参与世界竞争。2015年前后端开发重要特性200余个，定制开发响应涉及交付件1000余个，新开发语种17个，完成40多个国家、100余个渠道的问题处理及前期测试支持、10多个国家渠道培训。至2016年6月底，宇视成功交付的视频监控海外项目涉及80多个国家和地区。

【迪普科技中标中国移动负载均衡集中采购】 2016年7月，在“中国移动2016年度负载均衡设备集中采购”项目中，杭州迪普科技有限公司以相应标段排名第一的成绩中标，占据标段70%的份额，成为首家入围中国移动负载均衡集中采购的国内厂商，是唯一入围的国内厂商。中国移动负载均衡设备集中采购共3个标段，第一标段为四层吞吐120G的设备，第二标段为四层吞吐80G的设备，第三标段分两档，四层吞吐分别为30G和8G的设备。迪普科技研发的Guard3000系列异常流量清洗产品，在异常流量监测方面支持深度包检测（DPI）技术、NetFlow/NetStream/NFlow流信息（DFI）等监测技术，从而可以对异常流量进行高效地监测，深入识别隐藏在背景流量中的攻击报文；在攻击防护方面通过静态漏洞攻击特征检查、动态规则过滤、异常流量限速、指纹防护等技术，实现多层次安全防护，精确检测并阻断各种网络层和应用层的DDoS攻击以及未知恶意流量。在设备性能方面，Guard3000系列产品单台设备处理能力达400Gbps，再配合灵活的部署模式、丰富的日志与报表，迪普科技的异常流量清洗设备适应各种网络，广泛地部署在运营商的各个重要出口，有效保护网络免遭海量DDoS攻击。

【网络安保】 2016年9月4—5日，G20杭州峰会在杭州举行。杭州安恒信息技术有限公司作为G20杭州峰会网络安保和应急支撑工作的主要技术支撑单位，承担网络安全防护工作。自2015年9月开始，投入309名技术骨干，协助公安网监对浙江省1万个重点网站进行专项安全检查。防护期内，杭州迪普科技有限公司派出50余名网络安全技术专家入驻现场值守，至2016年8月底，共发现高危以上漏洞438个，拦截3300万次攻击，完成了G20杭州峰会网络安保任务。

【网络安全人才培养基地成立】 2016年9月21日，2016中国（杭州）网络安全和信息化高峰论坛在滨江区召开。大会经中央网络安全和信息化领导小组批准，由中央网信办网络安全协调局、中共浙江省委网络安全和信息化领导小组办公室、浙江省经济和信息化委员会指导，中国网络空间安全协会、浙江省信息经济联合会主办，杭州安恒信息技术有限公司承办，阿里云计算有限公司、杭州海康威视数字技术股份有限公司、浙江省计算机信息系统安全协会协办，国内网信工作相关主管部门和信息安全科研单位，浙江省级有关单位，各地市网信、经信、金融、运营商、互联网、军工、教育等各行业信息安全负责人、媒体、九所国内高校及企业人员共400余人参会。论坛以“弘扬网信精神，共筑安全防线”为主题，就网络空间安全等议题展开讨论，其中网信人才培养成为讨论焦点。论坛上，杭州安恒信息技术有限公司联合九所高校成立网络安全人才培养实训基地，开启网信人才培养新模式。

【滨江企业参加北京安博会】 2016年10月25—28日，第13届中国国际社会公共安全博览会在北京召开，滨江组织8家企业参展。博览会上，杭州海康威视数字技术股份有限公司以“深度智能，开启SDT新时代”为主题重点展示SDT代表产品和系统解决方案；浙江大华技术股份有限公司展示无人机、智能眼镜、HDCVI 400W鱼眼、360°全景摄像机等新产品与新技术；浙江宇视科技有限公司以“驾驭精工之路 可视智慧物联”为主题，展示精工制造拆解、人脸智能现场体验，参展商纷纷前来交流互动。

【海康威视位列中国品牌价值榜单榜首】 2016年12月12日，由中国品牌建设促进会、经济日报社、中国国际贸促会、中国资产评估协会等单位联合举办的“2016年中国品牌价值评价信息发布会”在北京举行，会上发布2016年品牌价值评价榜单，杭州海康威视数字技术股份有限公司以品牌强度943，品牌价值580.47亿元，位列电子行业第一。杭州海康威视数字技术股份有限公司在中国已设立35家销售分公司，并以分公司为基点向下延伸建立200余个业务联络处；在海外设立25家子公司，在杭州及海外主要区域建立全球客户服务中心、子公司客户服务部和授权客户服务站三级垂直服务体系，实现全球本土化深度服务。2011—2015年，公司连续五年蝉联全球视频监控企业市场占有率第一位；2015年，海康威视以全球安防第一位入选A&S《安全&自动化》“全球安防50强”。

【大华股份获"品质信赖奖"榜首】2016年12月14日，由杭州市人民政府、浙江省商务厅、浙报传媒等联合主办的金麦奖颁奖盛典在杭州开元名都酒店举行，浙江大华技术股份有限公司获2016年度国际电商界奥斯卡金麦奖"品质信赖奖"，从679家知名企业中脱颖而出，位列"品质信赖奖"榜首。浙江大华技术股份有限公司建立"以卓越绩效模式为框架的精益六西格玛"持续改进文化，追求零缺陷达到让顾客和股东满意，产品过程实现全生命周期的质量管控，覆盖需求质量、研发质量、制造质量以及服务质量等关键阶段，做到"有高度、有文化、有系统、有流程、有技术"，实现"以品质逐鹿安防，服务打动世界"的品质理念。自2012年开始导入卓越绩效模式，至2016年，先后获杭州市政府质量奖和国际QFD论坛及全国六西格玛项目大奖。

【中国软件十大领军人物】2016年12月22日，中国软件和信息服务业年度最高规格的盛会"2016中国软件大会暨中国软件巅峰之夜颁奖盛典"在北京举行。浙江大华技术股份有限公司董事长傅利泉，基于在安防大数据领域领导团队发布一系列前沿视频技术成果及服务，获行业专家及组委会一致认可，被评为"中国软件与信息服务十大领军人物"。傅利泉提出"视频+"战略，指明了产品及技术创新的行业化应用方向。2016年初，大华股份获得国际软件领域最严格认证机构——CMMI研究院颁发的CMMI ML5证书；知名媒体A&S发布的2016年度"全球安防50强"榜单中，跻身"全球安防50强"第四。

（李　丹）

文化创意产业

【概况】2016年，滨江区有352家规模以上文化创意企业，实现主营业务收入830.62亿元，比上年增长24.19%；利税155.29亿元，增长44.43%。全区集聚2000余家文化创意及相关企业，其中，杭州边锋网络技术有限公司、杭州电魂网络科技股份有限公司、杭州网易雷火科技有限公司等90余家动漫游戏企业，实现营业收入150余亿元，为全省动漫游戏第一区。年内，喜悦动漫（杭州）股份有限公司、杭州快定网络股份有限公司获批"新三板"挂牌，杭州电魂网络科技股份有限公司在上交所A股主板上市，5家企业入围第五届中国创新创业大赛浙江赛区文化创意领域10强，4部作品获评浙江省第11批文化精品工程项目。

2016年，累计引进符合高新区产业导向、具备发展潜力的文化创意企业128家，比上年增长21.9%。争取省、市扶持资金2261.85万元，兑现区级文创资金4000余万元，惠及企业223家。培育"游戏工厂""海螺邦"2家市级众创空间，白马湖生态创意城获全省唯一一家"国家级文化产业示范园区"创建资格，"众创空间+孵化器+特色楼宇+文创小镇+白马湖生态创意城"的五级平台体系进一步巩固。

完成第12届中国国际动漫节、第十届杭州"文博会"主会场各项服务保障工作，两大节展主会场参与人数分别达35.9万人次和22.6万人次；办展规模、参与人数、交易金额、节展效益再创历史新高。支持杭州玄机科技信息技术有限公司举办全国ACG武林大会，与杭州恒生电子股份有限公司召开"互联网+文化产业高峰论坛"，联合高新汇组织"泛娱乐产业项目专场路演"，滨江文创产业品牌自运行能力不断增强。

【设计服务企业】杭州瑞德设计股份有限公司是集创新、设计、品牌整合为一体的综合策略设计型企业。1999年创立"杭州瑞德设计有限公司"，2002年创立"浙江奇尚商业设施系统有限公司"，2011年创立"杭州瑞德文创科技有限公司""杭州智沃建筑设计有限公司"。2013年底瑞德设计完成重组，2014年5月27日改制成为"杭州瑞德设计股份有限公司"。2016年1月5日，杭州瑞德设计股份有限公司获工业和信息化部"国家级工作设计中心"认定，是目前浙江省唯一一家获此认定的工业设计企业。2016年设立设计创新中心、原创品牌中心、创新整合中心，整合成为青蛙工业设计、智沃建筑设计、e管家品牌顾问、"2平方米"学习家具、"可乐盒子"礼品定制、奇尚商业设施6个事业部，设计服务涉及文化创意、智慧城市、智能穿戴、能源、交通、家电厨电等领域。与中国石化、中国一汽、香港利丰集团、H&M、耐克、阿迪达斯、ONLY、李宁、联想、方太等全球500强及国内外优秀企业合作与服务，为合作企业创造3000亿元的商业价值，充分展现“设计的力量”“瑞德人坚守设计梦”成果，成为中国“创新设计商业价值转换”成功商业案例的典范，为中国专业原创设计服务公司的新商业模式突破提供了个性鲜明的商业实践的探索。2016年，申请28个专利，均已授权；实现营业收入1.01亿元，比上年增长10.3%；实现利税2870万元，增长19.5%。

【白马湖生态创意城】 2008年初，根据杭州市委、市政府决策，通过科学论证，滨江区着手规划建设杭州白马湖生态创意城。白马湖生态创意城位于滨江区南部区块，规划面积20平方千米。规划定位为“国家级文化创意产业园区、旅游休闲度假区、杭州城市美学和建筑美学示范区、杭州和谐创业示范区”，目标将白马湖生态创意城建设成为杭州“全国文化创意中心”的大平台、主阵地。园区的主导产业为动漫游戏、设计服务、现代传媒、文化会展四大行业，至2016年底，集聚各类文创企业（团队）315家，形成杭州乃至浙江文创产业发展独特的“白马湖模式”。2016年，白马湖生态创意城举办各类展会活动50场次，展览面积38万平方米，入驻企业总营业收入突破25亿元。中国动漫博物馆钢结构主体2016年4月底结顶，幕墙施工全面铺开，并先后通过省、市标化工地、省绿色施工示范工地、国家绿色施工示范工地和国家建筑工程钢结构金奖验收；冠山公园一期工程开工建设；千亩产业园华数白马湖数字电视产业园一期建成启用；艾斯弧设计软件生产基地开工建设；“最葵园”、畅唐网络游戏研发基地、舟帷文化创作基地等产业项目加快推进。白马湖学研究成果丰硕，至2016年底已分辑出版《白马湖诗词》《白马湖传说》《白马湖俗语》《白马湖风物》共4册丛书。白马湖创意城先后获“杭州国家动画产业基地”“杭州国家数字出版基地核心园区和动漫出版园区”“杭州国家文化与科技融合基地示范园区”3项国家级产业集聚区认定，2016年12月列入全国首批10家“国家级文化产业示范园区”创建单位。

【原创动画公司】 浙江中南卡通股份有限公司（简称“中南卡通”）2004年在滨江成立，致力于原创动画制作、影视节目发行、音像图书行销、动漫品牌授权、衍生产品开发营销、特许经营等相关产业。自2004年至2016年，公司不断提高企业综合实力和核心竞争力，已发展成为国内最大的原创动画公司之一，是浙江省版权保护示范企业、浙江省文化产业示范基地、浙江省文化出口重点企业、浙江省服务业重点企业、国家科技计划承担单位、高新技术企业、国家文化出口重点企业、全国最具影响力国家文化产业示范基地、首批国家级重点动漫企业。从第一部动画片《天眼》，到《天眼神虎》《魔幻仙踪》《星际飚车王》《劲爆战士》，原创了21大题材、58部作品、10万分钟精品动画，获得国际、国内奖项100余项。2011—2015年“十二五”期间，公司参与、承担“国家863计划”、国家科技支撑计划等课题7项，其中，“863计划”课题《3D内容感知生成技术和系统》、国家科技支撑计划课题《动漫研发服务平台应用示范》均通过科技部验收。公司是动漫产业“走出去”重点扶持企业，2016年，公司有10余部动画新片在海外市场发行，总时长1万余分钟。至2016年底，动画片销往全球90个国家和地区的播映系统，稳居全国首位，实现营业收入9501.19万元，利润总额1393.72万元。

【全品牌运营娱乐公司】 杭州玄机科技信息技术有限公司2005年10月9日成立并落户滨江区，是中国十大优秀原创动画企业之一，团队人数300余人。公司以原创动漫影视制作为基础，主营制作、复制、发行、专题、专栏、综艺、动画片、广播剧、电视剧等，拥有一批高学历高素质并具有丰富经验的制作人才发行骨干，具有先进的技术设备和完善的营销发行渠道，成为杭城最具影响力的原创动漫企业之一。公司从2005年创立至2016年，完成20余部动画作品，实现从原创内容孵化、动漫创作、图书音像、衍生产品、网络游戏、影视摄制的IP全产业链品牌运营能力，以精工细作的“匠心”精神和不断创新的艺术风格，成长为业内领军的优秀动漫企业。2016年，实现营业收入4887万元，实现利税1815万元。

【原创武侠动画《秦时明月》】 2014年8月8日，杭州玄机科技信息技术有限公司推出动画电影《秦时明月之龙腾万里》。细腻唯美的造型画面，丰富精彩的人物性格，跌宕起伏的剧情，深厚的文化历史底蕴，从众多原创动漫作品中脱颖而出，赢得业界的高度肯定和观众的一致好评。《秦时明月》动画系列是玄机科技重点打造的原创武侠动画品牌，是中国大型三维武侠动画系列剧，以独特而极具艺术价值的表现形式展现两千年前古老中国大地上百家争鸣、纵横交锋的恢宏史诗。由中国最佳动画导演奖获得者沈乐平担任总导演、总编剧、总制片。原定7部动画连续剧的时间量，已制作完成4部，共100集，2016年，完成第一部《百步飞剑》、第二部《夜尽天明》、第三部《诸子百家》、第四部《万里长城》，第五部《君临天下》正在连载中。从2007年至2016年，《秦时明月》系列动画已在全国包括央视、北京卡酷、上海炫动、湖南金鹰、广东嘉佳、江苏优漫五大卡通卫视及省市地等600余个电视台播出，同时走出国门，走向海外市场，并被翻译成七种语言，发行至全球37个国家和地区，其中包括以法国、意大利、西班牙、俄罗斯为主的欧洲市场，以新加坡、马来西亚、印度、泰国为主的亚洲市场以及港澳台地区。2007年12月，获中国电视最高奖“星光奖”（与“飞天奖”、“华表奖”并列的政府三大奖）。2007—2012年和2016年分别获国家广电总局年度推荐优秀国产动画片奖。2009年11月、2012年、2014年分别获省市“五个一工程奖”。2009年6月，获上海电视节“白玉兰奖”国产动画片银奖；2014年5月获“金猴奖”最具潜力动画系列片奖。2011—2016年，获国家少儿精品动画，同时入选日本权威《动漫产业白皮书》、美国AUTODESK全球最佳作品集、法国戛纳电视节亚洲展映会最佳作品、亚洲电视大奖赛3D最佳推荐动画等国内外110余项重要奖项和荣誉称号。

【省文化精品扶持工程】 2016年3—6月，浙江省文化精品扶持工程第11批项目开展申报，收到来自全省各艺术门类申报项目380个。经资格初审、专家评审和工作委员会审议，并经省委宣传部最终审定，10月12日，浙江省文化精品扶持工程第11批扶持项目公布，电视剧《人民检察官》等76个申报项目被列入浙江省文化精品扶持工程第11批扶持项目。滨江区推荐的电视剧《鸳鸯湖畔》、电影《玻璃盒子》、动画电影《锋速战警》、动画片《武庚纪》题材广泛，内容丰富，风格多样，贴近生活，整体反映了当前滨江区文化精品创作生产的良好态势，4部作品成功入选，占杭州市入选数的20%，入选项目得到省、市两级相应的资金扶持政策和跟踪服务指导。

【互联网+文化产业高峰论坛】 2016年4月8日，区文创办和杭州恒生电子股份有限公司在白马湖国际会议中心联合主办“恒生2016年度互联网+文化产业高峰论坛”，来自全国各地400人出席，60家文化产品交易所的代表参加高峰论坛，畅谈互联网+文化产业的变革和创新。论坛上，与会人员分别就杭州高新区互联网文化产业现状、文化与金融的结合、文化产业与金融发展、恒生助力文化产业+互联网创新、文化艺术品经营交易模式探讨、安全专业的价值投资，技术让交易更简单、让专业创造价值等进行演讲。互联网经济下促生的新型行业——文化产权交易所、邮币卡电子盘的高速发展，2015年中国文化产权（含邮币卡）的交易额2万亿元。恒生电子公司代表介绍“互联网+”的经验，表示要把金融交易的核心件运营到文化产业交易中，集聚助力文化产业+互联网创新。

【泛娱乐产业项目专场路演】 2016年7月7日，由区文创办、市创业投资服务中心主办，高新汇·三维信息科技园、区科技金融服务中心、全景网杭州路演中心承办的“天使帮帮创”泛娱乐专场路演活动在全景网杭州路演中心举行。浙江大学博士、网易视频云技术负责人邵峰向在场的创业者、投资人剖析目前网红现象。此次参与路演的项目涵盖网络文学、游戏、视频、影视、原创IP等领域。其中，来自创投界的评委对二次元文学最受青睐。路演展示作为国家广电总局首批国家动画产业基地的高新区（滨江）泛娱乐事业的全新变化，造就一批具有国际竞争力的规模企业和极具创新及发展能力的文化创意企业，其中，包括网易（杭州）网络有限公司、杭州玄机科技信息技术有限公司、杭州电魂网络科技股份有限公司、杭州边锋网络科技有限公司、浙江中南卡通股份有限公司等企业，培育了动漫、网络文学、游戏、影视、设计等领域的新兴创新企业。高新汇·三维信息科技园采用“政府引导、企业投资、专业科技园运营公司（高新汇）管理”模式，打造以信息经济、泛娱乐为主导产业的全生态主题产业园区，推动了区域泛娱乐产业的发展。此次路演，10余家投资机构到场参加项目交流对接。

【A股上市发行游戏企业】 2016年10月26日，杭州电魂网络科技股份有限公司在上海证券交易所上市，成为国内首家独立IPO（首次公开募股）A股上市发行游戏企业。公司A股股本为2.4亿股，其中6000万股在2016年10月26日上市交易。电魂网络的A股发行价为15.62元每股，募集资金总额为8.73亿元，上市首日开盘股价即飙升43.98%。杭州电魂网络科技股份有限公司2008年落户滨江区，是拥有自主研发能力、运营能力的专业化网络游戏公司。电魂网络在游戏界有很高的知名度，拥有竞技类客户端网游《梦三国》、休闲塔防竞技类客户端网游《梦塔防》、移动端网游《梦梦爱三国》《梦三国手游》《硬霸三国》等产品，其中，《梦三国OL》的注册用户2015年3月突破1亿户，最高同时在线人数突破54万人次。2016年，实现营业收入4.48亿元，比上年增长6.7%；实现利税3.13亿元，增长18.6%。

【数字电视产业园投入使用】 2016年12月16日，坐落于白马湖生态创意城的华数数字电视产业园投入使用，首批1300余名员工入驻B座和D座。园区规划总用地面积6万平方米，建筑面积16万平方米。共有A、B、C、D、E、F、G 7座楼宇和一个国家新闻出版广电总局数字电视开放实验室（H楼），构成一朵“七瓣一芯”巨型“桂花”。投入使用后设立数字运行区、华数集团区、产业发展区、园区配套区四大功能区域，打造全市数字电视播控中心、全国新媒体播控中心、全国最大的数字节目内容媒体资源库、全国节目内容分发和运行中心、数字节目内容制作中心、信息数据中心、下一代广播电视网枢纽中心、国家数字电视开放实验室八大中心。华数集团是大型国有文化传媒产业集团，位居国家新媒体产业发展第一方阵，是目前国家规模最大的唯一跨地区经营的有线网络运营商，作为中国数字电视内容综合平台第一股，拥有3000万的有线电视家庭用户、1亿互联网电视的覆盖用户、5600万的手机端产品用户，服务覆盖全国29个省90余个城市的有线网络；累计100余万小时的数字化节目内容，800余家国内外顶尖内容品牌成为华数内容供应商。 （王志红）

生物医药产业

【概况】 2016年，滨江共有生物医药产业企业94家，从业人员1.19万人，其中，科技人员2425人。工业总产值152亿元，比上年增长35.5%。营业收入193.3亿元，增长8.7%。净利润总额14.16亿元，下降44.5%。上缴税金18.66亿元，增长11.7%。出口8867万美元，增长253.9%。科技活动经费支出6亿元，增长54.5%。拥有发明专利407件，增长44.3%。2016年，浙江省公开招标确定省级医药储备承储单位，浙江普康生物技术有限公司、杭州康恩贝制药有限公司2家企业入围，其中，浙江普康生物技术有限公司承储2.61万支甲肝疫苗，杭州康恩贝制药有限公司承储5万盒非那雄胺片。

【中国指定运营服务商】 2016年1月中旬，杭州认知网络科技有限公司（简称“认知”）成立，并与IBM签署战略合作协议，成为IBM Watson health中国指定运营服务商。3月，认知完成Pre-A轮融资。8月，IBM宣布Watson health进入中国，认知作为独家运营商签署21家医院。12月，浙江省中医院联合思创医惠科技股份有限公司与杭州认知网络科技有限公司共同宣布成立沃森联合会诊中心，是IBM Watson for Oncology在中国提供服务的首家联合会诊中心。

【中国首个用于介入治疗的人工心脏瓣膜系统获批】 2016年4月25日，杭州启明医疗器械有限公司经导管主动脉瓣膜产品——Venus A-valve经皮介入人工心脏瓣膜系统在中国上市。此核心技术是对不能做外科手术，或是外科手术风险较高的患者，提供不开胸、仅需穿刺血管即可完成的治疗方案，避免了开胸及体外循环等风险，具有手术创伤小，术后恢复快等优点。此款产品是中国获得CFDA批准的第一个经导管瓣膜置换产品。

【省科技进步二等奖】 2016年12月10日，杭州康恩贝制药有限公司项目"基于神经网络设计和膜控微丸制备新技术的集成研究及产业化"获浙江省科技进步二等奖。公司以"做中国新型药物制剂的创导者"为发展方向，开展新型药物制剂研究，膜控型微丸制剂是杭州康恩贝制药有限公司的核心技术之一。项目由杭州康恩贝制药有限公司联合浙江康恩贝制药股份有限公司、浙江金华康恩贝生物制药有限公司、浙江大学共同完成，开展膜控型微丸制剂研发及产业化过程中的技术攻关，针对性解决了膜控型微丸制剂的研发及产业化关键问题。通过院士领衔的项目专家组鉴定，其膜控型微丸产业化在线过程控制技术处国际领先水平。此项目的开发对微丸制剂产品的研究及产业化实施具有重要意义，对国内微丸制剂产业发展起到引领示范作用。

【中国专利优秀奖】 2016年12月13日，国家知识产权局印发《关于第十八届中国专利奖授奖的决定》，杭州康恩贝必坦相关发明专利"一种盐酸坦洛新制剂及其制备方法"（专利号ZL200910155645.1）被评为中国专利优秀奖。此专利于2009年12月24日申请，2013年1月9日取得授权；经院士推荐，中国专利奖评审委员会评审，国家知识产权局和世界知识产权组织审核，获中国专利优秀奖。

（李　丹）

节能环保产业

【概况】 2016年，滨江共有节能环保产业企业94家，从业人员7940人，科技人员2563人。工业总产值98.62亿元，比上年增长10.4%。实现营业收入151.55亿元，净利润总额16.4亿元，增长36.7%。上缴税收9.19亿元，增长8.3%。出口总额2.63亿美元，下降39.3%。科技活动支出6.27亿元，下降1%。拥有发明专利473件。

节能环保产业以节能关键技术和产品研发、节能工程集成服务为主，重点研发环境污染的防治技术，自主研发废水、废气、固废的处理处置及其资源化再利用技术；利用信息技术优势，提升环境治理的总包服务能力，形成从工程、设计到服务、咨询的节能环保全产业链覆盖。节能装备、水污染防治、噪声治理、资源综合应用等领域涌现出具有一流技术和较强竞争力的节能环保企业。聚光科技（杭州）股份有限公司是中国环保监测仪器行业龙头企业及中国在环境与安全检测分析仪器领域重要的创新平台与产业化基地，2016年，实现主营收入12.68亿元，利润总额2.17亿元，税收0.57亿元。英飞特电子（杭州）股份有限公司专注于高效、智能化的LED驱动电源研发、生产、销售和技术服务，成为中国本土最具影响力的LED驱动电源厂商之一，LED驱动电源销售规模位居全球前列，2016年，实现收入6.04亿元，利润8200万元，税收1400万元。

【环境大数据的获取与应用专题研讨会】 2016年11月16日，由中国环境科学学会、省环境科学学会和国家环境保护监测仪器工程技术中心联合主办，聚光科技（杭州）股份有限公司、省环境科学学会环境监测专委会、省环境科学学会环境影响咨询专委会承办的"环境大数据的获取与应用专题研讨会"在滨江召开。150人参加研讨会。研讨会以“环境大数据的获取与应用”为主题，围绕环境保护规划、管理和决策、环境大数据的获取和应用领域最新进展、当前环境监测和信息化技术等方面，邀请国内环保领域专家学者和优秀环保科技企业代表做专题报告，共同探讨环境监测数据获取与应用技术领域新进展。环保部评估中心数模研究部副主任陈爱忠、浙江省环境监测中心自动部副部长田旭东、中国环境科学研究院博士乔飞、浙江大学环境与资源学院教授史惠祥、三捷环境工程咨询有限公司经理吴成志和聚光科技副总监黄伟等10名环保领域专家受邀出席研讨会并做专题报告。通过技术发展畅谈和应用实例展示，分享环境大数据的获取与应用领域的最新进展，为节能环保领域科技工作者的研究提供参考和借鉴，同时也为新时期与新形势下的环境保护管理工作提供新的思路。

【英飞特电子上市】 英飞特电子（杭州）股份有限公司位于滨江区江虹路410号，2007年由国家“千人计划”入选者华桂潮创建，注册资金1.32亿元，总资产17亿元。公司下设英飞特美国公司、英飞特欧洲公司、浙江英飞特节能技术有限公司、浙江英飞特光电有限公司及杭州英飞特科技咨询有限公司5家子公司。是专注于高效、智能化的LED驱动电源研发、生产、销售和技术服务于一体的高新技术企业。2016年12月28日，在深圳证券交易所上市，“英飞特”代码“300582”。公开发行股票3300万股，发行价格14.85元每股。新股募集资金4.9亿元，发行后总股本1.32亿股。

（李　丹）

新能源产业

【概况】 2016年，滨江新能源产业共有企业44家，从业人员6889人，科技人员1470人。工业总产值217.9亿元，比上年增长1.7%。实现营业收入277.31亿元，净利润总额12.17亿元，上缴税收7.35亿元，增长0.5%。出口总额4.6亿元，增长2.8%。科技活动经费支出5亿元，增长56.6%。拥有发明专利348件。新能源产业重点研究太阳能、地热能、生物质能等新能源核心技术，加快推进新能源产业化进程；研究开发和推广太阳能热发电、储能电源、摩擦纳米发电等领域的装备和产品，参与智能化电力运行监测、管理技术平台以及开放共享的能源网络建设，已形成全球化品牌营销与电站建设能力的优势，成为民营企业中电站投资、开发、建设的领先者，率先成为光伏系统解决方案提供商，为客户提供全套的硬件产品和光伏系统建设服务。

【国家电投与桑尼能源签订战略合作协议】 2016年3月11日，国家电力投资集团公司浙江分公司与杭州桑尼能源科技股份有限公司在桐庐签订战略合作协议。双方秉持“发展共享，合作共赢”合作理念，以“建成一流的知名分布式光伏发电企业，成为全国屋顶分布式光伏的领军者”为发展目标，力争实现屋顶分布式光伏发电项目2016年投产130兆瓦，三年内建成500兆瓦，五年内建成1000兆瓦。双方通过创建区域试点、以点带面的发展思路，辐射周边地区。至12月，桑尼能源与国家电投浙江分公司在杭州、台州、宁波、舟山、金华等地注册成立16家项目公司，已开工建设150兆瓦分布式光伏发电项目。

【海洋潮流能发电并网成功】 2016年7月27日，由杭州林东新能源科技股份有限公司研发的世界首台3.4兆瓦LHD模块化大型海洋潮流能发电机组，攻克海流能发电稳定性差的技术难题和攻克大功率海洋能发电的技术难题，顺利下海发电。8月26日，并入国家电网，实现里程碑式的重大突破，使中国成为继英国、美国之后，世界上第三个掌握海洋能兆瓦级大功率发电、稳定发电、并入电网技术的国家。此项目入选“2016年度中国海洋十大科技进展”第二位，获得由科技部、财政部、教育部、团中央等部委联合举办的“2016第五届中国创新创业大赛”行业总冠军。

【中国地源热泵行业高层论坛】 2016年8月11—12日，陆特能源·2016第八届中国地源热泵行业高层论坛在浙江·杭州雷迪森铂丽大饭店举行，同期，举办中国地源热泵产业联盟成立大会、第三届中国地热能及地源热泵行业产品与技术博览会、首届干热岩开发专题研讨会及《地源热泵》杂志创刊十周年庆典、2014—2015年度地源热泵产业十强颁奖典礼。来自全国各地的地源热泵企业、政府部门、行业协会、大专院校、房地产开发商、设计院、地源热泵及地热能等相关单位的600余名专业人士出席大会并参与现场交流。开幕式上，中国地质环境检测院副院长、中国能源研究会地热专业委员会主任田延山代表主办方讲话，国际地源热泵协会中国地区委员会主席、《地源热泵》杂志主编方肇洪代表承办方讲话，浙江陆特能源科技股份有限公司董事长夏惊涛围绕大会主题作《中国地热能产业的未来——开放、合作、发展》主旨演讲。中国地质环境监测院副院长、中国能源研究会地热专业委员会主任田延山主持中国地源热泵产业联盟成立大会。会上通过中国科学院院士汪集暘当选联盟名誉理事长，《地源热泵》杂志主编方肇洪当选联盟理事长，浙江陆特能源科技股份有限公司、麦克维尔中央空调有限公司和中信建筑设计研究总院有限公司当选为联盟副理事长单位；公布8家联盟常务理事单位名单、60余家首批发起单位名单。

【首个光伏产品制造标准】 2016年9月30日，由浙江正泰太阳能科技有限公司主起草的T/ZZB 0091-2016《地面用晶体硅光伏组件》浙江制造标准发布。标准规定了地面用晶体硅光伏组件设计鉴定和定型的要求，填补了“浙江制造”标准光伏领域的空白。正泰太阳能科技有限公司是国内最早从事光伏组件制造的企业之一，2006年10月18日成立，是国际领先的高效组件制造厂商，经营的晶体硅和薄膜太阳能电池、电池组件、光伏发电系统设备等产品质量获全球客户一致认可。

【中国地质学会年会】 2016年11月15—16日，中国地质学会水文地质、地热专业委员会2016年年会暨地下水资源与地热资源可持续利用研讨会在杭州宝盛水博园大酒店召开。会议由中国地质学会水文地质专业委员会、中国地质学会地热专业委员会、中国地质科学院水文地质环境地质研究所、中国地质调查局地热资源调查研究中心、省地质学会联合主办，浙江陆特能源科技股份有限公司承办，来自全国65家单位300余专家及代表出席会议，中国地质科学院水文环境地质研究所副所长张兆吉主持开幕式。会议总结交流地下水资源、地热资源调查研究及开发利用的成果和经验，50名地质行业的专家和学者分别从地下水资源和地热资源的应用前景、构造分析、案例研究、模型试验、技术开发等方面进行专题研讨。

（李　丹）

国家级产业基地（园区）

国家软件产业基地

【概况】 2001年7月，国家发展计划委员会和信息产业部批准杭州为“国家软件产业基地”。为保证国家软件产业基地的建设和发展，充分发挥政府部门在推动软件产业发展中的组织、引导、规划、协调和服务作用，根据《国家软件产业基地管理办法》，由杭州高新技术产业开发区资产经营有限公司和6家骨干软件企业共同投资建立杭州国家软件产业基地有限公司（以下简称“国软公司”），作为受托承担政府公共服务职能的运营实体。国软公司本着“优化企业生态环境，促进产业持续发展”的建设理念，通过“集成资源、优化环境、打造品牌、建设平台”，帮助滨江区域内软件企业提高信息技术研发创新和服务能力。

至2016年，杭州高新软件产业基地拥有软件企业1637家，从业人员22万人。2016年，软件产业实现收入2092亿元，比上年增长28%。以软件为主的高技术服务业成为区内第一大税源产业，上缴税金159亿元，增长30.32%。杭州高新软件产业基地2016年专利申请总量1.42万件，增长40.2%；专利授权量6700件，增长5.7%，其中，发明专利授权1466件，增长27.8%。R&D投入122亿元，占GDP比重13.5%，为创新能力不断提升提供有效保障。区内企业承担国家核高基重大专项占浙江省的70%，承担国家高技术产业化项目占浙江省的30%，承担国际标准制（修）订数占浙江省的54%。

【软件及服务外包】 2008年5月，滨江区政府从以提升自主创新能力为核心的战略发展高度做出建设“软件及服务外包公共技术平台”的决定，旨在通过搭建企业公共技术服务平台，建立符合本地软件企业发展需要的技术服务中心，为发展于不同阶段的软件企业提供先进的技术理念和明确指向的专业服务。2009年5月，平台在滨江会展中心建成并投入运行。国软公司的软件及服务外包公共技术平台以边建设边服务的模式落地建设成果，服务涵盖软件、物联网和文化创意等领域。至2016年底，为300余家企业的700余个项目提供线上软件开发环境服务、软件测试环境服务和动漫渲染服务；集成10余家软件开发企业开发成果，提供文献查询服务3000余次、视频会议服务80次；为60余家企业提供云存储服务，40余家企业提供标准查询服务；组织各类实训和技术研讨班50余次，培训企业技术人员3000余人。 （王方圆）

国家集成电路设计（杭州）产业化基地

【概况】 2001年，科技部批准杭州建设“国家集成电路设计杭州产业化基地”，为集成电路设计企业提供全方位服务。2002年，国家集成电路设计杭州产业化基地成立集成电路设计企业孵化器，并被评为浙江省省级科技企业孵化器、杭州市市级科技企业孵化器、杭州高新区科技企业孵化器。2004年，国家集成电路设计杭州产业化基地、浙江大学和杭州电子科技大学共同建设浙江省集成电路设计公共技术平台，同年，杭州市政府、浙江大学、中国国际人才交流基金会和国家集成电路人才培养基地专家指导委员会在杭州联合组建国家集成电路师资国际培训中心（杭州），成为当时全国11个软件与集成电路国际人才培训基地中唯一的集成电路培训基地。基地共有规模以上企业23家，年产值亿元以上企业6家。

2016年，杭州滨江集成电路产业营业收入69.62亿元，比上年增长9.1%。利润总额7.55亿元，增长7.7%，上缴税金4.54亿元，增长23%。出口总额2.63亿美元，增长24.4%。浙江省集成电路设计公共技术平台通过个性化的技术开发和技术服务、开放性的技术支撑和资源共享、资助性的成果推广和产业化支持、培育性的创业支持和企业孵化、公益性的业内公共活动组织5种服务模式的结合，为浙江省的集成电路设计企业提供切实有效的各项服务，帮助中小企业解决实际困难。2016年，平台服务性收入10.94万元。

【集成电路设计企业培训】 2016年7月20日，由国家集成电路设计（杭州）产业化基地与省经信委、省半导体行业协会联合举办的集成电路设计企业专题培训在浙江新世纪大酒店举行，来自杭州、宁波、绍兴、嘉兴和湖州等市的集成电路设计、集成电路晶圆制造、集成电路封装测试、半导体片材和外延片制造、半导体专用装备研发制造等集成电路产业链各环节相关企业的董事长、总（副总）经理、总会计师等80余人参加培训。培训课题涵盖模拟设计领域相关技术的核心内容，注重基础知识和实用技巧的讲解，宣传贯彻集成电路产业政策、解读集成电路设计企业税收优惠备案程序。在课题过程中掌握数字集成电路的coding、仿真、综合、静态时序分析、可测性设计、一致性验证等一系列数字电路前端流程中的设计技巧，通过专题实验帮助学员熟悉模拟设计流程，提升学员分析、设计、优化、测试电路的能力，达到能独立完成中等规模电路模块的前端设计水平。

【集成电路设计服务讲座】 2016年7月28日，杭州ICC和上海灏谷集成电路技术有限公司在杭州联合举办设计服务讲座，12家企业30名工程师和总经理到滨江IC基地参加讲座。上海灏谷集成电路技术有限公司总经理携10人团队进行台积电最新流片工艺及生产流程介绍，上海ICC与灏谷代理台积电流片流程介绍、灏谷金融服务介绍、ICLINKED集成电路产业平台介绍等专题授课。

【参观IC CHINA 2016展会】为进一步了解行业发展趋势，以便更好地完善自身产品结构，推动行业快速发展，2016年11月10日，国家集成电路基地有限公司组织在杭企业和高校相关人员共60余人前往上海参观IC CHINA 2016展会。此次大级别的半导体展会涉及IC设计与产品服务、芯片制造、封装测试、半导体专用材料设备与零部件、集成电路应用与解决方案、半导体光电器件、IC分销、物联网相关等IC全产业链服务与产品，展示面积1.5万余平方米。

（李　丹）

国家新型工业化（物联网）产业示范基地

【概况】2012年，杭州高新区（滨江）被工业和信息化部正式命名为“国家新型工业化（物联网）产业示范基地”，成为浙江省内首个通过工业和信息化部批准的物联网产业示范基地。自2012年工业和信息化部正式授牌，滨江区在国家、省、市有关部门的指导和支持下，按照国家新型工业化产业示范基地的要求，致力于打造具有国际影响力的物联网技术创新区、产业集聚区和示范应用先导区。至2016年底，基地共有规模以上企业699家，年产值亿元以上企业249家，实现销售收入4400亿元，比上年增长18.76%，其中，主导产业销售收入1071.9亿元，规模以上企业销售收入1533亿元。基地在智慧安防、智慧交通、智慧环境监测等领域处于全国领先地位。

2016年，基地实现工业总产值2425亿元，比上年增长20.41%，其中，主导产业工业总产值818.4亿元；上缴税金287.7亿元，增长25.85%，其中，规模以上工业企业税金99.8亿元；实现利润436亿元，增长20.88%，其中，规模以上工业利润173.8亿元。

2016年，基地实现研发投入124亿元。新增市级以上研发中心57个，其中，省级32个；新增市级以上企业技术中心8个，其中，省级4个；新批设立省级重点企业研究院37个，省级“三名”培育试点3个。专利申请量与授权量分别达1.43万件和6700件，比上年分别增长40.2%和5.7%。主导或参与研制并发布国际标准1项、国家标准19项、行业标准21项。获市级以上科技技术进步奖1项，中国专利奖10项。

2016年，基地新引进各类人才2.53万人，比上年增长9.1%，其中：高级人才3861人，增长2.7%；博士149人，增长33.0%。2016年，入选国家科技创新创业人才8人，累计19人。新增大学生创办企业403家，累计2561家；新增留学人员创办企业186家，增长43.1%，累计990家。

【“三名”企业试点培育】为提升企业竞争力，2014年浙江省开始实施“三名”工程（知名企业、知名品牌、知名企业家培育工程）是浙江省推进经济转型升级的重要举措。“三名”工程按照“创新、协调、绿色、开放、共享”理念，转变企业发展方式，提升产品供给能力，推动制造强省建设。通过实施名企战略，培育一批龙头骨干企业和高新技术企业；实施名品战略，创建一批享誉国内外的区域知名品牌，培育一批国内外具有较高知名度和影响力的品牌企业；实施名家战略，打造一支由知名企业家领衔的管理团队和技术团队，推动浙江省由工业大省向工业强省，制造大省向智造强省，品牌大省向品牌强省转变。“三名”企业的产生是经企业自愿申报，各设区市、省国资委材料初审，并推荐上报，省“三名”工程建设联席会议办公室委托第三方机构和专家进行遴选评价，浙江省“三名”工程建设联席会议全体会议投票表决产生。入选的企业将陆续享受到各级政府的资金、要素资源保障等支持。2014—2016年，浙江省开展“三名”企业试点培育工作，聚光科技（杭州）股份有限公司、杭州海康威视数字技术股份有限公司、新华三技术有限公司3家企业先后列入第一批、第二批、第三批省“三名”企业试点。

（叶松年）

产业平台

智慧新天地

【概况】2013年3月，区党委下发《关于设立杭州高新技术产业开发区（滨江）智慧新天地建设指挥部的通知》（区党委〔2013〕7号），成立“智慧新天地建设指挥部”，为区管委会、政府直属事业单位，主要负责区智慧新天地开发、建设和管理工作，经费形式为财政补助。“智慧新天地”规划区域位于滨江区西部，北起规划1号路，东至浦沿路，南接区界，西临钱塘江，区域面积5.6平方千米。核心区面积1.5平方千米，北至滨文路，南至浦乐路，东至滨浦路、西浦路，西至钱塘江。2013—2016年，指挥部重点开展智慧新天地区域内基础设施建设工作。2016年，智慧新天地建设指挥部累计完成政府投资3.44亿元（含征地拆迁费），完成年度计划2.51亿元的137%。区域完成丈量673户，评估378户，签约560户，腾房342户，拆除296户。

【沿江景观及工业遗址公园方案竞赛】 智慧新天地区域内的浙江之江水泥厂，前身是1978年浦沿乡投办的一个乡镇企业，1986年改名为浙江省之江水泥厂，2015年10月关停。为在沿江景观的建设中保留与体现工业历史遗迹，使工业元素、区域历史、滨水景观更好的融为一体，2015年10月，智慧新天地建设指挥部开展之江水泥厂遗址改造概念性方案设计，对其建设成工业遗址公园的可行性进行分析，经分析，认为此处建成工业遗址公园完全可行。2016年3月10日，区长办公会议明确以方案设计竞赛的方式确定最终中选方和设计单位。同月，指挥部发邀请函邀请中国美术学院风景建筑设计研究院、杭州园林设计院股份有限公司等6家设计单位参加竞赛，4月5家设计单位交竞赛文本，5月6日召开专家评审会，浙江省规划院、华东勘测设计研究院、市建委、杭州市交研中心、杭州市规划院、凤凰创意园、区住建局、交警大队等部门13人参加评审会。经讨论、协商，6月，确定由杭州园林设计院股份有限公司开展方案设计。

【控制性详细规划】 2013年3月，智慧新天地指挥部成立后，会同区住建局，与杭州市规划院及区各有关职能部门沟通对接，配合开展区域控制性详细规划修编工作。经修改调整，2014年12月，浦沿单元控制性详细规划上报杭州市政府，2015年3月，获杭州市政府下发《杭州市人民政府关于杭州市浦沿单元（BJ06）控制性详细规划（2015版）的批复》，同意浦沿单元控制性详细规划。2016年3月，江南单元控制性详规上报杭州市政府，7月，获市政府《杭州市人民政府关于杭州市江南单元（BJ01）控制性详细规划》批复，同意江南单元控制性详细规划。

【农转用组件报批】 2013年3月，智慧新天地指挥部成立后开展农转用组件报批工作，确立以“杭州国家高新区智慧医疗产业基地”项目落点新天地，以省重点建设项目列入规划局调报批计划。2015年5月，组件上报杭州国家智慧医疗产业基地（二期）22.37公顷，2016年2月，获浙江省人民政府批转。2016年，指挥部共获批23.71公顷，为智慧新天地区域的地块出让及基础建设工作夯实项目建设土地基础。

【土地治理】 2013年5月，区委常委会明确原“三化厂”地块土地风险评估及土地治理修复工作由智慧新天地建设指挥部负责实施。指挥部委托环保部南京环境科学研究所开展风险评估工作，通过原“三化厂”退役地块提取的1312个土样与46个水样进行检测和分析，完成退役地块风险评估与修复技术方案的编制。2014年8月29日，通过杭州市环保局备案。2015年1月，智慧新天地指挥部通过公开招标确定浙江卓锦环保科技股份有限公司作为“原电化厂”“原油化厂”退役厂区土壤及地下水修复工程施工单位。同年4月4日，“原油化厂”“原电化厂”地块土地治理修复工程开工；9月2日，“原油化厂”地块治理修复工程通过杭州市环保局验收备案。2016年5月4日，“原电化厂”地块治理修复工程通过杭州市环保局验收备案。

【海绵城市建设】 2016年1月18日，区政府下发《关于推进海绵城市建设专题会议纪要》，明确将智慧新天地确立为滨江区海绵城市试点，浙江贵仁科技股份有限公司作为海绵城市建设协助服务单位。通过前期调研、数据采集、技术分析及研究、修改，7月，形成海绵城市实施方案征求意见稿，通过发送征求意见函征求区发改局、住建局（规划、环保、绿化、工程）、农业局、城管局等相关职能部门的意见。9月，根据区海绵城市专项规划，对相关指标与要求进行修改与衔接。10月13日召开评审会，邀请市海绵办、区发改局、住建局、农业局、城管局、国土分局、城建指挥部、高新总公司、浦沿街道等部门及省市海绵城市建设专家参加会议，会上专家与职能部门对方案表示充分肯定。同时，指挥部在沿江绿化及环境整治工程项目中落实植草沟、雨水花园、透水铺装等海绵城市建设相关要求，在滨浦路（规划支路3号路——滨文支路）、七甲路（闻涛路——西浦路）、规划支路3号路等道路中以不同的形式落实下沉式绿地、透水铺装等工艺。

【绿化系统及铺装规划】 2016年3月，智慧新天地建设指挥部按照"一路一方案，一路一特色"工作思路，对新天地区域内19条横道9条纵道5个公园绿化现状实地踏勘与分析。通过现场踏勘、研究、分析，5月，形成智慧新天地景观网络体系绿化及道路铺装规划，在吸收区领导、住建局等相关职能部门及市园文局专家意见基础上进行修改与完善。6月5日，通过市园文局、区住建局、浙江大学等专家论证。8月，向区领导汇报后，区领导充分肯定智慧新天地区域"南北向常绿、东西向落叶"的总体行道树规划原则，并提出增设"口袋公园"等建设性的意见和建议。在此基础上，进一步修改深化方案并制作四季景观网络体系绿化3D模型。

【道路建设】 望水路（闻涛路—西浦路）工程西起闻涛路，东至西浦路，道路总长402米，宽20米。2015年4月7日，区发改〔2015〕42号文批准立项。工程分为二期实施，一期（滨浦路–西浦路）段西起滨浦路，东至西浦路，道路总长184米，宽20米。2015年8月28日开工建设，施工单位为浙江创昊市政园林有限公司，2016年9月竣工。二期（闻涛路—滨浦路）西起闻涛路，东至滨浦路，道路总长218米，宽20米。2016年7月4日开工建设，施工单位杭州浙景市政园林工程有限公司，2016年11月3日竣工。一、二期共完成投资782.77万元。

鸡鸣山路（滨浦路—西浦路）建设工程，西起滨浦路，东至西浦路，道路总长168米，宽16米。2015年3月30日，区发改综〔2015〕33号文批准立项。2015年8月24日开工建设，施工单位杭州安益建设工程有限公司，2016年7月26日竣工验收，完成投资319万元。

【水利项目】 南沙支堤补偿加固及绿化工程（东信大道—龙山路）项目，2014年5月5日《关于南沙支堤补偿加固及绿化工程（东信大道—龙山路）项目可行性研究报告的批复》批准立项。工程分四期实施，其中一、二期于2014年12月19日开工建设，施工单位均为浙江江南春建设有限公司。一期萧闻路–龙山路段全长1.23千米，主要建设内容为挡浪墙浇筑、穿堤管封堵及挖除、排水沟浇筑、土方回填、堤外抛石、马尼拉草皮种植护坡。2016年2月5日工程竣工验收，二期东信大道—滨文支路段，全长1082米。建设项目为挡浪墙浇筑、土方回填、堤外抛石、马尼拉草皮种植护坡及383米路堤合一段的道路、排水、路灯工程。至年底，完成投资4784.40万元。

【环境整治】 智慧新天地地块覆绿景观工程—浦乐路以南段，2016年3月5日开工整治。南起区界，北至浦乐路，覆绿工程建设18.07万平方米，主要播种白三叶（时花），种植珊瑚树等植物。施工单位杭州恒鼎园林建设集团有限公司，建设单位杭州高新技术产业开发区（滨江）智慧新天地建设指挥部，设计单位汉嘉设计集团股份有限公司，监理单位绍兴市工程建设监理有限公司。7月8日竣工验收，完成投资547.3万元。

智慧新天地地块覆绿景观工程—滨浦路以西段，3月4日开工整治。西起一线江堤，东至滨浦路，覆绿工程整治34.18万平方米，主要种植珊瑚树、红叶石楠、瓜子黄杨、书带草，播种白三叶及设置隔离护栏。施工单位杭州神工景观工程有限公司，建设单位杭州高新技术产业开发区（滨江）智慧新天地建设指挥部，设计单位汉嘉设计集团股份有限公司，监理单位浙江正业项目管理有限公司。4月18日竣工验收，完成投资687.19万元。

智慧新天地地块覆绿景观工程—滨浦路以东段，3月4日开工整治。西起滨浦路，东临西浦路，覆绿工程整治25.64万平方米。主要种植珊瑚树、红叶石楠、瓜子黄杨、书带草，播种白三叶及设置隔离护栏。施工单位浙江创昊市政园林有限公司，建设单位杭州高新技术产业开发区（滨江）智慧新天地建设指挥部，设计单位汉嘉设计集团股份有限公司，监理单位浙江浙坤工程管理有限公司。4月18日竣工验收，完成投资517.20万元。

智慧新天地地块覆绿景观工程—东冠路以北段，5月10日开工整治，北至新生村，南临东冠路，覆绿工程整治12.25万平方米。主要种植珊瑚树、红叶石楠、书带草，播种白三叶等及1号和13号地块水管道安装、截水沟、隔离护栏、种植土回填。施工单位浙江之江园林绿化艺术有限公司，建设单位杭州高新技术产业开发区（滨江）智慧新天地建设指挥部，设计单位汉嘉设计集团股份有限公司，监理单位浙江亿华工程建设管理有限公司。同月29日竣工验收，完成投资256.79万元。

龙山路南侧山体环境提升工程列入2016年区"两美浙江"建设项目，位于龙山路南侧，龙山山体北侧部分山体，总面积2891平方米，6月1日开工建设。工程建设项目山体植物梳理、整治和补植（主要植物包括香樟、桂花、枫香、紫薇等），文化石贴面，修筑挡土墙。施工单位杭州家昶市政园林工程有限公司，建设单位杭州高新技术产业开发区（滨江）智慧新天地建设指挥部，设计单位中国美术学院风景建筑设计研究院，监理单位浙江正业项目管理有限公司。7月18日竣工验收，完成投资59.2万元。（周盼庭）

物联网产业园

【概况】 2013年4月，根据《关于设立杭州高新技术产业开发区（滨江）物联网产业园建设指挥部的通知》（区党委〔2013〕8号），为加快推进滨江区物联网产业基地建设，大力培育和发展物联网产业，经区党委、管委会、政府研究，决定设立杭州高新区（滨江）物联网产业园建设指挥部，为区管委会、政府直属事业单位。主要负责物联网产业园建设发展的各项管理、协调和服务等工作，经费形式为区财政补助。指挥部设总指挥1人，由西兴街道主要负责人兼任，常务副总指挥1人（按正处级干部配备），副总指挥2人（按副处级干部配备）。内设综合办公室、规划建设办公室、招商和产业发展办公室3个机构，内设机构负责人3人（按科级干部配备），工作人员 7人，为区资产经营公司编制，从事指挥部日常工作。

杭州高新区（滨江）物联网产业园位于杭州高新区（滨江）的东大门，规划总面积366公顷，总建筑面积580万平方米。范围北至滨盛路，南至滨和路，东至风情大道，西至江陵路。功能定位，以物联网核心技术研发、网络信息服务及系统集成、智能传感设备制造等物联网"产学研用"产业体系为主导，发展"互联网+"产业和智慧应用，培育物联网产业集群，形成"龙头+集群"的产业生态，打造成为浙江物联网产业核心区、长三角物联网产业中心区、中国物联网产业示范区。2010年12月，物联网产业园核心区1.4平方千米奠基启动，2013年4月，物联网产业园升级扩容，同年11月，完成设计。

2012年2月，物联网产业园被工业和信息化部批准为国家物联网产业示范基地。2013年9月，被国家知识产权局批准为首批国家专利导航产业发展实验区，同年11月，数字安防产业集群被科技部列入国家创新型产业集群试点。2016年1月，"滨江物联网小镇"被省特镇办列入省级特色小镇第二批创建名单，同年11月，被省经信委确定为经信领域省级行业标杆小镇。作为国家物联网产业示范基地，至2016年，形成涵盖关键控制芯片设计、研发，传感器和终端设备制造，物联网系统集成以及相关网络运营服务等环节的物联网产业链体系，集聚杭州海康威视数字股份有限公司、浙江大华技术股份有限公司、浙江宇视科技有限公司等一批具有国际竞争力的物联网产业龙头骨干企业。产业园内有上市公司6家，新三板企业3家，园区入驻企业130家。

2016年，物联网产业工业总产值819.04亿元，比上年增长24.3%。实现营业收入1072.9亿元，增长16%。税收收入16亿元，实现产业投资17.2亿元。出口总额32.63亿元，增长4.9%。年末从业人员7.04万人，增长10.7%；科技人员3万人。科技活动经费支出93.3亿元，增长31.4%。拥有发明专利4654件，增长24.1%。园区落地产业项目26个，总投资100余亿元；建成投用项目10个，在建项目9个，落地商业配套项目5个。

【智慧e谷】 智慧e谷大楼是滨江区为切实解决物联网成长型企业发展空间而打造的企业加速器，2008年搬入位于滨江区阡陌路482号新落成的大楼。总用地面积1.38万平方米，总建筑面积5.08万平方米，其中：地上建筑面积3.87万平方米，地下建筑面积1.21万平方米，绿地占总面积20%。机动车停车位（含感知公园）686个，非机动车停车位1560个，用餐面积1300平方米。大楼由A、B楼两栋18层建筑通过两层的裙房有机联系形成一个整体，大楼北侧为1万平方米的感知公园。大楼引进银行、便利店、咖啡厅、特色餐饮等公共服务配套设施，为入驻企业提供商务洽谈、休闲娱乐、便捷生活的高品质公共服务，大楼内由绿城物业为入驻企业创造安全、整洁、有序的工作环境。大楼会议中心可容纳500人大型会议室1个，40人中型会议室2个，20人小型会议室3个。2016年，承办省、市、区各类大型会议183场，其中大型会议74场，累计参加人数1万人次。至2016年，大楼引进入驻企业17家，其中，A楼9家，B楼8家，引进人才1200余人，2016年营业收入11.9亿元。

大楼一楼为智慧e谷展厅，称为小镇会客厅，面积1450平方米，是杭州国家高新区管委会、滨江区政府的展示中心，一站式集成展示杭州高新区（滨江）智慧产业领域重点骨干企业的案例和解决方案。智慧e谷展厅分“智慧互联、智慧网络、智慧安防、智慧交通、智慧医疗、智慧环境”6个分区，由17组126块拼接大屏组成，展示阿里巴巴集团、华三通信股份有限公司、杭州海康威视数字技术股份有限公司、浙江中控技术股份有限公司、浙江大华技术股份有限公司等20余家重点骨干企业的示范应用。展厅主要面向国家和省市党政代表团和滨江区招商引资重要客商，2014年11月20日国务院总理李克强考察展厅。自2014年上半年试运行至2016年，接待党和国家领导人、国家部委领导、各省和市领导、国家级高新区和开发区领导等团组1500余批次、3.9万人次，成为高新区（滨江）展示智慧产业的重要窗口和平台。

（金晓雯）

【杭州创业大街】 位于物联网小镇阡陌路459号聚光中心内，总面积2万平方米。被杭州高新区（滨江）规划为继海创基地、科创中心之后设立的第三大众创空间集聚区，由杭州高新区（滨江）、聚光科技（杭州）股份有限公司、杭州跨星投资管理有限公司联合发起的杭州地标级双创综合体，2016年6月15日开街，总面积2万平方米。杭州三大不六孵化器管理有限公司、杭州创业邦传媒文化有限公司、杭州快投科技有限公司、杭州华有科技有限公司、杭州志趣相投有限公司、杭州星络科技有限公司、杭州霸气科技有限公司、杭州聚薪网络科技有限公司8家众创空间，腾讯南极圈等40余家知名创业孵化平台、创业社群组织、创投服务机构集体入驻创业大街，引进100余个创新创业项目。创业大街内设大型路演中心、多功能会议厅、多媒体展示厅、创业媒体和创投机构办公室。创业大街街区进行创业社交活动、跨星进化论、CEO聚会、新农必修课等活动，形成大街丰富多元、个性有活力的独特街区风格。至2016年底，入驻众创空间及符合杭州高新（滨江）产业发展方向企业174家，已孵化毕业企业33家。累计举办各类创业活动180余场次，直接参与1万余人。（綦美君）

【世茂·智慧之门】 2002年初，中共杭州市第九次党代会提出“构筑大都市，建设新天堂”的奋斗目标，实施“城市东扩，旅游西进，沿江开发，跨江发展”的战略。2014年，杭州地图城市的中轴线由原来的武林门向东移至钱塘江，沿江的钱江新城、奥体博览城、滨江核心区域，萧山的钱江世纪城发展较大，滨江新城十大综合体规划之一的

"研发中心集聚综合体"建成。综合体标志建筑群世茂·智慧之门坐落于杭政储出〔2014〕9号地块，2014年4月4日，《省发改委关于同意杭州世贸瑞盈置业有限公司开发杭政储〔2014〕9号商业、商务办公用房项目（二期）备案的通知》（浙发改外资〔2014〕573号），远骅有限公司通过公开挂牌出让方式取得此地块的土地使用权。

项目位于滨江区，东至西兴北单元BJ11-B1/B2-09B地块，南至规划协同路，西至规划解放桥路，北至规划绿化。项目总投资28.25亿元，资金来源由项目投资方远骅有限公司（注册地址，中国香港）自筹，建设和经营单位为其投资的独资企业杭州世贸瑞盈置业有限公司。地块总面积3.39万平方米，用地性质为商业、商务设施用地。建设规划地上总面积不大于27.09万平方米，绿地率20%，建筑密度不大于40%，建筑限高280米以内。世茂·智慧之门规划建成280米超5A双塔写字楼、3D环形精品商业街区、高端星级服务私邸，互联网+创居LOFT等多元业态于一体的大型商业综合体，世茂·智慧之门分两期建设。2015年7月启动一期建设，至2016年底，智慧之门C、D楼地下室完成，主体结构封顶，外立面幕墙基本完成，A、B、E楼的地下室土方、围护结构正在施工中，计划2020年投入使用。

（黄春林）

【全球安防50强】 物联网园区重点企业浙江大华技术股份有限公司（简称"大华"）是全球领先的视频监控解决方案提供商，前身大华电讯设备厂，1993年在滨江区成立。2001年，大华正式进入视频监控领域。2002年，推出业内首台自主研发8路嵌入式DVR。2003年，将业务延伸到海外市场。2007年，推出嵌入式智能交通高清卡口摄像机（智能交通一体机），成为中国电子警察的事实标准。2008年，大华股份上市，股票代码"002236"。2010年，引入CMOS技术，推出高清高倍机芯，改变了全球前端市场的竞争格局。2012年，大华HDCVI技术被HDCCTV联盟采纳，并据此制定传输领域的国际标准，此标准被评为国家认定企业技术中心。2013年，推出嵌入式软硬件一体的综合监控管理平台，百万路数规模的部署和维护变得极为简单。2014年，推出视频监控云服务，成立乐橙品牌，进入军民用视频监控市场，乐橙"乐盒"获得德国IF和红点双料大奖。2016年，大华获得CMMI 5最高级别认证，奠定全球软件发展的领先地位。

大华总部设在滨江区滨安路1199号物联网产业区，旗下拥有系统工程公司、运营公司、保安公司、零跑科技等10余家分子公司。至2016年，公司有员工1.2万余人，其中研发技术人员6000余人。在国内32个省市，海外亚太、北美、欧洲、非洲等地建立35个分支机构，为客户提供端对端快速、优质服务，产品覆盖全球160个国家和地区。公司加大研发投入，致力于技术创新，每年投入10%的销售收入进入研发工作。拥有国家级博士后科研工作站、国家认定企业技术中心，相继与ADI、TI、ALTERA等建立联合实验室，承接国家高技术产业化重大专项3项，国家科技重大专项课题1项，电子信息产业发展基金项目4项。拥有专利639项，其中授权发明专利145项。2006—2010年，连续五年被列入国家规划布局内重点软件企业；连续十年获中国安防十大品牌；连续九年入选《A&S》"全球安防50强"，2016年位列全球第四。2016年，IHS机构权威报告全球视频监控市场占有率位列第二，是中国平安城市建设推荐品牌和中国安防最具影响力的品牌之一。

（徐 影）

【智能电表产品研发企业】 坐落在滨江区月明路560号物联网产业区的浙江正泰量测技术股份公司（简称"正泰量测"）是浙江正泰仪器仪表有限责任公司的控股子公司，成立于2010年11月，注册资金8100万元。为顺应国内外智能用能管理的市场需求，实施年产100万套能源管理智能仪表系统技术改造项目而兴建，同年项目施工，2013年正式启用量测大楼，成为高科技产品研制孵化和高端人才集聚基地。正泰量测依托母公司研发并制造具有正泰特色和自主知识产权的智能电网、物联网建设的关键设备与系统，以智能电能表及电能计量管理系统、安装式数字仪表及配电监测系统、智能燃气表及远传系统、能源管理系统与仪器仪表产品及电动汽车充电专用智能电能表为主导产品，并提供解决方案；建有可实现产品生命全过程质量可追溯的生产管理系统（SAP/MES）。公司在国内设区域办事处8个，销售服务网点28个，建立专业的营销工程师服务团队，共有销售人员90人，产品广泛使用在国家电网、南方电网公司以及海外市场。

2016年3月31日—4月2日，正泰量测先后取得ISO9001质量管理体系认证、ISO14001环境管理体系认证、OHSAS18001职业健康安全管理、ISO10012测量管理体系、ISO27001信息安全管理体系证书。每年将销售收入4.5%用在技术研发上，建立起业内领先的产品研发室、试验室、测试室。拥有300余名专业技术人才，其中：硕士60余人，教授级高工5人，高级工程师30余人；高级管理人才100余人。拥有各类专利45项，企业软件著作权74项，自主研发知识产权数119项。先后主导、参与60余项国际、国家、行业标准的制修订。2016年，正泰量测公司获浙江省首张导轨表计量许可证，正泰量测技术研究院被认定为省级企业研究院，被列为杭州滨江区重点骨干企业。

（张　雷）

【水利行业应用软件研发企业】园区重点企业浙江贵仁信息科技股份有限公司（简称“贵仁科技”），总部设在滨江区阡陌路智慧e谷。2009年7月23日，在杭州市市场监督管理局登记成立，法人代表桂发二，湖北人，注册资本50万元。贵仁科技是水利行业应用软件研发企业，以软件外包为起点，由技术积累逐渐转型为水文水资源信息系统、水生态与水环境信息系统等以水为核心的自主研发。2010年，贵仁科技被杭州市高新区列入“孵化”企业。2011年，获杭州市“种子基金”，并被认定为“浙江省软件企业”。2013年，公司通过“国家高新技术企业”认定和ISO9001质量管理体系认证。2014年，通过AAA信用等级评定。2015年，创始人桂发二入选国家科技部“创新人才推进计划科技创新创业人才”，同年6月公司成功挂牌新三板。董事长桂发二入选国家科技部万人计划领军人才，2016年，取得工业和信息化部计算机信息系统资质，通过27001信息安全管理体系。年内，贵仁研发中心先后通过杭州市企业高新技术研发中心、浙江省高新技术企业研究开发中心认定。

2016年，有院士指导的研发团队200余人，其中：博士10人、硕士47人，87%以上的员工具有大学本科以上学历；聘请5位院士作为战略发展顾问。分别与中科院地理科学与资源研究所、北京师范大学地理与遥感科学学院、华东师范大学河口海岸学重点实验室、武汉大学、四川大学、中科院山地灾害研究所等科研机构建立科研合作关系。至2016年，开发软件著作权38项、发明专利8项、实用新型专利3项，并在海绵城市、智慧水务、智慧环保等领域应用。其中，贵仁长江流域防洪预报平台被中央电视台《经济半小时》特别报道。贵仁分布式洪水预报调度一体化平台被评为浙江省水利先进适用技术，城市内涝预警服务平台、精细化灌溉管理系统、水资源信息管理系统、智慧水利云平台、中小河流检测预警预报系统等连续两年入选《全国水利系统优秀产品招标重点推荐目录》，“西藏高原缺资料地区HIMS水文过程模拟及突发性山洪风险预警研究”获“西藏自治区科学技术奖”二等奖。2015年，参与中国工程建设协会内涝防治应用模型标准起草，2016年负责国家课题城市水环境整治国家重点工程技术与实证项目子课题研究。公司分别在北京、广州、西藏、武汉、山西、云南等地设立18个分支机构。围绕水资源管理、洪涝与干旱灾害、水环境和水生态、气候变化对策等提供一系列产品解决方案，为国家水利现代化建设提供科技支撑。

（陈　莎）

【领军型创新公司】杭州安脉盛智能技术有限公司（简称“安脉盛”）位于滨江区西兴街道阡陌路482号智慧e谷，2001年美国密西根大学机械工程系终身教授倪军和美国辛辛那提大学教授李杰在美国创建全世界首个专注于工业设备智能化应用的国家级中心—美国国家智能维护系统中心（IMS），并担任主任。2016年6月，倪军和李杰回国创立杭州安脉盛智能技术有限公司，开始服务中国工业4.0下智能升级转型的广大制造业企业。

专注于技术产品研发与应用。公司技术研发人员占70%，硕士及以上学历占80%；博士7人，技术领导者均来自美国Google、Qualcomm等世界著名公司，大数据核心团队成员均来自工业界。结合智能算法及计算机科学技术，提供具有行业特征定制化的智能化解决方案，主要为轨道交通、工业机器人、自动化流水线、烟草和能源电力等行业提供设备故障预测及健康管理、工厂预测性维护及生产排程管理与优化、生产工艺优化等行业提供解决方案。在工业大数据及设备故障预测诊断和健康管理技术（PHM技术）领域有17年的研究和产业化应用，累计研发投入2.5亿元，培养了140余名硕士，博士以及博士后。拥有自主知识产权的分析模型、核心算法、开发工具、软件包以及完整的项目开发部署方法论和150余个工业项目的实际应用经验。与90余家跨国企业和中国航天科技、中船重工、上海电气、三一重工、华锐风电、宝钢等企业进行项目合作。工业大数据及PHM技术成功地运用到以汽车生产行业为主的离散型制造、快销产品生产行业的柔性材料制造、连续型制造、节拍生产、半导体生产等生产系统，在交通系统关键装备（轨道交通、船舶、电动汽车、航空发动机）健康管理、能源关键装备（风场、火电、水电、核电等）预测性维护、大型旋转机械和动力装备等领域均有完整的解决方案和实践案例。2016年，在轨道交通领域展开项目合作，为高铁动车组的核心部件提供故障预测、诊断和健康管理服务。2016年，安脉盛获“杭州市领军型创新公司”称号。

（叶丹青）

【自主研发二维码企业】 位于滨江区阡陌路482号智慧e谷大楼的杭州三网科技有限公司（简称“三网科技”）2006年5月17日成立，是集技术开发和策略投资为一体的综合型IT高科技企业，主营智能交通、运营商增值业务、二维码行业应用，涉及交通、旅游、电力、消防、公安等领域的“二维码”。

2008年，三网科技被评为浙江省优秀创新型企业。2009年，三网科技被评为杭州市高新技术企业，开始自主研发“二维码”。2010年，公交二维码项目获国家金奖。2012年，三网科技被认定为国家高新技术企业、“5050计划”企业，研发出基于公众出行的服务类智能交通产品——“智慧交通APP”。2013年，研发出公交运行监测系统，成为全国唯一一套正式应用于城市公共交通领域，规划决策、监管和考核为一体的标准化整体解决方案（已在浙江省11个地市全面推广）。同年，研发出国家电网特高压换流站智能管理系统，得到国家电网特高压直流输电直属运维相关部门的高度认可；完成新三板股改，更名为浙江三网科技股份有限公司。2014年，研发出“智能车载网关”设备，广泛运用于全国各类公共交通及特种车辆。同年，获国家股转中心批准，成为浙江省首批新三板挂牌企业，在北京国家会议中心成功挂牌（证券简称三网科技，证券代码430457），公司首次发行定向增发1600万股。2015年，完成杭州公交都市建设示范工程。同年6月，公司搬迁至滨江物联网产业园基地，并投资注册成立THIRD NET TECH（USA）INC、亚星三网（北京）科技文化有限公司，分别布局智慧旅游、智慧交通和微电影及版权交易平台三大领域。9月，由中央新影微电影台、央视微电影频道、亚星三网共同成立的“央视微电影才艺频道”授牌亚星三网运营，公司完成第二次定向增发股票6200万元，注册资本增加至5050万元。12月，公司对外投资设立浙江顺巴网络科技有限公司。2016年4月，三网科技投资成立全资子公司——南京祖码信息科技有限公司。6月，全国中小企业股份转让系统挂牌公司分层制度实施，三网科技成为首批进入创新层的企业之一。8月，由中国物品编码中心牵头，三网科技参与起草的《商品二维码》国家标准，完成标准制定的各项工作发布，并研发出智慧园区运营系统。至2016年，三网科技拥有员工132人，其中，技术研发人员87人，在岗就职人员70%以上为本科及以上学历。

（仇　瑶）

【物联网产品研发企业】 杭州网策通信技术有限公司（简称“网策通信”）公司位于滨江阡陌路482号智慧e谷A座5楼。2005年3月成立，注册资金50万元，主要从事移动通信室内分布网络的评估验收和维护。2006年,公司提出网络质量远程检测方法,获得“一种移动通信网络远端检测器”实用新型专利,公司注册资金增至500万元。2007年,增加通信网络综合接入维护业务,研发“移动通信网络质量远程检测系统”产品被浙江移动以“效果监控”方式普遍应用,中国移动取名为“网络天眼”。2008年,公司获“移动通信网络远程检测方法”发明专利,中标苏州移动“网络质量CQT远程拨测”项目。同年,成立研发部,开始物联网产品和系统的研发。2009年,参与浙江移动全业务综合维护能力整合,公司从单一维护业务跃升具备多业务综合维护能力,并中标浙江移动综合代维项目,公司注册资金1080万元,当年获浙江移动综合代维三等奖,浙江省“高新技术企业”称号。2010年获“移动通信网络远程检测系统及通话质量远程检测方法”发明专利,“蓄电池在线容量远程检测装置”“雷电隔离装置”两项实用新型专利。2011年,获浙江移动综合维护三等奖,浙江移动杭州公司最佳合作伙伴奖和A类供应商称号,“蓄电池在线容量远程检测方法及所用检测装置”发明专利。2012年,获浙江移动综合代维二等奖,“雷电隔离装置及雷电隔离方法”发明专利。公司研发的“动环抄表监控设备”分别中标杭州移动、无锡移动和常州移动等市场。2013年,杭州网策通信技术有限公司、浙江联邮通信工程有限公司和浙江通联网络工程有限公司联合成立维护事业部,公司注册资金增至6000万元。2014年,成功中标浙江移动综合维护项目,获份额前三名,为中国铁塔研发的“基站动环监控设备(FSU)”产品获泰尔实验室检测通过,在全国64家送检企业中取得产品硬件检测第一名。

2015年,公司转型,主攻物联网智慧系统,投入研发的项目“室内位置智慧服务系统及其行业应用”“居家养老智慧监控系统”“动力电池梯次利用模块”。2016年,退出维护主营业务,代维员工安置、留用员工安慰、尾款结算、维护装备处置等扫尾工作,同时通过新项目人员招聘、项目资本对接等措施,获“室内分布系统天馈线监测方法”发明专利;获“基于馈线的室内定位导航系统”“基于485通信的室内定位导航系统”的实用新型专利。物联网产品市场遍及全国20多个省,2016年,有员工1200余人,其中大专以上占70%,销售年收入1.5亿元。

(张科任)

互联网经济产业园

【概况】 2013年4月,为加快推进北塘河畔的开发、建设,打造新的城市休闲功能区,杭州高新区(滨江)下发《关于设立杭州高新技术产业开发区(滨江)北塘河畔建设指挥部的通知》,成立“北塘河畔建设指挥部”,负责北塘河畔的开发、建设和管理等工作。“北塘河畔”规划区域位于滨江区境内北塘河两岸,西起时代大道,东至风情大道,全长5.3千米,总规划面积1.8平方千米。其中:水域面积20.81公顷,陆域面积158.75公顷。

2010年7月,省政府发文将杭州高新区中国互联网经济产业园作为首批浙江省现代服务业集聚示范区,高新区(滨江)党委、政府高度重视园区的建设,全力推进征迁交地、项目引进、项目建设、企业发展等项工作。为进一步加快推进区互联网经济产业园建设,大力发展互联网经济,2015年3月,杭州高新区(滨江)下发《关于杭州高新技术产业开发区(滨江)北塘河畔建设指挥部更名为杭州高新技术产业开发区(滨江)中国互联网经济产业园建设指挥部的通知》,将“北塘河畔建设指挥部”更名为“中国互联网经济产业园建设指挥部”,指挥部的主要职责扩充变更为负责区互联网经济产业园的建设、管理和服务,以及北塘河畔的开发、建设和管理等工作。杭州高新区(滨江)中国互联网经济产业园位于高新区(滨江)核心区域,东至江晖路,南至滨康路,西至南川路,北至闻涛路,总占地面积636.8公顷。2016年,园区累计完成投资23.9亿元,产业园内31家企业营业收入412.4亿元,上缴税收25.4亿元。园区分别在2013—2015年全省100个省级服务业集聚示范区综合评价中连续三年位列前十名。

2016年,中国互联网经济产业园建设指挥部累计完成政府投资3.72亿元(含征地拆迁费），完成年度计划0.87亿元的428%。

【杭州华业高科技产业园】 位于滨江区滨安路1180号，2003年，由民营企业浙江华业控股集团有限公司投资2.5亿元建设。占地5.3公顷，建筑面积16.3万平方米，由2幢研发孵化大楼和8幢产业用房组成。浙江华业控股集团有限公司始创于1980年，创建初期主要从事建材制造业，2003年创办科技园区进入科技服务业。依托于高新区（滨江）发展高新技术、建设科技新城的发展战略和良好的创业创新环境，引进和培育科技型企业。至2016年，园区在册科技型企业500余家，注册资本20亿元，主要发展电子信息、生物医药、节能环保、互联网、物联网、文化创意、检测认证等产业，获知识产权1500余项。

孵化培育的（拟）上市企业，2011年，聚光科技（杭州）股份有限公司、杭州初灵信息技术股份有限公司2家企业在创业板成功上市；2014年，杭州回水科技股份有限公司成为新三板挂牌企业；2015年，浙江弛达信息科技股份有限公司成为新三板挂牌企业；2016年，杭州快定网络股份有限公司、杭州万霆科技股份有限公司、杭州华会通科技股份有限公司成为新三板挂牌企业，占高新区（滨江）上市企业和新三板挂牌企业总量的7%。杭州合众数据技术有限公司、杭州恩氏基因技术发展有限公司、杭州旗捷科技有限公司等企业被上市公司并购。金程科技有限公司、杭州信网真科技有限公司等企业进入上市排队程序或准备上市阶段。

孵化培育的优质企业，2016年，杭州市第一批市级高新技术企业12家，占高新区（滨江）总量的14.3%。累计培育高新技术企业32家，其中国家级10家；雏鹰企业13家、青蓝企业11家、瞪羚企业9家。园区在孵企业120余家、累计孵化毕业企业30余家，2家杭州市级众创空间。引进优质人才项目，成功申报2016年高新区（滨江）第一批“5050”人才项目18个，占高新区（滨江）总量的22%；累计成功申报“5050”项目54个，引进海外高层次创业人才20余个，引进国家“千人计划”3人。2006—2016年，园区先后被认定为国家级科技企业孵化器、浙江省小微企业创业创新园（基地）、杭州市高新技术产业园、杭州市文化创意产业先进特色楼宇，为杭州高新区十大特色产业园之一。

【江虹国际创意园】 位于滨江区秋溢路228号，园区总用地面积3.31万平方米，共7个单体，有13层1幢，6层1幢，9层5幢。总建筑面积8万余平方米，其中，地上总建筑面积6.6万平方米，地下总建筑面积1.4万平方米。建筑密度30.01%，容积率1.98，绿地率20%。

园区由浙江三花控股集团投资开发建设，2012年底竣工，2013年初取得房产证，2013年起至2016年全权委托江虹公司运营。园区建筑规划运用了“风水建筑”的理念——“南低北高、左右有靠、东南角留阙”；外墙全部采用高档石材干挂，层层都有高档电梯直达，户户均留有配置中央空调的位置；项目建筑群高贵大气、典雅大方。以“上风上水之地 创新创富之源”为主题进行定位，吸纳“创意设计”“互联网+”“科技创新”“投融资服务”四大版块的创新创业企业入驻。自2014年开园至2016年，500余家企业入驻，5000余人在园区办公，园区GDP10余亿元。

【杭州天和高科技产业园】 位于滨江区滨安路688号，是中国首家以体外诊断产品（IVD）为特色的生物医药与智慧健康专业科技园，也是集孵化器、加速器、产业化为一体的新兴民营高科技园。2011年，园区开工建设，项目总投资6亿元，总占地7.3公顷，建筑面积13.8万平方米，管理人员30余人。园区建设分为一期和二期，一期建成于2011年，二期建成于2014年底。园区建立了公共孵化大楼、公共实验室、技术开发服务平台、GMP标准厂房等设施，为企业提供研发服务、支撑服务、创新创业服务等系列专业服务。至2016年，引进企业220余家，集聚110余家以IVD为主的生物医药相关入园企业，92个项目实现技术转移和成果转化。70%的创业团队引进海外高层次人才90余人，中国科学院院士4人，国家千人计划专家11人，浙江省千人计划专家11人，博士109人，滨江区创新创业“5050计划”资助项目56项。2014年，获工业和信息化部中小企业发展专项资金245万元支持。天和科技园作为牵头和发起单位之一，发起成立杭州市体外诊断试剂产业技术创新战略联盟、参与浙江省智慧健康产业技术创新战略联盟、浙江省健康产品安全研究会滨江服务站。服务站结合浙江省健康产品安全研究会技术优势，在充分调研的基础上，建立专家服务团队，为企业提供技术支持、政策咨询、人员培训和产品研究、检测、评价等服务，解决关键技术或技术难点，提高园区企业的产值。

产学研合作方面，与浙江大学、浙江中医药大学、浙江理工大学、浙江农林大学、杭州电子科技大学、浙江外国语学院等高校共建产学研合作基地和创新创业培养基地，2015年投入使用。天和科技园继续以创新创业、转变经济增长方式为主线，强化生物医药产业自主创新、促进产业要素集聚，推动生物医药产业的提升和区域产业经济的转型升级。至2016年，先后引入中国最大的第三方医学检验机构——金域医学检验中心、国内首家自主研发的过敏原体外诊断试剂获CFDA注册证企业——杭州浙大迪迅生物基因工程有限公司及院士合作项目——绿城现代农业开发有限公司、绿城农科检测技术有限公司等具有差异化竞争优势的骨干企业，促进企业的对接和配套产业的发展，扩大产业集群规模。产业园通过市场化、专业化、品牌化、国际化、智慧化发展，逐渐成为生物医药、智慧健康专业集聚园区。至2016年，杭州天和科技园先后被认定为浙江省科技企业孵化器、杭州市科技企业孵化器、杭州生物产业国家高技术产业基地拓展区、杭州市高新技术产业园、杭州市现代服务业集聚区、浙江省省级小企业创业示范基地和浙江省智慧小企业创业基地。

【东忠科技园】 位于滨江区长河路590号，2008年开园，总建筑面积5.3万平方米，是浙江省首批国际服务外包示范园区，涉及金融、流通、公共交通、汽车制造业、嵌入式开发等高端业态领域的软件开发服务行业。园区内共入驻企业21家。园区通过特有的商业模式集聚服务外包行业的研发机构、收包方、发包方和培训机构，并有完善的国际通信通讯配套设施，形成完整的产业链，为“国家电子产业基地实训中心”“国家级大学生校外实践教学基地”。至2016年，园区先后获中国软件与信息服务外包产业最具发展潜力园区、中国服务外包示范园区top10、杭州市优秀培育类服务业集聚区等称号。

【核心区建设】 滨江区北塘河畔公共文化配套服务设施项目，位于滨江区北塘河畔，江晖路以西、江汉路以南区块，用地面积6.59万平方米，计划总投资5.36亿元。2013年8月19日完成立项，2014年7月15日获可行性研究报告批复。项目设计单位为浙江南方建筑设计有限公司，2016年完成形象进度投资2.31亿元，其中，完成财务实付项目投资2.16亿元。项目共分四期建设，项目一期位于北塘河南侧，总建筑面积2.5万平方米，地上面积1.42万平方米，地下面积1.08万平方米，计划建设8个楼栋和地下停车场1层（含329个停车位），2015年3月30日开工建设，施工单位浙江杰立建设集团有限公司，同年底完成主体施工，2016年10月竣工。

项目一期又名互联网众创空间特色街，位于互联网经济产业园的核心区域，规划目标将北塘河畔打造成培育“互联网+”新兴产业、战略性新兴产业源头企业和创新创业领军人才的重要载体和创新型孵化器的集聚区，打造滨江创新创业新地标，逐步形成投融资生态化、孵化服务网络化、服务资源国际化、服务能力专业化的创新创业服务体系，将滨江建设成为创新驱动转型升级示范区、互联网大众创业的集聚区。项目三、四期江一公园项目，2015年7月17日，经北塘河畔公共文化配套服务设施项目三、四期方案调整协调会议研究决定将项目三、四期调整为北塘河畔公园绿地及配套设施。江一公园位于北塘河北侧，滨和路以东，江晖路以西，江汉路以南，公园占地3.8万平方米，沿河景观带长540米。2016年4月19日开工建设，6月主体完工，10月18日竣工验收，施工单位为杭州西兴园林工程有限公司。规划建设一个满足周边居民休闲运动的城市公园，根据不同人群的需求，设置阳光大草坪2处7000平方米、5人制标准足球场1个、非标准的门球场1个、滨河健身广场2个、儿童嬉戏沙池1处、植物科普园等功能场地，同时配置机动车位185个、公共自行车停放点2处、2个配套公厕及管理用房等配套设施。公园种植紫薇、香樟、玉兰、银杏、七叶树、垂柳、红梅、樱花、桂花等植物。

【核心区域道路建设】 江淑路、兴才街和滨利路道路建设，2014年11月26日完成立项，2015年4月16日江淑路和兴才街获可行性研究报告批复，同年6月10日，滨利路获可行性研究报告批复，2016年4月23日开工建设。建设工程为道路工程、道路管线（雨水管、污水管、给水管、电力管、通信管、燃气管）及道路附属工程（交通设施、路灯、绿化）等。设计单位天津城建设计院有限公司，施工单位浙江天策市政园林工程有限公司。江淑路南起滨兴路，北至体育馆南路，道路长304米，宽24米，计划总投资3202万元，至12月，完成配套管线、路基、粗粒式沥青路面层等主体施工，完成形象进度投资2734.45万元，其中，完成财务实付项目投资2655.08万元。兴才街西起江虹路，东至江淑路，道路长410米，宽22米，计划总投资3270万元，至12月，完成部分管线和路基施工，完成财务实付项目投资2296.74万元。滨利路西起体育馆东路，北至北塘河，道路长788米，宽18米，计划总投资4334万元，至12月，完成配套管线、部分路基、部分粗粒式沥青路面层等部分主体施工，完成形象进度投资2874.29万元，其中，完成财务实付项目投资2826.42万元。

【龙湖天街商业综合体项目】 位于滨江区江汉路1337号，北至江南大道，南至滨和路，西至北塘河绿化，南至江汉路，用地面积12.84万平方米，建筑面积63.52万平方米，计划总投资42亿元。2014年5月6日完成立项，同年6月3日获可行性研究报告批复。主要建设住宅楼（含配套公建）、大型购物中心、酒店及办公用房，规划建设成一个集购物、休息、娱乐、办公、酒店服务于一体的区域型城市综合体。住宅楼设计单位为汉嘉设计集团股份有限公司，公建的设计单位为悉地国际设计顾问（深圳）有限公司，住宅楼于2014年9月开工建设，公建于同年12月开工建设，施工单位均为中天建设集团有限公司。2016年6月，住宅楼完成交付，同年12月，购物中心完成主体施工，酒店完成桩基施工。

【滨江区体育馆建设】 滨江区体育馆位于滨和路以南，江虹路以东，体育馆东路以西，体育馆南路以北，总用地面积2.97万平方米，建筑面积5.7万平方米，计划总投资4.54亿元。2013年6月28日完成立项，同日获可行性研究报告批复，项目的建设有利于完善滨江区城市功能，满足人民体育健身需求。设计单位杭州江南建筑设计院有限公司，施工单位浙江中南建设集团有限公司，2014年9月4日开工建设，2016年完成地基与基础分部、主体结构分部和钢结构网架的中间验收，同年12月底，累计支付专项工程费用2.49亿元。体育馆东路和南路2014年5月27日完成立项，同年9月10日获可行性研究报告批复，主要建设内容包括道路、截污纳管、管线、给排水、照明、绿化、交通设施等附属工程。设计单位天津城建设计院有限公司，施工单位杭州西景市政建设有限公司。2016年4月12日开工建设，东路南至滨兴路，北临北塘河，道路长512米，宽18米，计划总投资2628万元。至12月完成部分管线和路基施工，完成财务实付项目投资额2319.57万元。南路西起江虹路，南至滨兴路，道路长809米，宽20米，计划总投资1.35亿元。至12月完成配套管线、路基、粗粒式沥青路面层等主体施工，完成形象进度投资4566.77万元，其中完成财务实付项目投资4433.13万元。

【康康路建设】 康康路位于北塘河北岸，江汉路以南，江晖路以东，春晓路以西地块，道路长99米， 宽12米，2015年12月7日完成立项，设计单位天津城建设计院有限公司，主要建设内容包括道路工程、道路管线（雨水管、污水管、给水管、电力管、通信管、燃气管）及道路附属工程（交通设施、路灯、绿化）等项目。项目的建设有利于进一步完善核心区交通设施配套，滨江市民出行会更加方便。施工单位杭州多邦园林建设有限公司，2016年10月15日开工建设，12月竣工，计划总投资220万元，2016年，完成形象进度投资131.52万元，财务实付项目投资95.8万元。

【环境治理】 北塘河畔核心区块环境整治工程，项目实施范围为东至江晖路，南至滨兴路，西至江虹路，北至滨和路、江汉路，整治面积20万平方米，计划总投资490万元，种植土回填、绿化种植养护等，2016年2月14日被列入2016年区“两美浙江”建设项目计划。项目设计单位浙江华坤建筑设计院有限公司，施工单位杭州绿馨园林有限公司，3月8日开工建设，8月21日竣工验收，完成投资223万元。原滨江农副产品综合市场地块临时绿化工程，项目位于长河街道江南大道与时代大道（中兴立交桥）交叉的西北角，具体在永久河东侧，中兴立交桥地面道路西侧，北接滨怡路，南连中兴立交桥下地面绿化带，用地面积9000平方米，是永久河部分河岸和江南大道周边环境改善的重要内容，项目设计单位浙江华坤建筑设计院有限公司，施工单位浙江中南园林绿化有限公司。2016年4月1日开工建设，同月29日竣工验收，计划总投资39.5万元，完成投资27.67万元。中南仓库整体改造提升项目，位于滨江时代大道与老03省道交叉口。项目设计单位浙江南方建筑设计有限公司，施工单位浙江中南建设集团有限公司，2016年8月10日开工建设，同月22日竣工验收，完成投资43.4万元。

【公园建设】 江二公园，包括北塘河畔及周边区域滨水景观改造提升工程（一期）和闸站河（半岛国际段）整治工程。北塘河畔及周边区域滨水景观改造提升工程（一期）位于滨江区北塘河畔，西起长河路，东至江南大道，总用地面积2.13万平方米，其中，河北面积1.1万平方米，河南面积1.03万平方米，计划总投资4674万元。主要建设内容包括公园绿化（绿化园地、园路及铺装场地、慢行绿道、公共设施、管理用房及照明、给排水等附属工程）和驳岸工程。2015年6月25日完成立项，同年8月21日获可行性研究报告批复。2016年完成形象进度投资584.62万元，其中，完成财务实付项目投资576.41万元。闸站河（半岛国际段）整治工程位于滨江区闸站河西侧，北起滨盛路，南至北塘河畔绿化，总用地面积9352万平方米，计划总投资942万元。主要建设项目公园绿化（绿化园地、园路及铺装场地、公共设施及照明、给排水等附属工程）和滨河游步道铺装工程。项目于2015年11月11日完成立项，同年11月24日获可行性研究报告批复。2016年，完成形象进度投资273.67万元，其中，完成财务实付项目投资14.86万元。江二公园的设计单位浙江华坤建筑设计院有限公司，施工单位浙江国丰园林景观有限公司，2016年1月15日开工建设，8月17日竣工验收。江二公园占地面积3.3万平方米，将北塘河畔及周边区域滨水景观改造提升工程（一期）和闸站河（半岛国际段）环境整治工程融为一体。充分利用北塘河、闸站河滨水资源优势和特色，力求创造一个以滨水游憩、健身慢跑为主要功能特色的城市滨水生活岸线和一个具有场所体验的L形滨水景观带。按照植物的季相变化，公园主要种植紫薇、香樟、桂花、垂柳、广玉兰、白玉兰等树种，并在北塘河河岸配置部分水生植物。根据现状地貌，公园设置以散步、慢跑为特色的慢行系统，围绕慢行系统设置部分休闲平台、阳光草阶等游憩、活动场所。（项　磊）

特色小镇

【概况】 为推动经济转型升级和城乡统筹发展，2015年1月，“加快规划建设一批特色小镇”被列入浙江《政府工作报告》的2015年重点工作。同年5月，浙江省发布《省政府关于加快特色小镇规划建设的指导意见》，提出重点培育和规划建设100个左右的特色小镇。

2015年9月，滨江出台《关于加快高新区（滨江）特色小镇规划建设的实施意见》，从资金、金融、用地、项目、人才等方面强化政策支持，为特色小镇建设提供强有力的保障，特色小镇建设呈现创建层次高、要素集聚强、项目推进快、创新氛围浓、示范效应好的发展态势。2016年1月，物联网小镇、创意小镇2个小镇分别列入第二批省级特色小镇创建名单和培育名单。7月，互联网小镇申报创建市级特色小镇，11月，物联网小镇成功入选全省经信领域信息经济类标杆小镇；12月，互联网小镇申报创建省级特色小镇。

（路清霞）

【物联网小镇】 2015年1月，滨江区启动特色小镇谋划工作，在物联网产业园开展特色小镇建设，由区物联网产业园建设指挥部会同区发改局将《物联网小镇规划建设方案》逐级报至省政府研究室，经省第二批特色小镇评审专家现场调研，省特色小镇规划建设工作联席会议审核，2016年1月，《关于公布省级特色小镇第二批创建名单和培育名单的通知》（浙特镇办〔2016〕2号）确定滨江物联网小镇列入省级特色小镇创建名单。

物联网小镇位于滨江区的东大门，东接奥体博览城、钱江世纪城，至萧山国际机场15分钟车程，地铁1号线、6号线，在规划范围内设3个站点。小镇规划面积3.66平方千米，核心区1.5平方千米，产业用地79.33公顷。小镇以江南大道及月明路为界分3个部分，形成“一心、两翼、两轴”的功能结构。“一心”即产业核心区，“两翼”是北部商住配套区（江南大道以北）和南部复合发展区（月明路以南），“两轴”为江南大道城市发展轴和西兴路产城融合轴。

空间布局，以主要界面（江南大道、风情大道）、地标建筑（“智慧之门”“感知之塔”）、3个中心（“感知中心”“文化休闲中心”“服务中心”）、主要节点（西兴立交、西兴路站、江陵路站、滨和路站）、次要节点（进入物联网产业核心区的4个主要入口）构成小镇空间体系。道路交通以江南大道、风情大道、江陵路、西兴路、滨盛路、滨和路等城市主次干道为骨架，在此基础上增加支路网密度，优化局部线型，在道路系统中引入物联网技术，实时监控路网负荷与各路口情况，打造智能交通网示范区。地下空间利用以地下机动车库为主，结合综合体与轨道交通站点设置地下商业，公园及学校操场和公共停车场。生态慢行系统包括感知之轴步行街、滨和路站商业步行街、沿江南大道景观绿道、沿建设河休闲绿道等，公共自行车租赁点平均每个地块设置一处。

生态景观系统以江南大道及风情大道道路绿化为主要轴线展开，围绕建设河、新建设河、风情河滨水绿化带打造连续的景观带，景观轴线与景观带共同串联起分布于小镇各处的大小公园，形成点线面结合的生态景观系统，创造一个拥有碧水蓝天绿树的生态化高新技术小镇。公共空间系统“一道、两街、四体、八园”之公共空间结构：一道——通过串联滨水景观带形成连续的生态漫步道；两街——缤纷商业商务街、滨和路站步行街；四体——四大地铁上盖城市综合体；八园——感知公园等8个公园。文化旅游设施打造物联网小镇文化，发展智慧科技体验与科普教育旅游，科技体验核心景点——小镇客厅、感知轴线、智慧之门。生活配套包括已落点商业配套项目：星耀城一期、星耀城二期、星耀城三期、星耀城四期、银泰旗舰店，住宅、学校、邻里中心等生活配套设施，构建具有完善社区功能的物联网小镇。至2016年，小镇已建成5万立方米的智慧e谷加速器，正在建设10万立方米的物联网产业孵化器。引进杭州创业大街等众创空间，设立物联网产业知识产权运营基金，集聚了一批创投机构。设立物联网产业知识产权运营基金1家，引进特色产业70余家，新入选省级研发机构2个。有省级、国家级“千人计划”人才9人，上市公司6家，新三板企业3家。以杭州海康威视数字技术股份有限公司领衔的数字安防产品市场份额全国第一，杭州海康威视数字技术股份有限公司、浙江大华技术股份有限公司、浙江宇视科技有限公司分列全国安防前三强。2016年，杭州市级特色小镇考核中物联网小镇获市级创建类优秀小镇称号。

（金晓雯）

【创意小镇】 2015年1月，滨江启动特色小镇规划工作，在白马湖生态创意城开展特色小镇建设。2016年1月，《关于公布省级特色小镇第二批创建名单和培育名单的通知》（浙特镇办〔2016〕2号）确定滨江创意小镇列入省级特色小镇培育名单。

滨江创意小镇位于白马湖生态创意城内，由越王城山、马龙山等盆景型山体围合环抱，沿山河、傅家峙河、刺棱河等河道流淌其间，连接白马湖与湘湖。北至天马路、长江南路、白马湖路、江晖南路、冠山路，西至街道河、萧山界，南至沿山北路南，东至萧山界，涉及马湖、傅家峙、塘子堰、汤家井、张家村、山一原6个行政村，总规划面积3.91平方千米，核心区1.0平方千米。小镇以“打造浙江创意产业发展的新引擎，杭州文化旅游的新亮点，滨江产城融合的新典范”为目标，重点培育发展时尚设计、动漫游戏、影视文化、现代传媒、旅游休闲等主导产业，形成“一心两翼、四区联动、水绿渗透”的规划体系，实现产业功能、社区功能、文化功能、旅游功能四位一体，生产功能、生活功能、生态功能三生融合。成为一个集动漫、文创、研发、旅游、居住于一体，创意（时尚）产业集聚发展、功能多元、配套完善、绿色生态、景观优美的创意小镇。

小镇建设用地280余公顷，一期目标到2017年，规划建设一个“众创空间+孵化器+特色楼宇+文创小镇+生态创意城”的特色小镇。至2016年底，一期项目已建成动漫广场、华数白马湖数字电视产业园、白马湖湖区一期，农居SOHO创意园等特色产业项目。由广电总局授权的全国首家国字号动漫专业博物馆——中国动漫博物馆完成钢结构主体施工，最葵园、艾斯弧设计软件生产基地等产业项目开工建设。朱德庸、姚非拉、聂峻等10余位名人入驻。至2016年，小镇内累计集聚企业280家，其中主板上市公司1家，新三板挂牌企业2家，国家高新技术企业4家，集聚创意人才3500余人。2016年，小镇实现特色产业收入22亿元 。2016年12月30日，省委宣传部、省文改办、省文化厅、省新闻出版广电局等部门联合审定并公示，创意小镇入选浙江省省重点文化产业园区。（顾彬彬）

知名企业

强优企业

【概况】 为进一步发挥先进企业龙头带动作用，2016年6月14日，高新区（滨江）管委会、政府发布《关于命名2015年度区重点骨干企业的通报》（杭高新〔2016〕46号），授予杭州华三通信技术有限公司、网易（杭州）网络有限公司等436家企业“2015年度区重点骨干企业”称号。（路清霞）

【杭州海康威视数字技术股份有限公司】 2001年11月30日，杭州海康威视数字技术股份有限公司（简称“海康威视”）注册成立，是以视频为核心的物联网解决方案提供商，面向全球提供安防、可视化管理与大数据服务的公司。海康威视全球员工2万余人，其中，研发人员9500余人，研发资金投入占企业销售额7%～8%。建有国家级企业技术中心、博士后科研工作站，是工业和信息化部认定的国家技术创新示范企业。在国内设有五大研发中心，在海外建有蒙特利尔研发中心和硅谷研究所。海康威视持续通过技术创新不断实现技术突破，逐步建立自身核心技术优势，在视频图像处理、视音频编解码、视频云存储、视频大数据、视频智能分析、计算机视觉等核心技术领域具备雄厚技术积累，处于行业领先水平。海康威视在中国大陆35个城市设立分公司及售后服务站，境外在荷兰、南非、印度等30个国家建立子公司。海康威视产品和解决方案应用在150多个国家和地区，在G20杭州峰会、北京奥运会、上海世博会、美国费城平安社区、韩国首尔平安城市、巴西世界杯场馆、意大利米兰国际机场等重大安保项目中发挥了重要的作用。至2016年底，获授权专利1491项，参与制修订国家及行业标准137项。2016年，海康威视全球市场占有率上升至21.4%，2011—2016年连续六年蝉联IHS全球视频监控市场占有率第一位。2016年，实现营业收入319.24亿元，比上年增长26.32%；净利润74.22亿元，增长26.46%。在KITTI、MOT Challenge、ImageNet等国际算法测评、竞赛中获第一名。

（余明增）

【浙江吉利控股集团】 1986年11月6日，浙江台州李书福以冰箱及冰箱零配件制造为起点，开始吉利创业历程。1989年，吉利转产高档装潢材料，研制出第一张中国制造镁铝曲板，填补了国内空白。1994年，吉利再次转产，进入摩托车行业，诞生中国第一辆踏板式豪华摩托车，打破国有企业垄断摩托车制造业的局面。1997年，吉利进入汽车行业。1998年8月8日，吉利自主研发的第一辆汽车——豪情两厢轿车在临海下线。2001年，吉利获得国家汽车生产企业产品公告，成为中国首家获得轿车生产资格的民营企业。2003年，吉利总部搬迁至滨江区江陵路1760号，注册成立浙江吉利控股集团有限公司。2005年，吉利汽车在香港上市（HK0175）。2006年，吉利参股英国锰铜控股公司（MBH），迈出向跨国公司发展的第一步，并于2013年收购100%股权。2009年，吉利收购澳大利亚DSI自动变速器公司。2010年，吉利收购沃尔沃轿车公司，成为中国第一家跨国汽车集团公司。旗下拥有沃尔沃汽车、吉利汽车、领克汽车、Polestar、宝腾汽车、莲花汽车、伦敦电动汽车、远程新能源商用车等汽车品牌。至2016年，资产总值2000余亿元，员工6万余人。2012—2016年，连续五年进入世界500强。2016年，吉利发布全新高端品牌LYNK&CO（领克），实现营业收入2088亿元，比上年增长26%；净利润117亿元，增长148%。旗下汽车企业在中国上海、杭州、宁波、瑞典哥德堡、英国考文垂、西班牙巴塞罗那、美国加州建有设计、研发中心，研发设计、工程技术人员2万余人，全部产品拥有完整知识产权。在中国、美国、英国、瑞典、比利时、白俄罗斯、马来西亚建有世界一流的现代化整车工厂，产品销售及服务网络遍布世界各地。规划到2020年实现年产销300万辆，进入世界汽车企业前十强。

（戴惠芳）

【恒生电子股份有限公司】 1995年2月28日，由8名工程师创立恒生电子股份有限公司（简称“恒生”），在中国金融软件与服务领域进行产品创新和发展。1997年，恒生推出证券柜台交易系统BTRV5.0和windows版97Sybase，与国泰君安证券股份有限公司、海通证券股份有限公司、南方证券股份有限公司、华夏证券股份有限公司等中国最大证券公司建立合作关系，同年成立银行事业部，以行业为区分进行事业部制经营。1998年，开始为基金公司提供业务信息系统。1999年，恒生推出基金投资管理系统，保持市场占有率85%以上的绝对优势。2001年，恒生获浙江省经信委评选的软件业十强第一名，至2004年连续四年蝉联第一，同时获“浙江省科技进步一等奖”。2003年，恒生在上海证券交易所主板上市，股票代码“600570”，并开始参与中国金融市场的基础建设。2008年首度入选2008 Fintech 100全球金融IT百强和入选福布斯亚太区最佳中小上市企业。2010年“面向现代服务业的钱塘平台软件研制和产业化应用”获国家科技进步奖二等奖。2013年成为浙江省级企业研究院，2015年成为省级重点企业研究院。2015年，恒生金融云问世，开始进入云计算和大数据领域。2016年，探索区块链、智能金融等前沿技术，加入区块链超级账本项目（Hyperledger）。公司总部设在滨江区江南大道3588号恒生科技园，旗下拥有25家控股子公司，在北京、上海、深圳设立分公司进行区域运营，同时设立日本恒生、美国恒生、香港恒生3家海外子公司，在武汉和成都设立区域研发中心负责创新技术的开发与产业化。恒生电子是国内唯一的证券、基金、期货、银行、投资及资产管理全行业整体解决方案供应商，参与制定金融行业技术标准，推出自主研发的金融业整体解决方案，拥有20项发明专利，软件著作权证书669个，软件产品登记442个。2016年，公司有专职研发人员4800余人，拥有小型机、服务器、存储、网络设备等科研设备原值9000万元；研发投入资金10.5亿元，占营业收入比例44.65%。2016年，实现营业收入21.7亿元，净利润1829万元。（陈 伟）

【杭州安恒信息技术有限公司】 2007年5月，成立杭州安恒信息技术有限公司（简称“安恒信息”），注册资金5000万元，是中国领先的信息安全产品和服务解决方案提供商。公司主营云计算安全，大数据安全以及应用安全、数据库安全、移动互联网安全、智慧城市安全等业务。总部设在滨江区，在北京、上海、广州、深圳等地设有分支机构。公司有员工718人，其中大专及以上学历553人，硕士及以上学历40人；研发团队人员458人，其中软件开发人员358人。承担“国家发改委信息安全专项”“工信部电子发展基金项目”“科技部火炬计划项目”等国家级、省市级科技计划项目28项，申请100余项发明专利（需要授权发明专利30项），拥有计算机软件著作权76项；产品获“公安部科学技术奖三等奖”“浙江省科学技术奖二等奖”“浙江省科学技术奖三等奖”等奖项。先后为2008北京奥运会、2009年国庆60周年庆典、2010年上海世博会、2010年广州亚运会、2011年深圳大运会、2012年“十八大”、2013年公安部全国安全大检查、2015世界反法西斯战争胜利七十周年、2014—2016年连续三届世界互联网大会和2016年G20杭州峰会等重大活动提供全方位网络信息安全保障。2008—2016年，先后获“国家高新技术企业”“国家规划布局内重点软件企业”“浙江省软件企业”等资质。2016年，主营业务收入3.14亿元，净利润4569.94万元，税收3506.56万元，研发投入6762.92万元，总资产4.16亿元。（莫金友）

【医惠科技有限公司】 2009年6月4日，浙江杭州人章笠中创立杭州医惠科技有限公司（简称“医惠科技”），位于滨江区东信大道66号东方通信城D座。开展面向医院业务、基层卫生、居民养老和健康管理等方面业务，拥有医疗平台解决方案、临床应用解决方案、运营管理解决方案和相关硬件4大类产品。公司作为《国家数字卫生关键技术和区域示范应用研究》课题应用成果产业化的核心成员，承担移动医疗、标准化医护流程、医疗安全和医疗质量控制应用领域的探索、研发和产业化推广工作，致力于建设简约的数字医疗系统。2010年，医惠科技为浙江大学医学院附属第一医院实现全院医疗物联网的覆盖，被卫生部指定为数字医疗示范工程。同年，香港仁安医院采用医惠科技与摩托罗拉公司合作研发“无线移动护理系统”。2011年，医惠科技承担联合国环境保护署《中国医院医疗废弃物追溯管理》项目研究课题。2012年，参与的“十一五”国家科技支撑计划“国家数字卫生关键技术和区域示范应用研究”重点项目通过国家科技部验收，此项目覆盖浙江省22个县区的三级卫生信息平台，建立1200万份标准统一、信息共享的居民电子健康档案，覆盖示范区95%以上的居民。2013年，医惠科技医院信息智能开放平台通过国家卫计委组织的“医院信息互联互通标准化符合性”评测，医惠科技被省政府授予“浙江省智慧医疗重点企业研究院”称号，同年获国家科技部“国家火炬计划重点高新技术企业”认定。2014年，获批无区域企业，公司更名为“医惠科技有限公司”，成为浙江省电子信息50家成长性特色企业之一，被浙江省科技厅认定为省级高新技术企业研发中心。2015年，医惠科技通过合并重组在深圳证券交易所上市，股票代码“300078”。2016年，医惠科技获信息系统集成及服务二级资质认定，并助力广州市妇女儿童医疗中心通过HIMSS双7认证。同年8月，医惠科技作为Watson整体落地应用的技术服务商，与国内21家医院签订《关于应用IBM Watson肿瘤解决方案》合作协议，并于12月推动国内首家沃森联合会诊中心在浙江省中医院启动。2016年，其智能开放平台的研发开始接轨国际标准，自主研发的医疗数据和业务应用互联互通信息集成平台获国家发改委高端软件及应用系统产业项目立项资助，被评为浙江省著名商标。医惠科技有员工700余人，其中，研发人员300余人，拥有软件著作权128件。2016年，主营业务收入3.42亿元，净利润1.11亿元，税收4948.71万元，研发投入4503.57万元，总资产7.3亿元。（董　驰）

上市公司

【概况】 至2016年底，滨江区有上市企业37家，其中，上海主板5家，深圳主板3家，深圳中小板9家，深圳创业板12家，境外上市8家。37家上市公司总市值2.53万亿元，其中，阿里巴巴集团市值1.75万亿元。上市企业占杭州市上市企业的27.4%，上市企业总数和募集资金总数位居杭州市第一，全省前列。其中，阿里巴巴集团、杭州海康威视数字技术股份有限公司、浙江大华技术股份有限公司等企业是网络信息和安防行业的龙头企业。

【阿里巴巴（中国）网络技术有限公司】 1999年9月，阿里巴巴（中国）网络技术有限公司（简称“阿里巴巴集团”）注册成立，注册资本5.97亿美元。公司坐落在滨江区网商路699号，是从事电子商务、网上支付、B2B网上交易及云计算业务的“世界500强” 企 业。2014年9月19日，在纽约交易所挂牌上市，股票代码“BABA”。2016年，阿里巴巴集团共有员工3.6万人，平台成交额3.09万亿元，实现收入1011亿元，纳税总额238亿元。

【英飞特电子（杭州）股份有限公司】 2007年9月，英飞特电子（杭州）股份有限公司注册成立，经营地址在滨江区江虹路459号A座，是从事LED驱动电源的研发、生产、销售和技术服务的国家火炬计划重点高新技术企业，共有员工380人。2012年9月，改制设立股份公司。2014年7月，完成省证监局辅导备案，公司与国信证券签订上市辅导协议。2016年12月28日，在深圳创业板上市，股票代码“300582”。2016年，实现营业收入6.54亿元，纳税总额1586.09万元，对区贡献119.44万元。

【杭州电魂网络科技股份有限公司】 2008年9月，杭州电魂网络科技股份有限公司注册成立，经营地址在滨江区伟业路298号先锋科技大厦11楼，是集创意策划、美术设计、技术研发、产品开发、游戏推广、运营维护、海外合作于一体的网络游戏开发商、运营商，共有员工473人。2012年11月，改制设立股份公司。2014年5月，完成省证监局辅导备案，公司与国金证券签订上市辅导协议。2016年10月26日，在上海证券交易所上市，股票代码“603258”。2016年，实现营业收入4.94亿元，纳税总额6250.84万元，对区贡献1889.29万元。

【浙江和仁科技股份有限公司】 2010年10月，浙江和仁科技股份有限公司注册成立，经营地址在滨江区东信大道66号东方通信城E-302，是以医疗机构临床医疗管理信息系统及数字化场景应用系统的研发销售、实施集成、服务支持为主营业务的高新技术企业，共有员工 409人。2013年12月，改制设立股份公司。2014年2月，完成省证监局辅导备案，公司与中信证券签订上市辅导协议。2016年10月18日，在深圳创业板上市，股票代码“300550”。2016年，实现营业收入2.36亿元，纳税总额2438.76万元，对区贡献387.88万元。 （来　霖）

新三板公司

【概 况】 至2016年底，滨江区共有新三板挂牌企业87家，其中，新增挂牌企业37家，50家企业与券商签订挂牌辅导协议，87家新三板挂牌企业均为信息技术、生物医药、新能源、节能环保、数字传媒等领域的高科技企业，其中，网络信息类企业占80%以上，11家进入创新层。

【浙江威星电子系统软件股份有限公司】 2002年4月，浙江威星电子系统软件股份有限公司注册成立，经营地址西斗门路3号天堂软件园A幢8B/C，是专注于智能建筑、智慧水务、智慧交通领域的高新技术企业，共有员工85人。2016年7月，改制设立股份公司，公司与财通证券签订新三板挂牌辅导协议。 同年11月22日，在新三板挂牌，股票代码“839655”。2016年，实现营业收入1.97亿元，纳税总额924.7万元，其中，对区贡献226.21万元。

【浙江丝里伯睡眠科技股份有限公司】 2007年8月，浙江丝里伯睡眠科技股份有限公司注册成立，经营地址天堂软件园B幢5楼D室，是专注于科技助保健领域，集研究、设计、开发、销售于一体的现代化企业，共有员工135人。2015年10月，改制设立股份公司，公司与申万宏源证券签订新三板挂牌辅导协议。2016年3月10日，在新三板挂牌，股票代码“835910”。2016年，实现营业收入1.14亿元，纳税总额1138.93万元，其中，对区贡献214.61万元。

【杭州康韵生物科技股份有限公司】 2010年9月，杭州康韵生物科技股份有限公司注册成立，经营地址文二路212号第15层，是一家通过自有综合服务体系向各类医学实验室提供IVD产品及专业技术支持的综合服务的高新技术企业，共有员工50人。2016年3月，改制设立股份公司，公司与浙商证券签订新三板挂牌辅导协议，2016年8月2日，在新三板挂牌，股票代码“837968”。2016年，实现营业收入1.34亿元，纳税总额924.04万元，其中，对区贡献120.54万元。

【杭州图南电子股份有限公司】2012年3月，杭州图南电子股份有限公司注册成立，经营地址滨康路619号3幢401，是应急广播领域的高新型技术企业，共有员工148人。2016年6月，改制设立股份公司，公司与申万宏源证券签订新三板挂牌辅导协议。2016年11月1日，在新三板挂牌，股票代码“839583”。2016年，实现营业收入8753.61万元，纳税总额767.28万元，其中，对区贡献145.36万元。

2016年滨江区新三板企业

表17

序号	公司名称	股票代码	挂牌时间
1	杭州创谐信息技术股份有限公司	834734	2016年1月7日
2	浙江国友通讯科技股份有限公司	835365	2016年1月13日
3	杭州财人汇网络股份有限公司	835759	2016年1月29日
4	浙江汇购科技股份有限公司	835795	2016年2月3日
5	浙江肯天科技股份有限公司	835836	2016年2月25日
6	杭州中软安人网络通信股份有限公司	835963	2016年2月23日
7	杭州品茗安控信息技术股份有限公司	836188	2016年3月7日
8	杭州朗鸿科技股份有限公司	836395	2016年3月10日
9	浙江丝里伯睡眠科技股份有限公司	835910	2016年3月10日
10	杭州思锐信息技术股份有限公司	836063	2016年3月15日
11	杭州晨晓科技股份有限公司	835820	2016年2月23日
12	杭州国芯科技股份有限公司	836173	2016年3月21日
13	祖名豆制品股份有限公司	836494	2016年3月22日
14	浙江无限动力信息技术股份有限公司	836354	2016年4月6日
15	杭州四方博瑞科技股份有限公司	836452	2016年4月7日
16	川山甲供应链管理股份有限公司	836361	2016年4月26日
17	杭州亭联信息科技股份有限公司	836755	2016年4月13日
18	杭州协能科技股份有限公司	836506	2016年4月14日
19	喜悦动漫（杭州）股份有限公司	837073	2016年4月26日

续表17

序号	公司名称	股票代码	挂牌时间
20	杭州百诚医药科技股份有限公司	837332	2016年5月5日
21	杭州快定网络股份有限公司	837172	2016年5月9日
22	杭州卡丽智能科技股份有限公司	837238	2016年5月13日
23	杭州安鸿科技股份有限公司	837693	2016年6月16日
24	杭州美诺瓦医疗科技股份有限公司	837258	2016年7月4日
25	杭州康韵生物科技股份有限公司	837968	2016年8月2日
26	杭州恒通云信息科技股份有限公司	838316	2016年8月2日
27	杭州万霆科技股份有限公司	838111	2016年8月3日
28	杭州欧维客信息科技股份有限公司	838514	2016年8月4日
29	杭州华会通科技股份有限公司	839028	2016年8月15日
30	广脉科技股份有限公司	838924	2016年8月19日
31	杭州图南电子股份有限公司	839583	2016年11月1日
32	浙江博通影音科技股份有限公司	839656	2016年11月9日
33	杭州滨兴科技股份有限公司	839880	2016年11月11日
34	浙江甲骨文超级码科技股份有限公司	839043	2016年11月15日
35	杭州沃趣科技股份有限公司	839849	2016年11月21日
36	杭州信雅达三佳系统工程股份有限公司	870167	2016年12月21日
37	浙江威星电子系统软件股份有限公司	839655	2016年11月22日

（来　霖）

科技创新

综 述

2016年，区科技局围绕区党委、管委会、政府提出的“三次创业”总目标，按照建设国家自主创新示范区核心区和世界一流高新园区工作要求，全面实施创新驱动战略，科技工作跃上新台阶。在浙江省县（市、区）科技进步水平综合评价列第一，在浙江省首次县域经济30强评比中，经济竞争力、发展潜力、创新力三大排名均列第一位。最新国家级高新区综合评价排名第六位，被科技部火炬中心列入全国8个创建世界一流高科技园区的计划序列。

深入推进科技体制改革及国家自主创新示范区建设，扎实做好科技金融体制、“互联网+”产业发展机制、知识产权市场化运作机制、众创空间建设机制等12项重点改革任务，促进科技成果转化、产业化和创新创业的体制机制建设。加大全区科技创新投入，2016年，区级财政安排产业扶持资金17.06亿元，企业研发投入持续增长，全区R&D研发经费122亿元，占GDP比例13.5%。全区科技活动经费支出188亿元，比上年增长20%。大力扶持和培育科技型小微企业，兑现2015年科技企业孵化器在孵和毕业企业房租补贴689.89万元，雏鹰、青蓝企业创业资助2064万元。争取上级部门经费资助，2016年，获市级科技型初创企业培育工程经费2646万元，省级科技型中小企业扶持资金1442万元，国家小微企业创业创新基地城市示范竞争性资金1391万元，主要用于扶持科技型小微企业发展。

培育创新主体、搭建创新载体，受理国家高新技术企业认定申报180家，经审核推荐上报178家，通过认定企业174家，其中，新认定企业104家（均列全省各区县首位），累计拥有国家高新技术企业607家（列全省首位）。审核申报155家市级高新技术企业，150家企业通过认定，居全市第一。新认定省级科技型中小企业234家，市级科技型初创企业培育工程企业141家。15家企业入围“2016年浙江省高新技术百强企业”，11家企业列入“2016年度浙江省技术创新能力百强”，并包揽前3强。新认定市级科技企业孵化器3家，省级2家，国家级2家，累计全区拥有市级以上科技企业孵化器18家，其中，国家级6家。累计在孵企业1204家，孵化面积44.88万平方米。强化顶层设计，聚焦重点区域，重点建设东、西、北3个众创空间集聚区。新认定市级众创空间8家，省级11家，国家级4家；累计拥有市级及以上众创空间20家，其中，国家级9家。鼓励企业加大研发投入，加强研发载体建设，2016年，新建市级研发中心25家，累计184家；省级研发中心32家，累计115家；省级企业研究院10家，累计41家；省级重点企业研究院11家，累计41家。

开展科技合作与交流，完善产学研合作机制，推进与浙江大学、浙江工业大学等高校的产学研对接，开展国际科技合作，先后建立中以国际创新园、中英国际投资论坛、滨江国际医疗创新论坛等国际科技合作平台。

扎实做好科技管理工作，推进国家创新人才示范基地建设，2016年，新增国家创新创业人才8人，累计19人，其中，新增国家“万人计划”7人，累计8人。新认定省级领军型创新创业团队4家，市级领军型创新创业团队1家，获资助经费500万元，累计拥有省级领军型创新创业团队6家，市级1家。做好科技计划项目管理，2016年，推荐申报市重大、省重大等各类科技计划项目938项，获立项643项，其中，省重大科技专项19项，市重大科技专项16项，共争取上级经费1.42亿元。组织做好23项省重大科技专项中期检查，28项省级科技专项资金审计整改情况“回头看”暨科技计划项目经费使用监督检查。

科技成果管理成效显著。2016年，网上技术市场滨江分市场共发布企业技术难题及需求136项，拟提供研发资金9932万元，网上合同登记数318项，合作金额1.98亿元。审核区瞪羚企业121家创新券申请，在创新券云平台完成创新券发放1.01亿元。

承办第五届中国创新创业大赛，在大赛六大行业赛中，杭州瑞杰珑科技有限公司获全国赛电子信息行业赛总冠军，杭州林东新能源科技有限公司获新能源与节能环保行业总冠军；4家企业进入省总决赛，其中，杭州协能科技股份有限公司获浙江赛区总决赛一等奖，17家企业获大赛优胜企业称号。

知识产权管理实现新突破，以国家知识产权示范区、国家专利导航产业发展实验区、国家知识产权服务业集聚发展试验区建设为载体，不断提升区域知识产权创造、运用和保护。年内，新获中国专利优秀奖10项，列全省首位，获首届浙江省专利奖6项，其中，4家企业获金奖，占金奖总数26.7%。4家企业在“市长杯”工业设计大赛中获奖，占全市获奖总数44.4%。2016年，全区专利申请1.42万件，专利授权6700件，专利申请量和授权量均列全省第一。

2016年，滨江区获浙江省“公众创业创新服务行动”先进区、浙江省“网上技术市场工作先进县（市、区）”。 （钱筱莹）

科技创新载体

科技企业孵化器

【概况】 2016年7月6日，市科委发布《关于开展2016年度杭州市级科技企业孵化器认定的通知》，启动市级科技企业孵化器申报工作。滨江推荐4家企业申报，经市科委评审，杭州启迪东信孵化器有限公司、浙江三维无线科技有限公司、杭州中恒世纪科技实业有限公司3家企业被认定为市级科技企业孵化器。同月28日，省科技厅发布《浙江省科学技术厅关于组织开展2016年度国家和省级科技企业孵化器申报工作的通知》，启动国家级和省级科技企业孵化器申报工作，滨江推荐2家企业申报省级科技企业孵化器，2家企业申报国家级科技企业孵化器。经省科技厅评审，杭州枫惠科技咨询有限公司、杭州江虹文化创意有限公司2家企业被认定为省级科技企业孵化器；杭州天和高科技产业园有限公司、和瑞科技（杭州）有限公司2家企业获省科技厅推荐通过国家级科技企业孵化器认定。至2016年底，全区累计拥有市级以上科技企业孵化器18家，认定数全市第一，其中，国家级6家，拥有孵化面积44.88万平方米。

【生物医药专业科技企业孵化器】 杭州天和科技产业园有限公司位于滨江区长河街道滨安路688号，是以体外诊断试剂产品（IVD）为特色的生物医药专业科技企业孵化器，园区建设分为一期和二期。一期2011年建成，二期2014年建成，占地7.3公顷，建筑面积13.8万平方米，孵化面积4.7万平方米。园区建有公共孵化大楼、公共实验室、技术开发服务平台、GMP标准厂房等设施，为企业提供研发服务、支撑服务、创新创业服务等专业服务。2013年，被认定为市级科技企业孵化器，2015年，通过省级科技企业孵化器认定，2016年，被认定为国家级科技企业孵化器。至2016年底，拥有在孵企业99家，孵化毕业企业22家。

【和瑞科技园】 和瑞科技（杭州）有限公司位于滨江区长河路475号，2004年5月21日成立。孵化面积1.5万平方米，以互联网、物联网、电子高新科技为导向，互联网、电子商务、软件开发、服务外包、增值服务等行业企业为重点孵化对象。园区配有各型会议室、餐厅、健身房、

篮球场、超市、自动取款机等基础配套设施。至2016年，拥有在孵企业86家，孵化毕业企业32家。（孔照哲）

众创空间

【概 况】 2016年2月29日，根据省科技厅《浙江省科学技术厅关于开展浙江省众创空间备案工作的通知》要求，滨江组织11家市级众创空间进行申报。8月4日，省科技厅发布《浙江省科学技术厅关于公布2016年度省级众创空间名单的通知》（浙科发高〔2016〕41号），沃创空间等11家众创空间被认定为省级众创空间，其中，4家获省科技厅推荐认定为国家级众创空间。5月25日，市科委发布《关于开展2016年杭州市第一批众创空间认定申报工作的通知》，启动市级众创空间申报工作。滨江15家众创空间申报，经市科委评审，米趣·游戏工厂等8家众创空间被认定为市级众创空间。至2016年底，全区累计拥有市级及以上众创空间20家，名列全市第一，其中，国家级9家，名列全省第一。

【沃创空间】 2015年3月23日，杭州沃创文化创意有限公司在杭州市教工路88号立元大厦3楼创办沃创空间，有孵化场地825平方米，86个工位。围绕“互联网+教育”“互联网+创业服务”领域，拥有互联网创业教育、创业服务、创投资本服务体系；开展项目孵化，帮助初创企业完成从确定商业模式，到实现稳定运营、获得发展资金阶段的扶持。至2016年，引进创新型企业23家，注册资金1370万元；吸纳社会就业86人，海归高端人才5人，9家企业获得融资1057万元。累计承办600余场创业活动，被创业者誉为“最具人气的众创空间”。2015年通过市级众创空间认定，2016年先后通过省级、国家级众创空间认定，被评为2016年度省级优秀众创空间。

【独角兽众创空间】 2015年3月25日，杭州独角兽投资管理有限公司在杭州市文二路391号西湖国际科技大厦D南4楼创办独角兽众创空间，有孵化场地1606平方米，工位150个。孵化方向集中在实体经济+互联网，为企业提供投资管理、投资咨询（除证券、期货）、受托企业资产管理、企业管理咨询、财务管理咨询、经济信息咨询（除商品中介）、工商事务代理等服务。独角兽致力于推动创业者完成从创意到创客，从创客到创业的蜕变，通过轻资产重服务的孵化模式，公司聚焦天使轮互联网方向的创业公司，孵化期为6个月。通过严格的选拔机制筛选项目，项目分申请、审核、孵化、服务、毕业五个阶段。在孵化期内，签约入驻的创业公司均获优惠的办公场地，专业导师辅导，法务、财务、人事、商务、战略咨询、政策优惠申请等项服务。2015年通过市级众创空间认定，2016年先后通过省级、国家级众创空间认定，并被评为2016年度省级优秀众创空间。

【创盒众创空间】 2015年4月8日，杭州创盒投资管理有限公司在滨江区西兴街道江陵路88号5幢2楼A区创办众创空间，有孵化场地1541平方米，工位110个。创盒空间为投资促进型众创空间，实行众创、众扶新模式，探索传统产业园从原有租赁模式向股权兑换模式转换。2015年，通过市级众创空间认定，2016年，先后通过省级、国家级众创空间认定。

创盒众创空间　（区科技局　供图）

【创业小二众创空间】 2015年4月1日，杭州聚场科技有限公司在聚业路28号2幢3楼创办创业小二众创空间，是基于云计算大数据为基础的投资和创业服务机构，联合阿里云等各类资源，重点培育云上创新的早期项目。公司主要为移动互联网创业提供融资平台、创业导师和技术人才推荐服务。有孵化场地1800平方米，工位240个。2015年，通过市级众创空间认定，2016年，先后通过省级、国家级众创空间认定。

（孔照哲）

科技中介机构

【概况】 2010年5月，省科学技术厅、省财政厅下发《浙江省重点科技中介服务机构培育管理办法（试行）》（浙科发成〔2010〕110号），规定每年由省科技厅、省财政厅组织专家对各市科技局或省行业行政主管部门推荐的申请单位进行评审、考察，择优确定重点培育的科技中介服务机构。2016年7月，滨江推荐3家机构申报省重点中介服务机构，同年12月21日，《浙江省科学技术厅关于公布第六批省重点科技中介服务机构的通知》，公布第六批省重点科技中介服务机构认定名单，杭州彩宏科技有限公司、浙江伍一技术股份有限公司2家机构获评2016年省级重点科技中介服务机构。至年底，滨江累计拥有省级科技中介机构13家。2016年12月28日，滨江区被省科学技术厅评为2016年浙江省“公众创业创新服务行动”先进区。

【杭州彩宏科技有限公司】 2013年5月，杭州彩宏科技有限公司成立，是专业从事为科技型中小企业，为科技人才（大学生、留学归国人员）、科技企业孵化器（众创空间）等企业提供科技项目申报、高新技术企业认定、新产品成果鉴定、知识产权法律咨询、技术转移、投融资等服务，下设技术咨询部、技术转移部和融资服务部。2016年7月，公司被评为2016年省级重点科技中介服务机构。至2016年底，公司有职工12人，其中，7人有技术经纪人证书。为省内900余家企业提供科技、经信、人才、文创等各类项目申报、高新技术企业认定、技术转移等服务。

【浙江伍一技术股份有限公司】 2014年6月，浙江伍一技术股份有限公司成立，是浙江科技大市场的运营单位。浙江科技大市场由浙江省科技厅主办，是线上中国浙江网上技术市场与线下浙江科技大市场实体市场融合、功能互补、全省统一，集“展示、交易、交流、合作、共享”五位一体的科技服务平台。为企业提供科技发展战略规划、知识产权战略分析、行业市场分析、技术评估、知识产权代理、商标注册、知识产权申诉与维权、企业二维码平台建设等服务，帮助企业科技成果转移转化、技术成果对接。2016年，公司有职工15人，其中13人有技术经纪人证书。2016年7月，被评为2016年省级重点科技中介服务机构。至2016年底，共举办各类技术交易竞价活动10场，各类论坛、沙龙、创新创业大赛、科技成果对接会等活动54场，技术交易竞拍活动成交科技成果和企业技术难题309项，金额4.97亿元。

（俞凯华）

知识产权（专利）

【概况】 2016年，滨江全面贯彻创新驱动发展战略和知识产权战略，持续推进首批国家知识产权示范园区、首批国家专利导航产业发展实验区、首批国家专利审查员实践基地和浙江省首个国家知识产权服务业集聚发展试验区建设。不断健全知识产权体系，完善知识产权政策，提升知识产权创造、运用、保护、管理和服务的能力和水平，加快建设知识产权强区，专利申请实现量质齐升。全区专利申请总量1.42万件，比上年增长40.23%，总量与增幅均列全市第一，其中，发明专利申请5902件，增长87.31%，列全省第一；专利授权量6700件，增长5.71%，其中，发明专利授权量1466件，增长27.81%。2016年，每万人发明专利授权量71.58件，每万人发明专利拥有量236件，均列全省第一。12月23日，根据《人力资源社会保障部国家知识产权局关于表彰全国专利系统先进集体和先进工作者的决定》，高新区（滨江）知识产权办公室被授予“全国专利系统先进集体”。

【中国专利奖】 2016年3月14日，按照《国家知识产权局关于评选第十八届中国专利奖的通知》启动2016年中国专利奖申报工作，中国专利奖由国家知识产权局和世界知识产权组织评选，设中国专利金奖及中国专利优秀奖、中国外观设计金奖及中国外观设计优秀奖，滨江组织申报19项。12月7日，国家知识产权局下发《关于第十八届中国专利奖授奖的决定》，评出中国专利金奖20项，中国外观设计金奖5项，中国专利优秀奖568项和中国外观设计优秀奖65项。滨江获中国专利奖优秀奖10项，列全省首位。至年底，全区累计获中国专利奖37项。

【省专利示范企业】 2016年3月，按照《浙江省知识产权局 浙江省经济和信息化委员会关于组织开展2016年省专利示范企业申报与复核工作的通知》，启动浙江省专利示范企业申报工作。浙江省专利示范企业由省知识产权局、省经济和信息化委员会组织申报、复核。滨江推荐3家企业申报专利示范企业，11月28日，省知识产权局、省经济和信息化委员会下发《关于认定杭州中艺生态环境工程有限公司等企业为2016年省专利示范企业的通知》，浙江宇视科技有限公司和银江股份有限公司2家企业被认定为省专利示范企业，杭州海康威视数字技术股份有限公司、杭州远方光电信息股份有限公司、杭州华东医药集团生物工程研究所有限公司、浙江中控技术股份有限公司、杭州鸿雁电器有限公司、浙江吉利控股集团有限公司、东方通信股份有限公司、聚光科技（杭州）有限公司8家企业通过省专利示范企业复核。至年底，滨江累计拥有省专利示范企业26家。

【国家知识产权示范企业和优势企业】 2016年7月，按照《关于组织开展2016年度国家知识产权示范企业和优势企业申报考核工作的通知》（国知办函管字〔2016〕539号），启动国家知识产权示范企业和优势企业申报、复核工作。国家知识产权示范企业和优势企业由国家知识产权局牵头组织申报考核，中知（北京）认证有限公司和中规（北京）认证有限公司2家机构负责认证，从贯标启动、调查诊断、体系构建、手册编写、发文贯标、实施运行、内部审核和管理评审等方面进行评定。滨江推荐2家企业申报国家知识产权示范企业、2家企业复核国家知识产权示范企业、5家企业申报国家知识产权优势企业、3家企业复核国家知识产权优势企业。12月26日，国家知识产权局下发《关于确定2013年度国家知识产权示范企业和优势企业通过复核企业及2016年度国家知识产权示范企业和优势企业的通知》，浙江苏泊尔家电制造有限公司、新华三技术有限公司、杭州鸿雁电器有限公司和浙江中控科技集团有限公司4家企业申报或复核国家知识产权示范企业成功，8家企业申报或复核国家知识产权优势企业成功。至年底，滨江累计拥有国家知识产权示范和优势企业17家。

【浙江省专利奖】 2016年8月12日，根据《浙江省知识产权局关于开展浙江省专利奖评选的通知》，启动首届浙江省专利奖申报工作。浙江省专利奖由省知识产权局组织评选，设浙江省专利金奖及浙江省专利优秀奖，从发明专利、实用新型专利和外观设计专利中评选产生，滨江共申报专利15项。11月22日，省科技厅、省知识产权局下发《浙江省科学技术厅（浙江省知识产权局）关于表彰首届浙江省专利奖获奖项目的通报》，滨江获省专利奖6项，其中，浙江省专利奖金奖4项，包揽杭州市获省专利奖金奖；获浙江省专利奖优秀奖2项。杭州华东医药集团新药研究院有限公司的“泮托拉唑钠冻干粉针剂及其制备方法”，吉利控股、吉利汽车研究院的“汽车”，杭州海康威视数字技术股份有限公司的“基于云计算的海量视频文件存储系统、分析方法及其系统”，杭州华三通信技术有限公司的“一种堆叠系统的拓扑收集方法和双控制板设备”获金奖项目。三维通信股份有限公司的“一种多通道分布式天线系统射频通道自动匹配方法”，英飞特电子（杭州）股份有限公司的“多路恒流驱动电路”获优秀奖项目。

（史　琼　吕德军）

科技管理

【概况】2016年，全区新增国家创新创业人才8人，累计19人；新增国家"万人计划"7人，累计8人。做好创新创业团队培育工作，推荐杭州中天微系统有限公司的嵌入式CPU及云芯片设计创新团队、杭州启明医疗器械有限公司的新型介入式心脏瓣膜系统创新团队列入2016年省级领军型创新团队；歌礼生物科技（杭州）有限公司的传染性疾病创新药物开发及产业化创业团队、杭州古北电子科技有限公司的智能物联网创业团队列入2016年省级领军型创业团队。累计拥有省级领军型创新创业团队6家，占全市40%；拥有市级领军型创新创业团队1家，占全市33.3%。

2016年，推荐上报市重大、省重大等科技计划项目829项，获立项536项，其中，工业类省重大科技专项23项、市重大科技专项15项，共争取上级经费1.18亿元。做好科技计划项目管理，组织做好23项省重大科技专项的中期检查、28项省级科技专项资金审计整改情况"回头看"暨科技计划项目经费使用监督检查工作，组织308家科技企业做好年度绩效填报。6月，启动项目征集工作，11月，下达项目立项文件，资助35万元支持农业科研攻关项目2项，资助145万元支持社会发展科研攻关项目10项。

（孔照哲）

【网上技术市场】2002年6月，中国浙江网上技术市场由科技部、国家知识产权局和浙江省主办的中国浙江网上技术市场投入运行。网上技术市场形成由省级中心、11个市级市场、94个县级分市场和29个专业市场构成的体系架构。自2002年滨江分市场成立运行至2016年，有注册会员3378家。2002—2016年，累计发布技术难题796项，提供研发资金4.66亿元，网上合同登记1031项，合作金额7.09亿元。至2016年12月底，滨江网上技术分市场共发布企业技术难题及需求136项，比上年增长5.4%；签约项目318项，增长11.18%；成交额1.98亿元，增长10.06%。2016年1月20日，滨江区被评为浙江省网上技术市场工作先进县（市、区）。

（俞凯华）

【院士专家工作站效应】2013年9月22日，远方光电院士专家工作站成立，同年11月，经中共杭州市委组织部、杭州市科学技术协会认定，被认定为"杭州市院士专家工作站"。2016年11月，经中共浙江省委人才工作领导小组认定，升级为"浙江省院士专家工作站"，远方光电院士专家工作站共有专家5名。2013年公司结合自身的技术水平和发展需求，引进中国工程院院士李同保。李同保长期从事光辐射计量测试技术研究及科研管理工作，1994年遴选为首批中国工程院院士，李同保及其团队与公司院士专家工作站研究人员合作开展"太赫兹光谱仪"和"紫外-可见-红外绝对光谱灵敏度校准系统"2个项目的研究。至2016年，远方光电院士专家工作站申请或授权专利9项，其中，发明专利4项；2项成果应用于公司产品，并产生相应实际经济效益，新增产值2000余万元。

（虞婷婷）

【创新助力项目】2015年11月18日，区科协和杭州天和高科技产业园联合向省科协申报创新驱动助力工程滨江服务站试点项目。同年12月23日，根据《关于同意滨江天和高科技产业园列为省科协创新驱动助力工程试点单位的复函》（浙科协函〔2015〕26号），同意滨江天和高科技产业园成立助力工程滨江服务站；2016年6月28日，省健康产品安全研究会滨江服务站挂牌成立。项目运行总经费35万元，其中，省科协专项经费30万元，区科协配套经费5万元，主要用于助推区内生物医药产业创新发展。服务站是省科协创新助力11个服务站中唯一落地杭州市辖区内的服务站。

（虞婷婷）

【国家科学技术奖】2016年1月1日，国务院下发《关于2015年度国家科学技术奖励的决定》（国发〔2016〕2号），浙江睿洋科技有限公司参与完成的"植物-环境信息快速感知与物联网实施监控技术及装备"获国家科技进步二等奖。此项目是针对植物生长信息快速检测的需求，攻克农田信息快速感知、稳定传输和精准管控三大关键技术，研制便携式植物（叶片、冠层）养分快速测定仪、植物群体生长-病害信息感知仪、植物叶片病斑区域检测仪、植株三维定位快速测量仪等系列设备，解决植物信息快速感知问题，实现植物生长过程信息全方位感知，改变传统农业作物灌溉、施肥、施药依靠农民凭经验操作的方法，借助监控系统配套的系列装备，杜绝作业效率低下、肥水药浪费、农产品品质与安全难以保证的现状。（俞凯华）

【省科学技术奖】 2016年1月15日，浙江省政府公布2015年度浙江省科学技术奖励名单。滨江企业承担和参与的成果获省级科技进步奖和技术发明奖13项，其中：科技进步奖一等奖1项，二等奖4项，三等奖6项；技术发明一等奖1项，三等奖1项；获市科技进步奖14项，其中，一等奖3项，二等奖3项，三等奖8项。

2016年滨江企业项目获省级科技奖励情况

表18

序号	项目编号	项目名称	承担单位	奖项
1	F-1-004	转发与控制分离技术及应用	浙江工商大学、杭州迪普科技有限公司、福建星网锐捷网络有限公司	省技术发明奖一等奖
2	J-1-007	高清视频物联的感知层和应用层关键技术及产化	浙江大华技术股份有限公司 杭州电子科技大学	省科学技术进步奖一等奖
3	J-2-004	大型体育场馆钢结构智能化建造技术研究及实践	浙江东南网架股份有限公司 、杭州奥体博览中心滨江建设指挥部	省科学技术进步奖二等奖
4	J-2-062	基于C&S技术的集团级发电设备故障预警与优化系统的研究应用	浙江浙能技术研究院有限公司、浙江大学、浙江天工自信科技工程有限公司、浙江省能源集团有限公司、上海长庚信息技术有限公司、上海白丁电子科技有限公司	省科学技术进步奖二等奖
5	J-2-037	地理空间数据智能处理与安全共享集成平台研发与应用	浙江工商大学、杭州天夏科技集团有限公司、浙江臻善科技有限公司	省科学技术进步奖二等奖
6	J-2-051	林木生长精准管理及无损检测关键技术与装备	浙江农林大学、浙江大学、浙江睿思特智能科技有限公司	省科学技术进步奖二等奖
7	J-3-004	新型高可靠LED驱动管理芯片设计及其产业化	矽力杰半导体技术（杭州）有限公司	省科学技术进步奖三等奖
8	J-3-006	大型广播级数字音频处理系统的研究与应用	杭州联汇数字科技有限公司	省科学技术进步奖三等奖
9	F-3-008	超（超）临界发电机组高压加热器汽液相变区氧化性处理技术研究	浙江浙能乐清发电有限责任公司、浙江浙能技术研究院有限公司	省技术发明奖三等奖
10	J-3-102	支持IPV6的高吞吐量远望综合审计系统	浙江远望信息股份有限公司 杭州电子科技大学	省科学技术进步奖三等奖
11	J-3-104	用户变电站自动运行和负荷动态监控系统	浙江新能量科技股份有限公司	省科学技术进步奖三等奖
12	J-3-131	燃煤电站锅炉氟、汞排放及影响研究	浙江省洁净煤技术研究开发中心、台州发电厂、浙江浙能镇海发电有限责任公司、浙江天地环保工程有限公司	省科学技术进步奖三等奖
13	J-3-145	全球鹰GX7系列SUV的研发及产业化	浙江吉利控股集团有限公司、浙江吉利汽车研究院有限公司	省科学技术进步奖三等奖

（俞凯华）

【青年科技英才评选】 2016年1月29日，区科协、区人才办、区人力社保局联合制定下发《关于开展杭州高新区（滨江）2014—2015年度青年科技英才认定推荐活动的通知》（区科协〔2016〕1号），启动2014—2015年度区青年科技英才推荐、认定工作。经各企业科协推荐，共征集24名候选人。经专家评选，确定20名人选，5月26—30日，在区门户网站及科协QQ、微信工作群进行公示。7月22日，在天和高科技产业园举行区青年科技英才认定命名大会，区科协、区人才办、区人力社保局领导为20名青年科技英才颁发证书。（虞婷婷）

【第五届中国创新创业大赛获奖企业】 2016年4月15日，由科技部、教育部、财政部等单位支持，科技部火炬中心、科技型中小企业技术创新基金管理中心等单位承办的中国创新创业大赛开赛。大赛分两个阶段进行，第一阶段为地方赛，由各省级科技管理部门组织举办；第二阶段为全国行业总决赛，按照新材料、新能源及节能环保、生物医药、电子信息、先进制造、互联网及移动互联网6个行业进行比赛。5月5日，根据《2016年第五届中国创新创业大赛（浙江赛区）暨第三届浙江省“火炬杯”创新创业大赛实施方案》，滨江启动大赛组织工作，122家企业报名参赛，占全省参赛企业8%。经初赛和半决赛，浙江赛区210家企业进入决赛，滨江入围决赛企业53家，占全省的25%，居全省首位。在9月25日浙江省总决赛中，滨江4家企业获一等奖1项、二等奖2项、三等奖1项。全国各行业赛9月24日开赛，11月28日结束。杭州瑞杰珑科技有限公司获电子信息行业全国赛总冠军，杭州林东新能源科技有限公司获新能源与节能环保行业全国赛总冠军，杭州才云科技有限公司获互联网及移动互联网行业全国赛第二名，杭州协能科技股份有限公司获新能源与节能环保行业全国赛第二名，滨江9家企业获全国行业赛优秀奖。（俞凯华）

【浙江省企业技术创新能力百强企业评价】 2016年4月27日，由省科技厅委托省科技信息研究院和省科技发展战略研究院作为第三方开展浙江省技术创新能力百强企业评价工作。评价指标体系由“创新投入”“创新产出”两方面构成，评价对象主要为国家高新技术企业、国家级和省级创新型示范（试点）企业及其他自愿参评企业，涉及研发经费比重、研发人员比例、研发人员人均研发经费、千名研发人员知识产权拥有量、新产品销售收入率、全员劳动生产率及利税率7个方面。全省6475家企业参评，其中，国家级高新技术企业5984家，创新型企业479家和自愿参评企业12家。滨江组织600余家企业参评。11月29日，省科技信息研究院、省科技发展战略研究院联合发布《2016年浙江省企业技术创新能力评价报告》，公布“2016年浙江省企业技术创新能力百强榜”及各单项指标十强企业榜单，滨江11家企业入选“2016年浙江省企业技术创新能力百强榜”。其中，杭州华三通信技术有限公司、杭州海康威视数字技术股份有限公司、网易（杭州）网络有限公司、浙江大华技术股份有限公司、恒生电子股份有限公司、浙江吉利控股集团有限公司6家企业名列百强榜前十位。在公布的各类单项十强榜单中，滨江新一代信息技术产业领域的企业包揽榜单十强，同时，占据发明专利十强中的7强、研发人员十强中的7强、研发经费十强中的6强、新产品十强中的5强。（俞凯华）

【科技初创型企业培育】 2016年5月9日，市科委启动市级科技型初创企业培育工程企业申报工作。滨江组织319家企业申报，其中，雏鹰企业283家、青蓝企业36家。市科委按照《关于印发杭州市科技型初创企业培育工程（2015-2017）实施意见的通知》（杭科高〔2015〕79号）进行评审，9月19日，市科委印发《关于认定2016年杭州市科技型初创企业培育工程企业的通知》，滨江141家企业被认定为市科技型初创企业培育工程企业，其中，雏鹰企业127家、青蓝企业14家。（孔照哲）

【国家高新技术企业培育】 2016年7月11日，根据浙江省高新技术企业认定办7月5日发布的《关于组织申报2016年度高新技术企业的通知》，滨江启动2016年度高新技术企业认定工作。经审核、推荐、浙江省高新技术企业认定办组织专家评审、报国家高新技术企业认定办公示等流程，12月9日，《关于浙江省2016年第一批高新技术企业备案的复函》（国科火字〔2016〕149号），滨江174家企业通过认定，其中，新认定企业104家，认定数及新认定数均列全省各区县首位。至2016年，滨江拥有国家高新技术企业607家。

（俞凯华）

【科技创新大赛】 2016年9月1日—10月30日，区科协组织中小学生参加国家、省、市级青少年科技创新大赛，征集青少年科技创新大赛作品19项，创新实践活动项目6项，科幻画45幅。区科协择优推荐上报市级科技创新项目15项，创新实践活动项目6项，科幻画15幅。12月13日，市科协公布《关于第三十一届杭州市青少年科技创新大赛获奖项目公示的通知》，滨江获优秀科技创新项目一等奖2项、二等奖4项、三等奖9项，获优秀科技实践活动项目一等奖1项、二等奖2项、三等奖2项，获优秀少儿科幻画项目三等奖4项。

（虞婷婷）

【科技型中小企业培育】 2016年10月12日，根据4月29日省科学技术厅印发《浙江省科技型中小企业认定管理办法》（浙科发高〔2016〕88号），滨江组织推荐302家企业申报。2017年1月23日，省科技厅发布《关于同意2016年度浙江省科技型中小企业认定的通知》（浙科发高〔2017〕11号），滨江234家企业被认定为省级科技型中小企业。

（孔照哲）

【院士专家工作站建设】 2016年12月9日，根据《关于鼓励和扶持科技企业发展的实施意见》（杭高新〔2014〕3号），对2014年建站并于2015年考核合格取得市级资助的杭州中软安人网络通信股份有限公司院士专家工作站和由市级升格为省级，并取得市级资助的杭州远方光电股份有限公司院士专家工作站进行区级资金配套资助，分别资助50万元和20万元。2016年，滨江新认定市级院士专家工作站6家，其中，杭州宏华数码科技股份有限公司、英飞特电子（杭州）股份有限公司、杭州合众数据技术有限公司、杭州朗讯科技有限公司为院士工作站，杭州东创科技股份有限公司、杭州环特生物科技股份有限公司为专家工作站。至2016年底，滨江共有院士专家工作站18家，其中，院士工作站16家，专家工作站2家。

（虞婷婷）

科技合作与交流

【概况】 2016年，滨江与浙江大学、浙江工业大学等高校的产学研合作，推进在杭高校人才创新创业和科技成果转化与产业化。开展国际科技合作，先后建立中以国际创新园、中英国际投资论坛、滨江国际医疗创新论坛等国际科技合作平台，搭建融合投资机构、产业界、地方政府与来自国外的优质创新项目的国际科技交流合作平台，为企业对接国内外的资本、产业、市场。鼓励企业设立海外高端研发中心，共享全球创新资源。

【省级国际合作项目】 2015年12月，滨江推荐浙江天科高新技术发展有限公司的“下一代测序技术在植物病毒广谱诊断和病毒与寄主互作研究中的应用”申报浙江省国际合作项目，2016年6月，经省科技厅评定获省国际科技合作专项支持，获省级财政资助100万元。

【市级产学研合作项目】 根据2016年2月23日市科委下发《关于征集2016年第一批杭州市网上技术交易成果转化项目的通知》（杭科合〔2016〕10号）和6月2日市科委下发《关于征集2016年第二批杭州市网上技术交易成果转化项目的通知》（杭科合〔2016〕86号），3月8日和6月12日，区科技局共推荐12个产学研合作项目申报，经杭州市科委评定，其中，11个项目获市科委立项支持，获得市财政资助243.5万元，区配套资助243.5万元。

【中以科技项目对接会】 2016年6月6日，在滨江诚高大厦举行中以国际创新园“创新技术在中国暨中以科技项目对接会”，120余家企业和创投机构的代表参会。对接会旨在将以色列先进技术引进到中国、落地孵化，帮助中国企业家学习以色列的创新技术，实现中以双方优势互补、打造双创共赢。对接会上，来自以色列创新企业的12个项目进行路演，会后，14家企业与以色列有关项目团队签署投资意向书。

【中英国际投资论坛】 2016年7月5日，由浙江赛创未来创业投资管理有限公司、杭州高新科技创业服务有限公司、浙江赛伯乐投资管理有限公司、杭州全景财经信息有限公司承办，浙江省股权投资行业协会、浙江股权交易中心、中国并购公会浙江分会、M+金融·创业服务平台协办的“中英国际投资论坛”在全景网杭州路演中心举办。英国丝科创投带领7家英国高科技创业公司就互联网金融、VR广告制作、VR旅游景点还原、互联网教育等项目进行路演。其间，100余家浙江企业与7家英国创业公司进行资本对接。

【滨江国际医创论坛启动仪式暨首次路演】 2016年7月25日，在诚高大厦举行“滨江国际医创论坛启动仪式暨首次路演”。围绕“医疗创新—资源集聚—平台搭建”主题开展，70余家投资机构通过现场和网络直播方式参与路演。全球顶尖的医学专家、学者组成学术委员会，为投资者提供专业的项目解读。会上，浙江金控投资管理有限公司与德诺医疗器械有限公司签署战略合作协议，推进浙江省医疗健康产业优质的投融资服务平台建设。

【国际合作基地】 2016年7月28日，滨江推荐英飞特电子（杭州）股份有限公司申报省级国际合作基地，2017年1月，通过浙江省科技厅评审被认定为省级国际合作基地。滨江累计拥有省级以上国际合作基地4家，其中，国家级国际合作基地2家。

（俞凯华）

科技研发中心

【概况】 2016年，网易（杭州）网络有限公司等10家企业被认定为省级企业研究院，至2016年底，全区累计拥有省级企业研究院41家。浙江大华技术股份有限公司等8家大数据领域企业、杭州中天微系统有限公司等3家集成电路领域企业被认定为省级重点企业研究院，累计拥有省级重点企业研究院41家，总数及新认定数均列全省各区县第一。2016年，城云科技（杭州）有限公司、杭州优能通信系统有限公司、杭州电魂网络科技股份有限公司等25家企业被认定为市级研发中心，连连银通电子支付有限公司、杭州林东新能源科技股份有限公司、阜博通（杭州）信息科技有限公司等32家企业被认定为省级研发中心。至2016年底，累计拥有省级研发中心115家，市级研发中心184家。

【省级企业研究院】 2016年1月22日，省科技厅印发《浙江省科学技术厅关于组织申报2016年省级企业研究院的通知》（浙科发条〔2016〕20号），启动2016年省级企业研究院申报工作，滨江组织推荐10家企业申报。4月22日，省科技厅印发浙科发条《关于公布2016年省级企业研究院认定结果的通知》（〔2016〕77号），网易（杭州）网络有限公司等10家企业被认定省级企业研究院。

【省级重点企业研究院】 2016年2月2日，省科技厅等部门下发《关于在新材料等产业创建省级重点企业研究院的通知》，启动省级重点企业研究院申报工作。滨江组织推荐9家企业申报，经评审，大华视频大数据技术及应用重点企业研究院等7家企业研究院被认定为省级重点企业研究院。9月13日，省科技厅启动第二批省级重点研究院申报工作，滨江组织推荐7家企业研究院申报。11月14日，省科技厅、发改委、经信委、财政厅印发《关于公布2016年度第二批新建省级重点企业研究院名单的通知》（浙科发条〔2016〕193号），网易大数据重点企业研究院等4家研究院被认定为省级重点企业研究院。11月7日，启动第三批申报，滨江推荐上报5家企业研究院。2017年2月10日，省科技厅、发改委、经信委、财政厅印发《关于公布2016年度第三批新建省级重点企业研究院名单的通知》（浙科发条〔2017〕5号），税友互联网云计算重点企业研究院等4家研究院被认定为省级重点企业研究院。

【市级研发中心】 2016年3月15日，市科委下发《关于组织申报2016年杭州市企业高新技术研究开发中心的通知》（杭科高〔2016〕27号），启动2016年杭州市企业高新技术研究开发中心申报工作。滨江60家企业申报，经初审，对符合要求的26家企业推荐上报。6月23日，市科委印发《关于认定2016年杭州市企业高新技术研发中心的通知》（杭科高〔2016〕124号），浙江甲骨文超级码科技股份有限公司的甲骨文研发中心等25家研发中心被认定为杭州市企业高新技术研究开发中心。

【省级研发中心】 2016年9月21日，省科技厅下发《浙江省科学技术厅关于组织申报2016年省级高新技术企业研究开发中心的通知》（浙科发条〔2016〕164号），启动2016年省级高新技术企业研究开发中心申报工作。滨江40家企业申报，经初审，对符合要求的39家企业推荐上报。12月22日，省科技厅印发《浙江省科学技术厅关于公布2016年省级高新技术企业研究开发中心认定结果的通知》（浙科发条〔2016〕225号），杭州微纳智能遥控技术省级高新技术企业研究开发中心等32家研发中心被认定为省级高新技术企业研究开发中心。

2016年滨江被认定省级研发中心名单

表19

序号	研发中心名称	依托单位名称
1	杭州微纳智能遥控技术省级高新技术企业研究开发中心	杭州微纳科技股份有限公司
2	奥能电源省级高新技术企业研究开发中心	杭州奥能电源设备有限公司
3	昊美智慧城市智能电网运维系统省级高新技术企业研究开发中心	杭州昊美科技有限公司
4	浙江浩普大气污染控制省级高新技术企业研究开发中心	浙江浩普环保工程有限公司
5	深大智慧旅游省级高新技术企业研究开发中心	浙江深大智能科技有限公司
6	贵仁信息科技省级高新技术企业研究开发中心	浙江贵仁信息科技股份有限公司
7	杭州擎洲造价软件省级高新技术企业研究开发中心	杭州擎洲软件有限公司
8	连连支付省级高新技术企业研究开发中心	连连银通电子支付有限公司
9	杭州林东海洋潮流能发电省级高新技术企业研究开发中心	杭州林东新能源科技股份有限公司
10	阜博通融合媒体大数据省级高新技术企业研究开发中心	阜博通（杭州）信息科技有限公司
11	德联工业能源和暖通节能省级高新技术企业研究开发中心	杭州德联科技股份有限公司
12	甲骨文防伪溯源技术省级高新技术企业研究开发中心	浙江甲骨文超级码科技股份有限公司
13	杭州航天分离机构和连接器专业省级高新技术企业研究开发中心	杭州航天电子技术有限公司
14	鸿泉车辆移动物联网（车联网）省级高新技术企业研究开发中心	杭州鸿泉数字设备有限公司
15	核芯核与辐射安全监测技术省级高新技术企业研究开发中心	浙江核芯监测科技有限公司

续表19

序号	研发中心名称	依托单位名称
16	晨晓光传送网技术省级高新技术企业研究开发中心	杭州晨晓科技股份有限公司
17	雄伟商业连锁智能化省级高新技术企业研究开发中心	杭州雄伟科技开发股份有限公司
18	中控教仪教学培训系统与仿真技术省级高新技术企业研究开发中心	浙江中控科教仪器设备有限公司
19	杭州东创科技物联网应用省级高新技术企业研究开发中心	杭州东创科技股份有限公司
20	好络维互联网医疗健康服务云平台省级高新技术企业研究开发中心	浙江好络维医疗技术有限公司
21	中南钢构省级高新技术企业研究开发中心	浙江中南建设集团钢结构有限公司
22	警安科技城市地下综合管廊智慧云省级高新技术企业研究开发中心	浙江警安科技有限公司
23	盈丰金融软件省级高新技术企业研究开发中心	杭州盈丰软件股份有限公司
24	圣兆注射用长效缓释和靶向制剂省级高新技术企业研究开发中心	浙江圣兆药物科技股份有限公司
25	矽力杰IC设计省级高新技术企业研究开发中心	矽力杰半导体技术（杭州）有限公司
26	杭州数云大数据精准营销省级高新技术企业研究开发中心	杭州数云信息技术有限公司
27	万霆科技3D虚拟仿真技术省级高新技术企业研究开发中心	杭州万霆科技股份有限公司
28	陆特能源地热能开发利用省级高新技术企业研究开发中心	浙江陆特能源科技股份有限公司
29	中易和新型节能技术省级高新技术企业研究开发中心	浙江中易和节能技术有限公司
30	爱科软性材料数控切割工业机器人省级高新技术企业研究开发中心	杭州爱科科技有限公司
31	浙江万朋教育大数据省级高新技术企业研究开发中心	浙江万朋教育科技股份有限公司
32	新能量企业能源智能管控省级高新技术企业研究开发中心	浙江新能量科技股份有限公司

（孔照哲）

综 述

2016年，滨江有规模以上企业189家，比上年下降0.9%。工业总产值1372.87亿元，增长15.8%。工业销售产值1374亿元，增长15.7%。出口交货值257.09亿元，增长0.6%。工业增加值374.24亿元，增长0.2%。主营业务收入1473.27亿元，增长12.4%。应交增值税53.44亿元，下降0.26%。利润总额195.15亿元，下降0.1%。从业人员8.53万人，增长0.2%。

2016年，全区农村经济总收入682.18亿元，其中：农业1.3亿元，林业408万元，渔业1083万元；工业116亿元，建筑业381.34亿元，交通运输业5.45亿元，餐饮业101.15亿元，服务业6亿元，其他业16.98亿元。11个村级留用地项目建成，2016年，村级集体经济总收入4.44亿元，农村居民人均纯收入3.36万元，位居杭州市首位。

发展都市休闲型农业，全区休闲观光农业接待游客48.5万人次。推动城乡区域协调发展，全年落实年度协作资金4248万元。

加强水利工程建设和管理，完成滨江水厂二厂二期、白马湖备用水源、污水东输二期工程建设，新建华家、江三、铁岭排灌站，新建浦沿排灌站，建立并完善了气象、水利、排灌联动机制，水环境治理取得明显成效。

4月27日，区农业局制定《关于印发杭州高新区（滨江）农业局G20杭州峰会服务保障方案的通知》，成立G20杭州峰会服务保障工作领导小组，领导小组下设8个专项工作组，峰会决战阶段（8月28日—9月6日），增加15人的防潮安全应急队伍，白天出动5人的应急机动队进行堤塘全线巡查，晚上增加10人在重点塘段进行巡查，采用定人定岗定点的方式协助19名防潮人员加强夜潮管理。为G20杭州峰会承担晶龙蜜梨、联合西兴猪肉2只优质农产品的保供任务，按G20杭州峰会保障办的要求，开展市区街三级派员驻点监管。其中，晶龙蜜梨2个品种16批次，分别发送总仓1.26吨和10.04吨。杭州联合西兴食品有限公司按闭合手册和总仓的要求开展生猪调运、宰杀、检疫、冷藏、分割、包装、定量检测、送货等工作，发送总仓冷冻猪产品41.0吨，保证G20杭州峰会期间鲜肉的供应。开展动物诊疗机构及兽药经营企业整治，与7家动物诊所和4家兽药经营企业签订涉爆易制毒化学药品高锰酸钾安全管理承诺书。

（李 丹 费 丹）

2016年滨江区规模以上工业企业（按行业分）主要经济指标

表20

行业	企业数（个）	工业总产值（万元）	工业销售产值（万元）	出口交货值（万元）	主营业务收入（万元）	利润总额（万元）	工业增加值（万元）
总 计	189	13728664	13740053	2570936	14732699	1951484	3742425

续表20

行业	企业数（个）	工业总产值（万元）	工业销售产值（万元）	出口交货值（万元）	主营业务收入（万元）	利润总额（万元）	工业增加值（万元）
农副食品加工业	4	77886	80071	162	103122	8948	33095
食品制造业	1	0.1	0.1	0	253744	-45202	-13457
纺织业	6	41821	42153	20738	42189	134	9307
纺织服装、服饰业	10	63351	70707	19320	72265	1665	25879
皮革、毛皮、羽毛及其制品和制鞋业	2	5078	5078	5078	5078	26	1399
家具制造业	1	4032	4032	460	3573	840	1377
印刷业和记录媒介的复制业	3	16239	15964	0	15961	3539	7484
文教体育用品制造业	2	14055	14413	306	14413	1853	7897
化学原料及化学制品制造业	6	37004	36576	20786	38434	2249	6423
医药制造业	7	1089746	1026383	2344	957252	144268	294471
橡胶和塑料制品业	3	14670	14508	0	14623	78	1624
非金属矿物制品业	1	2450	2450	0	2329	20	612
黑色金属冶炼及压延加工业	3	16693	16678	5534	37502	1211	7452
金属制品业	4	40317	40609	23500	40336	3858	13581
通用设备制造业	12	241653	226255	1800	227205	27181	64060
专用设备制造业	19	137176	134814	13831	156707	2550	37161
汽车制造业	1	5859	5842	0	5842	55	1279
铁路、船舶、航空航天和其他运输设备制造业	3	9692	10035	4905	9824	620	2643
电气机械和器材制造业	14	900282	858515	388481	1039316	94872	218490

续表20

行业	企业数（个）	工业总产值（万元）	工业销售产值（万元）	出口交货值（万元）	主营业务收入（万元）	利润总额（万元）	工业增加值（万元）
计算机、通信和其他电子设备制造业	65	9172738	9307874	2055359	9852060	1601535	2776742
仪器仪表制造业	18	388979	378477	8322	386209	74229	166922
金属制品、机械和设备修理业	1	3189	3345	10	3143	–635	29
电力、热力的生产和供应业	1	5994	5994	0	5979	1292	4206
燃气生产和供应业	1	1428217	1428217	0	1428216	26165	69217
水的生产和供应业	1	11543	11063	0	17377	133	4532

（区统计局）

2016年全区农村经济收益分配情况

表21　　单位：万元

		合计	西兴街道	长河街道	浦沿街道
总收入		6821837	1464149	3404046	1953642
一、总收入	1.农业	13030	7127	2471	3432
	# 农业	11539	6680	1503	3356
	林业	408	0	408	0
	渔业	1083	447	560	76
	2.工业	1160057	215527	648674	295856
	3.建筑业	3813398	360136	2465138	988124
	4.交通运输业	54466	3576	45816	5074
	5.商饮业	1011478	621164	87143	303171
	6.服务业	599597	222412	117884	259301
	7.其他业	169811	34207	36920	98684
二、各项费用	合计	5980510	1277605	2946138	1756767
	1.生产费用	5358459	1120087	2671998	1566374
	2.管理费用	577183	154695	232095	190393
	3.其他费用	44868	2823	42045	0
三、净收入		841327	186544	457908	196875

续表21

		合计	西兴街道	长河街道	浦沿街道
四、投资收益		6303	295	5843	165
五、农民外出劳务收入		19065	6416	2954	9695
六、可分配净收入	合计	866926	193486	466705	206735
	1.国家税金	176473	4970	112710	58793
	2.上交国家部门	56882	53621	3261	0
	3.外来人员劳务带走收入	171275	36141	120864	14270
	4.企业各项留利	132327	25239	82483	24605
	5.乡村集体所得	25150	6490	4578	13632
	6.农民经营所得	304819	66575	142809	95435
七、农民所得总额	合计	323057	70325	143792	108940
	农民人均收入（元/人）	33644	32207	35072	32827

（区统计局）

工　业

纺织及服装服饰

【概况】 滨江2014年有浙江春风纺织集团有限公司、浙江盛宏服装有限公司、浙江中晟控股集团有限公司、杭州久积科技实业有限公司、杭州万事利漂染有限公司等16家纺织及服装服饰企业。随着城市化建设的推进，浙江中晟控股集团有限公司、杭州久积科技实业有限公司等10家传统纺织及服装服饰企业开始转型升级，由原来的传统制造业转变成其他行业。至2016年底，区内有浙江春风纺织集团有限公司、浙江盛宏服装有限公司、杭州万事利漂染有限公司等6家纺织及服装服饰企业。2016年，6家企业实现工业总产值10亿元，工业销售产值4.22亿元，出口交货值2.07亿元，主营业务收入4.22亿元，利润总额134万元。

【羊绒服饰生产和供应】 浙江春风纺织集团有限公司是华东地区最大的毛衫生产和供应商，1995年注册成立，注册资本1.5亿元，拥有国际先进水平的毛纺制作能力。集团公司旗下的制造中心位于滨江区滨康路188号，占地面积4.5万平方米，建筑面积8.5万平方米。产品远销美国、欧洲、日本等100多个国家和地区，直营店遍布北京、上海、杭州、南京、成都、重庆、武汉等各大城市。其中，METTE是纯意大利设计的时尚高端羊绒品牌，由两大意大利设计师团队设计，融自然、纯粹、浪漫和意大利人文品味为一体，以意大利经典款式替代羊绒服饰的灰、土传统款色，开创了羊绒服饰的新时代。SpringAir是公司旗下自主经营的自创品牌，融经典与品位为一体，充分利用公司以纺、织、染于一体的完整产业链优势，及前店后厂零中间环节的营销模式，为客户提供超高性价比的羊绒精品。2016年，公司有从业人员500余人，实现生产销售额5亿元。

【梭织品生产与出口】 浙江盛宏服装有限公司是专业出口梭织服装、针织服装、纺织品为主的有限公司，始创于1997年，注册资金4000万元。2003年，在滨江区东流路88号投资3000万元，建成占地面积8999平方米，建筑面积1.39万平方米的现代化工业园。公司拥有国际一流的先进制造设备和精美工艺，2014年通过ISO9001:2008管理体系认证，主要生产销售梭织棉衣、风衣、男、女时尚服装。2013年，开始在美国、日本、西欧、加拿大等国家和中国香港建立30个分支机构，与世界50多个国家和地区的80余家客户保持稳定合作关系，其中与世界著名品牌阿玛尼合作，成为HUGO BOSS全球最大的供应商。2014—2016年，连续3年获杭州市进出口百强企业，取得杭州市政府颁发的进出口企业最高奖项“金龙奖”。2016年，公司有从业人员350人，实现生产销售额4亿元。出口量在杭州市民营服装出口企业中名列前茅。

【针织面料产品销售及染色】 杭州万事利漂染有限公司位于滨江区西兴工业园区聚园路9号，是从事莫代尔汗布、莫代尔氨纶汗布、人棉汗布、人棉氨纶布、色织彩条、二级卫衣、三线卫衣、全棉、涤棉、T/R布及各种高针档混纺针织面料的产品销售及染色，拉毛、呢毯定型、开幅定型及数码印花生产的企业。创建于1988年，注册资本2800万元。公司厂房占地面积2.55万平方米，建筑面积2.5万平方米，公司固定资产1.65亿元。公司从德国、美国、韩国等国引进世界先进的香港染色机缸、母液调液系统、香港立信门幅士定型机、呢毯定型、烘干和拉毛等设备，同时引进世界最新的电子测配色系统，打样工艺技术及设备属国内一流，具有充足的水、电、蒸汽供应系统，主要染料和助剂采用环保产品。公司拥有自营出口权，70%以上的产品远销美国、欧洲、日本等国家和地区，产品质量和交货周期在同行业中处于领先水平。2014年，被命名为杭州市行业重点骨干企业，市级文明单位。至2016年，公司有从业人员150人，工业总产值1.05亿元。（许江鸿）

农副食品加工制造

【概况】 2016年，滨江有规模以上农副食品加工制造企业4家，加工产品660种。全年完成工业总产值7.79亿元，比上年下降2.90%。工业销售产值8.01亿元，下降2.75%。出口交货值162万元，下降2.25%。主营业务收入10.31亿元，增长2.32%。利润总额8948万元，增长46.73%。工业增加值3.31亿元，增长10.37%。

【坚果炒货加工】 杭州姚生记食品有限公司隶属盾安控股集团，是集原料基地建设、生产加工、销售于一体的农产品加工企业，成立于1998年。公司总部设在滨江区滨安路1190号，注册资本2000万元。公司专注于核桃（山核桃、大核桃、美国核桃）大产业链的发展，并在现有产品的基础上不断对核桃产品进行升级、延伸和换代。核桃原料产品主要有新疆纸皮核桃与临安山核桃两种，衍生产品和规格有90余种。2013—2016年，公司先后被评为“全国坚果炒货行业十强企业”“全国坚果炒货行业综合经济20强企业”“中国食品工业突出贡献企业”“浙江省农业龙头企业”“浙江省农业科技企业”“浙江省林业龙头企业”“浙江省农产品加工示范企业”。其山核桃产品在中国农交会、国际森博会、浙江省农博会等国内外展会上获金奖。2016年，实现销售额3.5亿元。

【豆制品加工】 祖名豆制品股份有限公司是集研发、生产、销售于一体的全国大型豆制品加工企业，1994年4月创立，旗下拥有3家子公司。至2016年，从小豆制品加工厂发展成为国内最大和最先进的豆制品生产加工企业之一。公司总占地面积17.73公顷，拥有标准厂房面积17万平方米。年加工大豆能力10万吨，拥有20余条国际一流的豆制品自动生产线，生产生鲜豆制品、休闲豆制品、豆乳饮品3大系列300余种产品。2016年，祖名公司加大技改投入，投入经费2500万元，实施全自动油豆腐生产线、冷链系统改造、污水系统改造，以及素肉、面筋（含烤麸）5个大型技术改造项目，提升生产效率、产品品质和公司整体实力。投入1600万元改造环保设施，2016年处理废水量62.11万吨，回收沼气生产蒸汽8900余立方米，节约资金220余万元。2016年，公司实现销售额9.83亿元，上缴税金7976.9万元。（范莉萍）

汽车及运输设备制造

【概况】 滨江汽车及运输设备制造产业企业有浙江吉利控股集团有限公司和浙江零跑科技有限公司，2家企业总员工6万余人，研发人员1万余人。2016年，主营业务收入2087.99亿元，实现利润117.11亿元。

【交警大数据智能分析与服务平台研制】 交通大数据智能分析与服务平台研制由银江股份有限公司于2014年7月立项，项目周期2014年7月—2016年12月。至2016年12月，项目已完成预期的计划任务，突破了大规模交通视频存储技术和基于深度学习的视频分析技术。

【智能电动汽车研发】 浙江零跑科技有限公司是创新型的新能源汽车公司，2015年12月24日成立，注册资金1亿元。公司致力于研发科技、时尚、品位的智能电动汽车。公司业务范围涵盖电动乘用车整车设计研发、智能驾驶、电机电控、电池系统开发以及基于云计算的车联网解决方案。2016年，有员工259人，90%为研发人员。2016年，公司投入研发经费1亿元，全年累计申报专利26项，其中21项为发明专利。电机电控总成和电池系统均完成A样并通过整车测试，智能驾驶系统1.0版本发布，S平台的整车项目进入数据发布阶段、零部件定点完成80%，T平台的整车项目完成整车架构冻结。投资2000余万元的三电实验室7月投入使用，用于动力电池、电机电驱、电控系统等关键部件的性能开发与测试。

【第一届中国车联网大会】 2016年4月10日，由中华人民共和国工业和信息化部指导，中国互联网协会、省经信委主办，中控研究院、浙江大华技术股份有限公司、吉利汽车研究院、高新区（滨江）、中国新闻社联合承办的“2016中国车联网产业大会”在白马湖召开，国内外相关企业代表及业内专家人士共200余人参加大会。大会以车联网应用与产业发展为主题，就车联网产业化技术应用如何提升社会总体效益，关注车联网产业大生态圈的共建、共享、共赢；“车联网产业政策”“车联网趋势与变革”“车联网数据通信标准及云构架”“解码汽车O2O服务生态”等方面进行探讨。

【人脸识别驾培项目】 2016年8月，人脸识别驾培项目由浙江维尔科技有限公司立项，对安装在教练车的车载计时设备进行产品迭代，优化使用体验，为学员实车操练计时，防止学时造假，确保培训学员学时的真实性。立项当月，开始进行需求分析，至12月，完成产品开发和测试。项目立项内容为在现有驾培系统中引入人脸检测技术和人脸识别技术，对现有驾培系统进行升级。在驾培业务的应用场景，人脸采集和人脸识别技术相比原来以指纹识别技术进行身份认证具有更为明显的优势，上车签到由摄像头采集照片进行比对，教学过程中也可定时对学员和教练进行照片采集对比和存档，以确保学时真实性。至年底，项目完成开发，申请发明专利1项。

【车联网技术和项目研发】 海康威视高级驾驶辅助系统（ADAS）项目由杭州海康汽车技术有限公司于2016年9月立项，研发周期为2016年9月—2018年6月。项目通过视频采集、视频结构化及智能分析等技术手段，实现在国内普通道路场景中实时获取车辆行为数据以及车辆周边环境数据，通过数据分析对车辆的驾驶行为进行安全评估，并对事件数据和视频做记录、管理。在满足检测距离的情况下，项目研发产品对车道线、机动车、非机动车和行人等交通要素及其他对车辆正常行驶造成影响的障碍物，具有较高的检出率与检准率。至2016年12月，完成项目市场调研和方案设计，视觉感知技术、目标检测技术研究和验证工作进展顺利。

（汪艳春）

电气机械及器材

【概况】 2016年，滨江有规模以上电气机械和器材制造业企业14家，企业总数比上年减少53家，从业人员7803人。全年完成工业总产值90.03亿元，工业销售产值85.85亿元，出口交货值38.85亿元，主营业务收入103.93亿元，实现利税总额0.48亿元，实现利润9.49亿元。3月28日，杭州鸿雁电器有限公司获“浙江省质量管理先进单位”，5月获“浙江制造精品”。11月，杭州花家山庄夜景照明项目获“保俶杯”、G20杭州峰会专项景观照明二等奖。12月，获由浙江日报报业集团与阿里巴巴集团旗下的淘宝天下主办的中国“电商奥斯卡”金麦奖“品质信赖奖”。8月，杭州桑尼能源科技股份有限公司获“联合国可持续发展环保能源突出贡献奖”。

12月，获全国首届分布式光伏应用创新金奖“最佳BIPV技术金奖”“最佳居民建筑分布式光伏创新奖”。

【奥能电源与高校合作开发项目】 杭州奥能电源设备有限公司（简称“奥能电源”）成立于2000年3月16日，以自主研发为主，先后与浙江大学、中国计量学院等著名高校科研院合作开发项目。2013年12月，与中国计量学院签订技术开发合同，研发集散式双向均衡电动汽车交直流充电桩系统。2014年4月，与哈尔滨理工大学签订技术开发合同，研发电动汽车充电站充电单元监控系统开发。2016年5月，与浙江大学电气工程学院、杭州恒龙新能源科技有限公司联合研发《电动汽车智能充电设施关键技术研究与应用-基于智能电网调度的大功率电动汽车无线电能传输技术研究及应用》项目，研发期限3年，此项目获2016年度省重点研发计划项目立项。12月，与浙江大学签订技术开发合同，研发大功率汽车无线充电电源，开始研制50千瓦的无线充电装置样机。

【中恒电气成立20周年】 中恒电气股份有限公司（简称“中恒电气”）是集科研开发、生产经营、技术服务为一体的民营股份制省级高新技术企业。2016年5月15日，在杭州城中香格里拉大酒店举行以“中正恒久·跃梦而行”为主题的20周年庆典活动。会上总结中恒20年来的发展历程。杭州中恒电气股份有限公司成立于1996年，由3名股东组成，注册资金50万元。专注于电力电子领域，为通信、电力、铁路、城市轨道交通、冶金、化工、矿业等行业提供高质量的高频开关电源技术产品、解决方案与系统集成。经20年的发展，至2016年，公司占地面积3万余平方米，拥有2万平方米的科研生产大楼，净资产10余亿元，公司市值100余亿元。拥有中国移动集团、中国电信集团、中国联合通信集团、国家电网公司、南方电网公司、中国国电集团、中国华能集团、中国华电集团、中国石油、中国石化等长期稳定的核心客户。产品被秦山核电站、京沪铁路、秦沈铁路、北京地铁、南京地铁、镇海炼化等大型项目选用，是国内1000兆瓦机组业绩最多的电力操作电源系统生产厂家之一。建立了快速、高效、面向全国的多渠道销售网络，产品遍及全国20多个省、市、自治区，并出口到印度、越南、土耳其、塔吉克斯坦等国，设有18个服务网点和5个24小时服务专线，提供便捷的售后服务。至2016年，公司有员工2000余人，其中70%以上的员工具有大专及以上学历。拥有省级高频开关电源高新技术研究开发中心，汇聚博士6人、硕士135人等带队的国内电力电子行业技术精英，致力于新技术、新产品的开发。至2016年底，公司拥有30余项专利与软件著作权，与资深研发机构、著名学府、设计院等机构建立长期技术合作关系。先后获国家高新技术企业、浙江省重点企业研究院、浙江省科技创新团队、浙江省企业技术中心、杭州市十大重点企业。庆典会上，表彰了7名与公司同舟共济20年做出突出贡献的员工；举行文艺会演、书画展示，邀请民乐表演艺术家杜如松、书法家王正良、浙江电视台节目主持人和“好声音歌手”朗嘎拉姆登台献艺，1000余人参加庆典活动。

【奥能电源研究开发】 2013年7月，杭州奥能电源设备有限公司企业研究开发中心成立。中心拥有专职研发人员60人，其中，本科及中级以上工程技术人员占90%。中心与浙江大学、浙江工业大学、中国计量学院等高校和科研院所合作研发电源领域核心技术及产品。2014—2016年，累计投入研发经费2392.8万元，占公司销售总额的7.7%。研发新产品并转化成果20项，新产品销售收入占公司总销售收入80%。拥有各类知识产权57项，其中：发明专利1项，实用新型专利18项，外观设计4项，软件著作权34项。2015年7月，被认定为杭州市级企业研究开发中心，2016年10月，被认定为省级高新技术企业研究开发中心。

【能源项目入选“浙江制造”标准制订计划】 2016年8月1日，浙江省浙江制造品牌建设促进会发布2016年第二批“浙江制造”标准制定计划，杭州桑尼能源科技股份有限公司的核心产品“工业厂房太阳能组件屋顶系统”成功入选，此标准属国内首创。“工业厂房太阳能组件屋顶系统”产品可完全替换传统工业厂房屋顶，真正实现用光伏板建屋顶，彻底解决国内光伏分布式项目建设中的屋顶难题，填补国内分布式光伏屋顶电站建设的市场空白。此标准的制订将推动企业科技创新，提升质量管理水平，引领中国屋顶分布式光伏的技术革新，为中国推广分布式光伏发电提供切实可行的借鉴。

【博士后工作站设立】 2016年10月20日，浙江省博士后工作办公室根据《关于做好我省企业博士后工作站先设站后授牌工作的通知》（浙人社函〔2014〕99号）和《浙江省博士后试点工作管理实施办法》（浙博办〔2008〕1号），批准杭州桑尼能源科技股份有限公司设立浙江省博士后工作站。桑尼博士后工作站主要研究户用一体式光伏屋顶发电系统、三相一体式储能发电系统、基于互联网技术的分布式光伏发电系统设计等研发项目，至2016年底团队成员共5人。

【“知能”云平台2.1版上线】 2016年11月1日，杭州中恒电气股份有限公司能源互联网平台“知能”云平台2.1版正式上线，采用分布式服务架构以及开放API（开放应用程序编程接口）。通过WEB及APP形式分别推出配电监测、售电监测、用电宝等产品，满足电力运维商对客户的配电自动化全监控、环境状态安全监测、及时高效运维、降低人力投入等需求；为售电公司开展电力交易、日常运营提供数据支撑，提升其盈利能力和客户留存能力；帮助用能企业精细化用电管理，降低用电成本，提升用电安全及质量水平。

【桑尼能源被认定为省级重点企业研究院】 2016年12月22日，省科技厅、省经信委、省财政厅下发《关于创建云工程和云服务，工业信息工程等产业省级重点企业研究院的通知》，经地方推荐，现场考察、专家评审，浙江省杭州桑尼新能源互联网云重点企业研究院被认定为省级重点企业研究院。研究院主要研发基于互联网云平台的光伏BIPV屋面系统技术研发及工程示范、互联网+分布式光伏发电系统、智慧家庭光伏发电系统、先进储能系统技术、新能源互联网技术应用研究、基于物联网和云计算及大数据分析技术的能源互联网云平台、基于云平台设计的全球监控系统、新能源互联网云平台运营安全管理的技术研究等项目。2016年，研究院累计投入研发经费3646万元，占销售收入的3.65%；研究院在职人员245人，其中专职研发人员235人。科研场地面积3000平方米，科研设备1200余万元。全年累计完成科技成果转化13项；新增申请专利19项，其中发明专利9项；获授权专利11项，发明1项；软件著作权1项；同时获产品相关认证20余项。计划到2019年，研究院将形成科研设备原值1550万元、研发场地面积4000平方米的研发基地。2016年，公司实现销售收入9.5亿元，利税总额1.4亿元，净利润1亿元。（汪艳春）

仪器仪表

【概况】 2016年，全区有仪器仪表企业18家，从业人员3356人。实现主营业务收入38.62亿元。工业总产值38.9亿元，工业销售产值37.85亿元，出口交货值8322万元。主营业务税金及附加3738万元，应交增值税2.79亿元，利润总额7.42亿元，工业增加值16.69亿元，折旧4545万元。

【先锋电子扩大技术领先优势】 杭州先锋电子技术股份有限公司位于滨江国家级高新技术产业开发区内，1991年10月20日注册成立，注册资金1.5亿元，厂房占地面积2.5万平方米，员工413人。主营业务为燃气行业提供“城市燃气智能计量网络收费系统”的整体解决方案及与之配套的智能燃气表等终端产品的研发、生产和销售。2010年5月进行增资扩股，变更为股份制有限公司。2015年6月12日，在深圳证券交易所中小板上市挂牌交易（股票名称：先锋电子、股票代码：002767）。公司是中国最早进入智能燃气表领域的领先企业，配有精良的生产和检测设备、拥有训练有素的市场团队、专业的研发队伍和覆盖全国的售后服务团队，是首批通过浙江省科委认证的高新技术企业之一，被评为省级重大高新技术产业化发展项目企业。公司在北京、昆明成立合资公司，在兰州、太原等地建立合作厂，确保公司的产品和服务能够满足全国市场的需求。至2016年，公司为全国30多个地区、650家燃气公司、1300万台先锋智能燃气表在线用户提供优质、便利服务。2016年，公司结合在智能燃气表领域20余年的经验积累和物联网、扩频通信技术，推出多层物联网互动计量系统方案（MIoT-IMS系统）。此方案具有系统安全性高、组网灵活、功耗低、抗干扰强等特点，满足燃气公司安全运营、实时数据统计分析、改善用户服务体验等需求。至年底，公司共取得、获受理的知识产权22项，实现营业收入2.93亿元，增长0.61%。

【行业领军企业】 2016年1月16日，正泰量测技术股份有限公司5项省级新产品通过省经济和信息化委员会鉴定。其中，QE7880-8型在线式电能质量监测仪支持IEC61850协议传输协议，并集Modbus-RTU/TCP于一体，实现同时通讯，DT/SSD666型三相电子式多功能表准确度满足基波无功0.5S级，有功0.2S级，达到国内领先水平。4月5日，公司参与起草的国际与国家标准等5个标准正式发布。5月23日，公司获国家质检总局2015年度“科技兴检奖”，成为行业唯一一家获此殊荣企业。11月14日，公司通过SGS通标标准技术服务有限公司燃气表MID认证工厂考核监督审查，公司生产的系列燃气表继续独立销售到欧盟范围内的用户端手中。

【中控仪表产品参展】 2016年4月14—16日，2016中国（北京）国际智能家居暨智能建筑展览会在北京举行，296个参展商参展，2.9万人次观展。滨江区组织浙江中控自动化仪表OptiSYS 300系列产品参展，其中，新推出的OptiSYS 500系列产品和ES 3000能源管理系统受到参展商和参观者青睐。同月24日，汉诺威工业博览会在汉诺威会议中心举行，来自世界75个国家和地区的5200余家企业参展。中控集团展位设在11号馆，主要展出控制技术、检测技术、工厂自动化等相关产品和方案。浙江中控自动化仪表展出高品质中控仪表，来自法国、加拿大、芬兰、马来西亚、韩国等国家的客商前来洽谈业务。8月5日，在河北省保定市召开的2016年度京津冀供热发展论坛上，热力站节能控制器获“2016—2017年度京津冀首批推荐使用品牌”称号，是该论坛上唯一获此称号的自动化控制器产品。

（徐奇飞）

农　业

都市农业

【概况】 随着滨江区城市化进程的推进，农业用地不断减少，都市休闲型农业逐渐占据主导地位。2016年，全区农作物播种面积1158公顷，粮食作物产量1071吨，经济作物产量2.53万吨，花卉园艺种植面积367公顷，农业总产值1.68亿元。拥有国家级农业龙头企业1家、省级1家、市级10家。规模以上农业经营主体实现销售收入30亿元，其中，农业电商销售收入3亿元，累计跨地区建立合作生产基地1.33万公顷。全区休闲观光农业接待游客总量48.5万人次，实现收入5000万元。2016年6月20日，杭州晶星农业开发有限公司被浙江省农业厅认定为“浙江省农业教育实训基地”。

【城乡区域统筹发展】 城乡区域统筹发展是杭州市委、市政府作出的重大决策，2010年8月动员部署，2011年启动，拱墅区、高新区（滨江）、桐庐区县协作组为成员单位。2011—2015年，第一轮协作期间，滨江区累计向桐庐县提供协作项目资金1.59亿元，在桐庐投资的企业21家，实施产业转移项目26个，累计完成投资21.98亿元。2016年10月25日，拱墅区、高新区（滨江）、富阳区—桐庐县第二轮区县（市）协作第一次联席会议在桐庐召开，会议强调，要深入学习贯彻习近平总书记系列重要讲话精神，贯彻落实五大发展理念，坚持一张蓝图绘到底，以钉钉子精神抓区县（市）协作，推动城乡区域协调发展。会上，进行区县协作项目资金交接。2016年，高新区（滨江）落实年度协作资金4248万元，累计实现产业协同资金7.66亿元。

2011—2016年区县协作滨江区支持桐庐县资金情况

表22 单位：万元

年份	区协作资金	产业协同资金
2011	2655	43400
2012	3081	34493
2013	3167	32797
2014	3690	30050
2015	4200	79095
2016	4248	76648
总计	21041	296483

【杭州·都市圈优质农产品迎新春大联展】 2016年1月16—20日，杭州·都市圈优质农产品迎新春大联展在和平会展中心举行，区农业局组织祖名豆制品股份有限公司、杭州姚生记食品有限公司、杭州唯新食品有限公司、杭州艺福堂茶业有限公司、杭州百山祖生物科技有限公司5家企业参展，设展位8个，参展人员20人，展会期间累计销售额23万元。

【与农科院签订合作协议】 2016年1月26日，市农业科学研究院和区农业局签订《科技合作框架协议》，在合作建设新品种、新技术示范、推广基地等方面，优先在“白马湖创意农业生态园”“星民都市农业休闲公园”“白马湖美女山生态茶园”等现代农业综合体示范推广；合作建设科技创新服务平台，为农业企业和农民专业合作组织提供技术支撑；共建技术服务平台，为产业发展提供技术培训、农业信息、技术咨询服务。通过农业科技成果转化应用、科技创新服务平台建设、科技人才培养等方面开展合作，助推滨江区农业发展转型升级。

【“祖名股份”登陆“新三板”】 2016年2月22日，祖名豆制品股份有限公司收到全国中小企业股份转让系统有限责任公司发出的股转系统《关于同意祖名豆制品股份有限公司股份在全国中小企业股份转让系统挂牌的函》，3月17日，祖名豆制品股份有限公司在股转系统上公示《祖名豆制品股份有限公司关于股票挂牌并采用协议转让方式的提示性公告》，明确祖名股份的股票于3月22日起在全国股转系统挂牌转让，证券简称“祖名股份”，证券代码“836494”，祖名豆制品股份有限公司正式成为全国首家登陆“新三板”的豆制品企业。祖名豆制品股份有限公司位于杭州市滨江区，是集研发、生产和销售于一体的大型豆制品生产企业，前身为萧山市华源豆制品厂，创办于1994年4月。2000年2月，成立杭州华源豆制品有限公司，2011年12月，完成股份制改造，成立祖名豆制品股份有限公司。旗下拥有杭州祖名食品有限公司、安吉祖名豆制食品有限公司、扬州祖名豆制食品有限公司、上海祖名豆制品有限公司4家全资子公司。年加工大豆能力10万吨，产品进驻大润发、家乐福、沃尔玛等大型国际性连锁超市，同时出口美国、英国、加拿大等欧美发达国家和地区。

祖名豆制品生产线 （区发改局 供图）

【项目扶持】2016年3月2日，根据《杭州市滨江区财政扶持现代都市农业项目和资金管理办法》(滨农〔2015〕37号)和《关于开展2016年度区级现代都市农业项目申报工作的通知》(滨农〔2016〕6号)精神，经企业申报、街道初审、专家评审，确定“祖名豆制油豆腐自动化生产技术改造、台湾龙鳅种苗繁育基地建设、白马湖创意农业生态园林期山配套提升、坚果质量安全管控及生产自动化提升、白马湖美女山生态茶园提升改造、桐庐冻干果蔬生产线提升改造、星民现代都市农业休闲公园提升改造、基于年轻消费群体创新茶产品研制与推广、滨江区现代都市农业社会化服务、滨江区花卉苗木社会化服务、茶叶社会化服务、西兴、长河、浦沿农资供应站提升改造、2016年杭州晶龙蜜梨成长体验活动、第四届祖名豆制品文化节、茶果采摘节体验活动”15个项目为区级现代都市农业项目。10月，区农业局、财政局组织对项目落地情况进行专项督查。11月，委托至诚会计师事务所进行项目财务专项审计，按照项目完成情况，年终拨付补助资金599.5万元。

【晶龙蜜梨成长体验活动】2016年3月26日，由省梨业协会主办，滨江都市精品农业服务协会、摄影家协会协办，杭州滨江果业有限公司承办的“杭州晶龙蜜梨成长体验活动暨2016年梨花摄影大赛”在杭州晶星都市村开幕，举办“梨花摄影大赛”“蜜梨采摘节”；开展“理(梨)我”亲子嘉年华、露营大会、农事体验、滨江区现代都市农业休闲旅游发展论坛等活动。通过举办活动开启滨江“农业+互联网、农业+生态、农业+休闲、农业+创意”新一轮转型升级，是全区农业企业立足于经济新常态，以五大发展理念引领现代农业发展的又一探索。

【茶文化进学校暨春茶采摘体验活动】2016年4月8日，由区茶文化研究会主办，杭州艺福堂茶业有限公司协办，杭州市长河小学教育集团和戴老汉生态休闲农庄承办的“茶文化进学校暨春茶采摘体验活动”在白马湖美女山生态茶园举行。区人大、区教育局相关领导；长河小学30余名师生应邀参加体验活动。活动以“体验茶文化之旅——龙井进课堂、茶香伴成长”为主题，开展鲜叶采摘、茶叶炒制、茶艺表演、茶知识讲座、茶叶品种分类和知识竞答等活动。区领导为“全区中小学校农业科普体验基地”进行揭牌。戴老汉农庄作为全区中小学生首批农业科普体验基地之一，为中小学生提供龙井茶采摘和炒制等农事体验活动场地，丰富学生的户外素质课堂，陶冶情操。通过体验活动发挥现代都市农业综合体的资源作用，进一步加强学生农事体验教学，搭建面向中小学校，普及农业科学技术知识、倡导科学方法、传播科学思想、弘扬科学精神、提升实践能力的平台。

【白沙枇杷采摘节暨农企合作交流】2016年5月23日，由滨江区组织召开的“白沙枇杷采摘节暨农企合作交流座谈会”在白马湖美女山生态茶园举行。市农科院、区农业局、区农办相关领导，街道办事处负责人，区都市精品农业服务协会和农业企业相关负责人及围垦地区种养殖大户代表等50人应邀参加座谈会。农业企业代表、围垦地区种养殖大户代表分别就农业转型发展、供给侧改革、农产品质量安全、农业园区提升发展、土壤改良、蔬菜瓜果新品种引进、农作物病虫害防治等11类35个问题向市农科院专家进行咨询。市农科院8名专家针对提出的问题分别进行解答，提出指导性意见，帮助企业解决生产过程中碰到的农业科技瓶颈问题。会上，市农科院向白马湖美女山生态茶园进行“杭州市农业科学研究院新品种推广示范基地”授牌。

【现代都市农业休闲旅游发展研讨会】2016年7月2日，由滨江区举办的“晶龙”蜜梨采摘节暨滨江区现代都市农业休闲旅游发展研讨会在晶星都市村召开。省农业厅、区党委相关人员、浙江大学旅游与地产规划设计研究中心、农旅专家、区级相关部门负责人、部分农业企业负责人等50余人应邀参加会议。浙江大学教授严力蛟作《休闲农业的发展趋势与创新思路》讲解，详细阐述休闲农业的发展现状、发展趋势、创新思路和着力点，分析认为休闲农业商机无限、市场无限、潜力无限，前景无限。同时播放《滨江区现代都市农业休闲旅游发展现状与对策研究专题汇报片》，以生动直观的方式向与会人员介绍滨江现代都市农业旅游的发展现状、发展思路和对策举措。与会专家结合滨江实际，就滨江休闲农业旅游如何突破发展瓶颈、打造特色品牌、坚持科技引领、注重健康快乐，献计献策。会上，对晶星都市村分别进行"浙江省农业教育实训基地""杭州高新开发区（滨江）中小学校农业科普体验基地"授牌仪式。

【茶果套种技术推广现场会暨"晶希"葡萄采摘节活动】 2016年8月7日，由区都市精品农业服务协会主办，汤家井股份经济合作社协办，杭州芳禾生态农业开发有限公司承办的长河街道茶果套种技术推广现场会暨"晶希"葡萄采摘节活动在长河街道汤家井社区举行。市农科院专家，区府办、财政局、农业局、茶文化研究会、长河街道、汤家井社区和8个林茶场负责人共50人应邀参加活动。芳禾公司总经理来煜芳介绍公司三年来的茶果套种技术实施情况，市农科院专家肯定芳禾公司的茶果套种技术实现土地有效利用和"一地多产"，试种成功说明此技术有推广价值，建议企业在种植密度、品种选择、科学防病等方面加强研究、总结和推广，以提高其经济社会效益。参会人员进行葡萄采摘体验，现场品尝获得2016年杭州市优质葡萄评比大赛金奖的"晶希"葡萄。

【祖名豆制品系列获农交会金奖】 2016年11月5—8日，第14届中国国际农产品交易会在昆明国际会展中心举行，区农业局组织祖名豆制品股份有限公司参展，设展位2个，参展人员3人，20种豆制品参展，累计销售2万元。展会上，祖名豆制品系列获第14届中国国际农交会金奖产品。

【浙江农业博览会上获佳绩】 2016年11月25—29日，浙江农业博览会在和平会展中心、新农都举行，区农业局组织祖名豆制品股份有限公司、杭州姚生记食品有限公司、杭州唯新食品有限公司、杭州艺福堂茶业有限公司、杭州百山祖生物科技有限公司5家企业参展，滨江企业设展位12个，参展人员27人。展会期间，祖名豆制品系列、姚生记的山核桃炒货系列、艺福堂的茶制品系列、唯新的肉酥系列、百山祖的食用菌系列以及明康汇的生鲜蔬菜、冷鲜肉制品与水产品，累计实现销售85万元。展会上，祖名豆制品股份有限公司豆制品系列获2016浙江农业博览会十大企业知名品牌农产品、2016年浙江农业博览会优质产品金奖；杭州姚生记食品有限公司山核桃炒货系列获2016年浙江农业博览会优质产品金奖，杭州艺福堂茶业有限公司茶制品系列、杭州唯新食品有限公司肉酥系列、杭州百山祖生物科技有限公司食用菌系列获2016年浙江农业博览会优质奖。

【农产品展销会滨江展区】 2016年12月16—20日，浙江（上海）名特优新农产品展销会在上海光大国际会展中心举行，区农业局组织祖名豆制品股份有限公司、杭州姚生记食品有限公司2家企业豆制品类、坚果类40个品种参展，滨江区企业设展位5个，参展人员10人，展会期间，实现销售额3万元。

（郭开成　费　丹）

2016年12月16日，浙江（上海）农产品展销会滨江展区

（区农业局　供图）

农产品质量安全

【概况】 2016年，区农业局对全区范围内上市农产品开展定量抽检107批次、定性抽检1134批次，检测合格率100%。完成杭州市下达的蔬菜定量抽检30批次、茶叶定量抽检7批次、粮食抽检4批次、农产品快速抽检1134批次。完成区下达的农产品定量抽检66批次，抽检合格率为100%。全年，举办农产品质量安全生产技术培训班3期，共培训农民119人次。

【农产品质量安全生产技术培训】 2016年5月10日，区农业局在杭州井山坞农庄举办农产品质量安全生产技术培训，就新《中华人民共和国食品安全法》《中华人民共和国农产品质量安全法》、蔬菜茶叶病虫害防治技术、高效低毒低残留新农药应用技术等方面进行培训，来自各街道农业科、农业企业、农资经营店负责人、生产农户共45人参加培训。同月18日，在东江围垦杭州江滨水产有限公司举办农产品质量安全生产技术培训，市农科院水产技术人员就《农产品质量安全法》、水产、水稻、蔬菜安全生产技术等方面开展培训，来自各街道农业科、围垦水产、水稻、蔬菜生产大户共27人参加培训。11月15日，区农业局在杭州滨江果业有限公司举办蔬菜安全生产技术培训，市农科院蔬科所技术人员就蔬菜栽培技术、高效低毒低残留新农药应用等方面进行培训，来自各街道农业科、农业企业、农资经营店负责人、生产农户共47人参加培训。

【高效双低农药推广应用】 2016年6—9月，向滨江区西陵果蔬合作社和杭州滨江果业有限公司推广应用5%氯虫苯甲酰胺SC、50克每升虱螨脲EC、240克每升甲氧虫酰肼SC、60克每升乙基多杀菌素SC、1%联苯·噻虫胺G、25%吡唑醚菌酯EC、20%噻唑锌SC、687.5克每升氟菌·霜霉威SC等8种高效双低农药共960千克，推广应用面积166.67公顷。菜地用药次数平均减少2次，亩节约工时费53元，亩增产量180千克，亩均增收625元。（范兴海 费 丹）

股社经济

【概况】 2016年，全区股份（村）经济合作社（以下简称“股社”）经济总收入4.44亿元，比上年增长15%；农村居民人均纯收入3.36万元，增长13.2%。2013年开展撤村建居社区规范提升工作，18家股社完成工商变更登记，注册资金14.57亿元。25个股社获得2015年度村级租赁性收入财政补助资金1116.16万元。2016年1月18日，滨江区被浙江省农业厅认定为“浙江省农村集体三资管理规范化区”。

【股社经济管理】 2016年2月17日，区农办制定出台《2016年度杭州市滨江区村级集体经济管理工作考核办法》，将村级集体经济管理年度考核结果与区政府对街道的年度目标管理考核相挂钩。3月11日，按照《浙江省农村集体经济审计办法》《杭州市2016年全市农经管理工作要点》精神，区农办下发《关于开展村级财务收支和“三资”情况审计工作的通知》，开展29个股社2015年度村级财务的审计工作。8月16日，根据审计报告结果，汇总分析审计问题，对29个股社分别编发审计意见书，区农办下发《关于滨江区2015年度村级财务审计发现问题整改工作的通知》。11月29日，区农办完善出台《杭州市滨江区股份经济合作社财务管理制度》（滨农办〔2016〕18号）。12月13日，区农办下发《关于开展2015年度村级财务审计整改2016年度村务公开和民主管理工作检查的通知》，会同区纪委、区委组织部、区民政局开展联合检查，通过听取专题汇报、查看民主决策台账、经济合同（协议）、会计账册、原始凭证等方式检查，检查结束后通报整改情况，督促审计问题整改落实到位。

【股份经济合作社规范提升工作会议】 2016年9月23日，在区文化中心召开全区股份经济合作社规范提升工作会议。区办公室、纪委（监察局）、组织部、民政局、财政局、住建局、农业局（农办）、商务局、审计局、市场监管局、国土分局、地税分局负责人；各街道办事处主任、纪工委书记、分管经济、农业副主任、农经员；各股社董事长、居务监督委员会主任和股社会计共120人参加会议。会议肯定村级股改工作取得的成果，村级集体经济和农村居民人均纯收入连续五年实现“两位数双增长”，较好地实现了村级经济发展和社会稳定和谐的良性互动；明确撤村建居社区规范提升目标，提出对股社的管理发展要求，落实区级相关部门对支持、指导、帮助村级股改、加快村级留用地项目开发和规范提升工作责任，通过股社全面启动村级留用地项目开发建设，使滨江原村民共建共享产业与城市融合发展成果。

【村级集体经济管理培训】 2016年9月30日，在区文化中心举办全区村级集体经济管理培训。区民政局、财政局、住建局、农办、商务局、审计局、市场监管局和国土分局有关科室负责人；街道分管领导、经济发展科、财政统计科和会计结算代理中心（村级“三资”服务中心）负责人、农经员；各股社负责人、居务监督委员会主任、会计、出纳共150人参加培训。邀请浙江省农业厅经管处调研员顾剑明对《浙江省农村集体资产管理条例》出台的背景、特点及主要内容做深入和详细的解读。通过培训，学员对《浙江省农村集体资产管理条例》有更为深入的了解，为下一步贯彻落实《浙江省农村集体资产管理条例》奠定基础。

【股份制改革】 2016年，滨江区坚持实行“全面股改、股社分离”和可持续发展的思路，通过统一思想、走访调研、出台意见、依法指导等措施，全力推进村级股份制改革。西兴街道共联村经济合作社、西兴街道协同村经济合作社、长河街道山一村经济合作社于12月完成股份制改革。鼓励和引导股份经济合作社依法进行工商注册登记，至年底，18家股社完成工商税务注册登记，25个股份（村）经济合作社通过审批，兑现2015年度村级租赁性收入财政补助1116.16万元，其中，区级补助372.05万元，街道补助744.11万元。（何姗姗　费　丹）

水　利

水利工程

【概况】 全区共有华家、浦沿、江三、铁岭、建设河5个排灌站。2016年，排灌总站累计配调水及排涝总量为1.51亿立方米。华家排灌站工程完工并投入运行，各项指标达到设计要求。江三排灌站二期外排钱塘江工程完工，解决了永久河、时代河的排涝和日常调配用水。浦沿排灌站扩建工程1月23日进场施工，实现主体工程结顶。对辖区17.3千米标准堤塘进行人工拉网式白蚁普查，对堤塘沉降、水平位移、塘前滩地等开展检测。对标准堤塘西兴段路面进行全面修复和提升改造，采用彩色沥青铺装，独立设置骑行道和跑步道，成为市民广泛赞誉的“最美跑道”。完成标准堤塘挡浪墙墙面修复1.04万平方米，标准堤塘伸缩缝修补2900米，标准堤塘防浪墙护栏油漆1413平方米。实施太庙桥河生态治理工程，种植水草浮床612平方米，美人蕉浮床100平方米，放流鱼苗800千克。（孙丹洁　陆　剑）

【铁岭排灌站扩建工程】 铁岭排灌站装机容量660千瓦，排涝流量15立方米每秒，排涝闸门净　宽15米。2014年5月7日，区发改局以区发改综〔2014〕61号批复项目建议书；同年6月27日，区发改局以区发改综〔2014〕92号文批复项目可行性研究报告；2015年3月13日，杭州市林业水利局以杭林水许准〔2015〕7号《杭州滨江浦沿铁岭排涝站工程初步设计报告》批复立项。设计单位杭州市水利水电勘测设计院有限公司，建设单位城建指挥部，总投资4367万元。2015年10月10日开工建设，2016年6月竣工试运行。（孙丹洁　费　丹）

【标准堤塘西兴段路面修复工程】 2014年12月24日，区城管局以区城管〔2014〕59号文立项并下达任务，2015年6月24日，区林业水利局组织召开初步设计审查会。标准堤塘西兴段路面修复工程西起滨江公园，东到七甲河左岸，全长2.9千米。主要内容为路面沥青铺设、护坡盲沟设置、草皮种植等项目，由杭州市滨江区河道江堤管理所组织实施路面修复工程，项目概算投资800万元，实际投资706.56万元。设计单位为中国电建集团华东勘测设计研究院有限公司，施工单位为浙江宇尧建设有限公司，监理单位为杭州远坤工程监理有限公司。项目2015年10月14日开工建设，2016年6月6日通过竣工验收。

（陆 剑　费 丹）

【浦沿排灌站扩建工程】 浦沿排灌站扩建工程位于滨江区浦沿街道新生社区。2015年10月16日，区发改局以区发改投〔2015〕8号批复项目建议书；同年10月29日，发改局以区发改投〔2015〕13号批复项目可行性研究报告；11月3日，杭州市林业水利局杭林水许准〔2015〕36号文批复《杭州滨江浦沿排灌站扩建工程初步设计报告》；12月28日，浦沿排灌站开工建设。中国电建集团华东勘测设计研究院有限公司负责工程设计，杭州萧宏集团建设有限公司施工总承包，工程初设批复总投资2.15亿元，至2016年底，完成投资5744.8万元，工程累计完成投资6744.8万元。

（孙丹洁　费 丹）

【标准堤塘西兴段路面提升工程】 根据2015年11月24日主任区长办公会议〔2015〕16号文件要求，2016年1月15日，由区住建局以杭滨建联〔2016〕3号工作联系单下达标准堤塘西兴段路面提升工程任务。工程西起滨江公园，东到七甲河左岸，全长3千米。主要内容为路面彩色沥青铺设、标线施工。概算投资630万元，实际投资551.20万元。设计单位为中国电建集团华东勘测设计研究院有限公司，施工单位为江西锦宇建设集团有限公司，监理单位为杭州远坤工程监理有限公司。2016年3月14日开工建设，5月10日完工，8月5日通过竣工验收。

【标准堤塘零星工程】 2016年，实施标准堤塘零星工程3个。标准堤塘挡浪墙墙面修复及彩绘项目，西起东信大道，东至七甲闸，全长12千米。工程概算投资70万元，实际投资68.45万元。工程施工单位为杭州雅帆景观装饰工程有限公司，主要对挡浪墙表面进行清理及涂刷油漆，2015年11月1日工程开工建设，2016年7月1日竣工，7月28日通过竣工验收。

标准堤塘伸缩缝修补工程，西起东信大道闻涛路口，东至西兴大桥，全长7.6千米。主要对伸缩缝先进行填补SR塑性止水材料施工，进行表面HK-966聚氨酯涂料的封闭保护施工。概算投资30万元，实际投资26.03万元。设计单位浙江惠川水利工程技术有限公司，施工单位杭州天恒水利建设有限公司，监理单位杭州远坤工程监理有限公司，工程2016年10月5日开工建设，12月1日竣工通过验收。

标准堤塘防浪墙护栏油漆工程，全长4.5千米。主要对护栏进行打磨抛光，表面清洁，涂上防锈油漆，涂上底漆，再涂上面漆。工程概算投资12万元，实际投资11.86万元。设计单位浙江惠川水利工程技术有限公司，施工单位浙江大地装饰工程有限公司，监理单位杭州远坤工程监理有限公司，工程2016年10月22日开工建设，11月24日竣工，12月1日通过竣工验收。

（陆 剑　费 丹）

排水工程

【概况】 2016年，安全东输污水3102.63万吨，比上年增长22.5%，最高日东输量12.22万吨，平均日东输量8.48吨，运行整体稳定。年底，在东输萧山污水10万吨每日的基础上再向萧山环境集团购置4万吨容量权，并完成相关协议签订工作，实现日东输萧山污水总容量14万吨。完成长河路、长江路、滨盛路等40余条道路30余千米污水管线和9座雨污水泵站清淤；雨污水设备检修318台次，设备完好率95%。做好5个污水泵站的水质检测、泵站仪表比对检测、区内相关河道水质检测、区内企业委托污水检测、雨水检测以及突发水质检测。实施“治污水”项目3个、“排涝水”项目1个，完成政府投资1.19亿元。

G20杭州峰会期间，区水务公司配备雨污水应急抢修队11支，应急抢险车辆10辆，实行24小时值守机制，重点管理区域班子领导驻点带队值守，对排水运行场所实施三防提升与管理加密，做好排水铸铁井盖改造和安全防护网工程，更换市政道路污水防沉降井圈井盖586套，峰会期间未出现排水大小安全问题。

做好应对寒潮防雪抗冻、1号台风"尼伯特"、14号台风"莫兰蒂"等防御工作，安排各类防汛防台应急保障等值守22次，投入防汛工作人力600余人次，动用应急保障车辆60余台次，对所负责的8个铁路下穿涵洞和建设河排灌站排涝站等实行24小时在岗值班机制和巡检机制。全年建设河换排水3739万吨，保障了安全度汛。

【奥体污水终端泵站竣工验收】奥体污水终端泵站是滨江污水收集系统的终端泵站，属区"五水共治"三年攻坚项目，2013年5月27日获区发改局立项。工程位于滨江二路与机场路交叉口东北角，总征地面积3.29万平方米，泵站用地面积1.49万平方米。设计规模为土建32万吨每日（远景）、工艺设备22万吨每日（远期）、预留远景10万吨每日。配有2个共1.2万吨的调节池，污水收集能力提升为原来的2.2倍，可缓冲污水抢修时间3小时。工程由区水务有限公司负责建设，华东勘测设计研究院有限公司、杭州市城建设计研究院有限公司设计，杭州市市政工程集团有限公司、浙大中控信息技术有限公司、杭州康诺管业有限公司、杭州泽立装饰工程有限公司承建，浙江鑫润工程管理有限公司监理。2013年12月15日工程开工建设，2016年8月2日竣工验收。工程概算总投资1.3亿元，实际总投入8000万元。

【污水东输输送管线全线贯通】滨江污水东输第二根输送管线工程2013年11月29日萧山区发改局立项。工程新建全长10.88千米、管径为直径1400毫米的污水东输管线一根，起自七甲闸河西侧新建滨江奥体污水终端泵站，沿机场高速北侧向东至高新七路后，穿越杭甬高速一直向东，终止萧山钱江污水处理厂。工程由杭州高新（滨江）水务有限公司负责建设，杭州萧山水务投资发展有限公司承建，2014年2月17日工程开工建设，2016年6月18日竣工验收。全线贯通运行后，彻底解决了滨江区污水东输单管运行的安全隐患，滨江区污水日东输能力由10万吨提升至22万吨。工程计划总投资1.57亿元，实际总投入1.5亿元。

奥体污水终端泵站 （区水务公司 供图）

【新建设河排涝泵站提升改造】新建设河排涝泵站于2002年8月建成投入使用，随着使用年限逐年增加，部分设备老化严重。2015年5月4日，新建设河排涝泵站提升改造工程项目经区发改局批复立项，2016年1月11日，初步设计经区住建局批复。改造工程主要为更换排涝轴流泵、配水轴流泵、启闭机，局部改造真空泵系统以及升级格栅系统、更换垃圾传送机、定制电动葫芦、基础加固、建筑物防水等。工程由区水务有限公司负责建设，杭州市城建设计研究院有限公司负责设计，杭州市园林绿化股份有限公司承建，浙江正业项目管理有限公司监理。2016年4月28日工程开工建设，2017年1月11日竣工验收。工程概算总投资1048.2万元，实际总投入1400万元。

【排水保障应急演练】2016年3—9月，区水务公司根据系统化、制度化应急预案，结合G20杭州峰会保障要求和区实际，全面修改完善排水系列应急预案，并组织设计应急演练方案，组织开展一等实战性的应急演练活动5次，100余人次参加演练。各项应急演练活动从预案启动、应急处置准备、现场到点响应、信息无缝传递、进度控制和效果

实时监测等方位开展，通过演练提高排水运行应急保障能力与安全防范能力。（吴艳君）

防汛防台

【概况】2016年汛期为4月15日—10月15日。汛期具有气温总体偏暖、降水总量偏多、灾害性天气频发等特点，防汛形势严峻。2016年，全年滨江区域内单位面积上的平均降雨量1700毫米，区防汛防旱指挥部办公室启动Ⅳ级应急响应14次，Ⅲ级应急响应4次，发送防汛短信111条，开启会商视频系统15次，开展各类防汛排涝应急演练4次。储备排水设备大型水泵1台，中型水泵18台，拖式中型水泵10台，各类小型水泵45台，物资编织袋2.05万只，麻袋9200只，草包1.85万只，沙包500袋，铅丝500千克，电缆线250米，麻绳3700米，钢管1000千克，铁锹1341把，应急灯50个，雨鞋44双，雨衣407套，救生衣30件，灭火器60套，电筒104个，木棍5立方米，交通警示牌30块。落实区级应急抢险队伍3支共90人，组织有防汛任务的市政、管网、绿化等养护单位落实抢险人员160人。

【雨水管网清淤及边井整改】2016年2月1日—6月15日，对月明路、滨兴路等20条（段）市政道路、物联网街等新建大楼和重要区块周边道路雨水管网开展清淤检测。共检测58段，总长59千米，清淤9271立方米，破除水泥结块1600余立方米，破除封堵25处。2月1日—7月30日，开展对全区市政雨水边井、支管的排摸工作，对沉降、破损、变形的管网进行梳理，完成改造54处，更换支管1063米，更换（新增）边井147只。至12月底，全年疏通管道23.45万米。

【雨水井盖座加固维修】2016年5月15日—7月31日，在西兴路、丹枫路等道路安装井盖报警设施500处。6月初至7月底，对扬帆路、飞虹路等11条重要道路地下管线进行排摸，核实各类雨水井盖863个，共建通信井盖109个。

【主要降雨过程及台风】2016年6月1日，全市暴雨，上午6时56分，杭州市气象台发布暴雨橙色预警，随后区防汛指挥办公室立即启动防汛应急响应Ⅲ级响应。至8点40分，全区降雨量达40毫米，区内未见明显积水，道路通行较为顺畅。

第1号台风“尼伯特”（超强台风级）7月8日早晨5时50分在台湾省台东县太麻里乡沿海登陆，登陆时中心附近最大风力16级（55米每秒），9日早晨至上午在福建龙海到连江一带沿海再次登陆（33～40米每秒，12～13级，台风级）。之后穿过福建，转向偏北到北偏东方向移动，强度逐渐减弱。7月8—10日，全区平均降雨量12毫米，在对河道进行预排后河道水位正常，未发生洪涝灾害等灾情。

（黄汉刚　戚佳楠）

商 贸

综 述

2016年，全区实现社会消费品零售总额118.1亿元，比上年增长10.7%。其中，批发零售额108亿元，增长11.6%，住宿餐饮业实现零售额10.1亿元，增长2%。星光大道二期、中赢国际、星耀城、宝龙城等商业综合体建成，联华、物美等大型超市开业。

全区实现自营进出口总额68.8亿美元，比上年增长4.6%，其中，进口总额14.4亿美元，增长2.9%，出口总额54.4亿美元，增长5.1%。出口总额中，美国市场出口12.7亿美元，欧盟市场出口13.3亿美元，高新技术产品出口29.3亿美元，外资企业出口16亿美元。全区新批外商直接投资项目48个，比上年增加3个，实际利用外资8.1亿美元，增长5.3%；实际到位内资91亿元，浙商创新到位资金72.2亿元；累计有世界500强投资企业38家。

（年鉴编辑部）

进出口贸易

【概况】 2016年，滨江区完成自营进出口68.82亿美元，比上年增长5.4%，其中，自营出口额54.41亿美元，增长5.09%，完成年度目标任务的101.22%，进口额完成14.41亿美元，增长2.88%。外贸出口占全省份额由2015年的1.8%增至2016年的2%，占全国份额由2015年的0.22%增至2016年的0.25%。

重点企业主导作用明显，产业结构优化。全区有出口实绩企业441家，其中，前20名企业2016年出口37.55亿美元，占全区出口总额71.3%，重点企业主导作用明显。出口企业以安防、通信、新能源等产业为主，其中杭州海康威视数字技术股份有限公司、浙江大华技术股份有限公司、浙江宇视科技有限公司等安防产业龙头企业累计出口18.74亿美元，占全区出口总额35.6%。新华三技术有限公司、浙江三维通信股份有限公司等通信行业企业累计出口6.26亿美元，占全区出口总额12%；杭州大和热磁电子有限公司、浙江正泰太阳能科技有限公司、杭州桑尼能源科技股份有限公司等新能源行业企业累计出口3.99亿美元，占全区出口总额7.6%。

机电和高新技术产品占比偏高，产品结构优化。2016年，区高新技术产品出口29.3亿美元，占全区出口总额55.6%，高于全市平均42.3%；机电产品出口41.12亿美元，占全区出口总额78%，高于全市平均34.7%，高新技术产品出口占比和机电产品出口占比分别高于全市平均水平。

欧盟美国市场出口趋缓，新兴市场逆势而上。2016年，全区对欧盟、美国、日本等传统市场分别出口13.31亿美元、12.73亿美元、2.7亿美元，比上年分别下降5.28%、6.29%、10.22%。对东盟、拉美、非洲、俄罗斯等新兴市场分别出口5.78亿美元、2.86亿美元、1.48亿美元和1.6亿美元，比上年分别增长5.34%、2.37%、7.35%和27.91%，其中，“一带一路”国家出口额15.67亿美元，增长22.3%，新兴市场逆势而上。

2016年滨江出口情况

表23

序　号	国别	累计出口额（万美元）	同上年比（%）
1	美国	127309.72	-6.29
2	荷兰	35557.4	-27.76
3	印度	27206.62	1.38
4	日本	22696.5	-10.22
5	新加坡	16487.58	-27.07
6	英国	24522.96	16.98
7	德国	20424.42	-2.36
8	俄罗斯	15832.26	27.91
9	韩国	11853.02	2.3

（赵立静）

境外投资

【概况】 2016年，滨江境外投资中方投资5.02亿美元，完成年度目标任务1.25亿美元的401.6%。累计59家企业申请投资备案，其中：新设项目47个，增资项目12个；技术研发类项目50个，境外投资中方投资额4.52亿美元，占全部投资总额的90%。新设海外营销网络17个，主要分布于美国、新加坡等15个国家（地区）。2016年，全区累计14家企业对外承包工程新签合同额4.32亿美元，完成营业额7.21亿美元，累计派出1212人。主要项目有浙江中地海外的埃塞俄比亚、尼日利亚、喀麦隆的供水管网项目；浙江正泰太阳能科技有限公司的韩国、保加利亚太阳能电站项目。其中，浙江中地海外水务集团、浙江大华科技股份有限公司等龙头企业营业额均超过1亿美元。

通过境外设立研发中心引智引才，2016年，区境外研发类项目累计50个，累计境外投资4.5亿美元，占全部对外投资总额的90%。支持并购海外优质资源，2016年，并购安防、新能源、电子通信、先进医药等行业项目30个，通过收购兼并海外优质资源快速壮大自身业务版图，实现弯道超车。

重点支持全球化产业链建设，全力开拓国际市场，通过建立境外营销网络、设立生产基地等方式，培育全产业链竞争优势。至2016年底，杭州海康威视数字技术股份有限公司、浙江大华技术股份有限公司等企业境外营销网络覆盖全球各大洲及主要市场，将自主品牌推向海外市场，实现产品本土化销售。其中，浙江正泰太阳能科技有限公司累计建设海外电站10余个，2016年境外总投资2亿美元，并通过德国、泰国生产基地实现部分供应链转移、成本大幅下降、光伏组件生产的国际化及外贸壁垒的规避。

【境外营销网络】 杭州海康威视数字技术股份有限公司2001年成立，是中国领先的监控产品供应商，2003年海康威视开始国际营销。至2016年，杭州海康威视数字技术股份有限公司公司已建立33家海外分支机构，拥有170余人的外销团队，海外分支机构本土员工占比90%，形成覆盖全球100多个国家和地区且不断完善营销和服务网络，为用户提供包括产品交付、工程交付、软件部署、系统运维、萤石云等服务，为工程商、经销商、服务外包商提供技术培训和技术认证服务。公司在美国、荷兰、巴西、印度等地建立本地化仓储基地，在美国、荷兰、俄罗斯等地自建本地维护和服务点，以授权和外包的方式联合90余家合作伙伴提供维护、维修服务，实现服务到位、成本可控，在安防行业走出了一条自主化品牌营销的道路。至2016年，海康威视实现境外主营收入93.6亿元。浙江大华技术股份有限公司2001年成立，是全球领先的以视频为核心的智慧物流解决方案提供商和运营服务商。2004年拓展海外市场，至2016年，大华海外子公司拥有17人研发团队，境内研发人员6000余人，海外技术研发主要由境内团队支撑，培育自主品牌，在海外设立35个分支机构，将品牌推向全球100多个国家和地区，至2016年，全球有15个大华服务站，实现境外营销收入6亿美元，比上年增长25%。

正泰太阳能在泰国投资的生产线　（区商务局　供图）

【正泰境外建设电厂】 浙江正泰太阳能科技有限公司（简称“正泰”）2006年10月成立，是国内工业电器行业产销量最大的制造企业之一，专业从事太阳电池、组件和光伏应用产品研发、生产和销售。拥有一支包括美国宾州州立大学C.R.Wronski教授和斯坦福大学沈志勋教授在内的技术顾问队伍和150人的管理团队。1999年，“正泰CHINT”商标被认定为“中国驰名商标”，2004年，正泰电器获“全国质量管理奖”，三大系列产品被评为“中国名牌产品”，电能表等仪器仪表产品被评为“国家免检产品”，高低压电器产品被授予“中国出口名牌产品”。2014年6月，正泰太阳能通过浙江正泰太阳能科技卢森堡有限公司本金出资600万欧元（约合810万美元），向中国工商银行申请贷款2400万欧元（约合3240万美元），合计3000万欧元（约合4050万美元），在德国东部法兰克福采购原德国Connergy公司年产300兆瓦产能光伏晶体硅组件全自动生产线（5条线）。2015年，美国组件需求极其旺盛，为扩大海外市场，海外电池片产能先行扩产扩大，当年实现盈利126万欧元。2016年7月，正泰太阳能在泰国投资1亿美元建设600兆瓦晶硅太阳能电池生产线，年产规模达350兆瓦，年底一期建设完工。

2016年滨江境外承包工程企业情况

表24

序号	单　位	累计合同额（万美元）	累计营业额（万美元）	累计派出人数	月末在外人数
1	浙江中地海外水务	—	28769	142	141
2	浙江大华科技	31371	26742	634	385
3	浙江众合科技股份	—	1354	—	—
4	浙江正泰太阳能	10243	8132	—	2
5	浙江正邦水电建设	—	505	3	7

续表24

序号	单　　位	累计合同额（万美元）	累计营业额（万美元）	累计派出人数	月末在外人数
6	浙江网新联合工程	—	920	—	—
7	浙江第一水电建设	—	2058	5	6
8	浙江水电建筑安装	—	1342	45	65
9	浙江中南钢结构	—	338	150	50
10	浙江水美环保工程	264	128	7	2
11	华信咨询设计研究院	1351	1351	209	31
12	杭州华星创业通讯	—	100	17	17
13	杭州意能电力技术	—	334	—	—
14	蓝天环保设备工程	—	5	—	—
	合　计	43229	72078	1212	706

（郭　卿）

外商投资

【概况】 2016年，滨江有外商投资企业541家，投资总额累计170亿美元，实际利用外资累计76.38亿美元，世界500强投资项目38个。新批外商投资企业48个，增资项目53个。投资总额1000万美元以上大项目19个；实际利用外资8.06亿美元，完成年度目标任务8.05亿美元的100.2%。其中，实际到资1000万美元以上项目16个，实际到资7.48亿美元，占总额的92.80%。新引进美国高盛集团投资参股歌礼生物科技（杭州）有限公司、杭州启明医疗器械有限公司、中国中化投资设立金茂置业（杭州）有限公司世界500强企业投资项目3个。引进投资总额1亿美元阿里巴巴机器人新设项目、晨熹多媒体科技增资项目、维仕担保增资项目、联络互动增资项目、海康威视增资项目。2016年，利用外资在杭州市利用外资目标考核中名列小组第二，招商选资追溯评价小组排名第一。

【重大项目签约】 2016年6月9日，在第18届浙洽会主题论坛浙江省重大项目签约仪式上，区商务局与世界500强美国高盛集团参股的杭州启明医疗器械有限公司签定心脏瓣膜研发生产项目增资意向书，增加投资总额3000万美元，合同外资3000万美元。

【外商投资企业联合申报】 为进一步转变政府职能、改善投资环境，推进外商投资企业及境外投资者诚信制度建设，实现部门之间信息共享，根据2016年4月27日《商务部关于开展中国外商投资存量调查工作的通知》（商资函〔2016〕183号）和5月19日《商务部 财政部 税务总局统计局关于开展2016年外商投资企业年度投资经营信息联合报告工作的通知》（商资函〔2016〕223号）及有关法律、法规的规定，6月21日，区商务局启动外商投资企业年度投资经营信息联合报告工作。通过短信、QQ工作群、杭州高新开发区门户网站"通知公告"栏等渠道发布通知。同月30日，区商务局组织2015年新设立的48家企业参加网上申报操作培训。在企业申报过程中，进行业务咨询、指导，核对企业申报的基本情况、到资情况，并与企业做好沟通和确认。9月30日，高新区（滨江）外商投资企业联合申报工作完成，441家外商投资企业"确认申报"。

2016年滨江引进企业情况

表25

序号	企业名称	批准日期	投资总额（万美元）	注册资本（万美元）	合同外资（万美元）
1	杭州朝安兆亚科技有限公司	1月6日	7	5	5
2	杭州爱伯贸易有限公司	1月7日	31	31	31
3	杭州再顾科技有限公司	1月15日	10	10	10
4	金茂置业（杭州）有限公司	1月28日	74929	25015	25015
5	杭州科挚控制技术有限公司	2月1日	73	73	37
6	瑞狮（杭州）企业管理咨询有限公司	2月5日	2	2	2
7	浙江科钛机器人股份有限公司	2月29日	153	153	61
8	深格（杭州）贸易有限公司	3月4日	11	8	8
9	杭州麦动新能源科技有限公司	3月25日	153	107	53
10	杭州贝每特科技有限公司	3月25日	92	92	37
11	杭州愿偿科技有限公司	4月7日	10	10	10
12	杭州维宜讴标准技术服务有限公司	4月29日	111	77	2155
13	富发（杭州）贸易有限公司	5月12日	15	15	15
14	杭州网易云音乐科技有限公司	5月12日	10	10	10
15	农米（杭州）企业管理有限公司	5月16日	6000	3000	3000
16	杭州凌感科技有限公司	5月31日	46	46	20
17	浙江华贞生物医药科技有限公司	5月31日	217	155	155
18	杭州韩瑞光电科技有限公司	6月12日	213	152	152
19	网易数娱（杭州）网络有限公司	6月6日	10	10	10
20	杭州统创投资管理有限公司	6月15日	6	6	6
21	杭州钦奈贸易有限公司	6月16日	2	2	2
22	浙江中以企业管理有限公司	6月20日	250	180	45
23	浙江阿里巴巴机器人有限公司	6月22日	10000	10000	10000
24	杭州红业科煜科技有限公司	7月11日	15	15	6
25	康福特医疗设备（杭州）有限公司	7月18日	15	15	15
26	杭州佑嘉体育文化创意有限公司	7月21日	15	15	15
27	杭州披塔缇卡餐饮管理有限公司	7月27日	45	45	45
28	杭州搏屹科技有限公司	8月1日	2	2	2
29	杭州浩综控科技有限公司	8月11日	45	45	38
30	杭州无尾熊电子商务有限公司	8月17日	10	10	10
31	杭州百缇服装有限公司	8月18日	20	20	20
32	路普工程咨询（杭州）有限公司	9月8日	7	7	4

续表25

序号	企业名称	批准日期	投资总额（万美元）	注册资本（万美元）	合同外资（万美元）
33	杭州好德利智能科技有限公司	9月10日	600	300	300
34	康迪雅（浙江）环境工程有限公司	9月19日	149	149	45
35	杭州伊诺可斯玛化妆品有限公司	9月20日	149	149	149
36	杭州多逗餐饮管理有限公司	9月21日	22	22	22
37	杭州澳新服饰有限公司	9月28日	20	20	20
38	杭州百鲲网络技术有限公司	9月30日	2500	1000	1000
39	杭州质胜科技有限公司	9月30日	14	10	10
40	杭州龙碧科技有限公司	9月30日	60	60	7
41	杭州迪鸿生物技术有限公司	11月2日	74	74	33
42	杭州新朝流生物科技有限公司	11月8日	74	74	27
43	杭州力一医疗器械有限公司	11月18日	103	74	25
44	杭州礼道科技有限公司	12月20日	44	44	26
45	杭州佳翼科技有限公司	12月20日	62	44	30
46	杭州来酷士科技有限公司	12月20日	30	30	30
47	杭州艾耕科技有限公司	12月23日	1500	1000	1000
48	杭州万高通信技术有限公司	12月26日	140	100	100

2016年滨江投资总额1000万美元以上项目

表26

序号	企业名称	新设（变更）	批准日期	投资总额（万美元）	注册资本（万美元）	合同外资（万美元）
1	维仕担保有限公司	变	1月14日	4000	1600	1600
2	金茂置业（杭州）有限公司	新	1月28日	74929	25015	25015
3	杭州晨熹多媒体科技有限公司	变	2月3日	10000	5000	5000
4	杭州联络互动信息科技股份有限公司	变	4月5日	2606	2606	0
5	歌礼生物科技（杭州）有限公司	变	4月15日	1000	500	500
6	农米（杭州）企业管理有限公司	新	5月16日	6000	3000	3000
7	杭州联筑科技有限公司	变	6月20日	1000	500	500
8	浙江阿里巴巴机器人有限公司	新	6月22日	10000	10000	10000
9	阿里巴巴（中国）网络技术有限公司	变	6月24日	2000	2000	2000
10	杭州联筑科技有限公司	变	7月12日	1000	1000	1000
11	杭州海康威视数字技术股份有限公司	变	7月13日	30679	30679	5609
12	杭州小道健康管理有限公司	变	7月20日	2500	2500	2500

续表26

序号	企业名称	新设（变更）	批准日期	投资总额（万美元）	注册资本（万美元）	合同外资（万美元）
13	杭州联络互动信息科技股份有限公司	变	7月25日	19699	19699	2866
14	阿里巴巴（中国）网络技术有限公司	变	9月29日	1400	1400	1400
15	杭州百鲲网络技术有限公司	新	9月30日	2500	1000	1000
16	当趣网络科技（杭州）有限公司	变	11月29日	1500	650	650
17	杭州培博科技有限公司	变	12月16日	1000	500	500
18	维仕担保有限公司	变	12月21日	13950	4650	4650
19	杭州艾耕科技有限公司	新	12月23日	1500	1000	1000

（娄红芬）

商 业

电子商务

【概况】 2016年，杭州市综试区推出“单一窗口”平台，是中国跨境电子商务领域的首个信息化综合服务平台。滨江区组织企业上线注册，新增跨境电商备案及实绩企业数70余家，完成招强引优企业37家，累计完成跨境电商出口5.01亿美元，进口5620万美元。

【跨境电商创业创新大赛】 2016年3月28日，中国首届跨境电商创业创新大赛总决赛在杭州举行。大赛由中国（杭州）跨境电子商务综合试验办公室、杭州日报报业集团主办，高新区（滨江）商务局、拱墅区招商局、杭州高新区创业金融服务联合会、资本汇投融资平台、招商银行杭州分行协办，杭州日报传媒有限公司执行。在全国范围内征集优质的跨境电商及相关产业链配套项目，搭建全国跨境电商创业创新交流平台。大赛收到90余个跨境电商项目，其中，50个跨境电商产业链优质项目。1月29日、2月29日和3月11日，大赛秘书处联合杭州高新区创业金融服务联合会、资本汇投融资平台先后举办3场路演初选活动，邀请投资机构代表从市场、创新力、成长性、创始人特质和产业前景5个方面综合评判，同时，结合中国跨境电商综合试验区官微投票，选出12个项目进入总决赛。经4小时角逐，“中德跨境电商包裹物流专家”的欧乐国际获金奖，折疯了海淘、中云智慧获银奖，魔筷科技、微商橙、尚贸网获铜奖，可美粒、优发通获最具投资价值奖，豌豆公主、新海软件获最具创新价值奖，欧洲上品、澳创云购获最具发展潜力奖。

【跨境电商扶持政策】 2015年9月，滨江结合实际出台《杭州高新区（滨江）发展跨境电子商务三年行动计划》《杭州高新区（滨江）关于推进跨境电子商务发展的实施意见》，鼓励招引跨境电商企业和跨境电子商务平台建设。新引进为跨境电商企业提供交易、支付和其他相关技术服务的第三方平台企业或技术服务企业，自设立年度起三年内按其投入的研发费用给予不高于20%的研发资助。鼓励各类跨境电子商务平台为外贸企业开展跨境电子商务提供服务，对于年成交额超过1亿美元的跨境电子商务平台，每招引1家年进出口额在100万美元以上的外贸企业在平台上展开跨境电子商务业务，给予不超过2万元的扶持；给予每家跨境电子商务平台的扶持总额不超过500万元。扶持阿里巴巴等平台型企业、网易等技术服务型企业及第三方支付企业，充分发挥和强化阿里巴巴、网易等跨境电商平台的领军作用，促进企业集聚，做大跨境电商产业出口规模。2016年，根据《关于下达2016年杭州市跨境电商出口政策兑现资金的通知》（杭财企〔2016〕68号）文件精神，兑现资金111.08万元，受惠企业32家。根据《关于下达2016年杭州市第二批跨境电商出口政策兑现资金的通知》（杭财企〔2016〕141号）文件精神，兑现金额861万元，兑现企业10家。根据《关于下达2016年度杭州市跨境电商扶持资金的通知》（杭财企〔2016〕142号）文件精神，兑现资金331万元，受惠企业27家。全年完成3批企业扶持方案，兑现企业69家，计1303.08万元。

阿里巴巴

【概况】 阿里巴巴网络技术有限公司（简称“阿里巴巴集团”）1999年在杭州创立。阿里巴巴集团经营阿里系的电子商务服务、蚂蚁金融服务、菜鸟物流服务、大数据云计算服务、广告服务、跨境贸易服务、前6个电子商务服务以外的互联网服务。2016年1月，举办首届阿里年货节，3月，阿里巴巴集团中国零售交易市场的年交易总额突破3万亿元，集团成为全球最大的零售体。4月，阿里巴巴集团签署协议认购东南亚领先的电商平台Lazada的控股股权。5月，阿里巴巴集团成为国务院首批双创“企业示范基地”，阿里巴巴集团推出名为“阿里巴巴集团全球领导力学院”的人才发展项目，为公司培育未来的全球业务领袖。6月8日，《2016年BrandZ全球最具价值品牌百强榜》公布，阿里巴巴排名第18位。7月，阿里巴巴集团与上汽集团联合发布搭载YunOS智能操作系统的全球首款量产互联网汽车。同时，举办首届淘宝造物节，展示淘宝商家的创意和设计。9月，马云提出关于构建全球电子商务平台eWTP的倡议获纳入G20公报，得到世界贸易组织总干事罗伯特·阿泽维多的支持。11月，天猫“双十一”全球狂欢节的交易额突破1207亿元，比上年增长24.4%。

【战略合作协议】 2016年2月5日，阿里巴巴集团购入美国团购公司Groupon的3297.2万股A类普通股，占在外流通股票总量的5.6%。同月12日，韩国SM公司与阿里巴巴集团签署在华音乐业务和电子商务业务战略合作协议。阿里巴巴将以第三方配股有偿增资方式入股SM娱乐，持有SM4%的股份，投资金额涉及355亿韩元（折合约1.95亿元人民币）。SM将通过阿里巴巴集团和旗下阿里音乐集团在华进行网络音乐销售、营销及商品策划等活动。SM公司和阿里巴巴的战略合作将在多个领域产生协同效应。同月17日，阿里巴巴集团与国家发展和改革委员会签署结合返乡创业试点发展农村电商战略合作协议。2016—2018年双方将共同支持300余个试点县（市、区），结合返乡创业试点发展农村电商。试点采取三年滚动的实施方式，2016—2018年，每年支持100个试点地区促进返乡创业就业。2016年4月13日，饿了么与阿里巴巴及蚂蚁金服达成战略合作协议，获12.5亿美元投资，其中，阿里巴巴投资9亿美元，蚂蚁金服投资3.5亿美元。

【集团平台建设】 2016年4月1日，阿里巴巴集团CEO张勇（花名逍遥子）宣布，张建锋（花名行癫）出任集团首席技术官（CTO），担任阿里巴巴集团首席技术官、集团技术战略执行小组组长。同月6日，集团宣布合一集团（优酷土豆）正式完成私有化，成为阿里大家庭一员。11日，集团宣布任命蒋芳（原副CPO）为阿里巴巴集团首席人才官（CPO），负责阿里巴巴集团的人才及组织文化发展的策略和执行，将聚焦于蚂蚁金融服务集团的工作。13日，集团加入国际反假联盟（IACC），成为此国际组织的首个电商成员。18日，集团与新西兰政府指定机构新西兰贸易发展局（NZTE）签署战略合作协议。5月18日，集团宣布旗下“闲鱼”和“拍卖”业务将“合并同类项”。6月15日，集团宣布正式成立“阿里巴巴大文娱版块”，此版块囊括阿里巴巴集团旗下的阿里影业、合一集团（优酷土豆）、阿里音乐、阿里体育、UC、阿里游戏、阿里文学、数字娱乐事业部。7月5日，国家发展和改革委员会与阿里巴巴签署商务领域诚信体系建设合作备忘录，业务并入阿里巴巴移动事业群，双方签订并购协议。12月2日，国家发展和改革委员会与阿里巴巴集团在京签署关于推进商务领域诚信体系建设合作备忘录，双方在数据共享、联合奖惩、试点示范、研究共创等方面展开一系列合作，提升商务领域诚信意识，推进诚信体系建设，发挥信用体系在优化商业环境、促进产业发展中的重要作用。

网易考拉

【概况】 2015年1月，网易考拉海购上线，是网易旗下以跨境业务为主的综合型电商平台，是国内首家获此认证的跨境电商，也是目前国内首家获得最高级别认证的跨境电商平台之一，成为增长速度最快的电商企业之一。网易考拉海购为中国消费者提供涵盖母婴儿童、美容彩妆、服饰鞋包、家居生活、营养保健、数码家电、环球美食、运动户外、水果生鲜等行业内高品质商品。以自营直采模式为核心，在美国、德国、法国、澳大利亚、日本、韩国等国和中国香港、台湾等地区设有分公司和办事处，并由专业采购团队深入商品原产地，与全球一线品牌和优质供应商建立合作关系。同年7月，网易考拉海购在上海、浙江、苏州等省市率先实现跨境进口商品的次日达服务。至2016年，网易考拉海购在杭州、宁波、郑州、重庆、深圳、天津等地拥有30万余平方米的保税仓，已投入使用和在建保税仓面积均处于跨境电商行业前列。海外仓布局辐射东亚、东南亚、北美洲、欧洲和大洋洲；网易考拉海购与中外运、顺丰等国内外高端仓储物流服务提供商持续保持战略合作关系。

网易考拉海购是"杭州跨境电商综试区首批试点企业"，在经营模式、营销方式、诚信自律等方面，具有自营模式、定价优势、全球布点、仓储、海外物流、资金和保姆式服务七大优势，获得由中国质量认证中心认证的"B2C商品类电子商务交易服务认证证书"，认证级别4颗星。2016年3月，网易考拉海购获App Store精品推荐，成为业内首批获"使用Apple Pay购买"精品推荐的跨境电商。

【战略合作】 2016年1月13日，网易考拉海购在日本东京与@cosme签订直采合作协议，并将@cosme榜单带到中国。2月1日，网易考拉海购与澳洲最大的保健品企业Blackmores（澳佳宝）共同宣布，双方联合首发Blackmores胶原白口服液新品。3月29日，亚马逊全球物流中国与网易考拉海购签署合作协议，通过"亚马逊物流+"为网易考拉海购提供仓储运营服务。4月13日，澳洲200余家企业的商业领袖组成代表团访问网易考拉海购。同月15日，网易考拉海购与雀巢婴儿营养达成战略合作，成为雀巢旗下婴幼儿奶粉、营养辅食品的主要销售平台之一，同时与美赞臣（中国）达成战略合作。5月5日，网易考拉海购到访韩国LG生活健康总部，双方签署新一轮战略合作协议。同日，与澳大利亚知名奶粉品牌澳倍康签署战略合作协议。6月10日，网易考拉海购与花王达成战略合作，直采日本花王纸尿裤，供应链提升领跑全行业。同月15日，网易考拉海购与日本乐天株式会社达成战略合作，直供日本高品质商品，成中国用户日淘首选。9月20日，网易考拉海购与香港最大化妆品零售商莎莎签署战略合作，上线大牌美妆品牌，全面扩容美妆品类。11月23日，网易考拉海购与法国童装巨头Group Zannier达成战略合作，母婴产品供应链升级，成为海外大牌入华首选平台之一。

网易电商生活体验馆 （区委宣传部 供图）

【战略发布会】 2016年3月29日，在北京举行“用更少的钱过更好的生活”——网易考拉海购战略发布会，是网易考拉海购2015年上线以来推出的首场大型发布会，引发业界高度关注。来自10余个国际和地区的50余家海外一线品牌、连锁商超企业、驻华使领馆以及国内外大型互联网公司、银行、第三方调研机构的高层或代表到场参加发布会。网易董事局主席兼CEO丁磊致辞，并公布借助引导消费趋势的“榜单经济”、增强用户参与感的“直播化运营”、打造融入用户全方位生活场景的新型电商生态三大战略。

【促销节】 2016年6月18日，网易考拉海购推出“6·18”海淘盛典，比上年涨幅超过500%，创平台历史最佳业绩，并实现跨境商品90分钟内到货。8月15日，网易考拉海购开战“8·18”洋货节，全球直采战略升级。11月11日，网易考拉海购推出“11·11”超级洋货节，42分钟晚上首单配送，配送速度再破行业记录。同月25日，网易考拉海购推出“黑五洋货节”，全国主要跨境保税区销售额第一。12月12日，网易考拉海购推出“12·12”品质洋货节，全国主要跨境保税区销售额第一，占杭州保税区销售额50%以上，销售额比上年增长8倍。

【全球正品见证官走进滨江】 2016年9月24日，15名全球正品见证官和什么值得买的团队到滨江网易考拉海购杭州总部，与网易考拉海购人员交流。就来宾网易考拉海购如何保证商品价格“低”，甚至比海外零售价还要低的疑惑，网易考拉海购人员一一解答。网易考拉海购之所以能用低价回馈广大消费者的重要原因主要来自于网易考拉海购深入到原产地直采，直接与品牌商、大型商超合作，省去中间的多个环节周转，意味网易考拉海购能拿到批发价；网易考拉海购拥有行业内最好的付款条件，相比较业界动辄30天、60天的付款条件，网易考拉海购7天付清尾款无疑能帮助供应商快速实现资金周转，因而受到广大供应商的一致认可，更加愿意以更低的价格给网易考拉海购；除对于供货端的省钱，很多电商平台花费大笔费用用于获取用户，网易考拉海购背靠网易集团，旗下众多产品有着丰富的流量和用户，因而能节省较大一笔宣传推广费用，让利给广大消费者。现场，网易考拉海购邀请其中3名代表分享母婴、美妆、轻奢类目的选品运作流程，帮助解疑释惑。 （陈　琐）

专业市场

【概况】 2016年，全区共有农贸市场16个，其中，新建并开业农贸市场1个，总经营面积4.4万平方米，固定经营户657户。家居市场1个，建材市场1个，大型超市4家，其中，新建成开业1家，总经营面积5.4万平方米。综合商场3家，其中，新建成开业2家，总面积61万平方米。

【农贸市场运行情况分析】 农贸市场主营蔬菜、鲜肉、调味品、蛋类、水产品、海产品、熟食等17个大类商品。2016年受肉猪养育周期影响，鲜猪肉价格上升，为30元每千克，比上年上升20%，水（海）产及其他类别商品的零售价格与上年基本持平。叶菜类、豆角类蔬菜涨幅10%～15%。G20杭州峰会期间由于交通管制等影响，蔬菜水产肉类等价格相比平时上升15%～25%左右，G20杭州峰会结束后逐渐回归正常水平。

【建材市场】 1999年5月6日，杭州中南建材市场成立，位于滨康路长河路交叉口东南，是滨江区唯一的建材市场。市场占地面积6万平方米，建筑面积2.5万平方米，拥有商户250户。主营石材、板材、卫浴陶瓷、五金油漆、家庭装饰等，国内著名厂商、著名品牌入驻市场。2016年，完成销售额2.5亿元，与2015年持平。

【家居市场】 2007年6月25日，杭州第六空间大都会开业，位于江南大道1090号，总建筑面积21万平方米。分现代家具馆、灯天下、家具大世界、凡尔赛宫等6个场馆，灯天下馆主营灯饰家居、凡尔赛宫等主营欧式家居，其余4个馆主营国内外高端家居品牌。商位750个，主要销售群体为网络用户，销售采取网络下单实体店看样形式。2016年，完成销售额1.53亿元。

【大型超市】 全区共有世纪联华，华润万家，物美，永辉大型超市4家。总经营面积5.4万平方米。经营各类食品、生活必需品、家居用品等。2016年，总销售额6.75亿元，比上年增长5%。其中，世纪联华滨江江晖路店，2016年门店整体销售4.27亿元，增长8.31%。G20杭州峰会期间门店正常营业，门店销售收入4000万元，增长21%，生鲜部门销售1310万元，增长32%。

（朱哲正）

商业综合市场

【概况】 全区有华联星光大道一、二期和宝龙城市广场、中赢康康谷综合商场3家。华联星光大道一、二期总计37万平方米，华联星光大道一期15万平方米2009年10月投入使用，经营餐饮、娱乐、零售、配套等商品。二期22万平方米2015年12月投入使用，总商户240户，主营零售、精品超市、休闲娱乐、特色餐饮等。2016年，华联星光大道商业零售额8亿元。2016年12月，宝龙城市广场开业，建筑面积20万平方米，共有商户320户。一、二层主营服饰家居等用品，三层主营婴童类产品，四层主营餐饮。2016年12月28日，中赢康康谷开业，商业面积4万平方米，共有商户80家，外街主营餐饮，内街主营娱乐、健身等业务。

【星光大道】 2006年10月27日，滨江最大的商业中心星光大道开业，中国（杭州）文化艺术星光大道是经中宣部批准，中国文学艺术界联合会支持，中国电影家协会和杭州市人民政府共同命名并由华联发展集团投资建设的内地首条文化艺术主题商街。南接江南大道，北抵钱塘江畔，全长1.3千米，占地面积5万余平方米，总建筑面积37万平方米，是滨江区首个商业综合体项目，涵盖大型一站式购物中心、百货商城、精品超市、休闲娱乐、特色餐饮等时尚与娱乐为一体的综合商业街。2010—2013年，经杭州市政府和杭州市旅委批准同意，星光大道成为杭州市区特色夜市街和杭州市十大特色潜力行业项目之一。2011—2015年，星光大道连续五年成功入围杭州市80个最具品质体验点之一。2015年6月，星光大道获2015最值得推荐的杭州夜休闲商圈；同年9月，星光大道获“达沃斯人居奖·2015中国十大优质城市商业综合体”；12月，获“浙江省诚信示范企业”。2016年9月，获“服务保障G20杭州峰会先进集体”。2016年，实现主营收入8亿元。

（朱哲正）

涉外服务

【概况】 2016年，滨江与中国出口信用保险公司合作，为出口企业开拓国际市场服务，为企业“走出去”提供风险评估和预警。全年服务企业139家，其中小微出口企业49家，累计投保金额28.31亿美元，比上年增长22.1%；累计保费927.55万美元，平均费率0.32%；通过信用保险项下实现融资3426.91万美元。累计为滨江出口企业提供2461个国内外买方资信调查及授信服务。

【项目风险服务】 2015年10月19日，区商务局组织人员走访杭州海康威视数字技术有限公司和浙江大华技术股份有限公司，帮助企业直接对接中国出口信用保险公司，为企业提供项目风险防范和预警服务，提供短期出口信用保险、海外投资保险等保险产品服务。2016年1—12月，海康和大华分别与中国出口信用保险公司投保，2家企业累计投保21亿美元。投保当年，由于传统市场经济复苏缓慢、新兴市场风险加剧，海康、大华遇到出口目的国汇率贬值、海外买家资金紧张甚至破产等风险，应收账款面临损失。中国出口信用保险公司通过直接理赔和海外追偿等方式为企业挽回损失，按照投保理赔规定，为2家企业合计理赔428万美元。

【正泰项目投保】 2016年6月，浙江正泰太阳能科技有限公司投资的保加利亚电站在中国出口信用保险公司进行海外投资政治险续保，续保金额为9516.95万欧元。12月，公司为海外4个投资平台在中国出口信用保险公司续保海外公司股本险，续保金额为4.23亿美元。

（赵立静）

服务业

综 述

2016年，全区规模以上服务业企业实现营业收入1259.1亿元，比上年增长20%；利润总额248.5亿元，增长25.6%，其中，信息软件服务业实现增加值277.7亿元，增长16.7%，占全区服务业增加值的63.2%。

创新思路，上下联动，搭好展会平台。2016年，白马湖会展中心通过公开招投标产生招商服务主体，抓实采购商和参展商工作。全年举办各类展览、会议50场，实现会展收入1677万元，超年度目标任务11%。

依托资源优势，发展特色休闲旅游项目，旅游氛围取得成效。2016年，全区9家宾馆32家旅行社累计接待国内游客57.59万人次，接待入境游客2.97万人次。开展特色休闲示范点创建，2家单位获"2016年杭州特色休闲示范点"称号。

创建服务业集聚区，推动信息服务业建设与发展。2016年，滨江邮政创建快递包裹业务、速派业务新模式，客户规模不断扩大，全年完成业务收入3708万元，比上年增长35.56%；列全市邮政第一。滨江电信完成智慧社区应用平台和智慧教育云平台建设，全年完成800兆站点162个，实现业务收入5.03亿元，增长10.28%。滨江移动通信实现1000兆有线宽带进企业，100兆宽带进家庭，覆盖率96%，完成年度业务收入3.66亿元，增长3.6%。滨江联通拓宽业务渠道，为滨江企业提供数字中继线、电路等业务，2016年，实现通信服务业业务收入2亿元，增长10%。（年鉴编辑部）

旅 游

【概况】 2016年，全区新成立旅行社3家，完成旅行社变更6家，完成旅行社质保金减退4家，旅行社分社网点备案8家；新开业知名品牌酒店3家。全区纳入统计监测的9家宾馆饭店累计接待39.9万人次，比上年增长1.25%。其中：接待国内游客37.29万人次，增长0.78%；接待入境游客2.61万人次，增长8.45%。实现旅游外汇收入1115.79万美元，增长0.8%；营业收入3.1亿元，下降4.89%。宾馆饭店的平均客房出租率为64.8%，下降2.47%；平均房价为374.41元，每间每天增长4.37%。

2016年，全区32家旅行社累计接待国内游客20.3万人次，比上年增长6.78%；其中：过夜游客16.63万人次，增长5.37%；一日游游客3.67万人次，增长13.67%。累计接待入境游客0.36万人次，下降54.86%。累计组织出境旅游0.81万人次，增长9.69%。

【现代服务业项目申报】 2016年3月，区商务局组织开展现代服务业项目申报工作，现代服务业专项（市旅委）资金分成旅游产业规划建设资金和十大特色潜力行业资金两大块。3月25日，杭州中赢华睿置业有限公司申报中赢·康康谷项目，4月5日，经区商务局初审后上报市旅委。6月8日，星光大道"国家地理经典影像盛宴"活动等8个项目提交十大特色潜力行业资金项目申报材料，7月7日，市旅委会组织专家评审会对产业规划建设资金项目进行专家评审。同月22日，市旅委组织专家评审会对十大特色潜力行业资金项目进行专家评审，按因素法对各地旅游部门和项目进行综合评分后，下达切块补助资金，具体项目扶助资金由各区按因素法自行予以分配。

2016年滨江十大特色潜力行业资金申报项目

表27

序号	申报时间	项目名称	实施单位
1	5月17日	星光大道“国家地理经典影像盛宴”活动	浙江华联杭州湾创业有限公司
2	5月30日	“亲子爱杭州”宝贝游学计划	杭州市婴童行业协会
3	5月30日	“迎峰会，学文化，展风采”第四届亲子嘉年华活动	杭州市婴童行业协会
4	5月30日	儿童剧星火计划II	杭州市婴童行业协会
5	6月2日	2016晶星都市村亲子农事体验活动节	杭州滨江果业有限公司
6	6月3日	中南乐游城首届儿童嘉年华	中南乐游城
7	6月6日	“爱就购了”特色购物体验节	杭州第六空间大都会家居发展有限公司
8	6月8日	“发现滨江”千人定向运动休闲挑战赛	杭州趣玩旅游咨询服务有限公司

【旅游产业规划建设资金】 2016年9月18日，根据《关于下达2016年现代服务业市旅委专项规划建设资金和咨询服务资金第二批补助计划的通知》（杭旅委〔2016〕75号）、（杭财建会〔2016〕146号），2016年，由市旅委拨付至滨江区的现代服务业专项（市旅委）旅游产业规划资金92万元。根据市旅委相关文件要求，旅游产业规划建设资金必须专款专用，不得挪用截留。2017年1月22日，经区商务局、财政局联合审核并报主任区长办公会议通过，将旅游产业规划建设资金92万元全额补助2016年度申报的中赢·康康谷项目。

【十大特色潜力行业资金】 2016年9月29日，根据《关于拨付2016年度培育发展十大特色潜力行业项目资金的通知》（杭旅委〔2016〕84号）、（杭财建会〔2016〕154号），2016年，由市旅委拨付至滨江区的现代服务业专项（市旅委）十大特色潜力行业资金40万元。12月8日，区商务局组织召开专家评审会，结合专家评审情况及区项目实际，2017年1月22日，经区商务局、财政局联合审核并报主任区长办公会议通过，5个项目符合资金补助条件。

2016年度滨江十大特色潜力行业资金分配情况

表28

序号	实施单位	项目名称	建议扶持资金（万元）
1	浙江华联杭州湾创业有限公司	星光大道“国家地理经典影像盛宴”活动项目	9.13
2	杭州市婴童行业协会	“亲子爱杭州”宝贝游学计划项目	7.26
3	杭州滨江果业有限公司	2016晶星都市村亲子农事体验活动节项目	8.34
4	杭州趣玩旅游咨询服务有限公司	“发现滨江”千人定向运动休闲挑战赛项目	7.65
5	杭州第六空间大都会家居发展有限公司	“爱就购了”特色购物体验节项目	7.62
合计			40.0

【特色休闲示范点创建】 2016年6月20日，根据杭州市培育发展十大特色潜力行业领导小组办公室《关于开展2016杭州特色休闲示范点创建工作的通知》要求，滨江开展特色休闲示范点创建工作。7月，井山坞生态农庄、杭州城南德悦餐饮有限公司、星光大道、盒座社、杭州臻奇汇艺术品有限公司5家单位提交2016杭州特色休闲示范点申报材料，经区商务局初审后上报杭州市培育发展十大特色潜力行业领导小组办公室。7—8月，杭州特色休闲示范点创建实施小组对上报企业进行资格审查、评审及暗访，并通过杭州市旅委、在杭州、杭州市休闲发展促进会等官方微信或网站平台，对初审合格并达到规定分值以上的企业进行大众投票，井山坞生态农庄、杭州城南德悦餐饮有限公司2家单位获2016杭州特色休闲示范点称号。

【知名品牌酒店开业】 2016年6月29日，银泰喜来登大酒店开业，位于江虹路1769号，建筑面积6万平方米，拥有309间（套）客房。12月28日，中赢·黄龙饭店开业，位于春晓路61号，建筑面积2万余平方米，客房174间（套）。12月30日，杭州明豪国际大酒店试开业，位于江南大道558号，总投资3.5亿元，建筑面积3.7万平方米，客房140间（套）。2016年，全区按高星级标准设计建设酒店3家，新增酒店面积11万平方米，新增客房623间（套）。

【休闲旅游跑道】 闻涛路沿江彩色跑道是2015年11月启动的休闲旅游跑道工程建设项目，2016年6月项目竣工，在保留机动车通行功能基础上，原绿化带以北的机动车道被改造成专用跑道和自行车道。跑步道路是宝蓝色的，宽2.5米，自行车道是红色的，宽3米，绿化带以南的机动车道由单行道改成双向通行，总长6.4千米，宽2.5米。为居民提供散步、慢跑、骑行的专用通道和休息广场，成为集健身、交流、休闲等功能为一体的沿江慢生活带和独特景观带。路上铺设阳光大草坪和绿地公园，中央隔离带种植2000余株樱花，公园里有银杏树和枫树，四季美景不断，被誉为“最美跑道”。

【“旅游+文化”“旅游+夜休闲”活动】 2016年3—12月，区商务局开展星光创意市集、星光新年市集2个系列20场市集活动。4—9月，区商务局推出《与大师一起论电影》系列电影分享、“网红”书店—钟书阁开业等文化类活动共127场，吸引杭州及周边游客30万人次。4—12月，浙江华联杭州湾创业有限公司在星光大道一期、二期举办“国家地理经典影像盛宴”展、遇见梦露90周年特展、翻天覆地首届童玩展3个展览。通过“旅游+文化”“旅游+夜休闲”特色活动，强化夜间休闲产品的国际吸引力。

【“旅游+婚恋”“旅游+亲子”活动】 2016年3—11月，杭州第六空间大都会家居发展有限公司围绕“婚恋产业”，致力于打造“爱就购了”品牌，举办特色购物体验节。3月19日，举办“凡尔赛之夜”儿童画作公益拍卖会。4月16日，举办第六空间私房美食节、“遇见·幸福”千人相亲会、歌伦贝尔“房车音乐发现之旅”活动。5月21日，举办免费花道课程。6月18日，举办少儿绘画大赛、亲子派对乐高搭建课程活动。7月2日，举办潮童派对“HOTBABY PARTY”。同月22日至24日，举办亲子活动。9月24日，举办“TAO”禅意插花，享受都市慢调生活活动。10月28日，举办为平凡设计“第六空间杯”CIID浙江省室内空间公益设计大赛。11月16日，进行“早安杭州”事件活动。每场活动的当天，1000余人次现场参加互动，拉动商场人气，刺激了消费。

【国家地理经典影像盛宴】 2016年4月22日—6月26日，浙江华联杭州湾创业有限公司在星光大道举办“国家地理经典影像盛宴”活动。活动分为“影像历史”“生命之歌”“人文探索”“摄影精粹”等主题。展出作品从1500万张照片中甄选出100余幅经典影像和纪实摄影。展览特设PHOTOWORKSHOP，除常设的物影照片手作体验，邀请独立艺术家亲授最复古、最潮流的摄影古典工艺，不定期推出黑白胶卷冲洗、蓝晒摄影、湿版火棉胶等课程。展览期间，推出“时光慢些吧”“LOVE杭州”、旅行摄影计划等作品。

【“旅游+运动休闲”“旅游+亲子”活动】 2016年12月17日，杭州趣玩旅游咨询服务有限公司举办“发现滨江”千人城市定向休闲挑战赛活动，杭州周边地区及合作企业游客1000余人次参加活动。参赛人员按常规组和亲子组分别组队，从第六空间灯天下场馆出发，参与定向活动。通过活动，了解定向运动的特色和趣味、滨江的历史人文，体验滨江的变化和发展，开发滨江运动休闲类国际旅游产品。

（朱华萍）

展　会

【概况】 2016年，会展部克服G20杭州峰会的举办、招商主体撤离和国博中心运营等诸多不利因素带来的影响，组织人员赴上海国家展览中心、新国际会展中心、宁波会展中心考察学习办展经验，采取新招商策略、拓宽营销思路，克难攻坚，完成2016年展会目标任务。全年，白马湖国际会展中心举办展览20场，会议30场，实现会展收入1677万元，年度目标任务为1500万元，超计划目标11.8%；展会面积38万平方米，年度目标任务为28万平方米，超计划目标35.7%。20场专业展览中，平均展览规模2万平方米，平均展览收入83万元；全年参展人数40万人次。通过公开招投标产生招商服务主体，同时利用区内政策优势，完成2015年度9个项目160万元的政策兑现款项支付工作；完成2017年展会招展，有24个项目46万平方米的档期预订，新增十九楼婚博会、十九楼家博会、金秋购物节、电子商务博览会等大展，3、4、10月份A、B馆档期全部排满。

【装修建材团购会】 2016年2月27—28日，由兔狗家装网主办的博览会（简称“兔狗全国家装节”）在杭州白马湖国际会展中心举行。展会以“一站式家装采购”为主题，设装修公司和装修建材2个展区，设国际标准展位190个，展览面积2万平方米。来自杭州200家企业参展，其中：装修公司20个，装修建材公司150个；家居软装公司30个，主要来自杭州地区总代理或者工厂。特装企业10家设展位10个，分别占参展企业、展位数5%。2万人次业主到会采购、参观，2天展会实现成交额2.95亿元。展会期间，举办家装设计展、设计沙龙、样板房大赛等配套活动。杭州日报社，都市快报社、交通91·8、西湖之声、新浪新闻、网易新闻、腾讯新闻、今日头条、人民网等20余家新闻媒体记者参与宣传报道，累计参观1万人次。

【第12届动漫节】 2016年4月27日—5月2日，由国家新闻出版广电总局、省人民政府主办，市人民政府、浙江新闻出版广播电影电视局和浙江广播电视集团承办的第12届中国国际动漫节（简称“第12届动漫节”）在杭州白马湖国际会展中心举行。展会秉承“动漫盛会·人民节日”的办节宗旨，以“国际动漫·拥抱世界”为主题，由会展板块、论坛板块、商务板块、赛事板块和活动板块组成，来自82个国家和地区的268家中外企业机构参展参会。设国际标准展位1537个，展馆6个，展览面积6.5万平方米。其中：境内12个省（市、区）的261家企业参展，国际标准展位1438个，分别占参展企业、展位总数的97.3%、93.5%；境外7家企业参展，特装展位7个，主要来自美国、加拿大、日本、芬兰等国。有特装企业150家981

2016年4月27日—5月2日，第12届动漫节客商到会采购、参观

（区白马湖创意城管委会　供图）

个国际标准展位，分别占参展企业、展位数的56%、63.8%，5600人次客商到会采购、参观，6天累计实现成交额153.28亿元。展会期间，举办名家签售、新零售体验区、动漫娱乐视觉展等配套活动，“天眼杯”国际少儿漫画大赛国际巡展活动同时启动。来自人民日报社、新华社、中央电视台、中国日报社、美联社、华盛顿中文邮报社等102家新闻媒体453名记者参与宣传报道。

2016年10月20—24日，第十届杭州文化创意产业博览会会场外景

（区白马湖创意城管委会　供图）

【2016白马湖车展】 2016年5月20—23日，由浙江电视台民生休闲频道、杭州91·8电台、杭州日报社、浙江之声FM88主办，杭州有道文化创意有限公司承办的2016中国（杭州）国际汽车博览会在杭州白马湖国际会展中心举行。来自浙江省的40余家企业参展，比上年增长20%，展览面积3.6万平方米；设国际标准展位38个，增长10%。特装展位30个，占参展展位数的79%，增长10%。8万人次客商到会采购、参观，展会4天累计实现成交额5亿余元，增长10%。浙江电视台民生休闲频道、杭州91·8电台、杭州日报社、浙江之声FM88等10余家新闻媒体记者参与宣传报道。

【杭州文化创意产业博览会】 2016年10月20—24日，由市政府、浙江大学、中国美院主办，市委宣传部、市文创办、市西博办承办的第十届（2016）杭州文化创意产业博览会在杭州白马湖国际会展中心举行。展会由创意设计馆板块和文化生活馆板块组成，来自20个国家和地区的2000家企业参展，比上届增长11.3%。展馆8个，展览面积6.5万平方米。其中，境内20个省（市、区）的1500家企业参展，国际标准展位1500个，占参展企业、展位总数的75%。境外20个国家和地区的500家企业参展，国际标准展位500个，主要来自新加坡、日本、俄罗斯、意大利、法国、西班牙、土耳其等国。22.6万人次客商到会采购、参观，展会5天累计实现成交额16.38亿元。展会期间，举办“自媒体知识经济大课”“第二届西溪国际艺术节”“2016中国（杭州）工艺美术精品博览会”等配套活动。来自中央电视台、人民网、新华网、香港文汇报社、浙江日报社、浙江新闻网等300家新闻媒体记者参与宣传报道。

【浙江自行车电动车展】 2016年11月18—20日，由省自行车电动车行业协会（商会）、上海协升展览有限公司、天津市轮创科技发展有限公司主办，浙江华达展览有限公司、天津市华轮展览有限公司、杭州华轮达科技有限公司承办的第37届中国浙江国际自行车新能源电动车展览会在杭州白马湖国际会展中心举行。展会以“浙津携手、融合创新”为主题，秉承“集聚优势、凸显精品、共享共赢、广引客户、服务为先、打造特色”的办展理念，由自行车、休闲车、运动车、童车及零部件、电动摩托车、酷车、电动自行车及零部件、新能源电动汽车、电动商用车、电动三轮车、四轮车及零部件、电动独轮车、平衡车、老年休闲车、残疾人机动轮椅车及零部件、自行车电动车制造、检测设备及新工艺、新材料和行业出版物和信息网络服务（行业杂志、网站、新媒体等）19板块组成。来自浙江、天津、江苏、北京、上海、台湾等省、市、地区的200家企业参展，比上年增长

3.4%。设展馆3个，展览面积3万平方米，国际标准展位1100余个。其中，特装企业57家、700余个国际标准展位，分别占参展企业、展位数28.5%、64%，比上年增长6%、11%。2万余人次客商到会采购、参观，展会3天，实现意向成交额8.5亿元，比上年增长2%。展会期间，举办自行车体验区、世界名牌自行车展区、自行车电动车摄影展区及自行车主题儿童画展区等配套活动。来自浙江在线、钱江晚报社、浙江经视、杭州电视台、新蓝网、浙江之声6家新闻媒体和10家行业媒体记者参与宣传报道。

【首届全国食盐订货会】 2016年11月28—29日，2017年全国食盐订货会暨首届中国食盐产品、包装新材料展览会在杭州白马湖国际会展中心举行。设国际标准展位119个，分设食盐产品区、包装设备及包装材料产品区3大展区。到场专业采购商2000人次，到会参观者累计1万人次，实现成交额5000万元。此次展会根据国内外市场需求的动态变化及会展专业发展趋势，对食用盐等采购需求旺盛的行业进行扩容，行业结构更趋专业化。其中，国内23个省市地区的企业参展，首次参展企业93家260个国际标准展位。特装企业19家130个国际标准展位，占总展位数50%；品牌企业30家150个展位，达成各项意向100余项。展会同期以盐业体制改革为主题，举办井矿盐产业论坛系列配套活动。

会展管理

【概况】 2016年，杭州白马湖国际会展中心举办展览20场，会议30场，实现会展收入1677万元，2016年目标任务1500万元，超计划目标11.8%。展会面积38万平方米，目标任务为28万平方米，超计划目标35.7%。20场专业展览中，平均每场展览规模1.9万平方米，平均每场展览收入83.9万元，全年参展40万余人次。

【会展人员综合素质培训】 2016年5月中旬至9月下旬，杭州白马湖国际会展中心对11名管理人员每月进行2次培训。以场馆报价、合同签订、流程报批、搭建管理、现场跟展和费用结算六大方面为培训内容，并梳理每一个展览细节，形成详细流程表，供工作人员参考学习。至9月下旬，举办培训10期，累计110人次参加培训。

【场馆检测】 自2011至2016年，每年5月份，杭州白马湖国际会展中心物业部门对整个场馆进行消防、消防水泵房、监控室、机房、电梯、空调、电力和广播等设施设备进行检测，一旦发现问题，立即进行修理，5月底前将所有设备检修完毕。至2016年12月，场馆共进行6次大型检修，30余次中小型检修，检修结果均为合格。

【物业人员培训】 2016年4—6月、7—9月、10—12月，3个阶段，杭州白马湖国际会展中心物业管理部对物业190名工作人员，通过授课和演练的方式分别就物业安全、用电安全、消防安全等方面进行培训，每次培训结束，对培训员工进行不记名抽样培训满意度调查，满意度均在99%。

【同行业交流学习】 2016年8月4—5日，杭州白马湖国际会展中心会展部组织5人先后赴上海国家展览中心、新国际会展中心、宁波国际会展中心，与上海、宁波的展馆方就场馆运营管理、招展招商、客户服务等内容进行交流和学习。11月10日，会展部派1人赴上海参加国际展览业协会第83届年会进行招商管理方面的交流与学习，并参加以“连锁反应——展览行业的转型”为主题的讨论会，讨论和交流会展行业中数据化带来的挑战以及全球经济的转移等问题。

【招商运营公司招标】 2016年11月中旬，杭州白马湖国际会展中心面向浙江省内会展公司进行会展中心招商运营公司的招标工作。杭州汉诺威会展有限公司、浙江都市快报控股有限公司、杭州有道文化创意有限公司、点意空间（上海）展览设计工程有限公司、杭州畅逸商务会展有限公司5家公司参与竞标。12月31日，杭州畅逸商务会展有限公司以较高的技术部分得分、最高的商务资讯和报价部分得分，成为总计得分最高的公司，中标成为杭州白马湖国

际会展中心新的招商运营公司，2017年1月1日，12名员工到岗报到。（钟 婕）

会展企业

【杭州白马湖国际会展中心】 杭州白马湖国际会展中心，地处白马湖生态创意城内，依山傍水、环境优美、人文深厚、交通便捷，是目前杭州规模最大、功能最全的专业性展馆之一。场馆建筑面积10.8万平方米，展览面积6.5万平方米，可搭建标准展位2000个。2011—2016年，先后举办2011世界休闲博览会、中国智慧教育展、中国杭州文化创意产业博览会、中国杭州白马湖汽车博览会、浙江科研医疗仪器设备技术交流展等重大展会，为中国国际动漫节永久主会场，成为杭州重大展会举办地之一。场馆自2010年投入使用至2016年，秉承“以客户为本”的发展宗旨，以高效、优质的服务在业内外赢得良好声誉，连续五年被评为中国最佳会议中心奖。白马湖国际会展中心有2个场馆，A馆总建筑面积4万平方米，地上2层地下1层，高度23.9米。白马湖国际会展中心B馆总建筑面积6.8万平方米，地上5层地下2层，高度41.3米。白马湖国际会展中心场地功能布局灵活，根据实际布展需求布局、设计。主要类型有标准展厅、大型集中展厅、多功能厅、会议厅、贵宾厅、休息室、信息中心、餐饮、医疗、停车等服务配套区，设地下标准车位400余个，地上100余个，周边2000个。2016年，杭州白马湖国际会展中心完成商业性展览20个，会议30场，实现会展收入1677万元。

2016年白马湖国际会展中心展会情况

表29

序号	开展时间	项目名称	主办方	项目场地	规模（万平方米）	合计收入（万元）
1	1月23日	2016年第二届建材家居品牌力量	杭州顾家工艺家具销售有限公司	A1	0.76	22.99
2	2月27—28日	2016装修建材团购会	杭州途高信息科技有限公司	A1、A2	1.52	49.54
3	3月14—16日	2016浙江标识广告应用技术及设备展览会	杭州鸿祥会展服务有限公司	B1	1	51.69
4	3月16—19日	中国（浙江）国际科研医疗仪器设备技术交易展览会	浙江省卫生厅、科技厅、香港高宝国际展览公司	A1、A2、107广场	2.7	128.43
5	3月25—27日	2016第15届浙江（杭州）装备制造工业博览会	浙江省机械工业联合会、机器人产业发展协会	A1	0.8	35.67
6	3月30日—4月1日	2016（杭州）国际社会公共安全技术贸易博览会	北京中益展览策划有限公司	A1、A2	1.52	53.03
7	4月16—17日	第11届中国麻将机产业博览会	杭州先秦广告有限公司	A1	0.8	26.42
8	4月27日—5月2日	第12届中国国际动漫节	杭州文化创意产业办公室（中国国际动漫节节展办公室）	全馆	6.5	439.62
9	5月20—23日	第四届白马湖车展	浙江电视台民生休闲频道、杭州电视台、浙江之声FM88、杭州交通91.8	A1、A2、B1	3.6	184.25
10	9月24—25日	九牧卫浴924全省联购会	杭州伍方会议服务有限公司	B1	0.35	17.68

续表29

序号	开展时间	项目名称	主办方	项目场地	规模（万平方米）	合计收入（万元）
11	10月1—2日	2016装修建材团购会	杭州兔狗科技有限公司	A1、A2	1.52	65.96
12	10月9—12日	第13届浙江基层医疗装备展	浙江省卫生和计划生育委员会	A1、A2、B1	2.36	129.40
13	10月20—24日	第十届（2016）杭州文化创意产业博览会	杭州西湖国际博览有限公司、杭州市西湖博览会组委会办公室	全馆	6.5	226.57
14	11月3—6日	中国杭州（国际）照明展	杭州滨兴科技有限公司	A1	0.76	40.29
15	11月12—13日	圣象地板展	杭州圣象家居用品有限公司	A1	1	17.32
16	11月11—12日	永强户外家具展	浙江永强集团股份有限公司	B4	0.4	16.89
17	11月18—20日	2016年第37届中国浙江国际自行车电动车展览会	浙江省自行车电动车行业协会	A1、A2、B1	3	68.61
18	11月28—29日	2017年全国食盐订货会暨首届中国食盐产品、包装新材料展览会	中国盐业协会	A1	1	26.90

【圣象集团】 圣象集团成立于1995年，总部设在上海，是国内强化地板的创始单位。圣象拥有10万公顷速生林基地和世界一流的生产研发基地，圣象集团旗下有7家年产能200万立方米的基材工厂，10家年产能5200万平方米的地板以及配件工厂。44家国内分公司，有3000家统一授权、统一形象的地板专卖店；700家标准门、衣柜、整体厨房专卖店，拥有2万余名员工。杭州圣象家居用品有限公司是圣象集团的浙江分公司，主要负责经营浙江及安徽黄山区域的地板业务。公司经20年发展已拥有圣象、康逸、艾斯本三大系列地板产品业务，200余家专卖店。圣象集团于2014年开拓浙江销售市场，寻找展馆举办展会，看好杭州白马湖国际会展中心的良好发展前景，与杭州白马湖国际会展中心达成合作，分别于2014年11月14—15日、2015年1月23—25日、2015年6月11—13日、2016年1月21—23日在白马湖国际会展中心举办展会4次，每次使用面积均为1万平方米。

【杭州兔狗科技有限公司】 杭州兔狗科技有限公司于2014年成立，是全国领先互联网家装平台，是工信部、商务部、国资委、发改委联合评定的中国互联网诚信示范企业。旗下有兔狗家装网、城市团购网、作品家、兔狗金融、兔狗商学院6个知名品牌。运营中心位于杭州市下城区，在全国54个城市设有分支机构。专注互联网家装平台，帮助装修业主找到口碑装修公司，团购优质建材家具，申请低息装修贷款，装修管家全程监管，提供一站式装修解决方案。2015年兔狗科技与杭州白马湖国际会展中心首次合作，举办家装类型展会，2015年8月13—16日、2016年2月25—28日、2016年9月29日—10月2日，在白马湖国际会展中心举办展会3次，每次使用面积均为2万平方米。

【浙江省自行车电动车行业协会】 1993年浙江省自行车电动车行业协会成立，有会员企业300家，是浙江省自行车、电动自行车行业管理的社团组织、浙江省首批5A级协会。先后3次获“全国先进社会组织”、浙江省“优秀社会团体”和省经信委“先进协会”等称号。自2000年起，浙江省自行车电动车行业协会（商会）以企业搭建贸易平台为协会创新服务的突破口，创办中国浙江国际自行车新能源电动车展览会（原配套会），集新品展示、配套交易、科技交流、形象宣传为一体。主办的第22—32届中国浙江国际自行车新能源电动车展览会在杭州和平国际会展中心举办，并被市政府列入“西博会”展览和注册项目。展会先后获“中国杭州西湖博览会项目铜奖”“中国杭州西湖博览会优秀项目奖”“中国杭州西湖博览会项目组织奖”等奖项。由于杭州场馆受限，2012—2014年，中国浙江国际自行车新能源电动车展览会移师宁波国际会展中心，在宁波举办期间宁波市人民政府授予展会“宁波市优秀展会项目铜奖”“宁波市优秀展会项目银奖”等奖项。2015年中国浙江国际自行车新能源电动车展览会，入驻杭州白马湖国际会展中心，展会规模和档次上了新台阶。2016年，以“浙津携手·融合创新”为主题打造的第37届中国浙江国际自行车新能源电动车展览会在白马湖国际会展中心举行，在与上海协升公司合作办展的基础上，与天津协会、北方展组委会合作，为促进区域产业资源共享、优势互补、共享共荣的发展提供了一个新模式。展览面积3万平方米，展位1200个，集中展示自行车、休闲车、运动车、童车及零部件、电动摩托车、酷车、电动自行车及零部件外，拓展新能源电动汽车、电动商用车、电动三轮车、四轮车、老年休闲车和自行车骑行装备、户外运动用品等新领域展品，200家全国知名企业参展。展会上，35家新闻媒体和境内外行业媒体到现场采访报道。（钟　婕）

道路运输

【概况】 至2016年底，滨江共有道路运输企业66家，其中，危险货物运输企业6家，工程运输车企业12家。核发车辆道路运输证3227本，其中，核发危险货物车辆道路运输证398本。有危险货物运输车辆257辆，其中，罐式车辆192辆，危货企业数及车辆数在主城区中均位于前列。

【道路运输保障】 2016年1—9月，根据G20杭州峰会危货运输（物流）行业安保方案及G20杭州峰会杭州市道路客运行业安保工作方案的具体要求，对辖区“两客一危”企业安保工作进行重点督查。采取电话指导、上门检查、督促整改等方式，促进道路运输安全管理。全员出动，检查各类营运车辆数百辆，确保了G20杭州峰会期间滨江区危险品运输的安全有序。

【车辆卫星定位装置】 2016年1月，根据浙江省大吨位普货车辆卫星定位装置安装及入网工作要求，滨江运管处制定工作计划。至12月，滨江区应装车辆1656辆，已装车辆1640辆，占99.03%；已入网车辆1495辆，占90.28%。

【“两治一整”专项行动】 2016年5月31日，滨江区开展治理超限超载、治理“黑车”、整治交通“乱象”（乱停车、乱变道、乱鸣号等）“两治一整”专项行动，严查网约车非法营运和大客车违章。出动执法人员620余人次，查扣涉嫌非法营运车辆32辆，涉嫌非法营运的危化品运输车辆3辆；查处班车不按批准客运站点停靠2起、客运包车未持有效的包车客运标志牌进行经营1起。

（吴编峰）

邮　政

【概况】 中国邮政集团公司杭州市分公司滨江区局（简称“滨江邮政”），地处钱塘江南岸，服务面积72平方千米，服务人口32万人，辖高教、西兴、长河、浦沿、泰安路、江南文苑、盛元慧谷7个邮政营业所。2016年，全面完成省公司、市公司制定的通信质量、服务质量考核指标，各项邮政业务稳步发展，至2016年底，共有从业人员52人，完成邮政业务收入3708万元，比上年增长35.56%。业务收入增长率全市邮政第一，业务收入目标完成进度排名列全市邮政第二；其中，函件业务收入292万元，包裹快递业务收入2527万元，报刊收入108万元，集邮业务收入240万元，其他业务收入541万元。G20杭州峰会期间，滨江区局日均包裹量2600件，总收件量1.6万件，日均增长57%。

【G20杭州峰会邮票首发仪式】 2016年8月27日,《2016年二十国集团杭州峰会》纪念邮票首发仪式在滨江邮政设立分点。此套邮票1套1枚,邮票面值1.20元,邮票规格50毫米×30毫米,图案除包含G20杭州峰会LOGO完整图案外,融入了杭州西湖风光元素——断桥侧影及保俶塔。发行当日700余名集邮爱好者和市民排队参与首发活动,现场提供加盖纪念戳记等邮政服务。不到2小时,2000套邮票售完,全天实物加预售共销售邮票3545册,销售额达13万元。

【车险推广新模式】 2016年4月1日,滨江邮政营销团队以微信营销方式和上门拜访政府机关、企事业单位、创业园区等方式,建立客户车友俱乐部微信群,以发放微信红包、杭州路况、自驾游场所、温馨提示、车险优惠信息等形式,帮助客户了解交通、车险知识。全年建群12个,共有成员310人,平均每个群每周发布实用消息2次、车险宣传、微信红包各一次,增强微信群活跃度,增加客户忠诚度。至7月,共发布各项信息160条,微信红包60个,完成车险承保125户,比上年增长15%。7月,车险微信推广操作模式被市公司电商局、省公司电商局在全省全市范围内复制推广。

【大学生档案寄递项目】 2016年5月,滨江邮政围绕市分公司市场部大客户中心的工作要求,开展大学生档案寄递业务。通过走访学校,进行数据地址的校对、面单打印、签收信息的集中反馈与实交地址的校对,每个环节专人跟进,确保实现100%补全、100%校对、100%查询。至6月底,与滨江6所大专院校签订协议,浙江商业职业技术学院、浙江艺术职业学院、浙江中医药大学部分档案实现邮寄,总体收寄1.4万余件,实现业务收入16.8万元。

【客户大数据增值服务】 2016年6月1日,宜家(中国)投资有限公司开业(简称"宜家"),委托滨江邮政负责宣传、寄递会员手册,同时对宜家提供的会员地址数据进行审计和标准化,按照数据地图的标准化模板,将会员本人填写的地址规范成为统一的标准化地址。杭州地区所属的萧山、余杭大邮编同步细分到道段,区分出家庭地址和公司地址,清洗出的无效地址及投递后的退信备注原因后将数据返还宜家。8月1日,宜家与滨江邮政共同推出会员数据电子化地图增值服务。通过大数据分析,将数据细分至邮编和具体小区的会员分布、会员表现热点图,并提供线上可查阅的工具,同时提供图片形式的高清版地图,实现会员数据分布、渗透率分析、购买力分析、同城配送优化、商圈重点推广等综合利用,对宜家市场营销推广工作起到了指导和促进作用,为公司实现9万元业务收入,并为后续每年数据维护费用4.5万元奠定基础。

【快递包裹业务"揽收外包"新模式】 2016年6月23日,滨江邮政在月度经营分析会上决定采用"揽收外包"新模式,将部分揽收工作交由邮通文博人力资源公司提供的外包人员负责,对5名外包揽收人员采用互助洽谈方式,协议归邮政,揽收客服归外包,实行定期培训。原营销人员将工作放在新客户的开发上,扩大快递包裹客户规模。至12月,新增单位87家,年收寄件80万件,收入464万元,比上年增长170%。

【传统函件创新发展】 2016年受互联网信息化影响,滨江邮政传统函件业务收入比上年下降12%。8月18日,中国邮政集团公司与腾讯签署社交广告合作协议。中国邮政发挥通达全球、沟通城乡的邮政网络,覆盖全国的营业网点,以及实物流、信息流、资金流"三流合一"等方面优势;腾讯公司充分发挥在社交广告、大数据服务和国际知名度等方面优势。滨江邮政开创新思路,将新媒体产业与传统媒体产业的技术运用与资源进行整合,对接腾讯社交广告的微信、QQ和腾讯广告联盟等广告场景,推进传统函件业务创新转型。滨江邮政用微信形式进行宣传,借助广点通的大数据技术优势重点筛选,精准投放,打造全新函件业务,全年实现业务收入7.5万元。

【阿里巴巴公益纪念品开发】 2016年11月18日,滨江邮政与阿里巴巴集团签订《阿里诚信通纪念品开发合作协议》。根据阿里公益部门对于乐于公益的员工进行表彰的需求，滨江邮政组织相关人员对阿里巴巴礼品进行研讨，将员工活动、照片等和邮票、台历相结合，设计既体现出礼品的原本特征又具有很好的收藏价值的纪念品。同时，考虑到大多为外地员工，将礼物寄回家中，提出用EMS的方式打包邮寄。此次合作成功下单1万套明信片加个性化邮品纪念册，实现业务收入9万元，EMS业务实现收入8万元。

【速卖通业务实现重点突破】速卖通国际业务是滨江邮政2016年新增的业务，面临客户少、发件量低、揽收人员不足、任务重等不利因素，国际小包团队走访客户，引导原有线下客户转为线上。在揽收线路中，用多停一分钟、多说一句话、多看一眼的“三多”精神，加强客户沟通，其中，大客户辉桐贸易“双十一”共出单6万件，发邮政1万件。至12月，开发客户30余家，全年速卖通累计实现收入600万元，国际业务收入1700万元，比上年增长106%，提前完成国际业务收入单项目标。

（杜　雯）

通　信

电　信

【概况】2016年，中国电信滨江分局业务收入5.03亿元，比上年增长10.28%，移动出账用户累计净增1.25万户，收入1.25亿元，增长15.6%；宽带累计净增8218户，收入1.14亿元，增长10.99%；ITV累计净增1.5万户，收入463万元，增长41.69%；百兆宽带用户共计6.61万户，渗透率59.6%；真4G用户9.14万户，渗透率60%。推进LTE FDD网络覆盖，全年新增LTE网宏站基站1294个，人口有效覆盖率98%。推进光网升级，规模部署千兆光宽带，全年，完成78个住宅小区、21个商务楼宇、12个产业园区和2所学校的光网改造升级；累计投资530万元，实现4.7万用户光网升级。发展全系列物联网，建成800兆站点162个。实现基于800M的NB-IoT网络的全覆盖。

【网络保障】2016年1月10日起，为保障G20杭州峰会和各项工作信息的及时沟通和指挥调度，成立与G20杭州峰会指挥中心连接的应急指挥系统。8月28日—9月7日，滨江电信网络保障组累计开通重要电路、专线等30条、出车执行保障抢修任务54次，其中，执行重点保障故障抢修任务2次，派出保障人员165人次。对光缆三化、光分箱开展巡查，确保正常使用，无断缆断电现象。接入网代维工程师开展巡查，确保局站机房正常，按重保要求，将所有重保网元全部提前录入重保系统，在整个G20杭州峰会保障过程中做到确保网络保障万无一失、确保安全保卫万无一失、确保信息安全万无一失、确保业务保障万无一失。

【搭建滨江区智慧教育云平台】2016年5月8日，滨江电信为区教育局搭建智慧教育云平台，提供覆盖滨江教育行政部门和各级各类学校的管理信息系统及基础数据库，协助区教育局加强教育监管、支持宏观决策、全面提升教育公共服务能力。滨江智慧教育云的网络资源池采用最新的IRF2技术，资源池通过划分VLAN与安全域，建立安全高效的、可统一管理的、可实现不同业务访问控制的新一代数据中心平台，同时增加了HA集群、虚拟机生命周期管理、DRS动态资源调度、虚拟机资源限额、虚拟机备份、性能状态监控等功能。至12月，平台共投建云主机50台。

【推进白马湖建国饭店无线覆盖】2016年7月1日，滨江电信为白马湖建国饭店建设无线WiFi信号覆盖系统并承担系统维护及保障工作。组织3支12人的施工队伍，并配备3人的监理人员，在白马湖建国饭店开展无线网络建设部署工作。至9月1日，共开535个AP点位，并完成各项建设和调试工作。建成后的WiFi网络主要覆盖饭店主体区域，提升了白马湖建国饭店网络服务品质，为滨江区大型星级酒店无线覆盖服务提供标杆。

（翁兰鹰）

联　通

【概况】中国联合网络通信有限公司杭州市分公司滨江区支

公司（简称“滨江联通”）是中国联合网络通信有限公司杭州市分公司在滨江的分支机构。2016年，滨江联通有员工90余人，营业厅、服务渠道及网点150家。2016年，全区手机用户、固定电话、家庭宽带、企业宽带10万户左右；移动网络运行基站及室分1500个，通讯服务费2亿元。年内，在滨江区新增宽带覆盖小区19个，小区改造及新增端口5000个，小区总宽带端口达6万个；新建室分3G和4G站点155个、基站35个。对部分机房OLT双上联进行优化改造，提高网络安全性，有效降低区域性故障率。

2016年，滨江联通为浙江吉利控股集团有限公司、浙江宇视科技有限公司、杭州顶点财经网络传媒有限公司、杭州华三通信技术有限公司、杭州领先科技有限公司、观澜网络（杭州）有限公司等企业提供数字中继线、电路及IDC等业务，用于搭建用户的呼叫中心平台、业务互联平台及服务器托管等业务。

【滨江联通与吉利集团签订网络优化项目合同】 随着2015年吉利汽车3.0时代的提出，吉利汽车的发展突飞猛进，吉利集团公司原有的链路专线不足以支撑其飞速增长的业务需求。2016年9月，吉利集团进行“广域网链路专线网络优化项目”招标，项目包含17条高带宽MSTP跨域电路，用于连接吉利总部与全国17处研发中心及制造基地，滨江联通招标成功。12月1日，签订项目合同，合同金额1080万元。

【专项通信保障】 G20杭州峰会于2016年9月4—5日在杭州召开。4月，贯彻落实工业和信息化部关于G20杭州峰会通信保障的各项工作，滨江联通成立由20人组成的G20杭州峰会有害信息处理小组，对滨江500家企业客户开展实名登记工作，同时，对滨江杨家墩社区、冠二社区、水电新村、张家村等拆迁区域及江南大道以北峰会上改下整治工程进行迁改割接，确保全网畅通。（邱吟静）

移 动

【概况】 2016年，中国移动滨江分公司（简称“滨江移动”）移动用户数44万户，4G活跃用户32.7万户，移动家庭宽带用户3.25万户，全年纳税700余万元。2016年，新建基站217个，室内分布系统232个；新铺管道8千米，铺放光缆260千米。4G网络实现人口覆盖率99%，无线上网速度由原3G下行速率2.8兆比特每秒提升至下行最大速率100兆比特每秒。累计有线光宽覆盖企业400家，有线光宽带家庭覆盖率96%，实现1000兆有线光宽带进企业，100兆宽带进家庭与校园住宿区。

【数字就业移动办公服务平台】 2016年1月22日，滨江移动与滨江就业管理服务处合作，搭建数字就业移动办公服务平台，实现授权用户使用移动设备进行移动服务，在移动终端上实现通知公告发布、人员信息管理、岗位介绍、走访服务、政策法规查询等应用。社工可通过“数字就业”APP上门为失业人员办理失业登记，形成即时、高效的服务响应体系，服务群众，提升政府办事效率。项目涉及流量包、APN互联网专线、IDC机房托管，12月底，平台调试完成。

【企退人员信息管理服务平台】 2016年8月26日，滨江移动与滨江企业退休人员服务中心合作，整合政府内部管理资源，在现有企退平台基础上，通过大数据规划、整合、应用，建设企业退休人员信息管理服务平台。平台业务具有户籍管理、居住地管理、成果展示、短信发送等九大功能。至12月底，对滨江区3个街道进行系统培训5次，一期平台上线运行，平台使用1000余人次。

【高校应急通信保障】 2016年9月10—18日开学期间，滨江移动与浙江商业职业技术学院、杭州医学院（原浙江医学高等专科学校）、浙江机电职业技术学院等高校合作，做好开学通信保障。学生及家长数量激增，容易出现短时间通信业务拥塞现象，对校区及宿舍区网络全面开展设备检修、扩容升级及性能优化；对学生报到中心为主的场地配置应急通信车，安排专业维护人员现场驻点，全程保障开学期间通信顺畅。

【首个国际物联网标准基站开通】 2016年11月15日，滨江移动开通第一个符合国际物联网标准的NB-IoT（基于蜂窝的窄带物联网）基站，可以广泛应用远程抄表、资产跟踪、智能停车、智慧农业等垂直行业。滨江移动试点并商用带有5G技术特点的新功能、新技术，实现4G网络向5G的跨越式发展，成为全杭州首个实现全域覆盖NB-IoT网络的行政区。（徐　莉）

华数传媒

【概况】 华数传媒网络有限公司第二分公司及集客响应中心、集客事业部是华数数字电视传媒集团有限公司在滨江的分支机构（简称“滨江华数”）。滨江华数在滨江设营业厅2个，共有员工84人，配备服务车12辆，建有核心POP机房4个。2016年初，开启老旧小区网络优化工程，完成18个小区机房、46个小区改造，涉及用户4万余户。至年底，全区数字电视、个人宽带、企事业电视宽带业务11万户，网络电视信号做到全覆盖。至12月31日，第二分公司实现经营收入5467.4万元，完成年度任务指标101.06%，比上年增长1.06%。集客响应中心完成龙禧福朋喜莱登酒店、白马湖建国饭店、杭州国际博览中心北辰大酒店等50余家大型酒店华数数字电视机顶盒安装。

【“智慧”项目】 华数集客事业部分别于2015年11月28日、2016年1月16日与公安滨江分局签订《滨江区智慧安防视频监控系统项目》《滨江区智慧安防软件平台集成系统项目》合同，合同约定高清球机、卡口、泛卡口、MAC等感知终端五年租赁服务及三网三平台、大数据应用平台的建设。2015年11月28日—2016年6月30日，智慧安防视频监控系统项目先后出动施工人员110余人次，安装公安站台监控设施301个、支路泛卡口设施1132个、主路标准卡口设施916个、高空球机84个和人脸识别监控设施21个、在奥体场馆周围安装高清监控100个。2016年4月18日，华数集团与区城管局签订《滨江区“智慧城管”服务项目》合同，合同约定“一平台、二中心、八大核心智慧应用”服务，即城市管理（交通）统一指挥平台、运行监管中心、指挥调度中心、智慧执法、智慧市政、智慧河道、智慧停车、智慧环卫、智慧亮灯、智慧应急、智慧服务。华数集客事业部共派出30余名工程师、70余名软件开发和施工人员，至6月底，完成项目实施及系统调试和“智慧城管”服务项目软件平台的设计与建设。

【通信保障】 2016年8月2日，滨江华数各部门组成100余人的G20杭州峰会巡查处理小组，对辖区内所有的管道资源、井盖、小区机房等设施进行安全清查。巡查200余次，发现粘胶损坏64条、封条损坏5张、窨井盖损坏7起，按照公安滨江分局要求及时进行处理，确保网络畅通及安全播出。（阮小杰）

城市建设与管理

综　述

2016年，区住建局围绕加快产城人融合的“智慧e谷”建设目标，从提升城市品质、加快城市建设、加强行业监管、强化房产管理、深化环境整治等方面，开拓创新、迎难而上、锐意进取，扎实推进“三次创业”，全年各项工作目标任务顺利完成。

完善控制性详细规划，修改完善西兴、江南2个控制性详细规划，获市政府批复。开展并完成奥体单元上盖物业地块、永久河“互联网+”地块、紫红岭区块等28个规划选址及控制性详细规划局部调整论证工作。开展消防设施布点专项规划修编，推进排水工程、停车设施布点、绿道系统、绿地系统、地下空间、邻里中心6项专项规划。开展杨家墩周边地块城市设计竞赛，联庄区块、马湖区块、紫红岭周边地块、“互联网+”地块城市设计工作，“互联网+”地块城市设计完成。开展橡胶厂区块城市设计工作，为区内招商引资做好规划引导服务；与智慧新天地指挥部合作，完成闻涛路竖向设计、滨水景观带城市设计。开展滨江区人口规模适度性、城市生态公园布局及开发思路、沿江天际线的课题研究，推进规划研究类工作。制定滨江区科技新城建设三年行动计划，完成江南大道整治提升总体方案、闻涛路（东信大道—四桥段）提升改造规划方案，对闻涛路全线规划整合梳理。开展“海绵城市”试点申报，完成“城市留白”、地铁六号线沿线站点过街设施、地铁六号线沿线停车场、江南大道快速路、跨铁立交近期新增通道等规划研究。

统筹谋划道路建设，组织拟定全区城市道路建设计划，出台《滨江区道路工程分段竣工验收、移交管理办法（试行）》。全年全区新建续建道路61条，竣工21条。

电力建设工程运行良好，全区累计完成65条125千米道路“上改下”工程。开工建设“白马变”“江虹变”2座110千伏变电站，至年底，全区建成投运220千伏变电所3座，110千伏变电所9座。

完善绿化管理，研究制定《杭州高新区（滨江）2016年绿化建设暨G20峰会美化彩化工作意见》，全年，新增绿地面积71.3万平方米，完成绿化提升改造项目11个，改造绿化面积57.2万平方米；完成26个项目的环境整治（临时绿化）工程，覆绿面积509万平方米。闻涛路沿江全长6.4千米的彩色跑道与骑行道建成，被誉为目前全国最长最美的城市跑道。开展全民义务植树活动，组织区四套班子领导、区级机关干部、企业代表250人到奥体区块沿江绿化带参加义务植树活动，落实区内认建认养点，在沿江绿化带组织开展认建公益活动。开展“书香换花香”公益活动，赠送绿色植物1700余盆，换取的图书陆续在滨江公园漂流书亭上架。开展“共建科普新课堂，共享美丽新家园”护绿、爱绿科普活动，以绿化专家讲课的形式，组织发动居民家庭养花。

公交建设列入为民办实事重要工程，2016年，新增优化公交线路3条，完成25座公共自行车服务点的建设；新建17个公共停车场，累计新增停车泊位3141个。

建筑行业管理秩序井然，2016年建筑工程项目92个，新开工工程40个，竣工工程54

个。抽查在建工程547次，发放整改通知书331张，提出整改意见1758条。开展春节后复工安全检查、深基坑工程专项安全检查等专项安全生产检查10次，检查项目211个。对发现的安全隐患要求责任单位定人、定时、定方案进行整改。全区共有建筑业企业213家，完成建设工程招标投标项目817个，总中标价91.99亿元。全年完成建筑业总产值484.71亿元，比上年增长18.61%。出台《加强建筑业现场与市场联动管理的若干意见》，成立区建筑新型工业化领导小组，落实建筑业转型升级奖励，完善修改监理价格放开招标办法。完成1380条注册建造师信息、企业资质信息的审核上报。完成区内116家建筑业企业含170项部、省、市受理资质的换证及35家一体化企业换证工作，受理新申报、延续资质40家，指导区建筑业协会开展三类人员证书办理业务1516人次，受理建造师注册、变更等1148件；核发施工许可证49件。

健全和落实稳定房地产市场，深入了解区房地产市场发展动态，帮助房地产企业解决发展中遇到的困难和问题。全年发放商品房预售许可证20本，批准预售商品房4303套，商品房成交1.11万套，二手房成交7306套，全区房地产市场整体呈现“量升价升”的格局。开展各类产权确认审批工作，2016年，办理产权类相关业务2.52万件。

物业管理进一步加强，对全区165个物业项目的项目主任进行考核，考核结果将直接影响该物业公司的项目招投标、优秀项目申报、资质升级等。开展创优项目及优秀项目复评的业务指导，银丰大厦、智汇中心等7个项目的市优考评（复评）通过考核、验收。开展国有土地上危旧房屋排查治理改造工作，经鉴定共登记丙类房屋13幢（处），提前完成危旧房整治三年行动计划（2015—2017年）任务，是全省最早完成危旧房整治三年行动计划的城区之一。

持续推进国有土地上房屋征收补偿，组织市地铁集团、区地铁办、3个街道召开会议专题讨论，就市重点项目地铁4、5、6号线国有土地借地补偿标准形成一致书面意见，获区政府简复单同意，解决了企业存在国有土地征借地补偿标准不统一的问题。收购项目中，西兴滨康地块、江边排灌站房改用房等5个项目计107户住宅完成收购，房屋全部完成拆除。遗留项目中，原南沙支堤替代工程（二期）和闻涛路道路工程剩余8户9套住宅450.88平方米，由区城建指挥部完成收购签约工作。

规范城建档案管理，与57个项目签订《建筑工程竣工档案移交承诺书》，接收档案60项，出具《建设工程竣工档案认可意见书》60项，档案整理1.58万卷。提供城建、房产档案利用服务，接待586家单位，出具档案2640盒。结合滨江实际，制定《滨江区建设工程文件整理规定》，完成数字化扫描，文字388.46万张，图纸25.77万张，案卷装订4.46万卷。新修改和启用2016版《建筑工程档案移交书》。

全面推行以监测控制技术为核心的白蚁综合防治技术，推动传统白蚁防治方式向现代有害生物综合治理方式转变。承接新建房屋白蚁预防项目38宗，270万平方米；旧房白蚁防治免费服务135户，面积1.5万平方米。（郑　祎）

规划管理

【概况】 2016年，根据“五大平台”的城市设计，落实到各平台所在的单元控制性详细规划上。根据西兴老街历史保护规划成果，落实到西兴单元控制性详细规划，并上报获市政府最终批复。落实智慧新天地闻涛路竖向设计及滨水景观带城市设计、浦沿排灌站改扩建工程的最新成果，完成江南单元控规编制获市政府最终批复。开展消防设施布点专项规划修编，继续推进排水工程规划、停车设施布点规划、绿道系统规划、绿地系统规划、地下空间专项规划、邻里中心布局规划。开展杨家墩周边地块城市设计竞赛、联庄区块、马湖区块、紫红岭周边地块4个区块的城市设计。开展并完成“互联网+”地块城市设计、橡胶厂区块城市设计、闻涛路竖向设计及滨水景观带城市设计、滨江区人口规模适度性的研究、滨江区城市生态公园布局及开发思路的课题研究、沿江天际线课题的研究。

【提升改造规划方案】 2015年5月12日，区四套班子听取闻涛路（东信大道—四桥段）提升改造规划方案的规划汇报，并原则同意总体规划方案，明确建设主体及建设时序等相关问题。同年12月，开展项目的控制性详细规划调整工作，12月11日，通过专家论证审查。2016年1月13—22日，在杭州市规划局网站和《杭州日报》进行公示，3月15日，获市规划局杭府控规调整〔2016〕16号文正式批复。

【人口规模适度性研究】 2015年10月20日，滨江规划分局委托杭州市规划院进行滨江区人口规模适度性研究，并对课题研究的方向、技术路线等进行初步讨论，要求对现状不同口径人口规模进行调查研究，分析现实情况；对规划人口容量进行多角度分析研究，就滨江区人口的发展规模提出相关建议。2016年1月13日、5月9 日、7月6日，3次与市规划院进行讨论研究，提出修改意见，市规划院按相关意见进行修改完善。8月17日，区四套班子听取滨江区人口规模适度性研究的规划汇报，原则同意总体规划研究方案。9月29日，通过专家论证审查。

【马湖区块城市设计】 2015年10月，开展马湖区块的城市设计工作，经现场踏勘，在马湖区块控规情况及整村拆迁情况的基础调查上，确定城市设计研究范围，梳理相关背景及前期资料，提出设计要求，同年10月20日向设计院下达设计任务。11月、12月及2016年3月，与设计院就设计方案进行3次对接讨论，设计院对方案进行修改完善。

【沿江天际线研究】 2015年11月，滨江规划分局邀请中国联合工程公司城市规划设计相关人员就滨江天际线进行座谈，委托并要求其从城市定位、功能布局、土地开发、建筑设计等角度，以动态发展的眼光开展课题研究工作。2016年1—6月，先后5次与公司进行天际线研究讨论并进行深化修改。8月5日，区四套班子听取滨江区沿江天际线研究的规划汇报，原则同意总体规划研究方案。9月21日，通过专家论证审查。

（蔡林新）

建设投资

【概况】 2016年，政府投资安排城建类、“五水共治”类、教育文卫类、社会服务类建设项目247个。其中，城建类项目178个，全年计划安排投资28.4亿元。城建类项目中新建项目30个，计划安排投资3.6亿元；续建项目63个，计划安排投资10.1亿元；前期项目85个，计划安排投资4.1亿元；竣工财务决算项目计划安排投资10.5亿元，市级项目安排9.7亿元。“五水共治”类项目41个，全年计划安排投资4.9亿元。“五水共治”类项目中新建项目5个，计划安排投资2400万元；续建项目31个，计划安排投资2.9亿元；前期项目5个，计划安排投资8220万元；竣工财务决算项目计划安排投资9290万元。教育文卫类项目16个，全年计划安排投资11.2亿元。教育文卫类项目中新建项目3个，计划安排投资9700万元；续建项目8个，计划安排投资8.4亿元；前期项目5个，计划安排投资5250万元；竣工财务决算项目计划安排投资1.3亿元。社会服务类项目12个，全年计划安排投资7.4亿元。社会服务类项目中新建项目1个，计划安排投资2200万元；续建项目11个，计划安排投资6.7亿元；竣工财务决算项目计划安排投资4500万元，全年计划安排总投资51.9亿元。

【西浦路工程】 西浦路位于滨江区西南部，北起镇前路，南至龙山路，道路长1450米，宽36米，双向六车道城市主干道，分两个标段建设，2014年5月19日，获由区发改局批复的可行性研究报告。项目施工单位分别为浙江天策市政园林工程有限公司、浙江奔腾市政园林建设工程有限公司，监理单位浙江天成项目管理有限公司，设计单位杭州市城建设计研究院有限公司。2014年12月8日西浦路（镇前路—龙山路）工程开工建设，2016年6月竣工通车，总投资1.5亿元。

【城市广场东侧规划支路工程】 城市广场东侧规划支路北起滨盛路，南至江南大道，总用地面积1.15万平方米，全线长456米，宽度28米。2015年11月27日，获由区发改局批复的可行性研究报告。2016年4月开工建设，项目为道路工程、管线工程、道路附属工程等，道路等级为城市支路。设计单位天津城建设计院有限公司，施工单位杭州恒鼎园林建设集团有限公司，监理单位杭州恒诚工程项目管理有限公司，2016年10月竣工，项目总投资1936万元。

【冠山河工程】 冠山河（陈家河—冠一河），西起冠一河，东至陈家河，全长2587.27米，为新开挖河。规划河道控制宽度10～20米，冠一河—时代大道，河道控制宽度20米；时代大道—陈家河，河道控制宽度10米，两侧绿化宽道10～113米。2008年9月8日完成立项，同年11月20日获由区发改局批复的可行性研究报告。2015年12月开工建设，设计单位长沙市规划设计院有限责任公司，施工单位浙江绿苑市政园林建设股份有限公司，监理单位浙江浙坤工程管理有限公司。项目总投资1.67亿元，至2016年12月，完成形象进度投资1.82亿元，其中，完成财务实付项目投资额1.81亿元。

【陈家河工程】 陈家河（孔家河—小砾山输水河）工程，西起孔家河，经里、外占家湖，南连接至小砾山输水河，全长2247米。规划河道控制宽度6～77米，建设项目为河道工程、园林景观。2008年11月14日，获由区发改局批复的可行性研究报告。2014年11月开工建设。设计单位中国市政工程华北设计研究院，施工单位杭州恒鼎园林建设集团有限公司，监理单位杭州天工建设监理咨询有限公司。项目总投资9728万元，至2016年12月，完成形象进度投资8834万元，其中，完成财务实付项目投资额8567万元。

【浦沿人民法庭工程】 滨江区人民法院浦沿人民法庭工程位于滨江区浦沿街道浦乐单元FG03–A1–01地块，东至邮电路（规划）、南至汤家河（规划）、西至FG03—B1/B2—02空 地、北至彩霞路（规划）。工程建筑面积4937.75平方米，其中，地上2102.39平方米，地下2835.36平方米。工程地下1层，地上4层，地上建筑高度20.3米，建筑结构形式为钢筋混凝土框架结构。精装修面积2770.6平方米，室外环境景观工程设计面积4400平方米。区块主要工程项目为景观铺地、沥青道路、羽毛球场、围墙、植物绿化及屋顶花园。2016年4月8日，完成立项。2017年3月开工建设，设计单位杭州天元建筑设计研究院有限公司，施工单位浙江钜元建设有限公司，监理单位浙江柏耀工程项目管理有限公司。项目总投资2539.34万元。

【缤纷小学工程】 缤纷小学工程位于滨江区阡陌路以西，丹枫路以北，星民路以东区块，总用地面积3.06万平方米。主要工程项目为教学楼、行政综合楼、实验楼、食堂、体育馆、看台、传达室、室外运动场地、道路广场、绿化、市政配套工程等。办学规模为36个班级，总建筑面积4.92万平方米，其中，地上建筑面积2.47万平方米，地下建筑面积2.45万平方米。2013年12月31日，完成立项，2014年8月27日，获由区发改局批复的可行性研究报告。同年12月开工建设，设计单位浙江建院建筑规划设计院，施工单位浙江天华建设集团有限公司，监理单位浙江同洲项目管理有限公司。项目总投资3.19亿元，至2016年12月底，实付项目投资2.11亿元，预计2017年3月完成建设任务。（骆佳佳）

市政工程建设

【概况】 2016年，杭州市、滨江区政府下达给高新总公司的年度投资项目建设任务77项，全年完成投资产值8.9亿元，为年度计划的155%。计划年内新开工项目10个，计划投资完成率、工程形象进度实现率、新项目开工率达3个100%。下达给奥体滨江公司的年度投资项目建设任务17项，计划投资3亿元。市50项G20杭州峰会重点考核项目中，滨江占8项，其中，奥体滨江公司承担6项。

【奥体博览城主体育场及附属设施工程】 2011年2月18日，杭州奥体博览城主体育场及附属

奥体博览城主体育场及附属设施工程 （高新总公司 供图）

设施工程开工建设。工程东至七甲河，西至飞虹路，北至闻涛路，南至奔竞大道。主体育场项目为省、市重点工程，建筑面积21.61万平方米，其中地下建筑面积6.31万平方米。地下一层，地上六层，建筑高度60米，下部为框架剪力墙结构，上部为空间管桁架加弦支单层网架钢结构，占地面积8.29万平方米，项目概算25.92亿元。设计单位悉地国际设计顾问（深圳）有限公司，监理单位浙江江南工程管理股份有限公司，施工单位中天建设集团有限公司。2012年，完成混凝土主体结构工程。2013年，完成钢结构工程。2014年完成金属屋面工程。2015年完成幕墙工程。2016年完成泛光照明工程。

（高亚辰 黄巍峰）

【奥体博览城主体育场配套及车库工程】2015年4月25日，主体育场配套及车库工程开工建设。工程位于钱塘江与七甲河交汇处南侧，南贴飞虹路，西北与主体育场无缝连接，东侧为网球中心，总建筑面积23.4万平方米。地下二层，其中：负二层为地下车库，面积12.2万平方米（含人防工程面积8200平方米）；滨盛路下穿隧道面积8600平方米，负一层地下商业步行街面积10.3万平方米，地下车库可停车2591辆，满足场馆赛时停车、赛后商业运营的需求。2016年，因G20杭州峰会环境景观提升的要求，工程以滨盛路下穿隧道为界分区域分阶段实施，G20杭州峰会前实施隧道以西部位，G20杭州峰会后实施隧道以东部位，项目概算14亿元。设计单位悉地国际设计顾问（深圳）有限公司，勘察单位浙江省工程物探勘察院，监理单位浙江江南工程管理股份有限公司、浙江德邻联合工程有限公司，总包单位海天建设集团有限公司。2016年3月初，完成主体结构施工，同月底，完成顶板土方回填，5月底，根据G20杭州峰会要求进行绿化景观施工后暂停施工。 （翁钰娇 黄巍峰）

【西兴大桥—之江西路工程】2015年5月28日，西兴大桥—之江西路工程Ⅰ标段开工建设。工程位于钱塘江江堤南侧，杭州奥体博览城内，道路西起西兴大桥东侧，东至七甲河，全长921米。道路为规划城市次干道，设计车速每小时40～50千米，规划路幅宽40米，工程总投资5000万元。建设单位杭州市奥体博览中心滨江建设指挥部，设计单位华东勘测设计研究院有限公司，施工单位杭州兴耀建设集团有限公司，监理单位浙江正业项目管理有限公司，2016年6月30日竣工。

（崔建斌 黄巍峰）

【奥体中心网球中心决赛馆工程】2015年8月14日，杭州奥体中心网球中心决赛馆工程开工建设。工程东邻七甲河，西、南至一桥南路（奥林匹克大道），北至滨河南路。工程包括T1决赛馆以及与其相连的部分室外二层平台，总建筑面积3.01万平方米，其中，T1决赛馆建筑面积为2.74万平方米（地上2.37万平方米，地下3800平方米），室外二层平台建筑面积2600平方米。T1决赛馆为特级特大型体育建筑，地上三层局部一层，地下一层；建筑高度37.96米（可开启屋盖钢结构最高点），看台最高点标高20.46米；看台和附属用房为钢筋混凝土框架剪力墙结构，固定屋盖和活动屋盖为空间管桁架钢结构体系；室外平台二层，为钢筋混凝土框架结构；项目概算3.9亿元。建设单位为杭州奥体博览中心滨江建设指挥部，勘察单位浙江省工程物探勘察院，设计单位悉地国际设计顾问（深圳）有限公司，总承包单位浙江省建工集团有限公司，监理单位浙江工程建设监理公司，钢结构及屋面专项工程为浙江东南网架股份有限公司，消防专项工程为杭州市设备安装有限公司。2015年12月1日，因G20杭州峰会暂停施工，2016年10月15日复工。

（汤宇驰　黄巍峰）

【闻涛路景观改造整治工程】 2015年11月14日，闻涛路景观改造整治工程开工建设。工程位于西起东信大道，东至时代大道地面道路，总长6400米。景观提升整治宽度60～80米，主要从道路整治、绿化提升、铺装雨水管、给水管等方面进行整治，种植樱花2000余株，辅种银杏、香樟等植物30余株。工程投资2.2亿元，分两期建设。项目一期：西起东信大道，东至信诚路，长4800米，道路宽24.5米。设计单位天津城建设计院有限公司，监理单位浙江耀华工程咨询有限公司。分2个标段施工，一标段施工单位浙江滨和环境建设集团有限公司，二标段施工单位杭州滨江市政园林工程有限公司，2016年6月竣工。项目二期：西起信诚路，东至时代大道地面道路，长1600米，道路宽22.5米。设计单位天津城建设计院有限公司，监理单位杭州市市政公用建设有限公司，施工单位杭州恒鼎市政园林集团有限公司、杭州之江园林艺术有限公司，2016年3月开工建设，同年6月竣工。2016年1月20日，闻涛路（钱江龙东—七甲河段）景观提升改造工程开工建设，工程位于钱塘江南岸，东起七甲河西至钱江龙，全长3000米，绿化面积1万平方米，种植紫薇1077棵、乔灌木550棵，地被1万平方米，工程中标价209.1万元。施工单位江西省丰和营造集团有限公司，监理单位浙江正业项目管理有限公司，设计单位浙江天尚建筑设计有限公司，4月10日竣工。

（涂先军　孔佳杰）

【奥体博览城沿江景观绿化工程】 2015年11月18日，杭州奥体博览城沿江景观绿化（滨江段）工程开工建设。工程位于滨江区奥体博览城，东至七甲河、南至闻涛路、西至西兴大桥、北至钱塘江江堤。总占地面积5.27万平方米，其中，绿化面积4.17万平方米，景观面积1.1万平方米。建设内容绿化、跑步道、休息平台、沿江休闲空间、廊架、景墙、景观亭、地面停车场、公厕、景观家具（坐凳、果壳箱）等设施建设，工程总投资1700万元。建设单位杭州市奥体博览中心滨江建设指挥部，设计单位杭州市建筑设计研究院有限公司，施工单位浙江伟达园林工程有限公司，监理单位浙江荣庆工程管理有限公司，2016年7月1日竣工。

（王子卿　黄巍峰）

闻涛路景观改造整治工程　　（区委宣传部　供图）

【综合环境改造工程】 2015年11月20日，位于西兴大桥以东奥体博览城滨江平衡区块的杭州奥体博览城滨江区块平衡区综合环境改造工程开工建设。建设内容，飞虹路、扬帆路、奔竞二路、滨盛路、科技馆街、奥体街、丹枫路、七甲闸弄8条道路、道路范围内两侧绿化的提升改造、未开发地块的覆绿工程，工程总投资8370万元。建设单位杭州市奥体博览中心滨江建设指挥部，设计单位杭州市城建设计研究院有限公司，监理单位浙江柏耀工程项目管理有限公司，施工单位浙江永明市政园林工程有限公司，2016年6月24日竣工。

（汤宇驰　黄巍峰）

【物联网产业孵化器工程】 2015年12月3日，物联网产业孵化器工程开工建设。工程位于滨江区丹枫路以南，建设河以东，缤纷街以北，规划支路以西，总用地面积2.27万平方米，项目总投资5.87亿元。主要新建4幢高层厂房，其中，1号楼为11层，建筑面积1.46万平方米；2号楼由A楼、B楼组成，其中，2号-A楼为20层，建筑面积2.13万平方米；2号-B楼为12层，建筑面积1.45万平方米；3号楼为14层，建筑面积1.84万平方米。地下室2层，建筑面积3.70万平方米，总建筑面积10.58万平方米。设计单位大象建筑设计有限公司，施工单位杭州兴耀建设集团有限公司，监理单位浙江泛华工程监理有限公司，跟踪审计单位杭州广厦建筑咨询有限公司，2016年12月7日，1号楼房结顶。

（郭　力　黄巍峰）

【江三排灌站二期工程】 2015年12月10日，江三排灌站二期工程开工建设。工程从江三排灌站二期泵站压力箱涵开始，沿平乐路、穿过闻涛路桥至钱塘江标准海塘护坦，新建排涝通道，泵站涝水直排入江，长326米，箱涵3米×2.5米，通道排涝流量15立方米每秒，建成后满足一期工程的直排钱塘江的排涝需求，总投资2000万元。施工单位浙江江南春建设集团有限公司，监理单位杭州远坤工程监理有限公司，设计单位浙江省钱塘江管理局勘测设计院。2016年1月底完成堤内箱涵施工；2月底完成堤内工程及江中围堰施工，同步办理坡堤审批和江中围堰施工；4月底主体完工；6月1日竣工投入使用。

（毛秀明　黄巍峰）

【永久河西侧环境整治工程】 2016年1月1日，永久河西侧环境整治工程开工建设。工程位于闻涛路至时代河，区域内以红梅为主题，辅植沙朴、香樟、香泡等植物400余株，内有景观亭和景观廊架、亲水平台等景致。环境整治面积2.41万平方米，总投资6079万元。设计单位杭州绿风生态旅游规划设计研究院有限公司，施工单位杭州西兴园林工程有限公司，监理单位浙江天成项目管理有限公司，5月31日竣工验收。

（孙　蒙　黄巍峰）

供　水

【概况】 2016年，滨江区全年制水总量6167万吨，比上年增长12%，最高日制水量21.27万吨，平均日制水量16.90万吨。钱塘江取水6348万吨，比上年增长10%。完成供水设施维护检修23次，供水设备设施完好率达100%，制供水生产总体稳定。4月21日，区水务公司从制水工艺、规模、水质保障等实际因素考虑，停止浦沿水厂自来水生产，由滨江水厂全区统一供水。供水主干管线日常巡查、抢修检漏、优化建设，实施道路管网优化5千米，小区给水管网改造12千米。根据区委、区政府“五水共治”工作统一安排，2016年，公司实施“保供水”项目15个，并配合做好“抓节水”工作，完成政府投资1840万元。

2016年，区水务公司售水4769.74万吨，售水销售收入1.06亿元，比上年增长18%；自营等工程经营收入6346万元，增长14%，实现经营收入1.75亿元，供水盈利4000万元。年内，新增自来水用户4076户，供水总用户6.29万户，水费综合回收率98.18%。查处违章86件，营业业务受理1254件，24小时服务热线受理并回复用户求助和咨询信访2.58万件，信访处理及时率100%，办结率100%，无用户重大投诉。

创新服务形式，做好服务“前伸”。开展大用户走访调研，全年走访31个行政村、42家物业、108家单位。配合街道做好“三改一拆”连片征迁工作，根据拆表销户情况，派专人负责社区集中拆迁区域，跟进水表销户和管网漏水排查及水管封堵等工作，完成水电、江三、岩大房等16块拆迁区域全面排查工作。

2016年，滨江水厂出厂水合格率为100%，市政管网水合格率100%。年内，滨江水厂累计完成原水浑浊度和pH值仪表比对365次，沉淀池浑浊度仪表比对665次，出厂水浑浊度和pH值仪表比对665次，原水和出厂水16项指标的检测395频次，出厂水浑浊度等3项指标检测1100次，沉淀池水浑浊度检测1790次，砂滤水和炭滤水的浑浊度检测3650次。水质监测站做好19个自来水管网检测点水质检测，滨江水厂原水与出厂水检测，管网末梢水检测的同时，实施水质检测设备提升工程，更新并配置实验室仪器与在线检测仪等设备，确保设备完好率100%。

G20杭州峰会期间，区水务公司配备6支供水应急抢修队，应急抢险车辆13辆，对生产厂区实施三防提升与管理加密，提高水质检测频次；对关键性指标实行每小时检测机制，做好给水铸铁井盖改造和安全防护网工程；更换市政道路给水防沉降井圈井盖316套，G20杭州峰会期间，未出现供水大小安全问题，获"浙江省G20杭州峰会工作先进集体"称号。

【滨江水厂一、二期并网运行】 滨江水厂二期扩建工程2013年9月6日，获省发改委可行性研究批复，同年12月7日，列为省重点工程。工程建设规模为15万吨每日，包括新建15万吨每日净水厂一座和扩建取水泵房15万吨每日设备。制水工艺采用常规工艺+臭氧活性炭深度处理工艺，包括主体建安、自控系统设备、工艺电气设备、污泥脱水系统成套设备和应急清水池等工程子项目。工程由区水务公司负责建设，上海市政工程设计研究总院（集团）有限公司设计，杭州萧宏建设环境集团有限公司、太平洋水处理工程有限公司、博天环境集团股份有限公司、上海同济建设有限公司承建，杭州市城市建设监理有限公司全程监理。2014年1月6日工程开工建设，2015年12月11日主体竣工验收。工程投资总概算3.05亿元，实际总投入1.9亿元。2016年1月1日，滨江水厂一、二期并网运行，实现滨江区30万吨每日的制供水能力，基本满足到2020年全区的用水需求。

【滨江源水备用工程】 滨江源水备用工程2014年1月23日获省发改委可行性研究批复，以滨江白马湖水域为备用水源，解决滨江区供水水源单一，实现钱塘江源水避咸保障。工程项目为取水头埠、泵房、投药间及中控室、配电间等取水系统，配套两根直径1000毫米重力进水管和一根直径1400毫米压力输水管。建设取水规模为15万吨每日，泵站用地面积571平方米。工程由区水务公司负责建设，华东勘测设计研究院设计，杭州萧宏建设集团有限公司、浙江浙大中控信息技术有限公司承建，杭州天工建设监理咨询有限公司监理。2014年11月25日开工建设，2016年5月19日竣工验收。工程概算总投资6210.91万元，实际总投入4000万元。源水备用主要在应急情况下启动，一旦钱塘江水源发生应急状况，第一时间切断钱塘江的源水渠道，打开白马湖水源出水阀门，从而完成备用水源的供水，可保障滨江区3～7天的应急原水供水。

2016年1月1日，滨江水厂一、二期并网运行（区水务公司 供图）

【次氯酸钠泄漏应急演练】 2016年1月1日，滨江水厂一、二期并网启用后，优化了水厂自来水制水消毒工艺，改液氯消毒为次氯酸钠消毒。6月11—14日，滨江水厂开展首次次氯酸钠泄漏应急演练，36名员工分4批次参与演练。应急演练通过预警、报告、先期处置、应急响应等过程，从中控室发现流量异常报警到查看次氯酸钠车间现场监控、佩戴防护器具、检查现场设备及管道、发现漏点及时堵漏、人员救助及事故调查与处理等工作环节进行全方位检验与考核。

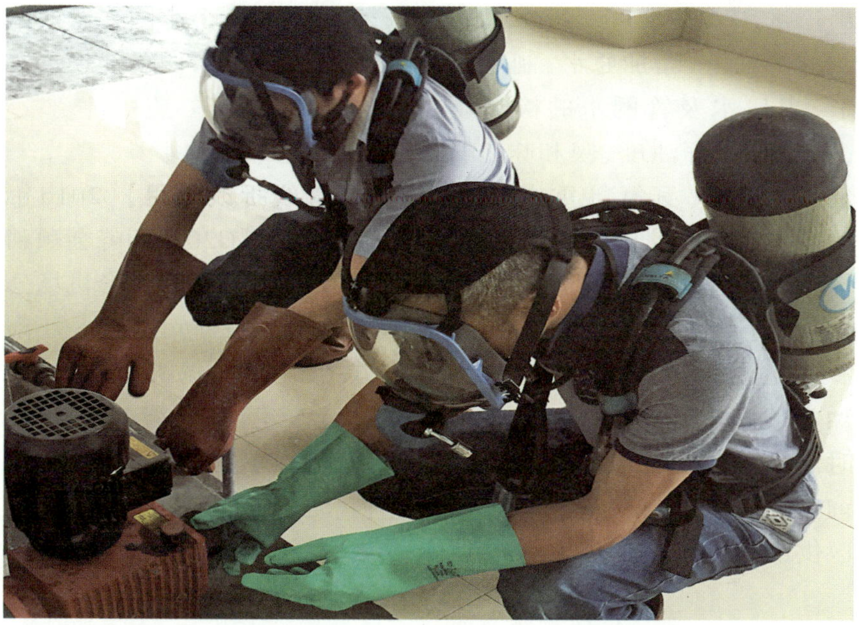

2016年1月1日，滨江水厂开展次氯酸钠泄漏应急演练

（区水务公司 供图）

通过演练提高水厂应急快速反应、实际操作能力和全过程应急协调水平。

【“破冰”行动】 2016年1月中下旬，杭州遭遇极强寒潮，中大雪过后，零下低温天气持续，1月24日，最低温度达零下9度，杭州包括主城区在内，水表、水管等冰冻形势严峻。如何保障极端低温天气区域平稳供水成为杭州各地水务公司的首要紧迫任务。同月18日，区水务公司召开紧急抗雪防冻会议，启动抗雪防冻应急预案。抗雪防冻期间，安排值班230余人次，落实外协单位响应人员100余人，准备水表3100余只、阀门6000余只，并备齐不同口径管道，调动抢修车辆20余台、特殊机械9台；分成3个抢修工作小组连夜对全区过桥供水管和3个街道小区裸露水管、水表进行保暖包裹，做好雪后冰冻防护准备。开展自来水制水线设备设施排查，确保工艺不断线、水质水量不降低。对滨江水厂、浦沿水厂两厂取水头埠、制水厂工艺设施排查维护，对裸露管道、阀门保暖加固，加强水质监测，落实确保制水安全。做好全区用水户安全用水提醒工作，20—24日，分不同时段连续3天向全区用水户短信群发温馨告示，并通过“滨江发布”新媒体平台、公司网站公告和向小区物业发放及现场张贴等，提醒区内用水户提前做好储水准备和自来水表、水管和阀门的防冻保暖工作。加大24小时客服热线接听力度，安排9人全天候做好用户来电来人服务接待等工作。实行应急抢险划片分组责任制，由公司班子成员带队，按3个街道分10个小组24小时不间断落实，对冰破的水表、阀门、供水管进行全天候抢修。至30日17时，全区冻破水管、水表等基本修理完成，抢修冰破水管及水表973起，其中水表冻破278起，阀门冰破152起，供水管漏损382起，其他类别161起。24小时供水服务热线接到并处理用户用水诉情1965起，未发生重大给水管冻破事故。

【供水保障应急演练】 2016年3—9月，区水务公司组织开展供水实战性应急演练活动7次，300余人次参加演练。应急演练活动均从预案启动、应急处置准备、现场到点响应、信息无缝传递、进度控制和效果实时监测等方面开展，为G20杭州峰会供水应急保障与处置提供实战经验。

【全区自来水供应实现同网同质】 随着滨江水厂一、二期并网运行平稳，滨江水厂制供水能力达30万吨每日。由于浦沿水厂制水规模较小，且水厂采用常规制水生产工艺，无法有效应对钱塘江水源水质的不确定性，2016年4月8日，报备区委、区政府，由区水务公司实施浦沿水厂自来水制水生产关停和全区由滨江水厂统一供水的工作。区水务公司通过做好全面排摸浦沿水厂供水区域供水管网系统、供水流向；应急打通规划萧闻路（火炬大道—浦沿路）直径800毫米给水主干管；全面实施浦沿区域管网排放冲洗；临时增设浦沿片区供水测压点，实时掌握区域水压动态变化；编制应急预案，落实应急队伍等宣传、筹备工作，

4月20日晚，实施浦沿水厂制水关停和滨江水厂统一供水工作，实现全区自来水供应同网同价同质。

【与萧山建立原水、清水互用联动机制】 2016年7月中上旬，区水务公司与萧山水务集团对接探讨滨江萧山两地原水、清水应急互备互用联动的可行性、操作性和实战性，制订原水、清水应急互备互用演练预案。同月22日，组织开展模拟演练，区水务公司、萧山水务集团分别模拟各自取水头部双路供电断电原水、清水应急互备互用应急演练，从互备互用应急预案和演练方案的制订至演练，双方配合密切、信息互通、环环相扣，联合应对取水泵房停电、关键设备损坏、供水出厂管线异常停水等突发情况。一方有急，另一方及时响应，实现无缝对接，验证滨江—萧山原水互备互用8000吨每小时的设想和奥体版块清水互供的效率。8月5日签订《萧山、滨江水司供水保障应急互备互用联动管理机制（试行）》。

【“蓝藻”事件应对】 2016年8月中旬，钱塘江出现原水蓝藻污染事件，区水务公司及时启动《水质灾害应急预案》，制订《钱塘江原水蓝藻污染应急处置方案》，按《方案》做好现场水样实验分析和各类药剂应急投加工作，合理调配水厂一、二期制水生产量，增加厂内瓷砂、碳砂滤池反冲洗频次，提高滤池对杂质的过滤与吸附效果，确保出厂水质。在水厂三级水质检测的基础上，增加原水、制水环节、出厂水及管网水的检测频次，增加对浑浊度、嗅和味、pH值、耗氧量、氨氮等重点指标的监测，对钱塘江原水藻类指标按1天2次委托专业检测机构进行检测。对白马湖备用水源实施全分析检测，并适时增加常规指标检测频次，以备不时之需。实时接收用户水质咨询，耐心妥善做好解释，保证全区供水平稳过渡。（吴艳君）

供　气

【概况】 2016年，滨江区天然气居民用户9.6万余户，工商用户447家，工业用户14家。投运的燃气管线长694.3千米，其中，中压276.8千米，低压417.5千米。楼栋调压箱247台，调压柜273座，基本实现居民、工商用户燃气全覆盖，主干管网燃气全敷设并成环供应。全年，滨江区天然气供气量5000万立方米，其中，液化天然气（LNG）22万立方米。完成钱塘星宇大厦、宝龙城市广场、中赢康康谷等综合体燃气工程，省康复中心、区城管局、阳光家园社会福利中心、浙江机电职业技术学院、创业智慧医疗软件生产基地、老头儿潮虾馆等96家大小非居民用户（包括公建、工业用户）实现点火使用。实施滨兴家园、玲珑府、莱蒙水榭春天、省直专用房、世茂之西湖、龙湖春江郦城、璞悦湾、浦乐新苑人才专用房、绿地旭辉城一期、十七块3期、西兴人才专项房11个小区天然气接入工程，全年，累计竣工验收居民用户1.25万户。

【燃气管线拆改工程】 2015年12月，为确保G20杭州峰会顺利召开，投资30万元，结合机场公路道路整治对迎宾路线—江南大道（西兴路—扬帆路）燃气管线进行改建，2016年3月，完成江南大道三桥立交的埋地管线穿越，全长944米。5月，贯通江南大道到奥体中心的道路燃气管道，实现奥体中心燃气管道环状供气，改变了奥体中心原燃气管道单路供气的不利格局。5月17日，配合地铁5号线施工建设，投资24万元对滨康路站所涉349米燃气管线进行拆改，7月15日实现通气。12月14日，配合地铁4号线施工建设，投资12万元对浙江中医药大学站所涉115米燃气管线进行拆改，12月15日实现通气。

【滨江LNG应急气源站】 滨江LNG应急气源站位于滨江区滨文路6号，2013年由原CNG站改建，2014年10月28日建成投运，总投资2277万元。占地面积7284平方米，分储罐区与加气区2个功能区。储罐区内主要设备为2台60立方米的LNG储罐真空粉末罐和4台3000标准立方米空温式汽化器，加气区内设有液化天然气（LNG）加液机2台和压缩天然气（CNG）加气机4台。通过杭州市城乡建设设计院有限公司测算，2017年，滨江区用气需求要求滨江LNG应急气源站高峰小时流量达6700标准立方米每小时，到2018年，须为管网提供9000标准立方米每小时的供气量方能满足滨江区燃气管网正常运行。为此，2016年11月22日，对滨江LNG应急气源站进行扩容改造，全年累计进液化天然气159.16吨，气化供气量16万标准立方米。

【综合体燃气工程】 钱塘星宇大厦燃气工程，2016年1月30日，杭州嘉威仕投资有限公司和杭州燃气工程安装有限公司签订《杭州钱塘星宇大厦燃气室外预埋合同》，11月21日，室外燃气管道验收通气，室内1户非居民用户点火使用，室内外燃气工程总投资60万元。宝龙城市广场燃气工程，3月21日，杭州华展房地产开发有限公司与杭州燃气工程安装有限公司签订《杭州滨江杭政储出〔2013〕71号地块商业商务用房（宝龙城）燃气工程室外预埋合同》，11月24日，室外燃气管道验收通气，室内41户非居民用户点火使用，室内外燃气工程总投资1430万元。中赢康康谷燃气工程，10月30日，杭州中赢华睿置业有限公司与杭州燃气工程安装有限公司签订《中赢康康谷燃气室外预埋合同》，11月25日，室外燃气管道验收通气，室内2户非居民用户点火使用，室内外燃气工程总投资200万元，上述工程均由杭州燃气工程安装有限公司施工建设。

（许力维）

供　电

【概况】 2016年，滨江电网有35千伏及以上变电站11座，其中：220千伏变电所2座（变电容量84万千伏安），110千伏变电所8座（变电容量76万千伏安），35千伏变电所1座（变电容量3.2万千伏安），变电总容量为163.2万千伏安。10千伏配电线路208条，所供配电变压器4169台。全区电量25.79亿千瓦时，比上年增长12.59%。网供最高负荷65.38万千瓦，增长18.29%。城网供电可靠率99.99%，综合电压合格率99.95%。2016年，滨江电网区内共有电力用户15.64万户，其中，专变用户1138户，低压非居用户7594户，低压居民用户14.76万户。

【供电保障服务】 2016年1月24日—3月3日，2016年春运供电保障。4月27日—5月2日，第12届中国国际动漫节供电保障。6月7—9日、6月18—19日、10月14—16日，2016年杭州市普通高校招生考试、中考考点学校供电保障。10月14—16日，浙江省普通高中学业水平考试和普通高校招生选考科目考试供电保障。10月20—24日，第十届杭州文化创意产业博览会供电保障。10月29—30日，2016年全国成人高校招生考试供电保障。10月20日—11月1日，第18届杭州西湖国际博览会供电保障。全年累计出动保电人员1274人次，排除隐患17起。

【主网建设】 2016年6月，滨江电网根据2015年主网建设规划，推进电网项目的配网完善，完成冠山变10千伏出线网架优化，7月，完成110千伏永久变扩建。

【配网建设】 2016年6月，滨江电网及时掌握负荷增量分布情况、变电所和配网线路负载率情况，进行配电网的分流改接，均衡设施的负荷分布，完成新出永优9463线、久迈9456线等10千伏线路9条，分流小康8473线、南业8464线等重载线路11条的改建。全面深入做好迎峰度夏各项前期准备工作，开展低压台区改造，7月，完成大浦三、浦冠一等低压台区改造21个。

【G20杭州峰会保供电】 2015年9月1日—2016年9月5日，滨江供电营业部将G20杭州峰会保电工作作为全年工作的重中之重，编制保电工作方案、全面排查设备、通道，开展保电现场踏勘、保电人员培训、现场深入对接、保电应急演练等全力做好保电的各项工作。保电期间，滨江供电营业部累计调集保电人员789人次，保电车辆157台次，2辆发电车24小时待命，以状态维修技术保障供电系统正常运行，完成了G20杭州峰会保电任务。区委、区政府授予滨江供电营业部“服务保障G20杭州峰会先进集体”称号；5人分获滨江区、杭州市、浙江省电力公司“峰会保障先进个人”称号。

（赵　强）

城市交通

公　交

【概况】 2016年底，滨江共有钱江湾花园、南环、滨文、东冠、长河、滨盛路、江汉路7座公交首末站和钱塘江大桥、复兴大桥、西兴大桥等6座公交中心换乘站。有常规公交线路51条，其中，始发线路31条，区内公交线路10条，与地铁一号线接驳线路10条。总配车辆600辆，日均客运量22万人次。

全区有公共自行车服务点343座。2016年，重点加强在地铁站点、大型公建、居住小区附近建设公共自行车服务点，运营的公共自行车1.1万辆，每天租用量2.2万人次。2016年，新增公共自行车服务点25座，新增公共自行车1000辆。

【线路开通及调整】 2016年2月，新增连接儿保医院与萧山区公交线路1条，新设355路公交车自横街埠至小南门公交站。优化调整327和96路公交车公交线路，327路增加西兴大桥南站点，主要解决水电新村安置小区人员出行；96路优化后新增西兴大桥南站点、缤纷小区2个站点，解决缤纷小区及周边市民出行问题。与市公交集团对接，提高137路、138路等线路的早晚高峰发车频率。对原有公交线路进行调整优化，形成合理公交线网，提高公交线网覆盖率。

2016年滨江区内公交线路情况

表30

车次	首末运营时间	始发—终点	单程（分）	线路停靠站点
137	6时—21时15分	塘子堰村—地铁江陵路站	45	塘子堰村、汤家井、湖西路映翠路口、天马路湖西路口、冠山小区、白马湖路腾龙路口、汤家桥东、白马湖小区凤凰苑、白马湖小区白鹤苑、江晖南路滨文路口、滨康小区东、滨康路聚工路口、滨康路西陵路口、西兴路滨康路口、西兴路滨安路口、官河桥、西兴路江汉东路口、新联路江汉东路口、新州花苑、新州花苑北、月明路江陵路口、春晓路月明路口、地铁江陵路站
138	6时40分—22时	地铁江陵路站—南环路公交站	35	地铁江陵路站、星民村、滨盛路星光大道口、低碳科技馆、滨盛路江汉路口、浙医二院滨江院区（江虹路）、中兴桥、长河路滨和路口、长河路滨安路口、长河路滨康路口、长二村、绿香街长江路口、长江小区南、南环路傅家圩、南环路信诚路口、诚业路南环路口、滨康路诚业路口、滨康路火炬大道口、滨康路西、南环路公交站
139	7时40分—19时	地铁滨康路站—钱江大桥换乘站	25	地铁滨康路站、西兴、西兴叉口、滨安路聚业路口、滨安路江淑路口、江虹路秋溢路口、秋溢路聚才路口、滨兴路时代大道口、滨兴路建业路口、江三、江南大道诚业路口、联庄、伟业路滨盛路口、彩虹城、滨盛路西、钱江大桥换乘站
172	6时35分—23时25分	江汉路公交站—滨江海创园	35	江汉路公交站、江陵路滨和路口、江陵路启智街口、江陵路月明路口、共联村、星光大道南口、江一村、江二村、浙医二院滨江院区（江虹路）、滨盛路江虹路口、滨盛路长河路口、滨盛路时代大道口、滨盛桥、滨盛路建业路口、省儿保滨江院区、横街埠西、滨盛路火炬大道口、伟业路滨盛路口、江南大道东信大道口、钱江大桥换乘站、横舍圩、东信大道浦沿路口、六和路新和路口、滨江海创园

续表30

车次	首末运营时间	始发—终点	单程（分）	线路停靠站点
175	6时35分—21时05分	江汉路公交站—陆家潭	35	江汉路公交站、江陵路滨和路口、地铁滨和路站、春晓路滨兴路口、滨兴路江晖路口、滨兴路江虹路口、江虹路秋溢路口、羊前圩、红新园、长江小区、滨康路南川路口、滨康路诚业路口、滨康路火炬大道口、滨康路西、南环路公交站、新生、浦沿路滨文路口、陆家潭
1501	7时30分—18时45分	地铁江陵路站—庙后王路江晖路口	25	地铁江陵路站、江陵路月明路口、月明路江陵路口、月明路江晖路口、月明路江汉路口、江虹路滨和路口、江虹路秋溢路口、江虹路江二路口、襄七房、滨康小区、滨康小区东、庙后王、庙后王路江晖路口
1503	7时—19时	塘子堰村—地铁西兴站	20	塘子堰村、白马湖南、长河公交站、长河汤家桥、乳泉路长江路口、赵家塔、下庄里、张家西、滨文路江陵路口、滨文路西兴路口、湖头陈西、西兴路滨康路口、西兴、地铁西兴站
1504	7时—19时	地铁江陵路站—滨盛路信诚路口	25	地铁江陵路站、星民村、滨盛路通和路口、滨盛路星光大道口、江晖路丹枫路口、中兴花园、江汉路新月路口、滨盛路江汉路口、红门巷、耶苏园、闻涛路咏渡巷口、信诚路北、省儿保滨江院区
1502	6时40分—18时10分	长二村—地铁滨康路站	20	长二村、南环路聚才路口、南环路江虹路口、滨康二苑、滨康小区南、聚园路江晖路口、聚园路聚业路口、花园徐、西兴叉口、西兴老街、古塘路固陵路口、西兴中学、风情大道老塘路口、地铁滨康路站
177	6时45分—20时15分	地铁滨康路站—陆家潭	45	地铁滨康路站、西兴、西兴叉口、花园徐、聚园路聚业路口、聚园路江晖路口、张家西、张家西南、乳泉路长江路口、长河汤家桥、白马湖路腾龙路口、山一村、孔家里西、十五间头、许家里、老店里、蔡何家、浦沿叉口、浦沿街道、潘家里（滨江区）、陆家潭

（金虞聪）

地 铁

【概况】 2016年，滨江区地铁建设主要任务为地铁4号线一期工程，涉及区域内长度4.8千米，全部为地下线。设浦沿站、杨家墩站、中医药大学站（与6号线换乘）、联庄站4个站点，线路主要沿浦沿路和东信大道敷设。

【浦沿路站】 位于浦沿路和东冠路交叉口，沿浦沿路南北布置。地下二层岛式车站，全长589.32米，设5个出入口、2个消防疏散出入口，1个预留出入口，3组风亭。2016年6月30日，浦沿站—杨家墩站右线盾构始发；10月15日，浦沿站—杨家墩站左线盾构接收；11月3日，浦沿站主体结构完成；12月9日，浦沿站—杨家墩站双线贯通。

【杨家墩站】 位于浦沿路和坚塔路交叉口，沿浦沿路南北布置。地下二层岛式车站，全长187.8米，设置4个出入口、2组风亭。2016年10月10日，杨家墩站主体结构完成。

【中医药大学站】 位于浦沿路和东信大道交叉口，沿浦沿路南北布置。地下三层岛式车站，全长303.5米，设4个出入口，2个消防疏散口，2组风亭。2016年12月27日，联庄站—中医药大学站区间右线始发；同年12月31日，杨家墩站—中医药大学站右线始发。

【联庄站】 位于东信大道（江南大道—滨盛路），车站长281.05

米，地下二层结构，车站包含2个风亭和3个出入口。2016年9月25日，联庄站左线盾构始发；10月18日，联庄站主体结构完工；同月30日，联庄站右线盾构始发。（董汝华）

出租车

【概况】 2016年，滨江运管处受理巡游出租车投诉件1231件，其中，“12328”投诉件988件，“12345”投诉件243件，处理率均为100%。开展出租车百日整治专项行动，出动执法人600余人次。

【春运保障】 2016年1月24日—3月3日春运期间，发放《珍爱生命　拒乘黑车》宣传资料1000余份，与辖区参加春运的2家客运企业、6家危险品企业、62家货运企业签订春运安全责任书。累计劝离涉嫌非法营运的车辆500余辆次，查扣无证正三轮载客摩托车2辆，无证营运车辆4辆，保障了春运期间辖区内道路运输市场秩序和乘客安全。

【医院周边道路整治】 2016年2月20日—3月5日，按照区政府有关工作要求，滨江运管处牵头，与区交警大队、公安分局、城管局等单位建立联合整治组，以查处“两非”车辆为重点，对省儿童医院、浙二滨江院区周边道路秩序进行整治。滨江运管处累计出动执法人员110余人次，检查过往车辆360余辆次，查扣涉嫌非法营运的私家车7辆。

【动漫节期间交通秩序维护】 2016年4月27日—5月2日，第12届中国国际动漫节在白马湖举行。动漫节期间，滨江运管处联合区公安、城管、交警组成的整治执法组出动人员110人次，查扣涉嫌非法营运的“四小车”3辆、无牌无证电动正三轮载客摩托车11辆，保障了会展周边道路运输秩序。

【出租车百日整治行动】 2016年10月21日，杭州启动出租车百日整治行动，滨江运管处制定符合辖区特点的整治方案，将巡查区域扩展到辖区重点地铁口、医院和市场周边，加强信息化监管、非现场执法和联合执法力度，严格出租车投诉受处理程序。共出动600余人次；巡查检查重点区域10处；处理各类违法违章341辆次。（吴编峰）

交通管理

【概况】 杭州市公安局交警支队滨江大队（简称“滨江交警大队”），成立于1997年，属市驻区机关单位，设直属中队、浦沿中队、西兴中队、长河中队。在编民警55人，其中：硕士2人，本科50人，专科3人；女民警3人，50岁以上民警7人，一线执勤民警（含中队干部）23人，平均年龄42岁。协警201人，其中，支队协警82人，街道协警119人。

2016年，滨江交警大队以保障交通运行，优化交通秩序，护航G20杭州峰会为主要工作任务，落实道路“三长”制度，新增电子警察47套，月平均非现场查处违法行为4万余起。全年，现场查处各类交通违法行为8.05万起，比上年增长38.6%；非现场抓拍41.83万起，比上年增长107.1%；辖区发生上报重大交通事故死亡18人，事故四项指标与2015年持平。加强对涉酒涉毒等严重危害道路安全违法行为的整治力度，全年，查处机动车饮酒后驾驶276起，机动车醉酒后驾驶110起，机动车毒驾4起。针对工程车事故易发特点，成立区道路交通安全工作领导小组，分析事故成因，做好事故防控工作。年内，走访运输企业38家，约谈企业负责人，对企业存在的问题下发整改通知书，并密切关注企业车辆违法情况。与区工程车自律协会保持联系，从“内部教育”“外部管理”两条线路双管齐下，通过稳固的培训机制，提升驾驶员素质，全年开展安全员和驾驶员安全培训26次。

深入源头，对工程运输车、危化品运输车进行系统性全面排摸检查，完成对客运、货运、危化品运输车的追处和催检工作，全年，完成货运车辆追处5918起，危化品运输车催检96辆。新增163套视频监控，39个路口信号控制点位，高点监控49个，电子警察32套。全区共有信号控制点位264个，全部实现联网控制，形成覆盖江南大道、闻涛路、过江通道等主要道路和奥体等主要区域，包括高清和模拟在内614套监控的视频监控网络。2016年，全区106套电子警察累计抓拍违法行为20余万起。

【工程车文明礼让驾驶】 2016年1月1日，滨江交警大队启动区工程车文明礼让活动，大队出台右转让行管理制度，加强工程车运输企业和工程车驾驶员文明礼让宣传，树立驾驶员的文明出行意识。至6月，经暗访，共查处工程车不礼让不文明行为150余起，其中，视频记录10余起。组织民警、学警便衣出行，在各路口和工程车运输企业进行实地暗访，至12月底，查处工程车违法行为859起，其中，转弯未让行354起，扣分行为284起。

【涉酒类危险驾驶】 2016年2月24日，滨江交警大队在滨盛路江晖路口西侧400米处设卡进行酒驾检查。一辆白色轿车在距检查点30米处倒车逃离，倒车过程中与一辆黑色轿车相碰后继续往江晖路南面逃窜。整治组迅速驾车追查，通过现场保险杠残片判断肇事车辆为丰田轿车，并通过监控系统、卡口系统、电子警察监控系统等科技手段追踪逃逸车辆。在追踪22个路口监控视频及反复观察电子警察录像后，查找到逃逸车辆浙AF629Y号白色丰田轿车，并与车主进行联系，完成证据固定、笔录制作、车辆扣押等工作，同月26日，逃逸事故侦破。全年，共查处机动车饮酒后驾驶276起，机动车醉酒后驾驶110起，机动车毒驾4起。

【营房搬迁】 2016年2月24日，滨江交警大队召开机房搬迁实施方案评审会，研究和讨论搬迁方案。3月18日，滨江区办公室、财政局、相关街道负责人到实地专题研究滨江交警大队和西兴中队办公用房拆迁事宜。5月20日，滨江交警大队营房从萧杭路666号搬迁至滨文路358号彩宏大厦。搬迁过程中完成394路光纤切割，涉及330路监控，192路信号，43路电警，6路卡口，22路诱导等设备的移址。

【"清雷"行动】 2016年4月13日，市交警支队部署对套牌车、40次以上违法未处理浙A号牌、50次以上违法未处理非浙A号牌及逾期未年检的大型车辆进行专案打击工作。滨江交警大队集中在江南大道、滨文路等重点路段开展"清雷"行动，11月8日，根据市交警支队研判信息，在闻涛路布控查获"清雷"名单中违法达71次的"清雷"名单二号车辆，此车因年检逾期、多次违法未处理已按规定扣至停车场。至年底，辖区布控查获"清雷"名单车辆18辆。

【大型展览安保】 2016年4月26日—5月2日第12届中国（国际）动漫节，10月20—24日第十届杭州文化创意产业博览会，11月1—3日杭州国际照明展览会等15场白马湖国际会展中心展览安保任务，滨江交警大队按照"一任务一方案、一场馆一预案"要求，调整完善执勤方案，采取定点执勤与路面巡逻相结合，累计出动警力2500余人次。其中，第12届中国（国际）动漫节期间，滨江交警大队累计出动警力1500余人次，市交警支队支援警力200余人次；各社会停车场总进场辆6000余辆，大车300余辆，确保了展会安全顺畅。

【安保警卫】 2016年5月1日—9月10日，宁波交警支队40名民警和浙江警官学院、中国人民公安大学在内的5所警官院校298名学警到滨江交警大队支援G20杭州峰会工作。7月8日，开展G20杭州峰会支援警力培训，采用学练结合的方式，每月中旬集中举办心理辅导课。同月12日，滨江交警大队召开G20杭州峰会交通安保决战动员会议，结合2016年G20杭州峰会工作要求，强化规范化执法建设，提高民警的规范执法能力。中旬组织全体民警、协警和学警，观看《公安机关执法规范视频演示片》。8月16日，开展安保警卫知识业务培训，使全体警力尽快适应新岗位和新任务。G20杭州峰会安保期间，滨江交警大队出动警力5920余人次，完成各类级别警卫任务168批次。其中：中宾一级任务8批次，中宾二级任务23批次，外宾一级加强任务8批次，外宾一级任务68批次，外宾二级任务25批次，外宾三级任务36批次。

【"两治一整"专项行动】 2016年5月30日，为深入开展治理超限超载、治理"黑车"、整治交通乱象专项整治行动（以下简称"两治一整"专项行动），进一步加大工程车、酒驾、多违等重点交通违法查处力度，滨江交警大队联合区城管局、滨江运管处开展“两治一整”专项行动，重点查处货运车辆“超载超限超速”等违法行为。当天出动警力45人次，查扣涉嫌超载大货车2辆，非法营运非法上路车3辆，现场处罚闯禁行为2起，违停12起，拖车31辆，协助运管处查获网约车1辆。至12月底，查处货运车辆违法行为6709起，其中：货运车辆超载行为154起，货运车辆在限制路段区域内行驶行为2090起。

【热点问题治理】 2016年6月27日，针对江南大道、滨盛路等重点违停道路开展强势整治，滨江交警大队采取违停计分措施，查处扣分违法停车2579起，拖曳违停车辆560辆。9月针对群众反映较为热烈的飙车问题，滨江交警大队成立“两治一防”整治专班，严查非法改装车辆，飙车类投诉降至每月个位数甚至为零。10月23日，滨江交警大队连续查获布控1周的涉嫌非法改装的机动车2辆，经前期充分摸底，发现涉嫌非法改装的2辆机动车均出现在辖区，在江南大道设卡拦截，将涉嫌改装前后车辆包围、尾翼的三菱牌小型客车和涉嫌改装前后包围、轮毂尾翼的思域牌小型客车查获。至12月底，滨江交警大队在路面共查处涉嫌非法改装车辆27辆。

【交通安全宣传】 2016年7月13日，滨江交警大队在路面上以现场处罚和宣传教育相结合，对附近市民在江南大道行人不按规定横过机动车道违法行为进行宣传教育，走访区人大、政协代表、区高新企业，听取意见建议，落实整改措施。至12月底，完成市、区两级人大、政协代表意见建议10条，办结率和满意率100%；完成社会评价意见整改工作意见4条，受理办结各级代表走访意见建议10余条；配合区人大、区政协组织开展2次交通管理工作的专题调研，形成人人践行文明交通，全社会共建、共享安全相伴平安出行的良好风尚。

【智能交通工程】 滨江智能交通集成平台由路口信号控制、视频监控、电子警察、卡口、诱导系统五大内容组成。平台设施设备统一从杭州海康威视数字技术股份有限公司采购并进行安装，通过中控集团安排专业人员进行设备的调试和试运行后由大队启用智能交通集成平台。科技民警坐镇分指挥室，第一时间管控辖区核心道路路面车辆情况，安排警力对拥堵较为严重的路段进行分流疏导，预防交通事故发生而引起整条主干道堵塞的连锁反应，在区江南大道各个路口安装21套交通流量自适应系统。2016年8月10日，在江南大道江三加油站、8月15日，在江南大道长河路、12月23日，在江南大道建业路、12月26日，在江南大道信诚路先后新增高清网络球设施，根据网络传输的机动车流量自动调整路口红绿灯周期。滨盛路（江陵路至长河路段）、平峰的闻涛路（时代大道至六和路段）均设置绿波带，2个流量变化比较集中的点位实施自动可变车道应用系统。

【信号灯科技保障演练】 2016年8月4日，滨江交警大队开展信号灯科技保障演练，在岗4名科技警力及后勤保障人员参加演练，演练结束后召开小结会。演练过程中，针对信号灯故障等突发情况，分指挥室民警迅速调度警力，及时有效地维护了现场道路交通秩序；后勤保障人员赶赴现场，快速准确排除故障，保障了道路通畅。

【智能交通设备发现隐患事故】 2016年8月12日21时06分，滨江交警大队分指挥室接到报警电话，称20时55分在江南大道江晖路口发现一辆“豫JM923”号的白色车后备厢有血迹，且由东向西驶离路口。滨江交警大队迅速同报警人核对车辆号牌信息，发现号牌少一位，立即启动快速反应作战圈，通过对讲机及微信立体指令路面警力协查该车，对江南大道江晖路口西侧道路进行排摸检查。为迅速获取车辆号牌，滨江交警大队分指挥室通过大队卡口系统和智能监控平台进行对比排查。经过逐一对比，21时35分许，在卡口系统中发现20时56分在江南大道长河路口有一辆车号为豫RJM923，由东向南进入长河路的白色现代三厢车符合警情，后保险杠确有疑似“血迹”的红色液体。滨江交警大队分指挥室掌握情况后立即通知路面警力布控该车，并上报市交警支队，同时继续通过技术平台追踪车辆。当天21时45分许，查找到该车车主李某。根据追踪情况，要求李某将车就近开至滨文路浦沿路口，并通知公安分局和属地中队中队长赶赴该路口进行检查，同时实时上报支队处置情况。21时55分李某驾驶嫌疑车辆至滨文路浦沿路口，现场民警对李某车辆进行检查，确认该车除车后及侧门有红色液体样贴纸外无其他问题。因车贴面积较小，滨江交警大队同公安滨江分局对其进行现场登记取证后责令李某将车辆恢复原样，并做好工作对接。

【危化品车辆排查】 2016年8月28日，正值限行措施启动，滨江交警大队开展危化品车辆排查工作，出动警力49人，重点检查闻涛路、滨安路等辖区重要路段。经仔细巡查，在滨康路西兴路交叉口路排查到浙·ARB952、川·BA707U，2辆上道路行驶的危化品车辆未放置保险标志，当即联系区安监局和滨江运管处到现场进行处置。

【新年零点行动】 2016年12月30日，滨江交警大队获悉重点吸毒人员汤某已购买毒品，车辆停放于其工作场所的地下车库。次日，滨江交警大队和分局禁毒大队开展新年零点行动，当场将2名在车内吸食毒品的犯罪嫌疑人查获，并在车上找到自制“冰壶”等吸毒工具和一包疑似毒品的晶体。经身份核实和毒品检测，2人尿检结果均为冰毒阳性，当事人对吸食冰毒的违法行为供认不讳。滨江交警大队及有关部门对驾驶员汤某峰无证驾驶机动车处以拘留10天、吸食毒品拘留14天，社区戒毒3年的处罚。同车乘客汤某锋因吸食毒品、容留他人吸毒合并执行20天治安拘留，注销其机动车驾驶证，社区戒毒3年。

（金烨明）

城区管理

智慧城管

【概况】 2016年，滨江智慧城管共建设监控点位563个，完成11辆执法车辆车载监控及77辆环卫车辆北斗定位系统安装、7个停车场停车系统安装、34个停车场智慧停车系统对接，完成500个智能井盖、24套管网液位计、2套流量计安装。对全区37个网格进行地理划分，与智慧亮灯系统对结，实现路灯数量、控制柜、亮灯率等信息的实时展示。与智慧河道系统对接，3个河道水质监测站、12个河道雨水站、29个河道监控点、7个流量监测站等站点数据在智慧城管平台上实时展示。

【智慧执法】 2016年6—9月，由浙江大华科技股份有限公司负责，在城管局西兴、长河、浦沿3个中队共11辆执法车安装车载监控，通过ocx插件播放实时视频、js接口获取监控GPS信息，做到远程实时图像监看、车辆实时定位，将上述资料作为取证、判断巡视情况的依据。

【智慧环卫】 2016年6—9月，由浙江及方科技股份有限公司和恒天宇（杭州）股份有限公司负责，在滨江区77辆环卫车辆上安装北斗定位系统，可获取车辆基本信息、GPS流水数据并进行超速报警。完成与智慧城管平台的对接，可实时展示环卫车辆行驶轨迹数据以及相应路段的清扫、洒水情况，各保洁单位清扫率排名等信息。

【智慧停车】 2016年6—11月，由杭州海康威视数字技术股份有限公司和浙江宇视科技股份有限公司负责，在滨江区星光大道停车场、江陵路地铁站停车场、中兴花园南停车场、文体中心北停车场、沿江景观停车场、育华西路停车场、西兴地铁站停车场7个停车场安装停车系统，对接包括此7个停车场在内的34个停车场场库，共1.09万个泊位。主要是获取道路、停车场基础信息，将动态数据显示在智慧城管APP上（空余泊位数/总泊位数）。

【智慧应急】 2016年6—11月，由聚光科技（杭州）股份有限公司负责，在滨江彩虹快速路雨水泵站、东信雨水泵站、滨盛路信诚路口、滨文路粮仓、江南大道南广场等24个区域安装24个管网液位计，在滨安路江晖路交叉口、南环路江晖路交叉口安装2个流量计，以获取流速、液位数据。通过与智慧城管平台对

接，液位、流量数据信息可实时展示。（吴　斌　周红云）

执法监察

【概况】 2016年，区城管局办理一般程序案件513起，收缴各类罚没款3.03万元。拆除各类违法建筑203.45万平方米，查扣各类流动摊点5500余个，查处人行道车辆违停2.17万辆，拆除各类广告牌500余块，受理处置“96310”、来信来访40起，按期反馈率100%，办理行政审批744件。

【餐饮整治】 2016年2月1日—5月31日，区城管局联合区市场监管局、住建局开展重点区域、道路周围餐饮单位净化装置排摸和治理工作，出动人员286人次，组织专项行动12次，完成400余家餐饮企业的排查摸底，督促整改369家，无证关停31家。6月1—14日，开展迎春小区沿街店面专项整治，出动执法人员200余人次，对沿街23家店面实行全天候管控，取缔违法违规行为69起，暂扣烧烤工具40副，燃气钢瓶32个。至12月底，立案查处各类无照摊贩321起，罚款13.27万元。

【工程运输车辆规范整治】 2016年3月 1日起，区城管局联合滨江交警大队、滨江运管处开展工程渣土运输车辆规范整治，对全区600余辆工程渣土运输车实施密闭化改装、加高后栏板及安装GPS定位和右转弯礼让视频系统，完成率100%。至12月底，立案查处渣土车辆违法行为60余起，罚款33.06万元。

【城市管理网格化模式实施】 2016年5月23日，滨江实施城市管理网格化模式，全区划分10个片37个网格。网格内日常巡查人员1000余人，每片区月均自查自纠问题480件，数字城管及时解决率提升至99.12%。

【犬类治理】 2016年8—12月，区城管局对滨江区2014年1月—2016年7月的23个犬类案件进行梳理回访，通过上门劝导、蹲守捕获、公安介入等方法处理遗留问题12个。至12月底，共查处无证犬329只，罚款2.48万元。（许　颖　戚佳楠）

市容环卫

【概况】 2016年，区城管局承担187条815.37万平方米区管城市道路清扫保洁工作，市场化运作面积100%。全年清运处理生活垃圾19.26万吨，其中：焚烧处理16.68万吨，填埋处理2.58万吨，日均垃圾清运处置量527.72吨；处理化粪池粪便162吨。125个小区开展垃圾分类，新增6个“垃圾不落地，定时定点投放”小区，完成5个“智慧分类”小区建设。更新道路两侧果皮箱650只，维修1565只。在使用的公共厕所38座，总厕位544.5个。（汤　炜）

【环卫整治】 2016年4月中旬至5月初，区城管局开展撤离全区主要道路沿线所有垃圾桶，协调垃圾收集清运方式行动，共撤离垃圾桶50余个，协调清运时间点位10处，确保全区道路环境面貌有序。5—9月，开展卫生死角排查和道路大清洗工作2次，出动保洁人员1800余人次，车辆500车次，冲洗面积1600万平方米，清除卫生死角50处，清理垃圾18吨。8月初，在奥体周边、白马湖建国饭店等重要道路及场馆进行环卫应急演练，出动应急保障人员40人，应急保障车辆6辆，通过演练完成路面油污、抛洒滴漏等情况处理。

（汤　炜　戚佳楠）

【垃圾分类活动】 2016年3月18—19日，区城管局开展垃圾分类活动，在滨江区23个中小学校发放垃圾分类知识宣传手册，普及垃圾分类知识，并设置23个爱心应急雨伞点。4—5月，对全区小区分类垃圾桶脏、乱、破情况进行专项检查，整改垃圾桶分类标识7426个，更换垃圾桶盖497个，轮子1011只，杆子380根，垃圾桶813只。年内，在中兴和园、彩虹城等31个小区先后开展“废旧物品再利用，瓶瓶罐罐换惊喜”系列活动44场，回收废旧物品18吨。

（汤　炜　戚佳楠）

【“门前新三包”宣传整治】 2016年3—10月，区城管局开展沿街商铺环境卫生综合治理及“门前新三包”宣传整治行动，在东冠路、网商路、春晓路、共联路、聚园路、江晖路等区20条重要道路周边开展宣传整治193次，与

1120家商家签订“门前新三包”自我管理承诺书，设立街长23名、志愿者78名。

（赵振华　戚佳楠）

【公厕建设】 2016年3月始，滨江投资82万元启动22座区管公厕提升改建工作，其中，一桥公园公厕、风景蝶院公厕2座公厕为重点改造项目。至4月底，22座区管公厕改造任务全部完成，主要更换门窗18樘，更换地砖368平方米，更换墙砖428平方米，新设指向牌80套。

（来佳锋　戚佳楠）

城区绿化

【概况】 滨江区实施市场化养护管理，分18个养护标段，14家养护单位负责公共绿地（包括道路绿地、河道绿地、公园绿地、高架绿化和时花）养护工作。2016年，春、秋季补种灌木83万余株、地被3.7万余平方米。新增各式警示牌100块，更换长势不良行道树2958棵，改造行道树树池1200个，整治毁绿种菜面积1.7万平方米。

（黄婧轶）

【西兴路绿化】 西兴路绿化景观提升改造工程为G20杭州峰会街容提升改造项目。工程于2015年12月18日开工建设，工程总面积3.23万平方米，总投资800万元。由浙江城建园林设计院有限公司设计，浙江天策市政园林工程有限公司施工。主要采用美国紫薇作为突出亮点，西兴路主要路口共种植美国紫薇254株、枫树224株、茶梅729株，花叶蔓7308平方米，2016年4月2日竣工。

（汤关忠）

【江南大道节点绿化】 江南大道节点绿化环境整治工程为G20杭州峰会街容提升改造项目江南大道街容提升工程的一部分。工程于2016年1月11日开工建设，绿化面积4万平方米，总投资736万元。由浙江城建园林设计院有限公司设计，杭州浙景市政园林工程有限公司施工。工程按照“造价经济、较少干预、结合现状，合理优化，养护精细”的原则对江南大道沿线一桥入城口、伟业路口、恒生大厦、建业路口、长河路口、东冠大厦、江陵路口等节点及时代高架以东江南大道中分带的绿化进行整治提升。主要整治措施为疏理、更换道路两侧长势不良、较为凌乱的植物，共增加红枫105株、紫薇150株、桂花62株、樱花67株、月季424平方米、宿根花卉1276平方米、马尼拉草坪1.6万平方米。

（黄婧轶）

城区亮化

【概况】 2016年，滨江区实施市场化养护管理，分2个标段，2家单位负责全区120条道路、1.16万杆路灯（1.79万个光源）、177个路灯控制柜的管养。杭州兴耀电力工程有限公司负责全区139台10千伏路灯专用变电站的管养。2016年，完成全区路灯控制柜“一把闸刀”改造及路灯LED光源替换，改造总功率5500千瓦。完成钱塘江南岸全线12千米堤岸和沿线建筑楼宇、江南大道沿线建筑楼宇、时代高架4.5千米、西兴立交7千米和中南区块的夜景亮化整体提升工程。

【夜景亮灯工程】 项目涉及钱塘江南岸全线12千米堤岸和

江南大道绿化　　（区城管局　供图）

沿线60组200栋建筑楼宇，江南大道沿线9.7千米35组52栋建筑楼宇，时代高架4.5千米。2015年7月30日，区发改综〔2015〕109号文件批复，项目列入2015年区“两美浙江”建设项目。同年9月12日，根据主任区长办公会议纪要〔2015〕12号文件，对工程设计方案及招标方案进行修改与完善。项目由浙江城建园林设计院有限公司设计，中标价合计8196万元。一标段杭州滨江区钱塘江南堤岸及时代高架亮灯工程建设费用中标价3672万元，施工单位杭州中元照明工程有限公司，2015年10月底进场施工，2016年3月底完工，4月底完成整体调试运行。二标段杭州滨江区江南大道沿线及时代高架以西沿江楼宇亮灯工程建设费用中标价2376万元，施工单位杭州金溢市政园林工程有限公司，2015年11月20日进场施工，2016年3月底完工，4月底完成整体调试运行。三标段杭州滨江区时代高架以东沿江楼宇亮灯工程（核心区块）建设费用中标价2148万元，施工单位杭州银龙实业有限公司，2015年11月30日进场施工，2016年3月底完工，4月底完成整体调试运行。联动区域11栋楼因2栋由业主自行建设，7月中旬完成总调试并开始试运行。钱塘江南岸、时代高架及江南大道的夜景亮灯工程2016年7月19日经由市亮灯监管中心、区发改局、区住建局、区城管局及相关专家组成的专家评审组评审，项目通过竣工验收。

【西兴立交亮灯工程】 项目北起钱江三桥，南至风情大道下桥口（临近建设河），东接七甲河，西至江南大道下桥口（临近西兴路），全线长7千米，主要为立交桥的景观照明，包括主桥和引桥的景观照明，总投资4510万元。2015年9月，主任区长办公会议纪要〔2015〕12号文件同意西兴立交亮灯工程设计方案及招标方案。项目设计单位浙江城建园林设计院有限公司，施工单位江西锦宇建设集团有限公司。工程2015年10月底进场施工，2016年3月底竣工，4月底完成整体调试运行，5月24日完成预验收，7月19日，经由市亮灯监管中心、区发改局、区住建局、区城管局及相关专家组成的专家评审组评审，项目通过竣工验收。

【道路照明智能化监控与节电系统】 项目涉及全区120条道路、1.16万杆共1.79万盏路灯的LED智能化改造，LED灯具替换功率为1904千瓦，全区路灯综合节电率为62.8%。2015年11月开始施工，项目监理单位浙江正业项目管理有限公司，第三方检测公司为SGS通标标准技术有限公司。2016年6月，完成全部建设内容并投入使用。12月20日，经由市亮灯监管中心、市路灯管理所、区财政局、区住建局、区城管局及浙江大学专家组成的评审组评审，项目通过竣工验收，运行状态稳定。

【景观亮灯智能化控制系统】 2015年11月，滨江区景观亮灯智能化控制系统PPP项目开始施工，项目监理单位浙江正业项目管理有限公司。项目共安装调试“一把闸刀”控制器415个、摄像头12个，监控室机房设备3台及监控大屏18块；铺设、连通和调试光纤17条。2016年6月，完成全部建设内容并投入使用。12月20日，经由市亮灯监管中心、市路灯管理所、区财政局、区住建局、区城管局及浙江大学专家组成的评审组评审，项目通过竣工验收，运行状态稳定。

【夜景亮灯工程新增亮部分】 项目涉及钱塘江南岸沿线9组43栋楼宇和江南大道沿线24组57

钱塘江南岸夜景亮灯工程　　（区城管局　供图）

栋建筑楼宇，总投资2833.48万元。2016年3月21日，《区峰会亮灯工程工作专题会议纪要》明确项目内容。工程3月底开工建设，5月底完工，6月底完成整体调试。8月10日，经由区发改局、区住建局、区城管局及相关部门组成的专家评审组评审，项目通过竣工验收。

（汤　炜　戚佳楠）

河道养护

【概况】 2016年，区城管局实施张家西直河河道清淤，华家排灌站引配水预处理工程，7条河道生态治理；开展12个城市住宅小区雨污分流工作；完成219个晴天入河异常排水口整治。

【清水入城】 2016年1—6月，为解决钱塘江配水浑浊问题，区城管局投资147万元，实施华家排灌站引配水预处理工程，处理后河道水质透明度达1.2米以上。利用原已停用的浦沿自来水厂，钱塘江水经过絮凝处理后每日可多配2万吨清水入河道。

【河道绿化】 2016年3—6月，区城管局投资120万元，开展冠山河、新浦河、花园徐直河、许家河、小砾山输水河、汤家河等30条河道周边复绿工作，共复绿4万平方米。建立水质突变应急仓库1座，占地2000平方米，可储存药物50吨。4—11月，区城管局投资185万元开展河道边设施维修、更新工作，修复街道河、十甲河、解放河等6条河道破损游步道3500平方米；更换街道河、汤家河破损护栏400米；更换建设河沿岸座椅70张；修复解放河风情大道河道驳坎600米。

【河道清淤】 2016年5—7月，区城管局投资485.2万元，开展张家西直河清淤工程。由杭州市城建设计研究院有限公司设计，高运控股集团有限公司施工，浙江正业项目管理有限公司监理，清淤1210米，清除淤泥1.48万立方米。

（谢涵聪）

三改一拆

【概况】 2016年“三改一拆”“无违建”创建工作进一步向纵、深推进。通过区领导和部门联系“三改一拆”工作制度、街道三套班子成员联系“三改一拆”具体项目，建立街道征迁团队分片包干和社区“两委”班子分工包干制度及巡查制度、问责等制度保障“三改一拆”工作。至12月25日，完成“三改一拆”157.1万平方米，其中，完成旧住宅区改造1418户54.8万平方米，旧厂区改造37.5万平方米，城中村改造64.7万平方米，拆除各类违法建筑1.04万处203.4万平方米。完成彩钢房整治133.58万平方米，其中，拆除81.08万平方米，整改52.5万平方米。

加快推进安置房建设，至12月30日，安置拆迁户1616户，其中，西兴街道449户、长河街道780户、浦沿街道387户。强化拆后土地利用管理，全年，完成项目征迁地块84处，交地222.47公顷。落实建设项目66个，土地面积2.04平方千米，土地利用率83.5%。围绕“打开围墙、不见黄土、见绿见景”“宜绿则绿，宜建则建”原则，对未利用土地建设临时公共设施与临时覆绿。年内，投资2272万元，完成164万平方米的地块覆绿；在地铁滨康站、西兴站、西兴集镇周边、江南实验小学附近、西兴路闻涛路口等处已拆迁地块上新建14处临时停车场，新增停车泊位2600个。

推进“无违建”创建工作，新违建“零容忍”即查即拆。强化一线巡查防控，建立各街道属地管控和部门联动网格式查违控违巡查员队伍，配备快拆组，分成3～4个组，每组负责4～5个社区，每个社区配2～4名巡查员，做到对新建、在建的违法建筑当场拆除。至年底，即查即拆违法建筑249处1.5万平方米。坚持专项拆违和拆迁促拆违相结合、拆违和腾退清理相结合，有序推进违建出租房的整治、拆除，共拆除违建出租房5240处67.18万平方米。加强小区违建管控力度，对进出小区的建筑材料落实严格的监管措施，并实行物管小区发现报告制，拆除安置小区违建2333户6.9万平方米，缤纷小区违法建筑376户1.1万平方米，滨康小区违法建筑381户1.4万平方米，迎春小区违法建筑620户2万余平方米，马湖小区违法建筑123户7542.32平方米，滨安小区违法建筑81处1813平方米，长江小区违法建筑318户4911

平方米，滨兴小区414户9306平方米，江虹小区违法建筑20户436平方米。以拆违促拆迁，在水电、江一、江二、江三等整村成片拆迁过程中，共发放拆违文书302份，拆除违法建筑105处2.6万平方米。

统计并上报旧住宅区改造、旧厂区改造、城中村改造、拆除违法建筑等情况周报53份，签发整改抄告单17份。2016年，滨江区被浙江省人民政府评定为2016年第三批"无违建创建先进区"，被杭州市人民政府评定为2016年"三改一拆"行动优胜单位、"无违建"创建优胜单位、彩钢房（棚）专项整治优胜单位。（王　瑾）

【整村拆迁】 2013年4月1日，区政府办公室下发《关于加快村级集体经济组织留用地开发实施村级集体经济"五年倍增计划"的意见》，鼓励实施整村拆迁整村交地。2013年，完成交地172.67公顷，拆迁1320户，拆迁面积71.1万平方米。2014年，全区完成拆迁1554户，交地188.07公顷，完整交地项目54个。实施七甲闸社区、江二社区、岩大房社区、东冠社区、星民社区、傅家峙社区6个社区的整村征迁，基本完成了七甲闸、岩大房、傅家峙社区的整村拆迁。2015年，全区完成交地225.62公顷，拆迁2354户，拆迁总面积131.6万平方米；基本完成襄七房社区、共联社区、协同社区、江二社区、汤家桥社区、东冠社区6个社区的整村拆迁，完成完整有效交地项目81个。2016年，全区完成交地260公顷，占年度任务195%，拆迁3506户，是年度任务234%，拆迁总面积227.2万平方米。基本完成马湖社区、西兴社区、江一社区、江三社区、长二社区、汤家井社区、长河社区、山一社区、冠一社区9个社区的整村拆迁。完成完整有效征迁项目44个，包括奥体博览城配套整治工程、地铁5、6号线开工站点、省属地块周边环境整治等G20杭州峰会保障项目及西兴北单元中小学、青少年活动中心、省属单元学校、永久河环境整治等民生保障工作和重要产业项目以及部分村级留用地项目的实施。至2016年底，全区29个行政村除山一、东冠、联庄、浦联、新生5个社区外，全部基本完成或启动整村拆迁。（韩卫东）

【缓拆违法建筑专项整治】 按照2015年10月19日浙江省"三改一拆"行动领导小组办公室下发《关于严格依法处置缓拆违法建筑的通知》要求，同年10月31日—11月30日，滨江区开展全区缓拆违法建筑专项整治排查。经排查，全区共有缓拆违法建筑16处，占地面积9750平方米，违建面积9910平方米。2015年11月30日—2016年3月31日，区相关部门会同街道实施集中整治，16处缓拆违法建筑全部完成拆除。2016年6月18日，滨江区通过杭州市"三改一拆"办专项考核验收。

【彩钢房（棚）专项整治】 2016年2月29日，杭州市"三改一拆"办下发《杭州市2016年彩钢房（棚）专项整治行动方案》；3月1日，滨江区"三改一拆"行动领导小组下发《关于开展彩钢房（棚）专项整治行动方案》，开展彩钢房（棚）专项整治。分全面排查、全面整治、考评验收、组织回头看阶段、全面验收考核5个阶段，对全区范围内违法搭建、存在视觉污染和有碍观瞻的彩钢房（棚）建（构）筑物进行集中整治。以"属地为主、城管支持、并联认定、联合执法"为原则落实责任，至12月25日，全区共拆除各类违法彩钢房（棚）81.08万平方米，整改52.5万平方米。

【"两路两侧""四边三化"集中整治】 2016年4月12日，滨江区"三改一拆"行动领导小组下发《杭州市滨江区2016年"两路两侧""四边三化"问题专项整治实施方案》，在全区范围内的主要城市道路两侧、铁路沿线，市政道路开展集中整治。按照"全面普查、集中整治、分段验收"方式实施。至12月底，拆除江南大道、彩虹快速路（滨文路）、时代高架沿线违法建筑2321处29.2万平方米；江南大道沿线联庄社区、江二社区、江三社区违法建筑1010处12.75万平方米，其中：联庄社区拆除538处6.2万平方米；彩虹快速路、滨文路沿线（长一社区、长二社区、长河社区、冠二社区）违法建筑707处8.8万平方米；时代高架沿线（江二社区、江三社区、长一社区、山一社区）违法建筑304处3.9万平方米。"两路两侧"“四边三化”省定任务15处，全部完成整治；铁路沿线自查点位45处，全部整改完成；江南大道等14条主要道路完成街容环境提升和街容美化。江南大道绿化环境整治工程和江南大道路面改造整治工程，改造路面8.9千米，整治提升建业路口、长河路口时代高架以东江南大道中分带等绿化带；江晖路机动车和非机动车隔离带种银杏树打造成银杏大道，江陵路人行道种北美枫香树形成北美枫香之路，闻涛路种上2000余株樱花，建成6.4千米的樱花大道。

【"三改一拆"测绘地理信息系统】2016年8月2日，浙江省"三改一拆"行动领导小组办公室下发《关于启用浙江省"三改一拆"测绘地理信息系统的通知》，同月28日，区城管局、区国土分局分别指导街道，启用浙江省"三改一拆"测绘地理信息系统。此系统通过无人机航拍和"微信端"GPS定位图片，进行现场数据（图像）采集，拆违、改造、利用项目面积大于或等于1000平方米的，通过无人机航拍报送图片信息，包括拆前、拆后（含利用）全景图一张，东南西北方位图各一张；拆违、改造、利用项目面积小于1000平方米的，采用微信端拍摄上传图片信息，微信端用户下达乡镇，可实时录入项目信息。通过数据采集将每个拆违、改造、利用项目在地理信息系统中定位，做到信息管理有数字、有图片、可定位、可对比、可统计，确保拆改用的统计与实际相符，防止弄虚作假、虚报多报。

（王　瑾）

建筑业

【概况】2016年，全区共有建筑业企业213家，其中：建筑施工企业174家（特级资质3家、一级资质22家、二级资质53家，三级及劳务96家），园林绿化企业35家，监理企业4家。2016年，区住建局核发施工许可证54件，受理建筑企业延续资质25家。园林绿化企业新申报、延续15家，变更、遗失补办356次；省、市受理新申报、升级纸质申报资质16家，杭州市网上申报资质12家。按照杭州市扶持建筑业发展相关意见要求，全年服务企业开具外出施工诚信证明600次，受理劳务企业备案8次，劳务人员备案1.13万人次。

2016年，完成建筑业产值484.71亿元，比上年增长18.61%；合同额853.06亿元，增长17.09%；实现利润总额14.13亿元，增长29.28%；出省施工产值100.10亿元，增长20.49%；工程结算收入363.40亿元，增长0.5%。主营业务税金及附加4.84亿元，下降53.99%。总产值位列杭州市前三名，增长率排杭州市第一名。

全年，受理二级建造师延续注册392件，一、二级建造师初始注册242件，增项注册52件，注销注册56件，遗失补办38件，变更注册368件。完成招投标项目876个，总中标价98.7亿元，其中，200万元以上大型招投标项目326个，概算价104.85亿元，中标金额96.06亿元，面积303.66万平方米。200万元以下小型项目550个，中标金额2.6亿元。完成51个设计、勘察等项目的直接发包备案，173个电力、通信等特殊行业直接委托备案，21个非国有企业施工及监理后置备案。指导区建筑业协会开展三类人员新申报证书326本，变更269本，延期908本，遗失补办6本，注销7本，打印证书1503本。组织施工员、质检员、资料员、材料员、安全员继续教育培训3次，1637人次参训。完成2850条注册建造师、企业资质信息的审核上报。

编制下发《滨江区建设工程施工管理文件汇编》，印制《滨江区建设工地文明施工标准化图例》，统一施工现场安全管理、文明施工的具体标准，全面推动施工质量管理标准化。每季度组织250余个建设、施工、监理负责人召开安全生产工作会议，全面落实企业主体责任，加强施工现场安全隐患及危险性较大分部分项工程的监管。全年，开展施工现场安全隐患大排查大整治、安全生产大检查、临时工棚专项清理整治、消防安全零点行动等专项行动12次。

【企业转型升级奖励】2015年9月，为切实提高全区建筑业企业综合实力和竞争力，促进企业转型升级，更好地发挥建筑业在滨江区经济发展、城市建设和社会责任中的作用，打造产城融合的创新型城区，区政府制定下发《关于加快推进建筑业转型升级的实施意见（试行）》（区办〔2015〕19号），2016年开始正式落实奖励政策。根据文件有关规定，区住建局对区建筑业企业2015年度在科技创新、创优夺杯、做大做强、资质上等级、开拓市场5个方面依据每个企业2015年度的建筑业产值、财政税收以及企业创优创杯等情况进行分类汇总。2016年7月，通过区长办公会议决定对浙江中南建设集团有限公司、杭州萧宏建设集团有限公司、浙江省第一水电建设集团股份有限公司、杭州兴耀建设集团有限公司等14家建筑业企业进行奖励，共奖励757.15万元，与杭州市其他城区的奖励金额基本持平。同时，根据文件中符合年产值超过10亿元，且对区贡献500万元以上的建筑业企业由区政府授牌命名为"滨江区建筑业龙头企业"的规定，授予浙江中南建设集团有限公司、杭州兴耀建设集团有限公司为"滨江区建筑业龙头企业"。

【统一临时工棚搭建标志色彩】 2016年1月26日，为全面提升建设工地文明形象，立足实际，区住建局编制工棚搭建新标准，下发《关于建设工地临时用房搭建标准的通知》。3月，区住建局制定下发《建筑工地施工围墙设置标准》，印制《滨江区建设工地文明施工标准化图册》。标准规定，全区新建工地临时工棚必须采取铁灰色四面坡、特灰色、琉璃瓦的屋面造型，扮靓城市"第五立面"；办公用房外墙设置为深咖色、宿舍用房外墙设为灰白色；办公室、生活区要合理设置排水系统和绿化；工地新建围墙必须采用灰色琉璃瓦压顶、设透窗、辅以传统中国画，彰显江南特色。全区所有工地均按《杭州市城市建筑屋面整治与管理导则》要求，在规定时间内将原有的红色、蓝色等高艳度色彩全面更换为灰色，统一建设工地临时棚屋面标志色彩。至12月，推动全区27个工地项目搭建江南园林式的临时用房，36个工地搭建白墙黑瓦的江南风格围墙，成为城市靓丽风景线。

【资质换证】 2016年1—6月，根据《关于换发新版建筑企业资质证书的通知》（杭建市发〔2015〕574号），滨江区完成116家建筑业企业含170项部、省、市受理资质的换证及35家一体化企业换证工作。

【建筑行业违法行为检查】 2016年，区住建局发挥建设行业监管职能，对建设企业违法违规行为进行检查，依据《杭州市建筑业现场与市场联动管理办法》《杭州市建筑市场主体信用管理办法》《建筑市场主体信用记录记分标准》《建设市场主体和从业人员提示信用记录认定与扣分标准》等相关规章制度予以相应处罚。同时加强信用体系建设，各有关部门互相配合，将工程招投标、质量安全监督检查、竣工验收等环节联系起来产生互动，实现市场与现场的联动管理。对企业及人员进行动态管理，将信用信息更新融入到企业招投标、安全生产等市场活动当中，加强对工程建设项目实施情况和主体及个人的市场行为监督，规范建筑市场各方主体及个人行为。区住建局市场科联合工程科、建筑工程质量安全监督站对未申领施工许可证先行开工等违法行为依法予以行政处罚，对涉及未取得施工许可证及其他前置手续而提前开工的7个建设单位做出行政处罚，累计罚款235万元。落实黑名单制度，对4家违反《加强建筑业现场与市场联动管理的若干意见》，施工现场不认真履职的施工及监理单位进行通报批评。

【工地标准化创建】 2016年2月19日，滨江区建筑工程质量安全监督站印发《创建文明工地 争做文明市民倡议书》1000份，发放工地项目部，张贴于工地现场，号召全体职工共同参与到工地标准化创建工作。制作150块滨江区建设工地文明施工管理责任公示牌，发放98个在建工地，悬挂于工地主要出入口，将工程责任单位名称、负责人姓名、电话，主管部门投诉电话，每天卫生保洁情况及文明工地创建标准等进行公示，工地工人、周边群众发现此工地有未达到创建标准的行为，可按照公示牌上标明的联系方式反映，或直接向滨江区住建局质安站投诉，对反映存在的问题及时进行处理。全面启用"杭州市建设工程现场人员实名制管理信息系统"，实行建筑工地实名制管理。3—12月，全区140

个项目参与实名制管理，累计进场人员1.2万人次，通过实名制的项目79个，实名制备案人员8326人次，通过率达100%。

【工程现场人员实名制管理】 2016年3月1日，根据《关于推进建设工程现场人员实名制管理的通知》（杭建市发〔2016〕39号）规定，进一步加强工地人员管理，落实建设工地实行实名制管理的政策，要求未竣工项目的人员进出场全部刷身份证，实现从网上动态监管工地务工人员。至12月底，全区79个项目完成实名制备案，备案率达100%。

【工地扬尘整治】 2016年4月28日—9月20日，区住建局先后组织工地扬尘整治调研3次，研究建设工地基础阶段、主体阶段、装饰阶段的扬尘整治工作难点，制定“两化一覆盖”的扬尘源控制工作标准、“三动三不动”六位一体的喷洒水降尘工作标准，要求在全区92个工地、17个基坑项目全面推行。采取网格化管理的原则，先后出动349人次，对全区92个建设工地扬尘控制工作进行4次全覆盖督查，发现问题316个，提出整改意见512条，有效控制了建设工地扬尘污染。

【推进新型建筑工业化发展】 2016年7月4日，杭州市政府办公厅批转市建委提出的《2016年杭州市新型建筑工业化项目实施计划》，明确滨江区2016年新型建筑工业化工作目标任务，区委书记詹敏作出批示要求。8月，根据市建委文件及区领导的批示，滨江区启动工业化项目实施工作。成立新型建筑工业化工作领导小组，拟定《滨江区推进新型建筑工业化工作方案（征求意见稿）》。10月，区政府组织财政局、发改局、住建局、教育局、城管局、国土分局、建管中心等部门40余人到杭州市大江东参观远大集团的生产基地预制构件的生产及操作流程，到杭州市拱墅区参观远大集团吊装预制建筑部品构件拼装形成房屋结构的施工现场。至12月底，完成新型建筑工业化报表工作、新型建筑工业化项目开工建筑面积20万平方米的任务。

【深基坑工程安全隐患排查】 2016年7月9日，区住建局组织8名工作人员组成2个检查组，对全区17个深基坑施工阶段的项目进行专项检查，全面排查在建深基坑工程的安全隐患，对3个项目存在的基坑边坡有堆载、基坑位移监测不及时的情况提出整改要求，责令其立即整改。至12月，出动168人次开展安全隐患分项排查，检查工地532家次，发现问题1862个，提出整改意见3196条，下发整改通知书796份，停工整改单33份。

【招投标秩序管理】 2016年12月，区住建局修改、完善监理价格放开招标办法。对3家投标过程中疑似围标串标，扰乱市场行为的投标企业及2家在招投标中出现严重错误的招标代理进行信用扣分，对2家弄虚作假投标企业进行全区通报批评，处理招投标投诉2起。

（应晓奇　吴毅玲）

房地产业

房产管理

【概况】 2016年，滨江区发放预售证20本，总建筑面积40.39万平方米，其中，商品住宅25.19万平方米。预售商品房成交1.11万套，成交面积100.42万平方米，比上年分别增长51.77%、44.3%。其中，商品房住宅成交3901套，成交面积48.88万平方米，分别下降11.04%、1.89%；商业地产成交7211套，成交面积51.46万平方米（写字楼42.53万平方米、商业用房8.93万平方米），分别增长148.4%、163.49%。商品房成交均价为2.37万元每平方米，增长8.05%，其中，商品房住宅成交均价为2.61万元每平方米，增长14.57%。二手房成交7306套，成交面积86.2万平方米，成交均价2.02万元每平方米，分别增长25.75%、23.57%、19.55%。其中，住宅成交6652套，成交面积81.38万平方米，成交均价2.05万元每平方米，分别增长22.98%、22.93%、20.77%。

加强直管公房安全防范，全年，走访公房住户6.43万户次，维修公房285户次，维修面积2.69万平方米。完成直管公房服务性项目外包招投标工作；完成8户非住宅的拍租工作（建筑面积508.7平方米)。对直管公房进行安装智慧消防安全远程监控系统,完成安装智慧消防报警器297户,烟感报警器339户。

【水电社区产权房收购】 2016年1月10日,根据区委、区政府的工作部署,以2015年8月和12月开展的全体居民民意调查为基础,发布《水电社区产权房住宅收购政策纲要》,在西兴街道启动收购工作。西兴街道水电社区是单位型社区,2002年8月成立,总面积44.67公顷,是滨江最早成立的社区之一。辖区范围内国有土地上有成套住宅楼40幢901套,总建筑面积5.79万平方米。2015年8月开始收购工作,西兴街道开展“双领”活动,下设5个临时党支部、9个工作团队、8个工作组包区包幢领项目,社区党员包户包人领任务,分工明确,互相协作。至2016年7月,住宅签约876户,完成率97.23%,住宅房屋全部完成腾空并拆除。5家企业中签约3家,836户集体宿舍居民全部完成腾空搬迁,企业所属房屋全部拆除,土地完成移交,其余2家企业完成房屋拆除工作,按时完成水电区域产权房收购工作目标任务。

【房地产形势分析工作会议】 2016年3月24日,在区住建局召开滨江区房地产市场形势分析工作会议,10余家房地产企业参加会议。会上,局领导分析房地产企业当前现状,传达《杭州市人民政府办公厅关于进一步促进房地产市场健康稳定发展的通知》相关政策。会议强调,要配合处理房地产企业提出的发展中遇到的问题和困难,进一步深化和完善各项制度,及时沟通,防止出现市场过热和其他影响区域稳定的突发事件发生,对加强房地产开发企业信息平台的监管工作进行部署。

【房地产经纪市场专项检查】 2016年7月12日,根据《关于开展房地产经纪市场专项检查的通知》(杭房局〔2016〕150号)要求,区住建局对全区85家房地产经纪机构及其分支机构开展全面检查。重点围绕房地产经纪机构是否有发布虚假房源信息的行为、是否有代理四种不得出租房屋的行为、是否履行向公安机关报告义务的行为开展。专项检查其间,发放自查意见表85份,10余家从事租赁业务和二手房买卖业务的、签约放在总部实施的、未办理备案的经纪机构门店,要求其补办备案手续。至10月,相关经纪机构按照要求提供备案所需的材料,备案手续补办齐全。

【智慧消防烟感报警系统】 2016年10月,为提高自身消防安全管理和防控措施,将消防安全隐患消除在萌芽状态,通过政府采购,与浙江大华技术股份有限公司合作等形式,在区直管公房内安装智慧消防电气火灾报警器314户和烟感报警设备379户。至12月,区住建局走访全区承租户6.43万余人次,维修公房285户,累计维修面积2.69万平方米。 (钱 轶)

住房保障和管理

【概况】 2016年,区住建局受理市级保障性住房各类业务1066件,公共租赁住房申请实物配租918户,货币补贴47户3.3万元,资格续审40户。廉租住房新申请5户,货币补贴25户32.07万元。年审29户,注销2户。

保障房配租有序推进,根据创业人才公寓二期分配方案迅速启动分配工作,2016年,创业人才公寓配租1525套。

【创业人才公寓配租】 2016年1月1日,区住建局根据区政府《关于印发杭州高新区(滨江)创业创新人才公寓配租实施办法的通知》开展区级公共租赁房的配租工作,至12月底,创业人才公寓受理3370人,合计入住1525套,配租率为74%。

【公租房受理】 2016年6月27日,根据全市统一部署,滨江区启动市级公共租赁住房受理工作,推出实物房源西兴、长河2个街道3个商品房配建项目776套,作为区级保障房的补充,至12月,受理1060人次的申请。

【公租房入住备案】 2016年12月1日,根据杭州市住房保障和房产管理局《关于摸查辖区内公共租赁住房分配入住情况的通知》精神,区住建局对全区公共租赁住房的分配情况进行调查摸底,掌握区内公共租赁住房入住率,开展公共租赁住房动态

备案工作。至月底，完成备案2975套，完成率97%，列杭州市第三位。（徐珊珊）

物业管理

【概况】2016年，滨江区实施专业化物业管理项目165个，其中，住宅小区88个，非住宅项目78个，管理面积2800余万平方米。物业服务企业121家，其中：一级资质35家，二级资质20家，三级资质66家（含暂定三级）。全区27个项目被评为市物业管理优秀住宅小区（大厦），6个项目被评为省级物业管理示范住宅小区（大厦），5个项目被评为全国物业管理示范住宅小区（大厦）。

2016年，区住建局收缴印月尚庭、春江郦城等22个项目的物业维修金1.53亿元、物业保修金9365万元。按照《浙江省物业专项维修资金管理办法》中的专项维修资金使用要求和使用申请流程，审核同意钱塘春晓、白金海岸、风雅钱塘等58个项目，使用维修金1422万元。

登记丙类房屋13幢（处），其中，C级危房为9幢（处），D级危房为4幢（处）。根据排查情况，对列入征收及整修计划的房屋进行梳理分类，翔实记录。完成国家三级物业服务企业资质核准34个，其中：延续1个，新申请11个，核定6个，逾期新申请8个，变更6个，资质注销2个。办理预售商品房物业管理用房缴交4个，竣工物业用房缴交16个，单一产权物业用房暂缓缴交28个，物业管理区域划分6个。

2016年，物业科处理信访案件1400件（不包括窗口住户来信、来访、来电），回复及时率100%；联动“110”平台12件，全部按时办结。

【危旧房整治三年行动计划】2016年5月5日，市住房保障和房产管理局下发《关于下发杭州市城镇危旧住宅房屋治理改造计划的通知》（杭房局〔2016〕91号），至10月，全区完成危旧房整治三年（2015年—2017年）行动计划任务。共整治丙类房屋12幢（处），拆除丙类房屋1幢（处），是全省最早完成危旧房整治三年行动计划的城区之一。

【消防技能比武】2016年6月14日，由区住建局、区消防大队联合主办，区物业协会、杭报集团看看浙江网联合承办的“护航G20，安全文明我先行”暨滨江区物业管理消防大比武动员大会在区住建局举行，50余家物业企业200余人报名参赛。7月2日，在博文小学举行“兴耀杯”消防技能比武大赛。比武设单人手提4KG干粉灭火器50米油桶灭火、双人3盘水带连接、3人×100米接力三大项目，涵盖日常消防工作的重点环节、重要节点和消防从业人员的基本技能，具有很强的针对性和实战性。区住建局、滨江消防大队、公安滨江分局等11家协会主管部门及顾问单位领导和区物业管理协会领导班子、党员代表、一线基层员工及爱心志愿者代表共360余人观赛。比赛设1～10名团体奖，杭州名流物业管理有限公司获团体赛第一名。

【业主委员会换届】据中华人民共和国住房和城乡建设部2009年12月1日下发的建房〔2009〕274号《关于印发〈业主大会和业主委员会指导规则〉的通知》，业主委员会由业主大会选举产生，由5～11人单数组成。履行业主大会赋予的职责，执行业主大会决定的事项，接受业主的监督；业主委员会委员实行任期制，每届任期不超过5年，可连选连任。业主委员会应当自选举之日起7日内召开首次会议，推选业主委员会主任和副主任。2016年7月4日，浦沿街道之江社区召开临江花园业主大会，1412户业主投票，对临江花园小区业主委员会进行换届，选举产生9名委员，男性占67%，文化程度本科及以上占78%，党员占44%。9月7日，浦沿街道东信社区召开钱塘山水业主大会，1093户业主投票，对钱塘山水小区业主委员会进行换届，选举产生5名委员，党员占80%，文化程度本科及以上占60%。同月24日，浦沿街道新浦社区召开浦沿公寓业主大会，36户业主投票，对浦沿公寓业主委员会进行换届，选举产生5名委员，年龄分布以“60”后为主，占60%，文化程度为高中的占60%。10月19日，浦沿街道东信社区召开积家业主大会，914户业主投票，对积家小区业主委员会进行换届，选举产生7名委员，文化程度本科及以上占100%，年龄分布以“80”后为主，占86%。12月8日，西兴街道温馨社区召开钱塘春晓花园业主委员会，1067户业主投票，对钱塘春晓花园业主委员会进行换届，选举产生7名委员，女性占57%，最高学历为博士，党员占43%。

【物管优秀项目考核】 2016年9月20日，市物业协会到滨江区进行物管优秀项目考核。中恒世纪科技园、省疾控中心大楼、阿里巴巴B2B滨江园区3个物业管理项目接受2016年市物业管理优秀住宅小区（大厦）复评检查，中海寰宇天下、银丰大厦、智汇中心、半岛水岸华庭4个物业管理项目接受考评检查。经杭州市物业协会组织专家组对项目进行逐项考核，12月30日，市物业管理协会公布2016年度市优复评及市优项目名单，区7个项目通过检查。2017年3月31日，市物业管理协会授牌“杭州市物业管理优秀大厦”“杭州市物业管理优秀住宅”称号。

（莫燕萍）

住房公积金管理

【概况】 2016年，杭州住房公积金滨江管理部新开户单位1422户，新开户职工1.03万人。全年缴存额13.54亿元，比上年增长3.55%；提取额11.49亿元，增长1.74%。滨江管理部支取住房公积金11.49亿元，其中，离退休人员支取4195万元，购买自住住房支取6451万元，用于偿还购房贷款本息支取8.44亿元，非本市户籍离职支取1.32亿元，租赁支取2950万元。

（钱晓芸）

安置房建设

【概况】 2016年2月6日，根据《关于印发2016年政府为民办实事工程实施方案的通知》（滨政办〔2016〕2号），区建管中心年度目标任务开工建设新生、浦联、杨家墩、汤家桥、塘子堰、长一等区块农转居拆迁安置房50万平方米，力争再开工建设岩大房、长二、西兴等区块30万平方米，竣工30万平方米；交付20万平方米，安置1200户；实施3个农转居小区（苑）环境整治提升工程。至12月31日，建管中心完成开工建设农转居安置房50.54万平方米，其中：安置杨家墩社区11.23万平方米，新生社区11.53万平方米，冠二社区20.2万平方米，浦联社区7.58万平方米。竣工34.3万平方米，其中：江一社区15万平方米，岩大房社区5.8万平方米，协同、共联、西兴社区13.5万平方米。交付20.4万平方米，其中：缤纷东苑13.5万平方米，火炬小区5.8万平方米，七区块配套用房（滨康小区）1.1万平方米。安置1616户（面积38.69万平方米）。完成缤纷北苑、迎春小区、滨兴小区3个小区环境整治提升工程，办理安置房小区房产总证4835套。

【安置房项目代建】 2015年11月24日，主任区长办公会议纪要〔2015〕16号明确耀洋地块和十三区块三期按代建方式先行实施。2016年，开工安置房项目九区块扩面（耀洋地块一期）、十三区块三期由绿城房地产集团有限公司承接工程代建管理。十三区块三期工程3月21日开工建设。位于滨江区浦沿街道浦联社区，北侧为鸡鸣山路，南侧为浦乐路，西侧为滨浦路，东侧为西浦路，总用地面积2.23万平方米，总建筑面积7.58万平方米，其中，地下建筑面积2.97万平方米，立项批复总投资3.49亿元。规划建设地上5幢主楼为22层至25层高层建筑，1幢垃圾收集站。居住户数394套，其中：50平方米134套，80平方米42套，100平方米88套，120平方米42套，150平方米88套。地下为二层停车库，汽车停车位636个，非机动车停车位904个。绿地率占总面积30%。至12月31日，完成桩基检测，同步进行土方开挖与基坑监测。九区块扩面（耀洋地块一期）工程，11月24日开工建设。位于浦沿街道新生社区，闻涛路以东，七甲路以南，规划支路以北，总用地面积2.77万平方米，总建筑面积11.53万平方米，其中：地上建筑面积7.12万平方米，地下建筑面积4.41万平方米，立项批复总投资5.27亿元。规划建设7幢28层～30层高层建筑，居住户数561套，其中：50平方米169套，80平方米29套，100平方米140套，150平方米223套。二层地下车库及2幢多层配套公共建筑组成，停车位921个，非机动车停车位4785个。容积率2.49，绿地率占总面积30%。至12月31日，完成桩基进场施工。

【回迁安置清零】2016年6月20日，滨江区政府办公室关于印发《2016年滨江区回迁安置“清零专项计划”》的通知，对滨江区安置清零工作提出“加快回迁安置，减少在外过渡户和存量房源”的工作要求。建管中心将全区计划安置4920人，其中，超期过渡1570人（含超5年430人）任务分解到各街道，建管中心，街道、社区三级联动完成目标任务。除先签约先选房、定向安置、缩面安置等常规安置外，推出“跨区块调剂房源”特色创新项目。至12月底，调剂房源388套4.66万平方米；完成购房资金结算2067户，审核过渡费等资金2.24亿元。累计安置6822人3636套38.69万平方米，完成目标任务139%。其中，超期过渡人口2276人1239套11.88万平方米，完成任务目标145%。5年以上（含5年）超期过渡人口754人414套3.92万平方米，完成任务目标175%。

【货币化安置政策调研】2016年10月19日，《杭州市人民政府办公厅关于印发杭州市征收集体所有土地住宅房屋补偿货币化安置指导意见的通知》（杭政办函〔2015〕140号），提出2017年1月1日起实施的被征收户和经批准同意的非征收户（自愿申请收购户）可以实行货币化安置，具体办法另行制定。按照通知要求，区建管中心会同滨江国土分局，前往西兴、长河、浦沿3个街道和各征迁指挥部开展货币化安置政策调研，采取召开座谈会、专题会议、实地走访等形式，调研区货币化安置政策社会意见。12月20日，根据走访会谈结果，区建管中心制定《关于滨江区征收集体所有土地住宅房屋补偿货币化安置的通知（征求意见稿）》，向区内各职能部门、街道、社区和拆迁群众征求意见，共收到货币化安置的具体操作办法、货币化安置政策出台各项政策依据、理论数据等意见8条。（刘晓娟）

消防安全

【概况】滨江消防大队下辖浦沿、滨江2个中队。大、中队共有干部19人，士官11人，战士24人，文职21人。配备各类执勤消防车辆10辆，其中：灭火消防车5辆（水罐消防车2辆、泡沫消防车3辆），举高消防车3辆（32米云梯车1辆、30米高喷车1辆、28米高喷车1辆），抢险救援车2辆。执勤消防车灭火剂总装载量37.8吨，消防员个人防护装备58件（套），特种防护装备20件（套）（防蜂服、防化服、避火服、隔热服等），抢险救援装备器材10件（套）。

2016年，全区接警出动840次，其中：火警353起，抢险救援487起；调派消防车1310辆（次）、消防官兵8526人（次）；抢救被困人员92人，疏散69人。年内，全区发生火灾181起，比上年下降51.86%；直接财产损失61.9万元，比上年下降58.40%，无人员伤亡。滨江大队监督执法检查单位7648家，办理行政处罚案356起，拘留21人，临时查封99处，办理审核项目69个，验收项目48个，备案项目774个，安全检查212起，火灾调查37起。

【防控火灾能力培训】2016年4月上旬，为提升社会单位微型消防站的消防工作水平和防控火灾能力，滨江消防大队分10次对辖区286家消防安全重点单位的528名微型消防站工作人员开展消防巡查要点，常见火灾隐患，建筑消防设施的使用、初期火灾处置及注意事项等消防知识培训。培训期间，中队官兵现场演示如何快速穿戴战斗服、利用两带一枪操法迅速开展火灾扑救，并逐一指导微型站工作人员开展实践演练。

【安全百日攻坚专项行动】2016年5月31日—9月7日，在全区开展以出租房及合用场所、社会福利机构、人员密集场所、易燃易爆危险品场所、高层建筑、地下轨道交通、专业市场、消防控制室以及电气火灾和电动车火灾防范为工作重点的安全百日攻坚专项行动。消防大队出动监督检查8785人次，开展日常监督检查702次，检查单位3514家。发现和督促整改火灾隐患或违法行为各3893处，下发责令整改通知书1606份，下发行政处罚决定书122份，下发临时查封决定书55份，下发行政强制执行决定书5份，责令

"三停"单位25家,行政拘留5人,罚款104.86万元。

【研发VR火灾逃生模拟系统】 2016年6月,为突破消防宣传工作模式单一的瓶颈性问题,滨江消防大队出资4.5万元,委托浙江凡聚科技有限公司研发"VR火灾逃生模拟系统"。此系统通过模拟建筑物内部发生火灾的场景,还原真实立体的火场,让群众体验逼真的火灾逃生自救场景,更好地理解和运用所学的消防安全逃生技巧。9月,完成办公室、工厂、学校、大型超市四大场景的疏散逃生模块,并在"动漫节""119消防宣传月"及日常宣传工作中对外开放,体验群众500人次。

【灭火救援实战能力转型升级】 2016年7—9月,滨江消防大队对全区2200余个市政消火栓实施GPS定位处理,以便于车辆第一时间停靠水源。对286家消防安全重点单位实施数字化预案管理,基础信息全面翔实,调用方便快捷。依托交警部门和交通广播电台的共享资源,确保最优行车路线。15个社会单位微型消防站、10个社区微型消防站联网上线,实现统一指挥调度、工作部署和完成任务反馈的网上流转。灭火救援实战能力转型升级,实现了基础信息储存、社会资源共享和战警动态管理三大功能,智能作战水平得到提升。

【王成龙党员先锋队成立】 王成龙,31岁,拉祜族,时任杭州消防支队滨江中队指导员。2005年入伍至2016年,共参加各类重大火灾扑救和灾害抢险2000余次,救助社会群众300余人,荣立二等功3次,三等功3次;先后获浙江省优秀共产党员、省十大消防卫士、杭州"美丽警察"、杭州市十大杰出青年等称号。为进一步发挥基层党组织战斗堡垒和共产党员先锋模范作用,2016年7月1日,G20杭州峰会前期,大队组建王成龙党员先锋队,激励全体官兵向模范看齐,牢记使命、顽强拼搏,用实际行动全力完成好G20杭州峰会消防安全保卫攻坚战。

【灭火救援行动】 2016年9月13日2时43分许,滨江消防大队接到报警称杭州市滨江区江南大道4350号的杭州蒙托教育科技有限公司发生火灾,滨江消防大队立即调派浦沿中队2车12人赶往现场扑救,2时57分浦沿中队到火灾现场。到达现场时火势处于燃烧蔓延阶段,3时20分火势被控制,3时35分火势被扑灭。3时55分,浦沿中队处理完毕返回。此次火灾起火物主要为家电和电器等,过火面积200平方米,未造成人员伤亡。

【短信宣传消防安全知识】 为切实提升国民消防安全常识知晓率和群众消防安全意识,2016年11月18日,滨江消防大队投入2.5万元与中国移动通信集团公司签订《短信项目合作协议》,根据协议中国移动通信集团公司每日向消防安全重点单位负责人、管理人发送短信督促日常工作;每周向居住出租房集聚区的手机用户发送短信宣传消防安全常识;每逢重大节假日和火灾高发期,对大型综合体周边的手机用户群发特殊时期的消防安全提示短信,扩大消防宣传受众面,至12月底,共发送短信377次,受众300余万人次。 (施桢俊)

综　述

2016年，滨江区深化生态环保整治，推进"五气共治"，巩固无燃煤区建设，及时处理12台锅炉死灰复燃的问题。加强工业废气治理，对413家企业进行摸底排查。通过现场执法、集中部署等措施，54家汽车修理企业、32家印刷企业开展废气整治工作。制定《滨江区挥发性有机物污染防治专项行动方案》，完成1家印染行业定型机废气整治、3家喷涂行业VOCs整治、4家铸造企业关停、1家废气企业的搬迁。做好高排放车辆尾气治理，对全区186辆高排放车辆上门摸底调查核实车辆基本信息，推进高排放车辆淘汰和治理工作，全区有主有车可报废车辆全部完成淘汰任务。对全区50家机关、企事业单位食堂安装油烟在线监控系统，下发整改通知单35份，监测53家次。

加大环境影响评价管理和建设项目"三同时"的执行力度，环评执行率100%，新批建设项目329个，否决各类污染工业项目35个。开展排污许可证核发和年审，完成424家企业的排污申报，收缴排污费1800万元。开展"百日执法"行动，研究通过《滨江区环境执法百日专项行动方案》。开展加油站油气回收系统专项执法检查、汽修行业危废专项检查，查处各类违法案件24起。开展夜间执法行动9次，出动执法人员1800余人次，对无证小餐饮、无证小作坊、建筑工地等违法行为进行执法查处。　　（郑　祎）

环境质量

【概况】 2016年，滨江区贯彻实施新环保法，开展"五水共治""五气共治"，环境质量不断改善，基本实现各项环境质量控制目标。PM2.5年平均浓度52.5微克/立方米，空气优良率66.3%，分别较上年改善8.2%和4.3%。区域水环境质量稳步提升，交接断面水质稳定在Ⅲ类，高锰酸盐指数、氨氮、总磷三项指标均有改善，城市内河Ⅲ类以上水质较2015年提高19.6%，声环境质量现状良好。

【地表水环境质量】 2016年1—12月，按照《地表水环境质量标准》（GB3838-2002），杭州市环境监测中心站对北塘河江边排灌站、北塘河风情大桥2个交接断面开展12次（1次每月）的常规监测。监测结果表明，2016年，北塘河风情大桥断面高锰酸盐指数、氨氮、总磷三项指标分别为2.38、0.647、0.086，较2015年（高锰酸盐指数、氨氮、总磷三项指标分别为2.52、0.649、0.112）分别改善5.6%、0.3%和23.2%，水质稳定在Ⅲ类，其中，总磷和高锰酸盐指数达Ⅱ类水质标准。

【大气环境质量】 滨江区空气自动监测站点为国控监测站点，位于区政府楼顶，自动监测站对空气质量进行24小时实时在线监测。2016年1—12月，共监测366天，根据监测结果显示：PM2.5年平均浓度52.5微克/立方米，空气优良率66.3%，较2015年（PM2.5年平均浓度57.2微克/立方米，空气优良率62%）分别改善8.2%和4.3%。

【声环境质量】 2016年10月24日和10月28日，滨江区委托杭州市环境检测科技有限公司对滨江区声环境质量现状进行监测。设声环境现状监测点明月江南、塘子堰社区、华家庄新区、新生社区、滨康小区、风雅钱塘小区、莱蒙水榭小区、贺田尚城小区、浙江商业职业技术学院9处。根据监测结果，噪声来源主要是生活噪声和交通噪声，并一定程度受工业、商业等活动影响，除贺田尚城小区监测点属于一类声功能区外，其余监测点均处于二类声功能区，昼夜监测指标基本能满足《声环境质量标准》（GB3086-2008）中的二类标准，滨江区声环境质量现状较好。

环境综合治理

【概况】 2016年，滨江区开展工业废气整治，完成193家企业VOCs排放情况调查。深化“无燃煤区”建设，关停5家熔炼企业、1家锻造厂。推进黄标车淘汰，淘汰186辆高排放车辆、69辆老旧车。完成2家重点企业清洁生产审核，餐饮行业493家单位油烟净化器安装，50家机关、企事业单位食堂安装油烟在线监控系统安装。强化街道属地管理，落实环境监管网格化。

【餐饮油烟管控】 2015年11月，区大气污染整治工作领导小组办公室下发《关于滨江区机关企事业单位食堂油烟在线监控系统建设的通知》，在滨江区50家机关、企事业单位食堂安装油烟在线监控设备，对机关、企事业单位食堂油烟排放情况进行实时监控，作为企业污染物排放的执法依据。2016年3月16日，区住建局（环保）召开机关单位食堂油烟管理工作讨论会，会议明确机关单位食堂油烟净化器和油烟在线监控设备安装工作。12月，无锡大禹科技有限公司完成工程建设，工程总投资61.8万元。

【企业废气整治】 2016年2月25日，区大气污染整治工作领导小组办公室下发《关于核实滨江区涉气工业企业信息的通知》，对193家涉气工业、企业进行初步排查。5月，区住建局（环保）委托杭州市佳境环保科技有限公司采取电话沟通、现场核实、走访调查等方式对193家摸排清单内企业VOCs排放情况进行摸底调查，同时对企业的环保审批、验收以及危险废物委托处置执行情况进行了解、确认。7月1日，制定《滨江区2016年挥发性有机物污染防治专项行动方案》，采取9个方面16项措施降低臭氧生成的前体物VOCs排放。8月，完成19家市控企业、34家区控企业、169家VOCs排放企业、5家喷涂企业、82家汽车修理厂、45家印刷企业、59家干洗店摸底排查，建立了台账。

【黄标车淘汰】 2016年3月17日，区大气污染整治工作领导小组办公室下发《关于做好高排放车辆淘汰和治理工作的通知》，开展黄标车淘汰工作。同月24日，完成上报车辆任务数据核对。至年底，淘汰高排放车辆186辆，老旧车69辆。

【清洁生产审核】 根据2016年6月1日制定下发的《杭州市2016年大气污染防治实施计划》，祖名豆制品股份有限公司和杭州万事利漂染有限公司分别委托浙江科能企业管理有限公司和杭州卓立环保科技有限公司编制完成清洁生产审核报告，11月4日，区发改局、环保分局组织专家评审会，祖名豆制品股份有限公司和杭州万事利漂染有限公司2家企业清洁生产通过审核。

环境管理

【概况】 2016年，滨江区建设项目环境影响评价审批306个，因不符合规划、产业政策、总量控制等要求否决各类污染工业项目35个。严格排污许可证核发和年审工作，完成424家企业的排污申报工作，收缴排污费1801万元。

【科技化监管】 2016年3月7日，区住建局（环保）下发《关于加强工业企业环境监测工作的通知》，区控及其他重点污染源企业纳入区重点污染源监督性监测工作，对企业化学需氧量、氨氮、二氧化硫和氮氧化物等主要污染物排放监测每半年1次，在线系统有效性审核不合格企业，依据《杭州市污染源自动监控管理规定（试行）》的规定，由环保科负责后续调查取证和行政处罚工作。至12月，开展企业监督性监测工作36次，发现1家企业存在超标情况，立案处罚1.98万元。

环境监察

【概况】 2016年，区住建局（环保）出动执法人员1800余人次，开展汽修行业危废专项检查、夜间执法活动和加油站油气回收系统执法检查等专项行动9次。检查企业1000余家次，查处各类违法案件24起，处罚金额35.58万元。全年，处理各类环境投诉举报案件589件，其中，噪声类152件，大气污染类339件，水污染33件，辐射、固废、其他类污染65件，办结率100%。

【汽修行业危废专项检查】 2016年6月22—23日，区环保分局联合市环境监察支队开展汽修行业专项检查，重点检查汽车维修企业、4S等环保手续不全、污染防治设施建设运维不到位、污染物直排等违法行为。行动期间，出动检查人员68人次，检查企业17家次，立案查处14件，处罚21.4万元。 （李海媚）

污染减排

【河道水质检测】 2016年1—12月，区城管局对滨江区42条河道共83个断面进行每月1次共12次的水质常规检测，检测项目为水温、pH值、透明度、溶解氧、氨氮、高锰酸盐指数、总磷、五日生化需氧量，共获得监测数据6824个。监测数据表明，2016年河道水质以IV类、V类居多。在83个监测断面中，劣V类水23个，占27.7%；V类水33个，占39.8%；Ⅳ类水20个，占24.1%；Ⅲ类水3个，占3.6%；Ⅱ类水4个，占4.8%。 （谢涵聪）

五水共治

【概况】 2016年，滨江区完成风情河、张家西直河2条河道清淤，清淤量13.58万立方米，整治异常排口175个。完成15个城市小区截污纳管雨污分流整改工作及16个安置房小区截污纳管工程，建成华家排灌站清水入城工程、原浦沿水厂清水入河工程、西兴后河清水入河工程。完成华家排灌站、铁岭排涝站、江三排灌站二期建设和59千米管网清疏。新建雨水管网15.1千米，更换边井147个、支管1.06千米。破除封堵25处，检查井、边井清疏、雨水支管疏通234千米，落实在建工地管网整改13处，滨江源水备用工程完成建设并竣工验收。月明社区江南望庄小区成功创建2016年省级节水型居民小区。

【华家排灌站投入运行】 华家排灌站工程是滨江区“五水共治”及清水入城关键性节点工程，是滨江区首个现代化、智能化大中型排灌站。排灌站设计排涝流量40立方米每秒，取水流量10 立方米每秒（备用10立方米每秒），总装机容量2520千瓦，总建筑面积7890 平方米。总净孔18米，底板底高程1.0米，并建设堤顶交通桥1座（按公路Ⅱ级设计，宽25米，长50米）。工程位于浦沿街道，东至西浦路，南至龙山路，西至闻涛路，北至浦联路，钱塘江标准堤塘桩号K19+000处。工程2014年5月

华家排灌站 （区委宣传部 供图）

开工建设，总投资2.02亿元，设计单位钱塘江管理局勘探设计院。根据《杭州市滨江区行洪排涝规划》《杭州市滨江区引水配水规划》的要求，采用桩基础、开敞式平面布置穿越钱塘江标准堤塘。施工单位杭州萧宏建设集团有限公司，工程总投入2.02亿元。2015年11月，完成通水验收并试运行，2016年6月，全面完工投入运行。工程主要解决区域的内涝问题，达到20年一遇暴雨不受涝，同时承担取水任务，取钱塘江水用于农业灌溉及白马湖备用水源、内河河道水环境改善及水体置换，改善滨江区水环境。

华家排灌站通过位于华家排灌站内河侧的引水预处理工程实施“清水入城”项目，是滨江区实现“两进两出”的重要工程。2016年6月15日，华家排灌站引清水入城工程试运行，引配水质明显改善，通过水质预处理系统将钱塘江水经处理后水体透明度达2米以上，距离华家排灌站最近的新浦河、山北河透明度达1.5米以上。6月15日投入运行，最大引水预处理能力达20立方米每秒。7月18日，原浦沿水厂引清水入城工程完工，利用原浦沿水厂设施将自来水原水经沉淀净化处理后引入高教河、杨家墩河、许家河、汤家河，经过絮凝处理后每日可多配2万吨清水，有效缓解了此区块河道流水不通畅水质不稳定问题。8月20日，建成西兴后河引清水入河工程，每日可引配5000吨清水进入西兴后河，清水入城工程整体运行情况良好。

【河道清淤】 风情河河道综保工程由杭州西景市政建设有限公司、浙江天策市政园林工程有限公司、杭州纵达建设景观有限公司、浙江春江建设有限公司、杭州大地市政工程有限公司承建，并随河道综保的进程逐步展开各个标段的清淤工程。2015年1月上旬，风情河的月明路以北至建设河段清淤工程进场施工，2016年4月底，完成清淤9.8万立方米。新开河道后与北塘河、建设河组成“口字型”河网，活水净水，有利于滨江区东部地块的排涝。5月中旬，张家西直河清淤进场，工程涉及张家西直河（白马湖至铁路河一段），全长1.21千米，水域面积2.12万平方米，7月上旬，完成清淤1.98万立方米。至12月底，风情河、张家西直河共投入1073万元，完成11.78万立方米的清淤。

风情河清淤　　（区五水办　供图）

【东南片河网排涝工程】 2015年10月10日，由区城建指挥部负责建设，杭州水利水电勘测设计院有限公司设计，杭州萧宏建设集团有限公司施工的铁岭排涝站工程开工建设。工程位于滨江区滨安路跨花园徐直河交汇处的北侧，总投资3045.65万元。同年12月初，进入桩基施工；2016年5月下旬，闸门安装完成，主体闸室成型，进行机电设备安装，基本具备通水条件，7月6日竣工通水。工程采用地下室泵站形式布置，排涝流量为15立方米每平方米，利用潜水立式轴流泵达到排涝兼改善水环境的作用，提升滨江区东南片的河网排涝能力，完善区域整体防洪排涝功能。

【雨污分流改造工程】 2016年5月20日，区委书记詹敏主持召开区委常委会，会议决定，对于老旧小区（除安置小区外）中公共雨污分流设施的整改修缮问题，尤其是尽快处置钱塘春晓、温馨人家、瑞立中央花城、东方郡、江南豪园、铂金时代6个小区雨污混流等问题，改善小区周边河道水质，决定将6个小区雨污管网整改修缮列为抢险工程，由区城管局负责实施。同月下旬，区水务公司全面展开城市小区雨污分流、截污纳管工程。区城管局牵头组织街道、社区实施对小区阳台污水等因地制宜地进行雨污分流、管网改造，8月19日改造完成，确保了G20杭州峰会核心区块的河道水质安全。9月上旬，对陆续发现9个雨污未分流、污水管网破损的新州花苑、滨和花园、绿城月明时代、河畔花园、风情苑、彩虹城、江滨花园、太阳国际、连园等城市小区进行雨污分流改造，12月底分流改造完成，总投入775万元。阻止了污水因管网混接漏接流入河道，周边河道河面清洁，水质改善明显改善，水质均能达到V类水以上。

【入河排水口数字化标识】 2016年6月中旬，区城管局联合排水口排查单位开展入河排水口数字化标识专项工作。6月17日—8月30日，排查单位保定市长信地下管线探测有限公司采用物探和测绘方法完成滨江42条河道的所有排水口、雨污合流管线以及相关附属物的探测，调查测绘平面坐标、高程、材质、流向，查明合流管线的性质并追踪合流管线至污染源头处；绘制合流管线平面图，并为每条河道编制管线点和污染源成果表和调查成果报告，形成一河一档，将相关成果发放给各河道河长，为排口整治提供支持。专项工作其间，调查42条河道排放口1578个，其中：晴天出水的排放口188个（包含污染源630个），正常排放口1390个；调查排水管线167.87千米。编制合流管线和污染源分布图、污染源成果表、管线点成果表和成果报告，按要求完成1578个排水口的《入河排污（水）口登记表》《入河排污（水）口标识牌》、42条河道的《河道排污（水）口汇总表》《滨江区排污（水）口汇总表》。完成排水口调查后，9月初，组织进行第二阶段的排水口标识挂牌工作，委托杭州递就文化创意有限公司制作1578块标识牌，由调查单位配合指定排水口位置，9月底，完成挂牌工作。

【长二河铁路箱涵工程】 长二河铁路箱涵工程由杭州铁路设计院设计，开工前进行严谨论证，2015年8月5日，上海铁路局召开铁路箱涵设计方案专家论证会进行项目批复。同年11月3日，杭州地方铁路开发有限公司召开铁路箱涵施工图设计方案专家论证会，通过施工图并下发会议纪要，进入投标程序。2016年6月15日，杭州地方铁路开发有限公司进场施工，9月底竣工，总投资2185万元。工程贯穿长二河北段紧挨的浙赣铁路南北，在沪昆绕行线RK15+073处埋设引洪排涝箱涵一个，为长10米宽4米的矩形涵管，使铁路河与长二河连接贯通。工程建成后，保证铁路河与长二河贯通且水流顺畅，提升了周边居民生活环境并能够安全度汛。

（陶纯一）

国土资源

【概况】 2016年，滨江区新增建设用地指标55.98公顷，涉及农用地54.01公顷、项目20个。其中：城市道路和基础设施项目14个，保障性住房及农居建设1个，公益事业项目3个，其他项目2个。全年，办理建设项目批准书68个130.02公顷。其中：划拨项目61个114.10公顷，工

长二河铁路箱涵工程　　（区五水办　供图）

业用地项目4个4.12公顷，商业住宅用地项目2个11.08公顷，村级留用地项目1个0.72公顷。年内，工业用地挂牌5宗9.81公顷。做好经营性用地出让工作，出让经营性用地3宗19.77公顷，合同出让金132.97亿元。完成经营性用地储备5宗18.13公顷。加强土地执法监管，下发土地执法文书6975份，参与联合执法23次。完成土地矿产"卫片"执法检查所涉12宗违法用地的查处整改，其中，立案查处3宗，补充完善手续1宗，拆除整改到位2宗；对涉及耕地的7宗违法用地进行整改复耕。开展"亮剑行动"，10件违法用地案件整治到位，违章建筑全部拆除。完成项目征迁地块84处，土地面积222.47公顷。安排具体项目66个，土地面积203.89公顷。开展绿化工作，种花1.47万平方米，铺设草坪5.93万平方米，营造景观6.29万平方米。完成"供而未用"项目23宗，面积46.67公顷；"低效用地"消化项目95宗，消化面积150公顷，完成年度目标的150.05%；"批而未供"消化项目96宗，消化面积58.33公顷，完成年度目标的107%。

强化地质灾害防治工作，汛期、台风等地质灾害易发天气共组织巡查4370人次，发放防灾避险明白卡7份，统一制作警示牌37块，更换警示牌36块。

年内，滨江区获国土资源部国土资源节约集约模范县（市），2016年度杭州市做地质量年专项行动三等奖，杭州市重点项目征迁安置"双清"工作二等奖。

【不动产统一登记实施】 2015年12月1日，杭州市政府下发《关于推进全市不动产统一登记工作的通知》，确定于2016年6月1日实施不动产统一登记工作，并对不动产登记职责机构整合、职责设定进行规范。2016年2月1日，杭州市国土局下发《关于杭州市主城区不动产统一登记管理体制及窗口设置的通知》，明确滨江区受委托负责本辖区的不动产登记工作。2—5月，区国土分局按照不动产登记机构、登记簿册、登记依据和信息平台"四统一"要求，与区行政服务中心、区房管局等部门进行对接，增设5个不动产登记服务窗口，招聘临聘人员5人，充实不动产登记工作力量，参加杭州市国土资源局组织的业务能力、不动产登记系统、服务能力培训。6月1日，颁发滨江区首本不动产权属证书。至12月底，完成土地或房地权属调查62宗，办理各类土地登记业务468件，房地首次登记29宗7172套，房地转移、变更、注销登记共3873件。办理土地抵押登记3件、抵押注销12件，房地产抵押登记1913件、抵押注销登记4575件，在建工程抵押登记9件、注销登记5件。协助区法院查封土地或房地7件，解封10件。办理商品房预告登记组合业务1666件，预购商品房预告转现及抵押转现业务2195件，房屋买卖及抵押首次登记1425件。发放不动产权证书9471本，不动产登记证明8644本，办件总量1.84万件，居杭州市主城区分局首位。收到群众送来的表扬信5封，锦旗6面。（韩卫东）

市民在窗口办理不动产权登记　　（区委宣传部　供图）

财税·金融

财　政

【概况】 2016年，全区财政总收入235.37亿元，比上年增长17.7%，一般公共预算收入125.37亿元，增长18.6%，占财政总收入比重为53.3%。一般公共预算收入中税收收入118.49亿元，占一般公共预算收入的比重94.5%；一般公共预算支出107.45亿元，增长51.4%。组织非税收入85.11亿元，其中，政府性基金收入78.24亿元。

集聚创业投资机构202家，注册资本84.4亿元，投资基金规模310余亿元。落实各项减税降费政策，减轻企业负担。全面实施“营改增”政策，落实企业研究开发费用税前加计扣除政策、高新企业所得税优惠政策及软件产品增值税超税负退税等政策，全年减免税收173.48亿元。落实小微企业税收优惠政策，小微企业税收优惠享受面为100%。实施普遍性降费，从2016年11月1日起，暂停征收地方水利建设基金；清理涉企行政事业性收费，取消或停征组织机构代码证书费、房产查档费等涉企行政事业性收费7项；对小微企业免征房产登记费、房产交易手续费等行政事业性收费4项；降低或定向免收、降低新型墙体材料专项基金、人防工程易地建设费等5项收费项目，减轻企业负担。12月，区财政局出台《杭州高新开发区（滨江）财政局内部控制基本制度（试行）》《杭州高新开发区（滨江）预算编制风险内控办法（试行）》《杭州高新开发区（滨江）财政局政策制定风险内部控制办法（试行）》等“1+8”财政内部控制制度，健全预算编制、执行、监督相互制约、相互协调的财政运行机制，做到事前防范、事中控制和事后监督纠正。制定2016年财政专项资金管理清单，涉及专项项目11个，管理部门15个，资金95.1亿元。争取浙江省政府地方债券16亿元，新增地铁国家专项建设基金、国家开发银行棚户区贷款9.3亿元，提前偿还商业银行贷款28.72亿元，调整优化债务结构，合理控制债务规模，节约财政资金6300万元。

【财政扶持企业发展】 2016年，区财政局落实“产业引领、创新驱动”发展战略，扶持扶优企业发展。全年投入财政资金22.9亿元，其中：区级投入17.06亿元，争取上级转移支付资金5.84亿元。投入6.18亿元支持领军企业、总部企业跨越集聚发展，投入2.58亿元鼓励成长性好、具有跳跃式发展态势的中小高新技术企业、科技型初创企业快速成长。12月底，滨江缴纳税金1亿元以上企业33家、10亿元以上企业 5家；新增上市企业3家，累计37家；新增“新三板”挂牌企业37家，累计79家。投入1.93亿元对309家企业人才实施薪酬贡献奖励，投入1.17亿元支持203名海外高层次人才创新创业，投入3490万元引进培育海外高层次人才“千人计划”专家190人，投入2848万元扶持998名大学生自主创业，投入6.23亿元补助企业研发与技术改造，投入6002万元用于企业知识产权奖励，投入11.3亿元合作设立26支产业引导基金，引进社会资本24.66亿元。投入2500万元用于企业产业联盟、众创空间、孵化器建设，投入3.33亿元扶持其他重点项目。

【民生支出】 为促进全区各项社会事业全面发展，区财政局加大民生领域财政投入，2016年，区级一般公共预算民生支出71.65亿元，比上年增长35.71%，占一般公共预算总支出86.3%。投入26.7亿元用于保障性住房及农转居拆迁安置房建设。投入社保专项资金1.50亿元用于医疗、养老、慰问、困难等补助支出。投入区级就业专项资金1598万元落实拆迁户、高校毕业生等特殊群体就业培训和就业援助政策。投入“阳光家园”建设与养老服务专项资金1.57亿元，促进城市养老事业发展。投入教育资金12.55亿元（不含社会保险）新建、扩建和建成17所学校（幼儿园）。投入医疗卫生资金2.68亿元推进区公共卫生中心和西兴街道社区卫生服务中心和医疗服务网络建设。投入1.07亿元用于中国动漫博物馆、区体育馆、区青少年活动中心等建设。核拨4835万元，推进“智慧社区”平台落地。投入公共安全资金2.92亿元推进安全体系建设，维护社会稳定。其他方面投入22.02亿元。

【城市建设支出】 2016年，区财政局投入城市建设资金157.03亿元打造美丽滨江。投入15.18亿元推进五大平台建设，奥体博览城主体育场完成亮灯工程及40%精装修工程，智慧新天地基础设施建设、物联网100公顷园区环境提升工程基本完成，中国动漫博物馆钢结构主体顺利结顶，互联网产业园核心区众创空间特色街一期主体竣工。投入34.1亿元推进基础设施建设，地铁4、5、6号线开工建设，望江隧道加快推进，新建和续建道路61条，竣工21条；区110伏永久变电所扩建工程完工，区110伏白马变电所开工建设。新开工绿化项目17个，完工12个；完成绿化提升改造项目11个。投入93.93亿元推进“三改一拆”，22个社区整村拆迁，交地200公顷，拆迁2800户，拆除违法建筑3632处。投入8.85亿元推进“五水共治”，支持“清三河”“污水零直排区”建设，峰会核心区域河道综保治理初见成效；全面消除黑河、臭河、垃圾河，完成42千米的道路雨水管网清淤和封堵清除；华家排灌站主体工程投用，浦沿排灌站扩建工程进展顺利，江边排灌站环境治理工程通过验收。投入4.97亿元改善城市环境，在公路、铁路两侧，公路边、铁路边、河边、山边等区域开展洁化、绿化、美化行动；综合整治，钱塘江南岸、时代高架、江南大道和西兴立交4个重点区域夜景亮灯工程全部完工。

【国有企业改革】 2015年1月21日，区财政局出台《关于推进国有企业管理改革的实施意见（试行）》，稳步推进国有企业改革发展。至2016年12月底，整合撤销10家国有企业，明确5家区直属企业由区财政局负责监管，区管委会、政府出资，区财政局代行出资人职责；4家委托监管企业由受托部门负责监管，区管委会、政府出资，区财政局代行出资人职责并将部分出资人职责委托相关部门监管。10家由出资人直接监管或委托出资企业监管。落实滨江区2015年6月19日出台的《关于进一步加强区直属国有企业监事会工作的意见（试行）》，完善监事会组织，配备区直属企业监事会主席岗位，发挥监事会作用，初步建立起企业内部监督、监事会监督、国资监管、纪检监察监督四位一体的国资监管体系。2016年6月5日，区财政局配合区委组织部对直属监管国有企业水务公司、高新总公司、资产经营公司、区科创公司领导班子进行调整，加强经营管理力度。

【财政资金监管】 2016年2月25日，区财政局组织开展区本级和3个街道财政资金安全检查，通过自查和核查相结合方式进行。对检查中发现岗位设置、账户管理、资金收付等方面存在的5个问题提出整改意见，落实整改措施，规范财政资金安全管理。4月13日，区财政局对区内14家一级预算单位开展差旅费按规执行情况抽查，检查发现经济科目使用不规范等4类10个问题，通过加强培训指导和上门走访等形式予以落实整改。同月18日，区财政局牵头对36家区级行政事业单位和3个街道，开展津补贴奖金福利发放情况检查，未发现违规发放现象。9月1日，区财政局出台《关于建立区级机关事业单位办公用茶开支标准及相应管理制度的通知》《关于规范区级机关事业单位工作人员夜餐费开支管理的通知》，规定区级机关事业单位按编内在职人员人均不超过450元每年的标准，采购办公用茶并统筹管理使用；区级单位工作人员工作日晚上连续加班4小时及以上的，每人每次可开支夜餐费补助40元；休息日（含国家法定节假日）加班的，连续加班满4小时不到8小时的，可参照夜餐费补助标准开支1次伙食补助；连续加班满8小时及以上的，可参照夜餐费补助标准开支2次伙食补助。

【预算管理改革】 2016年3月30日，区财政局在政府门户网站上公开2016年度政府预算、部门预算，全区75家行政事业单位实施预算公开，细化公开内容。8月1日，区财政局启动预算编制系统升级工作，新增人员库、项目库模块，推进预算管理信息化建设。9月18日，区35家一级单位、35家区属学校通过滨江门户网站，按期公开2015年度部门决算报表及说明，公开覆盖面100%。实现首次公开政府采购支出情况，首次公开国有资产占用情况，包括汽车和单价200万元以上的设备数量和价值；首次公开机关运行经费支出情况；首次公开部门预算绩效管理工作开展情况；首次在决算公开报表中将经济分类财政拨款基本支出由“类”级科目细化到“款”级科目“五个突破”。

【街道财政管理】 2016年4月25日，区财政局印发《关于加强征地拆迁资金管理的通知》，加强街道财政管理，对征地拆迁资金的内容、标准、使用范围、预算管理、资金拨付、财务核算和监督管理作明确要求。同月27日，区财政局出台《杭州市滨江区区级预算单位银行账户管理暂行办法》，规范街道账户设立，并相应调整街道会计核算体系。同时，开展银行账户清理，清理街道银行账户34个，撤销34个，对经批准设立的账户进行公开招标34个。

【公款竞争性存放】 2016年5月5日，区财政局启动行政事业单位公款竞争性存放，至8月底，完成账户公开招标63个，涉及公款44.22亿元。7月8日，启动区属国有及国有控股企业的公款竞争性存放工作，至10月底，清理撤销账户54个，保留账户61个，存款利率上浮25%～40%。至12月，滨江区实现行政事业单位、国有企业公款竞争性存放全覆盖，提高财政资金绩效，防范利益输送。

【政府购买服务改革】 2016年5月18日，区政府办公室印发《关于建立杭州高新开发区（滨江）政府购买服务工作联席会议制度的通知》，健全政府购买服务工作协调机制，联席会议召集人由常务副区长施华淼担任，下设办公室，办公室设在财政局。7月18日，区财政局印发《杭州高新区（滨江）政府向社会力量购买服务目录（2016年）》，动态调整并公布政府购买服务一级目录4项，二级目录48项，三级目录130项。

（裘　骏）

税　务

国家税务

【概况】 2016年，滨江国家税务局组织税收收入132.7亿元，比上年增长17.13%；组织地方财政收入60.59亿元，增长25.70%。落实税收优惠167.47亿元，增长49.05%，其中：办理出口退免税83.43亿元，增长46.52%；兑现软件产品超税负退税、高新技术企业税率优惠等鼓励创新发展的税收优惠83.7亿元，增长52.1%。小微企业税收优惠政策100%覆盖，落实税收优惠3443万元。2016年，滨江国家税务局获“全国税务系统先进集体”称号，纳税服务科（办税服务厅）被授予“2015—2016年度全国青年文明号”称号。

【“互联网+办税”服务】 2016年1月1日，根据市国家税务局要求，滨江国税局制定落实网上验领、网上代开等网上办税项目及实名办税等服务推广计划。5月，启动杭州市电子税务局系统建设网上办税业务工作。6月，滨江国税局在杭州市范围内首先完成营改增纳税人网上开具外经证模块开发测试，梳理出网上办理国地税业务目录86项，提交电子税务局办税项目功能模块内容、运行流程等运行需求。12月19日，为应对“营改增”后办税大厅代开业务激增问题，设办税服务厅副厅，在副厅开辟网上代开体验专区，安排2名税收志愿者辅导纳税人网上进行业务操作。至年底，滨江国税局办税服务厅办税业务量比上年增长22.67%。窗口平均受理时间保持在5分钟左右，纳税人平均等候时间保持在10分钟左右，优于杭州市平均水平11.68分钟。在2016年全国纳税人满意度调查，414个抽样单位中滨江国税局列第16名，在全省满意度普查中列杭州市第二名、主城区第一名。

【“金税三期”工程优化版上线】 2016年3月1日，根据省国税局、市国税局“金税三期”工程优化版（简称“金税三期”）上线的工作安排，滨江国税局启动“金税三期”上线工作。至9月底，重点核实并清理原中国税收征管信息系统（简称“CTAIS”）中税务登记信息、发票管理信息、未办结文书等数据，“金税三期”与CTAIS数据顺利迁移。8月10日，滨江国税局作为杭州市唯一试点单位，制定《“金税三期”工程优化版双轨试点运行工作实施方案》，率先推进CTAIS与“金税三期”并行的双轨运行工作，对在CTAIS中发生的业务在“金税三期”中同步操作一遍。8月16日—9月26日，按照“全员、全量、全业务”工作要求，配合杭州市国税局开展全市双轨运行工作。9月12日，为测试“金税三期”业务承载量，全省国税系统开展人海压力测试，全省各级国税系统按照统一指令，在统一时间进行相同的业务操作。滨江国税局代表基层局向省国税总指挥中心报告测试准备工作情况，并完成系统反复登录退出、同时税务登记、纳税申报等5项关键测试任务的操作。同月23日，滨江国税局制定《“金税三期”工程优化版单轨上线实施方案》，将CTAIS切换为“金税三期”系统的工作安排。26日，CTAIS停止对外办理业务，27日，CTAIS正式停机，开启数据向“金税三期”迁移，“金税三期”发票、税收票证、税收会统初始化录入，“金税三期”增值税汇总纳税企业认定、增值税即征即退备案、税收优惠备案等方面的数据补录工作。10月5日，“金税三期”预约办理登记、申报、征收、发票等相关业务，同月8日，“金税三期”上线运行。

【“营改增”试点】 2016年3月23日，财政部、国家税务局总局下发《关于全面推开营业税改征增值税试点的通知》，明确自2016年5月1日起，在全国范围内全面推开营业税改征增值税试点，建筑业、房地产业、金融业、生活服务业等全部营业税纳税人纳入试点范围。同月24日，滨江国税局根据杭州市国家税务局要求，制定《杭州市滨江区国家税务局全面推开营业税改征增值税试点工作实施方案》，部署全面营改增推进工作。4月25日，滨江国税局接收1.7万户营改增纳税人，并完成3501户纯地税企业的基础信息补录、1.7万户企业的税目维护、1.7万户票种维护、347户超标纳税人的一般纳税人登记、83户原营业税优惠企业备案及2291户纳税人的增值税发票系统升级。至4月28日，完成对营改增纳税人10场培训，培训完成率100%。5月1日，营改增试点纳税人开票，浙江歌山品悦大酒店有限公司开出滨江区第一张生活服务业发票，金额7547.17元，税额452.83元，营改增纳税人实现税制转换。5月1日—12月31日，建筑、房地产、金融和生活服务业等新扩围行业共入库改征增值税8.68亿元，较上年营业税的基数7.08亿元，增长22.35%，其中，房地产业入库4.56亿元，占新扩围改征增值税比重52.58%。

（喻万芹）

地方税务

【概况】 2016年，地税滨江分局组织各项税费收入165.76亿元，比上年增长18.13%；完成地方财政收入64.58亿元，增长7.8%。全年，入库税收收入99.2亿元，增长20.53%，其中：营业税入库13.12亿元，下降26.39%；企业所得税入库13.47亿元，增长67.64%；个人所得税入库51.73亿元，增长31.97%；城建税入库8.63亿元，增长8.46%；其他各税入库12.25亿元，增长31.89%。组织非税收入66.56亿元，增长14.73%，其中：社会保险基金收入57.54亿元，增长18.17%；地方水利建设基金收入1.28亿元，下降40.88%；教育费附加收入3.71亿元，增长9.02%；地方教育费附加收入2.47亿元，增长9.06%；其他收入1.56亿元，增长4.68%。年内，地税滨江分局获“浙江省地税系统先进集体”，杭州市“便民服务示范岗”、杭州市五四红旗团支部、“服务保障G20杭州峰会先进集体”等荣誉。

【众创空间税收服务平台】 “众创空间税收服务平台”为2016年地税滨江分局针对众创空间打造的重点项目，2016年3月2—5日，滨江地税分局进驻天堂软件园、东部软件园及中节能科技园等高新技术园区，开展“税法宣传直通园区”活动，为企业财务人员和员工提供纳税申报、税收减免等涉税咨询服务。10月25日，地税滨江分局走进万轮科技园和华业高科技产业园，为园区企业开展个人所得税申报、涉税业务咨询服务。12月9日，地税滨江分局在独角兽众创空间召开“服务众创 税企同行”年终座谈会，区科技局、国税局、财政局、市场监管局业务骨干及众创空间负责人共30余人参加座谈会，就工商注册、个人所得税优惠等方面开展座谈与交流。至12月底，建立王道、独角兽和六和桥3个众创空间税收服务站点，征集并解决各类意见建议63条。全年，共开展众创空间相关座谈会、培训会8场，服务创业企业280余家；编写《创客税收指南》，完成《杭州市众创空间财税政策服务研究》调研报告，众创空间税收服务平台助推了创业企业快速成长与发展。

【“金税三期”工程系统运行平稳】 2016年3月23日，根据市地方税务局“金税三期”工程优化版（简称“金税三期”）上线工作安排，地税滨江分局启动“金税三期”上线工作。3—9月，开展基础数据清理、岗责设定，欠税清理。8月1日，根据省地税局《“金税三期”工程优化版推广上线双系统运行工作方案》要求和市地方税务局“金税三期”推广办工作部署，地税滨江分局制定《滨江地税“金税三期”推广上线双系统运行工作方案》，保障税友龙版和“金税三期”双系统运行平稳。同月8—15日，开展未办结业务清理、数据迁移后业务台账登记、票证盘存、数据录入工作。16日，启动数据补录、业务重做、数据比对等工作。8月25日和9月22日，分别进行“金税三期”系统操作人海压力测试，验证“金税三期”在业务操作并发压力下的稳定性。9月8—20日，为办税中介机构、重点税源企业、涉及房产税、土地使用税申报的企业、个人所得税2015年入库金额较大、员工人数超过50人以上的企业、行政事业单位、个人合伙企业、个转企和个体建账户，开展规费申报、房产税申报、土地使用税申报以及企业所得税申报、申报纠错、涉税查询等培训，帮助纳税人适应新的申报方式与内容，共开展“金税三期”专题培训11场，涉及纳税人2305户次。同月26日，税友龙版停机。10月8日，“金税三期”上线运行。

【税制改革】 2016年4月1日起，地税滨江分局按照3月23日财政部、国家税务局总局下发的《关于全面推开营业税改征增值税试点的通知》，联系市地方税务局、滨江区国税局，做好税制改革的发票管理、业务培训等工作。通过税企QQ群、办税大厅公告、微信等平台，宣传“营改增”工作的要求和相关税收政策。至4月底，组织“营改增”专题培训10场，开展上门服务20余次，帮助辖区1.6万户纳税人完成税制转换，完成清票54万余份。4月30日，分局受理最后一名领用地税发票的纳税人。

【“税企同行”系列培训】 2016年4月25日，地税滨江分局在海创基地举办“服务海创 税企同行”专题讲座，为新三板企业讲解在挂牌上市过程中可能遇到的相关个税政策问题，辖区50家新三板挂牌企业负责人或财务负责人共65人参加讲座。12月22日，为加强股权转让所得个人所得税征收管理，规范税务机关、纳税人和扣缴义务人的征纳行为，地税滨江分局在智慧e谷召开个人股权转让和股权激励专题培训会，区纳税人权益保护协会、重点税源企业、中小创业企业100余名纳税人参加股权激励和技术入股所得税政策、股权激励有关个人所得税政策和资本运作有关个人所得税政策内容学习。

【地方水利建设基金暂停征收】 自2016年11月1日（费款所属期）起地税滨江分局暂停向企事业单位和个体经营者征收地方水利建设基金。对于费款所属期在2016年11月1日前，缴纳义务人少申报、欠缴、缓缴等应缴未缴地方水利建设基金的，需到主管地税机关办理补申报或补缴手续。地方水利建设基金减免政策按实际征收月份执行，减免条件中涉及全年指标的，可按实际征收月份占全年比重折算。至12月底，征收地方水利建设基金企业3.65万户，入库1.28亿元。 （熊俊军）

金 融

【概况】 滨江区银行业、证券业、期货业归属于杭州市统一管辖，统一由“一行三会”负责监管。滨江区域内金融业主要为非银行业金融机构，主要是4家小额贷款公司。2016年4家小额公司贷款余额9.65亿元，累计发放贷款1347笔，累计发放贷款25.81亿元，实现营业收入1.3亿元，净利润0.7亿元，年均贷款利率为16.81%。4家小额贷款公司贷款业务以个人居多，担保以公司为主，并且担保保证方式单一，70%以上的贷款多为保证担保。区政府加大金融机构集聚，打造“既生活又金融”的综合服务平台，成立科技金融服务中心，10家银行入驻并开发出符合科技型企业的金融产品。深交所全景网路演中心建成投用，2016年举行各项路演活动70余场。

【东冠小额贷款股份有限公司】 2009年1月，杭州市高新区（滨江）东冠小额贷款股份有限公司注册成立，注册资本3亿元。经营地址滨江区江南大道3850号5楼515室，在滨江区域内依法办理各项小额贷款、办理小企业发展、管理、财务等咨询业务。公司最高权力机构为股东会，下设董事会和监事会，其中：董事长1人，董事1人，董事会成员5人；监事会成员8人，由5名股东代表和3名职工代表组成。公司实行总经理负责制，设综合管理部、信贷业务部、财务部、风险管理部、资产保全部5个部门，共有员工37人。2016年，贷款余额为2.56亿元，累计发放贷款534笔，贷款金额14.27亿元，其中，100万元（含）以下小额贷款254笔，金额2.19亿元。年贷款利率为17.06%。2016年，营业收入3948.87万元，净利润2032.73万元。

【中南小额贷款股份有限公司】 2010年1月28日，杭州高新区（滨江）中南小额贷款股份有限公司注册成立，注册资本2亿元。经营地址滨江区江南大道3850号创新大厦6楼611室，依法办理各项小额贷款、小企业发展、管理、财务等咨询业务，公司在职人员9人。2016年，贷款余额2.32亿元，累计发放贷款250笔，贷款金额3.53亿元，其中，100万元（含）以下小额贷款214笔，金额1.9亿元，年贷款利率为17.03%。2016年，营业收入2764.84万元，净利润1177万元。

【萧宏小额贷款有限公司】 2012年1月5日，杭州市高新区（滨江）萧宏小额贷款有限公司注册成立，注册资本2亿元。经营地址滨江区长河街道滨盛路1777号萧宏大厦8楼B座、C座，依法办理各项小额贷款、小企业发展、管理、财务等咨询业务。公司的组织结构由综合管理部、风险控制部、财务部、业务发展部组成，公司有员工12人。贷款业务主要对不同类型、不同规模、不同行业的小企业实行不同的信贷政策并提供不同贷款品种，为区内中小科技型企业、个体私营企业、农民提供有效的融资。2016年，贷款余额3.12亿元，累计发放贷款188笔，贷款金额2.48亿元，其中，100万元（含）以下小额贷款161笔，金额2.22亿元。年贷款利率为14.84%。2016年，营业收入2103万元，净利润1348万元。

【兴耀普汇小额贷款有限公司】 2012年12月27日，杭州市高新区（滨江）兴耀普汇小额贷款有限公司注册成立，注册资本2亿元。经营地址滨江区西兴街道江陵路1916号兴祺大厦，依法办理各项小额贷款、小企业发展、管理、财务等咨询业务。公司有员工18人，以围绕服务“三农”，支持区域经济发展为主要投向，面向区内广大农户，个体工商户、中小企业发放贷款。2016年，贷款余额1.65亿元，累计发放贷款375笔，贷款金额5.52亿元，其中，100万元（含）以下小额贷款296笔，金额2.59亿元。年贷款利率为18.31%。2016年，营业收入4195.69万元，净利润2454.89万元。

【金融服务中心】 高新区科技金融服务中心位于滨江区江南大道3850号，2014年初筹建，由A、B楼组成，建筑面积3.5万平方米，同年5月28日正式启用。2014—2016年，每年有3000家中小企业登记注册入驻金融中心。至2016年，全区登记注册企业3.5万家，其中，科技型企业1万家；入驻金融服务机构250家，其中，直接在中心登记注册的创投机构234家，注册资本94.57亿元，基金管理规模为331.42亿元。银行、证券、担保、小贷等其他金融机构16家，金融从业人员500人。在此基础上，科技金融服务中心建立6511家科技型中小企业的数据信息库。科技金融服务中心设银行办事大厅，10家银行入驻并开发出符合科技型企业的金融产品；成立专营机构搭建"科技金融汇"路演沙龙对接平台，实施科技项目股权融资，为企业提供全方位、快速、精准的一站式银行融资服务；整合券商资源，组建"新三板"挂牌培育团队；组织意向挂牌新三板的区内企业与券商、律师、会计师面对面交流，提供针对性咨询意见；搭建信息服务平台，建立"互联网+科技金融"的服务平台，与证券公司、资产评估公司、投资咨询公司、会计师事务所、律师事务所、保险中介等高端金融服务机构的常态化合作联系。建立由科技金融服务中心牵头的集各类金融及服务机构参与的金融服务联盟团队，开展"金融服务进园区"系列活动，组织金融服务团队走进园区，为园区科技型中小企业提供综合性金融服务。自中心2014年1月成立至2016年12月31日，入驻银行累计为区内科技型中小企业贷款总额40.72亿元，贷款企业406家；担保公司担保额6.83亿元，担保企业141家；投资机构累计投资项目260个，投资额32.55亿元，其中：区内项目101个，占投资项目总数38.8%；投资8亿元，占投资总额24.6%。

【全景网路演中心】 全景网杭州路演中心位于高新区科技金融服务中心，由路演演播大厅、M+金融创业服务平台、项目孵化加速器3部分组成，总面积2300平方米。集互联网金融·创业路演服务、线下创业咖啡融资对接、科技项目孵化加速器、创客项目推介展示以及企业产品体验销售等多重功能为一体，能够多维度聚合和链接企业全生命周期所需的优质投融资资源，为企业提供金融信息、价值发现、价值放大等综合服务。2016年1月6日试运行，路演中心推介创业项目路演，邀请投资机构和上市公司前来参与互动交流。全年，举办中外合作国际投融资对接路演、上市公司IPO路演、业绩说明会路演、新三板公司融资路演、投资者接待活动路演、新品发布路演，创业项目路演、新闻发布会等形式的路演活动70余场。具有代表性的路演有中英项目对接专场路演、轻轻说话A轮融资成功路演、话机世界投资者接待活动等创新型路演。其中，广东诺丝科技股份有限公司、杭州奎因科技有限公司、北京长城华冠汽车科技股份有限公司、广东树业环保科技股份有限公司、康泽药业股份有限公司等企业在全景路演后，成功获得融资，总募资金合计5亿余元。

2016年驻滨江区金融机构

表31

序号	名　称	地　址
1	中国工商银行股份有限公司杭州钱江支行	滨江区江晖路1761-1767号
2	招商银行股份有限公司杭州钱塘支行	滨江区滨盛路1号（中兴花园高层商住楼1-3）
3	中国农业银行股份有限公司杭州滨江支行	滨江区江南大道288号
4	中国建设银行股份有限公司杭州滨江支行	滨江区江南大道480号
5	中国建设银行股份有限公司杭州高新支行	杭州市文三路250号

续表31

序号	名　称	地　址
6	中国银行股份有限公司杭州滨江支行	滨江区江南大道3806号
7	交通银行股份有限公司杭州滨江支行	滨江区江晖路1772号苏泊尔大厦1楼
8	杭州银行股份有限公司滨江支行	滨江区滨盛路1890–1894号
9	中信银行股份有限公司杭州滨江支行	滨江区长河街道农副产品综合市场20–22号（二级支行）
10	平安银行股份有限公司杭州滨江支行	滨江区江南大道4288号
11	杭州联合农村合作银行西兴支行	滨江区西兴街道固陵路12号
12	杭州联合农村合作银行长河支行	滨江区长江路21号
13	杭州联合农村合作银行浦沿支行	滨江区东冠路793号
14	杭州联合农村合作银行江南支行	滨江区新月路507号
15	华夏银行股份有限公司杭州滨江支行	滨江区江南大道88号
16	杭州银行股份有限公司科技支行	滨江区创新大厦3850号创新大厦1楼
17	兴业银行股份有限公司杭州滨江支行	滨江区江南大道90号
18	招商银行股份有限公司小企业信贷中心杭州分中心	滨江区江南大道信诚路567号诺基亚大厦B座
19	浙商银行股份有限公司杭州滨江支行	滨江区滨康路321号
20	广发银行杭州滨江支行	滨江区江南大道1088号中南国际大厦
21	光大银行杭州滨江支行	滨江区江南大道123–127号
22	中国民生银行股份有限公司杭州滨江支行	滨江区江晖路1888号
23	中国邮政储蓄银行西兴支行	滨江区滨安路162号
24	北京银行股份有限公司杭州滨江支行	滨江区滨盛路1509号
25	宁波银行股份有限公司杭州滨江小微企业支行	滨江区江汉路1785号双城国际大厦
26	江苏银行滨江支行	滨江区滨盛路与江晖路交叉口
27	浦发银行钱塘支行	滨江区江陵路星耀城
28	南洋商业银行（中国）有限公司杭州分行	滨江区江南大道3688通策广场2幢

（来　霖）

经济监督管理

发展和改革管理

【概况】 2016年，区发改局围绕区委、区政府中心工作，以建设国家自主创新示范区核心区和世界一流高科技园区为目标，以“三次创业”为主线，构筑“大创新”体系，较好完成全年目标任务。编制完成区《国民经济和社会发展第十三个五年规划纲要》《杭州市滨江区2016年国民经济和社会发展计划执行情况与2017年国民经济和社会发展计划草案的报告》，编制下达2016年政府投资项目计划，全年安排政府投资项目285个，安排投资70亿元。

开展白马湖轨道交通前期课题研究，经区委、区政府研究同意结题。制定完善并出台《关于进一步加强工业用地使用功能管理，切实维护土地市场秩序的通知》，会同相关部门联合发布《加强工业园区（楼宇）管理通告》。做好全省首批服务业强县（市、区）的试点工作，成功获批，并获360万元资助资金。申报浙江省信息经济发展示范区、浙江省软件和信息服务产业基地工作，均成功获批，并获省级政策支持1400万元。研究启动全区大生命健康产业规划编制工作，制定出台《加强国家资助项目稽查工作实施意见》，组织申报国家高端软件及应用系统集聚发展试点项目18个。

加强工业用地使用管理，制定《关于进一步加强工业用地使用功能管理切实维护土地市场秩序的通知》，编制《受理工业用地上企业注册（变更）申请分类处理建议清单》，对7家涉及擅自改变功能的企业逐个分类提出相关处理建议；对4家开设“四小类”商业配套的公司进场实地探勘，启动简易审批流程。区发改局会同区住建局、商务局、财政局、国土分局等部门对2007年后全区已出让的76宗工业用地建设及产出情况进行摸底调查和分类梳理；会同区商务局、国土分局，3个街道对全区工业用地企业建筑物改变使用功能情况进行摸底调查。

推进信用体系建设，修订区2016年《在行政管理中使用信用记录和信用报告的事项清单》，制定区2016年《公共信用信息分类等级管理办法》《信用红黑名单发布制度及目录清单》。在区门户网新开设“信用滨江”专栏，组织开展社会信用体系建设现场宣传活动，现场参与261人。加强信用应用推广及政府应用示范，全区22个信用成员单位开展在行政管理事项中使用信用记录的工作，在杭州公共信用信息平台上查询数连续5个月列全市各区、县（市）首位。在项目申报和验收及教育部门评优评先等事项办理、政府投资项目招投标和政府采购中已逐步应用信用数据。

加强市场价格监管，结合“国际动漫节”“文博会”、G20杭州峰会等大型活动的举办，开展商超、旅贸、餐饮、住宿、娱乐、停车场等重点领域和环节价格检查，全面提高明码标价的覆盖率、准确率。加大对电商、房产中介、餐饮行业价格政策培训，落实价格政策宣讲、约谈、告诫，引导企业诚信经营。

落实对口帮扶工作，与丹寨县、麻江县扶贫办及市对口支援办沟通对接，先后4次赴丹寨、麻江实地对接对口帮扶。签订《滨江区人民政府与丹寨县人民政府对口帮扶框架协议书》，研究制定“十三五”期间区对口丹寨、麻江县年度项目和资金安排。以"农村电商服务体系""农村通组道路"为重点，发挥区产业、技术、人才和体制机制创新的优势，与富阳区签订区域战略合作协议，加大对口帮扶力度。

【精准化产业政策制度改革】"1+X"产业扶持体系旨在鼓励企业经营模式创新和产业发展模式创新，有效整合政策、资金、人才等要素资源。滨江现行"1+X"政策体系2013年发布，2014年1月1日起实施，施行期为三年。至2016年，政策体系推动营造滨江区创业创新环境，提高企业创新能力和竞争力起到了促进作用。现行"1+X"政策体系于2016年底到期，由区发改局牵头，各项政策责任部门就相关单项政策进行修订，编制新一轮"1+X"政策体系送审方案。2016年9月19日，常务副区长施华森召开专题会议，在各相关部门充分讨论基础上，形成《关于开展新一轮"1+X"政策体系修订工作的方案》。方案明确在原"1+X"基础上，保留2015年新出台的黄金12条，吸收合并原楼宇、总部、会展、金融服务中心等相关零散政策，形成两大层次，即六大推动企业产业发展政策和六大环境支撑配套政策共12项单项政策，构建新的"1+X"体系，分别由区相关领导牵头，各责任部门具体负责政策制定。11月8日，建立区新一轮产业政策体系修订领导小组，由常务副区长施华森任组长，副区长谢渐升、傅智超任副组长，人才办、文创办、区办公室、发改局、科技局、财政局、商务局、审计局、人力社保局、行政服务中心和创意城管委会为成员，领导小组办公室设在区发改局。

【科技金融改革】2014年1月1日，区政府印发《关于加强科技金融体系建设的实施意见》，同年11月25日，印发《关于进一步加快建设科技金融服务中心的扶持办法的通知》，2015年6月23日，出台《关于进一步支持大众创新创业建设国家自主创新示范区的实施意见》（"黄金12条"）等金融政策，开展科技金融改革。改革中创新资金投入方式，变"直接扶持"为"间接扶持"，助推区内企业发展壮大。滨江区加强与省证监局、境内外证券交易所、中介机构的联系，建立系统化的企业培育工作体系，不定期举办多种形式的企业对接会和培训辅导会，2016年，共开展对接培训4期。开展上市企业调查摸底工作，掌握区内上市企业和拟上市企业情况，对有条件上市或接近上市条件的企业加以观察孵化，实行分类指导，建立上市后备资源数据库。加强对拟上市企业的跟踪服务，对区内拟上市企业进行走访和现场辅导54次，形成"储备一批、辅导一批、上市一批"的推进格局。至2016年12月，累计兑现各类金融政策总金额8358.26万元，涉及企业157家，其中，"黄金12条"政策兑现1670.5万元，涉及企业27家；金融服务中心政策兑现834.44万元，涉及企业70家；1+X政策兑现5853.32万元，涉及企业60家。

【公务用车制度改革】2014年7月中旬，中央出台《关于全面推进公务用车制度改革的指导意见》《中央和国家机关公务用车制度改革方案》，取消一般公务用车，确定党政机关公务交通补贴标准。2015年12月20日，省车改方案获中央批复。2016年1月7日，省委、省政府召开全省公务用车制度改革动员部署会，省级机关公务用车制度改革全面实施。同月11日，区车改办正式启动全区公务用车制度改革工作。25日，区车改办下发通知对区现有单位在编（行政、事业）人员基本情况进行摸底调查。29日，区车改办制定下发《关于调整杭州高新区（滨江）公务用车改革领导小组成员的通知》（滨车改办〔2016〕1号）。4月7日，召开区公务用车改革领导小组会议部署滨江新一轮公务用车制度改革有关事宜。8月，区公务用车改革领导小组向分管副书记作专题汇报，基本形成滨江新一轮车改的实施方案。11月7日，区委书记会议专题听取方案汇报。同月23日，市公务用车制度改革领导小组办公室下发《关于高新区（滨江）公务用车制度改革方案的批复》。12月15日，区党委办公室、区管委会办公室、区政府办公室印发《杭州高新区（滨江）进一步深化公务用车制度改革实施方案》的通知，车改方案全面实施。

【《"十三五"规划纲要》编制】2014年10月，滨江启动"十三五"规划编制工作，主要分前期课题研究和规划纲要编制两个阶段进行。2015年3月30日，第一阶段工作完成，编制《高新区（滨江）"十三五"经济社会发展基本思路研究》及人口发展、智慧产业、世界一流高科技园区、土地利用形势和城市规划与建设5个关键领域前期课题研究报告。同年4月1日，进入规划纲要编制阶段，立足于开门规划和民主规划。2016年2月8日，完成区《国民经济和社会发展第十三个五年规划纲要》编制，并经区四届人大五次会议审议通过。

【全省首批服务业强县（市、区）试点】 2016年3月，省现代服务业发展工作领导小组办公室出台《浙江省服务业强县（市、区）培育综合评价细则》，在全省开展服务业强县（市、区）培育工作。根据各县（市、区）的发展阶段、资源禀赋、功能定位和产业优势分Ⅰ、Ⅱ、Ⅲ三类分别培育，对于入选的强县（市、区）试点地区由省发展和改革专项资金予以拨付。5月30日，滨江制定《杭州高新区（滨江）服务业强区试点培育建设方案（2016—2020年）》，明确服务业强区建设总体思路、发展方向、空间载体及推进措施。7月18日，省发改委公布首批浙江省服务业强县（市、区）试点地区名单，滨江成功进入全省首批Ⅰ类地区试点名单（全省共7个），获360万元资助资金。

【社会信用体系改革】 2016年5月31日，根据国务院《社会信用体系建设规划纲要（2014—2020）》精神，滨江启动社会信用体系建设，制定出台《2016年区信用工作要点和区对部门的信用考核办法》，明确各项工作的节点计划及各部门的具体工作安排，并实时进行通报督查，推进社会信用体系改革工作开展。6月6日，区发改局组织全区信用领导小组成员单位召开信用工作动员会，部署改革工作。同月29日，修订区2016年《在行政管理中使用信用记录和信用报告的事项清单》。9月22日，区发改局制定区2016年《公共信用信息分类等级管理办法》，转发《杭州市社会法人守信激励和失信惩戒管理办法》，印发《杭州高新技术产业开发区杭州市滨江区社会信用体系建设"十三五"规划》，确定改革工作思路和工作重点。同月26日，召开信用领导小组业务专题会议，部署区级相关部门的公共信用信息汇总归集，确保及时、规范完成区级信用信息的上报工作。10月9日，制定《信用红黑名单发布制度及目录清单》，在财政扶持资金申报、国家高新技术产业化项目竣工验收、教育部门评优评先等事项办理中，均要求对相关主体的信用记录进行查询；同时，在政府投资项目招投标和政府采购中，逐步实行拟中标单位使用第三方信用报告的审核机制。至12月20日，在杭州公共信用信息平台上查询信用记录3188次。

【全区《国民经济和社会发展计划》编制】 2016年6月20日，滨江启动《杭州市滨江区2016年上半年国民经济和社会发展计划执行情况的报告》编制工作。8月18日，完成报告提交区四届人大常委会第三十九次会议，并审议通过。11月7日，滨江启动《杭州市滨江区2016年国民经济和社会发展计划执行情况与2017年国民经济和社会发展计划草案的报告》编制工作。12月19日完成报告的征求意见稿，下发至各部门、各街道征求意见。2017年1月6日将报告送交区政府常务会、区委常委

"杭州市公共信用信息平台"宣传现场　　（区发改局　供图）

会、区人大常委会审议，并根据会议要求进行修改完善。2月7日，报告提交杭州市滨江区第五届人民代表大会第一次会议，并审议通过。

【“滨江菜价”APP试运行】 2016年12月2日，“滨江菜价”APP试运行，同月16日，APP上线运行，进入农贸市场和超市应用。居民通过手机及时掌握滨江各农贸市场产品价格信息，货比三家，引导主流；同时，居民作为市场价格监测员广泛参与到稳价惠民工作中，便于价格部门及时掌握价格动态，提高政府调控预见性。（徐海娟）

工商行政管理

【概况】 2016年，区市场监管局依托市市场监管局完成与阿里巴巴“1688平台”政企数据的互联互通，开展阿里巴巴“1688平台”异地监管协作探索，建立区电商品牌培育库，收集分析区内跨境电子商务企业363家，第三方交易平台12家，筛选出19家企业，形成跨境电商企业品牌培育库，按照指导注册、培育市著名商标、省著名商标、培育驰名4个等级进行分级培育。区市场监管局向市市场监管局推荐跨境电商企业市著名商标6家，省著名商标2家，其中：4家企业被认定为杭州市著名商标，2家企业为浙江省著名商标。强化跨境电子商务知识产权保护，支持商标海外维权。探索商标等知识产权综合执法工作，强化区市场监管局与法院知识产权保护工作的合作力度，区市场监管局的商标监管人员作为区法院知识产权专业型陪审员，直接参与到知识产权案件的处理工作。

2016年，区市场监管局立案120件，办结114件，万元以上案件73件，罚没款284.9万元；移送司法机关案件4件。举报投诉指挥中心接收各类举报投诉1.13万件，比上年增长149%，其中：举报2009件，投诉9283件，办结率98%，满意率96%，为消费者挽回经济损失649.65万元。重点处理群体性消费投诉事件（10人以上）6起。针对媒体及社会关注的消费纠纷，组织商家和消费者代表现场调解，妥善化解消费纠纷3895起。建立非工作时间驻岗值班制度，强化应急处置、“110”社会联动等项工作。强化消费维权联络站作用，新增消费维权联络站4家，全区共51家，涵盖电商平台、大型网商、商场超市、汽车销售、移动运营商、大型综合体等领域。

创建放心农贸市场、星级市场以及示范市场。2016年1月底，区各市场监管所与市场签订《杀白禽净膛上市交易责任书》，落实市场主体责任。市场监管所执法人员每天早晚2次对农贸市场、门店进行巡查，对1家市场、4家个体户进行立案查处。督促市场开展快速检测工作，全区全年开展快速定性检测5.39万批次，其中：合格批次为5.36万批次，不合格批次为269批次，合格率为99.5%。杭州大都会家居博览园及杭州浦沿六和农贸市场被认定为“诚信经营树形象，放心消费迎峰会”创建示范市场，杭州浦沿综合农副产品市场被认定为省放心市场的创建市场，完成杭州江南豪园农贸市场四星级市场延续认定。

开展重点领域广告的监测检查，2016年7月底至9月底，开展对内容涉及G20杭州峰会的广告专项检查整治。3月25日—10月31日，开展房地产领域广告专项检查整治。7月底至2017年1月20日，开展互联网金融与投资理财领域的广告专项检查整治。整治期间，处理广告类投诉举报700余件，其中：办理案件线索移送670余件，消费投诉调解30余件，立案查处7件，罚没款1.68万元。通过合同格式条款备案10份，备案中发现并纠正问题条款15条，帮助企业修改完善合同文本10份。

全年，受理各类年报咨询5500余次，发放《企业信息公示暂行条例》及配套规章汇编3500余份、《企业、个体户公示信息申报指南》等4500份。开展年报工作，全区应年报企业数2.3万家，完成年报企业2.13万家，企业年报率达92.33%；全区应年报个体工商户9883户，完成年报个体工商户7983户，年报率达80.78%，农专社年报率达100%。

2016年，全区24只产品获“浙江名牌产品”称号，18只产品获“杭州名牌产品”称号，数量创近年来新高。全区新认定杭州市著名商标15件，浙江省著名商标8件，浙江省品牌示范企业1家；获省AAA级“守合同重信用”新公示企业7家，继续公示企业10家；省AA级“守合同重信用”新公示企业8家，继续公示企业18家；省A级“守合同重信用”新公示企业19家，继续公示企业3家。全区质押登记备案户授信额达1.71亿元，商标质押工作位居杭州市前列。办理动产抵押登记5件，融资3085万元。办理拍卖备案1件，拍卖成交额67.5万元。区市场监管局分别在2016年度杭州市市场监管系统区县（市）局绩效考评和杭州市质监局绩效考评中获优秀单位和优胜单位称号。

【房地产领域广告专项整治】 2016年3月25日—10月31日，区市场监管局开展房地产领域广告专项整治。以互联网广告、楼书、户外广告为重点，联合区物价、区住建房管部门对相关企业开展突击检查，重点检查广告宣传与企业资质、预售证及规划是否一致。对全区在售楼盘的房地产开发企业和房地产中介进行全面清理摸底，筛选并召集重点企业开展集体约谈，学习培训有关房地产的广告法律法规，指出在广告、楼书宣传中存在的常见问题，要求有关企业加强广告内容审查。至11月中旬，召开行政约谈会2次，行政约谈企业18家；出动执法人员46人次，检查企业21家，检查广告48条，其中：检查网络广告发布企业3家，检查网络广告32条。

【“红盾网剑”专项行动】 2016年5—11月，区市场监管局开展“红盾网剑”专项行动，网上检查2278个网店，实地检查网店256个次，整改46个网店，停止平台服务的网店239个次，删除违法商品信息1793条。

【G20杭州峰会广告专项整治】 2016年7月底至9月底，区市场监管局开展对内容涉及G20杭州峰会的广告专项检查整治。制定《滨江区房地产广告专项整治工作实施方案》《关于开展互联网金融广告及以投资理财名义从事金融活动风险专项整治工作的实施方案》，下发《关于对内容涉及“G20峰会”广告开展专项整治的通知》，成立广告专项整治工作领导小组，采取局所联动，网上网下同时推进的方式，对辖区内的广告开展全面检查和集中整治；采取电话、微信群、辖区网站平台、上门检查等渠道，向广告经营发布者宣传国家有关法律法规规定，动员发动各企业自查清理发布的广告及信息，杜绝发布违法广告。至11月中旬，出动执法人员48人次，检查各类广告86条，监测检查发现21家企业（网站）发布有关互联网金融广告，抄告区金融监管部门作进一步处理，未发现涉及G20杭州峰会虚假宣传及擅自使用G20杭州峰会标志的违法广告。

【互联网金融与投资理财领域广告专项整治】 2016年7月底，开展互联网金融与投资理财领域的广告专项检查整治，对全区内楼宇电视、互联网、户外、印刷品等有关投资理财类广告进行清理检查。采取行政指导、行政约谈等方式，向有关广告主、广告经营者、广告发布者宣传《中华人民共和国广告法》等法律法规对投资理财类广告的要求，增强广告经营发布主体依法发布、规范发布的自觉性。对自查规范不到位，不符合法律法规要求的广告，坚决予以整改或停止发布。至11月中旬，召开行政约谈会2次，行政约谈企业18家，出动执法人员46人次，检查企业11家，检查广告45条。

【扶持小微企业发展获佳绩】 2016年，滨江加大扶持小微企业发展力度，区市场监管局走访小微企业676家，建立企业走访服务档案676家，走访活动中发放各类宣传资料2250册，收集汇总困难意见并帮助协调解决25个问题。全区个体工商户转型升级204家，发展科技型小微企业563家，发展七大产业5942家，科技、金融“双对接”1505家，组织小微企业专场培训102次；浙江股权交易中心挂牌88家，培育小微企业成长为“规上”工业企业16家，培育小微企业成长为“规上”服务业企业131家，培育小微企业成长为“限上”批发零售、住宿餐饮企业81家；整治淘汰落后产能、不达标企业和违法企业（作坊）173家。11月29日，在全省服务小微企业成长暨2016民企“双对接”活动的启动仪式上，区市场监管局

“工位注册”被认定为2016年“浙江省十大服务小微企业优秀项目”，杭州摸象大数据科技有限公司和杭州数亮科技股份有限公司被认定为2016年“浙江省小微企业成长之星”。

（韩杭丽）

统计管理

【概况】 2016年，全区有维护名录法人单位1.02万家，其中，新增2841家；整理上报新增规模以上单位109家，其中，工业4家、服务业66家、贸易39家。清理退库单位56家。组织做好工业、科技（火炬）、建筑业、固定资产投资、劳动工资、农业等统计年、月报审核上报工作。开展城乡住户一体化调查、大城市月度劳动力抽样调查等民生调查；企业用工调查、“四众”企业专项调查、5‰人口调查等工作。全年，各专业共实地检查、走访指导企业103家，其中，配合市统计局完成对10个投资项目的检查。

完成《“十三五”工业发展研究》《滨江创新指数2.0》课题，开展《滨江现象后的“研发密码”》《高新区（滨江）小微企业创新政策落实情况调研报告》等专题调研。针对评价体系做好《高新区综合评价和工业强区排名分析评估》《科技年报统计范围调整对高新区科技进步监测数据影响》《火炬统计国家高新区评价指标体系评估》《世界高科技一流园区三年主要指标跃升计划》《国家高新区综合评价结果的分析和说明》等统计分析。

紧扣时间节点、收集部门统计数据，反映全区国民经济和社会发展情况，开发编撰月度《统计月报》、年度统计快报、《统计年鉴》。完成《关于提升大数据大政府治理与民生改善方面应用能力的建议》提案复函，为区委常委会、区政府常务会、各类专题汇报会议等提供决策参考材料。全年撰写统计分析材料37篇，上报信息95篇，其中，录用85篇。2016年，杭州高新区获“全国火炬统计工作先进单位”称号。

【企业用工调查】 2016年2月15日，区统计局对工业、建筑业、交通运输业、批零贸易业、软件及其他技术服务业企业用工基本情况进行调查，采取调查问卷和实地走访等形式，通过对79家企业用工调查发现，建筑业、制造业和批发零售业等劳动密集型行业缺工量最大，调查中缺工的最主要原因是生活成本高，为及时了解掌握春节以后全区就业和用工动向提供数据支撑。

【统计自查检查】 2016年3月10日，区统计局根据省、市统计局开展“数据造假、以数谋私”专项治理工作部署和开展“数据造假、以数谋私”专项治理工作暨党风廉政建设视频会议精神，开展企业数据真实性、时效性和准确性的自查。对全区1214家统计调查对象下发统计自查表，累计收到1176家企业反馈的自查表，反馈回收率96.9%。通过自查和抽查，企业上报数与自查数总体衔接，总量指标衔接率达101.8%，总体数据质量情况良好。

【“四众”企业专项调查】 2016年7月15日—8月30日，根据国家《新产业新业态新商业模式统计监测制度》要求和指示精神，为及时反映众创、众筹、众扶、众包等形式为主的“四众”经济发展情况，区统计局通过对全区1000余家企业比对和筛选，确定62家重点企业为调查对象，进行“四众”专项调查，为掌握全区“四众”平台企业提供数据基础。

【5‰人口抽样调查】 2016年9月10日—11月30日，区统计局在全区开展5‰人口调查。通过调查员实地调查，抽调七甲闸社区、新州社区、星民社区、中兴社区、闻涛社区、彩虹社区、滨盛社区7个调查小区，经过划区绘图、摸底清查、入户登记、复查审核、编码录入等工作流程，通过数据推算，2016年，全区常住人口33.56万人，剔除样本点抽样的偶然性差异因素外，基本上反映出全区人口发展的实际情况，调查数据总体准确可信。

【编印《五年辉煌》】 2016年12月，区统计局编辑完成《五年辉煌》。全书共9886字，32幅图，6张表。以图文并茂形式，从综合实力、产业发展、创新能力、结构优化、社会发展等方面，集中记载全区“十二五”期间社会经济建设各方面取得的成就。发放给区党代会和两会代表800本，为区委、区政府决策参谋提供服务。（周建江）

审计监督

【概况】 2016年，区审计局完成审计项目22项；审计清理整改各类不规范资金1.68亿元，追回财政资金21.24万元。完成政府投资结算审计项目531个，核减资金1.67亿元。提出各类审计建议46条，推动各级建立和完善制度11项，促进部门（单位）8个方面问题的整改；向区纪委移送案件线索2条。开展服务企业活动，走访企业30余家，召开企业内审例会3次，专题会议5次，并以“沙龙”的形式指导企业审计，答疑解惑，解决各类问题71个。提交审计信息12篇，被上级审计业务部门批示、采用8篇。2016年，浙江省全面推开审计机关人财物管理改革试点工作。

【村级留用地专项资金审计】 2015年10月—2016年4月，区审计局对村级留用地开展专项资金审计调查。走访区住建局等6个部门、3个街道、10个社区，并延伸审计9家项目公司，对14个村级留用地项目逐一核查，合作开发的项目公司审计覆盖面达100%。到住建、财政、商务、农业和国土5个部门召开座谈会，听取星耀城等项目的情况介绍，对审计调查中发现村级履职、资金管理、风险控制等方面存在的问题，提出16条审计建议。专项调查工作得到区领导和各相关部门的高度重视，常务副区长专门召集会议听取汇报，督促责任单位抓好整改落实，并推动有关制度的建立。

【领导干部经济责任审计】 2016年1—12月，区审计局对区人力社保局原局长章小红、商务局原局长施红雷、农村多层住宅建设管理中心原主任赵祖峰、社发局原局长於国荣和创意城管委会原常务副主任施利君5名区管正处级领导干部在重大政策措施落实、关键领域规定执行、资金规范廉洁高效使用、机构编制政策等方面的执行情况和个人廉洁从政情况实施经济责任审计。审计实施均采取现场审计模式，通过审计，对5名领导干部的履职情况和廉洁从政情况进行客观评价，为组织决策提供依据。

【专项资金管理使用审计】 2016年3—6月，区审计局采取“核心审+专题审”模式，对区财政局的“财政信息化建设”和西兴、长河、浦沿3个街道“区拆迁资金管理和使用情况”两个重点内容进行“专题审计”。在开展3个街道2014—2015年拆迁资金管理和使用情况审计中，发现街道未对拆迁资金用途进行详细分类计算，未对拆迁资金成本进行结算；2016年在财政信息化建设审计中，发现指标编制、国库集中支付、政府采购管理平台等各类财政信息系统存在兼容性不足问题。针对审计发现的问题，2016年8月，国土滨江分局出台《关于加强征地拆迁资金管理的通知》，区财政局出台《关于印发杭州市滨江区区级预算单位银行账户管理暂行办法的通知》。区财政局针对财政信息化建设中的不足，对财政管理系统相互兼容性和分析能力进行改进和完善，将政府采购纳入直接支付系统，形成预算编制、采购指标下达、采购后资金支付、合同管理等比较完整的信息化管理体系。

【编制经济责任审计规划】 2016年10月，区审计局在总结“十二五”时期经济责任审计工作基础上，结合新的纪律要求和全区中心工作，编制《杭州高新开发区（滨江）2016—2020年经济责任审计工作计划》，建立审计对象分类管理制度，按照被审计领导干部任职时间、工作岗位性质、履行经济责任的重要程度，坚持以任中审计为主、离任审计为辅、经济事项离任交接为补充的经济责任审计模式。对国有企业坚持任中审计和离任审计相结合，实现经济责任审计对象全覆盖。

【政府投资项目跟踪审计】 2016年，区审计局对奥体博览城、区体育馆、阳光家园、动漫博物馆等8个项目实施跟踪审计。通过信息化手段进一步规范跟踪审计行为，降低审计风险，解决人少项目多的矛盾，提高跟踪审计绩效。加强对现场跟踪审计的业务指导，重点加强对进度工程量（进度款）、造价真实性、变更合理性等方面的审核把关。2016年G20杭州峰会在杭州召开，主体育场的建设过程备受关注，2015年10月—2016年4月，区审计局根据区政府要求，对奥体配套及车库工程2幢地下室（含隧道）赶工费进行跟踪审核。安排4名跟踪审计人员，对施工方的模板、钢管、夜间加班等实际投入情况重点监督，召开建设单位、监理单位、施工单位进行5次协商，延伸调查施工单位的管理人员工资发放情况，将施工方送审的8841.42万元赶工费核减至2912.69万元，工程提前一个月完成顶板。

（徐江龙）

质量技术监督

【概况】 2016年1月29日，浙江大华技术股份有限公司成功通过“浙江制造”《网络摄像机》《网络硬盘录像机》2个产品的国际、国内认证，成为杭州首家获得国际互认的“浙江制造”认证企业，实现杭州此领域零的突破。4月21日，滨江区被浙江省质量强省工作领导小组命名为第二批“浙江制造”品牌培育试点县（市、区）。8月，杭州海康威视数字技术股份有限公司成功通过“浙江制造”《网络摄像机》《网络硬盘录像机》2个产品的国际、国内认证，7家企业的7个主导产品列入后续“浙江制造”标准的制定计划。至12月底，滨江主导和参与研制的国际标准正式发布18项，位于全省前列。

主导和参与国家标准正式发布228项，行业标准213项。5家企业获中国标准创新贡献奖，23家企业获浙江省标准创新型企业，7家企业获杭州市标准创新贡献奖，4家企业成为浙江省首批企业技术标准创新基地。全区共有“浙江省政府质量奖”获奖企业2家，“浙江省政府质量奖提名奖”获奖企业1家，“杭州市政府质量奖”获奖企业5家，“滨江区政府质量奖”获奖企业10家；浙江名牌产品58只，杭州名牌产品36只。

2016年，滨江新增主导和参与研制的国际标准发布1项，主导和参与国家标准正式发布19项，行业标准21项；浙江名牌产品新增24只，杭州名牌产品新增17只。完成对高新区（滨江）210家规模以上企业主导产品采标登记情况做好核查分析，采标率达72.95%，位居全省各区、县（市）第四位。指导企业完成376项产品标准在全国企业标准信息公共服务平台公开，实现100%网上自我声明公开。

全区有电梯7127台，起重机械1344台，厂内机动车辆259台，游乐设施2台，锅炉83台，压力容器565台，压力管道单元508段。2016年，出动检查人员280人次，检查特种设备使用单位137家次，发现安全隐患63个，封停设备135台，发出安全监察指令书34份；完成整改34个，整改完成率100%。受理投诉215起，办结率100%；受理110联动180起，办结率100%。办理非事故类特种设备案件2起，罚款12.9万元整。检查工业产品许可证企业22家，行政处罚产品质量不合格企业3家，罚没款9596元。

【“浙江制造”品牌建设】 2015年，浙江按照中央大力打造“中国创造”“中国制造”品牌思路，在全国率先推出以“区域品牌、先进标准、市场认证、国际认同”为核心的“浙江制造”品牌建设制度体系，力争将“浙江制造”打造成“中国制造”的标杆和浙江经济的金字招牌。同年7月，滨江区被确认为杭州市首个“浙江制造”品牌培育示范区，扎实推进“浙江制造”品牌培育工作。区市场监管局组织开展“浙江制造”品牌认证争创企业调查摸底，组织试点企业参加“浙江制造”品牌训练营、“认证达标对标诊断”等活动，按照《“浙江制造”评价规范》要求开展自我诊断，查找差距和不足，制定认证达标具体举措。同时举办“浙江制造”品牌建设培训班，全区56家重点骨干企业的74名质量经理参加培训学习，进一步充实“浙江制造”品牌认证的后备军队伍。浙江大华技术股份有限公司加大研发投入和不断致力于技术创新，每年10%的销售收入投入研发，拥有3000余人的研发技术团队。2015年8月，浙江大华技术股份有限公司主导起草《硬盘录像机》浙江制造标准，通过浙江省标准化研究院牵头组织的国内硬盘录像机行业专家审定。2016年1月29日，浙江大华技术股份有限公司通过“浙江制造”《硬盘录像机》产品的国际、国内认证，成为杭州市首家获得国际互认的“浙江制造”认证企业，实现杭州国内国际双认证领域的零的突破。

【滨江入选“浙江制造”品牌培育试点县(区)】2015年7月，滨江区被确认为杭州市首个“浙江制造”品牌培育示范区，区市场监管局按照《杭州市关于打造“浙江制造”品牌的实施意见》，推进“浙江制造”品牌培育试点工作。至2016年3月，组织开展“浙江制造”品牌认证争创企业调查摸底，确定杭州海康威视数字技术股份有限公司、浙江大华技术股份有限公司、聚光科技(杭州)股份有限公司等8家企业作为“浙江制造”品牌认证培育企业；对企业制定三年争创计划，举办“浙江制造”品牌建设培训班，全区56家重点骨干企业的74名质量总监和质量经理参加培训，充实“浙江制造”品牌认证的后备军队伍。以行业龙头骨干企业“单打冠军”、中小企业“隐形冠军”和现代企业集群为主体，筛选和确定重点培育扶持的产品及企业，构筑梯度推进、动态发展的培育模式。同年4月21日，滨江区被浙江省质量强省工作领导小组列为第二批“浙江制造”品牌培育试点县(市、区)。

【电梯安全培训】2016年1月19—21日，为加强区电梯安全管理工作，落实物业公司电梯安全管理第一责任人职责，提高物业公司管理电梯安全的水平和能力，区市场监管局联合区物业协会，在杭州市特种设备检测研究院特种设备作业人员考试中心开办电梯安全管理员培训班，全区100余名物业公司工作人员参加培训。学习物业电梯安全使用、安全管理、应急处置等内容，并通过考试取得电梯安全管理员资格证书。

【特种设备安全监管】2016年1—6月，为保障G20杭州峰会特种设备安全，加强特种设备安全保障工作，区市场监管局开展特种设备安全检查，出动检查人员176人，检查使用单位88家，检查各类特种设备517台，发现一般隐患22个，严重隐患19个；发出整改指令书19份，立案2起，办结1起，罚款9.9万元。组织3个街道安全员和24家重点监控单位的分管负责人和安全员定时召开特种设备安全监察工作季度例会，建立全区特种设备工作“一盘棋”“一张网”的工作格局。对特种设备安全工作突出的3家单位和6人进行表彰，树立行业楷模。6月，开展电梯安全进社区活动，对农村多层住宅小区加强电梯安全使用的宣传教育和普及，通过播放安全宣传短片、开展有奖问答、现场咨询、发放安全手册、开展电梯困人应急演练等形式，全方位、多角度向居民介绍安全乘梯、文明乘梯的知识，提高安全乘梯意识和自我保护能力。8月，区市场监管局会同创意城管委会和杭州白马湖建国饭店有限公司在白马湖建国饭店开展电梯困人突发事件应急演练，14人参加演练。通过模拟乘客在电梯使用中突发的故障，对酒店和维保单位的应急预案实施和现场应援能力进行全面检测。

(韩杭丽)

国有资产管理

【概况】2016年，全区国有企业总资产220亿元，所有者权益66.52亿元，分别比上年增长19.5%和8.2%。实现营业收入7.4亿元，利润总额1769.9万元，上缴税收5994.1万元，分别增长17.5%、45.7%、87.4%。2016年，成立杭州高新区市政工程公司，撤销高新科技园公司、西兴污水厂、浦沿水厂、水务公司、万城物业公司、洁安物业公司和白马湖物业公司，资产经营公司吸收合并杭州活水工业园开发有限公司、公共设施公司。出台《滨江区国有企业公款竞争性存放管理实施办法》，国有企业完成公款竞争性存放招标工作。

【基建管理系统上线】2016年1月4日，政府投资项目基建管理系统上线运行。系统采用全程信息化审批手段，12时58分建设单位发起资金申请、14时30分资料送至区财政局、15时38分区财政局完成该申请单审核、16时03分区领导完成该申请单审批，记录各环节审批时间，运用信息化手段加快政府投资项目资金审批，实现最快三小时完成政府投资项目资金审批。改变了原纸质审批模式，减少了纸质资料的相互传递。

【国有资产建设工程】 2016年4月21日，区水务公司关停浦沿水厂，实现滨江水厂全区统一供水格局，8月，白马湖原水备用工程投入使用。6月28日，高新总公司60天完成全长6.4千米的闻涛路提升改造工程，成功打造现代化的“最美跑道”沿江景观。12月底，物联网产业孵化器及公园项目（含公园）孵化器项目除2A楼以外，其他3幢标准楼实现结顶。

【行政事业单位国有资产清查】 2016年4月28日，滨江区召开行政事业单位国有资产清查工作部署会议，全面启动区机关事业单位国有资产清查工作。区财政局依托便捷的电子通信设备，对区各单位资产清查工作进度进行跟踪了解，并通过电话、QQ群等方式对各单位提出的各种困难和问题提供服务和解答，实时跟踪进度。针对资产量大、资产情况复杂的重点单位上门专业指导培训，制定适合该单位的资产清查实施办法，多措并举推进全区资产清查工作。7月底，全面完成清查工作，清查工作涉及全区139家行政事业单位（包含街道社区），资产账面数226.55亿元，负债账面数114.1亿元，净资产账面数112.56亿元。

【国有企业公款竞争性投放管理办法出台】 2016年7月28日，区财政局出台《关于印发〈杭州市滨江区国有企业公款竞争性存放管理实施办法〉的通知》（区财资〔2016〕100号），启动全区国有及国有控股企业银行账户和存款数额的摸底调查。至10月10日，完成全区国有企业账户和定期存放资金公开竞争性存放工作，涉及银行账户115个，公款资金6.7亿元，活期及协定账户利率上浮25%～30%，定期账户利率上浮30%～50%。

（徐　峥）

食品药品监督管理

【概况】 2016年3—12月，区市场监管局发放食品经营许可证（食品销售）570本；食品领域完成抽样检测1357批次，其中：监督抽检1209批次，风险监测148批次；监督抽检农产品源头食品66批次，生产环节131批次，流通环节492批次，餐饮环节食品520批次，餐饮具91批次。抽检产品种类主要为蔬菜、禽畜肉、肉制品、豆制品、水产品、现榨饮料、乳制品、酱类、火锅底料及蘸料（自制）、餐饮具等产品。经检测，35批次不合格，整体合格率为97.42%。对监督抽检中发现的不合格产品，按照《中华人民共和国食品安全法》的规定对不合格产品及其经营企业进行处置，处置率达100%。全年全区开展快速定性检测5.38万批次，其中，合格5.36万批次，不合格269批次，合格率为99.5%。完成食品定量检测2120批次（包括市级抽检），达6.63批次每千人，其中，监督抽检为5.49批次每千人，42批次不合格，整体合格率为98.02%，处置率为100%。新增杨家墩农贸市场、山二农贸市场、长二农贸市场3家免费检测室，累计向市民开放9家农贸市场快速定性检测室，完成率达112.5%。在大型以上社会餐饮单位，托幼机构、大专院校食堂和养老机构食堂等推进“阳光厨房”，至年底，建成“阳光厨房”45家。选调业务能力强、责任意识强的6名监管人员和7名机动人员，组建峰会驻点监督小组。G20杭州峰会期间，白马湖建国饭店累计供餐6250人次，鼎香餐饮累计供餐6.87万人次，未收到一起食品安全相关问题的反映和报告。

开展保化产品监督抽样工作，对检测发现的4批次不合格产品依法予以处理；对全区98家委托生产企业的非特殊化妆品进行备案审查；组织开展美容美发化妆品经营使用单位整治，完成对辖区3家保化经营示范单位的“回头看”检查，督促企业巩固创建成果。对新版GMP、GSP认证后的企业进行跟踪检查，完成各类药械生产经营使用单位的开办、变更、换证、体系考核和日常检查、飞行检查450余家次。3家保健食品生产企业均按规定完成自查报告工作。

开展药械生产流通环节专项整治行动，全年，出动执法人员900余人次，检查药品生产企业15家次，经营企业180家次，医疗机构40家次，医疗器械生产企业43家次，经营企业198家次；完成行政许可现场检查110家次；受理药品投诉举报10起，各类协查49起。完成药品监督抽样73批次，医疗器械国抽11次，省抽6批次，市抽7批次，专项抽样2批次，注册抽样37批次，疫苗批签发36批次。针对检查中发现的违法违规行为，做出当场行政处罚7起，一般程序立案5起，结案3起，移送公安做进一步处理2起。

【网络订餐“净网行动”】 2016年1月起，区市场监管局对滨江区网络平台上353家餐饮店进行全面排查。至12月，根据排查情况取缔无证无照29家，规范办证23家，立案查处8家，网络平台下架513家餐饮店铺。“净网行动”其间，办理涉网案件50件，罚没款177万元，移交异地案件1096件，协助异地案件调查1248件。

【签订安全质量承诺书】 2016年3月1—31日，区市场监管局与辖区500余家药械生产经营企业签订《安全质量承诺书》，企业向政府和社会作出庄严承诺，担负起药械质量安全第一责任人的责任，对社会和公众负责，诚信做药械，保证所生产经营的药械安全有效合格，接受社会监督，承担社会责任。

【创建省级食品安全区】 2016年3月9日，区政府组织召开创建浙江省食品安全区动员暨峰会食品安全保障部署大会，区领导、区食品安全委员会全体成员单位有关负责人、各社区主任和食品安全监督协会部分会员代表98人参加会议。会上，区政府与3个街道和有关责任部门签订创建工作责任书，对创建工作进行部署。8月2日，滨江食品安全委员会制定下发《关于印发创建省食品安全区责任分解表》，明确责任单位，落实责任。印发张贴创建海报2500份，发放《致市民群众的一封信》12万份，发动辖区企事业单位、社区群众、高教园区师生和中小学生等1万余人参与微信“点亮舌尖灯”知识竞答活动，营造浓厚创建氛围。

【创新食品安全智慧监管模式】 2016年3月，区市场监管局以祖名豆制品股份有限公司作为试点建设智慧安防体系，建设“祖名食品生产安防系统”，探索食品生产智慧监管，实现全过程智能化监管，达到“可防范、可报警、可追溯”目的。与辖区企业合作，在“阳光厨房”创建基础上进行全面创新升级，建立智慧餐饮管理系统。通过从业人员人脸识别、体温监测、电子化台账、加工过程实时监控等模块，对餐饮服务企业人员健康管理、原材料验收、清洗切配、烹饪加工、储存留样等节点进行控制和管理，实现全程可追溯、全程可监控。将全区22家中小学食堂和1家集中配餐企业作为首批推广单位，并逐步向大型以上社会餐饮和企事业单位食堂推广。至12月底，杭州白马湖实验学校、杭州市财经职业学校和杭州鼎香餐饮有限公司完成安装。

【“三大一严”食品专项整治】 2016年3月1日—8月31日，区市场监管局对小食品店、小蔬菜店、仓库等食品安全领域存在的风险隐患与突出问题进行“大抽检、大排查、大整治、严打击”。以食用农产品种养殖基地、食品生产企业、食品批发交易市场（食品冷库仓库）、大型餐饮服务单位、食品加工经营集聚区和食品“五小”（小餐饮、食品生产加工小作坊、小食品店、小食品摊贩、小蔬菜店）为重点，对食用农产品种植养殖、食品生产、食品流通、餐饮服务、保健食品、食品相关产品、集中消毒餐饮具、食品“五小”等环节和领域开展风险隐患排查。印制张贴“三大一严”专项行动通告1万份，梳理各类食品安全隐患6个，确认无证小餐饮为重点隐患，关停无证小蔬菜店6家、无证小食品店20家；改造提升无证豆腐小作坊1家，累计规范发证餐饮经营户493家；取缔关停207家，实现全区持证餐饮食品安全信息公示率100%。

【药品安全专项行动】 2016年3月1日—8月31日，为确保G20杭州峰会药品质量安全，区市场监管局在全区范围内开展药品安全风险“三大一严”专项整治行动。以参会人员入住宾馆白马湖建国饭店周边医务室及零售药店为重点区域，以监督抽检发现的问题、社会公众和媒体关注的热点问题、举报投诉反映的药品质量安全为重点排查的问题。以药品生产经营企业关键岗位人员在职不在岗、企业仓库温湿度记录造假、非法添加、偷工减料，零售企业不按规定销售含麻黄碱类复方制剂、二类精神药品和终止妊娠药品等特殊管理药品、商业企业超范围经营药品、零售药店违规回收药品、小药店小诊所非法渠道采购药品等容易滋生、引发药品系统性风险的环节为重点环节；以特殊药品、麻黄碱复方制剂、疫苗、生化药品、注射剂等高风险药品、中药材及饮片等为重点产品，重点对经营高锰酸钾等管控药品进行全面排查和现场监督检查。专项行动期间，完成药品监督抽样73批次，合格率100%；出动执法人员520余人次，排查生产企业6家，特药生产销售使用单位5家，研发机构1家，批发企业18家，零售企业160家，医疗机构82家，发出责令改正通知书5份；当场行政处罚4家，罚款500元，移送公安处理2起；排查并整治完成重点风险4个。G20杭州峰会期间，下架封存高锰酸钾产品5217盒。对14家互联网药品信息（交易）服务网站检查和药品网络市场监管专项行动，对平安督查时存在问题的杭州德奥健康管理有限公司滨盛路口腔门诊部、杭州联华华商集团有限公司世纪联华滨盛路店、杭州海王星辰健康药房有限公司滨盛路店，杭州松盛药房有限公司4家企业下发责令整改通知书，并对整改情况进行跟踪复查。

【街道食安办规范化建设】 2016年6—12月，滨江开展街道食安办规范化建设，区食品安全委员会制定下发《滨江区街道食安办规范化建设实施方案》，明确创建要求、创建时间和实施步骤，并将创建工作纳入对街道的综合考评。各街道成立食安委及其办公室，由街道办事处主要负责人担任食安委主任与下属社区签订责任书，确保各项任务明确到人，落实到岗。创新专管员队伍，在每个社区指定一名社区工作人员兼职担任食品安全专管员的基础上，各街道增招26名专职食品安全专管员（西兴街道8名、长河街道7名、浦沿街道11名），根据街道特点划分片区开展食品安全日常巡查、管理工作，形成专管员和社区工作人员交叉互补、无缝对接的管理格局。11月底，3个街道食安办全部完成规范化建设，12月，通过杭州市级验收。

（韩杭丽）

安全生产监督管理

【概况】 2016年，滨江区发生各类上报事故13起（不含火灾事故），死亡9人，受伤8人，无较大以上事故发生，直接经济损失420.55万元。其中：生产安全事故7起，死亡4人，受伤5人，财产损失420万元；道路交通事故6起，死亡5人，受伤3人，直接经济损失0.55万元。火灾事故3起，直接经济损失7.3万元。立案查处生产安全事故6起，罚款81.98万元。利用“安全生产月”、安全生产“五进”、事故模拟体验、“安康杯”竞赛等活动，开展《浙江省安全生产条例》《县（市、区）落实安全生产责任八条规定》等法律法规宣传活动，下发各类宣传资料10万余份。组织安委会全体成员单位和社区书记、主任学习《关于办理危害生产安全刑事案件适用法律若干问题的解释》等法规，推进企业安全培训主体责任的落实，督促企业落实“三级安全教育制度”，培训企业负责人219人，安全管理人员388人，建筑工地外来务工人员和新员工3.25万人次。

深化企业安全生产技术服务外包工作，投入20余万元，在30余家涉氨制冷企业、有限空间作业场所（企业）、涉及可燃爆粉尘作业场所（企业）、喷涂作业场所（企业）及存在重大事故隐患企业，引入安全中介机构、安全专家加强对其日常安全监管，查找企业安全生产中存在的问题和隐患，提出合理并切实可行的整改意见或建议，帮助企业解决安全生产中存在的问题。96家企业完成创建标准化，其中，创建二级标准化企业3家，三级标准化企业93家（累计达标企业226家），圆满完成了上级下达的指标任务。

投入250万元，对区域在册的滨江区685辆工程车（包括各类混凝土搅拌车、散装水泥车、预拌砂浆车和渣土运输车）安装视频动态监控系统，区政府给予45万元的补助。G20杭州峰会保障工作中，区安监局获“杭州市先进集体”称号，5人获省、市先进个人。

【安全生产目标管理】 2016年1月14日，区安全委员会办公室在智慧e谷组织召开全区安全生产工作会议，安全委员会成员单位分管领导、街道分管安全生产副主任和各社区安全员共120余人参加会议。会上，分解落实杭州市政府下达的《安全生产综合目标管理〔安全发展区、县（市）创建工作〕任务书》；区长金志鹏与27家区级责任单位负责人签订2016年安全生产综合目标管理责任书；区级27家责任单位与下属3243家企事业单位签订安全生产目标责任书，强化安全责任的考核力度，提高安全责任的考核奖罚额度。

【安全生产管控】 2016年年初，区安监局根据区党委《关于加强安全生产促进安全发展的实施意见》，落实“党政同责、一岗双责、齐抓共管、失职追责”“管行业必须管安全、管业务必须管安全、管生产经营必须管安全”等责任制，明确各级党组织在安全生产工作中总揽全局、协调各方的领导核心作用。1月28日、3月30日，区委常委会听取全区安全生产工作汇报，专题研究G20杭州峰会安全生产保障工作。围绕G20杭州峰会安全保障梳理出“四路、八圈”重点区域及137家重点管控单位，开展不定期、高频次检查12次。

【重点时段安全生产保障】 2016年4月27日—5月2日动漫节、10月20—24日“文博会”及五一、国庆等重点时段安全生产保障，全区出动各类安全生产监察执法人员290余人次，检查各类单位110余家次，查出各类问题和隐患200余处，发出责令整改指令书25份，复查意见书25份，立案查处13起，其中，一般程序处罚13起，罚金21.8万元。

【重点隐患挂牌督办】 2016年5月初，区安监局开展工商贸企业安全生产隐患排查整治和重点隐患企业挂牌督办，重点突出危化品、“三场所两企业”、建筑施工、生产型企业、人员密集场所和出租性生产经营场所等事故多发和易发部位隐患治理。至月底，全区3253家次单位开展自查自纠，查出隐患1159条，整改隐患1081条，落实整改资金15.5万元；10处隐患作为2016年度区级重点安全生产事故隐患进行挂牌督办，11月底，全部整改到位。

【安全生产专项行动】 2016年7月初，区安全委员会办公室根据区办《关于开展2016“夏安滨江”安全生产专项整治行动的通知》要求，以出租房、建筑施工、道路交通、企业楼宇4个领域为重点开展安全生产专项整治行动。整治中，出动执法人员260人次，走访出租房2.94万户，查处交通现场违法行为3.93万起；检查单位1.06万家次，发现隐患1.18万处，已整改1.17万处，其中，排查出重点隐患12处，全部完成整改。行政处罚129起，罚款192.1万元；临时查封37家，封停各类设备86台；强制执行4家，“三停”35家，拘留12人。 （江志平）

教育

——教学楼

高新实验学校　（区委宣传部　供图）

彩虹城小学

江南实验学校　（区委宣传部　供图）

杭州第二中学白马湖学校

（区委宣传部　供图）

滨兴学校　　（区委宣传部　供图）

（区委宣传部　供图）

浦沿中学　　（区委宣传部　供图）

教育

——六一文艺会演

杭州第二中学白马湖学校舞蹈《我们都有家》　　（区委宣传部　供图）

白金海岸幼儿园表演剧《牙齿大街的新鲜事》

（区委宣传部　供图）

长河中学舞蹈《风筝》　　　　　　　（区委宣传部　供图）

滨文小学武术《少年梦》　　　　　　　（区委宣传部　供图）

江南实验学校舞蹈《珍珠贝贝》　　　（区委宣传部　供图）

滨文小学舞蹈《你看，你看小星星》（区委宣传部　供图）

教育

综述

【概况】 2016年，全区有幼儿园31所，小学9所，九年一贯制学校7所。市属普通高中2所，职业高中2所，省属高校6所。进修学校1所，社区学院1所，成人技术学校3所。全区中小学、幼儿园及进修学校、社区学院、成人技术学校等学校共有教职工4002人，其中：幼儿园教职工1972人，在职在编教师582人；小学（含民办学校）教职工1210人，专任教师1178人；中学（含民办学校）教职工777人，专任教师731人；其他教职工43人。专任教师中具有研究生学历167人，本科学历2514人，专科学历450人。专任教师中具有中学高级职称258人，中学一级职称1004人，中学二级职称1071人。

2016年，全区财政支出107.45亿元，公共财政预算教育经费13亿元（含教育费附加），占公共财政预算支出比例12.1%。2016年，区普通小学、普通初中学校生均公共财政预算教育事业费全面增长，小学生均公共财政教育事业费1.56万元，比上年增长2.23%，中学生均公共财政教育事业费1.63万元，增长0.66%；小学生均公共财政预算日常公用经费1348元，增长0.08%，中学生均公共财政预算日常公用经费1615元，增长0.06%。

新建春晖小学、滨江实验小学，续建丹枫实验小学、滨和中学、滨和小学、浙江大学教育学院附属学校，扩建东冠小学、浦沿中学，其中，丹枫实验小学项目竣工。免义务教育阶段学生课本费730万元，作业本费60万元，杂费3110万元。向民工子弟学校财政转移支付杂费及免费教科书费230万元，向民办学校转移支付学生杂费及困难生补助4.4万元。

【滨江成为省教育基本现代化区】 2015年9月22日，省人民政府教育督导室、省教育厅发布《浙江省教育现代化县（市、区）评估操作标准（2015年修订版）》，滨江区政府启动省教育现代化区申报工作。2016年1月5—6日，省教育督导评估组，对滨江区申报浙江省教育基本现代化区进行督导评估。评估组采取听取创建工作的汇报，查阅佐证材料，召开座谈会，进行电话访谈，实地考察等形式对照《浙江省教育现代化县（市、区）评估操作标准（2015年修订版）》，重点对教育经费投入、教师队伍建设、教育公平、义务教育均衡、教育教学改革、教育信息化、学生身心健康状况、各类教育协调发展等方面的情况进行核查，形成评估意见。3月14日，省人民政府教育督导委员会办公室下发《关于印发杭州市滨江区基本实现教育现代化区督导评估报告的通知》，滨江区综合评估认定得分895分，高于基本实现教育现代化850分的要求，被认定为浙江省第二批基本实现教育现代化县（市、区）。

2016年滨江区驻地学校

表32

学校名称	地址	占地面积（万平方米）	在校学生数（人）			教职员工数（人）		专业设置
			毕业生	新生	其他	专任教师	行政人员	
浙江中医药大学	滨江区滨文路548号	33.87	7210	2008	5022	722	133	设中医学、临床医学、针灸推拿学、中药学、中草药栽培与鉴定等专业29个
浙江警察学院	滨江区滨文路555号	16.3	1005	1029	2552	245	236	设侦查学、刑事科学技术、治安学、经济犯罪侦查、涉外警务等专业14个
浙江机电职业技术学院	滨江区滨文路528号	61.2	2806	3844	6579	425	128	设楼宇智能化工程技术、机械制造与自动化、机电一体化技术、城市轨道交通机电技术、电气自动化等专业33个
浙江艺术职业学院	滨江区滨文路518号	10.4	1362	1057	1201	269	72	设表演艺术、戏剧影视表演、戏曲表演、模特与礼仪、歌舞表演，艺术设计等专业27个
浙江商业职业技术学院	滨江区滨文路470号	37.95	3424	3698	3444	503	195	设投资与理财、会计、金融管理、电子商务、移动商务等专业32个
杭州医学院	滨江区滨文路481号	44.49	1835	1815	3586	484	145	设临床医学、医学影像学、护理学、药学、医学检验技术5个本科专业，临床医学、康复治疗技术、口腔医学等12个专科专业
浙江省杭州第二中学	滨江区东信大道76号	11.12	611	626	675	173	23	设高一13个班，高二13个班，高三13个班
杭州市长河高级中学	滨江区滨文路227号	7.85	565	559	576	152	17	设高一12个班，高二12个班，高三12个班
杭州市旅游职业学校	滨江区滨兴路209号	6.24	694	753	753	179	30	设旅游服务管理、高星级饭店运营与管理、园林技术、金融事务、商务助理5个专业
杭州市财经职业学校	滨江区滨文路225号	5.3	449	585	588	123	19	设金融事务、物流服务与管理、计算机动漫与游戏制作、会计4个专业
杭州国际学校	滨江区东信大道80号	2.33	21	180	411	68	40	设托儿所（2岁）、幼儿园（小、中、大）、K12

【对口帮扶麻江县】2016年3月29—31日，区教育局帮扶考察团一行14人，赴贵州省麻江县开展对口帮扶工作。先后走访麻江县宣威中学、古硐小学、麻江县第一集团幼儿园等18所中小学和幼儿园，与14所中小学和幼儿园签订帮扶协议，教师队伍建设和教育科研帮扶作为双方今后开展教育对口帮扶的重点，区教育局向结对学校捐赠13万元的教学办公及教学用品。

【积分入学政策】2016年4月18日—5月20日，滨江区作为杭州市首个实行积分入学的区（县），开展积分入学工作。在各街道流动人口管理服务中心办理子女积分入学申请，区教育局依据《杭州市滨江区居住证持有人积分申请子女入学细则》，根据申请子女积分入学流动人口的积分排名先后，结合流动人口居住情况及区域学校资源情况，受理申请488人，经审核符合积分条件448人，按积分高低统一调配入读公办学校或民办学校。

【"入学面对面"招生咨询会】2016年4月23日，区教育局在星光大道广场举办"入学面对面"大型招生咨询会。咨询会设立户籍学生入学专位2个、流动人口子女入学专位3个，对招生计划、招生条件、积分入学等内容进行说明。发放招生政策宣传资料700余册，800余名学生家长就子女入学问题进行咨询。至9月，招收幼儿小班新生5302人，一年级新生4283人。

【全国社区教育示范区】2016年5月10日，教育部下发《教育部关于公布第六批全国社区教育实验区、第四批全国社区教育示范区名单的通知》，滨江区成为教育部公布的第四批全国社区教育示范区，是杭州市唯一入选单位。自2009—2016年，滨江区建立完善社区教育管理体制，构建"区、街道、社区"三级社区教育网络，建立现代国民教育体系和终身教育体系，形成以专职教师为骨干，以兼职教师为主体，以志愿者为补充的社区教育队伍。全区有社区专职教师24人，兼职教师177人，志愿者9854人，形成专职、兼职、志愿者师资构成创新模式。新型民工学校、家长学校总校、标准化市民学校、青少年阳光工程等教育机构，在新型农民工教育、家庭教育、新市民教育、青少年教育等方面发挥特色作用。

【"六一"文艺会演】2016年5月31日，滨江区"六一"文艺会演在区文化中心剧场演出，区四套班子领导，各街道、区级机关各单位及派驻单位相关领导，各校园长、督学及师生代表800人观看演出。文艺会演以"喜迎G20、喜庆儿童节"为主题，选取区中小学生艺术节及经典诵读比赛获奖的精品节目12个，以合唱、舞蹈、表演剧、武术、朗诵、器乐合奏等形式展演，420人参加展演。

【首届中坚班主任评选】2016年9月25日，区教育局在高新实验学校杏林剧场举行首届中坚班主任现场评选。14名中坚班主任候选人进行事迹报告，由幼儿园教师、中小学名师、教研员等7人组成的考评组和现场300余名参会教师，对候选人的语言表达、事迹内容等方面进行评分，结合量化考评、微信投票考核和事迹报告评选等程序，评选出滨江区首届中坚班主任10人。

2016年滨江区首届中坚班主任

表33

单　位	姓　名	年级学科	事迹报告主题
钱塘春晓幼儿园	吴　珊	幼教全科	做孩子们最爱的幼儿教师
月明幼儿园	汪小琼	幼教全科	让自己站在那儿成为一种教育
国信嘉园幼儿园	薛　欢	幼教全科	回到教育原点看孩子
彩虹城小学	吴嘉琴	语文、品德学科	幸福的守望者
滨文小学	俞钱江	语文学科	不忘初心 砥砺前行
西兴中学	周丽莉	英语学科	初心 善行 顿悟
西兴实验小学	王　英	语文学科	每一个孩子都是一粒种子
高新实验学校	郑　炜	数学学科	收获，从耕耘开始
长河中学	杨美芳	英语学科	情系讲坛 爱在学生
江南实验学校	徐晓莉	科学学科	爱在左，智在右，一路陪伴

（姚雅萍　詹琳燕）

学前教育

【概况】 2016年，全区有幼儿园31所，其中：公办幼儿园22所，其他及社会力量办学9所。教职工1765人，其中：幼儿专任教师1019人，民办幼儿园非编教师100余人。在园幼儿1.4万人，园均规模428人。全年，发放财政性奖励资金2925.35万元，学前教育专项资金859.03万元，非事业编制教师年收入补助277.44万元。2016年，全区新增8所甲级和4所省二级幼儿园，5所省三级、12所省二级、4所省一级幼儿园通过复核，通过率100%。甲级及以上幼儿园31所，省一级幼儿园7所，优质学前教育资源覆盖率为100%。全年，开展社会领域有效教育、主题教学团队研修、研训活动30余次，1165名教师参与研训活动；组织自主性游戏视频案例和基于“核心经验”语言教学活动评比20余次，教务平台自主选课报名1159人，完成全区第一轮幼儿园教师360学时的培训任务。

【《幼儿园工作规程》专题培训会】 2016年5月12日，区学前教育管理中心在白金海岸学前教育集团春江时代分园组织召开2016年滨江区幼儿园招生工作会议暨《幼儿园工作规程》专题培训会，区教育局分管领导，各幼儿园园长、招生工作负责人共70余人参加培训会。会上，就规程修订的意义、主要内容及如何结合幼儿园的管理工作落实和贯彻规程等方面进行详细解读。通过新《幼儿园工作规程》学习培训，规范办园行为，提高保教质量。

【首期骨干教师专题培训班】 2016年4月7—18日，由滨江区教育局与杭州市师干训中心联合举办的“《指南》背景下一日活动设计与实施能力提升”首期专题培训班在杭州师范大学经亨颐学院开班。培训班上，对滨江学前教育持续发展的远景和存在的问题进行专题分析；成立“院长—专职幼教培训师—服务管理人员”项目实施团队；进行一日活动的组织设计、游戏观察等方面讲座；组织学员赴浙师大杭幼师附属第二幼儿园、宁波慈溪实验幼儿园等优秀幼儿园参观，开展观摩、环境指导等互动交流。全区60名骨干教师参加培训。

【自主性游戏微视频案例研讨展示】 2016年4月20日，杭州市幼儿园自主性游戏微视频案例研讨展示滨江分会场暨第一期短期培训活动在钱江湾幼儿园进行。区内各幼儿园负责人、骨干教师等100余人参加活动。活动中，5名获区微视频案例一等奖教师进行案例研讨展示。钱江湾学前教育集团教师祖露露的《等一等，我也可以很勇敢》游戏，记录小班的娃娃家（厨房）游戏，观察小厨师破坏餐桌后在没有成人帮助情况下如何一步步挣脱内心束缚并勇敢面对的故事；钱塘春晓东方郡园区夏小婷等教师的《“纸杯楼房”中的数学秘密》，展现幼儿在搭建“纸杯楼房”时自主构建空间的高矮、感受数量多少以及从建构游戏转化为数量买卖游戏的自主发展过程；月亮湾幼儿园陈小佳等教师的《挣扎的建设者——镂空围墙上的试误行进》，讲述一个建构游戏中孩子是如何运用自己的认知和感受努力尝试用各种方法让围墙搭高、不倒；国信嘉园幼儿园教师金燕莉的《自然角里的“哇时刻”——乌龟赛跑》，记录孩子们观察小乌龟的所见所闻，通过环境材料鼓励幼儿融入游戏进行各种大胆的尝试；市府新州幼儿园教师马红的《彩虹味的果汁》，呈现孩子们开果汁店的过程中，在教师的支持下，助推游戏从“一家果汁店——商量再开一家——两家果汁店——争抢地盘——合体为一”的步步深入发展过程。杭州师范大学心理学教授周俊作点评，解读“微视频”的功能与价值，从视频制作、案例细节、指导策略等角度对作品提出修改建议。

（杨佳丽　董英姿）

义务教育

【概况】 2016年，全区有公办小学9所，公办九年一贯制学校小学部3所，民办学校小学部4所。在校学生1.9万人，较上年增加1621人。公办初中4所，公办九年一贯制初中部3所，民办学校初中部4所，在校生7139人，较上年增加570人，初中报考2079人，普高录取1264人，中等职业类学校录取807人，总录取率99.47%。外籍学生小学27人，初中9人。丹枫实验小学投入使用。6月8日，区政府与黄龙体育中心签订校园足球合作协议，在区内选择3所学校作为试点开展校园足球活动。全年开展各项活动70余次。

【"小眼看峰会"主题活动】 2016年1月6日，由区教育局、团区委组织的"小眼看峰会——滨江小学生眼中的G20"主题活动在西兴实验小学举行，24名小学生参加活动评选。通过介绍G20杭州峰会与会国家和地区概貌的形式，小主播们以小学生的视角，展现美国、英国、法国等参会国家的风土人情、文化民俗和经济发展现状，通过活动评出14名最佳小主播和10名优秀小主播。活动期间，邀请在杭州工作的外教嘉宾，讲述他们眼中的G20杭州峰会和杭州，并进行现场互动。

【中小学课程改革培训】 2016年2月27日，区教育局在高新实验学校召开深化中小学课程改革培训会议，区教育局分管领导、全区各中学校长、全体教（科）研员、各中小学课改骨干教师90余人参加会议。会上，布置2016年滨江区中小学深化课改行动任务，余杭区金成外国语小学校长作《看清楚，想明白，重实践——金成外国语小学课程改革的实践与探索》、杭州市第二中学白马湖学校校长作《学校课程体系与课程方案》专题讲座。通过课改培训转变教师观念，促进教师素质的提高，对推进全区中小学深化课改起到指导作用。

【"白马湖之春"教育论坛】 2016年4月1—2日，由区教育局主办，区教师进修学校承办的"白马湖之春"第三届小学教育论坛活动在桐庐金鑫宾馆举行。区教育局，区教师进修学校相关领导及部分骨干教师90余人参加论坛，论坛围绕"课程建设""学科教研""教育教学管理"3个主题展开。论坛上采荷第三小学校长作采荷三小成功课改经验专题讲座，区教研室3名教师分别就各自学科课堂创新实践作专题发言，彩虹城小学副校长、杭二中白马湖小学部校长、滨兴学校副校长、博文小学副教导主任等分别就本学校深化课改的成功经验做经验介绍，闻涛小学、高新实验学校、江南实验学校、长河小学和滨文小学5名教师就班级管理、少先队工作、社团活动等方面的实践创新展开深入探讨。

【全国小学数学文化优质课评比一等奖】 2016年5月23—26日，由全国数学教育学会、教育部西南基础教育课程研究中心主办的第二届全国小学数学文化优质课大赛暨课堂教学观摩研讨活动在重庆市举行。滨江长河小学教师王霞代表浙江省参加优质课评比展示，与来自全国各地的43名优秀教师进行角逐。经900余名专家学者、数学教研员、小学校长、教导主任、数学教师评审，王霞《购票学问多》为主题的数学课，教学中突破学生固有思维，在解决购票问题的过程中，提升学生数学思维，获全国一等奖。

【健美操队获全国奖项】 2016年9月20—25日，第五届亚洲大众体操节全国全民健身操舞大赛总决赛在青岛大学举行，来自全国各省、自治区、直辖市、

2016年4月1—2日，滨江举办"白马湖之春"第三届小学教育论坛

（区教育局　供图）

2016年9月20日，东冠小学健美操队在第五届亚洲大众体操节上展演
（区教育局　供图）

各大、中、小学、幼儿园、部队、机关、企事业单位、各行业体协、街道社区及健身俱乐部的1万余名运动员参加大赛。滨江区东冠小学健美操队获小学甲组轻器械健身操2级特等奖第一名，同时获小学甲组有氧舞蹈2级特等奖第一名、小学乙组轻器械健身操1级一等奖、小学乙组有氧舞蹈1级一等奖。

【国际理解教育课程推进会】2016年10月14日，由区教育局主办、杭州江南实验学校协办的滨江区国际理解教育课程推进会在杭州江南实验学校举行。区教育局相关领导、区课改领导小组成员、区教育学会全体理事、各中小学校长、分管课程领导、教务处主任及相关教师等150余人参加会议。会议以“有效建构课程，助力教育国际化”为主题，通过课堂展示、校长论道、主题演讲等方式，展示区域实施教育国际化的前期成果，探索国际理解教育课程建设的方向、目标和途径。

【省班主任基本功大赛上获一等奖】2016年10月17—19日，由省教育厅主办的第五届浙江省中小学班主任基本功大赛在杭州市举行，来自全省11个地区的67名中小学班主任参加比赛。大赛检验班主任设计主题教育活动的能力，考查班主任掌握、运用相关政策和德育原理加强中小学生思想道德教育的能力。比赛设置小学组、初中组、高中组，分为笔试和面试两个部分，每位选手需提交论文一篇作为参赛条件。设置奖项小学组、初中组、高中组一等奖各5名，二等奖各8名，三等奖小学组、初中组各9名、高中组10名。滨江区滨兴学校教师王迪佳代表杭州队参赛，获初中组一等奖。

【全国青少年纸飞机通讯赛创佳绩】2016年11月29日—12月4日，由国家体育总局航管中心和中国航空运动协会主办，市体育局、市教育局和市模型无线电定向运动协会承办，全国科技体育训练活动（综合）基地、浙江中天飞盟网络科技有限公司协办的2016年全国纸飞机嘉年华暨全国青少年纸飞机通讯赛总决赛在杭州第一世界大酒店举行，来自全国各地50余支代表队参赛。比赛分悬浮纸飞机绕标挑战赛、纸折飞机奥运五环靶标赛、纸风火轮单向积分赛等10个项目进行。滨江长河小学白马湖校区模型社团在“电动鸽飞向北京目标赛”中获一等奖7个，二等奖2个，三等奖1个；在“电动纸飞机留空计时赛”中获一等奖1个，二等奖3个，三等奖5个，优胜奖1个。

【中小学生田径运动会】2016年10月21—22日，由区教育局、区社发局主办的滨江区第19届中小学生田径运动会在西兴中学举行。全区各中小学领队、教练员、运动员、工作人员等600余人参加运动会。小学组14支代表队及中学组11支代表队的556名运动员参加15个大项62场比赛。江南实验学校小学部、闻涛小学、长河小学、滨文小学、博文小学、西兴实验小学获小学组团体总分前6名，江南实验学校中学部、长河中学、浦沿中学、高新实验学校中学部、西兴中学、滨兴学校中学部获中学组团体前6名；江南实验学校的邬潇航以11秒4成绩破初中男子组100米区11秒6大会纪录，王玥以13秒4成绩破

2016年10月21—22日，滨江区第19届中小学生田径运动会在西兴中学举行 （区教育局 供图）

小学女子组100米区13秒6大会纪录，高新实验学校曾文婷以10.17米的成绩破初中女子组三级跳远9.87米最高纪录。

（唐伯范 詹琳燕）

成人教育

【概况】 2016年，滨江区社区教育机构有区社区学院1所、区社区学院街道分院（街道成人学校）3所、社区市民学校55所。公办教职工24人，专任教师20人，聘请校外教师177人，志愿者9854人。在区社区学院成立浙江老年开放大学滨江学院，在街道成人学校设立浙江老年开放大学滨江学院西兴分院、长河分院、浦沿分院。

2016年，滨江区成人双证制高中毕业85人，成人高等教育（远程教育）毕业12人。全区社区教育机构完成非学历培训11.88万人次，其中，家政培训2187人次，企业职工培训1.1万人次，老年教育培训9926人次，其他内容培训9.57万人次。

2016年，滨江区被教育部确定为第四批全国社区教育示范区，滨江区浦沿街道被评为全国社区教育示范街道，滨江区社区学院被评为浙江省社区教育示范校，滨江区长河街道成人文化技术学校被认定为浙江省现代化成校。滨江区社区学院的“新型民工素质培训”项目获浙江省成教品牌项目，“白马湖市民大讲堂”获杭州市终身学习品牌项目。浦沿街道东冠社区等6个单位为区扫盲工作先进集体，10人获区扫盲工作先进个人。西兴街道新州社区“新州合唱队”等10个社团为优秀学习型社团，10人获滨江区第二届“百姓学习之星”，12人为滨江区优秀社区教育联络员。

【教育教学成果获奖】 2015年10月，市人民教育基金会、市教育局开展第五届杭州市优秀职业教育教学成果项目申报，职业教育和成人教育的课程建设、教学模式、人才培养模式、教师成长等方面104项教学成果参评。通过活页盲评和主报告评审两轮评审，评出杭州市第五届职业教育教学成果奖，一等奖20项，二等奖33项。2016年5月12日，市政府办公厅《关于公布第五届杭州市优秀职业教育教学成果奖评选结果的通知》（杭政办函〔2016〕63号），滨江区社区学院的教育教学成果《四位一体多方共赢——新型民工学校的建设与运作》获第五届杭州市优秀职业教育教学成果二等奖。

【浙江老年开放大学滨江学院揭牌】 2016年5月10日，浙江老年开放大学滨江学院揭牌、开班仪式在杭州浦沿成人文化技术学校举行。在滨江区社区学院成立浙江老年开放大学滨江学院，在街道成人学校设立浙江老年开放大学滨江学院西兴分院、长河分院、浦沿分院，在社区教育机构中开展老年教育。浙江老年开放大学滨江学院设立中医养生、太极拳、书法、绘画、英语、烘焙、摄影、计算机、葫芦丝、舞蹈10个专业，开设24个班级，总学员1200余人。

【家长学校大讲堂】 2016年5月21日，由区社区学院、区家长学校总校联合举办的滨江区家长学校大讲堂在区社区学院举行，区属各幼儿园80余名学生家长参加讲堂，市优秀教育工作者蒋一琼就孩子成长中的身心特点、如何激发孩子的学习兴趣及提高学习效率、如何培养孩子良好的学习习惯、特殊学生的教育问题等方面解答家长疑问，帮助家长掌握家庭教育知识和方法，对孩子实施更好的教育，建立融洽的亲子关系。

【全民终身学习活动周】 2016年10月27日—11月4日，由区委宣传部、社发局、教育局、妇联主办，社区学院及各街道分院承办的"全民终身学习活动周"开幕式在长河中学举行，省社区教育指导中心办公室主任为确定为全国社区教育示范区的滨江区授牌；表彰区第三届"优秀学习型社团"10个，区第二届"百姓学习之星"10名，"优秀社区教育联络员"12名；区内优秀学习型社团通过舞蹈表演、作品展览等形式进行终身学习成果展演。活动周其间，各机关企事业单位、各类学校等部门组织开展市民大讲堂、专题讲座、学习体验、读书读报等学习实践活动43项，参与学习活动市民2.9万人次。

【终身学习品牌项目】 2016年11月4日，由市委宣传部、市教育局、市人力社保局、市文广新局、市总工会、团市委、市妇联、市社科联联合举办，以"推进全民继续教育，建设学习型社会"为主题的2016年杭州市暨余杭区全民终身学习活动周启动仪式在余杭区社区学院举行，400余人参加活动。活动期间，表彰2016年"百姓学习之星""终身学习品牌项目"。滨江选送的"白马湖市民大讲堂"项目被杭州市成人教育协会评为杭州市终身学习品牌。自2009年创办，至2016年12月底，累计举办政治、经济、文化、教育、卫生、法律、娱乐、养生等方面的大讲堂3100场，30万人次参与大讲堂。　（赵国祥　詹琳燕）

智慧教育

【概况】 2016年，滨江区全面推进"一个基础、两大平台、多种展现"的智慧教育体系。"一个基础"即智慧教育基础运营环境，包括教育专用网络、云计算基础设施和数据支撑平台3个方面；"两大平台"即智慧教育服务平台和智慧教育管理平台；"多种展现"即移动应用APP、门户网站、微信公众平台等多个展示渠道。

2016年，"滨江教育云"正式启用，全区各级各类学校均实现万兆网络接入、千兆互联，无线网络校（园）全覆盖和多媒体电子白板或触控一体机全覆盖。建有实时直播教室260间，计算机师机比低于1∶1，生机比小于4∶1，义务教育阶段学校多媒体教室比例100%。区平安校园视频监控联网平台全面启用，配合滨江公安社会治安监控统一平台互联系统建设，构建统一、互通的校园视频网络。

推进数字星球系统、三维虚拟实验系统、3D打印系统、数字化传感器、无人机等高精尖教学仪器进中小学校园。至12月底，建设校园数字科技馆、未来教室、音乐视听欣赏室、校园动漫馆、数码互动显微实验室、数字化探究实验室、机器人创客实验室、智慧校园生态创新实验基地、自助借还图书馆九类创新型实验室。杭州市浦沿街道中心幼儿园、杭州江南实验学校、杭州市浦沿小学教育集团、浙江省杭州闻涛中学、杭州市闻涛小学5所学校被认定为智慧校园示范校（园）。

【智慧教育平台建设】 2016年5月1日，滨江区启动智慧教育平台建设。智慧教育平台是面向滨江区学生、教师、家长和教育管理者开展学习、教育、教研服务的应用平台，分为智慧教学应用服务和教育资源服务两大服务体系，有网络空间人人通、微家校应用、云视频课堂、网络阅卷系统、在线考试系统、教育资源服务平台、"教育一卡通"应用、社区教育服务平台、学分激励系统9项应用系统。8月1日，智慧教育平台（含滨江教育APP）建成并投入使用，实现区域各级各类学校智慧办公、智慧教研、智慧教学，同时取消家校沟通平台收费模式。12月5日，在江南实验学校、高新实验学校、闻涛中学、滨兴学校4所学校进行智慧课堂试点工作。至12月底，全区各类学校智慧教育平台普及率100%，常态化使用率70%。

【中小学教师电子白板应用大赛】 2016年5月6日，由区教育局组织的首届滨江区中小学教师电子白板应用大赛在闻涛中学举行，来自全区20所学校的80余名教师参赛。分语文、数学、英语、综合4个学科进行，比赛内容为电子白板的基本操作功能和学科功能两部分。参赛教师按照学科分组，分组后再到各小组参加比赛，评委组根据教师的操作情况打分。每人基本分为100分，按照分数高低，各科各组分别设一等奖2名、二等奖3名、三等奖5名。滨兴学校寿红霞、彩虹城小学虞丹获英语学科一等奖，浦沿小学金杭军、闻涛中学戴君丽获综合学科一等奖，浦沿小学来栗菊、闻涛中学戚佳妮获语文学科一等奖，浦沿小学曹凌波、闻涛中学朱凯凯获数学学科一等奖。

【智慧教育推进工作会议】 2016年7月11日，区教育局在高新实验学校组织召开区智慧教育推进工作会议，区教育局智慧教育领导小组成员、全体教研员及各学校负责人100余人参加会议。会议明确智慧教育工作目标任务是建设好基础网络和云计算基础设施平台、智慧教育支撑服务平台，有效解决数据共享、实现现有系统的快速对接和第三方应用的灵活加载，实现内外部系统协作应用，为教育大数据分析提供数据资源基础；通过试点学校前期实施，不断完善项目，精简应用模块，在全区推广；做好全体教师的培训，开展分级培训，提高培训针对性，由点到面；项目应用要逐步推开，教师应用要从骨干教师、教研员开始，鼓励先行先试。会上，相关软件设计公司现场作应用演示。

（詹立军　徐振宇）

特殊教育

【概况】 2016年，全区6～14周岁各类领证身体障碍儿童58人，其中：33人委托萧山区特殊教育学校培养，16人在区内普通学校随班就读，8人送教上门，1人中途转出至其他区。学前段持证身体障碍幼儿16人，实际入园6人，在康复机构进行学前教育5人。2016年，全区特殊教育专项经费190.6万元，其中，向萧山区特殊教育学校支付每年人均4.6万元的委托培养费，计151.8万元。随班就读、送教上门人均公用经费按普通同级学校人均公用经费基准定额的10倍以上拨付，并纳入学前教育和义务教育经费保障体系，共24人，拨款26.52万元。

【送教上门】 滨江区6～14周岁各类领证身体障碍儿童中8人属于确实不能到校就读的重度残疾儿童少年，2015年1月7日，区教育局召集户籍所在的5所学校与区残联开展座谈，针对送教上门对象实际情况，开展送教上门工作，落实送教人员和送教任务。2016年1月起，区内东冠小学、江南实验学校、高新实验学校、闻涛小学、浦沿小学、浦沿中学6所学校开展不定期的送教上门工作，至年底，共送教上门72次。（唐伯范　詹琳燕）

文 化

综 述

滨江区共有文化生产经营单位（户）645家，从业人员1万余人。2016年，开展文化市场执法检查和专项行动633次，出动执法人员1572人次，检查经营单位3570家次。2016年，全区有各级非物质文化遗产39处，开展“非遗”保护活动5场。

以“个十百千万”工程为主线，提升6个基层公共文化场所、新建10支特色文艺团队，进行文艺培训1万人次，送演出进基层65场。电影下社区下企业进行巡映1000场，举办各类音乐会5场，开展各类书画活动16场次。

区图书馆馆藏书量20余万册20余大类，设10个图书使用区，全年接待读者47.55万人次。成立民间阅读组织联盟，26家民间阅读组织加入联盟。区委、区政府与大学数字图书馆国际合作计划（CADAL）项目管理中心签署参建协议，引进大学数字图书馆国际合作计划（CADAL）项目。图书馆全年举办院士讲座系列活动5场，368人参加讲座。2016年，财政下拨运转经费384万元。

2016年，区档案馆馆藏档案37个全宗，10余种。全年接待档案查阅159人次，查阅1025件。启动《杭州市滨江区志》编纂工作。 （年鉴编辑部）

文化艺术

【概况】 2016年，滨江区提升西兴社区、共联社区、天官社区、月明社区、彩虹社区、六和社区6个基层公共文化场所。新建葫芦丝表演队、西兴灯笼舞蹈队等特色文艺团队10支，完成文艺演出105场、电影巡映1020场。文化产品配送服务送演出进基层65场，观众3万人次。送书下乡1.34万册。开展“欢庆新春喜迎峰会”文艺巡演活动、喜迎G20杭州峰会新春书画展、书画笔会、滨江、拱墅、桐庐三地峰会主题书画摄影联展、“独特韵味·别样精彩”当代国际书画展活动等书画活动16场。举办第二届“情系梨园　醉美晶星”梨花摄影节摄影比赛，“扮靓滨江迎G20峰会”中国摄影报“走进滨江”影友联谊赛，“智慧e谷　美丽滨江”全省摄影大赛，将“智慧e谷　美丽滨江”全省摄影大赛获奖作品编印成画册。举办“向上生长的力量”新春音乐会、“童年·幻想”六一动漫交响音乐会、“星光璀璨　生命交响”、“大爱无疆·生命礼赞”室内乐音乐会走进浙医二院滨江院区特别活动、“秋日赞美诗　穿越四季”经典室内乐音乐会走进高新区（滨江）海外高层次人才创新创业基地海创基地活动5场。全区共有22个文艺培训点，新命名10个长期固定文艺培训点，并给予授牌。

区摄影家协会深入社区、企业、公园、街巷和活动现场进行拍摄，创作展示滨江区产业发展、城市建设、社会进步、人文气象、历史内涵的摄影作品，被《杭州日报》《天堂硅谷》、杭州电视台、滨江发布等区内外媒体、媒介和户外广告牌等采用。12月，在由市委宣传部、市文联主办，市摄影家协会承办的首届“杭州市摄影艺术作品展览”上，区摄影协会会员获1金1银2铜及5个优秀奖，获奖作品总数

和获大奖数量在全市名列前茅。《杭州，美丽的家园》(组照)获金奖，《魅力杭州》(组照)获银奖。（裘　卿　王春松）

【音乐会】 2016年2月21日—10月22日，区社发局举办“向上生长的力量”新春音乐会、“童年·幻想”六一动漫交响音乐会、“星光璀璨　生命交响”“秋日赞美诗·穿越四季”4场音乐会，参加人数3400余人。

2016年滨江音乐会演出情况

表34

日期	地点	参与人数	活动名称
2月21日	区文化中心剧院	800余人	《向上生长的力量》——长三角地区管乐大赛颁奖典礼暨杭州滨江新春音乐会
5月28日	区文化中心剧院	800余人	《童年·幻想》——杭州高新区（滨江）国际儿童节多媒体动漫视听交响音乐会
7月23日	区文化中心剧院	800余人	《星光璀璨　生命交响》——2016杭州高新区（滨江）仲夏交响音乐会品鉴之旅
10月22日	海创基地北楼大厅	1000余人	《秋日赞美诗·穿越四季》——杭州高新区（滨江）室内乐音乐会

【“智慧e谷　美丽滨江”摄影赛】 2016年3月15日，区委宣传部与省摄影家协会、市摄影家协会联合举办的第二届“智慧e谷　美丽滨江”摄影比赛，向省内外摄影爱好者征集反映滨江区范围内的城市建设、自然风光、生态环境、产业发展、文明和谐、建设者风采等方面的摄影作品。作品分“扮靓入城口”“扮靓主干道”“扮靓江(河)岸线”“扮靓夜滨江”“扮靓科技城”“文明新风”6大类。至6月30日，收到省内外88名作者的815幅作品，经评委现场评比，评出一级佳作、二级佳作、三级佳作和优秀作品80幅。《城市动脉》(组照)、《硅谷之都》《“五水共治”——江滨公园整治》(组照)、《扮靓夜滨江》(组照)、《奥体风采》(组照)、《文明新风》(组照)6件作品分获各类一级佳作奖。9月，区摄影家协会对部分获奖作品进行整理后，编印成《“智慧e谷　美丽滨江”2016全省摄影大赛获奖作品选集》画册，共收录获奖作品46件。（王春松）

【文艺骨干培训】 2016年3月30日，区社发局举办“我与峰会·相约滨江”2016年区文艺骨干集中培训班，80余名群众文艺骨干为培训班学员。省文化厅“非遗”处叶涛、杭州师范大学文化创意产业研究院院长夏烈就《群众文化扮靓G20》《民族的、世界的—谈“非遗”保护与G20峰会》《文化名人漫谈G20》3门课程授课。其间，为“文艺大课堂”基层培训点授牌。

【群众文化艺术节】 2016年3—12月，区社发局在区内举办以“相约G20”为主题的滨江区第五届群众文化艺术节。3月1日—6月30日，区文化馆辅导街道、社区、部队、企业、院校、中小学等部门以文明礼仪迎峰会、国际滨江发展成果、创新创业精神为创作内容，编排《在灿烂的阳光下》等文艺作品12个。8月5日，区文化馆启动2016年滨江区“相约G20”主题系列活动文艺作品征集，收集各类文艺节目视频35个。9月9日，组织专家组对35个节目视频作品进行评比，长河街道的舞蹈《百花绽放G20》、快板《文明晶都社区美》，浦沿街道的舞蹈《盛世峰会展鸿姿》，吉利控股集团的舞蹈《美人吟》4个节目获金奖。同月22日，在区文化中心剧院举办2016年滨江区第五届群众文化艺术节闭幕式暨“相约G20”主题系列活动颁奖演出。11月1日—12月31日，举行2016年滨江区优秀文艺作品交流巡演，基层文艺骨干600余人次参与演出，5000余人次观看。

【千场电影巡映】 2016年4月5日—11月30日，以“你好G20”

为主题，区文化馆组织3个街道电影放映队走进59个社区、8家企业、5个文化广场、35个农转居安置小区，放映《G20峰会动画短片》《预防人感染H7N9禽流感》等题材的宣传短片和《美人鱼》《反贪风暴2》等电影30部。8月1日—9月5日，区文化馆开展“你好G20”电影放映服务活动，放映队走进闻涛小学、白金海岸幼儿园放映儿童电影21部。全年放映电影1020场，观众8万人次。

【文艺大课堂】 2016年4月12日，区社发局命名葫芦丝表演队、西兴灯笼舞蹈队、月明舞蹈队、白马湖民乐队、之莺合唱团、魅影舞社、吉利合唱团、中控合唱团、祖名舞蹈队、鲲鹏龙鼓队为长期固定文艺培训点，并给予授牌。培训点开设歌唱、舞蹈、器乐、化妆、模特走台等20余个课程。至12月底，共组织培训700余堂课，1万余人次参加培训。

【文艺巡演】 2016年5月1日—6月30日，区文化馆举办“办好G20 文明我先行”文艺巡演，分别在西兴街道襄七房社区、英飞特电子杭州股份有限公司、长河街道冠山社区、杭州河合电器股份有限公司、浦沿街道东冠社区、萧宏大厦巡演9场，其中：3场由专业团队表演，6场由区内社区、企业进行表演。葫芦丝《人间西湖》、快板《喜迎G20》等12个节目参加巡演，120余名演员参加演出，5000余人次观看。

【“走进滨江”影友联谊赛】 2016年5月29日，由中国摄影报社、区委宣传部主办，省摄影家协会、市摄影家协会协办，区摄影家协会承办的“扮靓滨江迎G20峰会”中国摄影报“走进滨江”影友联谊赛在智慧e谷大楼举行。来自省内外的摄影家、各级摄影家协会会员、摄影爱好者107人参赛，现场收到59名参赛者的作品266幅。经评委现场评比，24幅作品入选，孔国珍的《五彩奥体》和楼颖的《动漫节印象》获一等奖；胡海棠的《扫码时代》、李萍的《开心一刻》、 顾丽萍的《谁持彩练当空舞》、李颖的《最后冲刺》获二等奖。在“中国摄影报名家大讲堂”环节，中国摄影家协会副主席邓维现场作《最有价值的影像亮点就在你身边》的讲座。

（王春松）

【当代国际书画展】 2016年9月27日—10月7日，由区委、区政府、市青年联合会、浙江在线和FM95浙江广播电视集团经济广播电台主办，区社发局、团区委、区怀德书画院联合承办的当代国际书画展在杭州星光国际广场过街天桥展厅开展。来自日本、韩国、意大利、德国、加拿大、黑山、巴西等10余个国家和中国港、澳、台地区的100件书法、国画、油画作品参展。作品以魅力杭州、今日滨江为主题，以国画形式描绘杭州独特韵味，以中国古典诗词曲赋通过书法形式表达杭州的别样精彩，油画来重点描绘杭州的窗口，国际化都市的前沿——滨江区。展出期间，5万余人次观展。

（以上除署名外均由裘卿撰稿）

非物质文化遗产

【概况】 2016年，滨江区有各级非物质文化遗产39处。其中：西兴竹编灯笼、西兴祝福、长河蓝印花布3处省级非物质文化遗产代表性名录项目；西兴竹编灯笼、西兴祝福、长河蓝印花布、西兴盘纽扣、西兴编制挑花带、西兴年规戏、西兴豆腐干制作、长河箍桶、长河捞被胎、长河倒笃菜腌制、浦沿马灯糊制、江南丝竹（洞箫）12处市级非物质文化遗产代表性名录项目。年内，创作舞蹈《妆亭灯影》《蓝色情缘》等5个文艺作品。根据省级“非遗”名录项目——西兴祝福（民俗），创作舞蹈《西兴祝福》，获杭州市第八届“风雅颂”比赛第六名。开展 “谷韵乡情、品味滨江”文化遗产日系列等活动5场，服务学生4000余人次；开展“美好生活·美丽“非遗”进滨江”活动2场，观众2000人次。

【文化遗产日活动】 2016年6月20日，区文化馆开展“‘非遗’进校园”活动，通过“非遗”项目培训、“非遗”专场文艺演出、技艺表演、宣传图板形式，走进长河小学、浦沿小学、西兴小学、闻涛小学，4000余人次观展。同月24日，由省非物质文化遗

2016年6月24日，非物质文化遗产日活动上"非遗"展示

（区委宣传部　供图）

产保护中心、市非物质文化遗产保护中心主办，区社发局、西兴街道办事处、长河街道办事处、浦沿街道办事处承办，文化馆及各街道文化站共同协办的"美好生活美丽"非遗"进万家"活动在西兴过塘行举行，来自省内17个国家级、省级"非遗"项目及区的15个"非遗"项目参加展示。其间，区社发局在古运河源头广场举办以"非遗"为主要内容，"谷韵乡情·品味滨江"为主题的2016年滨江区"非遗"保护活动暨美丽"非遗"走进滨江文艺晚会，演出舞蹈《蓝色情缘》、情景剧《和谐家园》等12个文艺节目，800余人现场观看表演。

【《人文滨江》宣传片】 2016年9月10—30日，区文化馆组织《人文滨江》宣传片拍摄，以文化概貌、文化场馆、文化设施、文化活动、"非遗"等内容为核心，分文化滨江、艺术滨江、活力滨江、传承滨江4个篇章，用文字、图像、动画、音乐等资源进行高效整合，以图文并茂、影音互动形式，反映滨江区公共文化的基本风貌。时长4分50秒。

【非物质文化遗产参展】 2016年10月20—24日，由杭州市人民政府、浙江大学、中国美术学院联合主办的2016年杭州文化创意产业博览会，在白马湖国际会展中心举行。展会设非物质文化遗产博览会（"非遗"薪传——浙江传统服饰精品展）展区，展出65名国家级、省级"非遗"传承人、工艺美术大师和行内业务骨干的230件精品，同时展示传统服饰和传统面料。区文化馆组织区省级"非遗"名录项目长河蓝印花布项目中的3款参展，与其他传统服饰"非遗"项目进行交流，3000余人次观展。

（裘　卿）

文化市场管理

【概况】 2016年，滨江区共有文化生产经营单位（户）645家，从业人员1万余人。其中，网吧65家，歌舞娱乐场所18家，电子游戏厅8家，电影放映单位12家，文艺表演单位9个，演出经济机构22个，出版物企业117家，印刷企业45家，打字复印店81家，网络文化单位178家，广播电视单位86家，互联网视听单位3家，文物经营单位1家。形成歌舞游艺、网络电影、印刷包装、文字制作、表演、广播、文物等优势行业的多元化市场格局。

开展文化市场执法检查，全年出动执法人员1572人次，检查3570家次，查处违规21家次，行政处罚案件11件，责令改正87家次，没收违法物品1881件，罚款3.9万元。受理举报投诉126件，查处率和回复率100%。对无证照场所、游商、摊贩坚持不定期开展联合行动、非法广电传媒专项治理25次，出动执法人员216人次，检查95家次，发放宣传资料8500余册。

开展业务技能培训和法规宣传工作10次、执法队伍的学习和培训50余次、义务监督员的业务培训工作4次、经营业主法规培训工作6次。做好G20杭州峰会安全保障工作，进行文化市场消防安全检查、校园周边环境净化、非法出版物销毁、人员密集场所放冲撞隔离设施安装情况摸排等100余次。开展"扫黄打非"专项治理，进行清网、净网、清源、秋风、固边、打违、护苗、夏安八大主题扫黄打非专项行动20次。

【安全生产专项整治】 2016年1月15日—6月30日，区社发局开展平安护航G20杭州峰会人员密集场所消防安全专项整治和“夏安滨江”安全生产专项整治行动，开展安全大排查3次，发现安全隐患13家，发出责令整改通知书8份，发放警示牌、禁止吸烟标志、安全制度牌等5000余份。3月15日—9月15日，区文化市场行政执法大队开展“平安浙江”G20杭州峰会文化市场专项保障行动工作，以检查各类文化市场违法违规经营行为为重点，对校园周边文化市场、互联网文化内容、歌舞娱乐场所经营和安全治理进行检查。共组织出动执法人员579人次，检查206次，检查经营场所1016家次，其中：网吧588家次，游艺、歌舞娱乐场所53家次，出版物及印刷企业118家次，电影院及游泳场所等其他场所257家次。夜间出动执法人员45人次，节假日检查出动执法人员31人次，对15家存在消防通道堆放杂物、吸烟、电器老化等问题的场所责令其限期整改，对5个非法安装卫星地面接收器的单位和个人、1家无证游艺场所进行立案处理，取缔和关停无证网吧32家，私人营业5家；对5家无证经营和违规经营的游泳场所进行责令改正和立案处理。8月1日—9月10日，区文广新局开展G20杭州峰会电影安全放映专项检查，对11家影院安全管理制度、安全自查报告、突发事件应急预案是否完善等情况进行检查，检查显示影院制度齐全，消防安全达标。

【非法广电传媒专项治理】 2016年3月15日，区文化市场行政执法大队出动4名执法人员，开展非法广电传媒专项治理。检查非法销售、安装、使用卫星电视地面接收设施的经营单位16家，严查私设行为。抽查接收境外卫星电视节目的宾馆饭店等5家许可用户，查处超范围接收等违法违规行为，排查擅自安装、使用有线电视前端（俗称“小耳朵”）传送广播电视节目的宾馆饭店等3家经营单位，严打私设私传行为。查处黑电台发射架2个，收缴违法工具2套，违规接受境外节目1处。10月15日，区文化市场行政执法大队开展非法境外卫星电视接收设施专项整治行动，出动检查人员10人次。检查期间，发放宣传资料6500余册，通过检查对5起个人擅自安装境外卫星电视地面接收设施案件进行立案，拆除并没收非法安装使用的卫星地面接收设施5套。

【文化法制宣传培训】 2016年3月15日，为规范区文化经营单位经营行为，区文广新局在区文化市场行政执法大队会议室组织开展滨江区文化市场法制宣传培训，对全区100余家文化经营单位日常经营的法律法规、审批条件、经营要求等方面进行培训，网吧、歌舞娱乐场所、电影院、电子游戏等单位负责人共112人参加培训。5月26日，区文化市场行政执法大队在大队会议室组织开展网吧法制宣传培训，全区50余家网吧业主、负责人共156人参加网吧合法经营法规等知识培训。6月21日，区文化市场行政执法大队开展青少年学生“文明上网”法规宣传活动，在区内4所中小学校，发放宣传册1万余册，倡导青少年文明上网。

【无证经营场所专项整治】 2016年3月20日—9月20日，区文化市场行政执法大队联合公安、消防等部门开展联合执法12次，检查36家，取缔黑网吧、私人影院等留宿场所21家。4月27日—5月9日，区文化市场行政执法大队开展“黑网吧”“私人影院”专项整治，共出动73人次，检查网吧和私人影院31家次，取缔黑网吧3家，关停22家，责令5家私人影院停业整改。至12月，区文化市场行政执法大队共开展文化场所无证经营检查2000余次，出动执法人员5000余人次，对网吧、KTV、电子游戏、电影院、印刷企业、游泳场所等50余家无证经营行为进行检查，发现52起，整治52起。

【扫黄打非专项整治】 2016年3月1日—12月31日，区文化市场行政执法大队开展滨江“2016扫黄打非·打违”专项整治行动。整治网吧浏览非法内容，KTV歌舞厅非法曲目，演出场所非法表演，游戏机房非法经营及流动搭台大棚非法演出活动，检查各场所是否存在淫秽色情有害信息情况，未发现明显违规行为。3月5日—12月15日，区文化市场行政执法大队开展滨江“2016扫黄打非·清网”专项整治行动，整治网络文化环境，严厉查处网络文化经营单位传播发布低俗淫秽色情信息活动，出动人员230人次，检查网络游戏、网络直播平台等网站信息，受理举报网络游戏100余件。3月15日—9月15日，区文化市场行政执法大队开展滨江“2016扫黄打非·净网”专项整治，清查网上淫秽色情文字、图片、动漫、游戏、视频等不良信息，查处以未成年人为对象运营发布的网络不良游戏、无网络游戏运营资质的网络经营活动。共出动检查180人次，检查经营单位230家次，未发现淫秽色情及低俗信息和非法销售情况。4月20日—10月31日，区文化市场行政执法大队开展滨江“2016扫黄打非·清源”专项整治工作，严查各类出版物经营单位，查处非法入境的小报、杂志和电子出版物，严查印刷企业、打字复印店非法印刷复印出版物和资料。出动检查人员250人次，执法车辆85辆次，检查图书音像销售单位187家次、印刷企业164家次；依法取缔无证销售图书摊位1处、非法游商6处，收缴非法出版物156本，侵权盗版音像制品（CD、DVD）2800张。5月1日—11月30日，区文化市场行政执法大队开展滨江“2016扫黄打非·秋风”专项整治，查缴政治性非法出版物，扫除淫秽色情等文化垃圾，打击侵权盗版、利用互联网传播有害信息等行为。检查书刊报刊经营单位146家次，复制印刷经营单位132家次，收缴各类非法报刊4份，盗版音像制品230余册。7月1日—9月30日，为规范区出版物市场的经营秩序，保护青少年纯净文明的学习环境，区文化市场行政执法大队开展滨江“2016扫黄打非·护苗”专项整治，整治校园周边网吧、KTV、游艺等经营场所违规、超时、接纳未成年人等行为。出动执法人员112人次，检查经营单位201家次，取缔游商地摊2个，查缴各类盗版及非法出版物112件。7月15日—9月15日，区文化市场行政执法大队出动执法人员322人，对滨江“2016扫黄打非·夏安”专项整治，联合公安滨江分局、区安监局、市场监管局、消防大队等部门开展夏季人员密集场所安全生产联合检查。通过“扫黄打非”专项检查，收缴各类非法出版物333本，非法光碟、音像制品1548（张、盒）。

（徐宏国）

文物保护

【概况】 2016年，滨江区有世界文化遗产1处，全国重点文物保护单位1处，市级文物保护单位3处，市级文物保护点7处，省级历史文化街区2处，市级历史建筑42处。

【长河农民协会旧址（来宝坤故居）维修】 来宝坤故居建成时间不详，1927—1928年烈士来宝坤在此居住并从事革命活动。该处建筑屋面多处渗漏、多处木结构和构件糟朽腐烂，部分水电设施老化，存在安全隐患。2016年7月中旬，长河农民协会旧址（来宝坤故居）开始维修，修缮工程按照原结构、原样式，对木结构体系进行整修加固。项目由长河街道负责实施，永嘉县乾嘉古建筑设计院测绘设计，杭州万恒建设有限公司施工，投入修缮经费18万元。8月底完工。原样保留、修复院落传统风貌和门窗等特色构件，在延续文物建筑特色的同时，提高文物建筑的使用安全性和舒适性。

（沈蕾鸣）

公共图书管理

【概况】 滨江区图书馆藏书量20余万册，20余大类。报纸58种，期刊5900余册，多媒体光盘446册，玩具171种。馆藏文献由滨江区文献与杭州图书馆文献组成，至2016年12月31日，图书馆馆藏中杭州图书馆馆藏文献16.64万册，滨江区图书馆馆藏文献4.26万册。

2016年，累计外借图书40余万册，接待读者47.55万人次。开展活动192场，其中，未成年人活动121场，培训讲座20余场，展览2场。开展推广活动48场，累计参与6000余人次，逐

步形成 “乐趣童年”“乐活青年”“乐享老年”3个活动品牌。年内，新增共联、金东方、西浦、向南、信诚、东信社区和长河街道创业务工人员服务中心7个“图书一证通”服务点，新建10个WiFi社区图书室覆盖点。5—12月，区图书馆被杭州主流媒体先后报道23次，接待省文化厅领导、市局领导、滨江区四套班子领导考察指导工作16次，同行交流参观13次。

【区图书馆开馆】 2012年前滨江区尚未设立区图书馆，为更好的服务广大市民，加快公共文化服务体系的建设，2012年，区委、区政府做出新建滨江区文化中心的决定，同年6月18日，《关于调整杭州市滨江区文化中心项目建议书的函》（区发改综〔2012〕60号）和2012年7月23日《关于调整杭州市滨江区文化中心项目可行性研究报告的复函》（区发改综〔2012〕68号）明确区文化中心图书馆建设项目。2015年12月26日，滨江区图书馆暨杭州图书馆科技分馆试开馆。2016年5月15日，滨江区图书馆开馆。项目总投资5000万元，位于滨江区文化中心6～8楼，总建筑面积7000平方米，其中读者使用面积6500平方米。配备电脑72台、阅览桌235张、阅览室座席788个、书架774节。6楼设少儿图书借阅区、多功能活动区，提供儿童类图书、玩具借阅和儿童活动开展。7楼建有成人图书借阅区、报刊阅览区、科技体验区和电子阅览区，提供成人类图书、期刊借阅、科技产品的体验和电子信息阅览、上网等功能。8楼建有专题阅览区、多媒体体验区、读者沙龙活动区，提供自然科学类图书的阅览、多媒体视频观看及成人类活动开展。图书馆配备图书管理人员16人，硕士学历3人，本科6人，大专7人。

【引进大学数字图书馆国际合作计划（CADAL）项目】 2016年5月15日，区委、区政府与大学数字图书馆国际合作计划（CADAL）项目管理中心签署参建协议，成立 “CADAL项目管理中心杭州高新区（滨江）服务分中心”，成为此项目第一个地方政府参建单位，开启“区校共建”新模式。中心设在滨江区图书馆8楼。建成拥有北大、清华、浙大等全国70余所著名高校及哈佛大学、哥伦比亚大学、斯坦福大学、普林斯顿大学等20余家著名大学图书馆的多学科、多类型、多语种的学术数字图书馆资料250余万册。分中心的设立为辖区内高新技术企业、科技人员及市民提供一站式科技文献信息服务，同时向辖区内高新企业和科技人员提供各类创业项目和其他方面的咨询服务。至12月底，召开专题业务会议4次，开展业务培训192课时，走访政府相关单位2家、企业园区5家、企业30余家、企业高管20位；开展宣讲推介活动6场，接待来访人员20批200余人次，接受电话咨询20余次；接受科技咨询件8件，与海创基地、杭州天和高科技产业园、杭州创业大街签署服务企业战略合作协议。

滨江区图书馆成人图书阅览区　　（区委宣传部　供图）

【绿色书屋】 2016年5月15日，区图书馆引进“绿色浙江”自然学校，在图书馆8楼西南角及相连区域建立“绿色书屋”（含办公区域），其间放置自然环保类图书200余册供读者阅览，建立“绿色档案”供读者观阅，成为“绿色阅读长廊”，营造宜人的绿色阅读氛围。至12月底，区图书馆组织环保科普类活动7次，300余人次参与活动。

【民间阅读组织联盟】 2016年5月21日，“杭州高新区（滨江）‘书香科技城’民间阅读组织联盟”成立，以合作开展公益性阅读推广活动为主，为区域内市民、企业提供多元文化服务。至12月底，开展各种规模和形式的活动150余场，形成“乐趣童年”“乐活青年”“乐享老年”3个活动品牌。“乐趣童年”以国学、音乐、运动、科技体验、亲子阅读等形式为主，注重儿童阅读兴趣的提升、启蒙教育以及身心素质的培养；“乐活青年”以演讲、讲座的形式为主，注重培养中青年读者的阅读兴趣及素质培养；“乐享老年”以展览、运动、讲座的形式为主，注重老年读者的文化艺术展示和交流以及身体健康方面的教育。至年底，26家民间阅读组织加入联盟。

【院士系列讲座】 2016年5—9月，滨江区在区文化中心举办“院士讲座”系列讲座，讲座由杭州图书馆科技分馆（滨江区图书馆）、杭州市科学技术协会主办，杭州市科技工作者服务中心联合承办，以航空航天、环保、科技为主题特色。5月15日，美国科罗拉多梅萨大学终身教授吴忠超以“从爱因斯坦到霍金”为题，介绍爱因斯坦的狭义与广义相对论、黑洞理论和现代宇宙学、爱因斯坦和霍金的创新经历和对科学的贡献，79人听讲座。同日，中国科学院南京紫金山天文台研究员王思潮以“外星人在哪里”为题讲解神秘的宇宙、外星人与外星人相遇、UFO与外星文明等方面的知识，全市青少年和天文爱好者100余人听讲。同月22日，法国科学院名誉主任研究员、光谷量子技术公司总经理王肇中以“纳米技术和我们的生活”为题，从纳米技术的概念开始，介绍纳米概念的发现过程及纳米技术概念的具体定义，解释比表面效应，小尺寸效应等纳米尺度下的特殊效应，展示在科研中取得进展的纳米发电机、纳米储氢材料、纳米太阳能电池、纳米医疗机器人等技术，42人听讲。6月18日，中国科学院院士、中国量子光学和量子信息开创者郭光灿以“量子奇异特性和量子信息技术”为题，阐述什么是量子，量子有什么奇异特性，介绍量子的标志性技术，量子计算机和量子密码，讲座在区图书馆举行，79人参加讲座。9月17日，中国科学院院士武向平以“宇宙未卜的命运”为内容，就“宇宙中是否有其他人类？”“是否能和外星人通话？”等问题进行解答，68人参加讲座。 （汪春麟）

档案事业

【概况】 区档案局（馆）隶属区委、区政府办公室管辖，实行局馆室合一。档案从业人员10人，其中，在编3人，招标引进服务外包4人，聘用3人，实际在岗人员7人。副高级职称2人，中级职称1人，初级职称2人，1人入选“省115人才”首批省内具有较高水平的档案专家库。

2016年，新馆建成投入使用。档案馆馆藏文书档案3.25万卷20.32万件，科技档案29卷4466件，会计档案1219卷，婚姻档案2.09万件，业务档案中计生档案3861件、其他档案107卷，特种载体档案971卷，共5个门类37个全宗3.48万卷23.24万件。报纸、杂志、志书年鉴、宗谱、资料汇编等资料10余种4100册，其中，刊物806册、杂志1065册、志书年鉴221册、宗谱127册、图书1065册、资料汇编816册。2016年，申报档案课题1项，组织征集G20杭州峰会档案，上交杭州市档案局实物、视频档案60件。开展档案双随机抽查监管，完成9个中央预算内项目档案专项验收。全年接待档案查阅159人次1025件；举办档案培训班2期，培训档案专业人员100余人。

【档案事务外包服务】 2015年12月，位于区文化中心9～10楼的区档案馆建成，业务场所和设施条件等均得到改善。为适应电子政务、提升为民服务能力、推进档案治理机制创新，根据《杭州市委市政府办公厅关于加强和改进新形势下档案工作的实施意见》（市委办发〔2014〕61号）、区管委会、政府办公室《关于政府向社会力量购买服务的实施意见》（区办〔2015〕27号）等文件精神，区办公室决定将区档案馆部分档案事务性工作打包向社会公开招标购买服务，支持档案中介机构、专业机构参与档案事务管理，通过社会化管理的形式，确保档案馆工作正常运转。2016年1月19日，区办公室发布服务采购招标公告，2月16日，确定杭州越中档案管理咨询有限公司为中标单位，3月4日，区办公室与杭州越中档案管理咨询有限公司签订合同，服务内容涉及档案史料收集、档案查询服务等30余项，服务期限3年（2016—2018年）。

【智慧档案馆建设】 新档案馆2012年10月16日开始建设，位于区文化中心9～10楼，总建筑面积4644平方米，其中，库房建筑面积1820平方米。馆内设数字化加工室、编目校对室、档案整理室、库房、查档室5个业务用房，6个办公用房，会议室、培训室、临时档案室。同时启动智慧档案馆建设，在档案库房安装智能密集架，采用RFID无线射频技术进行档案定位管理，运用图形化虚拟库房监测库内档案，实时监控库房情况并传输到大楼监控室和档案馆监控界面。库房实施BA管理系统，人脸和指纹识别门禁系统、温湿度监控记录和灯光选择性控制，实现档案数字化管理。2016年12月25日，投入使用。

【中央预算内项目档案验收】 2016年8月3日—12月7日，区档案局对浙江众合科技股份有限公司城市轨道交通信号系统综合仿真技术服务平台项目，东方通信股份有限公司支持国密算法ATM机具产业化项目，浙江浙大网新集团有限公司技术创新能力建设项目，阿里巴巴（中国）有限公司阿里巴巴网站系统VPV6升级改造项目，创业软件股份有限公司基于电子健康档案的区域医疗卫生综合管理信息系统升级研发与产业化项目，华数传媒网络有限公司面向三网融合的媒体云综合运营系统项目，浙江浙大中控信息技术有限公司基于物联网技术的"智能交通"系列产品产业化项目7个项目档案进行验收。由省、市档案局领导、省"115人才"省内档案专家库专家3～5人组成验收组，采用实地验收与在区档案馆集中验收形式，对项目建设概况、基建招投标、设备采购、项目实施、测试、运行、验收等环节的档案完整性、准确性、系统性进行验收，7个项目档案均合格，通过验收。

智能档案密集架 （区档案馆 供图）

【档案年检】 2016年11月29日，全区档案年检工作在区文化中心进行，43个单位参加年检。档案年检通过网上申报与实体检查相结合的形式进行，分档案管理体制、档案收集整理、档案保管统计利用、及时向区档案局报送可公开的信息、档案信息化建设、创新项目6个检查项目，采用百分制计分办法，年检结果作为年度区综合目标考核中"档案管理工作"的得分依据。至12月底，43个单位参加年检，42个单位通过年检。

（张 烨 杨彩霞）

地方志编纂

【概况】 1996年，滨江区建区。1997年8月27日，杭州市滨江区机构编制委员会下发《关于建立杭州市滨江区区级机关事务管理服务中心等事业单位的通知》，设立区党史与地方志编纂办公室，与区档案馆合署办公，隶属区委办公室领导。2016年，启动地方志编纂工作，成立地方志编纂委员会，组成《杭州市滨江区志》编辑部。组织区志编辑人员赴萧山区、宁波市北仑区学习修志工作经验。召开区志编纂工作动员会，举办区志修志人员业务培训，制定《杭州市滨江区志》篇目并通过省、市专家评审。在《萧山日报》《杭州日报》上发布征集公告向社会公开征集区志资料，收到有关滨江史料信息7篇、图片14张。在《杭州月志》、微信公众号“方志杭州”、杭州地情网和浙江方志网上报地方志工作信息10余条。

【赴外地学习考察】 2016年3月2日，区地方志办公室组织5人赴萧山区地方志办公室考察学习机构设置、工作启动、运行模式等方面的工作经验。6月28日，区地方志办公室组织3人赴宁波市北仑区地方志办公室考察学习志书篇目设置、资料收集、撰写资料长编方法等志书编修经验。通过考察学习根据滨江区地情拟定《杭州市滨江区志》篇目，部署资料长编编写任务。

【区志编纂工作启动】 2016年3月31日，根据2006年5月18日国务院发布的《地方志工作条例》“地方志每20年左右编修一次”的规定，区委、区政府办公室下发《杭州高新开发区（滨江）党委和管委会、政府办公室关于建立区地方志编纂委员会的通知》，组成由区长金志鹏为主任，46个部门领导为成员的地方志编纂委员会。4月1日—11月1日，组建10人组成的区志编辑部，落实修志专项经费40余万元。7月22日，区委、区政府下发《关于征求〈杭州市滨江区志〉编纂工作方案（征求意见稿）意见建议的通知》，向各个单位征求意见，收到建议20余条。10月9日，滨江区地方志办公室下发《关于做好〈杭州市滨江区志〉资料收集工作的通知》，区志编纂工作正式启动。

【区志编撰培训】 2016年9月22日，区地方志办公室在区文化中心举办《杭州市滨江区志》撰稿人员培训班，来自全区各个承编单位和区志编辑部人员共70余人参加培训。邀请省方志办专家、宁波大学副教授沈松平，就如何编修志书的基本知识结合实例进行讲解、点评。省方志办省志工作处副处长颜越虎，就资料卡片与资料长编编辑知识进行授课，指导区志编纂工作如何进行。12月28日，区地方志办公室在区文化中心举办区志撰稿人员培训班，来自全区46个承编单位和区志编辑部人员共70余人参加培训。会上，志鉴信息系统上线运行，由志库科技系统负责人对志鉴信息系统功能进行介绍和操作流程演示，帮助撰稿人员接受新观念，提高方志工作实践上的操作性；编辑部执行主编布置地方志编纂工作任务。

【区志编纂工作动员会】 2016年10月20日，区地方志办公室在区文化中心召开《杭州市滨江区志》编纂工作动员会，区领导，区各部门、各直属单位、各街道主要负责人，区地方志编纂委员会成员及区志办、编辑部人员共80余人参加会议。会议学习传达国务院办公厅关于印发《全国地方志事业发展规划纲要（2015—2020）的通知》，到2020年，各区、县（市）全面完成第二轮修志任务，各区、县（市）年鉴全面实现“一年一鉴”公开出版的省、市地方志会议精神，部署区志编纂工作任务。市方志办主任蒋文欢肯定滨江区政府在地方志工作机构、经费、人员、设施等方面的工作，对做好滨江区志编纂工作提出意见和建议。常务副区长施华淼从编纂《杭州市滨江区志》的必要性、要编一部怎么样的书、如何确保《杭州市滨江区志》编纂工作任务完成三方面提出指导意见和工作要求。

【区志篇目评审会】 2016年11月15日，区地方志办公室在杭州华美达酒店组织召开《杭州市滨江区志》篇目评审会。邀请省地方志办公室副主任章其祥、市地方志办公室主任蒋文欢、区人大常委会原主任周瑞烈等7位领导参加评审会，会议由区政府办公室主任孙刚峰主持。会上介绍《杭州市滨江区志》篇目设置情况，评审专家现场点评，认为《杭州市滨江区志》篇目总体框架遵循横排门类、不缺要项的原则，突出了滨江区的历

2016年11月15日，《杭州市滨江区志》篇目评审会召开

（区档案馆 供图）

史地理特点和现代城市功能定位，基本符合方志体例要求，篇目通过评审。

【志鉴信息系统一期上线】 2016年12月16日，志鉴信息系统由杭州志库信息科技有限公司以项目经费69.66万元中标。志鉴信息系统项目分2期上线。志鉴信息系统一期项目针对《杭州市滨江区志》组织编撰、进度控制、资料收集及编辑、撰稿及总纂等工作需要的编纂系统。二期是《滨江年鉴》编纂系统。志鉴信息系统设组织管理、卷（编）管理、在线编纂、目标绩效、编务管理5大子系统。一期系统页面设置首页、编管理、在线编纂、编统计、公告管理4个部分，供稿单位资料卡片、资料长编、初稿编写、编辑部主编、责任编辑、编辑和500家供稿单位（含规模企业）实现系统内协同编纂。系统不限制用户在线数量、资料卡片录入模板的字段，文字、图片等附件上传，具备批量导入导出功能。系统可30秒自动保存一次，具有通过初稿试写监测编辑人员编纂能力、编纂质量，保留多版本及修改痕迹功能，通过系统及时了解各单位任务进度和完成质量。12月30日，志鉴信息系统一期试运行，实现志书网上编纂信息化。 （张 烨 杨彩霞）

新闻传媒

《天堂硅谷》报

【概况】 2016年，《天堂硅谷》报每周1期，全年编发报纸50期，刊发稿件1530余篇。其中：图片550余幅，用稿120万字；策划宣传方案15个；发行《天堂硅谷》报325万份。2016年，《天堂硅谷》围绕区委、区政府工作中心，开设“学习基层好榜样，服务保障G20”“当好东道主，办好G20”“学党章党规、学系列讲话，做合格党员”“学习贯彻十八届六中全会精神”“行使民主权利，投好庄严一票”“为民办实事工程”“‘五水共治’社区连线”“‘三改一拆’社区连线”“最美滨江人”“我的社区我的家”“创客故事汇”“高新企业动态”“数字高新”“科技之星”专栏14个；“全民阅读，书香满城”“国际都市，最美邻里”“智慧e谷，美丽滨江”等图文专版40个。

【“当好东道主 办好G20”专栏】 2016年5月，推出“当好东道主 办好G20”专版，对滨江区以“五个扮靓”为核心的环境整治工作进行报道。至9月5日，开辟G20杭州峰会相关栏目3个，编排专版15个，采编各类稿件280余篇。

【改版升级】 2016年1月6日第1期起，《天堂硅谷》报进行改版升级。版面大小维持对开大报，宽度参照《杭州日报》缩小5厘米左右，版面新闻正文字号从小5号字调整为9磅字，行间距由0.25字调整为0.4字，标题字体也进行相应调整。同时，版式参照《杭州日报》模仿创新。改版后，版面文字量减少，图片增加，报纸可读性增强。

【“数说滨江‘十三五’”栏目】 2016年1月27日 第6期，《天堂硅谷》报推出“数说滨江‘十三五’”栏目，用数字和图表的形式直观反映滨江区“十三五”期间在经济产业、城市建设、社会民生等方面取得的成绩，增强新老滨江人的认同感和体验感，栏目共推出5期。

【"两会"宣传报道】 2016年1月，区五届人大一次会议、区政协二届一次会议召开，为做好"两会"宣传工作，编辑部前期制定报道方案，提前入驻会场布置新闻采编中心。期间，记者第一时间采访会议各项议程、代表委员风采、人大、政协工作，随后进入编辑排版工作。共刊印报纸4期，发表文章78篇。 （顾 杭）

《天堂硅谷》杂志

【概 况】 2016年，《天堂硅谷》杂志每月1期，全年编印杂志12期，刊发稿件300余篇，图片800余幅，用稿87万余字，总发行6万册。开设"第一关注""创业在高新""高新动态""民生传真""时政概览""悦读"等栏目，全面展现高新区（滨江）的创业创新与发展实践。结合世界互联网大会、区"两会"、动漫节、G20杭州峰会、文博会等重大会议及特殊时间节点，推出相关报道，记录时代。

【滨江元素闪耀"互联网之光"】 2016年1月，在第二届世界互联网大会举行之后，《天堂硅谷》杂志策划了《滨江元素闪耀"互联网之光"》主题报道，以海康威视、华三通信、银江股份等企业在互联网大会上提供的服务和产品为切入点，展现高新区（滨江）在互联网领域的实力与成就、布局与畅想。

【G20杭州峰会系列报道】 2016年2月，《天堂硅谷》杂志连续推出《艰苦奋战三个月，"国际滨"整装换新颜》《"国际滨"，等您来！》等一系列特别报道，记录高新区（滨江）在"五个扮靓"的要求下，各个区域改造整治提升全过程。将7月刊策划成《我是"国际滨"》双语专刊，以国际化的形式展示滨江。G20杭州峰会结束后，第一时间推出《大美滨江，向世界问好！》系列报道，对峰会成果及峰会上的高新区（滨江）元素进行宣传。

（李 洁）

滨江发布

【概况】 2016年，"滨江发布"围绕G20杭州峰会中心工作，开设"滨滨跑项目"等栏目，深入现场报道全区"五个扮靓"工程。结合G20杭州峰会重点项目，连续推出"最美跑道""滨江夜景""靓滨江"等方面的信息。推出"国际滨"品牌主题宣传，通过"滨江发布"平台同步推送系列文章。从科技、人才、企业、环境等方面阐述滨江的国际化，推出《从今天起，请叫我"国际滨"》等文章，5万人次阅读。以H5、微课堂、微视频形式推送G20杭州峰会互动宣传活动。组织开展"国际滨欢迎您手抄报大赛"等线下、线上相结合的主题宣传活动和栏目，总阅读量10余万人次。全年，"滨江发布"微博微信18万人关注，发布微信1489条，微博9608条（次）。向"杭州发布"报送信息485条，被"杭州发布"微博微信采用166条，累计转发"杭州发布"微博微信4618条。在"杭州发布"100家一级子平台单位中全年考核位列第四。

【"滨江发布"作品获省大赛奖】 2016年7月20日，由省互联网信息办公室、省网络文化协会主办，各市互联网信息办公室、市网络文化协会协办，温州网承办的"两美浙江 魅力水乡"浙江省"网民看水乡——'五水共治'微新闻大赛"在浙江省温州市举行，全省各地市新闻网站、移动客户端、政务微博、微信、全省网络文化协会成员单位、知名自媒体等媒体围绕治水工程、治水人物、水知识、最美水乡等内容，制作发表并投递微信图文、微视频、新闻稿件作品携1000余件参赛。经筛选，50余件作品参评，12月12日活动结束。经评委初评、复评，评出一等奖1名，二等奖3名，三等奖5名，优秀奖10名，优秀组织奖2名。由"滨江发布"制作的《夏宝龙伯伯给我们回信啦》获大赛优秀奖，是杭州13个区县市唯一获奖单位。

【"滨江发布"信息获区主要领导批示】 2016年8月18日，"杭州发布"网络平台工作领导小组办公室下发《关于"杭州发布"网络平台一级发布平台7月份考核情况的通报》（杭发网办〔2016〕11号），滨江区在全市100家列入考核的一级发布平台中综合排名第一。同月26日，区主要领导在《"滨江发布"7月考核排名全市第一》中批示："继续发挥好作用，传递好正能量"。

（郭自青）

卫　生

综　述

2016年末，滨江有各类医疗卫生机构139个。其中：综合性医院6家，专科医院3家，街道社区卫生服务中心3家，社区卫生服务站33个，各类诊所、门诊部、医务室94个。各类医疗机构有床位305张，其中，医院床位182张。卫生技术人员2054人，其中，职业（助理）医师815人、注册护士635人。

做好公共卫生服务项目，全区建立居民健康档案22.15万份，建档率85.10%；管理高血压2.2万人次，高血压发现率6.92%。管理糖尿病6176人，开设糖尿病专科门诊。管理孕产妇3237人，产后访视3318人次，普查育龄妇女4389人。全区冷链温湿度智能实时监控系统安装完成，覆盖率100% 。区内医疗机构在浙江省慢性病监测信息系统共报告四类慢性病4926例，区户籍死因报告691例。2016年，全区共有产妇2186人，孕妇建卡率99.77%，产前检查率100%。

加强基层中医药适宜技术推广基地建设，新增杭州市基层名中医2人。与浙江中医药大学合作，开设“名中医工作室”。举办“与魅力中医零距离”中医文化宣传服务月活动，组织“喜迎G20·提升服务能力我先行”滨江区基层中医药适宜技术大比武，深化“治未病”健康工程。

与浙江大学医学院附属第二医院、杭州市第三人民医院合作，推进区域医联体建设。开通区重大活动期间应急处置绿色通道，开展各类科教活动10次，举办大型健康教育活动3场。滨江医养护一体化签约服务居民转诊浙二医院2751人次。

推进基础卫生设施建设，区公共卫生中心、西兴街道社区卫生服务中心结顶，长河街道社区卫生服务中心体检中心改造提升工程完成，浦沿街道社区卫生服务中心“国医馆”投入使用。西兴街道温馨社区卫生服务站点、马湖社区卫生服务站点、长河街道钱潮社区卫生服务站点开工建设。

加大卫生监督专项执法力度。2016年，出动卫生监督人员780人次，检查公共场所850余家次，医院感染检查63家次，病原微生物实验室生物安全检查15家次，放射卫生检查17家次。完成各项卫生监测任务，开展消毒用品生产企业产品23个批次的采样检测。完成公共场所气、声、光、顾客用品用具等11家次、游泳场所37家各项指标的检测。开展校园卫生安全健康行动，对65家学校开展监督及抽样监测，所检测指标合格率100%。打击非法行医，实行医疗机构不良执业记分制，不良执业记录16家次。规范医疗废物的集中处置，实行医疗废物远程在线监控，实现全区医疗废弃物规范处置率100%。

（顾淑婧）

驻地医院基本情况

表35

名称	等级	地址	床位（张）	2016年门诊量（万人次）	特色专科
浙江大学医学院附属第二医院滨江院区	三级甲等	滨江区江虹路1511号	1093	102.49	急诊医学科、神经外科、神经内科、心血管内科、肿瘤科、外科 、呼吸科 、骨科、泌尿外科、耳鼻咽喉科、血液科、风湿免疫科、消化内科、高压氧科、生殖医学科、血管外科、综合ICU
浙江大学医学院附属儿童医院滨江院区	三级甲等	滨江区滨盛路3333号	1500	178.55	儿科重症专科、新生儿专科、小儿消化专科、小儿呼吸专科
武警浙江省总队杭州医院	三级乙等	滨江区江南大道86号	800	50	骨创伤、肿瘤科、康复科

卫生应急

【概况】 2016年，滨江区有疾病预防控制应急机动队、卫生监督应急机动队、医疗救援应急机动队3个应对突发公共卫生事件应急处置机动队，实行24小时值班制。

2016年，开展卫生监督协管、现场流行病学、食物中毒知识、采样检验、手卫生、精神疾病知识等培训10期，培训学员150人次。开展食物中毒、输入性登革热疫情、严重精神障碍患者肇事肇祸桌面推演演练3次，100余人次参加演练。开展110联动应急医疗、应急救护、突发公共卫生事件等演练10余次。举办“服务G20 救护身边行”应急救护技能竞赛、医疗急救技能竞赛等活动3次，100余人参加各项活动。

【国际动漫节医疗保障】 2016年4月27日—5月2日，由国家新闻出版广电总局、省人民政府主办，市人民政府、省新闻出版广播电影电视局和浙江广播电视集团承办的第12届杭州国际动漫节在白马湖国际会展中心举行，区卫生系统承担动漫节医疗保障工作，选派街道社区卫生服务中心10余人，联合杭州市120急救中心，设立4个固定医疗站，配备2辆救护车。其间，累计接诊外伤、中暑等患者100余人次。

【急救知识科普活动】 2016年5月7日，区社发局与浙江大学医学院附属第二医院，在星光大道步行街广场联合举办2016年“5·12”国际护士节“喜迎G20 急救我先行”科普活动暨美国心脏协会拯救心脏（Heartsaver）标准课程及包扎止血骨折固定急救知识公益普及训练活动，在场观众80余人。来自浙医二院滨江院区AHA（美国心脏联合会）培训基地导师团队9人，从

2016年5月7日，急救知识科普活动 （区社发局 供图）

心肺复苏（CPR）、止血包扎、骨折固定等意外伤害急救方面，通过PPT和现场示范形式，讲解急救意义和操作技巧，并进行模拟人“一对一”实操训练。30余名社区居民参与练习急救理论及实际操作技能。

【公共卫生事件处置应急演练】 2016年7月23日，区社发局在长河街道社区卫生服务中心开展区公共卫生事件处置应急演练，3个街道社区卫生服务中心相关领导及应急相关人员20余人，参加登革热疫情应急处置演练和流行病学调查、消杀技能操作等方面演练。通过演练增强区内突发公共卫生事件的应对能力，保障区内公共卫生环境安全。

【急救技能竞赛】 2016年8月29日，区社发局开展区社区卫生服务中心医疗急救技能竞赛，比赛分别在西兴、长河、浦沿3个街道的社区卫生服务中心举行。来自街道社区卫生服务中心的12名医护人员参加心肺复苏、胸外按压、外伤包扎等急救知识与技能竞赛。竞赛采取从7个案例中以现场随机抽考形式，对参赛者进行实际操作技巧的测试和现场问答，浦沿街道社区卫生服务中心的医护团队获优胜奖。（顾淑婧）

疾病防控

【概况】 2016年，滨江区报告各类传染病6053例，死亡2例（均为艾滋病）。科学处置输入性登革热疫情1例、学校诺如病毒聚集性感染疫情2起、流感病毒聚集性感染疫情9起、手足口病毒聚集性感染疫情13起。网络直报可疑肺结核病人231例，转诊到位151例，追踪到位73例，总体到位率96.97%。新登记活动性肺结核病例149例，接受治疗率、督导治疗率100%。

全区7岁以下儿童共建证建卡4.08万人次，一类疫苗接种10.29万针次，二类疫苗接种3.8万针次，各类国家免疫规划疫苗报告接种率95%。累计调查处置疑似麻疹风疹病例11例，其中，确诊麻疹3例、风疹1例、排除7例。AEFI（疑似预防接种异常反应）监测报告145例，其中，一般反应131例，过敏性皮疹6例，偶合症8例。

开展浙江省首例免疫缺陷VDPV（脊灰疫苗衍生病毒病例）病例（发生）的调查与处置，未发生脊灰疫苗衍生病毒循环病例。完成脊灰疫苗免疫策略转换及三价脊灰疫苗封存销毁工作，全区销毁1130剂次。

【冷链温度智能实时监控系统】 为保障全区适龄人群疫苗接种安全，2016年3月16日，在区疾控中心和西兴、长河、浦沿街道社区卫生服务中心预防接种门诊安装“疫苗冷链温度智能实时监控系统”。此系统具有冷链温度实时监测、多点采集、监测信息自动传输和短信报警等功能，改变冷链温度手工测量和记录的模式，实现24小时不间断的疫苗冷链温度监控，为工作人员提供快速、准确、实时的冷链温度检测数据；便于冷链管理综合信息的记录、查询、处理和统计，区疾控中心通过云计算平台，全面掌握全区冷链系统运行状况和温度动态变化情况，为保障适龄人群安全接种疫苗提供安全屏障。至年底，未发现异常情况。

【首期流行病学培训】 2016年3月21日—4月1日，区疾控中心在疾控中心会议室举办滨江区首期现场流行病学培训，来自区疾控中心的技术骨干和各街道社区卫生服务中心的专业技术人员30余人参加传染病与慢性病预防和控制、环境与职业健康、食品卫生安全等方面知识培训。采取应急演练和案例讨论等方式对学员进行培训，增强和强化学员以应用流行病学为核心的职业能力，提高现场流行病学调查水平和突发公共卫生事件应急处置能力。

【“输入性登革热疫情”应急处置演练】 2016年7月23日，区疾控中心在区妇幼保健院组织开展“输入性登革热疫情”应急处置演练，来自区疾控中心及西兴、长河、浦沿3个街道社区卫生服务中心40余人参加演练。演练采取理论加实践形式开展，以传染病防治及防护服的穿脱为理论考试内容，实践操作采取疫情场景模拟。通过演练，增强区卫生应急队伍的实战能力，提高区预防与应对突发公共卫生事件的快速反应、指挥协调和应急保障能力。

（朱 炜）

基层卫生

【概况】 2016年，滨江区西兴、长河、浦沿3个街道社区卫生服务中心有卫技人员421人。年内，公开招聘社区卫生服务中心卫技人员14人，调动引进正高1人，引进浙江中药大学教授2名、萧山医院科主任2名，建立“名医工作室”。3个街道社区服务中心总床位123张，全年，门急诊服务175.48万人次，预防接种15.45万人次，各类体检14.68万人次。

深化与杭州市第三人民医院紧密型医联体合作，市第三人民医院专家定期坐诊社区卫生服务中心。全年，下派专家坐诊带教60人次，业务培训8次；定期开展联合质控检查，组织放射影像、心电远程会诊591次。

2016年，医养护一体化签约4.97万人，其中，慢性病患者（高血压、糖尿病）签约1.9万人，60岁以上（户籍）签约1.88万人。建立家庭病床106张，完成指标107.07%。区签约人员社区就诊比例65.72%，签约居民社区转诊率11.14%，医联体转诊率42.78%，医养护一体化签约团队医生开展上门服务1.6万人次，签约居民签约医生知晓率、签约服务满意率均为85%。

【卫生服务中心建设】 2016年3月，西兴街道社区卫生服务中心、区公共卫生中心项目开始土建，投资2.13亿元，由区城建开发公司代建。总建筑面积3.5万平方米，地上面积2.7万平方米，地下面积8435平方米，用地面积1.62万平方米，绿化面积4862.2平方米。其中：西兴街道社区卫生服务中心规划建设门诊面积9687.3 平方米，住院部面积4355.1平方米，设床位92张，办公场所1351.7平方米，配套设施用房1448.3平方米；区公共卫生中心实验室2711.1平方米，办公6654.3平方米、配套设施用房642.3平方米。机动车停车位308个，地上56个、地下252个。建筑等级为一级，设计使用年限50年，预计2017年12月底竣工。

【“国医馆”投入使用】 2016年3月15日，浦沿街道社区卫生服务中心投资117万元升级改造的“国医馆”投入使用。“国医馆”建筑面积700余平方米，医馆内有中医执业医师17人。开设“针药联合门诊”“治未病门诊”“名中医工作室”3个特色科室。至12月底，中心门诊中医开出处方6.45万张，中医非药物处方3.04万张，中药饮片2万张，“冬病夏治”服务1053人次。实施“治未病”健康工程，开展65岁以上人中医健康管理6527人，覆盖率86.07%。开展0～36个月儿童中医健康管理3548人，覆盖率80.02%。

【中医文化宣传服务月活动】 2016年6月30日—8月25日，区社发局主办，浦沿街道社区卫生服务中心“国医馆”承办的“与魅力中医零距离”滨江区中医文化宣传服务月活动在各街道举行。通过义诊、冬病夏治、中医养生知识微信竞答、中医特色项目体验等形式，介绍中医药适宜技术、养生保健知识、常见中药等中医知识。活动期间，发放中药香囊1250个，编制《中医养生手册》《四季食谱养生》《中医报》等中医健康教育处方资料26种，开设“你点我讲中医大讲堂”，举办中医健康讲座11场，400余人参加各项活动。

【体检中心改建启用】 长河街道卫生服务中心体检中心2009年3月成立。随着医疗服务的不断发展，原有的体检中心不能满足前来体检人群的数量和需求，2016年对体检中心进行重新设计、装修。同年10月24日，长河街道卫生服务中心新体检中心改建启用。新体检中心位于长河街道社区卫生服务中心保健楼四楼，使用面积1000平方米。新体检中心采取“一站式”服务，静脉采血、心电图、B超、内科、外科、眼科、五官科、妇科等检查均可在体检中心完成。新体检中心缩小了医生诊室面积，扩大了候诊区面积，实行“一人一诊室”，体检者具有更好的私密空间。

（顾淑婧）

卫生监督

【概况】 2016年，滨江区卫生与计划生育局全年受理区本级卫生监督行政审批318件，办理及时率、办结率100%。其中：公共场所卫生许可254家，放射诊疗许可6家，放射诊疗建设项目预评价审查6家。杭州市委托下放的建设项目设计卫生审查34家，建设项目卫生竣工验收18家。全年取缔非法行医12户次，没收药品器械价值3万余元，移交区市场监管局案件2起。完成传染病分级监管国家级试点工作，对174家试点医疗机构进行分类监督检查。加强对公共场所控烟工作监管，年内，检查各类场所146家，整改2家；办理卫生监督行政处罚案件5起，罚款9800元。落实学校卫生监督，对区内32所中小学及高校进行春、秋季校园卫生安全健康检查；对学校生活饮用水进行监督检测，相关检测指标全部合格。对386家公共场所开展卫生监督量化分级工作，住宿场所、游泳场所、沐浴场所、大型商场超市量化分级完成100%，美容美发店量化分级完成90.32%；白马湖建国饭店游泳馆评定为A级单位。

【游泳场所水质检测】 2016年5月1日—9月30日，区卫生监督所出动执法人员42人次，对辖区内43家游泳场所进行卫生检查，采集172份水样，检测指标全部合格，游泳场所监督覆盖率100%。

【保障G20杭州峰会卫生监督】 2016年9月4—5日，区卫生监督所派出2名监督员，前往G20杭州峰会期间记者住宿的宾馆进行驻点保障，未出现任何安全隐患。派出5名监督人员对辖区内医疗机构生物制品和放射源规范管理、医疗废弃物规范处理、传染病防控等工作进行督导检查，及时出具监督意见书，要求存在问题的2家单位两周内整改到位。同月，区卫生监督所派出监督员10余人巡查辖区内重点公共场所空气质量、公用物品消毒情况、二次供水和游泳池水质量等卫生管理工作，对相关物品进行采样检测，相关指标全部合格。

【医疗废弃物远程在线监控】 2016年9月5—16日，为杜绝医疗机构违规处置医疗废弃物，规范医疗废弃物处置工作，确保医疗废弃物的安全处置。区卫生监督所对武警杭州医院及西兴、长河、浦沿3家社区卫生服务中心，4家医疗机构的输液室、检验科、医疗废物暂存间等重要场所安装视频10余个，对医疗机构医疗废弃物实行实时在线监控，至12月底，未发现任何异常情况。（朱　炜）

爱国卫生

【概况】 2016年，滨江区开展“人人动手、清洁家园”爱国卫生月活动，加强对G20杭州峰会场馆、宾馆、医院及其周边环境“四害”孳生地清理工作。组织开展环境综合整治活动343次，对全区104个工地进行“四害”消杀，对全区12个核心区域和外援警力、部队、警卫点、重点企业、托管生、媒体采访企业等点位进行经常性成蚊消杀。出动人员5万人次，清理垃圾4080吨，清理楼道垃圾和卫生死角2万余处，清理缸、盆、罐、泡沫箱等小型积水容器内的积水1.6万处。全区地毯式行动清除病媒生物孳生地，组织综合执法检查，发现问题950处，发出书面督查单6期。区社发局被杭州市评为G20杭州峰会病媒生物防制工作保障先进单位，2016年度爱国卫生工作先进单位。

【病媒生物防制】 2016年9月1—30日，成立滨江爱国卫生月活动领导小组和病媒生物防制工作小组，建立部门联动和区、街道、社区三级联动机制，制定《滨江区G20杭州峰会病媒生物防制工作方案》《“人人动手、清洁家园”爱国卫生月活动实施方案》。建立消杀、技术指导、应急、志愿者和义务监督30余人组成5支队伍，开展爱国卫生月活动。其间，发放宣传手册1500册、张贴画1000张、灯箱35块、电子屏53块、横幅158条，展板56块；在G20杭州峰会主要场馆、宾馆、医院及周边的病媒生物防制严格按G20杭州峰会病媒生物密度控制1级标准落实。（吴文斌）

智慧医疗

【概况】 滨江区智慧医疗以“家庭社区”“基层医疗机构”“管

理部门”“医联体”为基础，融入“智慧e谷展厅”“梅奥医疗体系”两大模块，形成“4+2”顶层设计。采用云平台、大数据、物联网、web服务、移动医疗等技术，实现区内3家社区卫生服务中心和33家社区卫生服务站一体化。2016年6—12月，智慧医疗一期在各街道卫生服务中心上线，收到数据303条。2016年，各街道卫生服务中心拥有自助服务设备12台，社区公共检测设备4个，家庭自主检测设备160个。

【自助服务设备】 2016年4月1日，在西兴、长河、浦沿3个街道社区卫生服务中心，医疗自助服务设备安装到位。长河街道自助挂号机2台，自助取单机3台，多功能一体机3台；浦沿街道自助取单机2台，多功能一体机3台；西兴街道自助挂号机2台，自助取单机3台，多功能一体机2台。自助多功能一体机设备具备智慧医疗自助开通、充值（支持支付宝）、余额查询、首诊建档、自助挂号、自助结算等功能，减轻排队拥堵现象，提高窗口工作效率，缩短患者在院时间，并推动智慧医疗诊间结算率与自费病人健康卡开通率。至年底，自助服务设备利用率100%。

【智慧医疗建设项目上线】 滨江区智慧医疗一期项目由区域卫生信息平台、社区应用服务、区域HIS系统、区域体检系统、区域检验系统、电子病历系统、移动输液系统、“健康滨江”APP、居民健康网、自助服务一体机、区域合理用药与处方点评系统11个系统组成，投入资金200万元。2015年11月19日，由杭州创业软件科技有限公司中标建设；2016年6月1日，智慧医疗一期项目在长河中心试点上线；11月2日，在浦沿中心上线；12月1日，在西兴中心上线，实现区内医疗资源共享，杭州市区医疗机构互联互通。

【智慧医疗社区应用服务】 2016年6月1日，智慧医疗社区应用服务在长河街道江二、闻涛2个社区开展试点工作。以“老年人、慢性病人群、孕妇”为主，为签约居民发放可穿戴式设备、管理手机，利用蓝牙等物联网传感技术进行匹配。通过家庭医生引导，使居民利用此设备进行健康体征自主检测，同时手机应用自动将检测数据上传至医生工作站，推动家庭医生更好的管理签约居民，提高签约居民的自我健康管理水平。至12月底，5万名居民签约，共接收数据303条；56人使用可穿戴式设备进行数据上传，其中：进行5次以上检测的23人，进行10次以上检测的9人。

【智慧医疗便医系统】 2016年6月1日，区社发局建成区域统一的HIS、体检、检验、电子病历、移动输液、合理用药干预等基本医疗业务系统。同日，接入梅奥诊疗智能诊断辅助系统，将梅奥体系相关软件嵌入医生诊间工作站中，辅助诊疗用梅奥提供的大数据库帮助医生进行疑似诊断分析、电子病历书写、用药指导。11月1日，实现区内3家街道卫生服务中心的放射、B超互通共认，互相调阅。至12月底，完成900余项系统新增、优化需求，1.72万张影像通过此平台进行共享。

【健康滨江APP上线】 2016年11月1日，由区社发局委托创业软件股份有限公司开发的“健康滨江APP”上线运行。通过“健康滨江APP”，居民可随时随地进行预约挂号、报告查询、症状自查、就诊历史查询、处方信息查询、档案查询等业务，后台配置维护人员，进行各类消息维护推送，缩短患者在院时间，提高医院就诊效率。（金楚杭）

区红十字会

【概况】 2016年，滨江区募集款物14.29万元，发放款物47.61万元（部分款项来源于往年结余款），救助困难群众707人次。培训红十字救护员763人，普及培训1.25万人次。登记入库造血干细胞捐献志愿者45人，实现捐献1人。器官（组织）、遗体捐献登记18例，实现器官捐献1例。组织无偿献血3217人，献血总量87.66万毫升。年内，滨江区被浙江省人民政府评为2012—2015年度全省无偿献血先进区。杭州市长河小学被市红十字会、市教育局、共青团杭州市委评为2016年度“杭州市红十字示范学校”。

【红十字博爱送温暖活动】 2016年1月22—26日，区红十字会到西兴、长河、浦沿3个街道开展“情暖滨江·红十字博爱送温暖”活动。慰问因病、因伤、失独困难户32户，发放慰问金3.2万元，慰问物质价值4800元。

【应急救护技能赛】 2016年4月8日，区红十字会、区总工会联合举办的“服务G20 救护身边行”应急救护技能竞赛在区文化中心举行。比赛由理论考试和心肺复苏、骨折固定、气胸包扎3项技能操作项目组成，浙江大学医学院附属第二医院滨江院区、浙江大学医学院附属儿童医院、武警浙江省总队杭州医院等9支代表队45名选手参赛。获个人前三名的是浙江医学高等专科学校代表队的蒋建平、浦沿街道社区卫生服务中心代表队的王文文、浙江医学高等专科学校代表队的丁莉。浙江医学高等专科学校获团体一等奖，长河街道社区卫生服务中心、浙江中医药大学获团体二等奖，浙江大学医学院附属第二医院滨江院区、浦沿街道社区卫生服务中心、浙江大学医学院附属儿童医院获团体三等奖。滨江区教育工会、西兴街道社区卫生服务中心、武警浙江省总队杭州医院获优秀组织奖。

【无偿献血活动】 2016年7月1日—9月10日，区委组织部、区红十字会联合组织全区社区居民、企事业单位，开展“我为七一献血热血”“迎接G20·献血我先行”无偿献血活动，全区42个爱心团队参加活动，杭州海康威视数字技术股份有限公司、中南集团成立血液应急保障团队。活动期间，献血总量86.08万毫升，超额完成任务30%；造血干细胞采样入库45例。滨江区成为首个率先超额完成杭州市血液保障任务的城区。

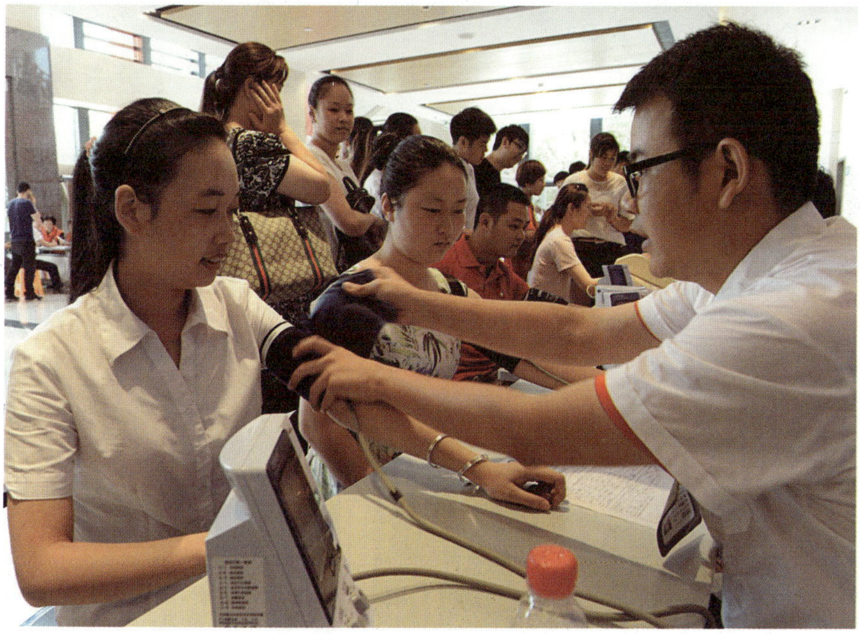

2016年7月1日，区红十字会开展“我为七一献热血”活动

（区社发局　供图）

【应急培训基地建设】 2016年7月5日，区红十字会在社区学院和西兴街道、长河街道、浦沿街道3个街道社区卫生服务中心，建立应急救护培训基地4个。按照国家红十字应急救护培训基地建设标准要求，配备4个心肺复苏模拟人、急救包、培训教科书、三角巾、绷带等教学用具。按照省红十字会教学大纲、标准化课件、授课教材、救护员证“四统一”标准，采取课堂集中授课、示范演示与实际操作相结合形式，开展心肺复苏、创伤急救、常见急症、意外伤害、紧急避险与逃生等技能培训。全年，举办应急救护普及培训1.25万人次，初级救护员培训728人次。

【AED心脏除颤仪】 2016年8月23日，区红十字会投入4万元，在区行政服务中心和白马湖建国饭店安装AED心脏除颤仪2台。AED心脏除颤仪用于第一时间抢救心源性心脏病突发，若抢救及时，AED能成为制止心源性猝死最有效的方法。现代医学证明约80%心源性猝死（简称SCD）是室颤所致，而治疗室颤最有效的手段是早期使用电击除颤。SCD最佳抢救时间和方式是在事件发生的最初3～5分钟进行心肺复苏（CPR）和电击除颤，若能够在心脏骤停的最初4分钟内，给病人实施电击除颤，成功率94%。（来　蕾）

体育——排舞大赛

湖南通道侗族自治县代表队排舞《太阳鼓》

云南曲靖市麒麟区第一幼儿园排舞《苗岭欢歌》

（区社发局　供图）

福建晋江市金井毓英中心小学《

（区社发局　供图）

》　（区社发局　供图）

西藏自治区社体中心《藏歌唱起来》　（区社发局　供图）

重庆幼儿高等专科学校排舞《魅力杭州》　（区社发局　供图）

体 育

综 述

2016年，在滨江区举办中美国际武术交流大会、“舞动中国—排舞联赛”总决赛、首届滨江区排舞公开赛、第四届机关干部运动会、“白马湖杯”青少年校园足球比赛、第三届老年人运动会等赛事500余场，参与人数10余万人次。建设健身苑点32处，其中，投资100万元新建7处，更新25处。学校体育设施对外开放，开放率100%。组队参加浙江省第二届女子体育节、杭州市第二届体育大会、杭州市老年人运动会等比赛50余次。在彩虹城小学新增艺术体操项目，在高新实验学校新增击剑项目，在滨兴学校和高新实验学校增设短式网球和标准网球项目。滨江区3家动漫、健身服务等体育产业被列入浙江省体育产业发展资金项目库，位列杭州市第一。组建校园足球队，开展校园足球试点工作。开展体育产业调查，东联体育公园建成对外营业。

【最美跑道开跑】 2016年5月28日，区委宣传部、团区委联合举办的“最美跑道激情首跑文明有礼喜迎G20”活动在闻涛路最美跑道举行，100余人从钱塘江一桥东侧开跑，至闻涛路、信诚路路口折返，往返4.8千米。首跑活动上，首批跑道志愿者代表和跑友代表，分别发出“文明倡议”“文明跑步”宣言，呼吁广大市民守护最美跑道。

2016年5月28日，最美跑道开跑　　（区委宣传部　供图）

群众体育

【概况】 2016年，举办首届滨江区排舞公开赛、第四届机关干部运动会、第三届老年人运动会等群众性体育赛事20余项500余场（次），10余万人参赛。滨江区内22所学校体育场地向社会开放，开放率100%。组织3个街道及钱塘春晓幼儿园、浦沿幼儿园2所幼儿园开展国民体质测试，测试1252人，其中：幼儿1045人，合格率96.6%；成人207人，合格率97.6%。

【老年人运动会】 2016年3月26日—10月23日，区体育局、区体育总会、区老年体协联合主办的第三届老年人运动会分别在区江南体育中心门球场、浦沿中学、西湖区转塘杨志华渔场、长河冠山球场、长河文体中心举行。设门球、气排球、钓鱼、健身球操、经络操、登山、乒乓球、柔力球、象棋围棋9个项目，分团体赛和个人赛，10个团队1300余人参加比赛。通过竞赛，水电社区代表队获门球比赛一等奖，中兴社区代表队获气排球比赛一等奖，西陵社区代表队获健身球操第一名，天官社区的来官红获登山比赛第一名，六和社区的王坤良、王红精分别获乒乓球比赛男、女单打冠军，彩虹社区施广丰、张静惠获乒乓球混合双打第一名，中兴社区张国林获柔力球第一名，汤家井社区代表队获象棋比赛第一名。

【省女子体育节上获佳绩】 2016年5月5日—10月11日，由省体育局、省直属机关工委、省旅游局、省妇联、省总工会和省体育总会联合主办的浙江省第二届女子体育节在嘉兴市体育馆举行。体育节设置经济、趣味、展示3个类别，28个大项，173个小项的比赛项目。其中：竞技类项目十大项，展示类项目十大项，趣味类项目八大项。100余个代表团4万余人次参赛。滨江区组织800余人参赛，获一等奖17个、二等奖23个、三等奖7个，奖牌总数47枚，并获团体一等奖，在杭州市参赛代表队中获奖总数位列第三，全省62个代表团中位列第十。

【首届中美国际武术交流大会】 2016年5月14—15日，由区体育总会、浙江大学企业家同学户外协会共同主办，区武术协会、浙江大学企业家同学户外协会太极拳队、杭州德坤太极养生馆承办的“喜迎G20！德坤太极杯·2016首届中美国际武术交流大会”在区江南体育中心举行。来自美国华盛顿Blaine市太极拳代表队21人，浙江、江苏、山东等省市43支武术队，400余人进行交流比赛。比赛决出一等奖20名、二等奖15名、三等奖9名。比赛期间，在滨江歌山品悦大酒店举行专家论坛，200余名武术专家及武术爱好者参加论坛，就武术现状及发展、武术功能性、太极拳在美国的发展等方面展开交流与探讨。

【首届滨江区排舞公开赛】 2016年6月25日，由区政府、全国排舞运动推广中心主办，区社发局、区教育局、区总工会、西兴街道、长河街道、浦沿街道承办的首届滨江区排舞公开赛在区文化中心剧院举行，区教育系统、区工会系统及各社区30支队伍400余人参加比赛。大赛设置青年组、中年组、常青组及特别奖4个奖项。钱塘春晓幼儿园排舞队获青年组第一名，湖畔幼儿园排舞队、杭州兴耀控股集团排舞队并列获青年组第二名，缤纷幼儿园排舞队、杭州江南实验学校排舞队、西兴街道机关排舞队并列获青年组第三名。天官社区辣妈炫舞队获中年组第一名，星民社区排舞队、祖名股份排舞队并列获中年组第二名。白马湖社区排舞队获常青组第一名，闻涛社区排舞队、西陵社区排舞队并列获常青组第二名，东方韵舞蹈队、六合天寓舞蹈队、水电社区排舞队并列获常青组第三名。新州社区排舞队、汤家桥社区舞蹈队获优秀编排奖，金东方社区排舞队、襄七房社区排舞队获优秀表演奖。

【舞动中国—排舞联赛总决赛】 2016年10月13—15日，由国家体育总局体操运动管理中心、

2016年5月14日，首届中美国际武术大赛在江南体育中心举行

（区社发局　供图）

市体育局、区政府主办，全国排舞运动推广中心承办的2016年“舞动中国—排舞联赛”总决赛在区文化中心剧院举行。来自全国14个省42个市的96支团队1226人参赛。大赛设置民族采风曲目特别项目，西藏自治区社体中心排舞《藏歌唱起来》、湖南通道侗族自治县代表队的《太阳鼓》、湖南怀化学院《加林赛部落》、区钱塘春晓幼儿园的《美丽的地方》等民族排舞曲目，充满浓厚传统文化底蕴。大赛决出幼儿组、中小学组、高校组、青年组、中年组、常青组、公开组7个组别的单项奖、团体奖、特别奖等奖项。区天官社区辣妈炫舞队、区白马湖社区舞蹈队分别获中年社会组二、三等奖，区钱塘春晓幼儿园获最佳编排奖、体育道德风尚奖。闭幕式上进行排舞展演，为获奖代表队颁发奖杯、奖牌。通过此次排舞赛选拔组建中国排舞代表团参加2017年“世界排舞联赛冠军赛”。

竞技体育

【概况】 滨江区竞技体育以学校为主，2016年，举办“白马湖杯”青少年校园足球联赛，区第二届“迎新杯”棋类赛，2000余人参赛。滨江区有国家队运动员1人，浙江省羽毛球队2人、国家体育后备人才基地陈经纶体校11人，跆拳道6人，艺术体操、射击、排球、网球、羽毛球各1人。

【校园足球试点】 2016年4月11日，杭州市下发《关于加快发展青少年校园足球的实施意见》，6月1日，滨江区制定下发《杭州市滨江区校园足球2016年—2019年三年发展规划》。6月8日，区政府与黄龙体育中心签订“校园足球”战略合作协议，在杭州江南实验学校、杭州高新实验学校、杭州滨兴学校开展校园足球试点工作，由黄龙体育中心派3名教练，对滨江区的体育教师进行足球方面的培训，帮助学校开设足球课和训练校园足球队，7月4日，组建滨江区青少年足球队，滨江区校园足球逐渐专业化。

【青少年足球联赛】 2016年9月14日—11月1日，区社发局、教育局联合主办的2016年滨江区“白马湖杯”青少年校园足球联赛在滨江区各中小学举行，共举行160余场比赛。全区26支代表队40支球队1000余人参赛。经角逐，江南实验学校代表队、滨兴学校代表队、高新实验学校代表队分别获中学组，小学甲组、小学乙组冠军，滨文小学黄萧阳、余一和，闻涛中学胡俊杰获“最佳射手称号”。

体育产业

【概况】 2016年，滨江区召开高危险性体育项目管理工作会议。夏季游泳高峰期间，38家游泳场所向社会开放。区执法队人员依法检查区内38家游泳场所的经营及安全情况，查处上海美格菲健身中心有限公司杭州滨江分公司、杭州市滨江区英浩健身服务有限公司、杭州蓝润体育经纪有限公司、杭州凌嘉健身有限公司4家违规经营场所。2016年，杭州市10家体育产业列入浙江省体育产业发展资金项目库，其中，滨江区3家，位列杭州市第一。

2016年，滨江区开展校园足球培训　（区社发局　供图）

【体育产业调查】 2016年11月，按照省体育局部署，滨江区在全区范围内开展2015年体育产业专项调查。委托杭州相语析统计事务所，采取电话调查和实地上门相结合方式展开调查。调查分为名录核实、现场调查2个阶段进行。经名录核实调查，2015年，滨江区体育产业共注册170家，其中：私营有限责任公司132家，国有8家，其他有限公司7家，私营独资6家，集体2家，私营合伙2家，民办非企业单位、私营股份有限公司、外资企业各1家。调查单位中主营业务以批发体育用品为主体，从事批发体育用品的58家；从事体育科技开发、体育运动项目策划及咨询的29家，拓展训练的22家。现场调查，根据省体育专项调查系统分配滨江区体育产业调查单位139家，其中：80家调查单位由《体育机构名录管理平台》系统自动生成，59家调查单位由《体育总局全国体育产业专项调查系统》系统自动生成。在体育产业专项调查执行中，完成调查的体育产业单位99家，成功率71.21%。由于拒访、地址和电话变更、被访单位及各种原因不配合调查、2015年关、停、闭，无财务报表等原因和问题，导致调查单位无法进行实地调查，数据缺失的40家。经现场调查，2015年，滨江区体育产业营业收入7466.99万元，比上年增长60.71%。区体育相关产业从业人员375人，增长18.67%。其中，体育活动策划服务从业人员136人是行业中人数最多、增长最大的行业。从体育相关产业从业人数增长看，2015年增长最快的行业是体育活动策划服务，从业人员增长112.50%，位居全区第一；其他体育培训行业增长27.78%，列全区第二。

东联体育公园场地 （区社发局 供图）

【东联体育公园】 东联体育公园是杭州东联体育文化有限公司开发的体育场馆综合体项目，位于滨江区江南大道1090号中南乐游城二期5楼楼顶。2016年3月14日，30余名东阳中学校友众筹800余万元，在杭州工商局注册项目开发，注册资本550万元，11月竣工并对外营业。东联体育公园项目占地面积1.5万平方米，为目前华东地区最大的空中屋顶球场。场内设7片足球场，2片5人制、4片6人制，1片7人制的标准足球场；2个标准篮球场。实行租用制，5人制场地400元（按2小时计算），6人制500元，7人制600元；篮球场地长期租用每场320元（按2小时计算），半场160元。球场周围筑高3米铁丝网，皮球不会踢出楼顶。配有台球、舞蹈房、瑜伽室、淋浴房、球迷中心等设施。2016年，东联体育公园入选浙江省体育发展产业项目库，被评为2016年浙江省A级项目之一。 （徐樱桃）

人事·编制

人事管理

【概况】 2016年，招录公务员检察院、法院各1人，择优选聘16名优秀高校毕业生为政府专业聘用人员。全年共接收并安置营以下军转干部7人，随军家属2人，随调家属2人，组织招聘社区工作者77人。

【优秀公务员评选】 2016年4月，杭州市开展优秀公务员评选工作，在杭州市各城区履行公共事务管理职能的基层站（所）、一线执法机构和乡镇（街道）机关公务员（含参公）中评选10名基层站（所）“十佳公务员”。滨江人大常委会西兴街道工作委员会副主任费建伟获市基层站（所）“十佳公务员”称号。费建伟长期在基层从事工业经济、三产开发、安全生产等工作，先后担任协同物联网区块连片拆迁、协同整村拆迁工作常务副总指挥，2012—2015年，连续4个年度考核优秀；荣立个人三等功1次。

【机关事业单位考核】 2016年年初，根据《浙江省公务员平时考核办法（试行）》要求，区人力社保局会同区委组织部制定考核方案，全面部署机关事业单位平时考核工作。5月，召开全区平时考核推进会推广考核系统。6月，组织滨江区各机关事业单位系统管理人员进行专题培训，下发使用手册、接受问题咨询，促进考核系统上线运行。至11月，33家滨江区机关事业单位（不含3街道）投入日常使用。（何　俊）

工资管理

【概况】 2016年，办理机关公务员晋升级别工资287人、机关工作人员正常晋升级别工作档次858人、事业工作人员正常晋升薪级2670人、机关事业单位职务晋升203人、军队转业干部到地方后重新套改工资25人，组织优秀公务员健康休养1批22人。

【机关军转干部工作性津贴调整】 2016年3月1日，根据《关于调整机关军转干部工作性津贴确定办法的通知》（浙人社发〔2015〕151号）政策及相关口径，区人力社保局完成38名干部的工作性津贴及通讯费调整工作。

【机关事业单位人事工资信息化系统】 2016年6月，区人力社保局开发机关事业单位人事工资信息化系统，8月上线运行。此系统是杭州市首个实现机关事业单位人员信息全覆盖和“进、管、出”一体化管理的平台，将全区机关事业单位工作人员、离退休人员及计划内临聘人员全部纳入数据库管理，加载业务审批、备注、统计、搜索、查询、记录等功能，简化和规范网上业务办理的工作流程。

【机关事业单位工资调整】 2016年7月1日起，区人力社保局调整事业单位工作人员基本工资标准、岗位工资标准、薪级工资标准按国家统一标准相应调整提高。涉及机关单位1025人，事业单位2652人。（钟琛琛）

机构编制

【概况】 至2016年底，杭州高新技术产业开发区（滨江）党委机构6个；管委会、政府工作部门14个，派出机构3个；人大常委会办事机关6个；政协办事机关4个；法院1个；检察院1个；公安分局1个；街道3个。

【机构调整】 2016年1月27日，区管委会、政府办公室增挂杭州高新技术产业开发区（滨江）机关事务管理局牌子。5月31日，成立杭州高新技术产业开发区（滨江）不动产登记服务中心。8月5日，杭州市公安局高新技术产业开发区（滨江）分局增挂杭州高新技术产业开发区（滨江）流动人口服务管理委员会办公室牌子。

（余　虎）

【实施统一社会信用代码赋码发证工作】 2016年实施机关、编办直接管理机构编制的群团统一社会信用代码赋码发证工作。1—3月，区人力社保局开展2015年度事业单位法人年度报告公示，全区125家事业单位完成事业单位法人年度报告公示，58家事业单位完成变更登记。

（周　芳）

专业聘用人员

【概况】 2016年6月，区人力社保局先后制定出台《杭州高新区（滨江）专业聘用人员管理办法（试行）》《杭州高新区（滨江）专业聘用人员薪酬管理办法》，分别从岗位管理、薪酬待遇、聘用程序、考核激励等方面进一步规范政府专业聘用人员管理，确保政府专业聘用人员管理规范化、制度化。7月，区委组织部、区人力社保局对各用人单位实地走访，开展专业聘用人员年度考察，综合个人平时考核、年终评价、年度专项考察等方面确定考核等次。经区政府审定，10人参加考核，其中2人为优秀等次，8人为合格等次。

【专业聘用人员面试】 2015年10月，高新区（滨江）启动第二批政府专业聘用人员招聘工作，先后与清华、北大、浙大等10余所985、211高校对接，通过学校推荐和发布，至2016年3月，储备投递简历人员510人，第一轮面试184人，第二轮面试32人。5月21日，在区政府行政中心组织第二批政府专业聘用人员笔试、面试，进入第二轮面试环节的32名应届毕业生分成2组依次参加笔试、面试环节，由区领导及各相关用人机关单位负责人组成面试组，根据答题情况和表现进行评分。综合笔试、面试成绩，择优录用16人。

【专业聘用人员年终工作测评】 2016年3月10日，区委组织部和区人力社保局联合开展第一批专业聘用人员2015年年终工作述职测评会，10名专业聘用人员结合各自工作和体会进行2015年年终工作述职，对2016年重点工作进行规划。区委组织部和区人力社保局对10名专聘人员年终工作表现进行考核评价。

（应梦梦　钭舟凌）

人才引进

【概况】 2016年，全区举办招聘会140场，引进各类人才2.53万人，比上年增长9.1%，其中：理工科类人才1.71万人，中高端人才3861人，博士149人。举办48场校园招聘活动，累计组织605家企业进入高校招聘大学生，签约2016届毕业生1.19万人。组织30家企业私人定制招聘会，接待定向邀约1544人，达成入职意向287人。累计培养市级以上高层次人才829人，高层次人才拥有量位居全市首位。新引进外国专家22人，组织35个项目申报杭州市“115”引进国（境）外智力计划。组织杭州华塑实业股份有限公司、杭州桑尼能源科技股份有限公司等6家企业成功创建浙江省博士后科研工作站；新引进企业博士后科研人才24人，累计引智成果转化新增产值1亿余元。组织阿里巴巴集团、银江股份有限公司、吉利集团等6个博士后设站单位、11个博士后科研项目申报省博士后科研项目择优资助，入选10个。

全年，新增大学生创业企业403家，累计培育大学生创业企业2561家，存活率超过65%。培育年收入超亿元大创企业1家，超千万大创企业11家，超百万大创企业31家，8家大创企业认定为高新技术企业。2016年，滨江新增海外高层次人才270人，累计4800余人；新增海外高层次人才创办企业160家，累计990家。新引进培育国家“千人计划”专家11人，累计67人；新引进培育浙江省“千人计划”专家18人，累计123人。新增国家“万人计划”专家7人，累计10人；新增杭州市“521”计划专家8人，累计58人。

拥有浙江省领军型创新创业团队2个，海创基地新入驻企业54家，累计205家；新增新三板挂牌企业1家，累计2家。企业总人数4202人，90%以上具有本科以上学历。21家“5050计划”企业参加2016年科技部“火炬杯”创新创业大赛，其中：杭州瑞杰珑科技有限公司获电子信息组全国总冠军，杭州林东新能源科技有限公司获新能源组全国总冠军，杭州才云科技有限公司获互联组全国第二名，杭州协能科技股份有限公司获能源组全国第三名。杭州安恒信息技术有限公司董事长范渊入选杭州市第四届杰出人才，为杭州市人才奖励的最高荣誉奖。2人入选国务院特殊津贴，5人入选省“151”人才培养工程，1人入选浙江省有突出贡献中青年专家。2人入选杭州市政府特殊津贴，3人入选杭州市钱江特聘专家，6名外国专家入选杭州市“115”高端外国专家年薪资助，99人入选杭州市“131”中青年人才培养计划。10个项目入选浙江省博士后科研项目择优资助，23个项目入选市“115”引智重点、优秀项目。

年内，在万轮科技园、天堂软件园、海创基地、创业大街等开展活动8次，累计征集创业政策兑现、人才住房保障、子女就学等问题160个，会前电话联系解答和现场解答问题148个，会后交办相关部门解决问题12个。定期举办“海归之家、创业之路”“海归私董会”“六和桥”等品牌活动，举办海归私董会9期累计16期，“六和桥”43期累计103期，融资总额9亿元。

（钭舟凌　周颖菲）

【“三大计划”推进应届毕业生招聘】2016年3—12月，在计算机、通讯、电子等理工科专业对口院校自主举办“牵手毕业生相约在高新”毕业生招聘会21场，838家企业走进高校招聘，推出毕业生岗位1.55万个，1.88万名毕业生参加面试，4169人与企业达成意向。同时，区人力社保局组织企业参加杭州市“九校联盟”高学历毕业生引进计划，组织企业参加招聘会34场，448家企业走进高校招聘，推出毕业生岗位9283个，1.86万名毕业生参加面试，2110人与企业达成意向。4—6月，实施高校实习生招募计划，举办实习生专场招聘会4场，推出实习岗位2819个，3136名大学生参加面试，686人与企业达成意向，累计签约2016届毕业生1.19万余名。

【紧缺人才招聘】2016年年初，区人力社保局开启“走出去”引才系列工作，组织44家企业赴南京、苏州、无锡、香港、成都等地开展紧缺人才招聘。首场赴外社会招聘于3月16日在南京人力资源市场举行，华信咨询设计研究院有限公司、杭州中恒电气股份有限公司等20家企业推出中高级岗位500余个，138名中高级人才前来应聘，36人与企业达成初步意向。

【新春系列招聘】2016年2月20日，江南江北联动推出新春系列招才引智活动，在高新人才市场、江南人力资源市场及各街道举办专场招聘会8场，300余家企业入场，共推出9000余个岗位，3300余人入场洽谈，1000余人与企业达成初步意向。

（戴敏人　钭舟凌）

滨江区人才市场招聘现场　（区人力社保局　供图）

【高层次人才对接活动】 2016年3月20日，区人力社保局举办中法青年协会滨江行活动，来自欧洲地区的30余名人才携项目与区内企业、风险投资机构进行对接。3—5月，区委组织部分别派出3名干部随省、市组团赴欧洲、美国等地招才引智，接待高层次人才30余批次，吸引180余名人才进行交流洽谈，现场签订引才意向书8份。4月27日，举办大数据专家滨江行活动，来自美国、加拿大的18名大数据领域的专家参与考察、交流。7月10日，举办美中技术发展中心项目交流活动，来自美国的12个电子信息、生命健康领域的项目与区内企业、风险投资机构进行对接。11月10日，举办硅谷精英沙龙活动，200余名海外高层次人才参加活动，与区内的企业、园区、风险投资机构进行对接，与73个项目达成初步合作意向，28个项目正式签约，签约金2.1亿元。

（周颖菲）

【钱江特聘专家】 2016年7月18日，市人力社保局在"中国杭州"网站上公布2016年度杭州市钱江特聘专家名单，滨江刘欣然、杭海英、陈小强3人入选。刘欣然是国家计算机网络与信息安全管理中心的网络与信息安全专家，加盟华信咨询设计研究院有限公司；美籍华人杭海英是中国科学院生物物理研究所的生物制药领域专家，加盟杭州鸿运华宁生物医药工程有限公司；陈小强是湖北工业大学的植物天然产物开发和利用专家，加盟浙江康诺邦健康产品有限公司。

（丁　锋）

【高端论坛】 2016年8月16日，"首届全球精准医学高峰论坛"在白马湖建国饭店举行。来自斯坦福大学的Prof. Michael Snyder、硅谷投资精英Adam Lin、浙江大学千人专家朱善宽、浙江大学医学院附属第二医院院长王建安、复旦大学副校长金力、科技部重大科学计划转录组研究首席科学家于军等全球精准医学领域10余名领导、专家、创始人参加论坛，共同探讨精准医学的临床应用与产业化前景。论坛以讨论精准医疗的最新进展与未来的研究及其产业化作为契机，促进了领域之间的无缝衔接，加强了多领域的交流与合作，引入斯坦福大学的科研技术力量和项目落户滨江。

（周颖菲）

劳动保障

就业创业

【概况】 2016年，全区新增城镇就业1.21万人，失业人员实现再就业3314人，其中，就业困难人员实现再就业2434人，城镇登记失业率控制为1.84%。全年，累计完成各类职业培训4024人，其中，创业培训242人，培养高技能人才3468人；实施技能人才培养蓝领计划，完成100余家企业50余个专业的自主评价，企业技能人才自主评价314人。

【"春风送岗"行动】 2016年2月，区人力社保局联合工会、妇联等部门开展"春风行动"，在江北举办高新技术企业人才专场招聘会，在江南人力资源市场和西兴、长河、浦沿3个街道开展"春风行动"就业招聘活动。至4月底，举办创业软件、大立科技、信雅达股份3家名企"独家"专场招聘会，高新技术人才综合性专场1场，面向区失业人员、拆迁户家庭人员、未就业高校毕业生、外来务工人员举办的招聘活动4场，累计300余家企业入场招聘，推出9000余个岗位，3300余人入场洽谈，1000余人与企业达成初步意向。

（钭舟凌　宣苏岚）

【高校毕业生就业创业服务】 2016年3月起，区人力社保局采取"需求调查+双向对接+定向招聘+全程服务"的"1+4"大学生就业服务模式，为大学生提供多元化、个性化的服务，全年吸纳大学生1.2万人，比上年增长8.33%。

【职业技能竞赛】 2016年4月21日，区人力社保局与区总工会联合举办计算机程序设计员和维修电工职业技能竞赛，90余名选手参加竞赛。5月28日，区人力社保局与定点培训机构合作举办"技能服务G20滨江工匠展风采"技能竞赛，63名选手参加智能楼宇管理师（三级）职业技能竞赛。

【大学生实习实训】2016年4—6月，区人力社保局举办实习生专场招聘会4场，推出实习岗位2819个，3136人参加面试，1136人达成合作意向。至年底，累计建有大学生实训基地96家，大学生见习基地60余家，到滨江区企业实习实训3236人次。

【开发数字就业系统】2016年6月1日—12月31日，区人力社保局开发使用“数字就业E掌通”信息系统，实现就业创业服务“实名采集信息、实名登记入网、实名推荐就业、实名跟踪服务”，利用系统大数据对辖区内失业、就业创业人员情况进行动态管理；推出滨江数字就业APP，与杭州就业APP、杭州就业事务管理系统及失业预警系统共成体系，将公共就业创业服务转变为精准、移动、全天候服务。

【稳岗补贴申报发放】2016年6月，根据市人力社保局《关于失业保险支持企业稳定岗位有关问题的通知》要求，滨江区向391家企业发放稳岗补贴3801万元，惠及6.5万名职工。其中，阿里巴巴集团是受益企业中享受补贴金额最多的企业，享受补贴472.3万元。

（马　菁　裘宝仁）

【参加“奇思妙想浙江行”创业大赛杭州选拔赛】2016年7月29日，市人力资源和社会保障局在余杭区梦想小镇举办2016年“奇思妙想浙江行”创业大赛杭州选拔赛决赛，滨江推荐选送6个典型创业项目参赛，无创循环肿瘤DNA基因检测、基于移动机器人的智能仓储物流系统、时光书3个项目在全市84个创业项目中入围12强决赛圈。经决赛，杭州和壹基因科技有限公司的“无创循环肿瘤DNA基因检测”项目获二等奖，杭州瓦瑞科技有限公司的“基于移动机器人的智能仓储物流系统”、杭州尚凡网络有限公司的“时光书”分别获三等奖和优胜奖；区人力社保局获“优秀组织奖”。

【大学生走进高新企业】2016年8月11—22日，区人力社保局组织开展“大学生走进高新企业”专题服务系列活动。活动期间，区内60余名在校和未就业毕业生赴杭州海康威视数字技术股份有限公司参观学习；组织滨江区的大学生60余人与杭州艺福堂茶业有限公司“面对面接触”，了解一流企业的企业文化和运营管理、开放进取的精神、顶尖的研发与管理团队。通过活动，帮助大学生树立正确的择业观，进一步对接滨江区企业的人才需求，推荐与企业要求相匹配的优秀人才，为本地大学生就业“牵线搭桥”。

【大学生创业企业项目无偿资助评审会】2016年8月16日，区人力社保局组织2016年度首批大学生创业企业项目无偿资助评审会，由创投机构负责人、成功大创企业代表、高校教师10余人组成专家评审团，根据杭州市人力社保局的评分标准，对申报的40个项目进行评审。评审专家从创业团队、项目层次、商业模式、市场前景等方面对参与评审的项目进行打分，评出80分以上项目31个，获8万元以上的无偿资助。

（孙巧燕　钭舟凌）

劳动监察

【概况】2016年，全区处理劳动纠纷2013起，比上年增长18%，累计追讨工资（加班工资、双倍工资、经济补偿金）1123.37万元，处理110社会应急联动837件。开展第十六个劳动者权益保护宣传周暨“双爱”活动，发放《劳动保障维权宣传手册》《劳动用工宣传手册》及“双爱”活动“六有六要”等资料1000余册，规模以上企业开展“双爱”活动参与率100%。联合3个街道劳动管理站走访用人单位，逐户指导企业规范劳动用工管理，督促企业依法签订（续订）劳动合同。全面开展劳动保障书面审查工作，用人单位书面审查5586家。加强劳动监察网格化管理，全区建立18个网格，动态掌握用人单位劳动用工信息，劳动合同签订及工资支付情况，并对企业人员招用、解除等情况实时监管。

【做好欠薪“零报告”制度】2016年1月4日起，区人力社保局对辖区内的欠薪情况实行“零报告”制度，每天下午4点前将日欠薪及处置情况报告市劳动保障监察支队，重大欠薪案件2小时之内上报。根据区维稳统一要求，对群体性欠薪案件和重大欠薪案件试行30分钟内电话上报，1小时内书面上报。

【劳动纠纷隐患排查】2016年3月1日，区劳动保障监察大队开展全区企业劳动纠纷隐患排查，至8月31日排查企业3889家，书面审查5465家，发现隐患企业48家。对存在隐患的用人单位，及时采取有效措施预防和化解。

【检查外国人就业情况】2016年6月1日，区劳动保障监察大队及下属4个中队到企业开展外国人就业情况排查，对企业内外国人的就业证持有情况、在岗情况等进行调查。至7月31日，排查外国人就业涉及单位148家，涉及外国人447人，其中：办理就业证421人，就业证过期5人，搬迁企业19家，离职24人，归国或不在岗15人。

【设立建筑工地维权告示牌】2016年7—9月，区人力社保局在全区98个在建工地张贴集“用工单位、主管部门、劳动监管部门和援助律师联系方式”于一体的维权告示牌，进一步畅通维权渠道，有效降低建筑业群体性劳动纠纷及极端维权行为的发生率，10月，接待窗口受理的建筑工地民工维权咨询电话比上年上升31%，建筑工地的投诉案件数量下降35.9%，群体性劳动纠纷案件下降19%。

【劳动纠纷调解中心成立】2016年12月30日，区劳动纠纷调解中心在滨江区长河路806号揭牌成立，由区劳动保障监察大队、区劳动人事争议仲裁院、区人民调解委员会、区法律援助工作站、区人民法院派出机构和杭州电视台明珠频道“和事佬”栏目基地等单位及部门组成。在全市首次实现劳动保障监察大队、劳动人事争议仲裁院、人民法院、司法局法律援助中心等机构合署办公，形成劳动纠纷“一站式受理，一条龙办理，一体化服务、一揽子解决”的劳动纠纷调解模式。

（钭舟凌）

劳动仲裁

【概况】2016年，受理劳动人事争议案件756件，结案（含上年度结转件）705件，结案率93.25%，其中，调解结案502件，调解率71.2%。规模以上企业劳动争议调解组织组建率达100%。

【劳动者权益保护宣传周活动】2016年7月4—8日，区人力社保局组织劳动仲裁、劳动监察、医保、社险等部门开展劳动者权益保护宣传周活动。按街道属地进行分片，采取座谈会、劳动法律法规授课等形式对热点问题进行讲解。举办现场咨询，入基层，走进企业、社区、广场，与市民一对一、面对面交流，发放政策汇编，宣传政策法规，听取市民意见建议。活动期间，劳动仲裁科联合劳动监察、医保、社险等5个部门举办劳动保障法律法规宣传现场咨询会2场，接待市民各类咨询500余人次，发放各类宣传资料1000余份。

（周锦荣）

社会民生

人口计生

人　口

【概况】 至2016年末，滨江区总人口（指户籍人口，下同）221116人，其中：0～17岁48050人，占总人口的21.73%，比上年上升1.06%；18～34岁66699人，占总人口的30.16%，比上年下降0.68%；35～59岁76577人，占总人口的34.63%，比上年下降0.27%；60岁以上29790人，占总人口的13.47%，比上年下降0.11%。

至2016年末，滨江区户籍总人口61984户、221116人，比上年增加4789户、16252人，比上年分别增长8.37%、7.93%，平均每户3.57人。总人口中，男性112170人，占50.73%；女性108946人，占49.27%。城镇人口217366人，占总人口的98.30%，比上年上升6.10%。全区出生人口4857人，比上年3384人上升43.53%。出生人口中，男性2475人，女性2382人，出生人口性别比103.90。全区死亡人口650人，比上年621人上升4.67%。自然增加4707人，比上年2763人上升70.36%。

【人口迁移】 至2016年末，全区迁移人口40006人，比上年32106人上升24.61%；人口机械增长12052人，比上年10738人上升12.24%。其中：市内迁入11363人，比上年12484人下降8.98%；省内迁入3693人，比上年2870人上升28.68%；省外迁入4894人，比上年3590人上升36.32%；市内迁出6593人，比上年6294人上升4.75%；省内迁出544人，比上年884人下降38.46%；省外迁出761人，比上年1028人下降25.98%。

【户籍人口管理】 2016年1月1日起，公安滨江分局开展无户口人员清理工作。至12月底，排查出无户口人员6人，其中，未办理收养手续事实收养无户口人员5人、不符合计划生育政策无户口人员1人，均依据相关政策给予落户。1—12月，公安滨江分局开展户口登记管理专项清理整顿，注销重复户口16个、应销未销户口22个，清理无照片人员信息1554条，死亡核查信息3条，核查同名同号信息6条；纠正户口登记项目差错项135个，清理冻结长期无法联系失踪人员户口60个；清理注销倒闭单位集体户33家。

【流动人口管理】 2016年2月，公安滨江分局探索“政府出资、企业管理、市场运作、公安监督”四位一体的流动人口和出租房屋管理服务外包新模式，择优引进3家公司在全区从事流动人口、出租房屋服务外包管理，其中：西兴街道流动人口信息采集服务由杭州永磊物业服务有限公司承包、长河街道流动人口信息采集服务由杭州康冠经济信息咨询服务有限公司承包、浦沿街道流动人口信息采集服务由杭州元泰家政服务有限公司滨江分公司承包，提升了流动人口信息登记的登记率与准确率。同时依托“互联网+”等科技手段，推行流动人口和居住出租房屋“一房（出租房）一码（二维码）一登记”的实时管理模式，做到采集即核查、录入和变更。至年底，全区张贴出租房屋“二维码”8万余张，出租房屋和流动人口在“双实”系统中实现人房关联，提高了管理的精准度，方便了群众登记办证。

2016年，全区流动人口在册35.6万人，在滨江居住时间一年以下的27.4万人，占流动人口在册数77%；居住时间在1至5年的7.9万人，占流动人口在册数22.2%；居住时间在5年以上的0.3万人，占流动人口在册数0.8%。16～59周岁流动人口在册32.5万人，占流动人口在册数91.3%。流动人口中男性为20.1万人，占比56.5%，女性15.5万人，占比43.5%，性别比例为129.68（以女性为100）。初中及以下学历流动人口14.1万人，占39.6%；高中学历8.5万人，占23.9%；大专及以上学历13万人，占36.5%。全区共有46个少数民族，8600名流动人口居住滨江区，占流动人口总数2.4%。

【出入境与往来港澳台人员管理】 2016年7月4日，公安滨江分局启用全国出入境管理信息系统。年内，公安滨江分局出入境管理大队受理、审批中国公民因私出国（境）申请以及往来港澳台通行证7.5万人次，与上年基本持平。其中，护照申请2.7万人次、港澳通行证及签注申请3.6万人次、台湾通行证及签注申请1.2万人次。受理境外人员临时住宿登记3.77万人次，登记量比上年增长75.4%，其中，派出所登记860人次，涉外酒店登记3.68万人次。全区有常住境外人员1360人，2016年，外国人签证窗口共受理、签发外国人居留许可1078人次，比上年增长10.3%；受理、签发外国人普通签证127人次，比上年增长29.6%；受理、签发外国人停留签证78人次，比上年增长310%。发生各类涉外案（事）件92起，比上年增长300%，受理涉外案件92起，其中：查处外国人非法居留案件28起，查处非法就业案件4起，遣送出境4人，查处未按规定住宿登记59起，谎报案情1起。

（杨慧琴）

计划生育

【概况】 2016年，全区出生4857人，计划外出生33人，计划生育率99.27%。出生婴儿性别比105.22，统计误差率控制在1.5%以内，未发生行政侵权、行政复议和行政败诉案件。审核计生四项手术及术后诊治900例，提供免费专项经费11万元。为1100对新婚夫妇开展优生优育知识宣传服务，发放叶酸片1200盒。2016年国家免费孕前优生检查1860人，国家免费孕前优生健康检查项目覆盖目标人群达80%。受理户籍人口生育登记4167例，其中：一孩2166例，二孩2001例，按照上级要求办理流动人口生育登记22例。再生育审批受理57例，审批57例。推进人口早期教育，投入35万元专项经费，全区设人口早教基地12个，2016年开展各类早教活动280余场，8000人次参加活动。

【实施全面两孩政策】 2015年12月27日，全国人大常务委员会公布新修订的《人口和计划生育法》；同年12月31日，中共中央国务院发布《关于实施全面两孩政策改革完善计划生育服务管理规定的决定》，明确自2016年1月1日起两孩政策在全国全面实施。2016年1月4日，滨江区召开实施全面两孩政策部署会议，公布实施方案，明确各单位职责，要求在1月31日前政策调整到位，并做好新旧政策衔接工作。会后，各街道先后开展3次业务培训，在全区发放2000册宣传书籍和1万份宣传折页；在全区设立51个生育登记服务点，落实首接责任制、一次性告知制、全程代办制、即时窗口办理制、个人承诺制等相关制度，妥善应对政策实施后的生育高峰。2016年，全区出生4516人，比上年增长92.4%。

【高校青春健康项目中标】 2016年2月18日，中国计划生育协会面向全国高校开展青春健康项目招标工作，250余所高校报名参加竞标。经评审专家对杭州医学院、浙江警察学院、浙江中医药大学的青春健康教育开展情况、项目书内容、活动策划方案等方面进行评审。4月8日，中国计划生育协会下发《关于2016年青春健康高校项目招标中标结果的通知》（国计生协〔2016〕17号），杭州医学院、浙江警察学院、浙江中医药大学中标中国计划生育协会青春健康项目，国家计生协为中标高校下拨1万元专项经费支持青春健康教育。

【国际家庭日活动】 2016年5月18日，由区社发局主办的“国际家庭日”暨“5·29”协会活动日“爱在流动　真情服务”主题活动在区创业务工人员服务中心举行。副区长万爱民出席活动并讲话，区办公室、社发局、教育局、公安分局等职能部门和各街道办事处负责人出席活动，区、街道、社区计生工作人员、流动人口家庭代表300余人参加活动。活动期间，进行歌舞表演，用文艺节目形式宣传计划生育知识和家庭生活小常识，开展计生、卫生及科普咨询、免费义诊、应急救护、病媒生物防治服务等便民服务。活动日期间，接待咨询100余人次，为20余人免费义诊。

【一对一帮扶制度】 2016年7月23日，根据《关于建立和完善计划生育特殊家庭联系人制度的通知》（国卫办家庭发〔2016〕33号），滨江区实施计划生育特殊家庭一对一帮扶制度。区社发局为53户家庭各配备一名联系员，建立家庭档案，记录53户家庭日常生活动态，进行节日慰问、心理疏导等帮扶制度。

【世界艾滋病日宣传活动】 2016年12月1日，由区计划生育办公室、浙江中医药大学主办的“携手抗艾　重在预防”—世界艾滋病日主题晚会在浙江中医药大学举行，区计生协会会员代表、滨江区各高校师生600余人参加晚会。晚会通过同伴教育展示、青春期健康知识宣讲、歌舞表演等形式倡导师生树立健康的性观念，增强防控艾滋病意识。

（吴　俊）

民政工作

【概况】 2016年，探索推进以“支出型致贫”为重点的新型核贫帮困机制，创新工作方法，按照“宽进、严管、慎出”要求，进一步扩大救助面，提高低保覆盖率。市、区两级困难家庭659户1137人，全年，累计发放各类救助金1024.97万元，救助5741户次；为989名困难家庭人员办理人身意外伤害及身故险服务，实现低保家庭全覆盖，并向市、区两级重病困难家庭延伸。全区共有儿童督导员60名，为154名孤儿、事实无人抚养困境儿童、贫困家庭重残、患重病和罕见病儿童、困难家庭儿童共发放补贴22.19万元。

开展军民共建活动，慰问驻地部队及共建部队10家，优抚对象家庭172户，“爱心献功臣”结对家庭17户，企退军人1346人，赠送慰问金及慰问品111万元。印制6000张慰问年画发放到现役、退役军人及军属手中。与部队开展科技拥军项目，总投入734.8万元。全年发放各类抚恤、生活、医疗补助268.6万元。发放义务兵家庭优待金391万元。为部分高龄失能和困难重点优抚对象配置康复辅助器具。看望服务对象90人次，收集、反馈并处理优抚对象的意见建议4件，为5名抗日战争老兵拍摄口述历史、撰写故事，赠送优抚对象金婚照15对。安置48名2015年秋、冬季退役士兵，发放自助就业经济补助189.5万元，职业教育技能培训经费110万元。接收65名2016年秋、冬季退役士兵。开展2016年度退役士兵职业技能教育培训，社工定向招考录用退役士兵27人。

社会福利事业各项工作全面推进。全区有福利企业4家，从业人员120人，2016年实现产值4516万元。

对全区130条道路沿街门牌进行排查，选定13个地名列入滨江区首批地名文化遗产保护名录，地名普查条目1505条。净化丧葬环境，引导文明祭祀，全年安全火化遗体712具，火化率100%，减免殡葬基本服务费38.9万元，下拨公墓补助资金120万元。按照《中华人民共和国婚姻法》严把婚姻登记审查关，全年全区办理结婚登记2721件，办理离婚登记630件；开展婚姻辅导206次。社区建设各项工作稳步推进，“智慧社区”平台顺利推广，招聘社区专职工作者77人。

社会组织体系更加健全，全区依法登记社会组织162家，其中：社会团体71家，民办非企业单位91家。推进老年保障体系建设，为低保、三无、失独及80岁以上高龄人购买意外伤害保险，全区养老保险参保率98.9%，基本医疗保险参保率98.4%以上。关爱弱势群体，为身体障碍者提供帮助，全年累计向2770名身体障碍人发放各类补助228.24万元。

2016年，区慈善总会共募集善款663万元，接收捐物1.7万件。累计救助弱势群体2012人次。

（年鉴编辑部）

社会救助

【概况】 2016年，全区有低保家庭531户851人、残保家庭31户33人、市困家庭48户109人、区困家庭49户144人，累计发放低保金406.3万元、残保金133.5万元、物价补贴122.3万元、水电煤补贴4.4万元。社会特殊困难人员补贴发放5人，累计发放补贴6.5万元。孤儿补贴发放1人，累计发放补贴1.5万元。临时救助64人次，发放救助金85.3万元。慈善救助219人次，发放救助资金115.7万元，其中“希望助学”救助123人次，发放助学金18万元。冬季“送温暖”慰问困难群众644户次，累计发放慰问金180.4万元。夏季“送清凉”慰问困难群众609户次，累计发放慰问金49.6万元。流浪乞讨集中救助大行动16次，发放方便面、矿泉水等食品及各类药品折合金额1.3万元。采购避灾安置场所标识标牌、指示牌59套，各场所更替率100%。向困难家庭提供免费上门家电维修，维护服务累计1013人次。创建全国综合减灾示范社区1个，全省综合减灾示范社区2个。

【拆迁户大病医疗救助政策出台】 2016年1月18日，区民政局、区人力社保局、区财政局、区社发局、区农村住宅建设管理中心联合出台《关于开展农转非拆迁人员家庭大病医疗补助工作的通知》。通知明确，1996年建区以来滨江区户籍在滨江行政区域范围内集体土地上房屋被拆迁、并按政策进入农转居拆迁安置房小区安置的现有在册的农转非拆迁人员（含宅基地收购户和自拆户），对罹患重大疾病的成员，按以下标准给予医疗补助。在一个自然年度内，个人承担的自负，自理医疗费用超过1万元的，对超过部分按以下标准分段予以补助：1万元（不含）以上至5万元（含）的部分补助50%，5万元（不含）以上至10万元（含）的部分补助60%，10万元（不含）以上部分补助70%。

【为低保家庭购买意外保险】 2016年3月1日，区民政局开展对全区困难家庭进行摸底调研，将困难家庭人员就医、因病死亡等数据整合，制定“专属”保单，以低保家庭主要发生死亡、重大疾病等险种为基础，扩展到就医、致残等意外保险。8月10日，区民政局通过召开关于购买意外保险方案专题会议，审议通过低保家庭专属死亡、重大疾病、意外致残等方面的专属保单方案，各街道按照保单方案要求联系保险公司，至10月31日，完成辖区内所有低保家庭投保事项。投入49.45万元帮助989名困难家庭人员办理人身意外伤害险及意外身故险，每人投保500元，投保时间为2016年11月1日—2017年10月30日。

【“送暖回家”专项救助行动】 2016年4月，区民政局启动“送暖回家”专项救助行动，帮助流浪人员返回家乡。通过向社会公布救助电话，平时巡查和24小时值班制度等形式，至9月，区、街道、社区三级联动，共上街巡查2.11万人次，出动车辆1.12万辆（包括电瓶车），集中开展全区救助大行动16次，发放方便面、矿泉水等食品及各类药品折合金额1.3万元。

【适度普惠型儿童福利】 2016年5月4日，市政府出台《关于推进适度普惠型儿童福利制度建设的意见》，对18周岁以下孤儿、事实无人抚养困境儿童、贫困家庭重残患重病和罕见病儿童、低保家庭儿童、困难家庭儿童5类对象发放生活费和生活补贴。10月11日，区民政局在全区开始受理孤儿及困境儿童生活费和生活补贴申请工作。至12月底，受理170名儿童申请，154名儿童通过审核，累计发放生活费和生活补贴22.19万元。

【拓宽低保覆盖面】 2016年6月8日，区民政局开展低保人群全面走访排摸工作。排查对象，从低收入群体向刚性高支出群体扩展，以四级救助圈困难家庭、区医保办大病报销人员、优抚对象、灵活就业人员、归正戒毒康复人员、事实无人抚养儿童、独居孤寡老人、“春风行动”助学人员等困难人群为重点。全区排查889户，其中，生活困难家庭527户，占排查总户数59%。经摸排，因医疗、就学等刚性支出较大导致生活状况困难家庭104户，占困难家庭数20%。7月20日，将323户587名符合条件的困难人员纳入最低生活保障范围，全区低保家庭从年初的204户246人增至531户851人。

（陶晓青）

优抚安置

【概况】 2016年，全区接收退役士兵62人，向48名2015年秋、冬季退役士兵发放自助就业经济补助金189.5万元。区四套班子15名领导，分5组到红军团、杭州警备区、杭州边检站等10家驻地共建部队进行慰问，共投入慰问金及慰问品52万元。

开展“关爱功臣”活动，全区17家结对帮扶单位及各街道的领导走访优抚对象家庭，赠送慰问品、慰问金1.7万元。春节、“八一”、烈士纪念日期间，慰问烈属、复员军人等优抚对象家庭172户，赠送慰问金及慰问品17.2万元；印制6000张年画发放到现役、退役军人及军属。投入3600元征订中国双拥杂志20份，投入734.8万元与部队开展科技拥军项目。向滨江区户籍企业退休档案移交社会管理的1346名退伍军人进行春节慰问，发放慰问金40.08万元；向146名义务兵家属发放优待金391万元。办理优抚对象医疗费补助78人次，审核报销“一站式”医疗补助计17.7万元。针对重点优抚对象给予每人每月2000元的床位、护理、伙食综合补助，2名优抚对象入住杭州元墅西兴老人公寓，由社会养老机构提供专业服务，全年补助资金4.8万元。

开展优抚信息管理系统优抚对象数据核查，核查40人。做好省“三属”优待证的换发工作，换证40人，换证率100%。创建区双拥共建示范点2个，累计接待团队75批次800人次。

【双拥共建示范点创建】 2016年3月1日，根据2015年10月14日杭州市双拥工作领导小组下发的《关于加快推进双拥共建示范点培育的通知》（杭拥字〔2015〕1号），区双拥办在街道、社区、企事业单位、学校、社会组织、驻地部队等部门开展双拥共建示范点创建工作。通过社区宣传、街道推选、实地考察、评选等环节，6月13日，区双拥办下发《关于命名浙江吉利控股集团有限公司为滨江区双拥共建示范点的通知》，确定并命名浙江吉利控股集团有限公司为双拥共建示范点，是杭州市首个以企业为平台构筑的双拥共建示范点。双拥共建示范单位共同开展革命传统教育讲座、关心复退军人及军属、缅怀烈士关爱烈属、慰问抗战老兵、走访共建部队等活动，为滨江区双拥共建工作发挥示范点带动作用。至年底，共组织双拥活动及接待团队10批次100人次。

【社会化优抚项目】 根据2015年6月30日省民政厅出台《关于引导社会力量参与优抚服务促进优抚工作体制创新的意见》（浙民优〔2015〕135号），同年11月2日，区民政局采取“政府购买、部门指导、社会运营”的方式，设立“心系优抚、筑爱家园”优抚服务类公益创投项目。至2016年12月底，通过端午节、“七一”建党节、“八一”建军节、七夕情人节等重大节日，看望服务对象90人次，收集、反馈并处理优抚对象意见建议4件；为5名抗战老兵拍摄口述历史、撰写故事；区慈善总会补助3万元拍摄赠送优抚对象金婚照15对；微信推送的5篇关心社会化优抚活动报道浏览量2000余人次；吸引5名学生志愿者参与杭州可莎蜜儿食品有限公司赞助中秋月饼活动，共同助力“心系优抚、筑爱家园”双拥优抚服务项目，服务90人次。

【调整抚恤优待补助】 2016年8月26日，市民政局下发《关于调整2016年杭州市区部分优抚对象抚恤和生活补助标准的通知》（杭民发〔2016〕270号），12月1日，滨江区根据省、市文件精神调整区3个街道烈士遗属、在乡复员军人、带病回乡退伍军人、在乡残疾军人等重点优抚对象标准，从2.13万～7.8万元每年提升至2.33万～8.56万元每年，共向160名重点优抚对象发放优抚金250.9万元。

【退役士兵职业教育技能培训】 2016年10月9日，区民政局安置办在区社会组织服务中心召开“2016年退役士兵职业技能教育暨安置政策培训会”，62名退役士兵参加会议。会上，对《退役士兵安置条例》、优抚安置相关政策作详细解读，帮助退役士兵转变择业观念。参加培训的退役士兵根据自己的要求，选择技能或学历教育培训。62名退役士兵中54人报读电大、杭职等承训学校，参训率87%。其中，28人参加短期技能培训，26人参加普通高等学历教育，全年区财政共支出培训经费110万元。

【退役士兵专场招聘会】 2016年10月25日，区民政局与区人力社保局在区人力资源市场举办“2016年退役士兵专场招聘会”退役士兵招聘会，定向招录退役军人。50家单位提供生产管理、行政助理、客户经理、营销策划、编辑、质检员、安保员等岗位1000余个。700余名退役士兵参加岗位招聘，71名退役士兵签订初步就业意向书。11月22日，区民政局和人力社保局发布《2016年度杭州市滨江区社区专职工作者公开招聘公告》，通过受理报名、组织笔试和面试、体检、考察政审、网上公示等环节招聘社工77人，其中，面向滨江区户籍退伍军人定向招聘岗位27个。至年底，西兴街道录用14人，长河街道录用7人，浦沿街道录用6人。此次招聘是全杭州市退役士兵定向招聘社工比例最高的一次。

（郑梦雨）

2016年10月25日，退役士兵专场招聘会　（区民政局　供图）

社会福利事业

【概况】 2016年，全区有福利企业4家，从业人员120人，身体障碍者46人，安置比例41%，月人均工资2138元。2016年，实现产值4516万元，销售利润719万元。福利企业为身体障碍职工缴纳养老、医疗、失业、工伤等保险，月人均投保996元。发放2016年福利企业财政补贴和奖励资金198.6万元。

（戴新宇）

【“送清凉、献爱心”慰问活动】 2016年8月8日，区福利企业生产办公室工作人员同区残联一行4人，到杭州通茂塑料制管有限公司、杭州华宇健身器材有限公司、杭州宏翔建筑材料有限公司、杭州威隆消防安全设备有限公司4家企业，了解福利企业的生产和职工生活状况，看望身体障碍职工，勉励他们坚定信心，克服困难，安心努力工作；为162名身体障碍职工送去毛巾、肥皂、洗浴用品等价值7.5万元的防暑降温用品。（戴新宇）

【塑料制管生产企业】 杭州通茂塑料制管有限公司位于西兴街道宏图路15号，2005年9月成立，注册资金1010万元，总资产4000余万元。主要从事各类电力、水暖、电信、煤气等塑料保护管的生产。企业占地面积7000余平方米，其中：2000平方米用于公司塑料管材的生产，5000平方米对外出租。公司拥有一支10人组成的技术成熟、专业化程度高的顶管非开挖施工队伍。2010年，公司产品获得ISO 9001：2000质量体系认证，2015年公司实现销售额510万元，创利税26万元。2016年，公司进行产业升级，引进国内领先水平的全电脑控制的塑料挤出生产线3条，高精度模具20余套，实现年生产各类塑料管道5万千米，成为杭州市内较大的地下塑料管专业生产企业之一。公司拥有员工20人，其中，身体障碍员工11人，身体障碍员工占比为55%。身体障碍者大多进行车间管道搬运工作及相关质检工作。2016年，实现销售650万元，创利税25万元。

（何　迪）

【家用电器生产企业】 2002年7月，在滨江区浦沿镇浦联村，建办杭州宏翔电器厂，生产和经营家用电器产品。公司性质为私营，注册资本500万元，公司总资产500万元，有职工50人，其中，身体障碍职工25人，年产值1500万元。2005年，公司投入500余万元扩大商品砼生产线，改厂名为杭州宏翔建筑材料厂。2002—2004年，年产值为1500万元，每年创税利150万元。2007年，成立私营有限责任公司，改厂名杭州宏翔建筑材料有限公司，至2013年，公司每年产值4500万元，年创利税400万元。2014年，因厂区受政府征用而拆迁，由于滨江区内土地有限无法安置商品砼生产场地，故商品砼生产线全面歇业。至2016年，公司仅保留空调配件"蒸发器、冷凝器"产品的生产，生产场所在浦沿街道至仁街道38号。2016年，公司投资300余万元进行技术改造，有职工45人，其中，身体障碍职工14人。公司严格按照企业劳务用工制度，实行8小时工作制，身体障碍者工作岗位分布在仓库和车间，做轻便工种，每个人每月月底按杭州市企业职工最低保障工资打入个人银行卡中，并按规定买好社会保险。至2016年底，公司各项经济指标有所回升，实现销售3070.59万元，其中：出口创汇1000余万元，利税105.61万元，公司总资产1.4亿元。（黄吾良）

【经营健身器材企业】 杭州华宇健身器材有限公司位于滨江区长河街道塘子堰社区，主要生产和经营室内外健身器材。2003年4月成立，注册资金1080万元，总资产3537万元，为民营企业，厂区面积1500平方米。2003年4—11月，试制出室外健身器材产品，当年生产室外健身器材250件。2004年，通过增加设备和技术力量全年生产室外健身器材1200余件，在滨江范围内的街道行政村进行销售安装，当年产值115万元。2005年，在生产室外健身器材的基础上试制生产室内健身器材，主要产品为跑步机磁控车等，产品的销售范围扩大至萧山区、桐庐县、富阳区以及杭州市区，当年产值300余万元。同年，安排1公顷土地筹备建造新厂房，2006年10月，1.54万平方米的厂房交付使用。2013年，由于市场竞争，国家体育总局对生产健身器材企业的限制，公司在生产健身器材产品基础上转型生产五金配件（汽车传动轴）。2013—2016年，产值在500万～600万元之间。公司搬入西兴街道楚天路91号后，根据市场形势，以华宇健身器材公司为龙头，发展高科技产业转型，同时创办子公司华宇智迅科技有限公司，主要生产网络摄像头和智能家居产品。至2016年，公司有职工22人，其中，身体障碍职工10人，工作岗位分布在车间和仓库的轻便及力所能及的工种。每月支付身体障碍职工不低于杭州市当月规定的最低工资标准的工资。2016年，被列为长河街道重点企业。

（华　臻）

【消防安全产品生产企业】 杭州威隆消防安全设备有限公司总部位于杭州市西湖区西斗门路20号西斗门工业园17号楼3楼，主要生产电子产品，开发、销售消防产品、电子产品。2001年11月12日公司成立，注册资本500万元。至2016年底，职工20人，其中，身体障碍职工11人，身体障碍职工占职工总数的55%。公司严格按照企业劳务用工制度，身体障碍人工作岗位分布在仓库和车间轻便工种。公司专业从事公共安全产品的研发、制造和服务，致力于新产品的研发和质量改进。主导产品有火灾自动报警系统、智能交通产品，是浙江省高新技术企业，具有先进的制造、检测设备以及ISO 9000质量保证体系。2016年底，总资产1120万元，主营业务收入537.53万元，缴纳增值税47.14万元，享受增值税退税39.81万元。

（王佩飞）

地名管理

【概况】 2016年，区民政局对全区130条道路沿街门牌进行排查，排查门牌1672块，更新、更换门牌1520块，更换破损路门牌55块，完成指路牌版面更换316块。为全区企事业单位和个人发放门牌证1162本、制作安装楼（幢）门牌1.7万块、申报住宅区4个，申报道路6条，隧道2条。选定13个地名列入滨江区首批地名文化遗产保护名录。普查各类地名1505条，其中：新增地名484条，历史地名15条，拍摄采集地名1505

个，采集率100%，地名标志223个，标准化地名20个。

【地名文化遗产保护名录评定】为弘扬优秀地名文化，保护和利用地名文化遗产，根据2016年8月5日，市民政局下发的《杭州市民政局关于做好地名文化遗产保护名录编制工作的通知》要求，8月10日，滨江区开展地名文化遗产认定工作，重点对具有历史意义和地方特色类的地名信息进行调查摸底、实地勘察、采集登记。10月25日，召开首批地名文化遗产保护名录专家评审会，邀请滨江区地名方面的专家，对初定的滨江区15个首批地名文化遗产保护名录进行论证。选定具有滨江区地理特征、物产特征，能反映历史文化变迁，具有一定历史文化底蕴和人文内涵的地名。同月27日，区民政局印发《关于公布〈杭州市滨江区第一批地名文化遗产保护名录〉的通知》，选定六眼井、西兴驿、西兴过塘行码头、屋子桥、古资福桥、西兴街、槐河、长河、泽街、阔板桥、长河农民协会旧址、冠山寺、天官第13个地名列入首批地名文化遗产保护名录。

（陈卓琳）

婚姻登记

【概况】2016年，全区办理结婚登记2721件，办理离婚登记630件，办理补发结婚证471件，补发离婚证43件，出具（无）婚姻登记记录证明8件。办理收养登记4件，办理登记手续3877件，登记合格率100%；接待办理登记9000余人次。开展婚姻家庭辅导工作和免费颁证仪式，开展婚姻辅导206次，为新人举行颁证仪式236次。

【婚前心理咨询】2016年8月9日，中国传统节日——七夕，区民政局和“有晴天”婚姻家庭辅导中心共同推出七夕情人节婚前心理咨询服务。辅导中心的4名心理咨询师通过《新婚调查问卷》形式，在婚姻登记处指导新人进行婚前心理测试，根据测试结果进行评估。从新人的个人成长史，与原生家庭的粘连程度，与对方家庭成员的相处之道，婚后两人关于家务、经济、养育孩子、性生活习惯、工作如何协调、与对方朋友相处方式和时间分配等方面进行梳理；对两人有疑义部分进行辅导协调，最后达成共识。情人节当天，为28对新人提供心理咨询服务。

（张国莉）

社区建设

【概况】2016年，全区有社区59个，其中：城市社区30个，（西兴街道8个，浦沿街道12个，长河街道10个）撤村建居社区29个（西兴街道8个，浦沿街道9个，长河街道12个），53个社区实施“智慧社区”平台。全区有社区工作者904人，其中：社区专职工作者651人（含社区“两委”班子成员375人），其他聘用人员253人。有持证社会工作师274人，其中：初级社工师137人，中级社工师77人。组织开展“对口见学”活动50批次，350余人参加活动。推进社区减负工作，按要求双月上报减负监测情况，共上报监测情况15条。

【“智慧社区”建设】2014年9月10日，区管委会、区政府出台《加快示范应用推进杭州高新区（滨江）“智慧城市”项目建设工

2016年8月9日，婚前心理咨询活动　（区民政局　供图）

作实施方案》(杭高新〔2014〕167号)。2014年12月—2015年5月,区民政局走访调研13个社区,其中:城市社区10个、撤村建居社区3个,对接协调综治、人社、城管、流动人口、计生、民政、残联7条线的部门完成“智慧社区”平台需求调研,系统对接以及规划设计等工作。同年5月18日,完成“智慧社区”融合服务平台研发,基本建成集“社区数据库、电子审批预受理系统、社工管理应用、公众服务应用”为一体的“智慧社区”融合服务平台,实现“智慧社区”平台与多个业务系统的数据对接,将民政、计生、城管等部门24项事务整合到一个窗口,打通区、街道、社区对接渠道,实现网上“三级联动”,为居民提供“一站式”服务。同年6月1日,在西兴街道及下辖的6个社区开展“智慧社区”平台试点工作。10月28日,区社区建设指导委员会出台《关于全面推进“智慧社区”建设实施意见》,按照“由易到难、城乡统筹”的方法,有序推进“智慧社区”建设。2016年1月1日起,面向全区开展“智慧社区”平台推广应用。至12月底,基础信息录入1389条,走访1.07万人次,处理问题3274个,利用智慧社区平台汇总收集台账资料289次,组织社区活动54次,发布信息632条,电子审批327条。完成《滨江智慧社区平台使用考核细则(试行)》《杭州高新区(滨江)智慧社区社工业务流程规范(试行)》《杭州高新区(滨江)智慧社区操作指南(试行)》等规范文件的编制。

【社工案例评审赛】 2016年11月21日,由区民政局会同FM89·杭州之声举办“三社联动、筑梦滨江”社工案例分析评审比赛,采取现场抽签方式决定比赛顺序,由专家评委现场点评打分。来自3个街道21名社工参加比赛。经过角逐,长河街道汤家桥社区的傅春红获一等奖;同时决出二等奖3名、三等奖6名、纪念奖10名。

【公开招聘社区专职工作者】 2016年11月22日,区民政局、区人力社保局发布《2016年度杭州市滨江区社区专职工作者公开招聘公告》。12月3—4日,在区人力资源市场组织报名工作,现场报名900余人,经审核727人符合条件。12月11日,经笔试、面试、体检、政审,录用社区专职工作者77人。 (陈顺泉)

社会组织

【概况】 2016年,全区依法登记社会组织162家,其中社会团体71家,民办非企业单位91家;备案类社区社会组织727家。新增社会组织11家,其中直接登记4家,社区社会组织备案22家。全区社会组织年检应检152家,实际参检152家,参检率100%,合格134家。完成统一信用代码制度改革工作,核对并换发149家存量社会组织换证工作。

【社会组织等级评估】 2016年7月5日,区民政局下发《关于开展2016年度社会组织等级评估工作的通知》(区民〔2016〕26号),对在2013年12月31日前,在区民政部门登记成立,未参加过评估的,或评估等级有效期已满三年,需要晋升等级的社会组织进行等级评估。通过自评、初审、考评、公告4个阶段确定评估结果,参评的8家社会组织中5A1家、3A4家、2A3家。

【社会组织公益项目创投申报】 2016年8月11日,区民政局下发《关于开展2016年度滨江区社会组织公益创投工作的通知》(区民〔2016〕34号),寻找和实施深受滨江居民欢迎的优质公益服务项目,培育和扶持有能力、讲诚信、专业化的社会公益组织,引导公众关注及参与社会公益慈善活动。申报条件为在区民政局登记注册的社会团体、民办非企业单位,2014年及2015年度连续两年年检合格;项目申报必须有公益性、创新性、必要性、科学性、示范性;创投申报以为老服务、助残服务、青少年服务、救助帮困、社区服务以及其他公益创新性项目为征集重点,结合申报组织上年度项目的运作情况。8月15日—10月30日,经自主申报,初评,复评,由区民政局、财政局、审计局、纪委及评估专家评审,申报的36个项目,确定资助18个,获得最高资助项目4个,最高资助10万元,总资助110万元。

【社会组织资金补助】 根据2015年10月15日,区民政局、财政局下发《杭州高新区(滨江)社会组织培育发展资金补助暂行办法》（区民〔2015〕36号），2016年，滨江区首次开展社会组织资金补助工作。2016年8月8日，区民政局与区财政局联合出台《关于下拨2016年滨江区社会组织培育发展补助资金的通知》，对社会公益服务类社会组织有培育与扶持的孵化平台，符合建设要求的，给予一次性建设补助。补助标准为投入规模的50%，街道级补助不超过30万元、社区级补助不超过20万元。对能承担辖区社会组织孵化功能，开展社会组织培育成长、指导服务等项目，且入驻社会组织数达15家以上，经登记并运作正常的街道、社区社会组织孵化平台，每年给予3万元运营补助。对于自筹注册资金新办的公益慈善类社会组织，正常运营一年以上的，每年补助开办费2000元，期限两年。对列入滨江区重点发展范畴的公益慈善类社会组织在成立阶段确有场地困难的，经区登记管理机关评估，区社会组织服务中心可为其提供免费办公场地，期限两年。自行解决办公场地的，根据实际租金按50%进行补助，且最高不超过1元每平方米每天，补贴面积最高不超过100平方米、人均不超过10平方米，期限两年。对首次获得社会组织信用评估3A、4A、5A等级的，分别给予2万元、4万元、6万元补助，补助不累加，实行差额补助。对参加评估的备案类社区社会组织给予1000元补助，对获得A级的另给予3000元补助；对获得市级以上“示范性品牌社会组织”等荣誉称号的给予3万元补助。至年底，对符合申报要求的25家社会组织申报的27个补助项目，下拨补助35万元。（来四春）

老龄工作

【概况】 2016年，滨江区有60周岁以上2.98万人，占户籍总人口13.47%，其中，80周岁以上4177人。发放老年人优待证3500本。为4038名80周岁以上高龄人发放高龄津贴265万元，为60周岁以上拆迁户发放2016年慰问金701.95万元。投入资金9.41万元，为低保、三无、失独及80周岁以上高龄人购买意外伤害保险4705人次。区老年电大开设43个教学点，开设心理学、国画、书法、摄影、葫芦丝5种课程。全年总课时150课次，在读老年学员4200人，占老年人总数的14%。

2016年，全区建成社区照料中心59家、社区老年食堂18家。为3800名老人配发“一键通”呼叫器，在7个社区安装“智慧健康小屋”，通过智能终端、呼叫中心和服务实体三者有效配合，为老年人提供全方位、多层次、多元化的服务，同步实现居家智慧化养老。开展养老服务补贴评估，通过公开招标专业化养老服务组织，为老年人提供生活照料、家政服务、康复护理等服务。至年底，投入761.7万元，政府购买服务2874人，累计服务时间30.5万小时。全区建有阳光家园、西兴元墅老人公寓2家公建民营养老机构和长河敬老院、浦沿敬老院2家公建公营的福利机构。全区养老机构共有床位2347张。

【阳光家园建成试营业】 2012年12月31日，坐落在长河街道白马湖的阳光家园开工建设，投资5亿元，建筑面积10.38万平方米，是全杭州市最大的公建民营项目。由4幢自理型老人护理区和3幢护理型老人护理区及活动室、食堂、二级康复医院构成，拥有床位2000张。配备

阳光家园外景 （区委宣传部 供图）

电影院、书画室、棋牌室、门球场等休闲设施，是杭州首家实现“养老、护理、医疗、康复”为一体的养老院。由浙大建筑设计院设计，区城建开发公司代建。2016年11月18日，滨江阳光家园建成并试营业，至12月底，100人入住阳光家园。

【居家养老照料中心建设资金补助】 2016年3月2日，区民政局、财政局联合下发《关于下达2015年度社区养老服务补助资金的通知》，财政对居家养老服务照料中心建设、运行、就餐对象补助等给予经费补助（上级补助资金除外）。获五星级、四星级、三星级及以下居家养老服务照料中心一次性建设补助分别为30万元、20万元、10万元，配建老年食堂的增加一次性建设补助10万元。对获五星级、四星级、三星级及以下居家养老服务照料中心每家每年运营补助分别为8万元、6万元、4万元；配建老年食堂且正常运行的，经核实后按照就餐老人每人每餐4元（含食堂工作人员、设备更新补助等）标准补助，最低每家每年补助3万元；与社会合作的老年食堂每家每年补助2万元；委托社会化管理的社区居家养老服务照料中心每家每年增加运营补助2万元。至年底，全区建成居家养老照料中心59家，其中，新建6家。老年食堂18家，其中，新建2家。四星级照料中心10家，三星级照料中心32家。至12月，补助居家养老照料中心的建设资金、运营资金、老年食堂建设资金共344.69万元。

【老年社团“E”家亲】 2016年5月8日，区养老指导中心下发《关于开展老年社团E家亲》文件，6月1日—12月31日，全区52个社区开展“老年社团E家亲”主题活动。通过社团整合、社团新建、特色社团扶持壮大、社团素质提升等方式组建精品示范老年社团15支，发展骨干团员500名，社团备案50余家，并全部纳入“智慧滨江”社团归集管理系统。9月20日，在华语之声演播大厅开展滨江区首届以“银发梦想团之银发梦想秀”为主题的老年文化社团风采网络评选大赛，来自8个社区的11支团队以舞蹈、歌唱等表演形式参加比赛。通过微信网络投票方式，决出一等奖1名，二等奖2名，三等奖2名，优秀组织奖3名。同时组建“鹤发童颜”志愿服务小分队15支，培养骨干队员150人。

【敬老月活动】 2016年9月9日，区老龄工委下发关于《开展滨江区“敬老月”活动的通知》，在全区开展“敬老爱老，全民行动”主题活动。9月18日—10月31日，开展书画摄影作品展，收到书画作品300余件。在中兴社区老年电大进行参展作品评比，评出获奖作品49件，其中一等奖7件，二等奖14件，三等奖28件。9月28日，各社区组织开展重阳节慰问活动，对90岁以上的709名长寿人发放慰问金。90～94岁每人发放慰问金300元，95～99岁每人发放慰问金600元，百岁以上每人发放慰问金1000元。同月30日，区民政局领导与街道办事处领导走访慰问百岁老人17人，各街道社区同时举行重阳节慰问活动。

【“银龄互助”活动】 2016年10月4日，区老龄工办下发《关于在全区社区开展“银龄互助”活动的通知》，依托社区老年人协会，组织老年人开展互帮互助、以老助老的志愿服务活动，鼓励健康、低龄老年人帮扶空巢、高龄、病残、失能老年人，让老年人实现自我管理、自我服务，对家庭赡养和居家养老服务工作进行有效补充。确定邻里守望、生活照料、精神关爱、维权调解4项互助内容，按照“性格相近、爱好相似、住址相邻”等有利因素，就近、就亲、通过电话、登门；帮助打扫卫生、洗衣、做饭、陪同看病、代办事；调解老年人家庭、邻里矛盾；陪伴帮扶对象出户到老年活动中心参加各类活动等形式，80余个志愿者填写服务志愿和服务对象登记表，与80余名空巢、高龄、病残、失能老年人签订银龄互助帮扶协议，建立固定的结对服务关系。

（王佳琪）

社会保险

【概况】 2016年，社会保险企业累计开户7202家，其中五证合一6793家。养老保险累计参保28.29万人，净增3.64万人；生育保险累计参保27.68万人，净增3.7万人；工伤保险累计参保

33.92万人，净增2.39万人。新增征地农转非人员参保321人，收缴养老金3392.05万元。审核核定退休人员的养老待遇2024人，发放城乡居民基本养老金2616人次，发放金额82.2万元。

【农转非拆迁人员家庭大病医疗补助】 2016年1月初，区人力社保局开展农转非拆迁人员家庭大病医疗补助工作，精简申报流程，实现社区一站式受理、街道和区人力社保局两级费用审核模式。通过发放宣传手册、发送宣传短信、张贴公告形式广泛宣传。组织各街道社区劳动保障员开展对接帮扶，对符合条件但因各种原因未申报的拆迁户人员，对年龄大、行动不便的拆迁户老人，主动上门帮助收集资料、填报表格。至12月底，发放大病医疗补助资金257万元，惠及拆迁户354人。

【深化社保四地互查互认】 2016年1月，推行社会保险萧山、余杭、富阳、杭州主城区四地互查互认，运用信息化手段，实现养老保险、医疗保险、失业保险、工伤保险、生育保险参保缴费待遇享受权益信息四地间相互查询、相互承认，至12月，通过四地互查互认方式累计办理3026人。

【机关事业单位养老保险改革】 2016年7月21日，杭州高新区（滨江）机关事业单位养老保险制度改革工作领导小组办公室制定出台《杭州高新区（滨江）机关事业单位养老保险制度改革方案》，启动机关事业养老保险改革工作。至12月底，全区已启动征缴区级机关事业单位181家，涉及征缴3890人，征缴基金1622.70万元，职业年金695.43万元；启动区级机关事业单位及教育系统715名退休人员养老保险金发放，发放金额791.57万元。

【组建“流动窗口”上门服务】 2016年7月26日，区人力社保局组建“流动窗口”到杭州大和热磁有限公司、浙江正泰太阳能科技有限公司2家滨江企业开展上门服务，提供参保证明打印，解答养老待遇核定、生育待遇支付、养老金转移接续等问题，共打印参保证明70余份，现场提供各类咨询600余人次。

【开展定点医疗机构专项检查】 2016年7月，区人力社保局联合区社发局对全区12家医保定点医疗机构开展医保专项检查，针对定点医疗机构在为参保人员提供医保服务过程中是否坚持因病施治、合理检查、合理用药和对定点医疗机构在执业医师是否遵守《中华人民共和国执业医师法》等相关法律法规和文件规定开展诊疗活动；定点医疗机构在服务过程中是否违反基本医疗保险用药范围等方面进行专项检查，检查中，未发现有重大违规现象。

【社保服务下延街道】 2016年11月30日，区人力社保局在江南服务大厅、江北办理点和各街道办事处设置社保自助服务设备，将部分社保业务下延至街道，进一步推进便民利民举措，实现让老百姓在“家门口”即可办理参保证明打印、查询等社保业务。 （刘 军 丁永芳）

企业退休人员服务

【概况】 2016年，滨江区制订《社会化管理服务“星级”评估办法》，对各街道、社区企业退休人员管理服务工作实施“星级”评估。投入资金71.46万元，街道、社区探望住院企退人员4497人，投入资金114.45万元，困难补助1321人。开展春节、端午节、中秋节慰问工作，慰问1.05万人次，发放慰问金9769.98万元。关爱“五类”企退老人，开展“冬送温暖、夏送清凉”等活动，慰问1089人，发放慰问金26.24万元。

【企业退休人员文娱活动】 2016年1—12月，滨江投入464.4万元，在全区开展“小型、多样、就近、安全”的企退人员文娱健身活动，组织5.15万人次参加外出游览、健康讲座、书画比赛、文艺演出等活动。

【启动“滨江50后”“1+1”行动】 2016年3月1日，区人力社保局启动“滨江50后行动”，开展“滨江企退‘1+1’守家护邻”志愿行动，倡导3.5万名企退人员“管好自己一家人安全”“掌握附近一户邻居情况”，强化自我管理、相互监督、服务社会。组织523名企退人员建立“红袖章”志愿者队伍，参与社会综合治理、困难帮扶、社区建言献策等活动。开发建设企业退休人员信息管理服务系统，开通信息收集、查询、更新、管理、服务等功能。

【领取养老待遇人员资格认证】 2016年4月29日，滨江区2016年度领取养老待遇人员资格认证工作培训会在区人力资源市场培训教室举办，各街道、社区人力社保站（室）退管专职工作人员60余人参加培训。5月1日，全区全面启动领取养老待遇人员资格认证工作，实现退休人员就近认证，区、街道、社区各级退管经办机构均可办理此项工作。至12月底，养老待遇人员资格认证873人，认证率100%。

【企业退休人员健康体检】 2016年4—12月，区人力社保局分批开展滨江区企业退休人员健康体检工作，参加体检3.01万人，参检率83%。体检标准为每人300元，个人不用缴费，费用全部由政府承担。为65周岁以下女性新增HPV检测体检项目，8000人享受此项惠民政策。

（姚杭娜　钭舟凌）

残疾人事业

【概况】 2016年，滨江区持有第二代残疾人证的身体障碍者2708人，新增161人。其中：视力232人，听力341人，言语34人，肢体1420人，智力375人，精神282人，多重24人。西兴街道721人，长河街道960人，浦沿街道1027人。为全区障碍人免费开展健康体检活动和常年卧瘫障碍人开展康复服务进家庭活动，被纳入2016年区政府为民办实事工程，共体检1384人，实施康复服务256人次。为59名白内障患者进行复明手术，对49名障碍儿童实施抢救性康复，为32名听力障碍人进行助听器验配，13名视力障碍人进行助视器验配，9名截肢障碍人安装假肢，109名障碍人开展辅具适配，11户障碍人家庭进行无障碍改造；为障碍车主置换障碍车124辆。

2016年，依法足额征收身体障碍人就业保障金1.12亿元，累计向2270名身体障碍人按月发放各项补助228.24万元。身体障碍人按比例就业1020人，年内，新增就业64人，单独施保身体障碍人257人。推选83名身体障碍人参加省、市、区级西点、插花、电商创业等职业技能培训29次。组织17名身体障碍人参加杭州市第七届障碍人职业技能竞赛，盲人选手黄国芳参加浙江省工匠杯职业技能竞赛，获盲人按摩第二名。组织聋人选手参加滨江区中美国际武术交流比赛，夺得太极扇一等奖、太极拳二等奖。滨江区身体障碍人邵镇炜获杭州市十佳"最美残疾人"称号。开展区"唱响自强　唱美杭州"歌咏比赛，"全国爱耳日""全国助残日"残疾人就业招聘会等活动，被省、市等各级新闻媒体宣传报道39次。

【就业招聘会】 2016年4月25日，区残联会同区人力社保局在区人力资源市场举办2016年春季身体障碍人就业招聘会。浙江苏泊尔家电制造有限公司、杭州福朋喜来登酒店等26家企业，提供勤杂人员、操作工人、管理人员等工作岗位76个，150余名身体障碍人参加就业招聘会，达成就业意向49人。

2016年4月25日，残疾人就业招聘会　　（区民政局　供图）

【残疾车置换与服务】 2016年3月15日，区残联开展身体障碍人车置换工作，通过宣传、车主申请、审核定购、组织置换，至4月15日，全区更新置换残疾车124辆，发放购车补贴96万元。建立区障碍车维修服务点，购置障碍车主第三方责任险，并会同中国人保做好障碍人意外险理赔工作，全年理赔48人38万元。4月20日，区残联组织全区131名身体障碍人在西兴文化体育中心参加普法教育宣传活动，区交警大队警官授课，指出导致事故发生的原因并讲解如何正确驾驶，教育身体障碍人遵守交通法规等注意事项，文明安全出行。

【文明礼仪专题讲座】 2016年4月20日，区残联在西兴街道会议中心组织开展“峰会与我”文明礼仪专题讲座，各街道、社区帮扶救助员、身体障碍人代表、工疗站人员、智精残亲友会的身体障碍人及家属共127人参加讲座。聘请文明礼仪专业教师介绍G20杭州峰会举办时间、举办城市及成员国情况，重点讲述如何展示仪表仪态、语言礼仪、居家文明、文明出行等方面的知识，通过文明礼仪培训增强滨江身体障碍人的文明素质。

【身体障碍人体检被列入为民办实事工程】 2016年4—5月，区残联为辖区内西兴、长河、浦沿三街道的身体障碍人免费开展健康体检，体检1384人。体检项目为内外科常规、五官科常规、胸片、心电图等17项。体检期间，为身体障碍人开通绿色快速通道，承租3辆爱心大巴进行专程接医服务，免费提供营养早餐。此项免费为身体障碍人体检工作被列入2016年区政府为民办实事工程。

【中美国际武术交流赛】 2016年5月14—15日，由区体育总局、浙江大学企业家同学会户外协会主办的“喜迎G20！德坤太极杯·2016年首届中美国际武术交流比赛”在滨江区江南体育中心举行。分专家论坛交流和武术表演与比赛两部分，比赛项目主要有拳术、器械、健身气功等六大类，国内武术界邱丕相等武术专家到滨江进行武术交流和评审，国内外43支武术队和太极队，共400余人参加交流赛。区残联组织区聋人武术队17人参加聋人太极扇、太极拳比赛，分别获聋人太极扇一等奖，聋人太极拳二等奖和三等奖，其中获奖最大年纪49岁。

【身体障碍人康复服务】 2016年5月22日，区残联为常年卧瘫身体障碍人开展康复服务进家庭活动。委托英智康复医院逐一对全区有需求的重度卧瘫障碍人上门进行医疗康复服务，至12月，共组织实施障碍人康复服务256人次。康复服务进家庭活动列入2016年区政府为民办实事工程。

【歌咏选拔赛】 2016年6月4日，区残联委托华语之声围绕“唱响自强·唱美杭州”为主题对身体障碍人歌唱爱好者进行独唱、组唱、合唱培训，选拔参加杭州市身体障碍人歌咏大赛，39名歌咏爱好者参加培训，代表滨江区参加市身体障碍人歌咏赛全部项目竞赛。12月2日，区残联组团参加杭州市身体障碍人歌咏比赛，分别获杭州市合唱组、少儿组三等奖。

【身体障碍人专项扶持】 2016年9月8日，根据国家、省、市相关

歌咏比赛颁奖现场 （区民政局 供图）

规定，结合滨江区实际情况，区民政局、财政局和残联联合下发《关于印发〈滨江区困难残疾人生活补贴实施办法〉和〈滨江区重度残疾人护理补贴实施办法〉的通知》，从2016年1月起，对身体障碍人进行专项扶持救助。至12月，累计向2770名身体障碍人按月发放（残疾津贴、困难重度补贴、燃油补贴）补助228.24万元。实施身体障碍人生活救助、就业扶持、康复医疗、社会保险、教育培训等“八个全覆盖”4885人次，发放扶持救助539.9万元。在全省率先落实困难身体障碍人生活补贴和重度身体障碍人护理补贴制度，向1517名身体障碍人发放二项补贴375.77万元；向年度超比例安置身体障碍人20家用人单位兑现奖励资金191.4万元。

【职业技能竞赛】 2016年10月13日，区残联组织17名身体障碍人参加杭州市第七届身体障碍人职业技能竞赛，竞赛以“大众创业、万众创新”为主题，为期3天，设单项奖和团体奖。竞赛项目分计算机与电子工程类（3个），CAD制图、桌面排版、文本处理；工艺美术类（4个），海报设计、动画制作、室内摄影、釉上彩绘画；生活服务类（5个），蛋糕装饰、盲人保健按摩、美发、美甲、插画；其他类（1个）。滨江区选手黄国芳获市盲人保健按摩竞赛第二名，汤利芬、胡国芳分别获插花和美发第五、第六名。

（贾胜军　赵　萍）

慈善事业

【概况】 2016年，区慈善总会共募集善款663万元，发放善款548.55万元，累计救助弱势群体2012人次。其中发放“春风行动”困难家庭一次性补助金180.35万元，累计慰问1183户次；慈善救助98人次，发放救助金97.67万元；助学援助123人次，发放援助金18万元。慈善超市全年接收物资1.7万件，累计2005人次受益。

【浙江省“慈善奖”】 2016年4月13日，区慈善总会收到西兴街道西陵社区67岁的干丽君拿出自己全部积蓄，替已故儿子捐赠善款6万元，替儿子感谢政府和社会的帮助，希望回馈社会，能帮助更多的困难人员。干丽君儿子曹辉是三级智力残疾（享受残保），2016年3月28日病故，享年37岁。曹辉从2007年11月开始申请并享受低保家庭待遇。享受低保期间，曹辉在生活、医疗等方面得到政府帮助，西兴工疗站建成后，曹辉申请进入工疗站。2016年7月18日，市民政局下发《杭州市民政局关于做好第五届“浙江慈善奖”评选工作的通知》，区民政局推选干丽君参与“个人捐赠奖”评选， 8月8日，将申请材料上报杭州市民政局。12月28日，在浙江电视台制作中心阳光厅录制“慈善之光”第五届浙江慈善奖颁奖活动上，在240名参评人中，经评选委员会评审和公众投票，西兴街道西陵社区干丽君获第五届“浙江慈善奖”个人捐赠奖。

（陶晓青）

民族·宗教

民族事务

【概况】 2016年，滨江区有少数民族43个9000余人，其中，土家族1265人。2016年，区民宗局走访慰问少数民族困难家庭5户，送去油粮等生活用品。协调帮助少数民族子女入学入托10余件。

【社区结对少数民族村】 2016年5月15日—6月18日，区民宗局支持新州、月明、六和社区结对临安少数民族村并进行帮扶行动。捐赠图书200余本，看望村内贫困家庭20余户，送去粮油等价值5000余元的慰问品。

【民族地区精准扶贫】 2016年6月2日，区政协、区委统战部、区民宗局6名负责人到浙江省丽水市松阳县大毛科民族村开展结对帮扶工作。出资20万元，协助丽水板桥畲族乡大毛科村推进实施畲乡风情民宿项目和自来水惠民工程。至12月底，自来水惠民工程全部完工，畲乡风情民俗项目全面推进，6家民宿开业。

（李媛媛）

宗教事务

【概况】 2016年，滨江区登记在册的宗教场所有冠山禅寺、协同基督教堂、西兴基督教堂、长河基督教堂、真理堂、江边聚会处6处，民间信仰点21处。宗教教职人员16人，基督教信徒5000余人。民族团结促进会、佛教协会和基督教协会民族宗教团体3个。浙江省神学院位于滨江区。

2016年，滨江区宗教工作领导小组采取定期与不定期相结合的方式对宗教场所进行安全、文明检查。先后到冠山禅寺、协同教堂、西兴教堂等6所宗教场所进行检查10余次。建立健全大型宗教活动等内部管理制度、重大事故事件防范报告制度、场所负责人民主评议制度、信教群众参与监督管理场所制度、民族宗教事务权力清单制度等10余项制度。组织民宗干部参加省市培训6次，在省委党校举办全区民宗干部培训班，组织全体干部学习宗教法律法规及上级政策精神12场次。成立平安巡防大队，开展以“平安护航G20·同心同行”为主题的巡防工作100余次，开展宗教活动场所“环境提升、消防安全、餐饮安全”专项整治，整改安全隐患10余处。

【宗教场所安全检查】 2016年1月20日，区民宗局、各街道统战委员、区消防大队联合开展对6处宗教场所安全情况进行检查，重点排查场所内抗雪防冻安全准备情况及消防设施、用火用电、电力线路等方面存在的安全隐患。检查中发现个别场所私建钢棚、消防设施配备不足、过期失效等情况，要求立即整改落实。整改到位前关停，撤离人员，在寒潮及雨雪冰冻天气期间，宗教和民间信仰活动场所停止举办集体活动，确保信教人员的安全。

【宗教活动场所整治】 2016年7月28日—9月1日，区民宗局开展以“环境提升、消防安全、餐饮安全”为主题专项整治行动。区民宗局、各街道、区消防大队组织10余人，2次检查宗教场所。整治小组先后检查冠山禅寺、法华寺（民间信仰场所）、协同教堂、西兴教堂消防设施配备、用电设施安全、场所建筑安全和周边治安情况。其间，整改安全隐患10余处，更换灭火器50余个。

【基督教协会换届】 2016年12月10日，区基督教协会第二次代表大会在智慧e谷召开，西兴教堂、协同教堂等5处教堂的40名代表参加会议。会上，进行基督教协会换届选举，产生新一届领导班子，缪大君担任新一届协会会长，陈成香、杨益芳、姜崇恩任副会长，赵马太任总干事。新一届协会班子将进一步加强爱国主义教育，坚持独立自主自办教会原则，领导协会会员参与社会公益事业。 （李媛媛）

街道聚景

西兴街道

共联区块　　　　（西兴街道　供图）

西兴老街下街　　　　（西兴街道　供图）

长河街道

长河半岛国际小区　　（长河街道　供图）

长河历史街区　　（长河街道　供图）

街道聚景

浦沿街道

浦沿全景　　（浦沿街道　供图）

浦沿火炬小区　　（浦沿街道　供图）

街　道

西兴街道

【概况】 西兴街道位于钱江三桥南岸，滨江区东部，是区行政中心所在地。东邻萧山区北干街道，南邻白马湖，西邻长河街道，北临钱塘江，区域面积17.6平方千米。下辖16个社区，其中：撤村建居社区8个，城市社区8个，居委会16个。2016年末，街道总户数16904户，总人口165513人，其中户籍人口60873人，常住外来流动人口104640人。从业人员20000人。财政总收入5.3亿元，比上年增长7.29%，其中，地方性财政收入3.37亿元，下降9.3%。农民人均纯收入3.22万元，增长13.2%。街道社会固定资产投资完成2.69亿元。

2016年，街道实现工业总产值14.3亿元，下降21.6%。辖区企业实现主营业务收入187亿元，增长3.9%；实现利润3.9亿元，实缴税金8.4亿元，分别完成年度计划的156.4%和140.6%。规模以上企业25家，工业总产值14.3亿元。外贸出口交易值21.78亿元，增长1%。引进企业281家，注册资金14.35亿元。

街道耕地面积268.93公顷，耕地流转面积133.47公顷。2016年，实现农业总产值2822万元，粮食播种面积94.27公顷，粮食总产量56.6吨。有常年菜地102.47公顷，其中：东江围垦74.47公顷，“五万二千亩”围垦10公顷，顺坝围垦18公顷。街道滨江果业有限公司有无公害精品水果基地53.33公顷（主要有蜜梨、葡萄、水蜜桃等品种），全年生产“晶龙”牌农产品500余吨，产值800余万元。

2016年，共联农贸市场开业，街道卫生服务中心主体结顶，完成温馨、马湖2个社区卫生服务站迁建。至12月底共有健身苑点25个，其中新建健身苑点2个，更新3个。年内累计规范餐饮76家，取缔关停无证无照餐饮7家，受理流动人口积分入学申请114人。

2016年，街道完成农户腾房433户，其中，清零40户，交地101.6公顷，企业签约15家。实现完整交地项目14个，完成2016年杭州市重点“清零”项目5个。对拆后土地实行全域整治和覆绿，新增覆绿地块32处164万平方米。新建公共停车场14处、停车位1947个。打通缤纷街（缤纷小区—解放桥路段）断头路，完成滨盛路西兴路东口、滨盛路（三桥—缤纷北苑）道路拓宽2550平方米。2016年，累计拆除违章建筑2409处40.5万平方米，完成回迁安置449户。完成迎春南苑、迎春小区、缤纷北苑3个小区环境提升改造。

2016年，参加农村社会养老保险130人，享受最低生活保障222人，发放低保金、慈善救助、医疗救助等救助款285.39万元。新增就业岗位5020个，帮助失业人员实现就业1280人，帮助拆迁户家庭成员就业408人，帮助毕业2年内的高校毕业生就业121人。失业人员技能培训97人，在职人员技能培训158人，IYB（改善你的企业）创业培训61人。办理就业创业证1244人，发放失业保险金2088人次。调解劳动纠纷案件384起，涉及金额350.18万元，结案率100%。

2016年，累计发放帮扶救助资金285.4万元，募集春风行动捐款67.08万元。开展居家养老“一对一”志愿服务工作，累计完成居家养老服务评估565人，为1113名高龄人发放高龄津贴72.64万元，为水电社区10名高龄人提供过渡方案入住元墅老年公寓。工疗站（专供有劳动能力的残疾人参与工作生活的场所）入托14人，设置医养护一体化助残养老康乐中心1处。开展身体障碍人扶助工作，申报助残补助739人，累计为239名身体障碍人发放生活、燃油补贴和残障津贴56.18万元、养老和医疗补助49.03万元；为127名身体障碍家庭申报发放助学补助金29.82万元。累计慈善救助67户，发放慈善款21.9万元。发放优抚金78.07万元，复退军人慰问金14.66万元，义务兵家庭优待金81.45万元。2016年，街道共出生人口1252人，其中男婴636人，女婴616人；一孩717人，二孩530人，多孩5人，计划外8人，计生率99.4%。

【“妙笔迎峰会、书画汇西兴”主题书画展】 2016年3月2日—4月26日，西兴街道在办事处一楼大厅举办“妙笔迎峰会、书画汇西兴”主题书画展，共展4场。书画作品以展示西兴古镇历史面貌为主题，48名书画爱好者携80幅作品参展，其中，省市区书法家、画家作品38幅，辖区书画爱好者作品32幅，怀德书画院作品10幅。1000余人次观展。

【水电区域国有土地房屋收购和整治】 2015年8月21日，西兴街道开展水电区域国有土地房屋收购和整治。水电区域占地面积630公顷，包括8家产权企业、26家承租企业，40幢901户产权房、19幢836户集体户。同年12月14日，浙江恒信房地产土地评估有限公司进场开展企业资产评估。同月24日，完成浙水股份、水电建筑、正邦水电3家水电企业全部资产评估。2015年12月27日，下发《收购政策纲要（征求意见稿）》征求意见，通过入户书面调查的形式征求居民意见，至2016年1月5日，90%的居民同意意见。2016年1月11日，收购工作正式启动，集中丈量，完成丈量884户。同月29日，区委常委会研究通过水电企业收购工作事项报告，2月1日，三家水电企业土地房屋整体收购合同签订，同月18—29日，完成签约836户。3月14日，第一幢集体宿舍完成拆除。同月1—31日，完成864户的腾房、搬迁和相关房屋土地移交工作。4月2日，19幢集体宿舍完成拆除，累计完成收购873户。5月10日，水电区域国有土地房屋收购和整治工作全面完成。同月12日，40幢产权房全部完成拆除。26日，水电区域土地平整完毕并撒播草籽，完成区域整治目标。

【排舞赛】 2016年6月26日，西兴街道在白马湖国际会展中心A馆举办街道第二届排舞大赛，来自全街道16支代表队300余人参赛。比赛分规定曲目和自选曲目，其中规定曲目为《舞动中国》；自选曲目《心中的恰恰》《思绪万千》《美丽的地方》《魅力杭州》《舞动太极》5个曲目。比赛决出一等奖3名、二等奖5名、三等奖8名，西兴街道机关代表队、水电社区代表队、星民社区代表队获一等奖。10月13—15日，16支队伍代表西兴参加全国排舞滨江赛区公开赛。

【摄影赛】 2016年7月4日—9月10日，西兴街道举办“千年古镇迎峰会、万众一心创新业”摄影赛，共征集参赛作品56幅。大赛设专业组和基层组两大类，专业组面向摄影家及社会摄影爱好者；基层组面向西兴街道各社区、机关企事业单位摄影爱好者。经过浙江省摄影协会专家评选，新州社区叶勤的作品《西兴过塘行》获专业组一等奖，杭州市统计局俞伟锋作品《古镇日暮》、新州社区叶勤作品《铺路筑梦》获专业组二等奖，区委宣传部方管骅作品《摩登西兴》获专业组三等奖；西陵社区居民熊兴珍作品《灯笼传人》获基层组一等奖，西兴街道机关王利军作品《花海景观》、襄七房社区居民杨旦作品《热闹邻里节》获基层组二等奖；西兴社区马小立、洪广涵的作品《瑜伽遇见古镇》、西陵社区胡仰成作品《与时俱进》、祖名豆制品有限公司平其义作品《夜映》获基层组三等奖。比赛同时评选出优秀奖12名，入围奖3名。

【城市楼顶整治】 2016年8月3—23日，西兴街道在全区率先开展楼顶整治。成立屋顶拆违指挥部，由街道主要负责人任总指挥，各条线、各社区共同参与、密切配合。共分滨康区块、缤纷区块、迎春区块、白鹤苑区块、滨安区块以及商品房区块6大区块，累计拆除安置小区屋顶违建1701处3.8万平方米。7月21日，此项工作受到市委书记赵一德“滨江的力度大、成效大”的批示肯定。

【康乐中心投入运行】2016年8月20日，西兴街道医养护一体化助残养老机构康乐中心投入运行。中心位于杭州元墅西兴老人公寓南三楼，建筑面积800平方米。配备隔离设备、安保设备、娱乐康复器材、空调、护理器材等设备，价值14.08万元。设主管1人、医生2人、护士2人、护理员3人、安保员4人。按“住宿区、活动区、工作人员区”划分功能区块，设置相对独立房间11个，常用床位21张，备用床位9张，采取男女分宿制，提供康复及理疗服务。

【微型消防站】2016年9月4—5日，G20杭州峰会在杭州国际博览中心举行。西兴是峰会的主入口，街道党工委建成西兴老街智慧消防系统，新增奥体、滨和2个微型消防站；健全电子监控、110巡逻、治安岗亭、平安巡防四者联动机制，组织专职巡防队员156人、志愿巡防队员4970人，开展全域24小时巡查，排查老街、过渡房、安置小区消防隐患。与出租户房东签订《消防安全责任书》3900份，发放智能定时插座1400个，更换灭火器3312支，收购煤气瓶731只。

【两项目完成招商】星耀城二期兴祺大厦项目属于七甲闸社区三产项目，2014年6月，由浙江大学建筑设计研究院设计，杭州星浩置业有限公司开发承建，2015年1月29日开工建设。总建筑面积10.04万平方米，其中，地下2层面积2.76万平方米，总投资7.1亿元。同年9月10日项目竣工。2016年7月底，商业部分完成招商100%，引进各类商户24家，办公部分完成招商98%。鑫都汇项目属于西兴社区三产项目，2013年9月，由浙江大学建筑设计研究院设计，杭州兴顺置业有限公司开发承建，2014年4月15日开工建设。总建筑面积10.13万平方米，其中，地下2层2.78万平方米，总投资7.1亿元。2016年11月15日竣工，12月底完成招商，引进各类商户31家。

【撤村建居社区股份制改革】庙后王社区2008年2月20日启动股份制改革，同年12月21日全面完成股改，有股东1978人，其中人口股东1496人，农龄股东482人。襄七房社区2009年5月10日启动股份制改革，同年11月16日全面完成股改，有股东2181人，其中：人口股东1630人，农龄股东551人。七甲闸社区2009年6月1日启动股份制改革，同年12月18日全面完成股改，有股东2781人，其中：人口股东2202人，农龄股东579人。西兴社区2010年10月28日启动股份制改革，同年12月30日全面完成股改，有股东人数3067人，其中：人口股东2304人，农龄股东763人。马湖社区2011年7月8日启动股份制改革，2012年1月12日全面完成股改，有股东3672人，其中：人口股东2821人，农龄股东851人。星民社区2014年7月4日启动股份制改革，2016年1月22日全面完成股改，有股东3645人，其中：人口股东2971人，农龄股东674人。共联、协同两社区分别于2016年12月24日　和2016年12月26日启动股份制改革。至2016年12月底，街道8个撤村建居社区全部启动股份制改革，其中：庙后王、襄七房、七甲闸、西兴、马湖、星民6个社区完成股份制改革并将股权证发放至股东，共联、协同两社区，12月底，经居民代表大会表决通过股改实施方案。全街道有股东1.73万人，其中：人口股东1.34万人，农龄股东（只享受分红，无投票权的股东）3900人，发放股权证5549本。

【共联农贸市场开业】2016年12月31日，位于西兴街道新联路20号、共联路与滨和路交叉口的共联农贸市场开业。共联农贸市场建筑面积2600平方米，辐射新州、滨和、迎春区块等区域内的2.35万居民。设置熟食区、禽蛋区、水果区、干货杂粮区、蔬菜区、豆制品区、生鲜肉区、面点区、水产区9个商业区。市场内有营业户57户，固定摊位52个，流动摊位1个，空余摊位4个，日客流量1600人次。（舒　进）

长河街道

【概况】 长河街道原为萧山西部的一个古镇，位于滨江区政府行政中心西南部。北临钱塘江，东邻西兴街道铁陵关，西邻浦沿街道山二、冠二、联庄社区，南邻萧山湘湖景区和闻堰，总面积29.18平方千米。下辖22个社区，其中，撤村建社区12个、城市新建社区8个，城市新建社区筹建2个，22个居委会。2016年末，总户数21525户，总人口117659人，其中户籍人口75276人，暂住人口42383人。从业人员30940人。2016年，完成街道财政收入9.49亿元，比上年下降25.45%，人均收入3.5万元，增长13%。社会固定资产投资完成17.39亿元。

2016年，街道实现工业总产值345.61亿元，比上年增长28.7%。规模以上企业（500万元及以上企业）54家，总产值345.56亿元，增长28.67%。完成外贸出口交货值15.82亿元，下降16.7%。完成招商引资420家，完成技改投资17.39亿元。

街道实现营业收入345.6亿元，增长28.7%；实缴税金9.8亿元，增长34.4%；完成利润10.87亿元；增长57.8%。服务业总收入213.4亿元，占街道总量的61.7%。有街属企业73家（含3个工业园区），其中：亿元以上企业2家，税收3.2亿元；1000万元以上企业11家，税收8289万元；101万～500万元企业50家，税收1.15亿元。年内，新入驻企业420家，总注册资金22亿元。全街道企业营业收入271.7亿元，实缴税金8.49亿元，利润8.72亿元，出口创汇15.82亿元，占街道营业收入的5.87%。

街道耕地面积300公顷，耕地流转面积300公顷。蔬菜播种面积40公顷，产量100吨。水果种植面积110公顷，产量300吨。实现农业总产值5244万元，比上年下降15.3%。完成土地流转面积300公顷，土地流转率100%。2016年，街道共有围垦面积196.06公顷，其中，50公顷承包给经营户，进行开发农业项目。经营大户承包的50公顷中23.3公顷由承包经营户白马湖观光农业有限公司承包，养殖南美洲白虾、泥鳅等水产，年经济总收入2800万元；26.7公顷承包给种粮大户种植粮食作物，年经济总收入48万元。146.06公顷属江一、江二、江三、长一、长河、山一、塘子堰、汤家井、傅家峙社区所有。

至12月，街道固定资产投资17.39亿元，其中，社区三产留用地实现投资6.4亿元，长二社区中赢康康谷完成建设并投入使用。中南集团全季酒店建设完工、博邑郡交付使用、晶都农贸市场及社区服务中心建设完成。长河街道新建公租房1079套交付入住、总投入建设资金1.61亿元。科技投入4万元，比上年下降420%。教育支出1577万元，增长1.87%。文化体育与传媒支出398万元，下降8.54%。医疗卫生与计生支出1.04亿元，下降5.32%。

2016年，居民参加医疗保险6.14万人，参保率达99.04%；参加城乡居民社会养老保险63人。享受居民最低生活保障302人，其中，2人为农村户口，发放低保金、慈善救助、医疗救助等救助188.75万元。最低生活保障日趋完善，对926户困难家庭发放春风慰问金155.53万元，全年，发放低保、残保219.48万元；各类困境儿童生活费10.71万元。慈善救助24户，发放慈善款12.35万元。发放身体障碍人津贴1.16万次，共58.34万元。

加强对流动人口计生服务及管理，与20个社区、1个集体户（创业务工人员服务中心）、14个街属企事业单位签订计划生育目标管理责任书；与8个建筑工地、828家商铺、87家企业和4052户出租户签订外来流动人口计划生育管理责任书和计划生育协管合同。

2016年，拆除违法建筑3327处，面积89.6万平方米。新增绿地面积178.4万平方米，美化墙体1.1万平方米。拆迁农户1959户，交地162.86公顷，基本完成整个街道的拆迁工作。

2016年，长河街道文体活动中心组织大型文体活动8次。全年调解矛盾纠纷1674起，化解1625起，成功率97%。

【“三进”宣讲活动】 2016年1月1日—10月31日，长河街道在辖区范围内开展以“讲文明、学礼仪、迎峰会”为主题的宣讲活动。开设文明礼仪教育课程，成立街道宣讲团，组织培训宣讲员30余人。宣讲培训峰会与我、文明礼仪2个专题。文明礼仪重点围绕“排队守秩序”“礼让斑马线”“文明过马路”“礼仪待宾客”等内容。宣讲团共开设课程36节，到长河中心幼儿园、个体劳动者保障协会、中南集团及街道20个社区进行宣讲，听课3500人次。发放“峰会与文明礼仪宣传手册”3000册，赠送宣传礼品3000份。其间，进行礼仪培训、礼仪宣传、礼仪教育、礼仪实践及“百人签名喜迎G20签名仪式”等活动，创导文明礼仪之风，推动形成人人讲文明、讲礼貌的社会氛围。

【安全巡防】 2016年4—10月，长河街道完善24小时平安巡防机制和“五级”安全责任制，与2752家企业（商户）签订安全生产责任书，22家企业通过标准化评审。组成4小时巡查网络，累计检查企业5500余家（次），整治各类企业安全生产隐患520处，消防隐患5500余（处）起。新建社区消防工作站4个，微型消防站13个，形成“5分钟”消防工作圈，辖区内103个点位视频列入智能管控系统。智能火灾预（报）警装置在天官社区进行试点，安装联网烟感装置259户，火灾探测报警器328户，公租房、过渡房安装充电桩394个，配置灭火器800个，更新22个消防栓的消防设备。安装消防箱37套，消防教育培训7000余人。

【“公民爱心日”活动】 2016年6月1日国际儿童节，长河街道开展第11届公民爱心日活动。在辖区内的长河卫生服务中心，中兴社区、闻涛社区、晶都社区、月明社区、钱潮社区及街道机关分别设立7个爱心捐赠点，接受社会各界人士爱心捐款。街道机关、长河街道社区卫生服务中心和5个社区收到捐款6281.8元，捐赠儿童书籍518册。街道将收到的捐款和书籍统一交区文明办，由区文明办捐送到贫困山区学校和困难家庭留守儿童、外来务工人员子女的手中。

【书画摄影展】 2016年6月11日，由长河街道举办的“泼墨迎峰会 丹青绘长河”书画摄影展暨发奖仪式在长河街道文体中心五楼多功能厅举行。街道、社区领导、文体骨干、书画爱好者、中国美术学院继续教育学院教授等300余人参加书画。共展出绘画作品62幅、书法作品44幅、摄影作品50幅，参展作者45人。中国美术学院继续教育学院专家，萧山老年大学书画院专家及长江书画院负责人5人对展出的书画、摄影作品进行评比。经评选，评出书画作品一等奖2名、二等奖4名、三等奖11名、优秀奖13名；评出摄影作品特等奖1名、一等奖2名、二等奖3名、三等奖5名、鼓励奖10名。由街道领导对获得上述奖项人员颁发荣誉证书及奖金。展会结束，主办方赠送每位参会者《墨韵长河》书画摄影作品画册，宣传古镇长河。

【争当古镇形象代言人】 2016年7月16日，长河街道团委、长河街道文化站联合开展“争当古镇形象代言人”宣传活动。街道团委负责人、街道文化站负责人、天官社区负责人、全街道各社区团支部书记、文体分管委员、老一辈文化站站长及普及文物管理志愿者30余人参加活动。活动期间，参观长河古镇“九厅十三堂”旧址：民国银行、天官第2-3号、来小钦故居、光裕堂、周二墙门、山下里10号、天官第4号、中宪堂等遗址。通过参观，进一步了解长河古镇的历史文化内涵，认识保护开发古镇长河历史遗址的重要意义。参观结束后，24名团员青年分别认领民国银行、来小钦故居、光裕堂小厅、周二墙门等6处历史保护建筑，负责宣传挖掘、传承古迹背后的“长河故事”，为古镇风韵做好代言人。

【街道人大换届选举】 2016年12月15日，长河街道举行人大代表换届选举。根据区五届人大代表选举分配名额，划分选区37个，登记选民57292人，12月17日选举工作结束。选出区人大代表58人，其中：研究生以上学历9人、占代表总数15.5%；本科及大学（大专）学历14人，占代表总数24.14%；大专以下学历7人，占代表总数12.1%。60～69岁3人，占代表总数5.17%；50～59岁20人，占代表总数34.48%；40～49岁25人，占代表总数43.10%；30～39岁10人，占代表总数17.24%。选出的人大代表中，领导人数占代表总数22.4%，女代表占代表总数36.2%，各项选举指标符合上级要求。

【公租房建设】 2016年，长河街道办事处投入（估算）资金1.61亿元在长二社区、张家村社区、汤家桥社区、江三社区4个地块建设公租房，占地面积3.85万平方米，地上建筑面积7.56万平方米，共建1079套。长二社区公租房，长二社区村级留用地块临时租赁房工程，位于长河街道乳泉路以南，江虹路以西，孔雀苑以北。用地面积1.19万平方米，地上建筑面积1.26万平方米，临时租赁房189套，总投入2644万元，建设单位长河街道办事处，设计单位浙江勤业建筑设计有限公司，勘察单位浙江大地岩土勘察有限公司，监理单位浙江铭阳工程管理有限公司，施工单位杭州兴耀建设集团有限公司。2015年10月12日开工建设，2016年1月19日竣工，年底入住安置189套。

张家村社区公租房，白马湖创意城软件外包服务地块临时租赁房工程，地处滨江区白马湖板块，项目地块位于阳光家园以东，天马路以南，湘西路以西。用地面积3.33万平方米，地上建筑3.83万平方米，临时租赁房542套，总投入7840万元。建设单位长河街道办事处，设计单位浙江勤业建筑设计有限公司，勘察单位浙江大地岩土勘察有限责任公司，监理单位浙江正业项目管理有限公司，施工单位杭州兴耀建设集团有限公司。2015年11月10日开工建设，2016年7月10日竣工，年底入住安置542套。

汤家桥社区公租房旧城改造F14地块临时租赁房工程，位于长河街道旧改地块，项目地块位于长江路以东，景观河以南，乳泉路以北。用地面积1.43万平方米，地上建筑面积1.58万平方米，临时租赁房210套，投入资金3290万元。建设单位长河街道办事处，设计单位浙江勤业建筑设计有限公司，勘察单位浙江大地岩土勘察有限责任公司，监理单位大学士工程管理有限公司，施工单位浙江富泰建筑有限公司。2015年10月14日开工建设，2016年7月5日竣工，年底入住安置210套。

江三社区公租房项目，长河街道江三社区原村级留用地临时租赁房工程，位于长河街道立业路以东，博文小学以北地块。用地面积8992平方米，总建筑面积1.06万平方米，地上面积8992平方米，临时租赁房138套，投入资金2280万元。建设单位长河街道办事处，设计单位浙江勤业建筑设计有限公司，勘察单位浙江大地岩土勘察有限责任公司，监理单位浙江腾飞工程建设监理有限公司，施工单位浙江富泰建设有限公司。2015年10月15日开工建设，2016年1月12日竣工，年底入住安置138套。

【晶都农贸市场竣工】 晶都农贸市场位于长河街道平达路以北的社区办公楼左侧120号，市场内分晶都农贸市场和长河街道晶都社区办公用房两块，合署共用。市场及社区用房均由长河街道办事处建设，计划投入资金4514万元，2015年10月8日开工建设，建设单位长河街道办事处，设计单位浙江勤业勘察建筑设计有限公司，勘察单位浙江浙南综合工程勘察测绘院，监理单位绍兴市工程建设监理有限公司，施工单位浙江富泰建设有限公司。2016年8月17日竣工。市场总占地面积8811.52平方米，地上总建筑面积6500平方米。其中：市场面积2494平方米，管理及办公用房756平方米，社区办公用房3250平方米。地下一层面积2384.94平方米。晶都农贸市场按“五星级”标准要求设置建设，内设摊位84个，入场经营户59家，日客流量120人次。设水产品、蔬菜、水果、干果、副食品、肉类等商品。农贸市场有管理人员6人，协管人员5人，保洁员5人，公平秤管理员1人。

【“三产”留用地开发】 2016年，长河街道完成三产留用地2个项目建设。浙江博风创意大厦项目为江二股份经济合作社与浙江博风集团有限公司合作开发，位于长河街道长河路以东，江南大道北侧，滨盛路以南，总建筑面积10.21万平方米，其中地上面积8.15万平方米，总投资5.86亿元。建设单位杭州博泰置业有限公司，设计单位浙江华越建筑设计有限公司，勘察单位浙江省地矿勘察院，监理单位杭州环城建设管理有限公司，施工单位远扬控股集团股份有限公司。2012年5月9日开工建设，2016年9月28日竣工。杭州中赢康康谷项目为长二股份经济合作社与杭州中赢建设集团有限公司合作开发，位于滨和路以北，江晖路以东，春晓路以西，总建筑面积12.93万平方米，其中，地上面积9.05万平方米，总投资12亿元。中赢康康谷项目名称杭政储〔2014〕31号地块商业商务设施用房，一标段工程，建设单位杭州中赢华睿置业有限公司，设计单位浙江中南建设集团有限公司、中建三局第二建设工程有限责任公司，勘察单位浙江中材工程勘察设计有限公司，监理单位浙江国信工程监理有限责任公司，施工单位浙江中南集团建设有限公司。2015年6月12日开工建设，2016年4月12日竣工。

（傅庆龙　华浩泉）

浦沿街道

【概况】 浦沿街道地处滨江区西部，位于钱塘江大桥南岸，与六和塔隔江相望。春秋战国时期，浦沿是钱塘江上一个重要的渡口，总面积21.27平方千米。2003年撤镇建街，2016年末，街道辖21个社区，其中：撤村建居社区9个，城市社区12个，社区居委会21个。2016年末，街道总户数23555户，总人口240958人，其中：户籍人口84967人，常住外来流动人口155991人，从业人员23386人。街道生产总值24.09亿元，比上年增长6.8%；财政总收入6.07亿元，增长31%。社会固定资产投资完成3.95亿元。

2016年，街道工业总产值24.09亿元，增长6.8%。规模以上企业19家，总产值17.67亿元，增长1.4%。主营业务收入186.03亿元，下降0.9%；税收总收入6.22亿元。工业出口交货值6.34亿元，增长3.4%。街道26家骨干企业主营业务占全街道经济比重76.5%，税收占全街道比重77%。引进注册项目345个，累计注册资本26.3亿元。街属企业中，杭州鼎炬科技有限公司成功上市，杭州千城建筑设计集团有限公司、杭州奥能电源设备有限公司首次公开募股排队。

2016年，街道耕地面积153.7公顷。粮食播种面积12.67公顷，粮食总产量71吨；蔬菜播种面积162.47公顷，产量7031吨；水果种植面积4公顷，产量156吨。街道农业总产值4569万元。

2016年，新建绿地面积113.15万平方米，计113.33公顷；拆除建筑面积49万平方米，拆后开发利用土地80公顷。完成6个整村连片项目扫尾，启动4个片区，完成丈量1839户，评估1621户，签约1327户，腾房804户，交地78.72公顷，交地数与拆迁数分别是区下达年度考核的295.2%和160.8%。

2016年，享受农村最低生活保障27人，发放低保金、慈善救助、医疗救助等救助款565.2万元。投入19.7万元，为困难家庭购买小额意外伤害保险394人次。审核发放自谋职业社保补助38人计13.98万元，用工补助654人共506.58万元、灵活就业社保补贴3239人次1195.33万元、政策性帮扶岗位资金720.86万元；办理小额贴息17人次43.4万元。开发就业岗位5824个，实现就业再就业1068人。其中：困难人员再就业796人。征地拆迁户家庭实现就业再就业198人，灵活就业转稳定就业398人。帮助55名滨江区户籍未就业高校毕业生实现就业。

2016年完成21个社区的“智慧社区”建设，21个社区居家养老照料中心实现全覆盖。新建冠一社区文体广场、滨文社区江畔云庐小区2个健身苑点，至12月底，街道辖区内健身点35个。开展安全隐患排查，累计排查居民4.81万户，其中，出租房屋1.14万户，排查出空置房屋1406户。排查企业、店铺、单位9912家，排查出隐患单位696家，隐患部位167个。取缔非法经营点3家，拘留2人。

至12月底，全街道出生1732人，其中，男婴899人、女婴833人，出生性别比107.9%。计划外出生8人，计划生育率为99.5%。

【谷丰大厦竣工验收】 2013年7月3日，谷丰大厦项目开工建设。谷丰大厦位于浦沿街道东冠路与明德路交叉口，是浦联社区第一个自主开发的村级三产留用地项目。总投资1.7亿元，总工期1092天，规划用地1.1万平方米。总建筑面积5.29万平方米，其中：地上建筑面积3.86万平方米，共24层；地下二层，建筑面积1.42万平方米。谷丰大厦由华汇工程设计集团有限公司设计，浙江省一建建设集团有限公司承建。2015年12月16日，谷丰大厦提前一年完成公开招租，年租金1658万元，租赁年限为20年，每五年递增。2016年6月28日竣工验收，2017年2月18日，谷丰大厦交付使用。

【老年人临时租赁房投入使用】因浦沿街道大力推进整街拆迁，大量拆迁户需要过渡，其中，高龄人群租房困难，过渡问题尤为突出。2015年街道开工建设3处老年人临时租赁房，解决70周岁以上人的过渡问题，并于2016年交付使用。原冠一球墨铸铁厂地块临时租赁房，2015年11月12日开工建设，工程位于萧闻路北侧原冠一球墨铸铁厂位置，总投资4018万元。由汉嘉设计集团股份有限公司设计，浦沿街道办事处建设，浙江中强建工集团有限公司施工。建筑面积1.56万平方米，占地面积1.53万平方米，共294套，2016年6月8日竣工，12月底，抽号选房236套。浦沿工业园区老年临时租赁房，2015年11月7日开工建设，位于明德路以东，至仁路以北，总投资3931万元。由杭州百福建筑设计有限公司设计，浦沿街道办事处建设，浙江富泰建设有限公司施工。建筑面积1.66万平方米，占地面积5920.81平方米，共324套，2016年4月30日竣工，至12月底，抽号选房134套。大同公寓西侧老年临时租赁房，2015年11月28日开工建设，位于原规划公交中心站地块（萧闻路北侧），总投资1590万元。由杭州百福建筑设计有限公司设计，浦沿街道办事处建设，天伟建设集团有限公司施工，建筑面积6137.49平方米，占地面积5453.37平方米，共138套，2016年4月30日竣工，至12月底，抽号选房36套。

【居家养老照料中心全覆盖】2015年12月15日，信诚社区居家养老中心开工建设，2016年5月7日竣工。位于滨盛路水晶城小区9号楼副楼，是水晶城配套用房。由浦沿街道办事处建设，浙江中南建设集团有限公司设计，合同价115.83万元。信诚社区居家养老中心共2层，建筑面积913.7平方米，实际使用面积880平方米。设理发室、洗衣房、淋浴房、舞蹈房、棋牌室、健身房、康复房、书画室等10余个不同的功能区间，床位8张，日常活动400人。明德社区居家照料中心，2016年3月2日开工建设。位于金盛曼城小区10幢一楼，由浦沿街道办事处建设，浙江中南建设集团有限公司设计。投入40.92万元，总建筑面积500平方米，4月5日竣工。一楼设接待大厅、棋牌室、计生服务室、B超室、卫生间、康复训练室、老年食堂和厨房。二楼有多功能室、电子阅览室、卫生间、沐浴间、书画室和阅览室。三楼设健身区、卫生间、心理疏导室和老年人日间照料中心，日常活动200人。至年底，街道21个社区21个居家养老照料中心实现全覆盖。

【新社区挂牌成立】2016年5月7日，信诚社区挂牌成立。社区地域东至信诚路，南至铁路浙赣线，西至火炬大道、北至闻涛路，辖区面积1.25平方千米。其中：住宅型楼盘水晶城与钱塘帝景2个，商住型楼盘现代印象广场与宝龙城市广场2个，总人口7524人，户籍人口4481人。辖区内有大型高科技企业30余家，中小型高科技企业400余家。同日，明德社区挂牌成立。东至火炬大道、西至浦沿路、北至东冠路（含东和云第），南至回龙庵山，以明德路为中心道路向东和西扩展，西面毗邻地铁四号线，交通便利。辖区面积1.2平方千

浦沿街道老年人临时租赁房外景　　（浦沿街道　供图）

米，户籍人口1320人，流动人口1.2万余人。明德社区是一个集多种业态并存的综合型城市社区，有东和云第、金盛曼城2个商住小区；浦乐新苑、天生房区块、老年人公租房3个拆迁过渡小区；有100余家企业，其中：较大型传统生产制造企业6家，商贸综合体2家；滨兰学校、中国美院成教部等院校4家。11月2日，江南社区挂牌成立。江南社区位于滨江区浦沿街道南环路路段，地处浙赣铁路以北，江南大道以南，东至伟业路，西临钱塘江，辖区面积5600平方千米。社区内有3个住宅小区，2所幼儿园，11家商住楼宇，781家企业，381家商铺，辖区常住户2387户，户籍人口2762人。

【“定格·魅力浦沿印象”摄影赛】 2016年6月25日—8月16日，浦沿街道举办“定格·魅力浦沿印象”摄影赛。以“三改一拆”和“五水共治”环境整治、平安创建、文明礼仪等为主题，共征集参赛作品100余幅。通过专家评选，评出一等奖2幅、二等奖6幅、三等奖12幅。来社峰摄《护航》、彩虹社区摄影协会摄《风雨彩虹》获一等奖。

【“展望·风韵浦沿笔墨间”书画展】 2016年8月8—10日，由浦沿街道举办的“展望·风韵浦沿笔墨间”2016年度浦沿街道书法美术作品展在之江书画院举办。收到辖区400余名书画爱好者的480幅书画作品参展，800余人次观展。展出期间，举行参赛作品评奖活动，评出获奖作品86幅，其中特邀作品23幅，等级奖作品32幅，优秀奖作品31幅。

【“弘扬峰会精神、共建活力浦沿”主题演讲赛】 2016年9月27日，浦沿街道开展以“弘扬峰会精神、共建活力浦沿”为主题的演讲赛。来自街道机关科室、各社区、辖区直属单位的25名选手参赛。通过演讲、评委打分，评出一等奖1名、二等奖3名、三等奖6名、优秀奖10名。新浦社区社工华珊的《为了你的绽放》获演讲一等奖。

【获评国际化示范社区】 2016年，东信社区探索国际化社区建设的新经验和新方法，争创国际化示范社区。东信社区总户数4982户，常住人口12548人。长期生活在社区内的外籍人士320人，来自印度、韩国、英国、美国、德国以及非洲、拉丁美洲等38个国家和地区。外籍居民以参选居民代表等方式参与社区自治事务及各种公益活动，中外居民共同参与公益组织“爱心妈妈”，赴丽水市松阳县象溪镇中心学校、四川大凉山地区和杭州孤儿院进行贫困助学结对。组织开展中国特色的万圣节、圣诞节、复活节等节日活动，定期开展中英文教学、交友及太极、茶道、京剧等特色文化体验课程。社区有英语六级以上专业社工3人，社区内最新的小区议事规则、管理规约、通知、标牌等均使用双语，并在社区图书室增添英文书籍。建立国际化社区微信群，外籍居民可在群内寻求帮助和发布公益服务信息。9月12日，社区申报国际化示范社区，12月21日，市民政局社区建设处验收组到东信社区进行实地验收。同月30日，《关于确定首批杭州市国际化示范社区的通知》（杭社建〔2016〕6号），东信社区被确定为首批7个国际示范社区之一，为滨江区唯一获评社区。（俞梦潇）

人　物

纪念人物

【概况】 在封建社会中，民间对好官称为清官。在正式的典章史籍中，对好官一般不称清官，而叫“循吏”“良吏”“廉吏”等。封建社会的清官，虽然都是为维护封建统治服务的，但比之于贪官，对社会历史的进步起过一定的作用，为人民所称道；他们廉洁奉公、公正执法的一面，对今天的法治建设与廉政建设，仍不乏学习、借鉴意义。因此，从民国《萧山县志稿》《萧山来氏家谱》《长河镇志》等史书所记载的古代滨江地域清官中，选取其中最具代表意义的4人作简要介绍。

【来三聘】 来三聘（1540—1612），字任卿，号熙庵，明代万历间长河人。隆庆四年（1570）举人，万历十一年（1583）中进士，累官至江西右布政使。以清廉惠民著称朝野。

来三聘“断案神明，号为明镜”。明万历十一年，初任安徽黄梅县令，某日在“万工池得一户缚凳下”，三聘即“广集匠（人），识凳主，得其奸状”，终将凶手绳之以法。后政畅人和，合县平安，故当地有“君要黄梅安，除非来萧山”之谚。万历十四年（1586）调合肥，在稳定米价，鼓励百姓引种小麦等方面作出贡献。任山东副使备兵兖西时，强化治安，抚赈逃荒饥民，百姓无不称颂。后升按察使，正逢河北省洳河水灾，来三聘即赴三河县，率众开浚洳河，自己于河边筑一小屋理事。工竣，迁江西右布政使，时府库中有金藏颇丰，三聘即检核封贮，一无所私。其在官二十年，性甘淡泊，事必躬亲，“座不置茵，卧不设褥”，后人评价他“廉于官，惠于民，肃于家”，是当时官僚阶层中难得一见的清官。73岁时病逝长河故里进士第。

来三聘与明代大戏曲家、文学家汤显祖同年进士，两人志趣相投，关系甚密，万历三十七年（1609），来三聘欲辞官归隐，汤显祖责其“何其腐也”，朝廷极力慰留，却不动其心意，汤显祖赞曰：“其致甚高，非凡世人所能慕用也”。来三聘辞官归隐，留下不少诗作，著有《西轺漫稿》《薄游吟稿》等。清乾隆《萧山县志》有传，崇祀乡贤明宦，墓于湘湖青山（美女山）后黄寺侧。

【来方炜】 来方炜（1594—1648），字含赤，号泽兰，长河人。天启元年（1621）举人，天启五年（1625）进士。从县令到吏部员外郎，为官16年，清正廉明，体恤民困，人称“来天官”。

天启五年，来方炜初为侯官（福建闵县）县令，时该处走私严重，他就明察暗访，严查海船走私。曾有奸商走私籍丝万斤，来方炜即“羁运至府衙”，严加查办，自己“一无所私”，百姓广为称颂。《乾隆·福州府志》称他“吏才精明，廉明方正”。

崇祯元年（1628），来方炜出任江苏嘉定令，时漕赋繁重，民苦于重役，怨声载道。方炜上任后，即平均徭役、剔除浮丁（多余人员）、减轻漕赋、选举人才，颇有德政，“民歌颂之举卓异”。崇祯八年（1635），擢升吏部员外郎，任上，“政尚清简，痛惩吏弊”，政绩斐然，时人称之“真吏部”，而里人尊为“来天官”。崇祯十三年（1640）回归故里。生前于槐河之畔建府第“世馨堂”（今天官社区），规模恢宏，为长河九厅十三堂之一。清顺治五年（1648）八月病逝。后人为纪念他，将其宅第称之“天官第”，门前大道称“天官路”。

【来天球】（1458—1536），字伯韶，号两山，长河人。自幼聪慧，好学不倦。明成化二十二年（1486）举人，弘治三年（1490）进士，授工部主事，后调刑部侍郎，累官至陕西按察使（正三品），进阶资政大夫。来天球处事尚实，弘治九年（1496）任工部都水清吏司主事时，亲赴山西吕梁地区指挥黄河漕运。后调任刑部广东司、江西司员外郎以及山西佥事期间，时王室宗族诸子弟，多有不规，天球惩其为首者，族中年少无不惊惧。正德间，宦官刘瑾得宠，天球与之相抗，时逢仪宾韩玛触犯纲纪，天球欲绳之以法，刘瑾唆韩弹劾天球。韩玛因与王室有亲而未被捕治，但被降职处理。天球因之受到升迁，以按察使副使衔，赴陕西屯田。时四川汉中义军四起，天球协同四川督抚洪钟镇压。汉中平定毕，天球升陕西按察使。时宦官廖堂，从河南延至陕西，所到之处，无不勒索骚扰，天球即予揭发，廖堂赴朝廷诬告。天球慨然曰：“西贼易破，廖贼难平！”总制、巡按推荐天球为延绥巡抚，宦官不予上报；旋即荐为河南右布政，又不报。天球心冷，才觐见乞归。筑室于吴越两山之间，额名“两山”，歌咏耕读终身。嘉靖十五年（1536）病逝故里。

【来汝贤】（1502—1536），字子禹，号菲泉，长河人。明嘉靖十一年（1532）以会试第二成绩中进士，嘉靖皇帝赐“乡会金魁”匾额，授江西奉新县令。上任初，百姓告发不法地方官吏。官吏欺以年轻，不予理会。汝贤即执法惩奸，昭雪民冤，并开设学馆，教化民众，合县政和民安。旋即调任江苏丹阳令。任上，理案牍，平庶狱，均征调，事必躬行，政绩斐然，百姓称颂。嘉靖十四年（1535），升兵部职方事，旋又升礼部精膳司主事。时族人劝其置田建宅，汝贤以诗婉拒，其诗《眉轩伯劝置田宅以答之》云：“儒者须忘一亩宫，伯夷盗跖孰雌雄。但存心地平如掌，不管茅房乱作蓬。绿树青山千古在，清风明月万家同。乐游金谷俱消歇，陋巷何人俎豆中。”嘉靖十五年（1536），汝贤积劳成疾，得病乞归，抵故里后即卧床不起，逝年35岁。来汝贤天资聪慧，读书过目成诵，乡里有“长河来汝贤，读书读一遍”的说法；他文思敏捷，下笔如悬河决口，经学、文学，无所不窥，著有《菲泉存稿》8卷存世。

（陈金春　来小钦）

五一劳动奖章获得者

【概况】2016年3月16日，省总工会办公室下发《关于推荐评选2016年全国、省五一劳动奖的通知》（浙总工传〔2016〕9号），经所在单位职工代表大会（或职工大会）审议及单位公示，各市总工会和省有关产业（局）工会审核推荐，省劳模评选委员会办公室审核。4月27日，省总工会办公室下发《关于颁发2016年浙江省五一劳动奖状、奖章和命名浙江省工人先锋号的决定》（浙总工发〔2016〕39号），授予杭州市园林文物局灵隐管理处（杭州花圃）等43个集体“浙江省五一劳动奖状”；授予吴国坚等114名先进个人“浙江省五一劳动奖章”；命名杭州前进齿轮箱集团股份有限公司热处理厂维修组等100个集体和中国核工业第二建设有限公司三门核电工程项目经理部核岛队等67个集体“浙江省工人先锋号”。阿里巴巴网络技术有限公司首席执行官张勇被授予“浙江省五一劳动奖章”。

【张勇】1972年1月出生，上海人，阿里巴巴网络技术有限公司首席执行官。2005—2007年，张勇担任盛大互动娱乐有限公司的首席财务官。2007年8月，加入阿里巴巴集团，担任淘宝网首席财务官，参与设计淘宝商业模式，实现淘宝在2009年底盈利。2013年9月，担任阿里巴巴集团首席运营官，负责阿里国内外业务运营，带领公司从电脑端购物向手机客户端购物转型，建立全球物流平台菜鸟网络，建立全球品牌商品购物平台天猫国际。2015年5月，张勇接任阿里集团首席执行官。同年8月15日，在张勇推动下，阿里巴巴集团向苏宁云商投资283.4亿元，占股19.9%。11月11日，在张勇的策划下，“双十一”购物节实现成交额912亿元。2016年11月11日，“双十一”购物节实现成交额1207亿元。同年，达沃斯论坛宣布，张勇入选达沃斯世界经济论坛国际工商理事会（IBC），成为唯一入选的中国互联网企业家，也是理事会最年轻的成员之一。

2016年杭州市劳动模范

【概 况】 2016年3月2日，杭州市劳动模范评选委员会下发《关于开展2016年杭州市劳动模范和模范集体评选活动的通知》（杭劳评〔2016〕1号），经各区、县（市）总工会审核推荐，市劳动模范评选委员会审定。4月27日，中共杭州市委办公厅下发《关于表彰2016年杭州市劳动模范和模范集体的决定》（市委发〔2016〕20号），滨江区鲍雄亮等12人被授予“杭州市劳动模范荣誉”称号。（按姓氏笔画排序）

2016年滨江区获杭州市劳动模范人员名单

表36

姓名	出生年月	籍贯	单位与职务	事　迹
孔松标	1960年8月	浙江省杭州市	浦沿街道办事处人民调解员	2000—2016年，从事人民调解、信访接待等工作。其中，2015年6月1日，杨家墩社区民房发生火灾，火灾造成4死多伤，作为调委会主任，孔松标经过13天的调解，双方达成补偿协议，未发生冲突。2007年被省委、省政府授予全省优秀人民调解员，2012年被评为“杭州市第二届十大金牌和事佬”称号
王乃松	1971年3月	浙江省仙居县	公安滨江分局巡特警（治安）大队副队长	从事反恐防暴、维稳处突、治安管理、活动安保等业务工作。其中，2009年、2015年，赴新疆乌鲁木齐、阿克苏市，执行援疆反恐维稳和执勤任务，顺利完成任务。2009年荣立二等功1次，2015年荣立一等功1次，2015年被评为“杭州市优秀人民警察”
何国祥	1967年9月	浙江省杭州市	长河街道江三社区党委书记	2013年，担任江三社区党委书记，为服务社区居民，手机24小时开机，成为社区专线。2013—2016年，个人出资帮扶困难家庭、贫困学子，累计捐款5万余元。为社区扩建老年活动中心、建设停车场等基础设施
沈　莉	1973年10月	江苏省吴　县	赛诺菲（杭州）制药有限公司工厂总经理	负责赛诺菲（杭州）制药有限公司工厂管理工作，沈莉任总经理，在沈莉带领下，公司工业总产值从2011年的48.61亿元增至2016年的99.03亿元。公司2012—2016年入选中国医药工业百强企业，2016年，沈莉在第二届世界杭商大会上被评选为“优秀杭商”
金明强	1970年2月	浙江省绍兴市	杭州市江南实验学校教科室主任	从事教育教学、科研工作，2008—2016年，协助初三年级组开发“跑赢初三”系列讲座，累计举办讲座40余场，观众1万余人次。2013年执笔的《幸福课堂：基于学生诉求的课堂教学改革探索与实践》获2013年度浙江省教科研成果一等奖。2014—2015年获杭州市优秀教师称号

续表36

姓名	出生年月	籍贯	单位与职务	事　迹
柯　亮	1985年10月	湖北省黄冈市	聚光科技有限公司污染源监测产品总工程师	分管污染源监测产品线新产品研究、开发与产业化工作。其中2013年主持开发的烟气汞在线监测设备，出口额1000万余元，获2015年中国环境保护部科技进步二等奖。至2016年底，个人申请专利21项，其中13项授权。2016年，入选杭州市"131"中青年人才培养计划
夏祥生	1971年5月	浙江省杭州市	浙江中南建设集团有限公司幕墙项目经理	2002—2016年，从事中南建筑幕墙工程工作，完成省内及山西、海南等地共30余项幕墙工程。其中：太原煤炭展览馆获"鲁班奖"；绿城西溪诚园正信苑获中国建筑幕墙"精品工程"；浙江传媒学院演播楼、中国联通浙江分公司杭州第二通信枢纽楼二期幕墙、宁波皇冠花园A02地块二标段被评为"全国建筑工程装饰奖"
傅利泉	1967年8月	浙江省杭州市	浙江大华技术股份有限公司董事长、党委书记	1993年，创办杭州大华电子有限公司，1999年，研发远程图像监控系统，涉足安防领域。2001年，建立浙江大华技术股份有限公司。至2016年，产品销往180余个国家和地区，在16个国家建立子公司和分支机构，拥有专利639项、授权发明专利145项。2008—2016年公司连续9年被列入国家软件百强企业
葛　航	1963年5月	浙江省杭州市	创业软件股份有限公司董事长	创业软件股份有限公司是医疗卫生应用软件领域的企业。1997—2016年，葛航担任董事长，从事企业经营管理工作。在葛航的带领下，2015年5月公司在深圳证券交易所创业板上市，最高市值180亿元。至2016年，公司累计实现利润2.3亿元，累计缴税2亿元
曾富贵	1975年4月	四川省渠　县	杭州华三通信技术有限公司研究开发部高端路由器产品经理	负责公司高端交换机测试部工作，2010年，主持研发的高端路由器产品获浙江省科技进步三等奖。2013—2015年，带领技术团队研发具有独立自主知识产权的400G核心路由器产品，获36项发明专利
虞玲红	1974年8月	浙江省杭州市	杭州市农茂食品有限公司总经理	2001年，创立杭州农茂食品有限公司，从事蔬菜生产及食品加工，产值1200万元。2009年，引进冷冻干燥深加工技术，产值2200万元。2010年，增加草莓、无花果、杧果等冻干水果产品，第二年实现销售额3100万元。与华润万家、世纪联华等超市合作，2016年，公司销售额9000余万元
鲍雄亮	1969年8月	浙江省杭州市	杭州兴顺置业有限公司项目部副经理	从事小城镇改造、工业园区建设和房地产开发工作。1998—2001年，参与铁岭花园等旧城改造和住宅地项目。2008年开始，参与村级留用地项目开发，其中2011—2014年，星民村的留用地开发项目，实现村级年租金3000万余元。2013—2016年，参与西兴村、七甲闸留用地项目开发，其中西兴村项目2016年竣工。2007—2008 年，被杭州市总工会评为"女职工建功立业标兵"

杭州市好邻居

【概况】 2016年10月19日，根据《关于组织开展杭州市第十三届邻居节活动的通知》（杭文明办〔2016〕13号）精神，区文明办、民政局、妇联联合下发《关于开展滨江区第十三届邻居节活动的通知》启动滨江区第13届邻居节评选工作。至10月27日，区文明办收到3个街道8个社区推荐的8名好邻居事迹材料。11月25日，杭州市第13届邻居节在西湖区翠苑街道翠苑二区拉开帷幕，会上表彰45名杭州市"好邻居"，滨江区3人获杭州市第13届邻居节"好邻居"称号，其中齐中豪为外国友人。

（以姓氏笔画排序）

【齐中豪】 女，1962年1月出生在杭州，德籍华人。曾是浙江小百花越剧团的成员，20世纪80年代末出国到德国学习并从事国际贸易，90年代初回国担任国际贸易进出口公司总经理，家住滨江区浦沿街道东信社区逸天广场。2014年，齐中豪加入东信社区东方韵舞蹈队，很快成了东方韵舞蹈队领头人，带领东方韵舞蹈队的队员学习舞蹈、排演歌曲，创新歌舞表演。齐中豪认真负责，为增强演出效果，自己出钱租用场地、购置乐器设备，定期购买演员服装，带领东信社区东方韵舞蹈队参加市、区舞蹈比赛多次获奖。其中2015年获金奖2次。2016年1月，带领社区的舞蹈队被杭州华数电视台选进及录制杭州首届老年春晚，并在2016年春节初六播出。5月25日，排舞《舞动中国》《美丽的地方》获滨江区"舞动中国"排舞大赛"常青组"第三名，10月，参加杭州市老龄会排舞比赛获铜奖。齐中豪热心公益事业，在G20杭州峰会期间，在社区的外籍居民中宣传、走访，向杭州国际学校家委会的外籍家长宣传G20杭州峰会注意事项，帮助社区在外籍居民中开展G20杭州峰会摸底调查。每个月均带着礼品看望杭州养老院的老人，为她们表演节目，受到大家的称赞。

【周葛枝】 1951年3月22日出生在丽水缙云，中共党员，家住滨江区西兴街道温馨社区钱塘春晓小区，2012年4月，举家入住钱塘春晓小区，成为一名新滨江人。生活环境的改变没有改变他的热心肠，家住钱塘春晓18幢的75岁居民孔雪玉老伴过世，女儿居住美国，儿子因工作不在身边，心情寂寞苦闷。周葛枝夫妇到孔雪玉家，陪她聊天解闷，逛街买衣，疏导心理。平日邀请孔雪玉到自己家中就餐，周末组织邻居到孔雪玉家中和她一起聊天买菜，一起去公园，帮助她走出心理阴霾。作为社区垃圾分类志愿者，周葛枝除了自己负责区域的垃圾桶垃圾袋清理，同时帮助其他志愿者背扛垃圾桶、垃圾袋。他的淳朴和善良受到社区居民的点赞。

【章俊杰】 中共党员，1952年9月出生，住滨江区长河街道钱潮社区仁苑小区。章俊杰是社区的居民代表，也是居民小组长，经常为社区和邻居的事情奔走，参与社区的义务巡逻值班。许多常住居民和流动人口都愿意和他沟通，在居民中有很好的口碑。2016年7月12日，楼道内涂鸦问题严重，张俊杰自掏腰包200余元，买来涂料将楼内墙壁粉刷干净，居民看到后，表示要向他学习，维护楼道整洁卫生。住在同一楼道有一对80多岁的夫妇，儿女都不在身边，章俊杰平时都会留意照顾他们。2016年11月20日，黄老伯在家看电视，突然感觉胸部痛得厉害，正在做饭的章俊杰知道后放下手里的活，赶到黄老伯家中，扶着黄老伯到楼下，随后叫车将黄老伯送进医院，当时情况紧急，黄老伯没多带钱，章俊杰马上到家将钱取出垫付了住院费。楼道的单元门坏了，章俊杰第一个向物业进行报修；消防通道堵塞了，他一一帮助清理，给邻居们畅通安全通道。在G20杭州峰会期间，章俊杰积极投入到志愿服务当中，拉上家人一起参与治安巡逻。章俊杰主动承担居民小组内的各种宣传工作，宣传动员居民尤其是流动人口家庭参加社区的各项活动，增强社区的凝聚力。章俊杰助人为乐，乐于奉献的精神温暖居民心。

新人新事

【概况】 2016年，滨江区委、区政府进一步加强公民思想道德建设，引导广大市民树立社会主义核心价值观，涌现一家三代八口志愿捐献眼角膜、无偿捐献骨髓传递生命种子、拿出自己全部积蓄替已故儿子捐款等感人至深的事迹，他们用行动诠释着中华传统美德。

【三代八口志愿捐献眼角膜】 潘玮，河南三门峡人，1975年出生，2013年到杭州创业，2014年11月4日创办杭州智隆科技有限公司。随后家人也陆续到滨江发展，成为“新滨江人”，拥有11项发明专利。潘玮父亲潘锁牢69岁、母亲李竹叶68岁、妻子樊竹梅41岁、妹妹潘鹏37岁、儿子潘钰琦16岁、表弟李耀宗40岁，弟妹宋艳红37岁，2016年4月11日，一家八口共同签署捐献眼角膜志愿书，领取无偿捐献角膜荣誉证书。其中潘玮和父亲、母亲、妹妹还分别填写《自愿捐献遗体登记表》，潘玮在登记表上，写着“遗体不用留，要留就把我对家人的爱留下”。

【无偿捐献骨髓传递生命种子】 叶伟杰，浙江丽水人，1992年11月出生。浙江中医药大学大五学生。2013年，叶伟杰参加无偿献血活动时加入造干捐献志愿者的行列。2016年4月初，河北一名患白血病的8岁女孩需要血干细胞，滨江区红十字会工作人员通知他初配成功，当即同意捐献造血干细胞。为加速骨髓造血干细胞的生成并释放到外周血，4月30日起，叶伟杰每天早晚均接受一次动员剂注射。5月4日，经5个小时的采集，成功分离出200余毫升的造血干细胞混悬液，在浙江省中医院成功捐献造血干细胞。

（年鉴编辑部）

钱王射潮　　（区委宣传部　供图）

2016年全区经济社会主要指标

表37

指标名称	计量单位	2016年	为2015年的(%)
年末人口概况			
年末总户数	万户	6.20	108.4
全区年末户籍人口	万人	22.11	107.9
其中:男性	万人	11.22	107.7
女性	万人	10.89	108.1
当年出生人口	万人	0.49	143.5
全区人口出生率	‰	21.97	*5.5
全区人口自然增长率	‰	19.03	*5.5
全区年末常住人口	万人	33.56	101.5
全区土地面积	平方千米	73.3	100.0
地区生产总值			
全区生产总值	亿元	958.58	114.9
其中:第一产业	亿元	1.38	94.2
第二产业	亿元	505.44	110.8
#工业	亿元	488.80	110.9
第三产业	亿元	451.76	120.0
规模以上工业			
出报企业数	家	189	90.0
工业总产值	亿元	1372.87	115.8
新产品产值	亿元	881.17	123.4
工业销售产值	亿元	1374.01	115.7
本年折旧	亿元	13.92	85.1
利税总额	亿元	255.66	98.6
其中:利润总额	亿元	195.15	99.9
综合能源消费量	万吨标准煤	20.12	101.7

续表37

指标名称	计量单位	2016年	为2015年的（%）
规模以上服务业			
出报企业数	家	513	108.9
营业收入	亿元	1296.35	119.0
本年折旧	亿元	20.00	84.1
利税总额	亿元	319.14	115.1
其中：利润总额	亿元	242.97	112.4
财政收支			
财政总收入	亿元	235.37	117.7
其中：地方一般公共预算收入	亿元	125.37	118.6
其中：税收收入	亿元	118.49	120.0
其中：增值税25%	亿元	39.23	126.2
营业税	亿元	11.59	90.0
企业所得税40%	亿元	26.40	120.8
个人所得税40%	亿元	20.69	132.0
固定资产投资			
固定资产投资完成额	亿元	285.17	126.5
其中：政府投资	亿元	84.79	221.7
其中：土地购置费	亿元	101.80	125.8
建安工程	亿元	142.08	125.0
1.基础设施	亿元	54.40	181.0
2.农转居安置房	亿元	24.53	410.8
3.产业投资	亿元	52.53	144.9
其中：工业投资	亿元	26.13	131.3
工业技改投资	亿元	15.19	153.3
4.房地产开发投资	亿元	153.72	100.4
本年新开工项目个数	个	85	283.3
房地产情况			
房地产销售面积	万平方米	100.42	144.3
其中：商品房住宅成交面积	万平方米	48.88	98.1
商业地产成交面积	万平方米	51.46	263.5
房地产销售额	亿元	238.15	155.9
其中：商品房住宅成交额	亿元	127.64	112.4
商业地产成交额	亿元	110.38	284.3

续表37

指标名称	计量单位	2016年	为2015年的(%)
房地产库存面积(平方米)	万平方米	77.90	63.7
其中:商品房住宅库存面积	万平方米	23.05	60.0
商业地产库存面积	万平方米	53.35	64.5
房地产库存套数(套)	套	6004	56.2
其中:商品房住宅库存套数	套	1867	59.3
商业地产库存套数	套	3991	53.9
限额以上批零贸易、住宿餐饮业			
批零企业	个	222	103.3
住餐企业	个	36	109.1
社会消费品零售总额	亿元	118.09	110.7
其中:批发和零售业	亿元	108.02	111.6
住宿和餐饮业	亿元	10.07	102.0
营业收入	亿元	1513.87	132.0
其中:批发和零售业	亿元	1508.19	132.1
住宿和餐饮业	亿元	5.68	111.7
出口及招商引资			
自营进出口	亿美元	68.82	105.4
其中:出口	亿美元	54.41	106.1
#高新技术产品	亿美元	29.31	98.9
美国	亿美元	12.73	93.7
欧盟	亿美元	13.31	94.7
进口	亿美元	14.41	102.9
新引进外商投资企业数	个	48	106.7
实际利用外资	亿美元	8.06	105.3
实际到位内资	亿元	91.05	90.4
浙商创业创新到位资金	亿元	72.20	92.5
世界500强投资企业数(累计数)	个	38	100.0
企业发展			
累计工商注册单位数	家	29719	126.4
其中:当年新办工商注册数	家	6803	112.5
新增注册资本	亿元	481.68	154.5
当年引进入驻江北企业	家	353	114.6
当年引进入驻江北企业注册资金	亿元	24.56	154.5

续表37

指标名称	计量单位	2016年	为2015年的(%)
中国软件业务收入百强	家	7	87.5
上市公司	家	37	108.8
“新三板”挂牌公司	家	79	188.1
瞪羚企业(当年认定数)	家	199	145.3
科技投入产出			
专利申请数	项	14247	140.2
其中:发明专利	项	5902	187.3
获授权专利数	项	6700	105.7
其中:发明专利	项	1466	127.8
省级及以上高新技术企业	家	607	113.5
其中:首次新认定	家	99	159.7
研究与试验经费支出(R&D)	亿元	120.4	116.8
规上工业科技活动经费支出	亿元	84.2	122.1
R&D经费支出相当于GDP的比重	%	13.4	102.4
争取市级及以上产业扶持资金	亿元	5.84	84.4
区财政产业扶持资金支出	亿元	17.06	132.1
人　才			
人才资源数	人	227073	116.4
引进人才总数	人	25271	109.1
其中;博士	人	149	133.0
硕士	人	3020	83.0
其中:理工类本科及以上人员	人	17068	104.6
其中:留学人员	人	400	133.3
留学人员创办企业	家	990	119.7
其中:当年新增	家	186	143.1
新增大学生创办企业数	家	403	111.9
拥有国家级“千人计划”人数	人	67	119.6
拥有省级“千人计划”人数	人	123	117.1
人民生活			
收入			
城镇居民人均可支配收入(杭州市)	万元	5.22	108.0
农民人均纯收入	万元	3.36	113.2
就业保障			

续表37

指标名称	计量单位	2016年	为2015年的（%）
全年新增就业岗位	个	16200	132.6
年末职工基本养老保险参保人数	人	288684	114.6
其中：当年新增	人	36302	124.4
城乡居民医疗保险参保率	%	99	*1.0
教育			
学校数	所	58	#2
其中：幼儿园	所	31	#2
小学	所	16	#0
初中	所	11	#0
学生数	人	41973	108.7
其中：幼儿园	人	15390	108.8
小学	人	19444	109.1
初中	人	7139	108.7
专职教师数	人	3107	114.2
其中：幼儿园	人	1198	117.6
小学	人	1178	109.6
初中	人	731	116.6
卫生			
卫生机构数	个	136	117.2
其中：医院数	个	6	#5
卫生技术人员	人	2054	111.3
其中：执业（助理医师）	人	815	110.4
注册护士	人	635	105.3
年末各类医疗机构床位数	张	305	221.0
其中：医院床位数	张	182	1213.3
医院年诊疗人次	万人次	5.80	135.5
城市建设			
年末园林绿地面积	公顷	982.50	107.8
其中：公园绿地面积	公顷	438.80	109.6
年末实有道路总长度	千米	276	103.8
其中：当年新增	千米	15	150.0
农转居安置拆迁户	户	1616	88.2

续表37

指标名称	计量单位	2016年	为2015年的（%）
用电量			
全社会用电量	亿千瓦时	25.79	112.6
其中：居民生活用电	亿千瓦时	5.66	117.0
工业用电	亿千瓦时	5.65	101.8

说明：带*为增减百分点；带＃为增减数

杭州市各区、县（市）主要经济指标对比

表38

指标名称	计量单位	2016年	为2015年的（%）
地区生产总值			
全　市	亿元	11313.72	109.6
上城区	亿元	928.35	106.2
下城区	亿元	830.72	107.4
江干区	亿元	558.85	110.3
拱墅区	亿元	472.70	108.1
西湖区	亿元	976.99	110.3
滨江区	亿元	958.58	114.9
开发区	亿元	738.85	110.6
名胜区	亿元	36.32	109.1
萧山区（含大江东）	亿元	1954.18	108.2
余杭区	亿元	1447.84	112.2
富阳区	亿元	712.65	108.6
桐庐县	亿元	373.40	108.6
淳安县	亿元	235.65	110.7
建德市	亿元	350.43	108.4
临安市	亿元	518.76	108.5
财政总收入			
全　市	亿元	2558.41	114.0
上城区	亿元	128.34	119.8
下城区	亿元	135.85	98.8
江干区	亿元	142.71	124.0
拱墅区	亿元	130.98	118.0
西湖区	亿元	221.39	119.5

续表38

指标名称	计量单位	2016年	为2015年的（%）
滨江区	亿元	235.37	117.7
开发区	亿元	127.29	100.5
名胜区	亿元	9.27	112.7
萧山区（含大江东）	亿元	245.99	119.3
余杭区	亿元	400.03	131.0
富阳区	亿元	97.17	106.1
桐庐县	亿元	43.04	100.0
淳安县	亿元	27.29	108.7
建德市	亿元	38.87	106.0
临安市	亿元	64.79	107.5
地方一般公共预算收入			
全　市	亿元	1402.38	116.7
上城区	亿元	72.39	120.7
下城区	亿元	79.41	101.1
江干区	亿元	87.49	128.1
拱墅区	亿元	79.66	122.6
西湖区	亿元	123.11	120.5
滨江区	亿元	125.37	118.6
开发区	亿元	63.51	100.7
名胜区	亿元	5.22	107.5
萧山区（含大江东）	亿元	195.16	119.9
余杭区	亿元	244.29	140.5
富阳区	亿元	57.61	103.3
桐庐县	亿元	26.17	100.4
淳安县	亿元	17.36	108.6
建德市	亿元	22.71	104.5
临安市	亿元	37.34	108.3
实到外资			
全市	亿美元	72.09	101.4
上城区	亿美元	2.36	94.8
下城区	亿美元	4.10	128.3
江干区	亿美元	3.43	105.5

续表38

指标名称	计量单位	2016年	为2015年的（%）
拱墅区	亿美元	3.81	97.6
西湖区	亿美元	5.89	73.8
滨江区	亿美元	8.06	105.3
开发区	亿美元	3.52	60.3
名胜区	亿美元	—	—
萧山区（含大江东）	亿美元	15.52	107.0
余杭区	亿美元	10.40	95.7
富阳区	亿美元	2.91	103.3
桐庐县	亿美元	1.83	96.1
淳安县	亿美元	0.13	—
建德市	亿美元	1.48	104.9
临安市	亿美元	2.07	111.3
固定资产投资			
全市	亿元	5842.42	105.1
上城区	亿元	109.08	123.1
下城区	亿元	147.94	129.3
江干区	亿元	589.98	101.3
拱墅区	亿元	446.71	97.8
西湖区	亿元	405.87	80.1
滨江区	亿元	285.17	126.5
开发区	亿元	212.36	101.2
名胜区	亿元	13.76	176.4
萧山区（含大江东）	亿元	1078.32	112.0
余杭区	亿元	1040.32	113.1
富阳区	亿元	404.39	100.2
桐庐县	亿元	253.50	102.5
淳安县	亿元	160.36	106.0
建德市	亿元	205.32	116.7
临安市	亿元	265.97	115.0

（区统计局）

附　录

重要文献

干在实处　走在前列　勇立潮头
努力建成快乐创业幸福生活的科技新城典范

——在中国共产党杭州市滨江区第五次代表大会上的报告

（2016年12月28日）

中共杭州市滨江区委书记　詹　敏

同志们：

这次代表大会的主要任务是：全面贯彻党的十八大以及十八届三中、四中、五中、六中全会精神和习近平总书记系列重要讲话精神，认真落实中央、省市委部署要求，回顾总结区第四次党代会以来的工作，研究部署今后五年的主要任务，选举产生中共滨江区第五届委员会、纪律检查委员会以及出席中共杭州市第十二次代表大会代表，团结带领全区广大党员和干部群众，奋力推进三次创业，全力打造中国方案浙江样本的滨江精华版。

干在实处，推动区域整体凤凰涅槃

五年来，在省委、市委的正确领导下，区委始终坚持"产业引领、创新驱动、产城融合、民生优先"四大战略不动摇，紧紧依靠广大党员干部群众，同甘共苦、锐意进取、扎实工作，推动了各项事业不断跃上新台阶，全面实现了区第四次党代会提出的各项目标任务，打造创新创业新天堂、建设幸福和谐新滨江取得了明显成效，基本实现了滨江区域整体凤凰涅槃。

这五年，我们坚持一张蓝图绘到底，综合实力全面增强。全区主要经济指标全面翻番，连续十一年荣获省平安区，在全市年度综合考评中连续四年列第一。地区生产总值由2011年的424.7亿元增加到2016年的875亿元（预计数，下同）。财政总收入由100.2亿元增加到235亿元，地方一般公共预算收入从54.3亿元增加到125亿元，均列全省第六。连续在浙江省工业强县（市、区）、信息经济发展综合评价、创新型试点县（市、区）以及首次县域经济创新力、竞争力、发展潜力30强综合测评中列第一；在国家级高新区综合排名前六，其中知识创造和技术创新能力排名第二，被科技部火炬中心列入全国8个创建世界一流科技园区计划序列。习近平总书记和李克强总理等多位党和国家领导人来到高新区（滨江）视察，让我们倍感振奋、深受鼓舞。

这五年，我们坚持产业引领不松劲，新兴产业发展强劲。围绕自主创新、中国智造和网络安全，打造了网络信息技术产业的完整产业链，具备代表国家参与全球竞争的优势。信息软件、电子商务、物联网、数字安防、文化创意产业全国领先，涌现出一批行业领军企业、瞪羚企业和科技型企业，呈现出强者更强、小而变强的良性发展态势，形成了一批"互联网+"产业集群。2016年，全区信息经济规模1800亿元，增加值占地区生产总值的79.4%；高新技术产业增加值400亿元，比2011年增长152.5%，信息经济和高新产业规模均列全省第一；工业经济规模超千亿元，规上工业增加值增速全市第一；"两化融合"指数达99.96分，新产品产值率63%，均列全省第一。被确定为省信息经济发展示范区、省软件和信息服务产业发展基地、省首批服务业强区（县、市）试点。物联网小镇、创意小镇入选省特色小镇。

这五年，我们坚持创新驱动不动摇，创新能力持续提高。2015年8月，国家自主创新示范区获国务院批准，这是对我区自主创新能力的高度肯定和褒奖。五年来，拥有市级以上科技企业孵化器18个、新建众创空间20家，其中国家级15家。新认定国家级高新技术企业315家（总数607家）；新批省级重点企业研究院37家，占全市43%。新增上市公司9家（累计37家）、"新三板"挂牌企业79家。全区R&D占GDP比重始终保持13%以上，专利申请总量突破4万件，每万人发明专利拥有量突破200件，95%专利在企业；主导或参与研制并发布国际标准6项、国家标准75项、行业标准83项，新获驰名、著名商标141件。集聚金融服务机构190家，区创投引导基金阶段参股24支投资基金，区科技金融服务中心初具规模，深交所全景网路演中心建成投用。新增国家"千人计划"专家44人（总数67人），省"千人计划"专家86人（总数123人），"万人计划"专家10人。海归人员累计4900人，创办企业990家；新引进各类人才11.2万人，全区本科学历占总就业人数50%，培育大学生创业企业1566家。2016年浙江省企业技术创新能力评价中，我区包揽信息技术产业企业十强，在发明专利企业十强、研发人员企业十强中均占7席。

这五年，我们坚持产城融合不停步，科技新城显现韵味。我们上下同欲、克难攻坚，整村连片拆迁全面推进，全区完成10708户农户、1854户国有土地房屋和185家企业的拆迁（收购），拆除违章建筑550万平方米，交地13500亩，17个村基本实现整村拆迁，原来脏乱差的城中村变成了一个个绿地公园和一个个项目工地。我们横下一条心、全社会参与，五水共治取得决定性成果，水厂二期、白马湖备用水源、污水东输二期顺利完成，新建华家排灌站、江三排灌站、铁岭排灌站，扩建浦沿排灌站，实施河道综保18条（段）、清淤33条（段），完成管网清淤296公里，"雨天滨江看海"基本成为历史，水清岸绿逐步成为现实。我们积极谋划物联网产业园、互联网产业园和智慧新天地平台建设，形成五大平台新格局，产城融合发展步入新阶段。星光二期、中赢国际、星耀城、宝龙城等一批商业综合体建成，联华、物美等大型超市营业。建成道路71条（段），彩虹快速路、西兴互通立交等一批重大工程竣工投用，地铁1号线顺利运营，地铁4、5、6号线开工建设。圆满完成G20杭州峰会服务保障，坚定不移干好滨江必干之事，实施了"五个扮靓"工程，全域整治、全面提升和全方位展示了科技新城的独特韵味。

这五年，我们坚持民生优先不懈怠，社会事业快速发展。全区民生支出占区财政总支出90%。拆迁安置房建设加快，开工166万平方米、竣工109万平方米、交付137万平方米，安置7207户。教育振兴计划成效明显，5所中小学校和21所幼儿园建成投用，滨和中小学等6所学校开工建设；优质学前教育覆盖率达99%，中考的重高和优高上线率首次全面超过主城区平均数。浙二医院滨江院区和省儿童医院建成运营，新建社区卫生服务站11家。阳光家园福利中心试运行，新建社区照料中心53个。区文化中心建成开放，区体育馆、动漫博物馆、青少年活动中心加快建设，中小学校体育场馆向社会有序免费开放。新建公共停车泊位9600个，经改造的闻涛路被网民称为“最美跑道”，新建江一、江二、江三、奥体公园和白马湖景区一期，新增绿地面积233万平方米。新增就业岗位6.2万个，推出拆迁户年度慰问和大病医疗救助制度。城乡居民社会养老保险和医疗保险参保率99%。

这五年，我们坚持全面深化改革，体制机制再造新优势。我们连续推出两轮“1+X”产业扶持政策体系，加大对不同类别产业、不同发展阶段企业和不同功能平台的差别化政策扶持。率先出台《关于进一步支持大众创新创业建设国家自主创新示范区的实施意见》，被称为“黄金十二条”。进一步优化“5050计划”政策配套，完善动态评审机制，实行国际国内人才并举，持续放大人才招引效应。制定实施科技体制改革试点方案，推出12项重点改革举措，被列为省级科技体制改革试点。深入推进“四张清单一张网”改革；持续深化商事制度改革，新增注册企业22249家，探索试点的“五证合一”在全国推广。创新投资项目审批流程再造，新增产业建设项目92个。加强工业用地管理，推进节约集约用地改革，被国土资源部授予全国国土资源节约集约模范县（区）。探索实施政府专业雇员制改革，全面稳妥推行新一轮机关公务用车制度。

这五年，我们坚持推进民主法治，执政能力得到新提升。我们牢固树立“四种意识”，坚决拥护中央权威，严格执行中央和省市各项规定，形成了风清气正的政治生态和合作干事的工作氛围。党委总揽全局、协调各方，积极落实民主集中制，强化区委常委会集体研究决定重大事项、重要政策和人事任免制度，召开区委常委会135次。人大、政府、政协和法院、检察院依照宪法法律和章程独立负责、协调一致开展工作。区委出台了《关于进一步加强人大工作充分发挥人大作用的意见》《关于加强人民政协政治协商的意见》；加强了同各民主党派的政治协商，巩固和发展了最广泛的爱国统一战线，依法管理了宗教事务；加强和改进了党对工会、共青团、妇联、工商联等人民团体的领导；加强了人民武装工作。同时，社会治理方式进一步创新，网格化管理模式得到加强，区、街道、社区三级社会事务综合调处体系更加有效，违法犯罪活动得到遏制，命案、五类案件破案率达100%。五年来没有发生重大恶性群体性事件、重大群体性食品安全事件、重大安全生产事故，圆满保障了G20杭州峰会和中国国际动漫节、文博会等重大活动，实现了社会平稳有序。

这五年，我们坚持全面从严治党，党建引领弘扬正能量。我们深入学习习近平总书记系列重要讲话特别是习总书记在视察杭州、在G20杭州峰会时重要讲话精神，深化中国特色社会主义、中国梦、“五位一体”总体布局以及“四个全面”战略布局的学习教育和在滨江的生动实践。细化完善各级党委（党组）抓党建工作责任清单，健全党建工作考评机制和书记抓党建述职等制度。严把党员入口关，五年发展新党员1448名（总数46740名），其中584人次受到省、市级荣誉表彰。精心组织开展党的群众路线教育实践活动、“三严三实”专题教育和“两学一做”学习教育。深化党风廉政建设，把纪律规矩挺在前面，严格落实党委主体责任和纪委监督责任，认真履行“一岗双责”，实现纪检派驻监督全覆盖，持续保持惩治腐败高压态势，五年纪律处分和诫勉谈话116人，移送司法机关11人。切实转变工作作风，认真贯彻中央八项规定精神和省委“28条办法”、市委“30条意见”。扎实做好省委巡视组反馈意见整改落实工作。积极推进杭州“双基十条”在滨江落地生根，制定出台《全面加强基层组织和基层政权建设的意见》。认真落实意识形态工作责任制，加强舆论宣传引导，讲好滨江故事，打响“滨滨有礼”文明品牌，成功创建省示范文明城区。注重在基层一线锻炼干部和在急难险重任务一线选拔干部，五年区委新提拔任用副处级干部102人，正处级干部41人；并有7名区级领导得到提拔和重用，11人新提拔（提名）为市管领导干部。

同志们，五年砥砺奋进，成绩令人振奋，成绩来之不易。五年的成果，是中央和省市委正确领导的结果，是全区干部群众同甘共苦、不懈奋斗的结果，也得益于历届区委打下的坚实基础和老领导、老同志的持续关心！在此，我代表区委向全区广大党员和干部群众，向各民主党派、人民团体和各界人士，致以崇高的敬意和衷心的感谢！

回顾过去五年，我们在生动实践中又积累了宝贵经验，对于推动各项工作迈上新台阶具有重要意义：

干事业要以高远的目标凝聚人心。有多大格局干多大事！高远的目标让我们破釜沉舟放手一搏，甩开膀子大干一场。五年来，我们坚持以高远目标引领，以实干消除分歧，以实际成效赢取信任和支持。我们推出教育振兴五年行动计划，抓实抓好教育工作，打赢了教育翻身仗；我们提出本届党委政府任期内拆出发展新空间，到今年年底，西兴、长河基本定局，浦沿到明年6月也将基本完成；我们争创国家自主创新示范区，功夫不负有心人，也如愿以偿获得国务院批复。这些当初看起来“不可能的事”，现在变成了能体验能感受、看得见摸得着的成果。事实证明：只要有共同愿景，形成共识，就一定能把人凝聚起来，就一定能克难攻坚不断打开新局面。

干事业要以坚定的战略贯穿始终。十年磨一剑。一个领军企业如此，一个规模产业更是如此；产业如此，城市发展也是如此。五年来，我们坚定不移地瞄准前沿技术支持持续创新，造就了可以参与国际竞争的网络信息技术产业，同时积极布局生物医疗大健康等产业。我们坚持问题导向，主动调减了房地产用地，确保产业用地、民生用地、城市基础设施用地和城市留白，让城市形态向“不空不实”的理想状态发展。我们坚持做孵化器，把人才放在第一位，支持企业创新城市工业发展模式，支持企业大力推进平台经济，同时，我们拒绝了规模化简单制造，拒绝了高耗能高排放企业，拒绝了大型物流仓储。可以说，我们在各种诱惑面前，保持了一份清醒和淡定，以战略定力推动滨江形成了高新技术产业为主导的经济结构，确立了科技新城的城市形态。

干事业要以务实的战术推动落实。求真务实是党的优良作风。我们强调，战略不动摇，但战术要持续创新，要“钉钉子”地干。我们抓住治水这个市民关注的难点，编制了水系规划并付诸实施；我们抓住土地空间这个发展瓶颈，打出了整村连片拆迁组合拳；我们抓住行政效率这个痛点，从商事制度改革、投资项目审批流程再造和行政服务中心建设精准入手；我们抓住“滨江人难在滨江消费”这个窘境，精准招商推进商业综合体加快建设；我们抓住孵化器建设模式单一这个短腿，大力倡导多元投资专业管理。实践证明，只要我们把准问题、求真务实，我们就一定能有办法破解难题达成目标，最终实现战略意图。

干事业要以宽阔的视野把握方位。视野宽，格局才能大，方位才能准。高新区源于经济转型，滨江区源于农村变革。从高新区的使命出发，我们提出“滨江就是一个大孵化器”；从发展进程研判，我们提出“奋力推进三次创业”；从发展平台看，我们提出把五大平台作为产业和城市发展的主平台、主抓手；从发展空间看，我们提出“以有限空间实现无限发展”；从发展现状和潜力看，我们提出“杭州走在前列，滨江要有首位度、大贡献”。事实告诉我们：一定要站在更高层面、更广角度看问题，立足滨江、换位思考，我们的视野就能更宽，我们的服务就能更准，我们的事业就能更大。

干事业要以担当的作风建好团队。敢于担当是领导干部的职责要求，担当精神体现着党员干部的党性和觉悟、胸襟和勇气。高新区（滨江）之所以能够走在前列，至关重要的是有敢于担当的团队。在急难险重任务面前，是党员干部冲锋一线；在群众迫切需要的地方，是党员干部与群众风雨同舟。为了G20杭州峰会，我们有多少干部群众不辞辛苦、舍小家为大家；为了征迁成果，我们有多少干部“白+黑”“5+2”连续奋斗在一线；为了拆除违建，我们有多少干部任劳任怨、挨过骂声；为了城市环境改善，我们有多少干部磨破嘴皮、晒黑头皮……可以说，每一份成功，无一不是担当作为的结果！

同志们，成就固然可喜，但也必须清醒认识到发展中的短板和问题，国际化程度离世界一流高科技园区目标还有较大差距，产业能级和经济规模在全市比重有待进一步提高；城市建设和公共服务水平与人民的期盼还有较大距离；领导班子自身建设、干部思想作风和能力水平，以及市民文明习惯和素养都还有很大提升空间，等等。我们必须始终戒骄戒躁，勇于改革，积极作为，有效应对和化解各类发展难题，确保各项事业不断取得新发展。

走在前列，谋划未来五年的美好愿景

习总书记在G20杭州峰会上说“让我们以杭州为新起点，引领世界经济的航船，从钱塘江畔再次扬帆启航，驶向更加广阔的大海”，并希望浙江“秉持浙江精神，干在实处、走在前列、勇立潮头”。省委十三届十次全会提出，要把握历史方位，努力把“浙江的今天”建设得更好，为“中国的明天”贡献更多的浙江实践、浙江素材、浙江经验。市委十一届十一次全会强调，全面提升杭州城市的综合实力、创新活力、人文魅力和国际影响力，打造世界名城。那么，我们怎么办？浙江实践，滨江要走在前列；杭州打造世界名城，滨江要有首位度！

G20杭州峰会是对杭州过去的高度认可，对杭州当下有高度评价，对杭州的未来还将产生深远的影响和重大意义。G20杭州峰会向世界展示了中国成就、彰显了中国担当、闪耀着中国智慧，充分表明我们党和人民完全有能力为人类对更好社会制度的探索提供中国方案，也充分说明杭州完全具备承办世界一流会议的优势和条件。G20杭州峰会带来巨大后续效应，为杭州打造世界名城、高新区（滨江）建设世界一流高科技园区提供了历史性机遇。同时，我区还将作为主场迎接2018年的世界短池游泳锦标赛、2022年的亚运会。

今后五年，是顺利实现十三五规划目标任务的决胜阶段，我们必须清醒认识和理性分析面临的挑战和机遇。当前我国仍处于重要战略机遇期，经济发展进入新常态，全球科技酝酿新突破，网络信息技术推动大数据、人工智能、物联网等加快发展，全领域的跨界引领新产业、新业态、新技术、新模式爆发，共享经济、平台经济方兴未艾。同时，国际形势也更加多变复杂，外贸出口出现新情况，人才回归出现新动向，跨国经营和投资有机遇更有挑战。

高新区（滨江）是杭州建设国家自主创新示范区的核心区，是杭州建设跨境电商综合试验区的发源地，是浙江的人才高地、产业高地、创新高地，也是浙江、杭州的重要窗口，当前产城人深度融合发展正处在一个快速推进过程中。我们拥有产业引领先发优势，但区域竞争日益激烈，必须持续创新不断拿出杀手锏；我们拆出了发展新空间，但依旧满足不了产业扩张，必须懂得取舍再谋新路子；我们培育了大量科技型小微企业，但如何留好、发展好好项目仍是大问题，必须以政策和文化再赢先手棋；我们快速推进了城市建设，但如何提升国际竞争力还有短板，必须拓展视野主动接轨国际一流标准；我们集聚了一大批高端人才和创新团队，但如何进一步在更高层级更大数量级上再显优势仍有巨大挑战，必须持续关注人才新动向新需求。

在这样的历史机遇和挑战面前，我们一定要准确判断：滨江这样的产业特色、区位优势、城市形态、人口结构、生态环境，在杭州是独特的，甚至是唯一的，高新区（滨江）必须有、也必定有极为美好的未来！我们一定要牢牢把握：高新区为产业而生，滨江区为城市而生；无论产业还是城市，都是为了让生活更美好！发展高科技、实现产业化、建设科技新城是我们的历史使命，世界一流高科技园区是我们的坚定目标，创新驱动发展是我们的路径选择，推动产业报国是我们的责任担当，让人民过上更加美好的生活是我们的不懈追求！我们必须把握好历史方位，全面对标一流标准，扬长补短，形成高新区的独特文化、造就滨江区的独特气场，吸引更多创新创业要素，发挥集聚作用、产生核变效应，努力形成更多务实管用、具有引领示范意义的制度成果，打造更具内生动力的创新驱动发展样板、更具持续活力的市场经济样板和更有国际范的科技新城样板，在浙江实践中体现滨江的担当，在浙江素材中留下滨江的印记，在浙江经验中反映滨江的贡献，做出高新区（滨江）应有的更大作为！

未来五年工作的指导思想是：高举中国特色社会主义伟大旗帜，深入学习习近平总书记系列重要讲话精神，按照“秉持浙江精神，干在实处、走在前列、勇立潮头”的新要求，坚持“产业引领、创新驱动、产城融合、民生优先”四大战略不动摇，奋力推进三次创业，加快产业高端化、规模化，加快全域城市化、景区化，加快城市国际化、智能化，加快生活便利化、品质化，全面推进产城人融合发展，早日建成世界一流高科技园区，建成生产生活生态相得益彰、宜居宜业的科技新城典范，率先高水平建成全面小康社会，全力打造中国方案浙江样本的滨江精华版。

主要目标任务是：

——*经济更加稳健*。主要经济指标比2015年翻一番，地区生产总值突破1600亿元，财政总收入突破400亿元、地方一般公共预算收入突破200亿元，形成网络化、智能化、服务化、协同化的“互联网+”产业生态体系，新领域新产业的新蓝海加快发力，在全省综合实力排名继续进位，国家级高新区第一方阵地位更加巩固。

——*创新更加有力*。研发经费支出占GDP比重继续保持13%左右，高层次科技人才、创业人才和创新团队持续快速集聚，企业创新主体作用更加突出，大创新生态体系更加完善。到2021年，全区国家级高新技术企业达800家，企业人才资源总量突破30万人，每万人发明专利拥有量达400件，成为具有全球影响力的创新创业中心。

——*城市更加美丽*。城市基础设施达到国际一流水平，成为杭州宜居宜业首善之区。全面完成城中村改造，彻底消除劣V类水，城市更加协同协调、更加绿色生态。国际化水平和国际影响力取得突破性进展，科技新城美誉度和知名度明显提升，成为高端人才、国际资本的首选地之一，以精致和谐、大气开放的“国际滨”迎接亚运会。

——*人民更加幸福*。全面实现基本公共服务均等化，努力让群众享有更稳定的工作、更满意的收入、更优质的教育、更可靠的保障、更温馨的医疗、更便捷的交通、更舒适的居住条件、更优美的城市生态、更品质的文化服务、更文明的平安环境，使群众对美好生活的持续向往不断成为现实，人均收入稳居全市首位，快乐创业、幸福生活成为滨江人引以为自豪的新体验。

——*社会更加和谐*。持续供给更加有利于创新创业和民生发展的新机制、新政策，经济体制、科技体制、行政体制、社会治理体制改革取得明显成效，体制机制和政务环境保持全国领先。全面实现法治化、多元化和精准化治理，市民参与度和满意率全面提升，和谐稳定的社会环境、清正廉洁的政务环境和公平正义的法治环境成为新常态。

在今后工作中，我们要把握好以下工作原则：

坚持以人民为中心。滨江是人民的滨江！发展是为了人民过上更加美好的生活，这是我们的初心，必须始终不变。人民群众是我们各项事业取得成功的最根本力量，善于做群众工作是检验我们能力的基本要求，让群众满意是衡量我们工作的基本标准，满足群众发展需求是我们工作的最重要内容，让新老滨江人融合发展是我们工作的重要着力点。我们必须坚持发展为了人民、发展依靠人民、发展成果由人民共享，从群众中来，到群众中去，与人民群众一起同甘共苦，让人民群众更多更广泛地参与各方面活动，更多更公平地享有更加美好的城市生活。

坚持全面改革创新。滨江因创新而兴，未来更要靠创新而强。我们要树立大创新理念，不断推进制度创新、科技创新、文化创新、商业模式创新等各方面改革，让创新贯穿一切工作，让创新蔚然成风。企业要围绕效益而创新，推动新产业、新业态、新技术、新模式蓬勃发展，实现更优、更快、更强。党委政府要围绕支持创新而改革，敢于向顽瘴痼疾开刀，敢于触及深层次利益关系和矛盾，创造性地破解难题，适应经济新常态、社会新常态。

坚持遵循规律按规律办事。物物皆有规律！把握规律才能把握趋势，要趋利避害、懂得取舍、顺势而进。我们要把握产业发展规律，顺应产业跨界融合趋势，呼应“互联网+”“中国制造2025”“一带一路”战略，打造创新创业高地；我们要把握人才成长规律，顺应人才综合发展趋势，发挥人才优势作用，全面推动创新发展；我们要把握城市发展规律，顺应城市化与信息化融合趋势，推进全域景区化、国际

化，努力实现产城人融合发展；我们要把握社会发展规律，顺应城市让生活更美好的需求，努力让人们在滨江快乐创业、幸福生活！

坚持实干至上行动至上。一张好蓝图，就要一茬一茬接着干，干到底。议而不决，定而不干，什么都没有。实干，要研究规律、遵循规律干；要即说即干、立马就干；要迎着困难上、担着责任干；要干就干好、干出成效。要激发干的动力、提高干的能力、修炼干的定力，要有锲而不舍的工作韧劲、因势利导的科学方法、勇于拼搏的奋斗精神，不抓到底不回头、不解决问题不撒手、不达目的誓不休，以实干的行动赢得群众的口碑和党委政府的公信力。

坚持全面从严治党。有好的党风，就有好的政风民风。“打铁还需自身硬”是我们党的庄严承诺，全面从严治党是我们立下的军令状。党要管党，必先从严治党；从严治党，必从党内政治生活严起。我们要以舍我其谁、敢于担当的责任狠抓党的基层组织建设，以惩前毖后、治病救人的方针狠抓党员队伍净化，以踏石留印、抓铁有痕的劲头狠抓思想作风建设，以纪严于法、纪在法前的要求狠抓“四种形态”落实，严明党的政治纪律政治规矩不含糊，严格党内政治生活制度不松懈，努力打造一支经得起检验、受得起人民托付的“滨江铁军”，始终保持党的先进性、纯洁性，始终保持政治生态的绿水青山。

勇立潮头，引领未来五年的基本思路

今后五年，全区各级党组织和广大党员要围绕奋斗目标，把人凝聚起来，牢牢把握战略机遇，拉高发展标杆，突出发展重点，破解发展难题，达成发展共识，形成发展合力，奋力推进三次创业，推动高新区（滨江）各项事业不断迈上新台阶。

（一）三次创业，必须推进创新发展、开放发展，打造具有全球影响力的创新创业中心

习总书记指出“创新是引领发展的第一动力。抓创新就是抓发展，谋创新就是谋未来”，在海康威视考察时更是强调“企业持续发展之基，市场制胜之道在于创新”。我们要以更宽视野、更高格局来定位高新区（滨江）的发展，把创新发展、开放发展融入发展的每一环节，着力提升创新人才链、资本链、服务链和价值链，使高新区（滨江）成为区域发展的创新要素集聚区和重大高新产业平台，努力打造具有全球影响力的创新创业中心。

把人才工作放在经济工作的第一位置。习总书记在视察海康威视时说：“人才是最宝贵的资源，只要用好人才，充分发挥创新优势，我们国家的发展事业就大有希望，中华民族伟大复兴指日可待。”人才是创新的根基，创新驱动实质上是人才驱动。我们一定要把人才工作放在经济工作的第一重要位置，必须毫不置疑。要千方百计招引人才，创造条件留好人才，宽容失败并甘愿为失败承担必要成本，建设一个服务精准、效率高效的人才服务体系，打造一批能够引领经济社会发展的行业领军人才体系，形成一个专业技术突出、梯次结构合理、人才数量庞大的人才队伍体系。要全面实施“人才+团队+项目+平台”四位一体开放式的人才培引模式，把握好“人才、企业、政府”三者关系，更加重视人才的内在动力，更加突出企业的主体作用，更加强化政府的政策引导。要加快人才国际社区建设，提供更多更便捷更有效的人才交流平台，促进人才的跨界融合，激发新的创新活力。要特别关注引进人才的再发展，支持创新者再创新、创业者再创业，褒扬成功、宽容失败，巩固高新区独有的创新创业文化。要支持企业和人才提高知识创造水平，支持创建省级重点研究院和国家实验室，支持创建企业博士后科研工作站，支持开展技术攻关和模式创新，特别要推动能代表国家参与国际竞争、能替代进口产品、能填补国内技术空白的高新技术研发，努力抢占全球技术制高点，打造“新技术之都”。要加大知识产权战略推进力度，建立立体化的知识产权保护体系。五年新增人才12.5万人，研发投入总额达900亿元，专利申请总数超6万件。2017年，引进人才2.5万人，理工科类占比70%左右；引进培育“千人计划”、“万人计划”专家30人，引进海归人员800人，创办“5050计划”企业100家。

全力壮大高新技术产业能级。发展高科技实现产业化，必须推进梯次布局，打造有影响力的产业集群。要坚定不移地推进信息经济再上新台阶，这是我们的支柱产业。我们具有强大的先发优势，同时面临巨大挑战，必须积极关注和培育基于互联网的新产业、新业态、新技术、新模式，大力促进网络信息技术跨界融合衍生发展，大力支持专业化平台建设，大力支持新技术、新产品率先应用推广，壮大集群优势，打造全省信息经济核心区、全国智慧产业集聚区、现代高端产业引领区。要毫不犹豫地关注生物医药大健康以及新材料新能源产业，这是我们未来的新蓝海。我们要在现有布局基础上，积极谋划，精准对接，搭建新平台，集聚新资源，创造新优势，力求通过几年努力培育2～3个千亿级产业集群，打造新的增长极。特别要抓好专业孵化器、特色园区、特色小镇谋划和建设。要继续采取差异化和非对称路径支持优势企业，这是我们培育产业的最有效办法。对领军企业要紧盯不放，支持其衍生发展、跨界发展，发挥引领、带动、辐射作用；对瞪羚企业要持续跟踪，支持其扎根滨江，加快研发，推广应用，快速做大；对初创企业要梳理研判，特别对新领域、新技术、新模式要敢于下血本；对于特别重大的项目和重大创新，要一事一议，坚决扶持、科学扶持、放手自主发展。要有效探索区域协作新模式，这是我们破解发展瓶颈的新方向。作为高新区，滨江要有大胸怀。要以共建共享的新思维推进产业梯度转移，推动产业合作、空间合作、优势互补，打破行政区域限制，探索基础设施共建、经济利益长期分享的合作新模式，进一步发挥高新区（滨江）的集约发展水平和辐射带动作用。到2021年，优质成长型企业（瞪羚企业）达到500家，打造2～3个千亿级、五百亿级的企业集团。2017年，全区GDP增长11%左右，财政总收入和一般公共预算收入增长12%以上。

全力践行“滨江就是一个大孵化器”。创新不是一蹴而就的，创新需要孵化器，甚至要承担失败。高新区（滨江）首先是一个大孵化器，这必须成为我们的基本共识。我们要做有情怀的政府，建有情怀、大格局的滨江。我们需要参天大树，但参天大树从何而来？从创新开始，从无到有、从小到大实现水到渠成的创业，这要成为滨江产业培育的独特亮点。我们要乐于建苗圃、做园丁，坚定不移地支持孵化双创活动，让优质种子在滨江这一合适土壤中发芽、成长、壮大，扎根在滨江，从滨江走向世界，进一步展示“总部研发+生产外移+结算回区”的城市工业发展模式的强大优势和价值。孵化器要更加科学布局显现独特韵味，这是我们要努力的重点任务。江北是高新区的发源地，必须坚守，要切实强化江北创新孵化功能，实现南北互动联动。物联网产业园、互联网产业园、生态创意城、智慧新天地，要更多合理布局孵化器和众创空间，政府物业要继续扩大规模并向孵化器倾斜，社区留用地开发要向孵化器产业平台转型，支持孵化器众创空间集群发展，尽快形成孵化器随处可见、高新企业星罗棋布、骨干企业闪亮全域、特色小镇个性鲜明的产业新格局。孵化器要整合资源体现专业化水平、集约化效益，这是我们政策支持的重要方向。鼓励各种优势力量做专业孵化器和众创空间，支持专业孵化器经营团队。探索建立与国际市场接轨的人才和项目对接服务平台，打造具有独特优势的国际科创服务中心。特别要支持孵化器和众创空间聚焦高端前沿技术，完善科技创新创业孵化链条，形成特色产业孵化园区。加快优化孵化生态圈，支持孵化器与创投机构、科研平台、龙头企业、高校院所开展合作，支持孵化器建设公共服务平台。到2021年，市级以上孵化器、众创空间总数100家以上。2017年，新认定市级以上孵化器、众创空间13家，在孵企业1300家。

全方位打造特色彰显的“国际滨”。习总书记指出“开放带来进步，封闭导致落后”“以对外开放的主动赢得经济发展的主动、赢得国际竞争的主动”。科技新城典范必须主动对标世界先进城市，主动接轨国际规则，追求全方位国际化，努力打响“国际滨”金字招牌。着力提升产业国际影响力。加快形成有利于企业开展跨国经营、投资和合作的支撑服务体系，在更高层次上增强国际话语权和影响力。重点支持具有国际竞争力的企业布局全球市场，支持企业采用国际标准、参与国际标准制定和推动国际互认、开展国际知识产权合作，支持企业跨国投资。主动融入全球创新网络。借助国际会议、会展、赛事活动等平台，展示高新区（滨江）的创业环境、高新企业和优势产业，加强国际交流与合作，使滨江成为高端技术论剑的“比武场”和优质项目的落脚地。积极实施“5050计划”，大力开展境外合作，吸引国内外高端人才、优秀团队和著名高校、科研院所来区设立研发机构，落地技术项目推动创新创业。2017年，启动建设国际人才社区；引进境外投资8.3亿美元，其中世界500强项目3个。着力打造国际会议和赛事目的地。充分发挥G20杭州峰会的带动效应，办好中国国际动漫节、文博会，积极招引一批高层级的系列展会、大型会议、论坛和赛事，重点培育一批具有高新产业特色、具有广泛影响力的技术型展会、高峰论坛，努力打造杭州国际会议目的地城市的示范区和重大赛事主办地。

全方位健全科技金融服务体系。创新发展，没有资金就是“无米之炊”。融资难、融资贵和融资慢依旧是我们要重点关注和解决的重要课题。要进一步整合各方资源合力打造科技金融服务中心，发挥好全景网路演中心、创业大街等服务平台作用，支持“六和桥创新创业生态示范区”建设。要大力引进金融投资服务机构，积极拓展空间研究布局区域性金融（基金）小镇，融入钱塘江金融港湾建设体系。要充分发挥政府各类引导基金作用，扩大区科创投资基金规模，创新运行模式、投资模式，关注企业痛点和难点，积极做优政府基金跟投，探索实践战略合作投资，妥善推进同股同权投资，做企业希望做的事，解决市场难以解决的问题。支持区内上市公司、新三板挂牌公司、领军企业和企业集团开展并购、重组，用好资本市场的乘数效应，做大做强，以商引商，增强产业能级。加大对企业上市和新三板挂牌工作的辅导、支持力度，争取更多企业直接入市融资。到2021年上市企业总数50家以上，其中2017年力争新增上市企业3家以上。

（二）三次创业，必须推进全域城市化、全域景区化，打造绿色宜居的美丽滨江

习总书记指出“城镇建设水平，不仅关系居民生活质量，而且也是城市生命力所在”。一流高新区必须有一流环境。高新区（滨江）要全面推进全域城市化、全域景区化，形成有特色亮点的城市形态、区域文化、生态环境、人文景观，以一流城市集聚一流资源、一流资源支撑一流城市，最大限度优化创新创业和人居生活环境，加快建成“美丽滨江”，成为快乐创业、幸福生活的科技新城典范。

科学把握城市规划建设理念。习总书记强调“考察一个城市首先看规划，规划科学是最大的效益，规划失误是最大的浪费，规划折腾是最大的忌讳”。我们要深刻把握科技新城的内涵，不断顺应科技新城建设发展新要求，以一流规划引领一流城市建设管理，以一流的建设管理实现城市让生活更美好。我们要认真思考，滨江到底要建成一个怎样的城市？世界一流高科技园区，一个宜居宜业的科技新城，在这里人们快乐创业、幸福生活，这是我们的愿景。我们要坚定坚持土地有序开发，适度控制住宅房地产用地规模，适度扩大产业用地规模，适度增加城市公园绿地，坚守产业用地集约高效利用和土地利用用途管制。我们要坚定坚持城市留白，这是对城市的未来负责。我们需要发展速度，但更要讲质量，特别要讲城市未来品质。对每一块土地我们都要先有土地利用规划、控制性详细规划和城市设计，都要妥善处理好土地规划与城市规划衔接问题，处理好当前与未来的关系。我们要坚定坚持“不空不实”，建筑密集区务必要留出空地作为城市留白，而空旷区块又要抓紧落实合理项目加快建设，实现科学、有序、高效开发。我们要坚定坚持凸显地域特色，滨江的山水资源要体现在山清水秀、显山露水上，滨江的创新气质要体现在城市建筑与基础设施的协调组合中，滨江的生态特色要体现在每一条河道的建设形态、每一条道路的绿化搭配和每一座山的保护利用中，滨江的历史文化要体现在街道老街、历史建筑、人物地名以及历史碎片的保护开发中，“让城市融入大自然，让居民望得见山、看得见水、记得住乡愁”。我们要坚定推进“打开围墙见绿见景”，这是一个一流高新园区、一个科技新城应有的面貌，脏乱差的城中村和无序的农耕形态应当成为城市的过去式，取而代之的应当是城市的绿地公园和城市地标。我们要坚定推进城市优化，滨江的城市，不仅要经得起地面看，还要经得起空中看；不仅白天能看风景，还要晚上能看夜景；不仅要用好地上，还要用好地下。城市河道要积极推行“河+塘+公园”建设模式，切忌“一条直线划到底、一道石坎驳到底”；海绵城市和地下管廊开发试点工作要着力推进；城市建筑要体现美学要求，工匠精神要大力弘扬，城市第五立面和城市天际线要切实加强管控，凸显城市深度、高度、力度，体现江南特色和立体美感。

全面加快基础设施建设。对滨江必干之事，要立足早干早成。现代城市要有科学的一流交通体系。要主动构建交通主干网，理顺交通微循环系统，建成地铁5、6号线和江南大道地下快速路、望江隧道、萧闻路、跨铁主通道，开通白马湖区域轨道交通，完成浦沿路改造，同时要围绕人口密集等重点区域科学解决好公共停车场问题。2017年，开通地铁4号线，江南大道地下快速路、萧闻路和江虹路跨铁通道等重点项目开工建设，新增公共停车泊位1600个。科技新城要有一流的网络基础设施。要把网络作为重要的城市基础设施来建设，大力推进光纤进园区、进小区、进楼宇、进学校，不断优化城市无线网络高质量全覆盖，积极支持优势企业参与网络基础设施建设，打造网络设施和应用最强城区。智慧新天地，要全面完成城市路网和公共配套设施建设，五年形成新的城市形态和现代城市风貌，集聚一批高新技术企业，成为滨江高新产业集聚的新天堂，打造成杭州城市区域次中心。2017年，沿江景观带和闻涛路改造工程开工建设，努力打造钱塘江畔最具特色、最为叫好的一线景观。白马湖生态创意城，要科学定位积极谋划特色小镇，加快打造酒店集群，努力成为杭州重要的国际会议展览中心，成为文化创意产业发展高地。2017年，湖区二期工程要开工建设，冠山公园要加快进度，一批产业项目要加快落点开工。物联网产业园，要加快特色小镇核心区的景观轴设计和建设，打造地标性的城市绿地公园景观；加快建设一批高新产业项目，配套建设好商业、学校等公共服务，成为全省标杆性的特色小镇和中国物联网产业示范区。互联网产业园，要加快北塘河畔核心区的招商，尽早建成新的特色孵化器、特色小镇，打造成"互联网+"创新创业中心的新亮点、新窗口；要抓紧推进时代大道沿线区块重点产业项目建设，打造城市新地标；要加快推进滨康路沿线的综合开发利用，科学布局城市功能和产业功能，进一步做大做强互联网产业能级。奥体博览城，要积极推进奥体主体育馆建设，确保网球馆顺利建成，协调推进奥体地铁上盖物业开发，认真抓好机场高架沿线的城市设计，承办好世界短池游泳锦标赛，做好亚运会筹备工作。

综合推进城市管理组合拳。习总书记强调"要抓住城市管理和服务这个重点，让人民群众在城市生活得更方便、更舒心、更美好"。坚决推进三改一拆，严查违法建设，全面完成城中村改造，全面实施小城镇综合整治，全面拆除脏乱差低小散企业，全面清理住宅小区违章建筑，全面加强工业用地实际用途监督管理与执法检查。坚定推进五水共治，抓好千岛湖引水工程，全面优化城市水系，加大清水入城，妥善解决污水集中处理，努力实现污水"零直排"，确保消除劣V类水，全面实现河道水清岸绿、生态优美。2017年，开工建设陆家漕河、冠山河。全力打造最有序城市，严查车辆乱停乱放，严查摊贩私设乱摆，严查渣土非法处置；进一步加大道路科学管理，从严控制道路停车，提升道路通行能力和通畅程度。全力打造最清洁城区，全面落实现代城市治理网格化制度，扎实推进精细化管理，确保城市道路、公共场所、公园绿地整洁有序；全面实现住宅小区自我管理、自我服务，打造清洁温馨小区。切实加强"智慧城管"应用，整合城市管理信息资源，加大大数据、物联网、云计算等现代信息技术应用，健全防洪、排涝、消防、抗震等灾害应对指挥体系。切实推动全民参与，坚持"问情于民、问需于民、问计于民、问绩于民"，积极鼓励和引导滨江居民参与城市管理，健全志愿者服务工作体系，让居民以主人翁的姿态实现城市共建共管共享。2017年，全面推进城市行政执法体制改革。

（三）三次创业，必须推进城市资源共建共享，打造幸福和谐的品质滨江

习总书记指出"一切工作出发点、落脚点都是让人民过上好日子""保障和改善民生没有终点站只有新起点"。此心安处是吾乡，这是滨江应有的情怀。我们一定要把民生工作放在突出位置，着力解决好直接关系人民群众根本利益和现实利益的民生问题，不断提高居民的生活质量和幸福指数。

让教育成为令人振奋的事业。教育就是竞争力，必须始终突出教育优先发展的战略地位。优先保障教育投入，优先改善教育环境，按照浙江领先、杭州一流标准加快教育软硬件建设，努力让美丽的校园、敬业的教师、快乐的学生、满意的家长、健康的校园生活、向上的校园文化真正成为现实，打造杭城最优教育强区。为了教育，我们要乐于一切资源向教育倾斜，要努力吸引更多优秀教师加盟滨江，要让滨江的教师成为最受人尊敬的群体，要依靠教师让滨江的学生成为最快乐最爱学习最有爱心的一代，要共同让滨江的学校成为最受市民喜爱和称道的最美场所，要动员各方资源全力支持学校创新办学理念、创新管理模式、创新素质教育方式，大力推进智慧校园建设和教育国际化。同时，要统筹推进成人教育、职业教育、老年人教育和社会化培训体系建设，打造终身教育体系和学习型城区。2017年，要研究推出办学体制改革方案，完成钱塘实验小学等5所学校建设，开工建设4所学校（幼儿园）。

让社会保障成为令人暖心的事业。社会保障是基础性的工作。医疗保障要更有品质。发挥浙医二院、省儿童医院、武警医院等医疗机构作用，推进区域医联体建设，支持推进国际化医疗保险覆盖，形成大型骨干医院、街道卫生服务中心、社区卫生服务站和其他医疗资源功能互补、优质均衡、多元发展的医疗体系，建立健全居民健康档案，建设“健康滨江”。2017年，西兴街道卫生服务中心基本建成，新增社区卫生服务站4个。就业养老服务要全覆盖。坚持创业带动就业，确保居民收入稳定增长，动态消除“零就业”家庭，努力实现“年轻人人人就业、老年人人人有养老保障”。积极创新养老服务模式，运营好养医护一体化的阳光家园福利中心，大力推进社区托老养护中心建设，不断完善居家养老水平，实现老有所养、老有所乐。实行最低生活保障标准及物价补贴的动态增长，确保让困难群众也有更高质量的生活体验。拆迁户关心关爱行动要持续推进。要努力让拆迁户家庭优先享受更好的城市化红利，要特别支持拆迁户家庭就业和创业，特别关注因病致贫问题，特别关心老年人晚年生活。要规范有序推进三产留用地开发，更好支持产业平台建设和完善城市功能配套，实施新一轮撤村建居社区股份制经济五年倍增计划。要切实加快农转居安置小区建设，力争五年全面完成拆迁安置目标，安置小区实现社区化、规范化和品质化管理，努力打造让人羡慕的美丽家园。2017年，安置房力争开工100万平方米，交付40万平方米，改造提升安置小区5个。

让公共服务成为令人快乐的事业。积极推进“互联网+公共服务”，努力实现跨部门的信息数据共享，让公共服务更加便捷化、人性化、品质化。继续加大商业服务供给侧改革力度，满足市民的多元消费需求，加快形成大中型商业综合体、大型超市、社区商业服务以及农贸市场等布局合理、功能互动的全域性商业服务网络，让更多人消费在滨江，2017年，龙湖天街、星耀城二期要建成开业，安置小区商业业态规划启动实施。建立更好的公共文化产品生产和供给体制，强化政府、市场、社会良性互动、共同参与，发挥好奥体中心、低碳科技馆和区文化中心、体育馆、青少年活动中心、中小学文化体育场馆作用，加快建成冠山、回龙庵山城市公园以及白马湖景区，引进和开展各类群众文体运动和赛事，让“运动、艺术、科技”元素不断充实滨江居民的生活，让“大妈学跳舞、大伯学健身”成为新风俗，让市民拥有更加健康快乐的城市生活。

让社区小区成为令人温馨的大家园。社区组织在社会管理中起着十分重要的作用，其社工队伍素养决定了服务质量，运作模式决定了作用效益，必须高度重视。要大力招聘高素质城市社工，形成梯次结构，造就爱岗敬业、热心群众、乐于奉献的一流团队；要把为民服务、城市管理、平安建设作为社区工作的核心任务，细化分解并纳入日常管理和考核，全面落实网格化管理机制和“一天一主题，一周一循环”工作机制；要积极推广提升智慧社区建设，打造“互联网+社区”管理体系；要加快完成全区撤村建居社区股社分离工作，加快向城市社区全面转型。住宅小区是社会治理的最基层单元，小区自我管理、自我服务能力的高低，直接关系居民的生活品质好坏，必须创造性加强引导和指导。要健全业委会管理机制，强化以制度管理小区、服务群众，制定出台切实可行、行之有效的运作办法和小区居民守则，增强制度执行刚性，解决好业委会自我服务、规范管理的问题；要健全小区物业管理机制，明确物管单位管理职责和评价体系，解决好物管单位为谁服务、如何服务的问题；要建立矛盾纠纷调处机制和小区事务公开制度，解决好居民自我约束、共建共享的问题。要妥善处理好社区、业委会和物管单位的关系，强化社区统筹协调作用、业委会民主决策功能和物管单位执行落实能力，通过三方协调努力打造一个个温馨家园。2017年，要推出社区建设三年行动计划。

让文明法治成为令人自觉的行动。“国际滨”要有文化内涵、文明素养。要以社会主义核心价值体系为根本，大力开展爱国主义和新时代人文精神教育活动，弘扬中华文化，重视家庭文明建设和社会公德、职业道德建设，全面提升市民文明素养。要大力弘扬“自强不息、坚韧不拔、勇于创新、讲求实效”的浙江精神，弘扬“精致和谐、大气开放”的杭州人文精神，弘扬尊重人才、崇尚创新、服务科技、支持创业、引领发展的高新元素，让创新发展、包容协同、共建共享成为新滨江的新文化，建设共有的精神家园，以群体力量追求共同愿景。以国际视野全面推进法治建设，提高依法治理的能力和水平，弘扬法治精神，培育法治文化，打造透明、阳光、规范的政务环境，构建适合于经济全球化的政府职能体系。深化平安滨江建设，完善立体化社会治安防控体系、基层社会治理体系，依法做好信访工作，切实落实安全生产，加强公共安全和食品安全，严防严控消防事故，努力减少交通事故，建设和谐滨江。通过文化文艺、人文精神、共同愿景、共建共享，把新老滨江人凝聚起来，让滨江人为这座科技新城而奋斗，为工作生活在这里而自豪，展示滨江人的博大情怀和格局。

党建引领，为实现目标提供坚强保证

习总书记强调“办好中国的事情关键在党，关键在党要管党、从严治党”。省委提出要打造“勇立潮头的浙江铁军”，杭州提出要当好排头兵，滨江更要有滨江铁军和排头兵。站在新的历史起点上，我们要按照“事业发展到什么阶段，党的建设就要推进到什么阶段”的要求，全面落实党建工作责任制，与时俱进加强党的自身建设，不断提高党的建设科学化水平，动员发动全区各级党组织、广大共产党员以“不忘初心、继续前进”的思想自觉和行动自觉，更好肩负起时代重任，奋力推进三次创业，为打造中国方案浙江样本的滨江精华版提供强大精神动力和组织保障。

（一）加强党的思想政治建设。要着眼于自我净化、自我完善、自我革新、自我提高，以照镜子、正衣冠、洗洗澡、治治病为总要求，切实提升能力素质修养。要加强理想信念教育，补足精神之钙、筑牢信仰之基，坚定中国特色社会主义道路自信、理论自信、制度自信、文化自信。要加强党性教育，强化党员意识，自觉尊崇党章、遵守党章、维护党章。要加强道德教育，大力发扬党的优良传统和作风。要进一步加强和改进意识形态工作，特别要让网络清朗起来，在大是大非问题上挺身而出，当战士不当绅士。每一位党员干部都要坚定理想信念，带头践行社会主义核心价值观，做具有高尚道德品行的示范者、引领者，做干事成事的担当者、奉献者。

（二）打造全面过硬干部队伍。事业成败，关键在于干部队伍建设。要坚持党管干部原则，坚持好干部标准，推行干部提名署名制，推进干部能上能下。要发挥考核“指挥棒”作用，科学检验各级干部抓落实的实际成效，鼓励干部干事担当、改革创新，在干中提升干部能谋善断、能征善战的能力，在干中发现、培养和提拔干部。要强化干部日常监督管理，坚持专业化培训和经常性教育，促进干部健康成长，持续提升各年龄段干部的精气神和战斗力。要完善激励机制、问责机制和容错纠错机制。各级党委（党组）和主要负责人都应政治上关心干部、生活上关爱干部、工作上从严要求干部，要善于为担当者担当。

（三）严格规范党内政治生活。认真落实《准则》和《条例》，以更高标准加强和规范党内政治生活。把严明政治纪律和政治规矩摆在首要位置，切实增强“四个意识”，自觉做到“四个服从”，始终在思想上政治上行动上与以习近平同志为核心的党中央保持高度一致，对党绝对忠诚。改进各级党委（党组）工作方法，加强民主集中制建设，健全议事规则和决策程序，尊重党员主体地位，规范党务公开制度，突出监督“关键少数”，突出把好选人用人关。用好批评和自我批评，抓实“三会一课”、民主评议党员、谈心谈话等制度，突出问题导向、突出以上率下，切实提高党内政治生活的政治性、时代性、原则性、战斗性。各级党委（党组）要紧扣全区中心工作，坚决完成好区委交给的各项任务，决不允许有令不行、有禁不止。

（四）全面加强基层党建工作。各级党委（党组）尤其是党委（党组）书记要强化抓党建的主体意识和主动精神，牢固树立大抓基层的鲜明导向，全面落实党建工作项目化、责任化、制度化和规范化。巩固扩大各领域基层党的组织和工作有效覆盖，突出“红色+”打造“两新”党建先进群体，突出“网格+”形成社区（小区）党建全覆盖，突出“条抓块保”推进行业党建创特色，突出“为民服务”深化党员固定活动日和志愿者服务活动。健全改进工作作风的长效机制，深化机关作风效能建设，推动作风建设常态化。抓好基层换届工作，选优配强基层党组织“带头人”，突出党员模范作用，净化党员队伍，把基层党组织打造成坚强战斗堡垒，让党员永葆先进性。各级领导干部要身体力行、率先垂范，带头抓作风、转作风、改作风；全体党员都要带头重家教、立家规、正家风。

（五）深入推进党风廉政建设。党风廉政建设和反腐败斗争是党的重大任务。各级党组织要切实担负主体责任，做到主责就是首责、守土必须尽责，书记要担起第一责任，班子成员要担好“一岗双责”。纪检机关要切实履行监督执纪问责职责，充分发挥纪律制度的利器作用，用好巡察“利剑”，用好派驻监督，用好“四种形态”，把预防和教育抓在前面，抓早抓小，把纪律规矩立起来、紧起来、严起来。坚持党内监督和外部监督相结合，用好审计监督、舆论监督，对发现的问题要条条有整改、件件有着落。坚持纪在法前、纪严于法，坚决执行中央八项规定精神，用铁的纪律整饬各种顶风违纪行为，严防“四风”问题反弹回潮。坚持做到有案必查，持续保持惩治腐败的高压态势，积极构建“亲”“清”新型政商关系，全面巩固风清气正的政治生态和干事创业的良好氛围。各级领导干部要牢固树立正确权力观，模范遵守廉洁从政各项规定，自觉接受各方监督，永葆共产党人的政治本色和廉洁操守。

各级党委（党组）要充分发挥总揽全局、协调各方的领导核心作用，广泛凝聚全区人民的奋斗力量，充分激发全区人民的创业激情，上下同欲、各方齐心，不断开创各项事业新局面。充分发挥人民代表大会制度作为根本政治制度的作用，支持和保证人大及其常委会依法行使职权。积极支持政府及其部门依法决策、依法行政、依法管理经济社会事务，创造性开展工作。支持人民政协积极履行政治协商、民主监督、参政议政职能。支持法院、检察院依法独立公正行使职权。加强同各民主党派、工商联、无党派人士的团结合作，扎实做好民族、宗教、侨务、台湾工作和港澳工作。充分发挥工会、共青团、妇联、科协、侨联、残联等群团组织的桥梁纽带作用。坚持政治上尊重、思想上关心、生活上照顾、精神上关怀，认真细致做好离退休干部工作。深入开展双拥创建活动，巩固和发展军政军民团结的良好局面。

各位代表，同志们！历史，总是在继往开来中谱写；事业，总是在接续奋斗中发展。让我们紧密团结在以习近平同志为核心的党中央周围，高举中国特色社会主义伟大旗帜，在中共浙江省委、杭州市委的坚强领导下，翻篇归零再出发，勇立潮头谱新篇，奋力推进三次创业，为全力打造中国方案浙江样本的滨江精华版而努力奋斗！

政府工作报告

——在区第五届人民代表大会第一次会议上

（2017年2月8日）

杭州市滨江区人民政府区长 金志鹏

一、过去五年工作回顾

2012年以来，在市委市政府和区委的正确领导下，在区人大监督和政协支持下，区政府深入贯彻落实党的十八大，十八届三中、四中、五中、六中全会精神和习近平总书记系列重要讲话精神，紧紧依靠全区人民，开拓进取，克难攻坚，奋发有为，顺利完成了区四届人大历次会议确定的目标和任务，我区经济社会发展跃上新台阶。

综合实力显著增强。2016年，全区实现地区生产总值901.4亿元，同比增长14.0%，比2011年增长112.3%，年均增长12.1%；财政总收入235.37亿元，同比增长17.7%，其中一般公共预算收入125.37亿元，同比增长18.6%，比2011年增长134.9%和130.9%，年均分别增长18.6%和18.2%。工业销售产值1356.6亿元，同比增长14.6%，工业增加值443.8亿元，同比增长14.9%，比2011年分别增长107.8%和173.4%。社会消费品零售总额118.1亿元，同比增长10.7%，服务业增加值439.1亿元，同比增长15.4%，比2011年分别增长147.6%和93.7%。完成固定资产投资285.2亿元，同比增长26.5%，五年累计完成投资1275.6亿元。全省工业强县（市、区）综合评价连续四年位列第一。浙江省县（市、区）科技进步水平综合评价连续八年名列第一。在浙江省首次县域经济30强评比中，我区经济竞争力、发展潜力、创新力三大排名均列第一位。最新国家级高新区综合评价排名第六位，稳居第一方阵，并被科技部火炬中心列入全国8个创建世界一流高科技园区的计划序列。

新兴产业强劲发展。2016年，高新技术产业实现收入4200亿元，同比增长13.4%，比2011年增长90.9%，其中网络信息技术产业实现收入2250亿元。高新技术产业增加值占规上工业增加值的95.6%、高新技术产业利税占规上工业利税的96.3%、高新技术产业出口占规上工业出口总额的95.7%，信息经济增加值占地区生产总值的80.0%。全区规模超亿元企业390家，超30亿元企业23家，超百亿元企业6家。五年新增上市企业9家，新三板企业79家。被确定为省信息经济发展示范区、省软件和信息服务产业发展基地、省首批服务业强区（县、市）试点。街道工业园区转型升级步伐加快。农业企业跨区域建立合作生产基地20万亩。

创新能力快速提升。创新主引擎作用更加突出，国家自主创新示范区获国务院批准。五年全区研究与试验发展经费累计支出474亿元，占GDP的比例始终保持在13%以上。区级财政产业扶持资金58.5亿元，列入市级以上各类项目1715项，获得国家科技进步奖8项、国家技术发明奖2项、省科技进步奖88项、中国专利奖27项；专利申请总量突破4万件；主导或参与研制并发布国际标准6项、国家标准75项、行业标准83项，新获驰名、著名商标146件。新认定国家高新技术企业315家，新批省级重点企业研究院37家。引进各类人才11.2万人，新增国家“千人计划”专家44人、省“千人计划”专家86人、国家“万人计划”专家10人，入选国家科技创新创业人才19人。新引进海归人员创办企业520家，培育大学生创业企业1566家。新建众创空间38家。成功创建首批国家创新创业人才培养示范基地、首批国家知识产权示范园区、首批国家专利导航产业发展园区、国家科技创新服务体系试点单位、国家知识产权服务业聚集发展区。知识创造和技术创新能力位居全国高新区第二位。

对外开放不断扩大。五年累计实际利用外资36.8亿美元，引进内资422.9亿元，浙商创业创新实际到位资金318.7亿元。新批外商投资企业218家，其中投资总额1000万美元以上项目91个，引进美国运通等世界500强项目11个。完成境外投资项目180个，中方投资额达17.1亿美元。自营出口总额219.7亿美元。完成产业投资268.4亿元，92个项目开工建设，64个项目竣工投产。

城市环境持续优化。累计完成政府投资277.2亿元。建成道路71条（段），全长69公里。彩虹快速路、西兴互通立交等一批重大工程竣工投用，地铁1号线顺利运营，地铁4、5、6号线开工建设，奥体博览城主体育场主体工程基本完工，望江隧道加快推进，彩虹、奥体、府前变电站建成投产。新增（优化）公交线路30条，新建公共停车场49个、泊位9600个；新增公共自行车服务点199座、公共自行车7500辆。"三改一拆""五水共治"全面推进，完成10708户农户、1854户国有土地房屋和185家企业的拆迁（收购），拆除违章建筑550万平方米，交地13500亩，全区累计完成农户拆迁20830户，占全部农户的81.6%，实现"本届政府任期内基本完成全区征地拆迁任务"。212个"五水共治"项目完工，完成投资17亿元，实施河道综保18条（段）、清淤33条（段），基本消除黑臭河，33个农转居住宅小区（苑）实施截污纳管，完成管网清淤296公里。水厂二期、白马湖备用水源、污水东输二期工程顺利完成，新建华家、江三、铁岭排灌站，扩建浦沿排灌站，水环境治理取得明显成效。新增绿地面积233万平方米。物联网小镇、创意小镇入选省特色小镇。

民生保障持续改善。区财政民生累计支出591亿元，占财政总支出的90%。实施教育振兴五年行动计划，新建成杭州二中白马湖学校、闻涛中学等5所中小学，21所幼儿园投用，钱塘实验小学等6所学校开工建设。引进优秀教师1107名，优质学前教育覆盖率达99%，中考重高和优高上线率超过主城区平均水平。农转居拆迁安置房开工170万平方米，竣工105万平方米，交付137万平方米，安置拆迁户7346户。创业人才公寓、浦乐单元公共租赁房、西兴公共租赁房建成投用。浙医二院滨江院区和省儿童医院建成运营，新（改、扩、迁）建社区卫生服务站11家。阳光家园福利中心试运行，新建社区照料中心53个。区文化中心（行政服务中心、图书馆、档案馆）建成投用。成功举办中国国际动漫节、全国排舞总决赛等重大活动。"充分就业城区"和"创业型城区"创建活动深入开展，新增就业岗位6.2万个。实施农转非拆迁人员关爱行动，发放资金7189万元。城乡居民社会养老保险和医疗保险参保率99%，最低生活保障制度全面落实，发放帮扶救助资金4442万元。29个行政村完成撤村建居，累计核拨社区运行保障经费4.9亿元。11个村级留用地项目建成，2016年村级集体经济总收入4.44亿元，农村居民人均纯收入33644元，分别比2011年增长246%和186%。成功创建省示范文明城区。

平安建设再创佳绩。社会总体和谐稳定，基层基础建设不断巩固。全区命案、五类案件破案率100%。协调处置欠薪案件8656起，清欠工资3061万元。累计受理和处理群众来信来访来电4.1万件（次）。圆满完成了298批次重大活动、重要会议等安保任务，五年来没有发生重大恶性群体性事件、重大群体性食品安全事件、重大安全生产事故，连续11年被省委省政府命名为"平安区"。

制度创新持续推进。推出两轮"1+X"产业扶持政策体系，率先出台《关于进一步支持大众创新创业建设国家自主创新示范区的实施意见》，被省政府确定为省级科技体制改革试点。在全省率先试点"五证合一"改革，率先推行"工位注册"，率先开展企业名称自主申报，率先实施企业注册登记全程电子化试点。"五证合一""工位注册"试点经验分别在全国、全省推广，2016年新注册企业6803家，是2011年的3倍。开展投资项目行政审批和服务流程再造，大幅缩减项目审批时间。深化投融资体制改革，区创投引导基金阶段参股25支投资基金，带动社会资本35.5亿元；集聚金融服务机构260家，深交所全景网路演中心建成投用，区科技金融服务中心初具规模。实施土地"3+2"亩产效益评价体系，被国土资源部授予国土资源节约集约模范县（区）。试行流动人口居住证制度改革，实施不动产统一登记。

政府效能不断提升。五年累计办理人代会期间代表建议385件、闭会期间代表建议86件，代表满意及基本满意率为98.7%；办理政协提案329件，委员满意及基本满意率为100%。深入推进“四张清单一张网”改革，行政权力事项清减率64.3%。深化行政审批制度改革，16个部门共231项行政许可事项实现一站式网上运行。积极支持群团组织等开展工作，被全国总工会授予“全国职工教育培训示范基地”，被省妇联列入家庭教育指导服务体系试点，被中国科协评为全国科普示范城区，建成区残疾人康复中心。国防动员和后备力量建设扎实推进，连续两年被评为省征兵工作先进单位。新建人防工程130万平方米，人均掩蔽面积居全市领先。依法管理民族宗教事务，实现“和谐寺观教堂”创建全覆盖。连续十年被科技部火炬中心授予“火炬统计工作先进单位”称号。与桐庐县开展两轮区（县）协作，对淳安县里商乡“联乡结村”帮扶，贵州省丹寨县、麻江县和重庆涪陵区敦仁街道对口帮扶，山海协作等工作取得新成效。

过去五年的成绩来之不易，这是市委、市政府和区委正确领导的结果，是区人大、政协和各位人大代表、政协委员监督支持的结果，是历届班子接续奋斗的结果，是全区广大干部群众克难攻坚、共同奋斗的结果。

二、未来五年工作展望

未来五年，是高新区（滨江）“三次创业”的重要时期，是高水平全面建成小康社会的决胜阶段。G20杭州峰会期间，习近平总书记指示浙江要“秉持浙江精神，干在实处、走在前列、勇立潮头”。市委市政府提出要“当好全省干在实处走在前列勇立潮头的排头兵”。区第五次党代会提出了“努力建成快乐创业幸福生活的科技新城典范，全力打造中国方案浙江样本的滨江精华版”的奋斗目标，为政府工作确立了工作方向和战略指导。

今后五年政府工作的总体要求是：高举中国特色社会主义伟大旗帜，深入学习习近平总书记系列重要讲话精神，按照“秉持浙江精神，干在实处、走在前列、勇立潮头”的新要求，坚持“产业引领、创新驱动、产城融合、民生优先”四大战略不动摇，奋力推进三次创业，加快产业高端化、规模化，加快全域城市化、景区化，加快城市国际化、智能化，加快生活便利化、品质化，全面推进产城人融合发展，早日建成世界一流高科技园区，建成生产生活生态相得益彰、宜居宜业的科技新城典范，率先高水平建成全面小康社会，全力打造中国方案浙江样本的滨江精华版。

根据区第五次党代会的部署，在全面完成“十三五”规划的基础上，建议今后五年全区经济社会发展具体目标是：

经济更加稳健。到2021年，主要经济指标比2015年翻一番。地区生产总值突破1600亿元，年均增长11%；财政总收入突破400亿元，一般公共预算收入突破200亿元；优质成长型企业（瞪羚企业）达到500家，在全省综合实力排名继续进位，国家级高新区第一方阵地位更加巩固。创新更加有力。研发经费支出占GDP比重继续保持在13%左右，五年累计达到900亿元，新引进人才12.5万人，企业人才资源总量突破30万人，专利申请量超6万件。到2021年，市级以上孵化器、众创空间达100家，上市公司总数达到50家以上，国家级高新技术企业达800家。城市更加美丽。城市基础设施达到国际一流水平，成为杭州宜居宜业首善之区。到2021年，轨道交通营运线路总长32公里。全面完成城中村改造，彻底消除劣V类水体，城市更加现代文明、更加绿色生态，成为高端人才、国际资本的首选地之一。人民更加幸福。到2021年，新建扩建12所中小学校，新开办18所幼儿园；新增就业岗位6万个，每千名老年人拥有养老床位数55张，全面实现基本公共服务均等化、优质化，人均收入居全市首位，快乐创业、幸福生活成为滨江人引以为自豪的新体验。社会更加和谐。全面实现法治化、多元化和精准化治理，和谐稳定的社会环境、清正廉洁的政务环境和公平正义的法治环境进一步巩固。

实现上述目标，重点要做好以下五个方面工作：

（一）推进创新发展，打造活力滨江。深入实施创新驱动发展战略，加强源头创新、开放创新、协同创新。充分发挥自主创新示范区的政策优势，努力形成有利于高端创新的制度和政策环境。坚定发展壮大网络信息技术产业集群，积极培育生物医药大健康、新材料、新能源等产业新蓝海。鼓励建设全要素创业服务的"众创空间"，推进孵化器向专业化、投资型转型升级。强化江北创新阵地，提升创新孵化功能，实现南北联动互动。完善"创业苗圃—孵化器—加速器—产业园"的创业路线图计划。加大知识产权创造、运用、保护和服务力度。努力建成更高水平的杭州国家自主创新示范区核心区，打造具有全球影响力的"互联网+"创新创业中心。

（二）推进全域城市化，打造品质滨江。科学编制完善城市发展规划，坚持城市留白、"不空不实"理念，适度控制住宅房地产用地规模，适度扩大产业用地规模，适度增加城市公园绿地，坚守产业用地集约高效利用和土地利用用途管制，切实管控建筑立面和城市天际线，实现滨江景观资源与现代城市的有机融合。建成地铁4、5、6号线和望江隧道、萧闻路，完成江南大道提升改造工程和江虹路、建业路、江陵路跨铁立交，建设开通白马湖有轨电车，浦沿路按城市景观大道实施改造。加快电力设施规划建设，进一步提升区域电网的可靠性。加快智慧城市建设，推进城市综合管理，全力打造最有序城区、最清洁城区。加大历史文化街区、建筑的保护，实现滨江历史文化与现代城市文明的有机融合。

（三）推进全域景区化，打造美丽滨江。坚定推进"三改一拆"，全面完成城中村改造，全面实施小城镇综合整治，全面消除脏乱差低小散企业，全面清理住宅小区违章建筑。强化环境综合治理，坚定推进"五水共治""五废共治""五气共治"，全面完成河道综保工程，河网水系全面贯通。实施清水入城，全面优化城市河道水质。进一步完善污水处理设施，提升区域污水处置能力，努力实现污水"零直排"，确保消除劣V类水体。坚定推进"打开围墙见绿见景"，以大景区理念推进城市有机更新，凸显"山清、水秀、地绿、城美"的城市风貌。

（四）推进开放发展，打造"国际滨"。鼓励企业拓展国际市场，主动融入全球创新体系，主动对接"一带一路"国家战略。大力开展境外合作，吸引国内外高端人才、优秀团队和著名高校、科研院所来区设立研发机构，促进技术和人才落地。高标准建设奥体主体育场、网球中心，积极承接国际性会议、展览、培训和体育赛事，打造国际会议和赛事目的地。建设国际化人才社区，提升教育、医疗国际化水平，营造适应国际化要求的创新创业生活环境。加强公民道德教育，弘扬传统美德，普及现代文明礼仪，提升市民文明素质。

（五）推进共建共享，打造幸福滨江。高度重视农转居拆迁安置房建设，力争五年全面完成拆迁安置目标。推进安置小区环境提升改造，实现社区化、规范化、品质化管理。促进教育优质均衡发展，建成全市教育强区，为建设全市教育最强区打下坚实基础。实施新一轮撤村建居社区股份制经济五年倍增计划，规范有序推进村级留用地开发，引导三产留用地开发与产业平台、城市功能配套协同发展。实施全民参保计划，努力实现社会保险全覆盖。完善"四级救助"网络，支持发展慈善事业。加强公共卫生服务，推进区域医疗卫生体制改革。完善社会治安防控体系、基层社会治理网络体系，加强流动人口管理服务。提升社区统筹协调作用、业委会民主决策功能和物管单位执行落实能力，打造温馨家园。落实安全生产责任制，坚决防范遏制较大事故发生，保障食品药品安全，完善防灾减灾救灾机制，切实维护人民群众生命财产安全。

三、2017年政府工作

综合当前经济社会发展趋势，建议2017年我区经济社会的主要预期目标为：地区生产总值增长11%；一般公共预算收入增长12%；固定资产投资200亿元；研发经费支出占地区生产总值比重13%左右；社会消费品零售总额增长10%；城镇登记失业率控制在3.5%以内。

（一）大力发展新经济，构筑产业引领的新优势。壮大产业集群，做大做强网络信息技术产业，实现年度增长20%，新增科技型企业2000家，力争新增上市企业3家以上，新认定高新技术企业80家。大力推进招商引资，实际利用外资8.3亿美元，实际到位内资90亿元，自营出口增长5%。强化有效投资，力争开工建设产业项目10个、竣工10个，优先保障民生改善、城市交通、重点产业项目的投资需求，安排区级政府投资80亿元。着力推进转型升级，引导街道工业园向高新产业功能区和众创空间等方向发展，鼓励发展都市农业。

（二）全力建设国家自主创新示范区，激发创新驱动的新活力。深入推进省科技体制改革试点，建立"政产学研"合作新机制。改革财政科技资金的资助方式，设立产业发展基金。推进知识产权运营基金运作和知识产权质押融资工作。全年专利申请量15000件，其中发明专利超5000件。以人才支撑创新，深入实施新一轮"5050计划"，引进各类人才2.5万名，其中海归人员800人，创办"5050计划"企业100家。加快杭州创业大街、海创基地、科创中心三大众创空间集聚区建设，支持"六和桥创新创业示范区"发展，全年新认定市级以上孵化器、众创空间13家，在孵企业1300家。

（三）加强城市建设和管理，开创产城人融合发展的新局面。高起点做好规划，深化文教卫体设施、商业服务设施、社区配套设施、消防设施、停车设施、绿地空间、地下空间等各类专项规划，完成杨家墩区块、联庄区块、马湖区块等城市设计，加强城市第五立面设计和管控，抓好海绵城市试点工作。加快完善基础设施，积极推进15个地铁站点建设，开通地铁4号线，开工建设江南大道提升改造工程、萧闻路（中段）和江虹路、建业路跨铁立交，推进望江隧道建设，实施浦沿路改造提升工程，新建、续建道路52条（段），力争开工建设白马湖区域有轨电车项目。推进江虹变等4个变电站、千岛湖供水工程—江南线建设。加快五大平台建设，基本完工奥体中心主体育场，加快建设网球中心，为世界短池游泳锦标赛成功举行创造条件。推进"五水共治"，全面消除劣V类水体，继续深化"河长制"，全力推进"截污纳管，雨污分流"，加快"污水零直排区"建设。推进河道及管网清淤。建设中水回用设施。开工建设陆家潭河、冠山河。完成新浦河二期、陈家河、长二河二期3条（段）河道综保工程。加快浦沿排灌站及"清水入城"工程建设，确保汛期前完成主体工程。坚决推进"三改一拆"，加快完成整村拆迁收尾工作。对新增违法建筑"零容忍"，坚决实行即查即拆。优化公共交通体系，新建（续建）公共停车场5座，新增公共停车泊位1600个。新增公交线路3条，优化调整公交线路8条。加快推进晶都、新生等农贸市场建设。龙湖天街、星耀城二期建成开业。加快奥体上盖物业地块开发。实施小城镇环境综合整治三年行动计划，坚决消除脏乱差和安全隐患。积极推广"智慧城管"应用，实施全域网格化管理。加强建设工地文明施工管理，确保城市管理规范、有序。

（四）加快国际化进程，努力形成包容开放发展的新格局。推进产业、创新、人才国际化。着力引进和集聚一批能够突破关键技术、发展新兴产业、带动新兴学科的创新创业领军人才，加快国际人才社区建设。推进城市功能国际化，加大公共服务设施多语种引导，实现重要场所、公共区域国际化标识全覆盖。推进社会服务国际化，加大学校国际化建设力度，支持浙二滨江医院创新中心和省儿童医院二期建设，进一步提升我区教育、医疗国际化水平。

（五）高水平推进社会事业发展，谱写民生保障的新篇章。加快教育事业发展，完成钱塘实验小学等5所学校建设，加快滨江实验学校等3个在建工程，开工建设奥体单元小学及幼儿园等4个工程。着力引进知名教育机构，加大合作办学力度，中小学聘请外教、海外结对率达到100%，引进1～2家高端民办幼儿园，全年引进优秀教师390名。推进"健康滨江"建设，完善区院合作机制，继续推进医联体建设，构建分级诊疗体系，医养护一体化签约服务覆盖率达30%以上。完成西兴街道社区卫生服务中心建设，新增社区卫生服务站4家。精心挖掘保护滨江文化，启动西兴、长河历史文化街区保护与改造工程，做好长二、襄七房等历史建筑保护工作。加快青少年活动中心建设，办好全国排舞联赛总决赛等重大活动。加快农转居拆迁安置房建设，推行安置房新建项目全过程代建，力争开工建设农转居拆迁安置房100万平方米，竣工25万平方米，交付40万平方米，安置1200户。改造提升安置小区5个。支持村级留用地开发项目有序推进。继续实施农转非拆迁人员关爱行动。新增就业岗位1万个，动态消除零就业家庭，帮助2000名就业困难人员实现就业。实施社区建设三年行动计划，推进社区治理和服务创新。深化平安滨江建设，依法严厉打击违法犯罪活动。强化安全生产管理，深化群租房专项整治。强化食品药品安全监管。加强法律服务队伍和公共法律服务体系建设，做好信访工作，化解社会矛盾，提高人民群众安全感。进一步夯实国防动员基础，推进军民融合深度发展。

四、全面加强政府自身建设

新一届政府承载着广大人民群众的殷切期望，各项任务十分繁重。要立足于建设人民满意的法治政府、创新政府、服务型政府和廉洁政府目标，以改革创新精神，切实加强政府自身建设，树立新一届政府的良好形象。

（一）坚持依法行政，提升科学民主决策水平。全面执行区人大及其常委会的决议和决定，加强与区政协的工作沟通和协商，认真听取各民主党派、工商联、无党派人士及各人民团体的意见建议。完善与人大代表、政协委员联系制度，切实办好各类议案、建议和提案。完善公众参与、专家论证、风险评估、规范审查和集体决策等程序，切实落实“四问四权”。加强法治教育和宣传，提高政府工作人员运用法治思维依法解决矛盾和问题的能力，推动全社会增强法治意识。深入推进城市行政执法体制改革，改进城市管理工作。做好统计、物价、外事、对台、侨务、民族、宗教、老龄、人防、地名、编制、档案、保密等工作。支持工会、共青团、妇联、科协、残联、关工委、慈善总会等工作。积极推进区县协作和结对帮扶工作。

（二）坚持管理创新，进一步优化政府服务。按照“最多跑一次”的要求，当好企业和人民群众的“店小二”。深入推进商事制度改革，进一步完善企业登记全程电子化，为企业提供更为便捷更为有效的行政审批服务。优化再造审批流程，提高服务效率。推行“双随机、一公开”监管方式，强化事中事后监管。推进互联网+政务服务，提升公共服务信息化和数据共享水平。深化政府信息公开，充分发挥社会监督和舆论监督作用，及时回应社会关切。

（三）坚持廉洁履职，深入推进反腐倡廉。严格落实领导干部“一岗双责”和党风廉政建设责任制，强化重大决策部署的监督监察，发挥审计监督作用，强化审计整改及结果利用，加强对公共资金、公共资源、国有资产管理的监督。深入贯彻落实中央八项规定精神，以更高标准、更严举措整风肃纪。积极构建“亲”“清”政商关系，进一步营造风清气正的良好环境。

（四）坚持改进作风，狠抓工作落实。加强政府工作人员的思想建设和素质能力建设，努力打造绝对忠诚、干事担当、干净自律、充满活力的铁一般干部队伍，坚持实干至上，行动至上，确保各项政策和任务不折不扣落到实处。在广泛征求意见的基础上，我们提出了今年为民办实事工程候选项目建议。区政府将进一步健全工作机制，落实责任，强化监督，以高度的责任感，切实把民生实事办好。

高新区（滨江）已经站在创新发展的新起点上，时代赋予重托，奋斗铸就辉煌。让我们紧密团结在以习近平同志为核心的党中央周围，在市委市政府和区委的坚强领导下，干在实处、走在前列、勇立潮头，奋力推进三次创业，为早日建成快乐创业幸福生活的科技新城典范而努力奋斗！

“十三五”规划编制工作大事记

2014年

7月23日，区发改局起草《关于我区“十三五”规划编制工作计划的汇报》，并向常务副区长专门汇报。

10月9日，常务副区长主持召开“十三五”规划编制工作会议，对“十三五”前期研究课题作出部署。

10月15日，课题组走访区发改局、区科技局、区社发局、区住建局和区国土分局等相关部门。

10月21—22日，区发改局和课题组赴深圳科新委、虚拟大学园、金融服务中心、高新区等考察。

11月4日，区委书记詹敏与课题组进行沟通交流，提出意见要求。

12月29日，课题组第一次向区发改局提交滨江区人口发展、智慧产业发展、建设世界一流科技园区、土地利用形势和对策、城市规划与建设5个课题，并征求区四套班子和各部门意见。

2015年

1月14日，召开“十三五”规划前期课题座谈会，各课题牵头部门参加会议，对课题初稿提出修改意见。

2月13日，区发改局与杭州市委党校签订“十三五”前期课题研究项目合同书。

2月16日，课题组第二次向区四套班子和各部门提交6个课题，并征求区四套班子和各部门意见。

2月27日，《高新区（滨江）“十三五”规划前期研究课题（评审稿）》征求区委、区政府、区人大、区政协相关领导和课题相关部门意见建议。

3月17日，召开“十三五”规划前期课题专家评审会，对6个课题进行专家评审。

3月30日，课题组提交6个课题终稿（电子稿）、“十三五”规划编制工作计划和前期课题编制说明。

4月2日，区发改局与杭州市委党校课题组进行工作对接，商讨规划编制工作方案。

4月8日，区发改局起草《关于我区“十三五”规划编制相关工作的汇报》，提交主任、区长办公会议研究。

4月19日，课题组及区发改局调研民政局、教育局、住建局及人社局，了解后五年思路、重大项目情况。

4月23日，课题组及区发改局调研奥体指挥部、智慧新天地、物联网及互联网指挥部。

4月24日，区长金志鹏、常务副区长施华森与课题组对接沟通关于“十三五”发展思路。同日课题组及区发改局调研农业局、西兴老街过塘行码头、行政服务中心。

4月27日，课题组及区发改局调研住建局。

5月6—9日，课题组及区发改局赴成都高新区学习考察并调研其“十三五”编制情况。

5月12日，向各街道和部门征集“十三五”规划相关材料。

5月21日，区长金志鹏和区发改局主要负责人参加市政府召开的“十三五”重大工程、重大项目、重大政策“三重”情况座谈会。

5月25日，课题组首次提交“十三五”规划纲要框架，并向课题组提出修改要求。

6月4日，课题组及区发改局参加市发改委“十三五”规划编制培训。并分3组与区经济、建设、社会3条线部门（单位）对接“十三五”期间的“三个重大”筹备项目。

6月5日，向区长金志鹏提交《关于我区“十三五”规划编制工作情况汇报》，列出“十三五”工作计划、“三个重大”项目。

6月8日，课题组第二次提交“十三五”规划纲要框架。

6月23—26日，课题组及区发改局参加省商务厅组织的“十三五”规划编制培训。

7月5日，区发改局完成《规划纲要（初稿）》。

7月13日，区发改局与课题组就“规划纲要（初稿）”修改意见进行交流。

7月30日，区发改局完成《规划纲要（征求意见稿一）》。

8月3日，区发改局拟定《“十三五”规划纲要征求意见活动方案》，区委书记詹敏批示同意《“十三五”规划纲要征求意见活动方案》，并请发改局抓好相关落实。

8月6日，由常务副区长施华森牵头，会同区人大常委会副主任赵万能、区政协副主席毛进与课题组进行沟通对接交流，提出指导意见。

8月7日，征求区府办、人才办、文明办、科技局、财政局、审计局、农业局、商务局、市场监管局、行政服务中心、国税局、地税分局等经济部门修改意见。

8月10日，征求住建局、城管局、国土分局、白马湖创意城、城建指挥部（地铁办）、建管中心、智慧新天地指挥部、物联网指挥部、互联网指挥部、高新总公司（奥体指挥部）等社会部门修改意见。

8月11日，征求阿里巴巴集团、杭州海康威视数字技术股份有限公司等15家重点企业及数字安防产业联盟、信息安全创新联盟、国软基地等10家行业组织修改意见。

8月13日，征求杭州海关、邮政局、电信分局、滨江移动、滨江联通、区供销社、华数网通、滨江燃气、高新担保、中行滨江支行、工行钱江支行等社会组织修改意见。

8月18日，“十三五”的“五个重大”方案征求区四套班子领导意见。

8月18—19日，赴西兴街道、长河街道、浦沿街道听取人大、城管、经管、社发、社区代表、人大代表、党代表、政协委员、企业代表、医院、学校等单位和代表的意见。

8月19日，区长金志鹏批示同意《“十三五”规划纲要征求意见活动方案》。

8月26—31日，征求区党代表、区人大代表、区政协委员意见。

9月1日，课题组向区发改局提交《规划纲要（征求意见稿二）》，并广泛征求区四套班子领导意见。

9月9日，区委书记詹敏、常务副区长施华森与课题组进行沟通对接交流，提出指导意见。

9月22日，区政协常委会与区政府专题民主协商“十三五”规划，提出意见建议。

9月24日，区人大常委会主任韩建中、副主任丁乃江、袁如祥、包嘉颖专题研究座谈“十三五”期间人口控制问题。

9月28日，区发改局完成《规划纲要（征求意见稿三）》。

10月9日，区发改局将“规划纲要（征求意见稿三）”，征求区各部门、直属单位和所有副区级在职领导的意见。

10月30日，根据征求意见情况进行修改和完善，形成《规划纲要（征求意见稿四）》。

11月11日，就《“十三五”重大建设项目规划表》再次征求全区23家有关部门和建设主体的意见，并报区委书记詹敏、区长金志鹏审阅。

11月21日，召开“十三五”规划专题研究会，区发改局和课题组分别汇报“十三五”规划纲要的编制情况，区领导就“十三五”分别提出规划思路、重点领域和修改建议。

11月30日，根据11月21日区政府专题研究会意见，并结合十八届五中全会精神，对“规划纲要”再作修改和完善，形成《规划纲要（征求意见稿五）》。

12月4日，区人大常委会副主任赵万能专题听取“十三五”规划纲要编制思路及进展情况汇报，并对“十三五”规划提出指导和建议。

12月18日，区四届人大常委会第47次主任会议听取区政府《关于国民经济和社会发展十二五规划执行情况和十三五规划草案的汇报》。

12月28—29日，区政府常务会议、区委常委会研究审议“十三五”规划纲要。

2016年

2月8日，杭州高新开发区（滨江）管委会、区政府联合印发《杭州高新技术产业开发区杭州市滨江区国民经济和社会发展第十三个五年规划纲要》（杭高新〔2016〕11号）。

（徐海娟）

2016年重要文件目录

2016年度杭州市滨江区党委、管委会、政府制发的重要文件目录

表39

文号	标　题
区委〔2016〕6号	中共杭州市滨江区委员会关于建立落实党风廉政建设责任制情况抄告制度(试行)的通知
区委〔2016〕7号	中共杭州市滨江区委员会关于印发《杭州市滨江区人大及其常委会讨论决定重大事项清单》的通知
区委〔2016〕9号	中共杭州市滨江区委员会关于加强和规范街道人大工作的意见
区委〔2016〕11号	中共杭州市滨江区委关于加强人民政协民主监督的意见
区委〔2016〕15号	中共杭州市滨江区委 杭州市滨江区人民政府关于加快推进红十字事业发展的意见
区委办〔2016〕1号	中共杭州市滨江区委办公室关于印发詹敏同志在区委四届九次全体（扩大）会议上的报告和小结讲话的通知
区委办〔2016〕2号	中共杭州市滨江区委办公室　杭州市滨江区人民政府办公室印发《关于推进通过法定途径分类处理信访投诉请求工作的实施意见（试行）》的通知
区委办〔2016〕3号	中共杭州市滨江区委办公室关于印发《滨江区街道纪工委书记副书记提名考察办法（试行）》的通知
区委办〔2016〕6号	中共杭州市滨江区委办公室关于印发2016年作风建设工作要点及重点工作责任分解的通知
区委办〔2016〕7号	中共杭州市滨江区委办公室关于印发《区委常委会（政府党组）“三严三实”专题民主生活会整改清单》的通知
区委办〔2016〕8号	中共杭州市滨江区委办公室 杭州市滨江区人民政府办公室关于印发《G20杭州峰会维稳安保平安巡防队伍网格化、规范化、精准化建设指导意见》的通知
区委办〔2016〕10号	中共杭州市滨江区委办公室印发《关于调整完善区纪委派驻公检法纪检机构的方案》的通知
区委办〔2016〕11号	中共杭州市滨江区委办公室　杭州市滨江区人民政府办公室关于印发“区人大、政协‘两找一促’专项活动交办建议责任分解表”的通知
区委办〔2016〕13号	中共杭州市滨江区委办公室关于建立社区工作“一天一主题、一周一循环”机制的实施意见
区委办〔2016〕14号	中共杭州市滨江区委办公室 杭州市滨江区人民政府办公室关于印发滨江区“人人动手清洁家园”爱国卫生月活动实施方案的通知
区委办〔2016〕15号	中共杭州市滨江区委办公室 杭州市滨江区人民政府办公室关于印发《2016年全区普法教育依法治理工作要点》的通知
区委办〔2016〕16号	中共杭州市滨江区委办公室关于印发詹敏同志在区委四届十次全体（扩大）会议上的报告的通知
区委办〔2016〕22号	中共杭州市滨江区委办公室关于印发杭州市滨江区第五次党代会代表提案征集与办理工作实施方案的通知
区委办〔2016〕23号	中共杭州市滨江区委办公室印发《中共杭州市滨江区委关于开展巡察工作的意见》的通知
区党委〔2016〕3号	杭州高新开发区（滨江）党委关于开展“保障峰会争先锋 担当有为谋新篇”主题活动的意见
区党委〔2016〕4号	杭州高新开发区（滨江）党委和管委会 政府关于实施2016年度综合考评的意见
区党委〔2016〕8号	区党委　区管委会　区政府关于印发《杭州高新开发区（滨江）2016—2020年普法教育依法治区规划》的通知

续表39

文号	标　题
党委办〔2016〕6号	杭州高新开发区（滨江）党委办公室关于印发区党委理论学习中心组2016年学习计划的通知
党委办〔2016〕7号	杭州高新开发区（滨江）党委和管委会政府办公室关于印发第十二届中国国际动漫节杭州高新区（滨江）工作方案的通知
党委办〔2016〕9号	杭州高新开发区（滨江）党委和管委会政府办公室关于印发杭州高新区（滨江）“路长制”实施方案的通知
党委办〔2016〕12号	杭州高新开发区（滨江）党委办公室关于印发《在全区党员中开展“学党章党规学系列讲话，做合格党员”学习教育的实施方案》的通知
党委办〔2016〕13号	杭州高新开发区（滨江）党委和管委会、政府办公室关于印发2016年区重点调研课题的通知
党委办〔2016〕14号	杭州高新开发区（滨江）党委和管委会 政府办公室关于印发《杭州高新区（滨江）推广服务清单模式实施方案》的通知
党委办〔2016〕15号	杭州高新开发区（滨江）党委办公室关于执行党委办〔2015〕28号和区委办〔2016〕3号文件的补充通知
党委办〔2016〕17号	杭州高新开发区（滨江）党委和管委会政府办公室关于建立区级机关干部结对联系社区网格制度的通知
党委办〔2016〕18号	杭州高新开发区（滨江）党委和管委会政府办公室关于印发《〈杭州市滨江区志〉编纂工作方案》的通知
党委办〔2016〕19号	杭州高新开发区（滨江）党委和管委会 政府办公室关于印发2016年度综合考评重点工作目标及特色创新目标的通知
党委办〔2016〕20号	杭州高新开发区（滨江）党委和管委会政府办公室关于印发2016年度市对区综合考评考核目标及责任分解表的通知
党委办〔2016〕21号	区党委办公室 区管委会办公室 区政府办公室关于全面加强中小学德育工作的实施意见
党委办〔2016〕24号	区党委办公室　区管委会办公室　区政府办公室印发《关于加快构建现代公共文化服务体系的实施意见》的通知
党委办〔2016〕26号	区党委办公室 区管委会办公室 区政府办公室关于印发《杭州高新区（滨江）进一步深化公务用车制度改革实施方案》的通知
党委办〔2016〕28号	区党委办公室 区管委会办公室 区政府办公室关于加强街道“四个平台”建设完善基层治理体系的实施意见
滨政〔2016〕8号	杭州市滨江区人民政府 杭州市滨江区人民武装部关于大力开展征兵宣传工作的意见
滨政〔2016〕27号	杭州市滨江区人民政府关于进一步加强精神卫生综合管理工作的实施意见
滨政办〔2016〕2号	杭州市滨江区人民政府办公室关于印发2016年政府为民办实事工程实施方案的通知
滨政办〔2016〕5号	杭州市滨江区人民政府办公室关于印发滨江区创建浙江省食品安全区工作方案的通知
滨政办〔2016〕6号	杭州市滨江区人民政府办公室印发关于加强建筑业现场与市场联动管理的若干意见（试行）的通知
滨政办〔2016〕7号	杭州市滨江区人民政府办公室印发关于促进优质民办幼儿园持续健康发展的实施意见（试行）的通知
滨政办〔2016〕8号	杭州市滨江区人民政府办公室关于印发杭州市滨江区推进教育国际化行动计划的通知
滨政办〔2016〕11号	杭州市滨江区人民政府办公室关于印发《滨江区道路工程分段竣工验收移交管理办法（试行）》的通知

续表39

文号	标　题
滨政办〔2016〕13号	杭州市滨江区人民政府办公室印发《关于进一步深化简政放权、推进行政审批层级一体化改革的实施意见》的通知
滨政办〔2016〕15号	杭州市滨江区人民政府办公室关于印发《杭州市滨江区住宅房屋安全应急抢险工作预案（试行）》的通知
滨政办〔2016〕22号	杭州市滨江区人民政府办公室关于印发《滨江区整村成片征迁交地管理办法》的通知
滨政办〔2016〕27号	杭州市滨江区人民政府办公室关于修订印发滨江区食品安全突发事件应急预案的通知
滨政办〔2016〕29号	杭州市滨江区人民政府办公室印发《关于进一步健全残疾人康复和托养服务体系的实施意见》的通知
滨政办〔2016〕30号	杭州市滨江区人民政府办公室关于修订印发《杭州市滨江区钱塘江防潮安全突发事件应急预案》的通知
滨政办〔2016〕31号	杭州市滨江区人民政府办公室印发《关于加快土地移交和强化地块管理的工作方案》的通知
杭高新〔2016〕11号	杭州高新开发区（滨江）管委会 政府关于印发《杭州高新技术产业开发区杭州市滨江区国民经济和社会发展第十三个五年规划纲要》的通知
杭高新〔2016〕16号	杭州高新开发区（滨江）管委会 政府杭州市市场监督管理局关于深化商事制度改革和促进跨境电商发展试点工作的实施意见
杭高新〔2016〕31号	杭州高新开发区（滨江）管委会 政府关于推行个体户“二证合一”登记改革试点的实施意见
杭高新〔2016〕56号	杭州高新开发区（滨江）管委会 政府关于转发《杭州高新区（滨江）推行全程电子化工商登记工作实施方案》的通知
杭高新〔2016〕90号	区管委会 区政府关于印发《杭州高新开发区（滨江）“规划环评+环境标准”清单式管理改革试点实施方案》的通知
杭高新〔2016〕99号	区管委会 区政府关于加快推进残疾人全面小康进程的实施意见
区办〔2016〕2号	杭州高新开发区（滨江）管委会 政府办公室印发关于区教育系统引进高层次和紧缺人才的实施意见的通知
区办〔2016〕7号	杭州高新开发区（滨江）管委会 政府办公室关于批转杭州高新区（滨江）新一轮“5050计划”实施细则的通知
区办〔2016〕10号	杭州高新开发区（滨江）管委会 政府办公室关于进一步加强危险化学品行业监管的意见
区办〔2016〕12号	杭州高新开发区（滨江）管委会 政府办公室关于修订印发《高新区（滨江）较大以上安全生产事故应急救援预案》的通知
区办〔2016〕16号	区管委会办公室 区政府办公室关于印发杭州高新区（滨江）服务业强区试点培育建设方案（2016—2020年）的通知
区办〔2016〕17号	区管委会办公室 区政府办公室印发《关于引导和鼓励社会力量参与公共文化项目的暂行办法》的通知
区办〔2016〕18号	区管委会办公室 区政府办公室关于印发《2016—2017年度高新区（滨江）事业单位紧缺专业人才导向目录》的通知
区办〔2016〕19号	区管委会办公室 区政府办公室关于印发杭州高新区（滨江）大气重污染应急预案的通知
区办〔2016〕20号	区管委会办公室 区政府办公室关于印发《杭州高新区（滨江）农贸市场管理考核实施办法（试行）》的通知
区办〔2016〕21号	区管委会办公室 区政府办公室关于印发《杭州高新区（滨江）“十三五”人才发展规划》的通知

（陈丽芳）

2016年重要报道滨江题录

中央媒体报道

中央电视台

纳税500强　新税源折射新动能（5月9日）

精准减税　助力国家供给侧结构性改革（8月9日）

杭州打造“云上之城”（8月26日）

《人民日报》

杭州高新区研发投入占GDP比重全国最高　创新，这儿的企业真拼（7月27日）

破除机制障碍　优化人才生态　杭州滨江区：创新写进发展基因（11月28日）

《新华每日电讯》

杭州国家高新区：引进“聪明大脑”培育“天堂硅谷”（9月5日）

“天堂硅谷”解析我国第三代区域发展样本之路（9月29日）

杭州滨江：引入PPP模式创新治水（12月27日）

《科技日报》

杭州高新区：如何让“马云式创新”天天翻篇（7月30日）

《经济日报》

杭州高新区（滨江）着力打造一座持续创新的产业之城——以人才引领高新产业集聚（6月27日）

杭州高新区：在创新的“风口”顺势生长（7月28日）

省级媒体报道

浙江电视台

浙江：创新引领　信息经济站上“互联网+”风口（矽力杰）

治国理政新实践　浙江发展谋新篇（1月16日）

浙江：率先推行“五证合一”实施10个月成效明显——治国理政新思想新实践（5月21日）

“双创”平台遍地开花　产业转型添动能（粉蓝医疗）——“数”说浙江——2016浙江经济回眸（12月26日）

全力补齐创新短板（绿盛集团，滨江企业镜头）——新常态　新方位　新使命（二）（12月29日）

《浙江日报》

13增速领跑杭州发展　改革创新赋能年轻新区——奔跑吧！杭州高新区（滨江）（1月26日）

杭州高新区（滨江）打造科技新城典范——向世界展示产城融合“国际滨”（2月1日）

中国国际动漫节白马湖主会场迎四海宾客——且看滨江文创大放异彩（4月27日）

经济竞争力、发展潜力、创新力均居浙江首位——“弄潮儿”高新区（滨江）领跑浙江经济（5月17日）

省内首个国家知识产权服务业发展实验区落地——滨江构建知识产权服务生态体系（6月17日）

为何杭州高新区（滨江）“风景这边独好”？（6月22日）

“民生优先”　一个更好的滨江来了（7月14日）

好一座生产生活相得益彰、宜居宜业的科技新城“国际滨”静候八方来客（8月5日）

“三改一拆”拓展发展新空间——高新区（滨江）向“产城人”融合大步迈进（12月2日）

建成生产生活生态相得益彰、宜居宜业的科技新城典范在杭州高新区（滨江），快乐创业、幸福生活（12月29日）

杭州高新区（滨江）创新永无止境——看“国际滨”的新舞步（12月29日）

浙江新闻客户端

非洲铁路装上“浙江大脑”低调公司缘何脱颖而出（11月1日）

重磅！华为“全球计算机创新中心”落地高新区（滨江）（11月25日）

《钱江晚报》

“智慧社区”在滨江先行先试，减负效果杠杠的——办23种证件，两个社工就能搞定（1月4日）

2016年滨江要干这些事，觉得赞吗？（1月12日）

年轻的区，交出最优秀的成绩；创新是滨江第一动力高新区（滨江）党委书记詹敏说，滨江要做“大景区”“孵化器”：奔跑的“国际滨”插上创新的翅膀（9月2日）

滨江区所有公办幼儿园、中

小学校实行阳光厨房 滨江有家厨房，24小时全程直播（12月26日）

《科技金融时报》

三十一年，画就优美发展曲线——正泰集团的绿色蜕变之路（4月12日）

市级媒体报道

《杭州日报》

经济增速杭州第一，高新区（滨江）为何发展迅猛？（1月6日）

13%滨江速度领跑杭州 创业重要，创新更重要——高新区（滨江）构建创新创业之城（2月1日）

代表浙江最强生产力的科学技术奖高新区（滨江）一口气拿了13个（4月7日）

“十三五”开局季势如破竹 两位数增长已成新常态 18.1% 高新区（滨江）GDP增幅连续9年杭州跑第一（4月26日）

股改登记不过江 签名实现“键对键”高新区（滨江）商事制度改革再进一步（4月26日）

“5050计划”引凤筑巢——滨江成成长型企业摇篮（5月25日）

滨江创业生态圈让创客近悦远来（5月26日）

每天超过17家企业在滨江“开业”创业不止 商改不息（5月26日）

紧扣峰会圆心 推进全域景区 五个扮靓，让“国际滨”闪耀世界（5月27日）

高新区（滨江）：为产业而生（6月16日）

高新区（滨江）：一个大孵化器（6月30日）

此心安处是吾乡“国际滨”加快推进全域城市化（8月2日）

高新区亮出“国际滨”品牌（8月3日）

解密“滨江现象”后的研发密码（8月25日）

我是“国际滨”产业棒棒，人才多多（9月3日）

我是“国际滨”环境最杭州 服务最国际（9月4日）

高新区（滨江）：杭州新起点上的创新之区（9月13日）

滨江：电商发源地（10月27日）

前三季度GDP增速14.5%——信息经济主导滨江速度（11月3日）

“人才多多，技术棒棒”的滨江现象 新一轮“5050计划”施政十月引才228人125个项目落地——创业注册资金达3.5亿元（11月10日）

文创重杭州 风起白马湖——高新区（滨江）创新浙江唯一国家级文化产业示范区（11月17日）

（王春松）

索　　引

说　明

一、本年鉴索引依照国家标准《索引编制规则（总则）》GB/22466-2008进行编制，由主题索引、图照索引和表格索引三部分组成，全书除“特辑”“大事记”“统计资料选辑”“附录”外，所有内容均可通过索引进行检索。

二、类目、分目标题用黑体字标示。

三、主题索引中文标目按汉语拼音顺序排列，同音字按笔画数从少到多排列。第一字相同，按第二字音序排列，依次类推。

标目后的阿拉伯数字表示内容所在页码。数字后的英文字母a、b、c分别表示从左到右第一、二、三栏。标目后有多个页码的，则表示相关信息在这些页码中均出现。副标目或说明语缩进两个汉字放在主标目下面。

四、图照索引仅标注所在页码，不标注分栏。表格索引按序号排列，仅标注所在页码，不标注分栏。

主题索引

B

C

D

E

F

G

H

K

L

M

N

R

S

T

X

图照索引

表格索引

最美滨江

最美跑道　　（区委宣传部　供图）

江滨公园

江二公园

（区委宣传部　供图）

滨江江景

（区委宣传部　供图）

（区委宣传部　供图）

公园晨练

（区委宣传部　供图）